城市轨道交通车站公共空间设计图集

（上册）

刘 弘 杨景涛 任宏伟 主编

ЛЛ 国际·都市建筑设计 编著

中国建筑工业出版社

图书在版编目（CIP）数据

城市轨道交通车站公共空间设计图集：上、下册／刘弘，杨景涛，任宏伟主编；AA国际·都市建筑设计编著 .—北京：中国建筑工业出版社，2019.6

ISBN 978-7-112-23478-3

Ⅰ.①城… Ⅱ.①刘… ②杨… ③任… ④A… Ⅲ.①地下铁道车站－建筑设计－北京－图集 Ⅳ.①U231-64

中国版本图书馆CIP数据核字（2019）第050099号

责任编辑：李玲洁 付 娇 杜 洁
责任校对：赵 菲

城市轨道交通车站公共空间设计图集

刘 弘 杨景涛 任宏伟 主编
AA国际·都市建筑设计 编著

*

中国建筑工业出版社出版、发行（北京海淀三里河路9号）
各地新华书店、建筑书店经销
北京锋尚制版有限公司制版
北京中科印刷有限公司印刷

*

开本：880×1230毫米 1/16 印张：30¾ 字数：678千字
2020年7月第一版 2020年7月第一次印刷
定价：126.00元（上、下册）
ISBN 978 - 7 - 112 - 23478 - 3
 （33242）

版权所有 翻印必究
如有印装质量问题，可寄本社退换
（邮政编码100037）

本书的意图与构成

在速度主导的现代大城市中，轨道交通车站建设直接关系到城市未来和可持续发展的方向；在日常生活中车站与市民的出行密切相关，其便利性和舒适度直接影响市民的每日乘车感受。

同时，作为一种交通建筑类型，以地铁车站为代表的城市轨道交通本身具有很强的系统性和工程性，我国各大城市也是近十年才进入轨道交通建设的高峰期，城市规划、道路交通、建筑和工程等相关领域对车站的认识和研究尚多不足。这种大背景下对于刚进入工作不久的年轻建筑师、设计师是一种考验；即使有一定经验的建筑师、设计师初次接触此类设计项目时也会对复杂、细碎的专业要求和设计进程中来自各方面、多维度的协调配合不适应。

建筑生产的过程一般分为方案设计、初步设计、施工图设计和现场施工四个阶段；其中施工图设计对于建筑空间的高质量呈现起决定作用。车站施工图设计阶段既要与结构、管线综合、暖通等主要专业协调，又要最大化实现初期方案设计的空间意图，需要建筑师、设计师对材料特性、墙身做法、构造节点等有相应的技术储备和准确的判断力。在设计过程不断被加速的大背景下，方案设计阶段对结构形式、构造做法、材料使用及造价和工程可行性也应有足够的认识和分析比较。

一座轨道交通车站的实现需要规划、交通、建筑、土木结构、设备、运营等城市建设方面主要专业人才的投入，同时需要景观、室内、导向标识、通信信号、照明等各分系统的紧密结合。乘客进出车站是几分钟内的连续空间体验，因此上述被专业细分化的车站构成、各系统之间的整合性、协调性，各接口之间的配合对于高质量的车站空间呈现至关重要。

nn国际·都市建筑设计自2005年开始参与北京及其他城市轨道交通车站出入口、站前广场、地下地上车站主体空间、换乘车站改造、车站与综合开发的一体化规划设计等项目，在历经十多年高强度各阶段设计及现场配合过程中，主要设计人员不断总结积累、逐年修改，渐渐形成了公司内部车站设计人员培训资料、设计例图和设计质量管理体系。

本图集以nn国际·都市建筑设计参与的具体设计项目为主要依托，将车站各个组成部分、各系统的初步设计及施工图设计图纸进行专项梳理，集结成册。希望有更多的设计人员及建设管理者可以通过本图集深入了解轨道交通车站公共空间的各个组成部分和特点，共同提升轨道交通车站公共空间的设计水平。

本图集由以下六篇构成：

【站前广场等轨道交通接驳设施】此篇主要梳理站前广场、行人设施、自行车等非机动车停车场、P+R小汽车停车场等轨道交通车站与城市街道其他交通方式换乘衔接部分的设计要点和主要设计内容。站前广场等接驳设施设计涉及城市规划、道路、交通、绿化、建筑、给水排水、照明、视频监控等专业。

【车站出入口设施】车站地面出入口设施包括出入口建筑、无障碍电梯、紧急疏散口、风亭和冷却塔。城市中心区的地铁车站出入口数量多并分布在主要街道路口，因此造型处理、构造做法等需深入考虑以应对高强度频繁使用，本篇选择混凝土和钢结构等不同结构形式以及不同的功能组合方式以适应多种街道环境。在可行的情况下应充分考虑车站出入口等地面设施与街道两侧建筑和广场融合，节约土地资源并方便乘客使用。

【车站主体空间】车站主体建筑部分由站厅、站台、楼扶梯和通道构成，本篇主要收集了国内近年地下车站和高架车站的常用流线组织形式、设计标准及换乘车站的组合方式。随着车站与周边土地利用的结合，地下空间整合、车站与开发整合、换乘车站改造与周边再开发整合等车站与城市空间的一体化设计正在成为轨道交通车站设计的主流。

【车站无障碍设计】无障碍设计关系到车站空间的各个组成部分，既需要连贯的整体序列设计，也需要关键部位的细节处理。本篇包括了从站前广场到乘车站台的无障碍设施，对盲道、盲文、坡道、无障碍电梯、低位服务设施、无障碍检票通道、无障碍卫生间、语音提示等进行了图示说明。

【导向标识系统】导向标识系统是以直观、明确、快捷的视觉信息，对车站乘客流线进行引导的视觉导向系统；车站导向标识包括引导出入站人流方向、紧急疏散方向的导向类标识，标明目的地、辨别位置的确认标识，信息咨询类的咨询标识，提示或禁止某种行为的安全警告标识，共计四类。本篇对导向标识系统的多层次性连续性整体布局以及多种安装方式进行说明。导向标识系统的有效整合以及与车站空间序列引导、空间界面的结合可提高视觉传递的有效性。

【车站商业及服务设施】此篇主要涉及车站空间商业广告的布置原则、位置和尺寸规格要求，以及自动商业售卖机、便利商店的布置原则和设计要点。

本书主要参编人员如下：

总编制人：刘弘

编制负责人：杨景涛、任宏伟

第一篇 [站前广场等轨道交通接驳设施]
　　　　杨景涛、尹松生、岳德全

第二篇 [车站出入口设施]
　　　　杨景涛、尹松生、岳德全、黄坚

第三篇 [车站主体空间]
　　　　任宏伟、岳德全、张丽凤、张恒伟、
　　　　杨立坤、曹思宇、鲁莹

第四篇 [车站无障碍设计]
　　　　任宏伟、张恒伟、魏嘉岐、鲁莹

第五篇 [导向标识系统]
　　　　任宏伟、张丽凤、岳德全、鲁莹

第六篇 [车站商业及服务设施]
　　　　任宏伟、曹思宇

本图集由ΠΠ国际·都市建筑设计的主要建筑师、设计师在日常繁忙的设计工作中抽出时间，历经两年不懈的努力集结成册。内容上定会有遗漏不妥之处，望各位读者批评指正。

刘　弘
2020年1月北京

目 录

第一篇　站前广场等轨道交通接驳设施

设计要点及设计依据 002

第一部分　总平面图 009

地下车站站前广场总平面图
枢纽车站站前广场总平面图
下沉广场总平面图

第二部分　站前广场 021

平面图、定位图
竖向图、铺装图
动照图、植物配植图
座椅图
风雨亭图

第三部分　轨道交通接驳设施 041

非机动车停车场图
高架步行道通道图
公交港湾、出租车停靠图
小汽车驻车换乘停车场图

第四部分　节点详图 051

第二篇　车站出入口设施

设计要点及设计依据 068

第一部分　车站出入口 075

直出入口图
侧出入口图
无障碍出入口图
与风亭合建出入口图
地面厅出入口图
一体化合建出入口图
开敞式出入口图
紧急疏散口图

第二部分　无障碍电梯亭 133

无障碍电梯亭图

第三部分　风亭及冷却塔 139

高风亭图
低风亭图
敞口风亭图
冷却塔图

第四部分　墙身大样 149

第五部分　节点详图 167

第三篇　车站主体空间

设计要点及设计依据 178

第一部分　车站主体空间 189

地下车站主体空间图
地上车站主体空间图
车站主要换乘形式空间图
车站与周边一体化结合空间图
车站通道空间图

第二部分　楼扶梯设计 271

直跑楼扶梯图
T形结合式楼扶梯图
剪刀式楼扶梯图
开敞式楼扶梯图
多层式楼扶梯图

第三部分　公共卫生间设计 289

公共卫生间平立面图
公共卫生间节点图

第四部分　节点详图 301

第四篇　车站无障碍设计

设计要点及设计依据 386

第一部分　车站无障碍综合布置图 391

第二部分　盲道布置平面图 399

第三部分　无障碍电梯、栏杆 407

第四部分　低位服务设施 411

第五部分　无障碍卫生间 417

第五篇　导向标识系统

设计要点及设计依据 424

第一部分　导向综合布置图 431

第二部分　各部位导向节点图 439

第三部分　紧急疏散系统图 455

第六篇　车站商业及服务设施

设计要点及设计依据 462

第一部分　广告布置图 467

第二部分　便民设施布置图 475

第一篇

站前广场等轨道交通接驳设施

设计要点及设计依据
第一部分　总平面图
第二部分　站前广场
第三部分　轨道交通接驳设施
第四部分　节点详图

设计要点及设计依据

1 设计要点

轨道交通车站的站前广场主要具有交通衔接的功能,是联系市政交通与轨道交通车站换乘的场所,车站客流通过站前广场实现与步行、自行车、公交车、出租车、私家车的换乘。在人流组织中,步行和自行车基本布局在站前广场用地中,而公交车、出租车和私家车则要结合市政交通体系综合分析,公交车和出租车站位不仅要方便车站客流换乘,还要兼顾区域交通的合理性。

根据轨道交通站点的交通重要性,可分为枢纽换乘站、节点换乘站和一般站。

线路的终点站通常作为枢纽换乘站,与城市地面交通枢纽统筹建设,具有联系中心城区和城郊的作用,因此站前广场在满足基本功能的前提下,重点考虑轨道交通与远郊公交车和私家车的换乘场所,最大化发挥轨道交通的区域辐射力;节点换乘站主要是指与城市重要交通干线相交的站位,往往也是轨道交通换乘站,节点换乘站具有客流集中、流线复杂交汇的特点,广场设计不仅要在空间上给人引导和提示,还要根据人的行为特点对客流进行划分,减少交叉与折返。此外,站前广场应该考虑公交车港湾停靠、出租车与私家车临时停靠的功能需求,确保客流换乘的便捷性与易识别性;

沿街设置的一般站,其站前广场限于用地紧张的状况,往往以满足客流集散和匹配适量的自行车场为主,由于此类广场数量多、面积小,可以结合周围环境采用灵活手法进行设计。站前广场交通空间所需要的主要设施,如集散广场、人行道、车行道、公交车站位、出租车站位及各种停车场等,要保证这些设施达到一定的服务水平,需要相应的占地面积及其他交通系统的配合。

站前广场在满足交通功能的同时也是城市公共空间的重要组成部分,传达出城市街道的氛围。因此在路口等城市重点部位,在用地条件许可的前提下应尽量添加景观空间,根据广场规模尺度可以设置座椅、休息亭、综合信息牌等公共服务设施,满足人们休息、等待、交流等活动需求。景观设计要充分考虑交通流线,反映站前广场的特征。在城市空间结点和重要车站前可设置广场小品、特色绿化等增加街头的情趣,提高城市空间的识别性。

1.1 设计范围

轨道交通车站站前广场等交通接驳设施包括:站前广场、行人过街设施、非机动车停车场、机动车停靠及场站等。

车站站前广场等交通接驳设施设计内容包括:广场疏散流线设计、地面铺装及竖向设计、绿化景观设计、给水排水设计、停车场及车棚设计、管理用房及小品设计、无障碍设计、照明灯具的布置、选型等。

站前广场等交通接驳设施设计应考虑与相关各专业接口的设计，包括与道路交通专业、建筑结构专业、照明专业、给水排水专业、通风空调专业、景观专业、运营管理及信息综合导向标识等专业的接口设计。

1.2 设计原则

1.2.1 站前广场等交通接驳设施的设置应以规划及线路车站客流预测数据为依据，满足无缝衔接的换乘功能。

1.2.2 站前广场等交通接驳设施的设置应考虑近、中、远期结合，并与周边街道、建筑、场地相协调发展，使交通接驳设施达到最佳的服务水平。

1.2.3 提高站前广场等交通接驳设施的景观性，通过表达地域性、文化性等特征设计，既满足可识别性，又提升城市街道品质。

1.2.4 根据车站类型、广场规模及交通接驳功能需求，从基本到综合，分类分级设置交通接驳设施；需充分与规划协调，确保站前广场等交通接驳设施用地范围。

1.3 设计要点

1.3.1 站前广场

1.3.1.1 充分调研、分析车站周边环境特征，根据城市规划和车站客流预测数据要求，确定站前广场的面积及类型。

1.3.1.2 站前广场应与其他公共交通接驳设施一体化设计建造，形成连续、系统的交通网络，实现"无缝"换乘。

1.3.1.3 充分考虑城市未来规划，结合周边环境，进行整体设计，考虑近、中、远期条件，分步、分期实施。

1.3.1.4 站前广场的布局及流线设计应满足乘客安全疏散及地铁运营管理要求，同时也应符合城市总体管理要求；出入口平台前方站前广场长度不应小于8m，且应通过设置台阶或找坡，保证与市政人行步道平接；站前广场流线应安全、顺畅、连续，避免出入口人行路线与非机动车停车路线交叉。

1.3.1.5 站前广场应做好竖向设计，保证与市政人行步道的平顺衔接。竖向设计坡度宜为0.3%~2.0%；与相邻区域的高差较大时，应设置坡道或台阶，并做好安全防护措施。

1.3.1.6 站前广场地面铺装需考虑强度、耐磨、美观、经济、环保等要求，宜采用透水砖或花岗石，并做好防滑措施；地面铺装材质、颜色应与周边用地广场或道路材质协调。

1.3.1.7 站前广场在不影响疏散和识别的前提下，适当设置景观绿化，并做好与出入口周边原有绿化的衔接；出入口与风亭或排烟机房合建的，周边绿化不得影响通风排烟。

1.3.1.8 站前广场应符合无障碍设计要求。广场盲道应从地面出入口引至市政盲道，盲道的位置和方向应方便安全行走和顺利到达无障碍设施；无障碍电梯坡道应与站前广场平接，盲道应引至市政盲道，坡道悬空侧应设置安全挡台及栏杆防护。

1.3.1.9 站前广场照明设计。小面积的站前广场可不另设照明，借用出入口建筑的光源，满足基本照度；面积较大广场需通过室外灯具达到照明效果，选用灯具应满足室外环境安全使用要求，地面平均照明宜为10~20lx，在人流繁忙时可取20lx，在后半夜宜降低一半，应避免照明对行人和司机产生眩光以及对环境造成光污染。

1.3.1.10 站前广场应有明显的导向标志，便于乘客识别。位置不得影响客流疏散，满足易达、易视要求；同时应做好导向标识、运营告示等整合设计处理。

1.3.1.11 每个站前广场应设置不少于一个垃圾桶，位置应醒目、方便、不阻挡客流，应配备烟灰缸，材料应防火、安全、耐久、环保、易维护；座椅应根据站前广场规模和流线设置，位置合理，大小合适，兼具安全、实用、美观要求，宜与除垃圾桶外其他站前广场设施小品整合设置。

1.3.2 非机动车停车场

1.3.2.1 根据城市规划和交通接驳预测数据要求，确定非机动车停车场位置及停车数量。

1.3.2.2 停车场位置应方便停放及与其他公共交通的接驳换乘。

1.3.2.3 应结合城市规划和各阶段接驳预测数据，整体设计，分步、分期实施。

1.3.2.4 非机动停车场应以专用停车场、路边停靠、与周边产权单位结合等多种形式结合设置，尽量采用地上或地下立体停车，并与周边街道、建筑、场地相协调发展；非机动车停车场出入口距离车站地面出入口距离不宜大于50m。

1.3.2.5 车行出入口与人行出入口应分开设置，人行出入口应与站前广场或人行步道连接。车行出入口宽度为2.5~3.5m，人行出入口宽度宜不小于0.75m。

1.3.2.6 非机动车停车场流线应顺畅合理，尽量避免与机动车、行人的交叉。

1.3.2.7 非机动车停车场竖向设计应做好排水设计，竖向设计坡度宜为0.3%~2.5%；停车场出入口与非机动车道有高差时，应设置坡道连接。

1.3.2.8 停车场铺装应坚实、防滑、美观、环保，宜选用透水砖。停车区及通道铺装颜色或形式应有区分。

1.3.2.9 非机动车停车场应尽量与绿化结合。非绿化停车场约1.8m²/辆，绿化停车场约2.8m²/辆；每组停车长度宜15~20m，并应设置车挡；条件受限时，可结合人行道树池间、天桥下等空间分散布置。

1.3.2.10 非机动停车场需通过室外灯具达到照明效果，灯具及安装方式应满足室外环境安全使用要求，灯具应考虑植物分支点高度，并避免产生眩光及光污染。

1.3.2.11 非机动车停车场外围应设置围栏和绿篱，高度1.2~1.5m。

1.3.2.12 根据需求及周边环境情况，可设置简洁、轻盈的停车棚，布置应满足高度和视距要求。

1.3.2.13 根据运营及城市管理需要，可在非机动车场出入口处设置管理用房。

1.3.3 机动车停靠及场站

1.3.3.1 车站站前机动车停靠及场站主要包括公交车港湾及场站、出租车停靠和小汽车驻车换乘停车场。

1.3.3.2 根据城市用地和交通情况，确定机动车停车场位置及停车数量。

1.3.3.3 充分考虑轨道交通车站对周边机动车停靠及场站的影响，统筹设计停靠及场站位置，形成连续、高效的交通网络。

1.3.3.4 结合城市未来交通规划，将轨道交通与机动车停靠进行整体设计，根据不同阶段条件，分步、分期建设实施。

1.3.3.5 车站站前机动车停靠及场站的设置应符合城市区域交通流线及接驳规划要求，保证轨道交通接驳设施与外部机动车的流线安全、顺畅。

1.3.3.6 公交场站应安排停车区、通道及附属设置位置。首末站面积不小于1000m²；公交场站出入口不宜直接设在主干路及以上等级道路上，距离交叉路口不宜小于100m，且车行与人行应分开设置；公交场站出入口距离轨道交通车站地面出入口不宜大于150m；公交场站上方净空应不小于4.5m；绿化面积不宜小于用地面积的20%。

1.3.3.7 上下行公交车停靠站应错开设置，宜设置为港湾式停靠站；公交车港湾距离轨道交通车站地面出入口不宜大于50m，公交车停靠流线不宜与非机动车交叉。

1.3.3.8 公交停靠站车道和站台宽度应符合规范要求；上下客区域应设置安全措施。

1.3.3.9 出租车停靠站距离轨道交通车站地面出入口不宜大于50m，且应与公交车停靠站分开设置。

1.3.3.10 小汽车驻车换乘停车场出入口距离轨道交通车站地面出入口不宜大于150m；距离交叉路口不宜小于100m；小汽车驻车换乘停车场上方净空应不小于2.5m。

1.3.3.11 机动车停靠及场站地面材料强度应满足相应车辆的使用要求，且应做好照明和排水措施。

1.3.3.12 机动车停靠及场站应根据规模设置一定数量的无障碍停车位，无障碍停车位一侧，应设置宽度不小于1.2m的无障碍通道，且有安全通道到达地铁出入口或垂直电梯；当有高差时必须设置坡道。

1.3.3.13 小汽车驻车换乘停车场，非绿化停车指标25~30m²/辆，绿化停车指标40m²/辆。

1.3.3.14 机动车停靠及场站应有明显、明确、整合的导向标志，便于乘客换乘识别。

1.3.3.15 根据运营及城市管理需要，设置候车亭、管理用房。

1.3.4 绿化设计

1.3.4.1 站前广场绿化应以符合广场交通功能为前提结合环境及竖向特点设置，需协调好交通流线与绿化的关系。

1.3.4.2 绿化设计充分考虑广场规模、气候条件及运营维护，与周边环境及既有绿化协调，形成连续的街道景观。

1.3.4.3 在树种和植被选择上，应以当地乡土植物为主。乔、灌、草多层次覆盖，保证最大绿地率，营造多层次绿化环境。

1.3.4.4 非机动车、机动车停车场与临街道路宜采用绿化隔离，隔离带宽度不小于0.9m，高度1.2~1.5m；停车场内绿化设计应符合净空要求，植物分支点高度不低于2.5m；树池短边不应小于1.2m，树池应设置树池盖板。

1.3.4.5 非机动车场内每隔8~12m设置绿化池，宽度不小于1.2m。并通过树木、灌木、地被的搭配，实现立体绿化。

1.3.4.6 应根据站前广场绿化规模设置相应的供水设施，预留出灌溉供水点接口，满足绿化用水需求。

1.3.5 小品及附属设施

1.3.5.1 根据广场规模尺度，可以设置座椅、垃圾桶、风雨亭、信息牌、景观小品、管理用房等公共服务设施，满足人们休息、等待、交流等活动需要。要充分考虑交通流线，既保证各类设施的有效使用，又确保不挤占人流疏散空间。

1.3.5.2 城市重点部位的车站广场，在用地条件许可的前提下应尽量添加景观空间。在小尺度范围创造出景观空间，充分考虑出入口建筑、广场空间的可识别性，适当设置景观小品，提高人们对城市公共空间的感知。

1.3.5.3 座椅、垃圾桶应充分考虑乘客需求及活动流线，材质以金属、防腐木、塑料和石材为主。

1.3.5.4 非机动车停车场出入口处可设置管理用房，面积约6m²。

2 设计依据

1.《地铁设计规范》GB 50157

2.《无障碍设计规范》GB 50763

3.《城市绿地设计规范》GB 50420

4.《园林绿化工程施工及验收规范》CJJ 82

5.《轨道交通接驳设施设计技术指南》DB11/T 1236

6. 国家标准图集系列、其他相关国家及地方规范、规程、规定和相关行业标准等

第一部分

总平面图

地下车站站前广场总平面图
枢纽车站站前广场总平面图
下沉广场总平面图

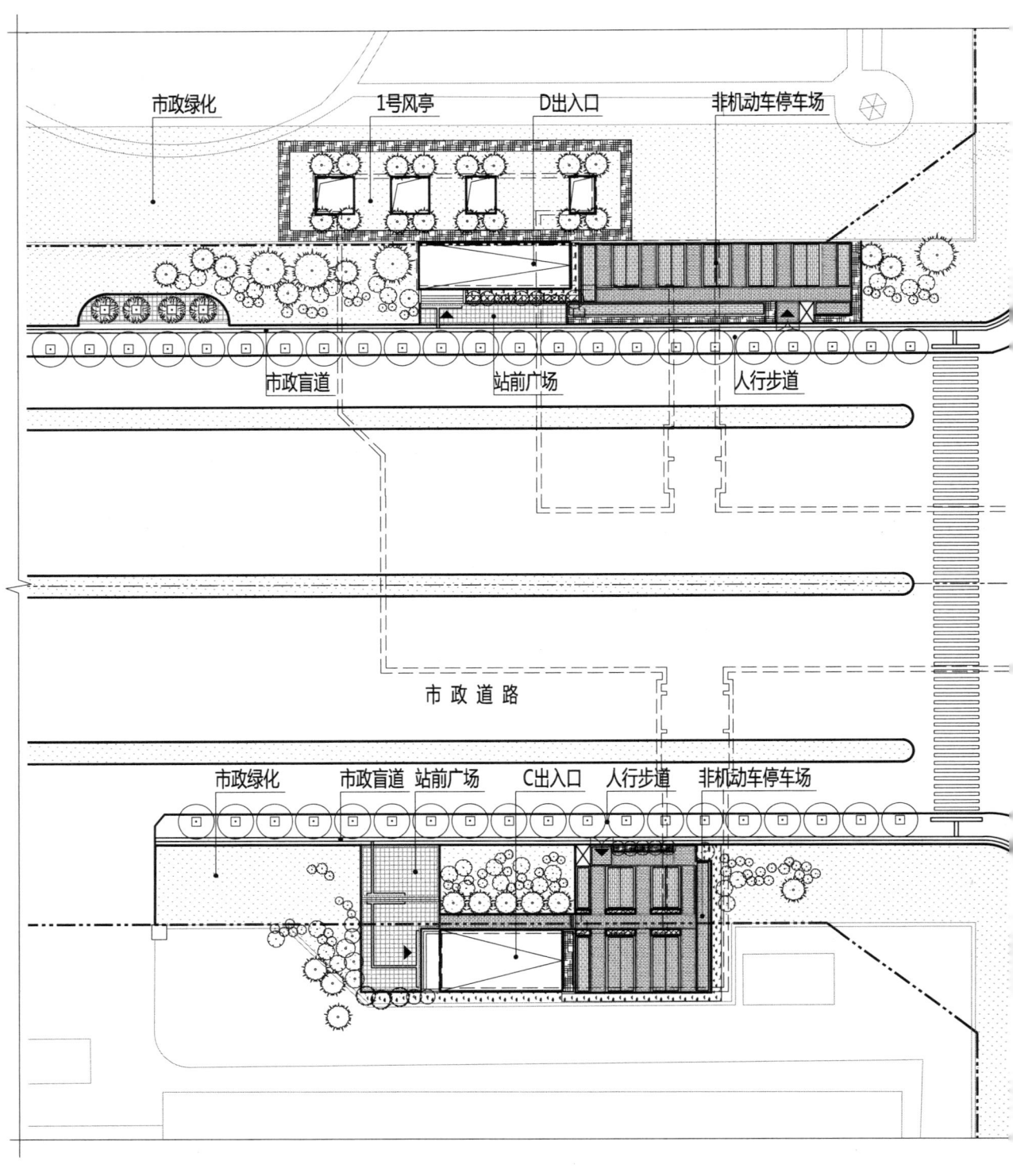

说明： ·—··—··— 道路红线
　　　　 ------------ 车站轮廓线

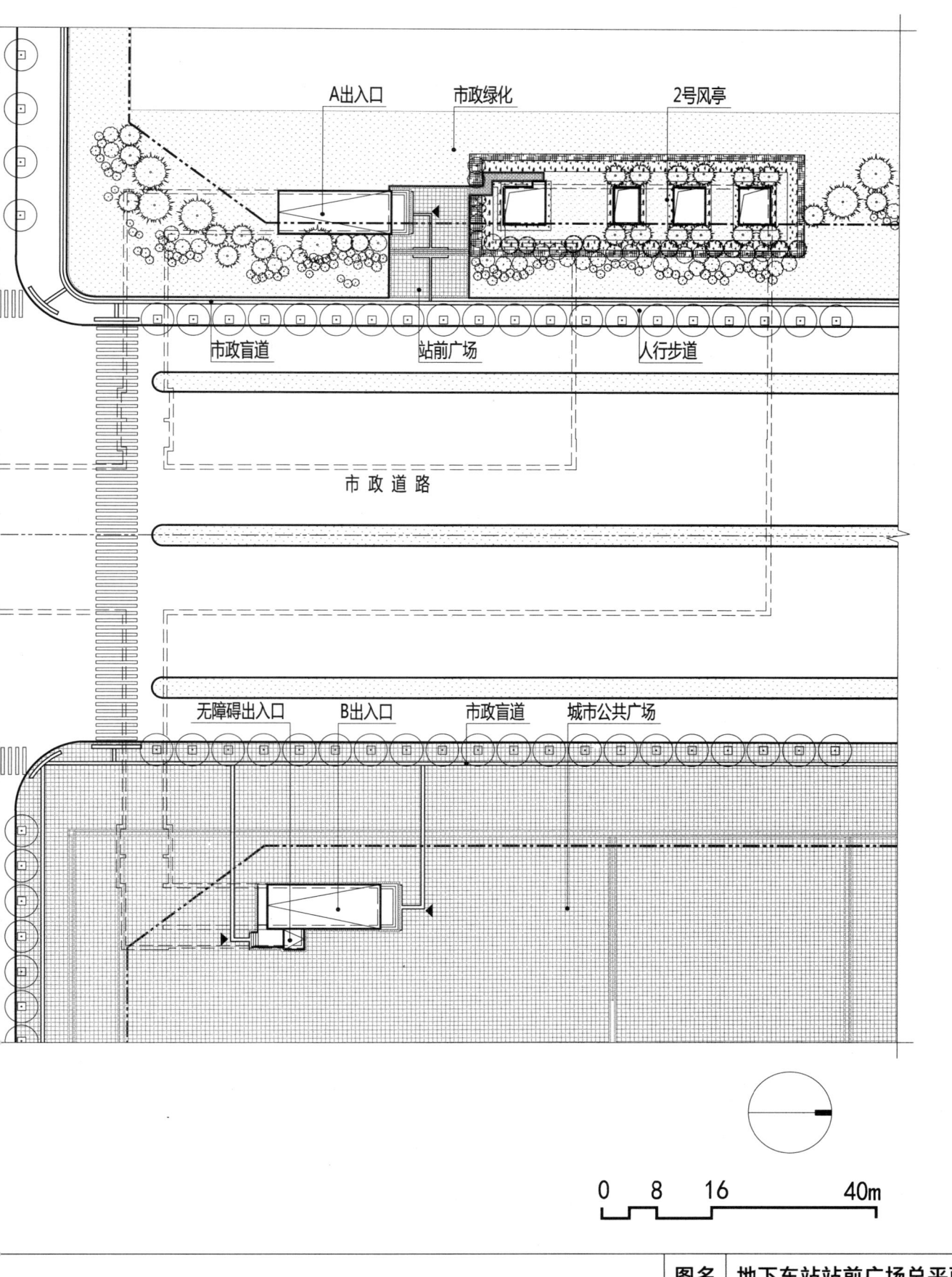

图名 | 地下车站站前广场总平面图

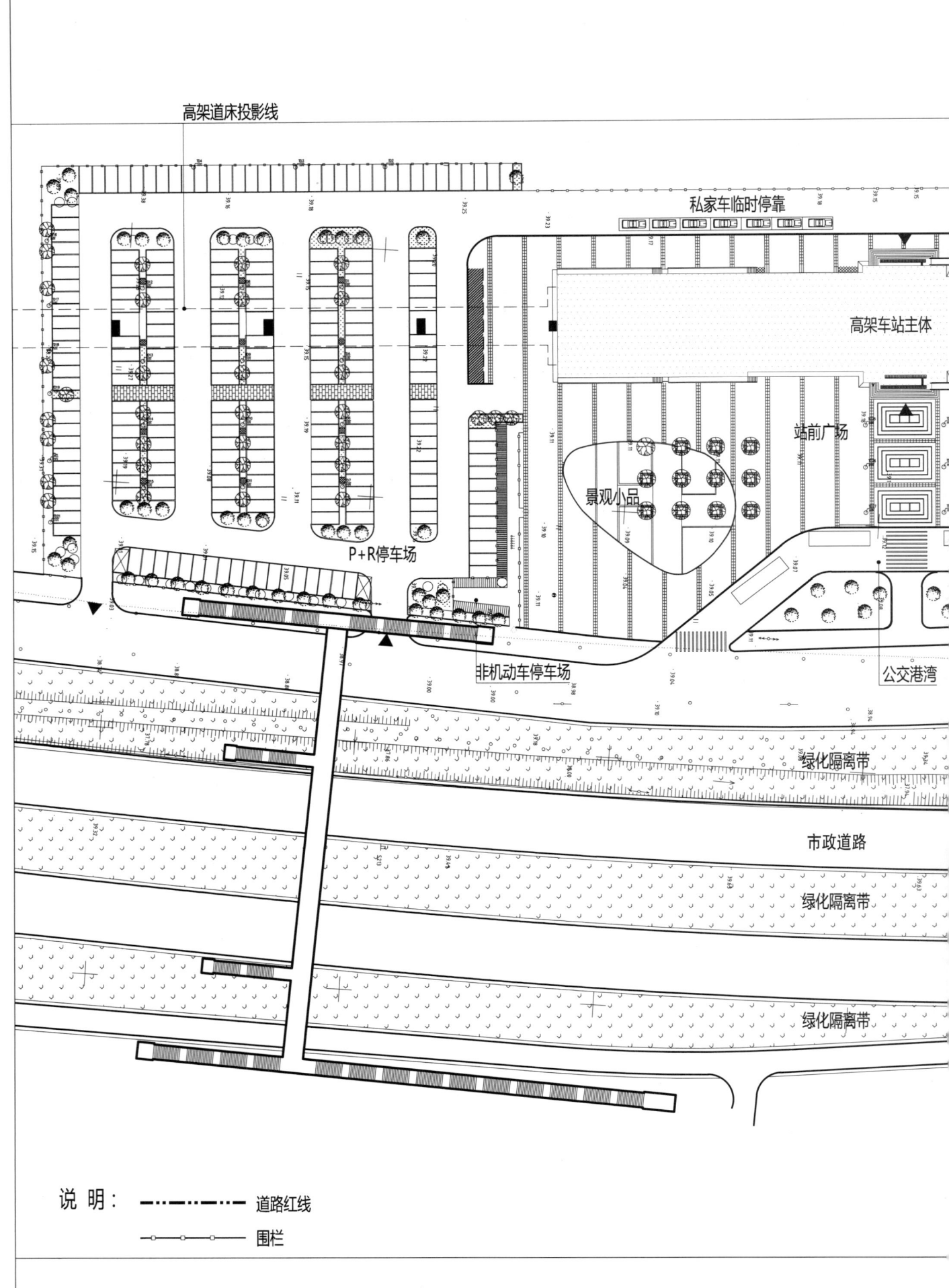

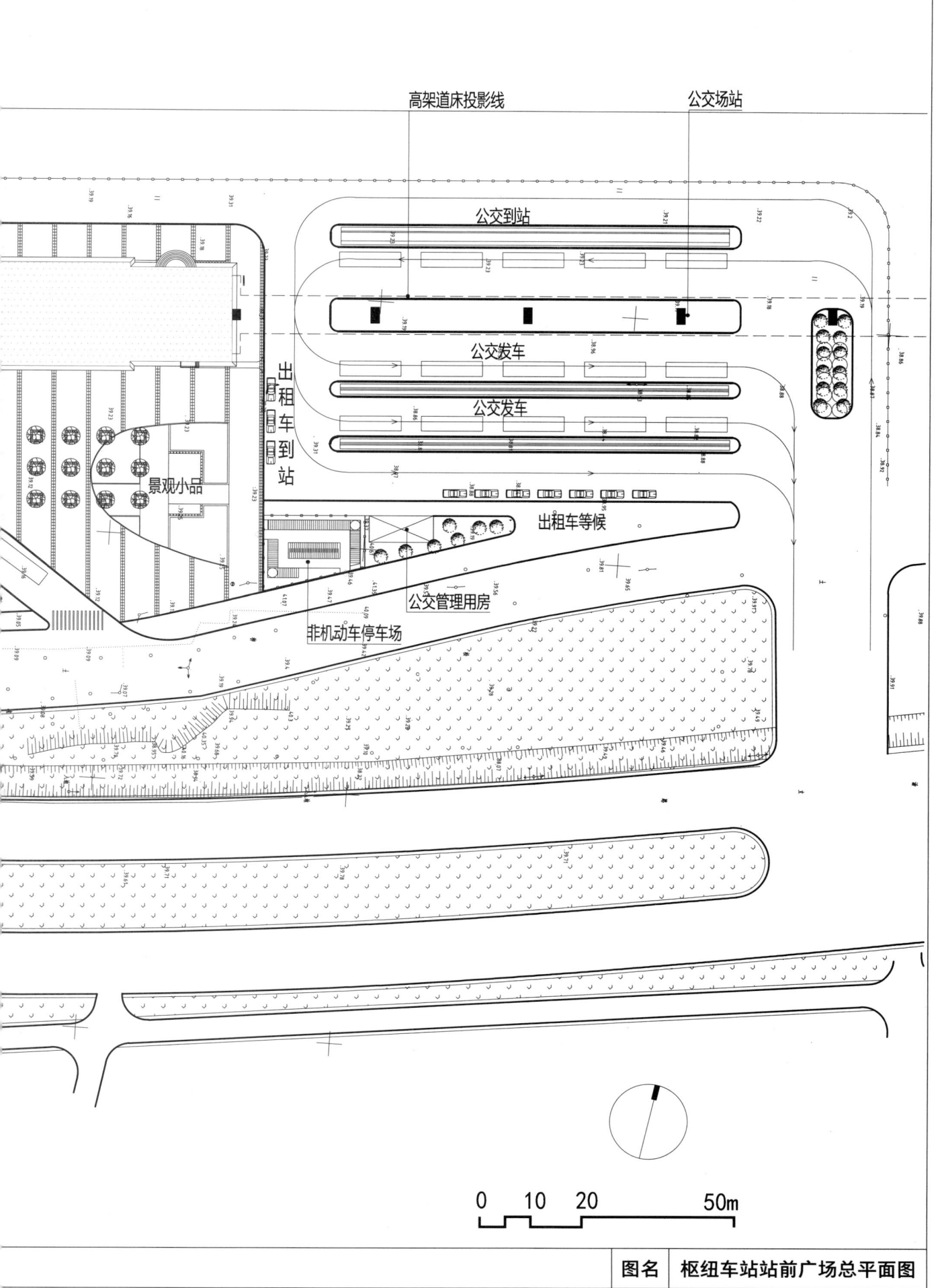

图名　枢纽车站站前广场总平面图

小尺寸公交港湾广场				
序号	街路关系	横（m）	纵（m）	总面积（㎡）
a		50	40.5	2025
b		50	45.5	2275
c		61	30	1830

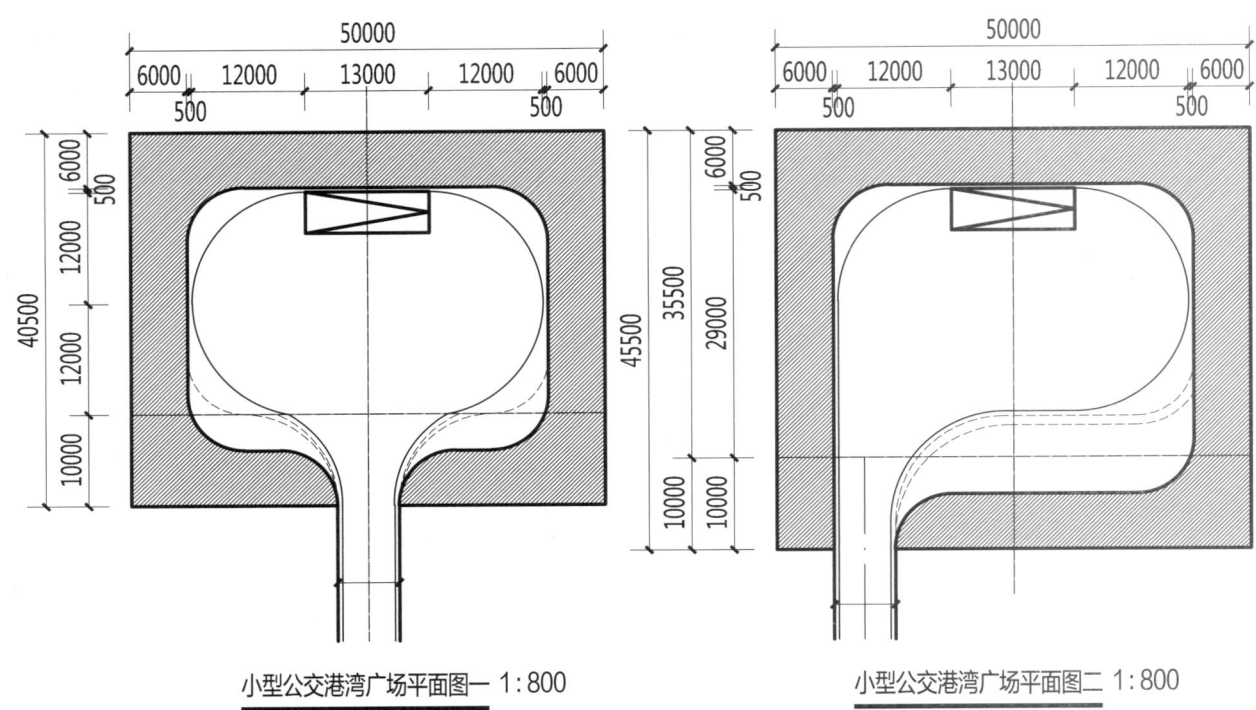

小型公交港湾广场平面图一 1:800

小型公交港湾广场平面图二 1:800

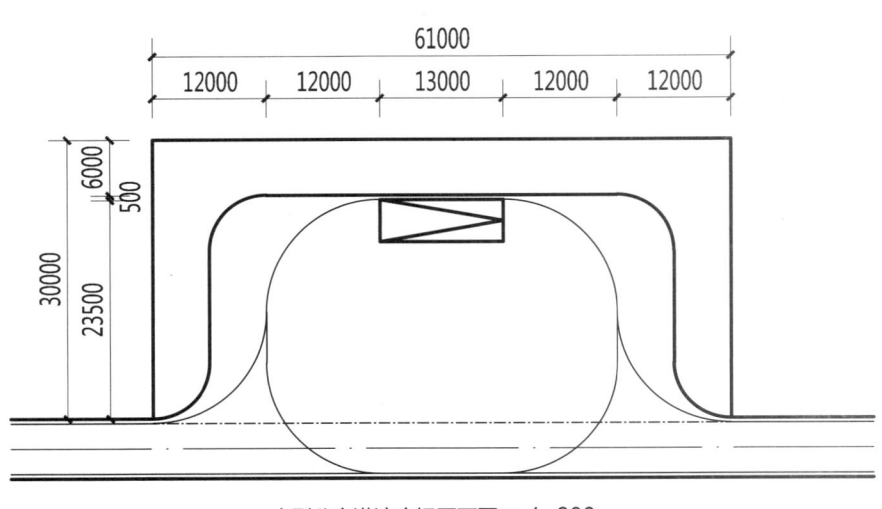

小型公交港湾广场平面图三 1:800

（摘自日本站前广场资料）

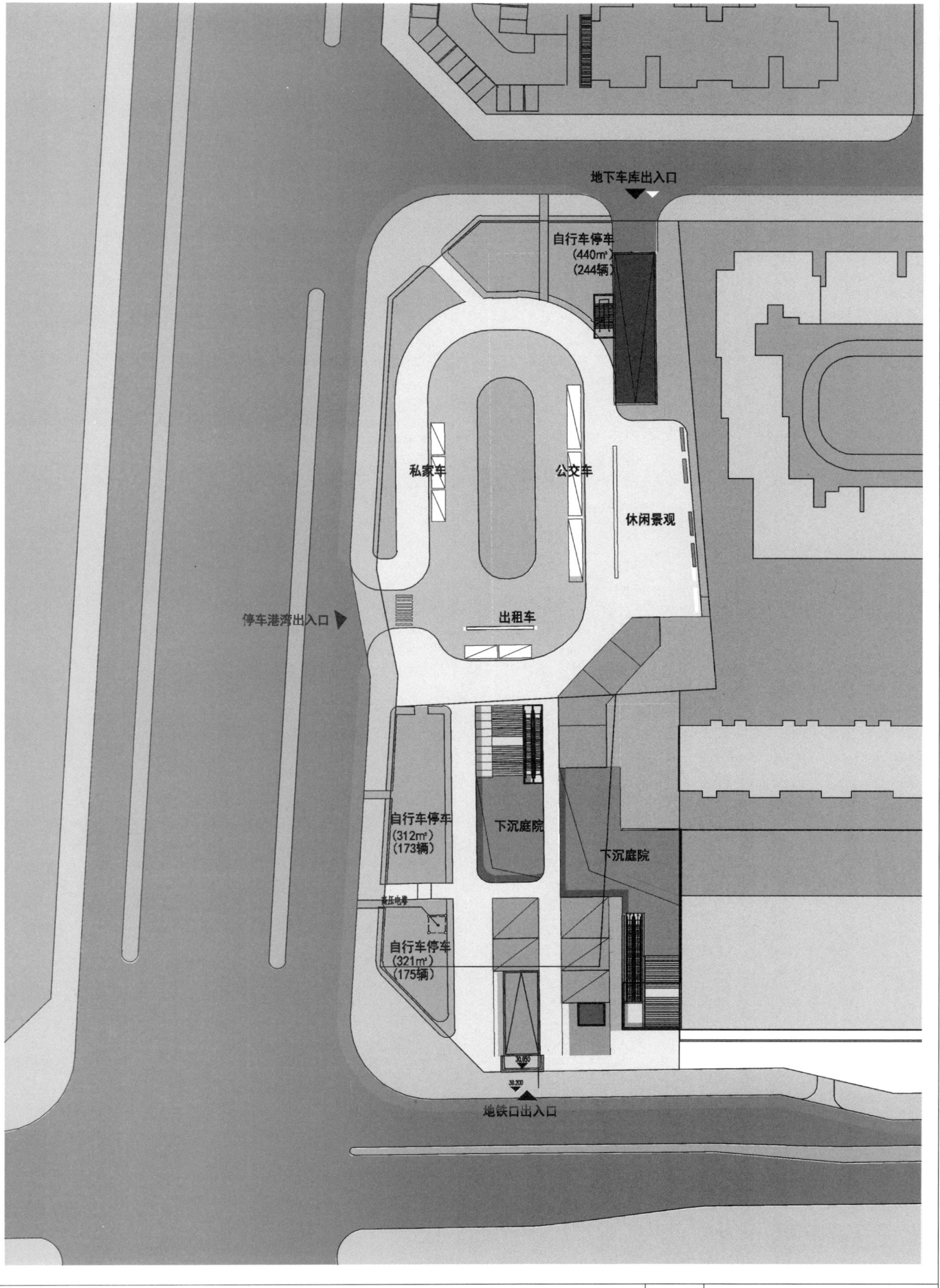

图名　小型港湾平面示意图

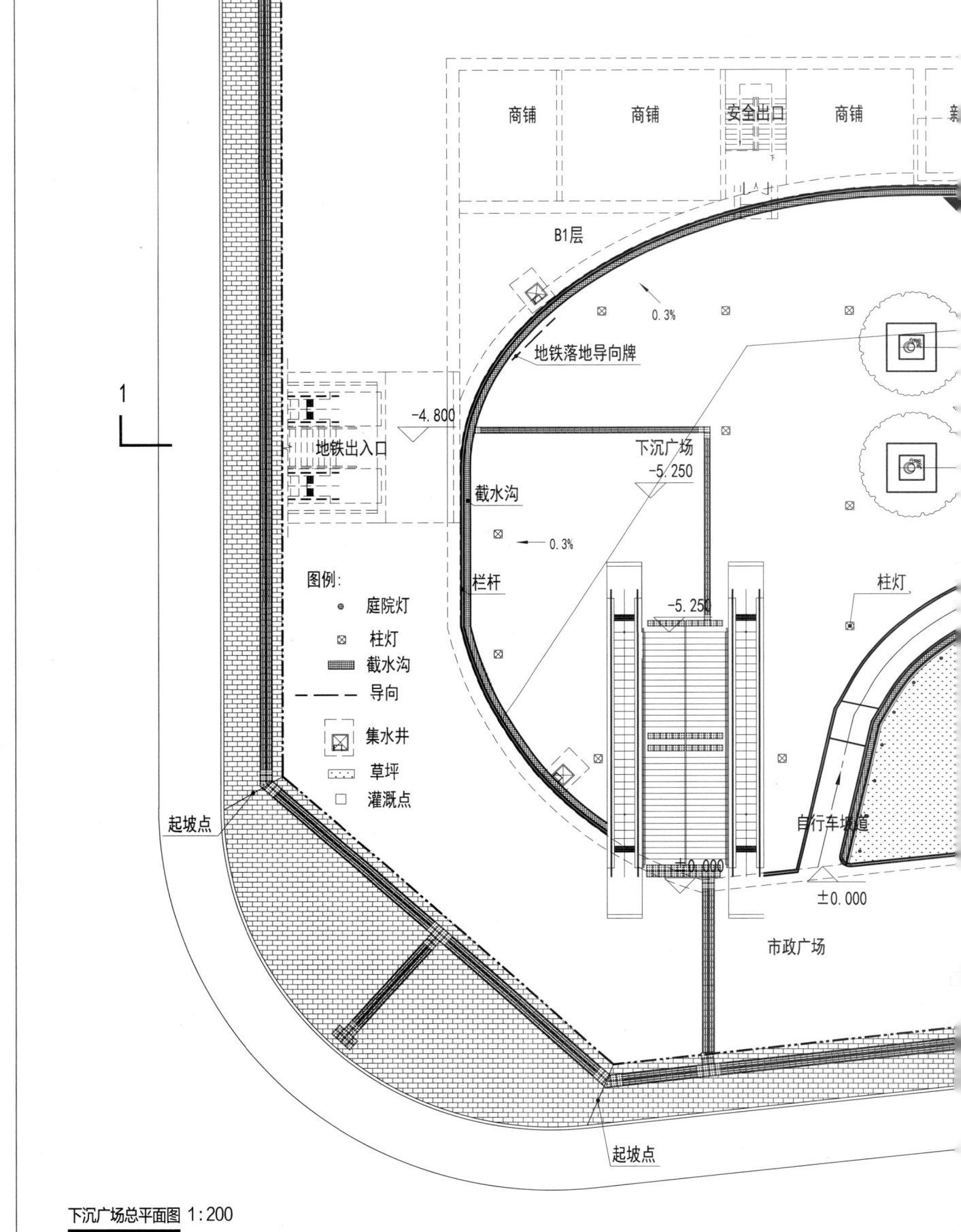

下沉广场总平面图 1:200

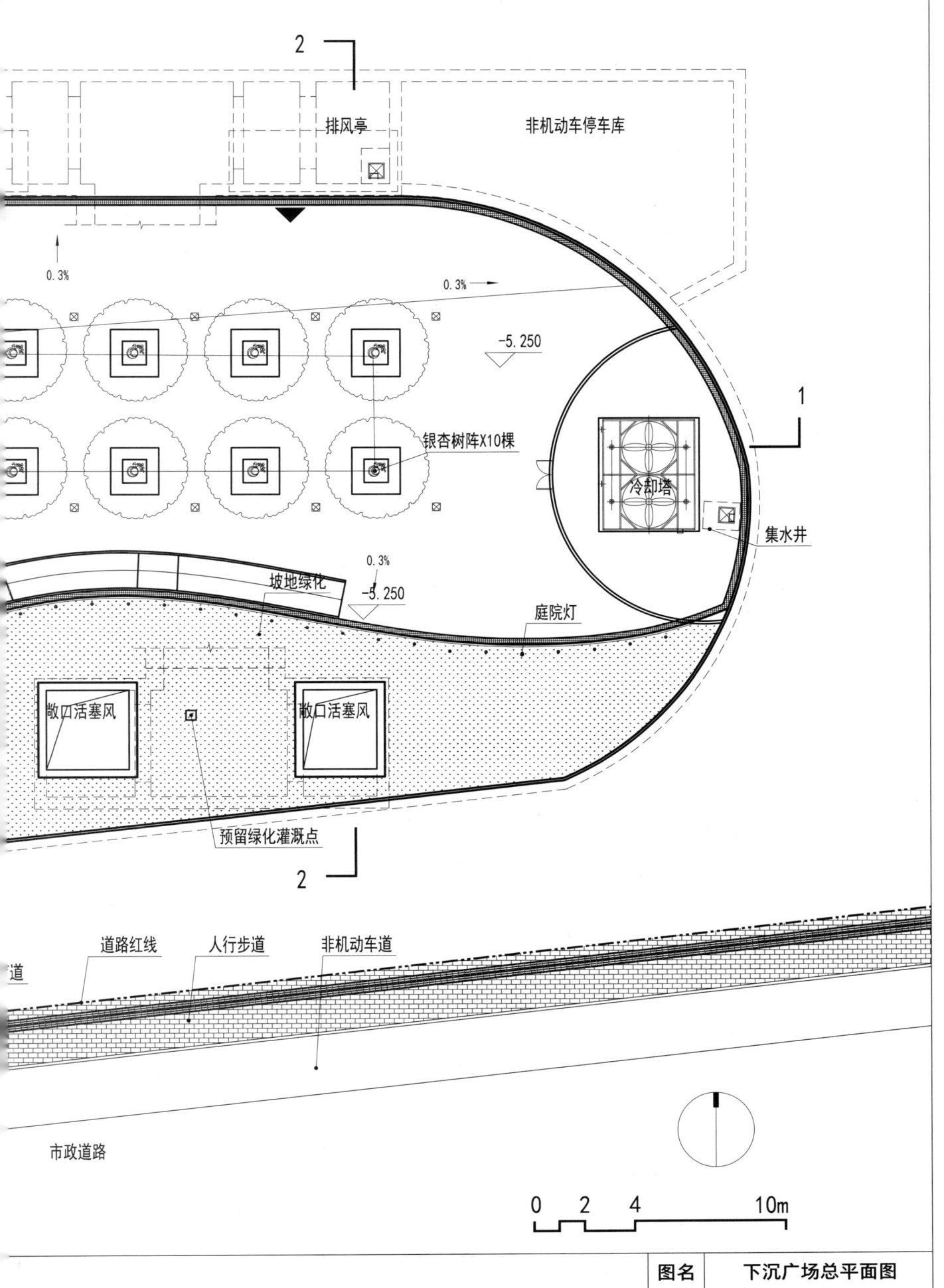

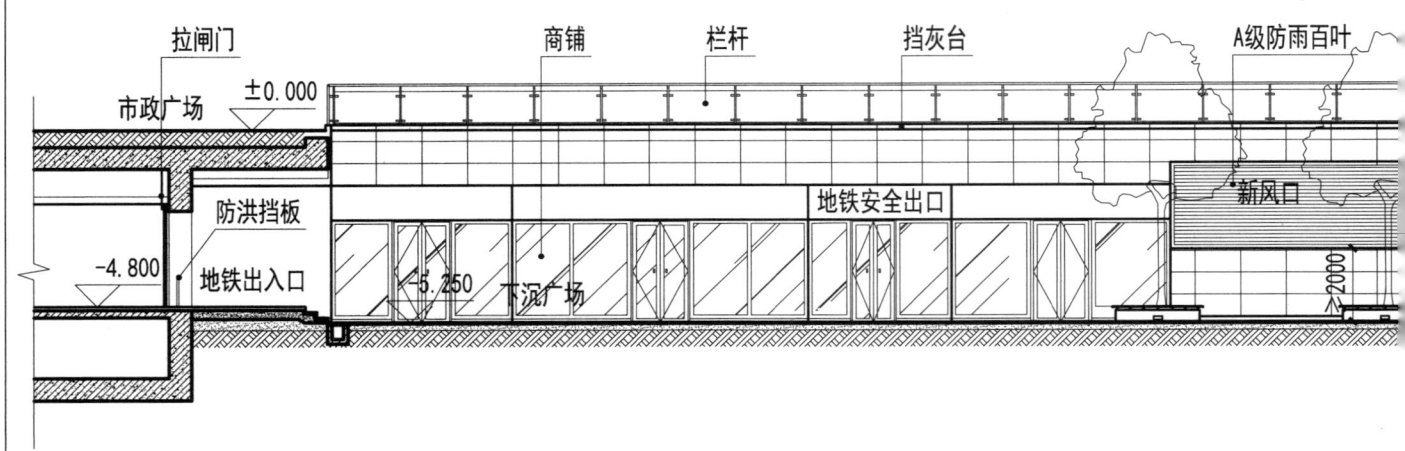

1-1剖面图 1:200

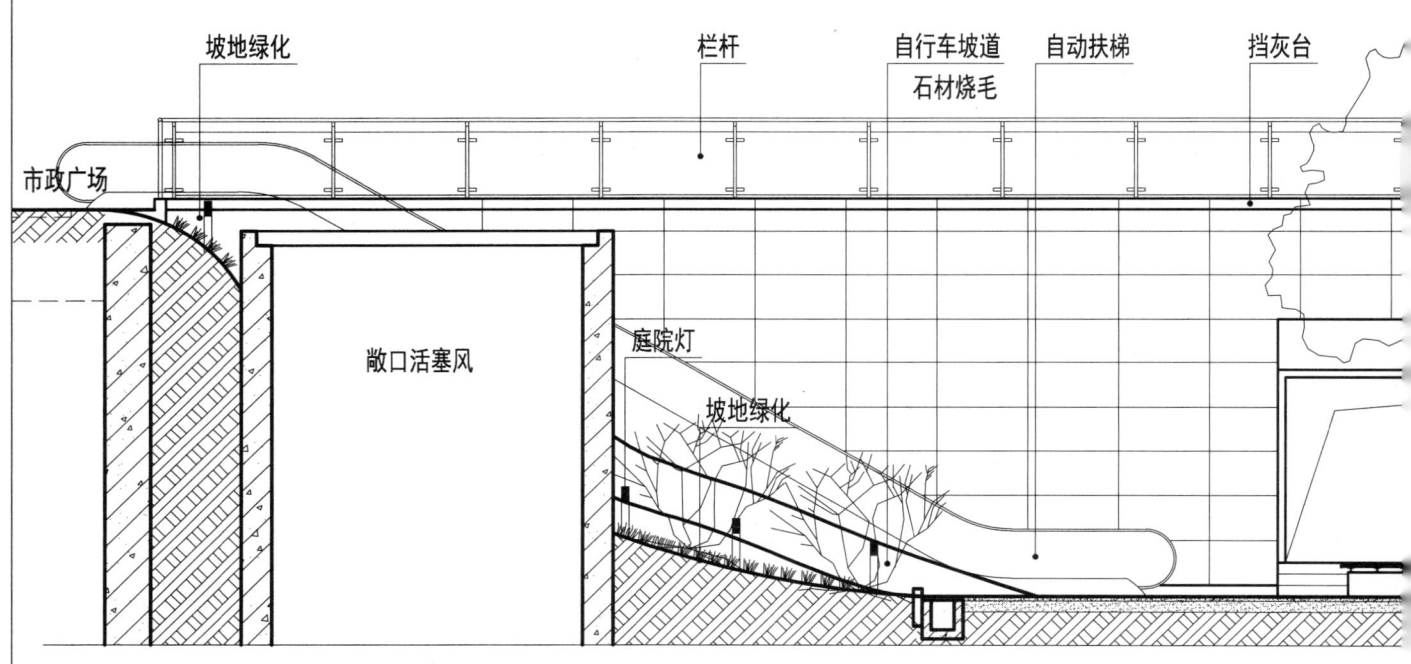

2-2剖面图 1:100

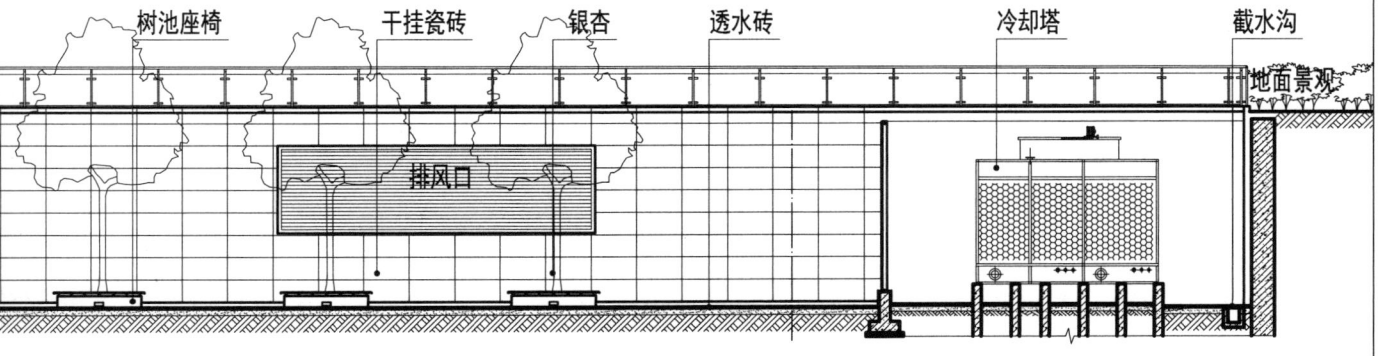

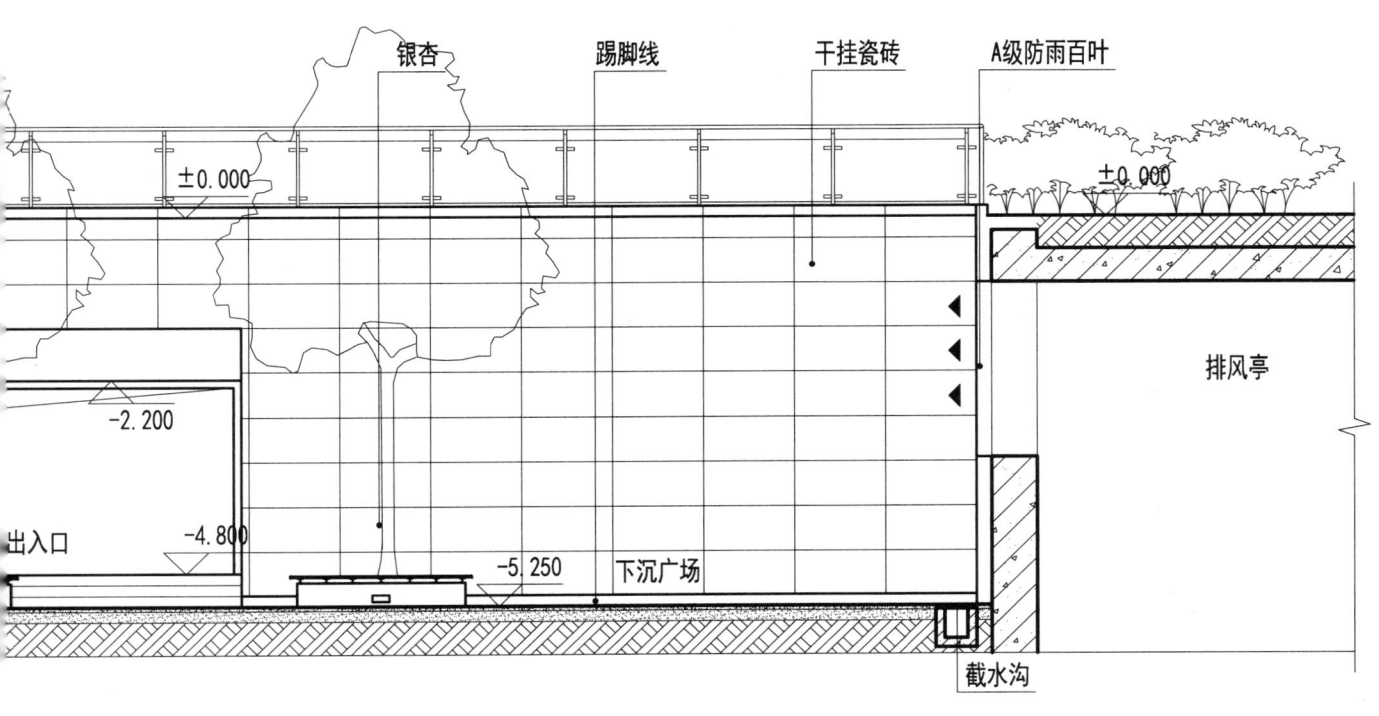

| 图名 | 下沉广场剖面图 |

第二部分

站前广场

平面图、定位图
竖向图、铺装图
动照图、植物配植图
座椅图
风雨亭图

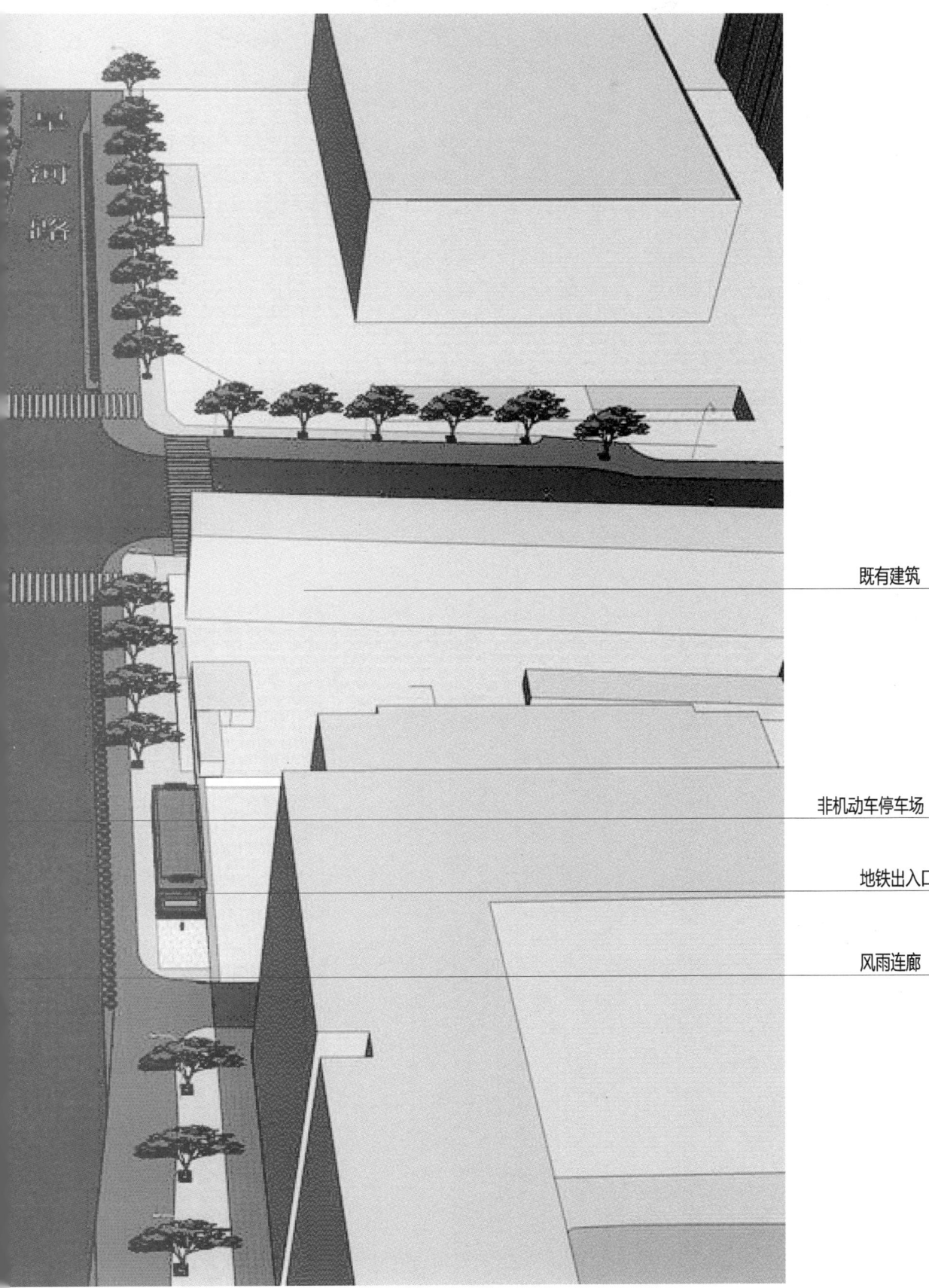

| 图名 | 与街道关系示意图 |

景观雕塑　非机动车停车场　景观小品　广场座椅　市政盲道

025

第二部分 站前广场

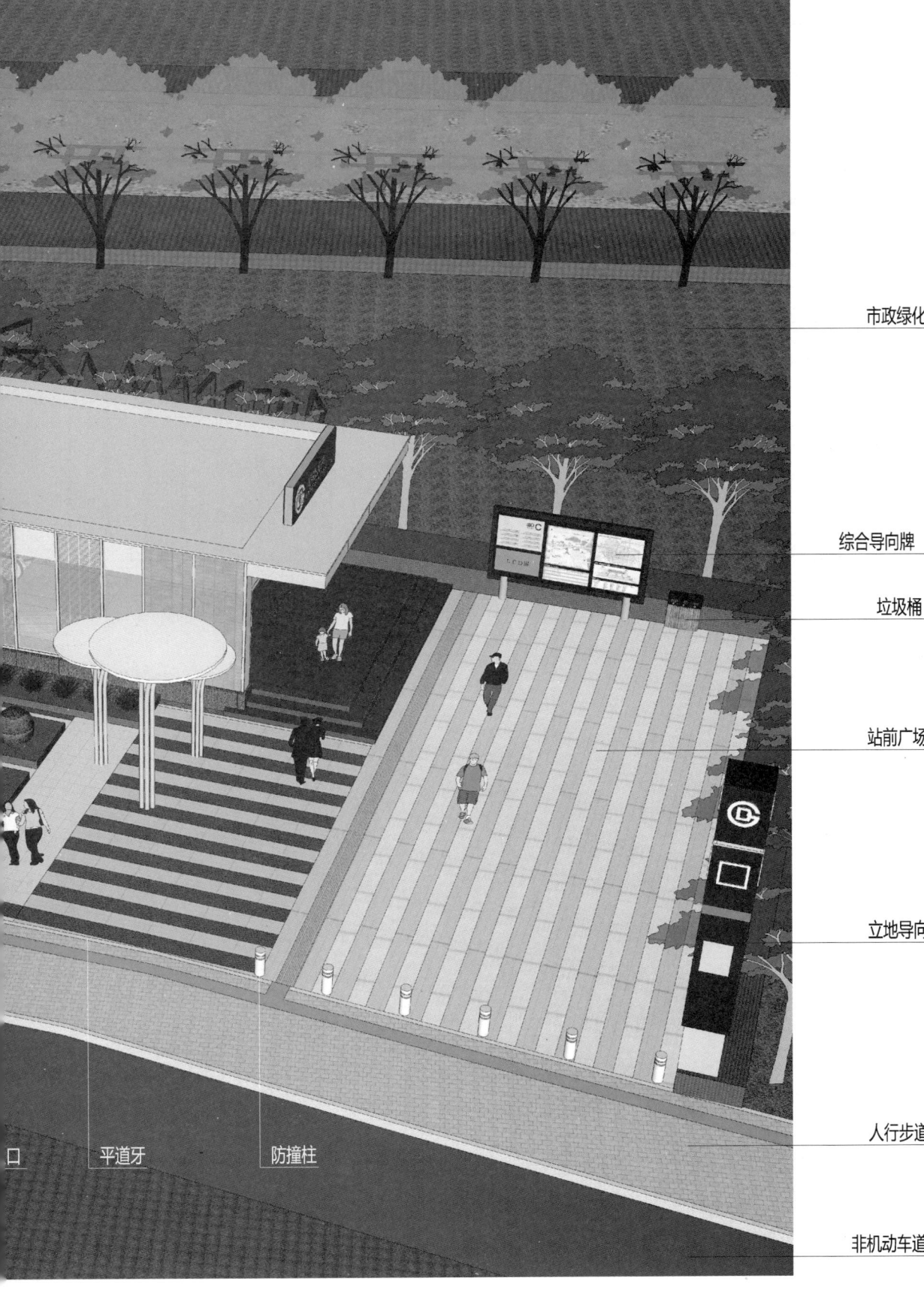

市政绿化

综合导向牌

垃圾桶

站前广场

立地导向

人行步道

非机动车道

口　平道牙　防撞柱

| 图名 | 出入口站前广场示意图 |

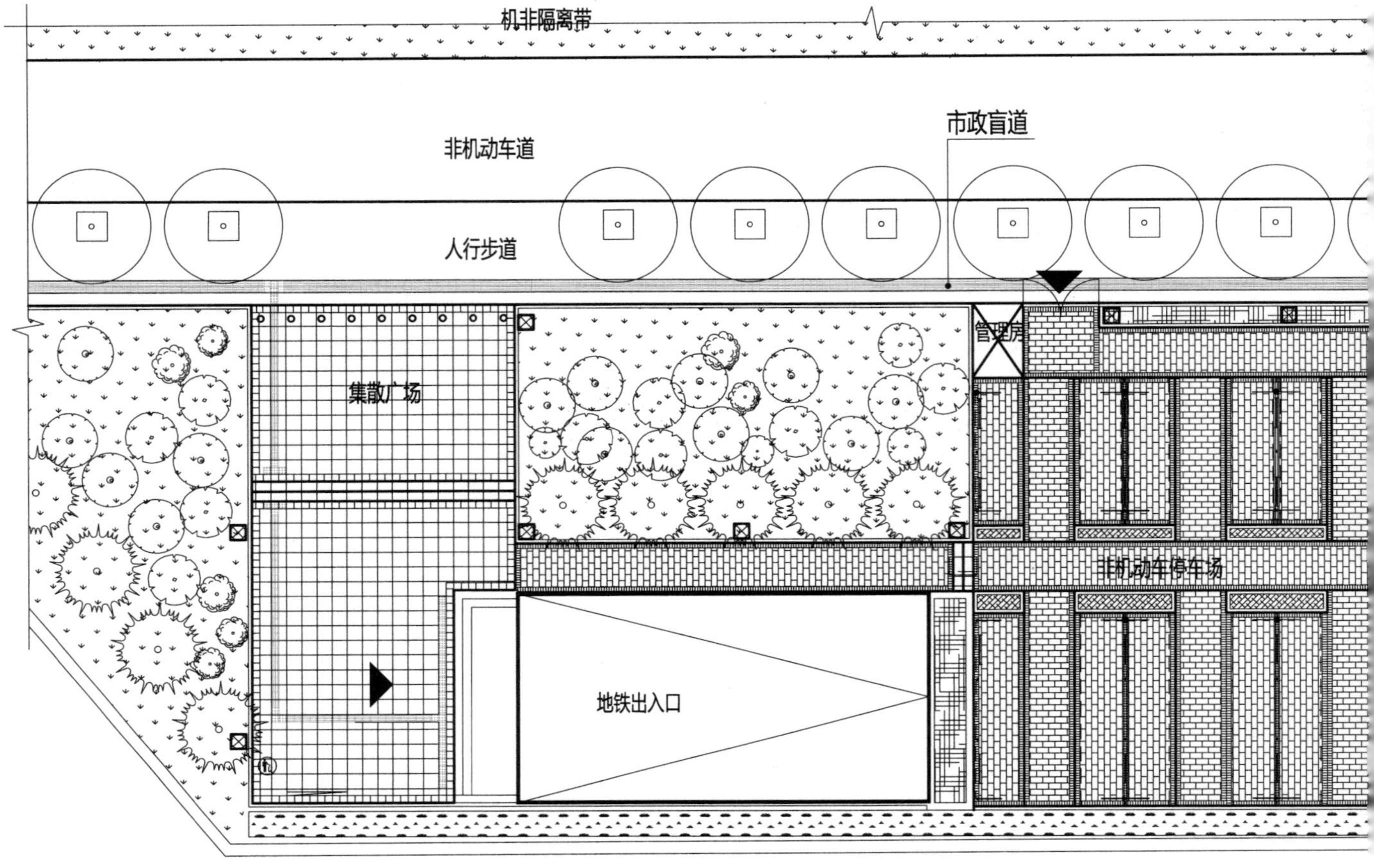

站前广场平面图 1:300

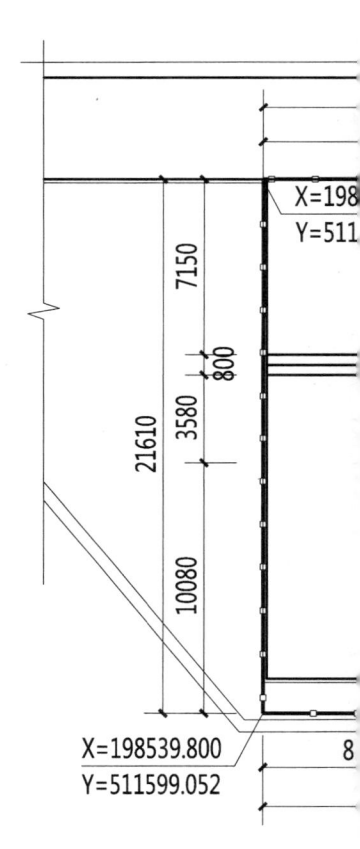

027

第二部分 站前广场

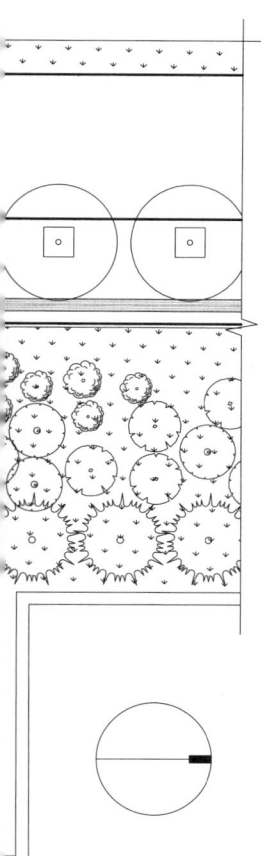
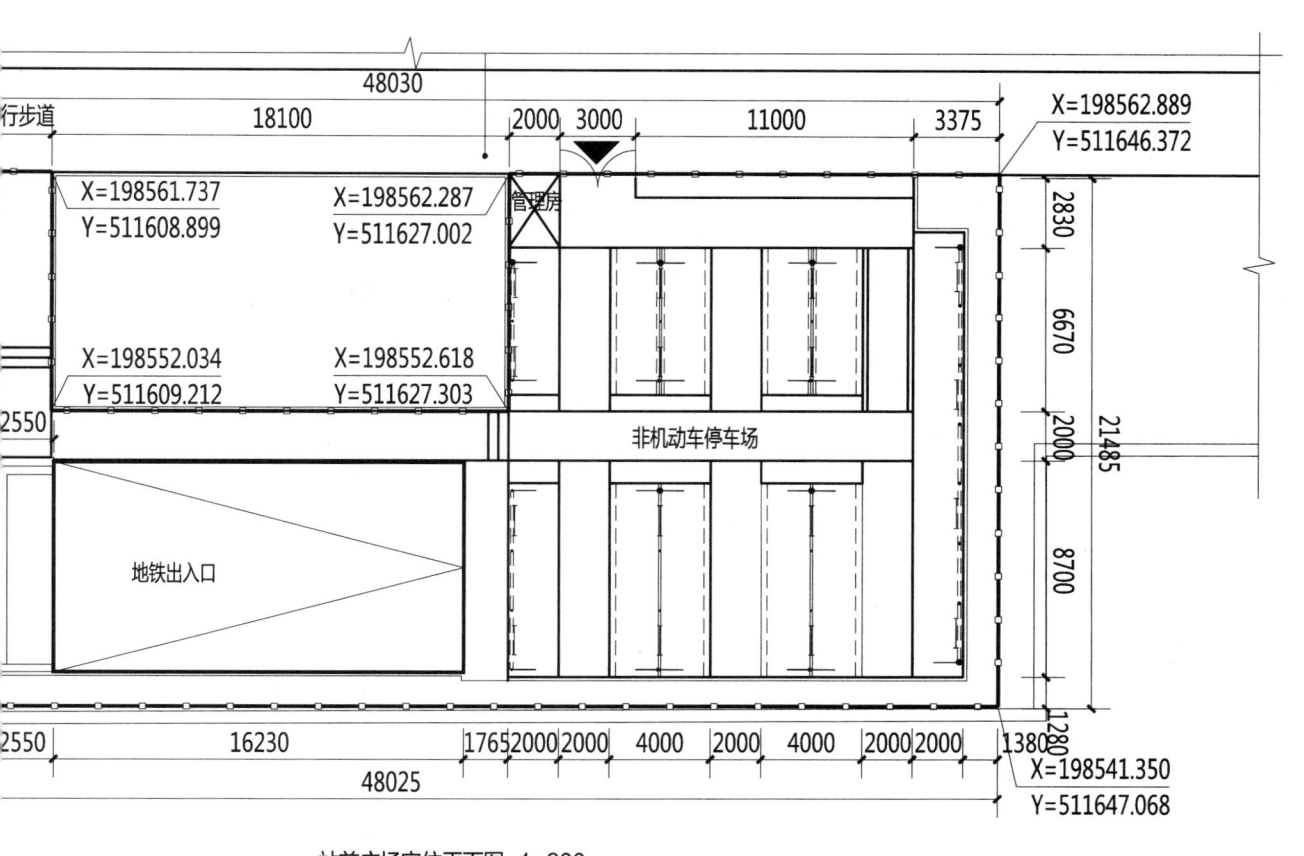

站前广场定位平面图 1:300

| 图名 | 站前广场平面及定位平面图 |

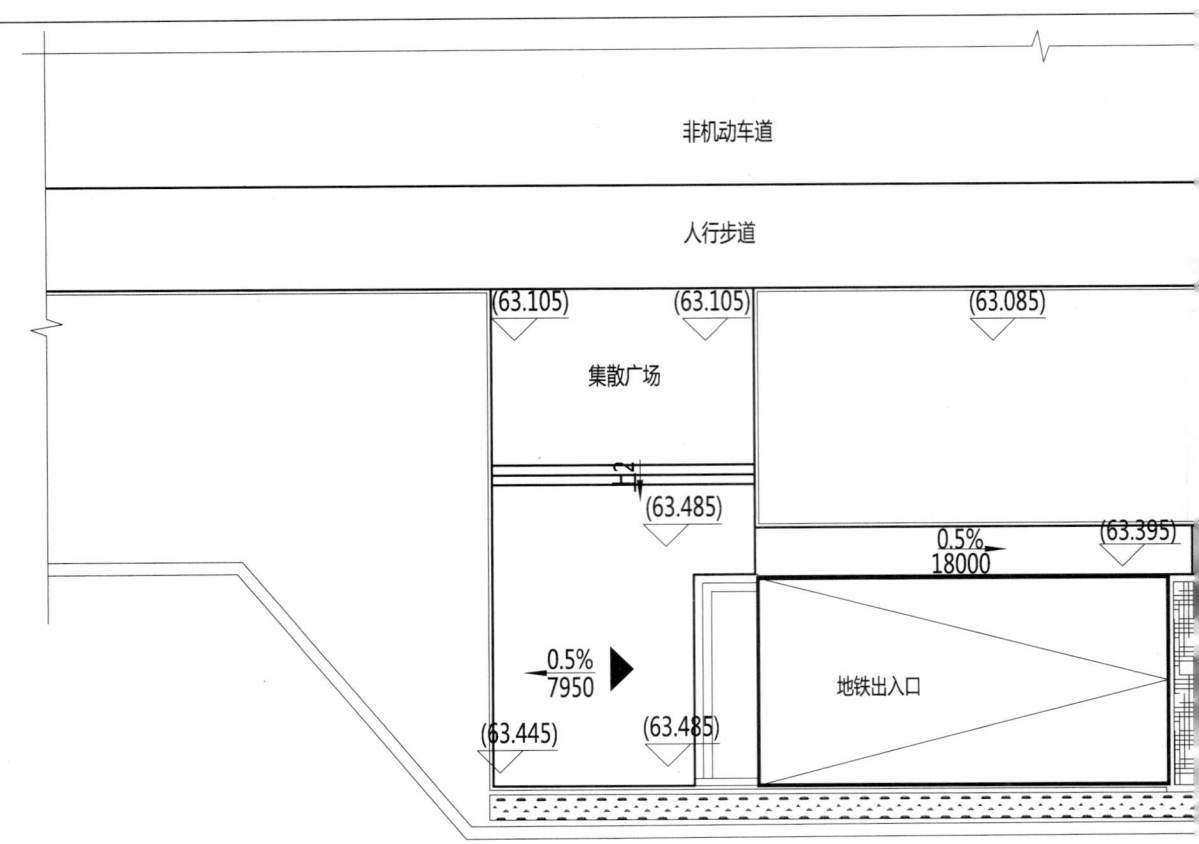

站前广场竖向平面图 1:300

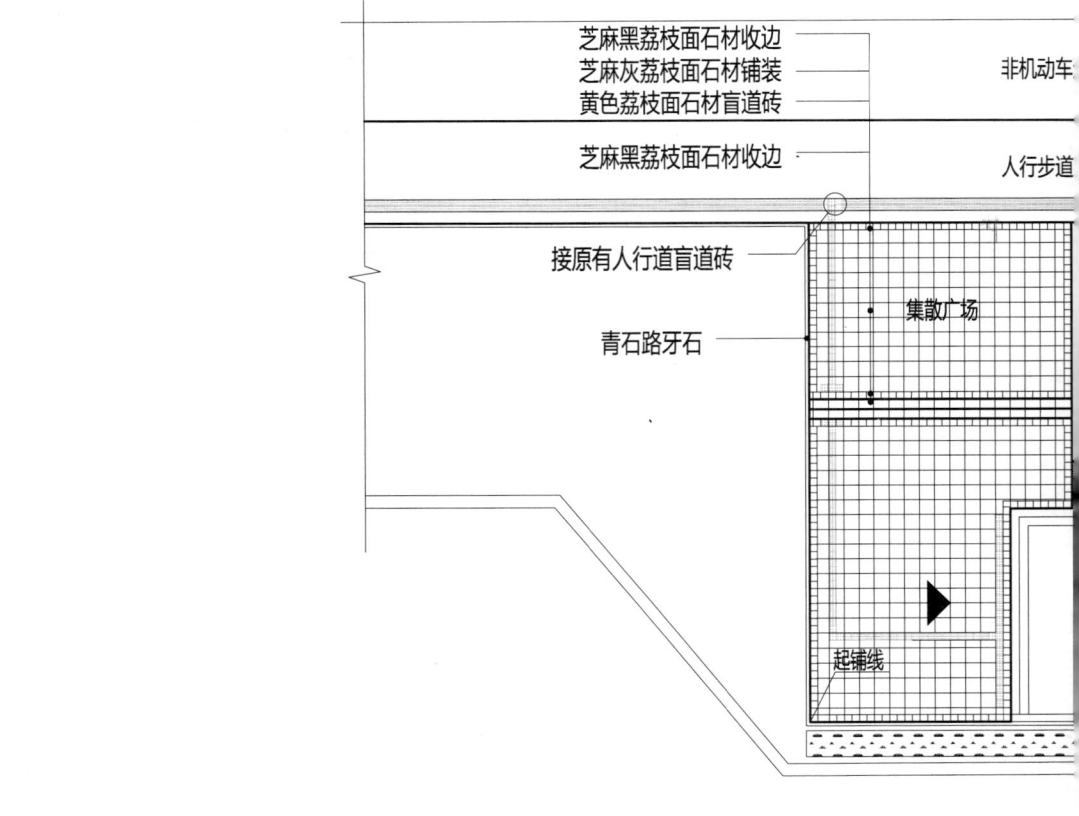

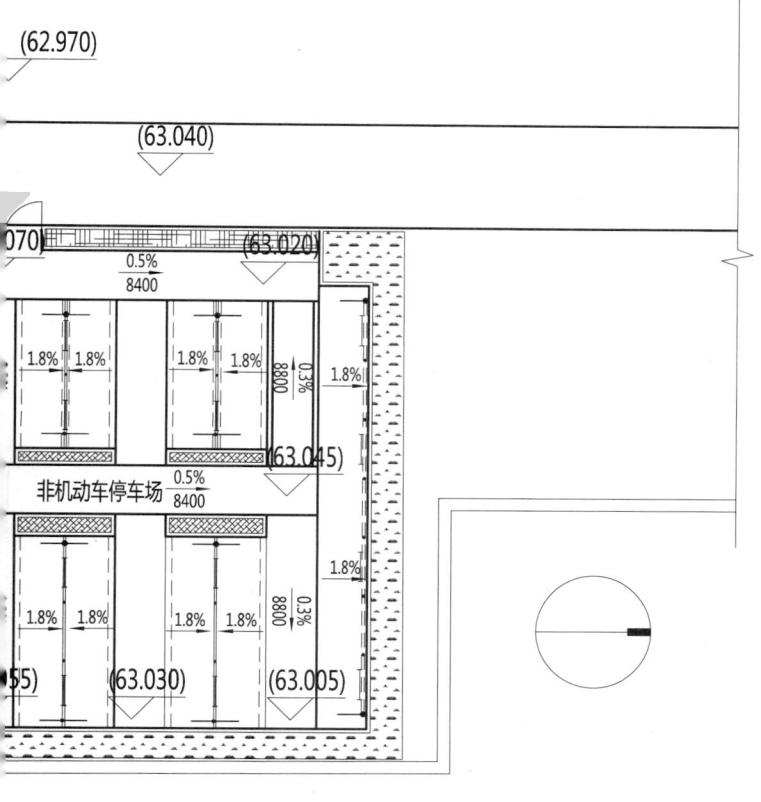

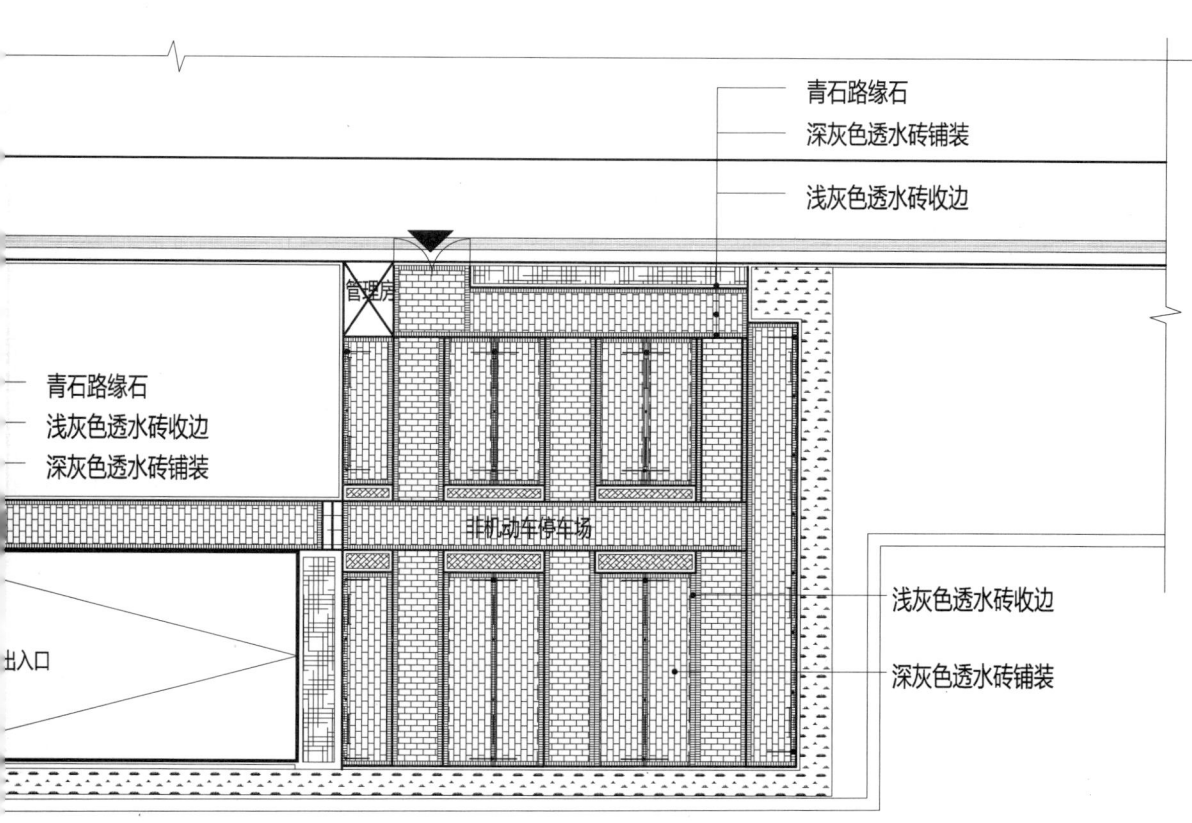

站前广场铺装平面图 1:300

| 图名 | 站前广场竖向及铺装平面图 |

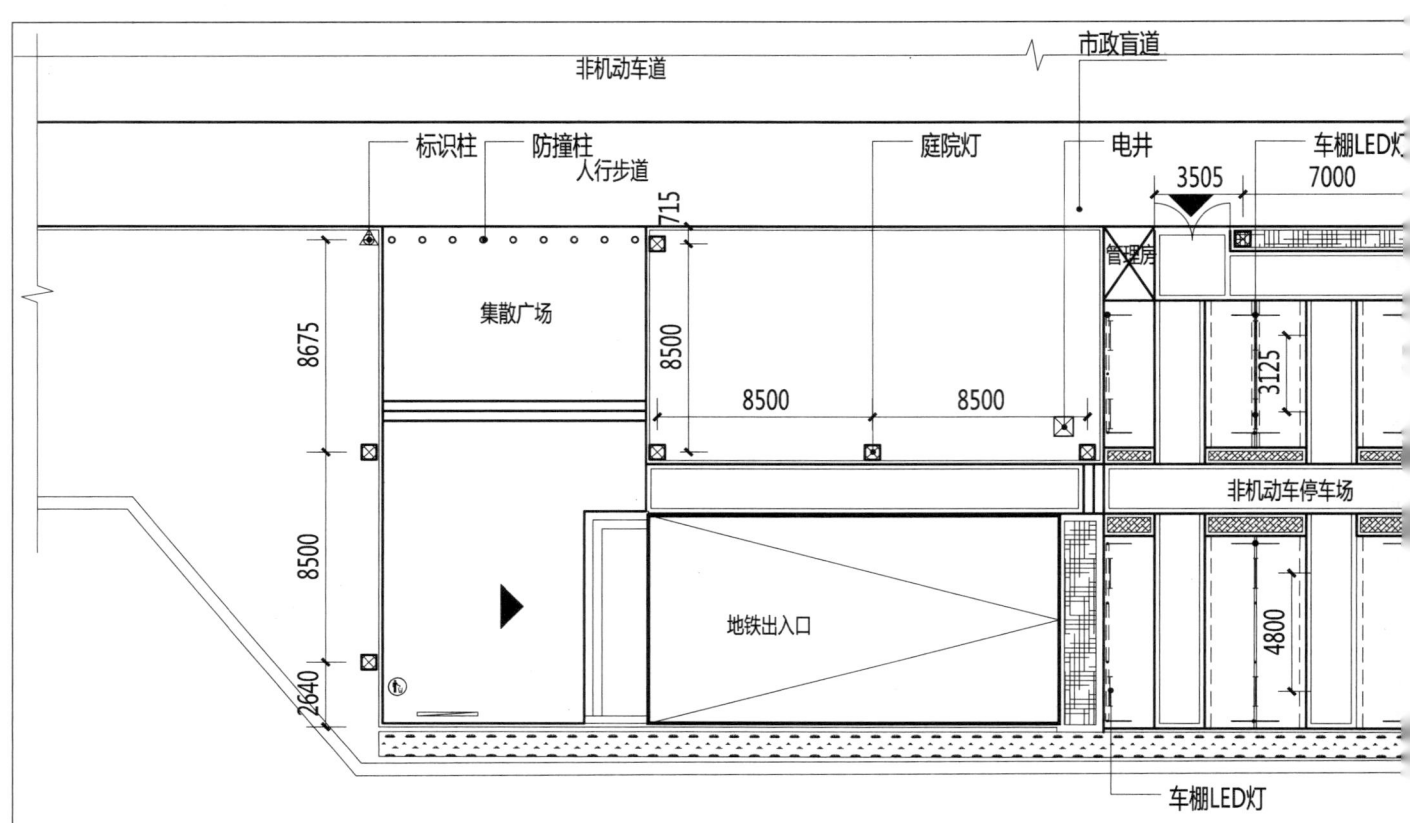

站前广场动照平面图 1:300

注:
1. 本工程采用坐标体系与网络相结合的方式进行放样。
2. 网格间距:小格为2m×2m/格,大格为10m×10m/格。
3. 网格基点E0/F0点定位总图坐标X:XXX.XXX,Y:XXX.XXX。

植物图例:

序号	图例名称	苗木名称	规格			备注
			胸径=φ、地径=D(cm)	高度=H(m)	冠幅=W(m)	
1		红叶石楠篱		0.8~1.0	0.4~0.5	16株/m²,修剪高度0.8m,种植边缘弧形修剪
2		金叶女贞篱		0.6~0.7	0.3~0.4	36株/m²,修剪高度0.5m,种植边缘弧形修剪
3		大花萱草		0.3~0.4		
4		人工草坪				冷季型草坪
5		紫叶李	D 7~8	2.5~3.0	2.0~2.5	全冠种植,树形饱满,分支点1.2m
6		油松	φ15~16	6.0~7.0	4.0~4.5	全冠种植,树形饱满,不偏冠,不脱脚,分支点≤0.8m
7		樱花	D 7~8	2.5~3.0	2.0~2.5	全冠种植,树形饱满,分支点1.2m
8		紫薇	D 5~6	2.0~2.5	1.5~2.0	全冠种植,树形饱满,分支点0.6m

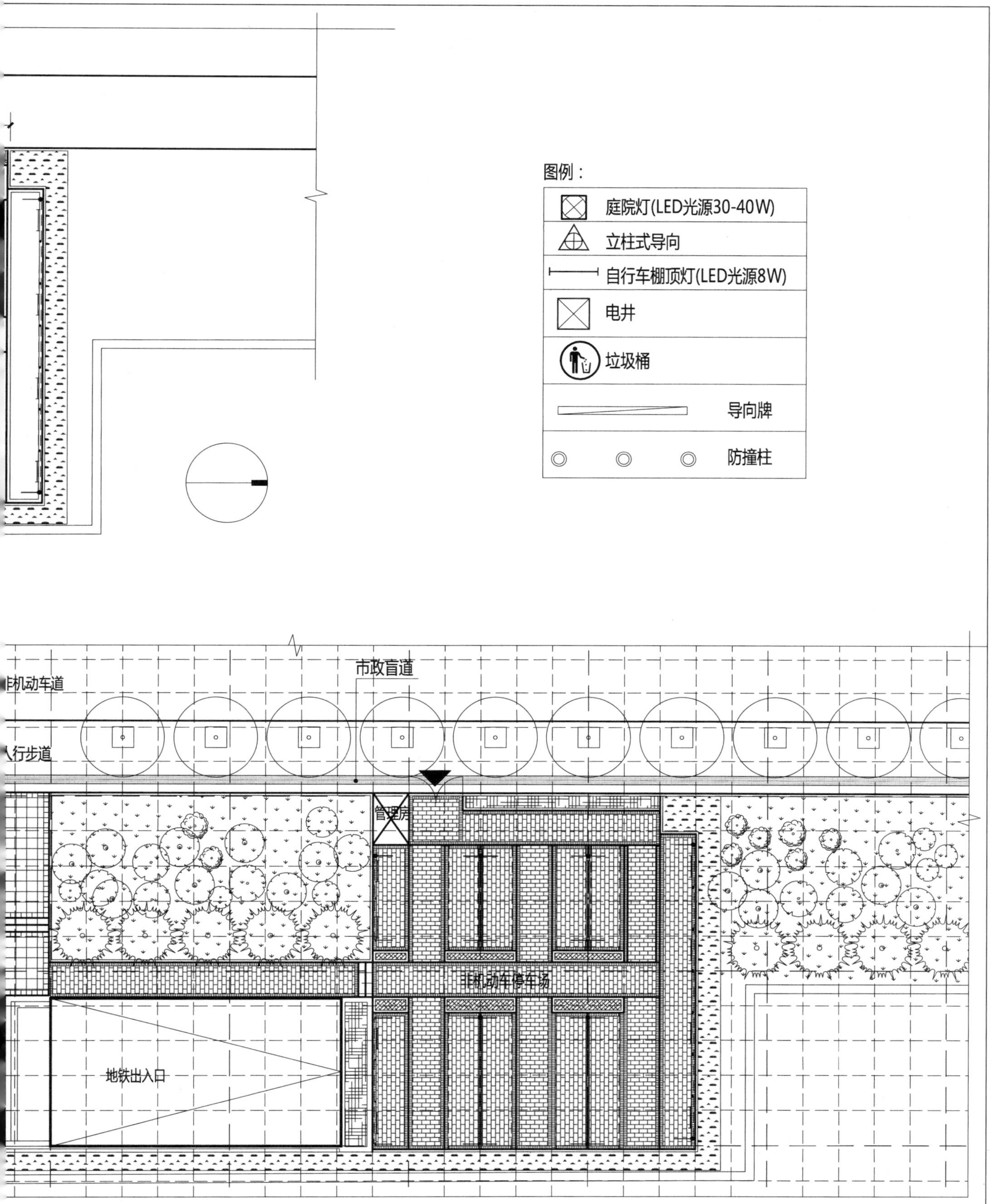

图例：
	庭院灯(LED光源30-40W)
	立柱式导向
	自行车棚顶灯(LED光源8W)
	电井
	垃圾桶
	导向牌
	防撞柱

站前广场植物配置平面图 1:300

| 图名 | 站前广场动照及植物配植平面图 |

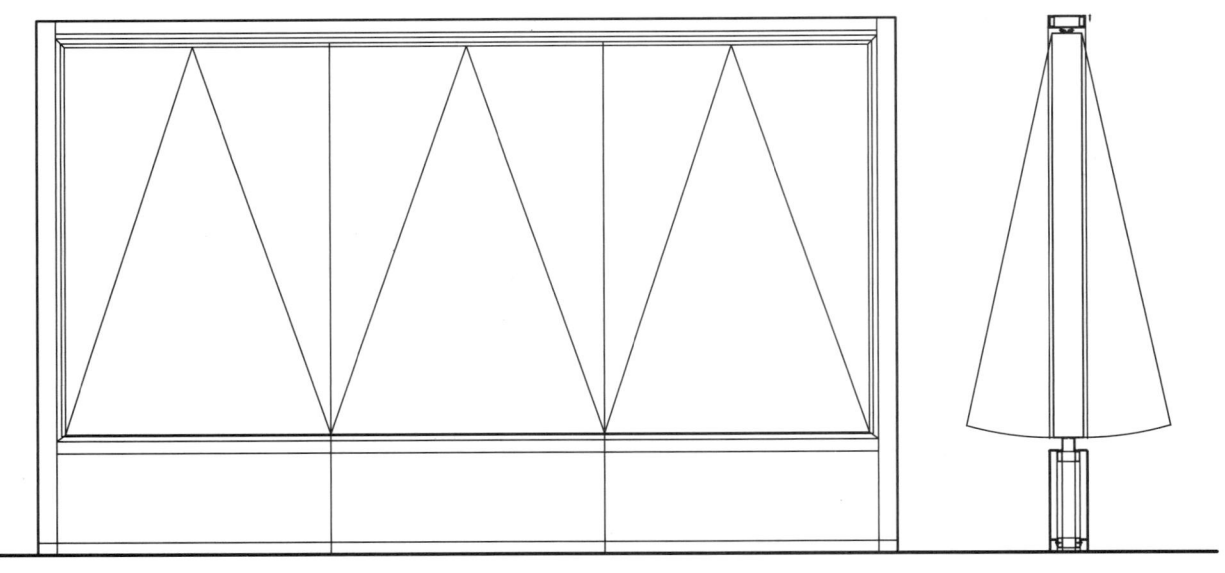

综合导向立面示意图 1:30　　　　综合导向侧立面示意图 1:30

综合导向平面示意图 1:30

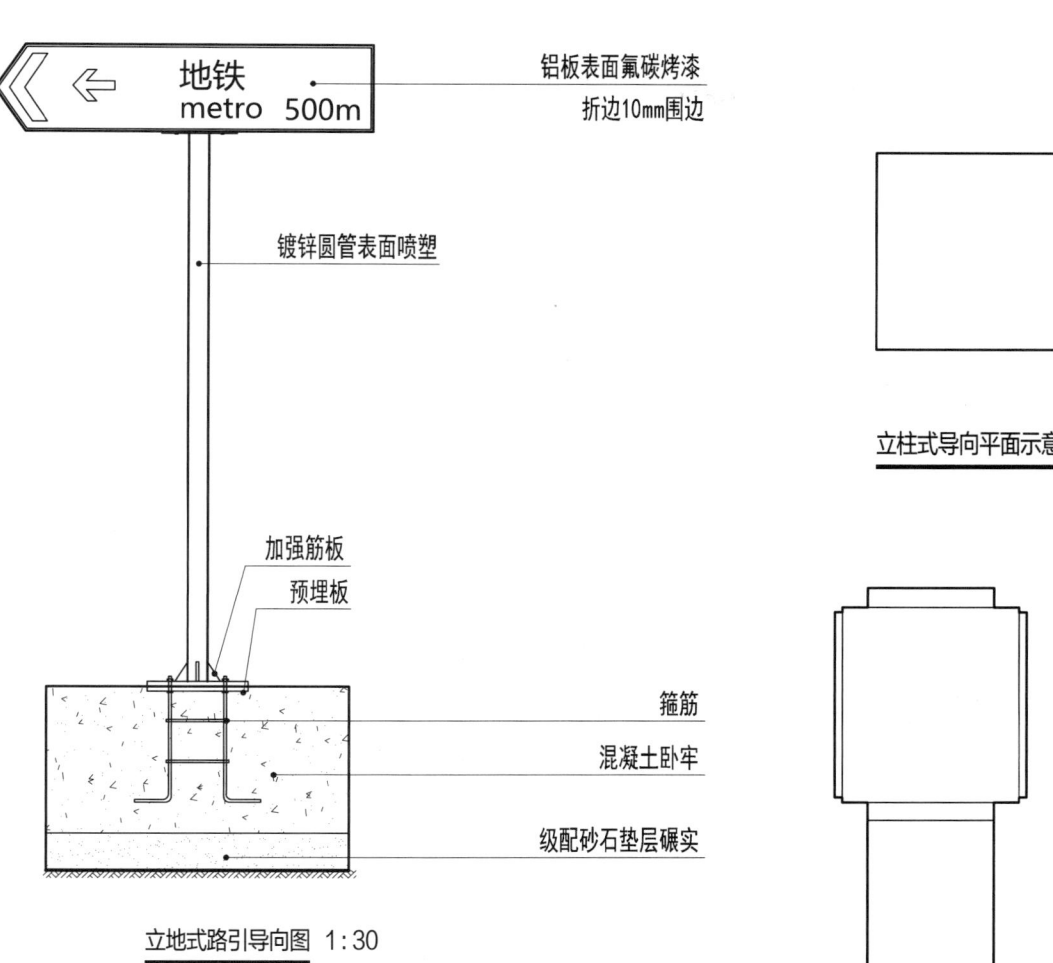

立地式路引导向图 1:30

铝板表面氟碳烤漆
折边10mm围边
镀锌圆管表面喷塑
加强筋板
预埋板
箍筋
混凝土卧牢
级配砂石垫层碾实

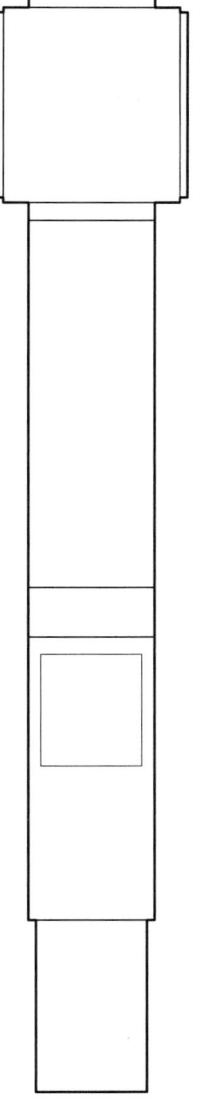

立柱式导向平面示意图 1:30

立柱式导向立面示意图 1:30

| 图名 | 站前广场导向图 |

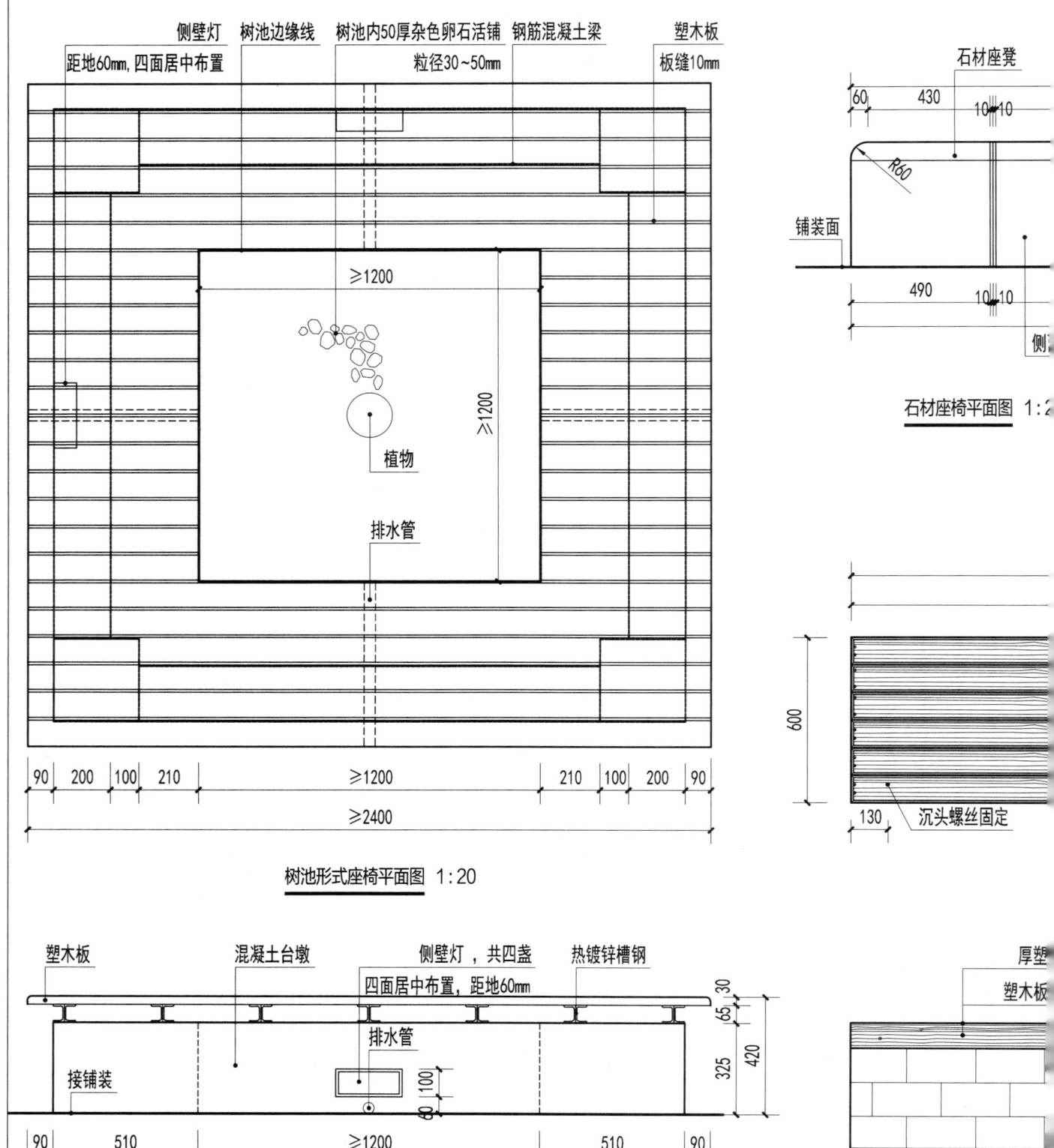

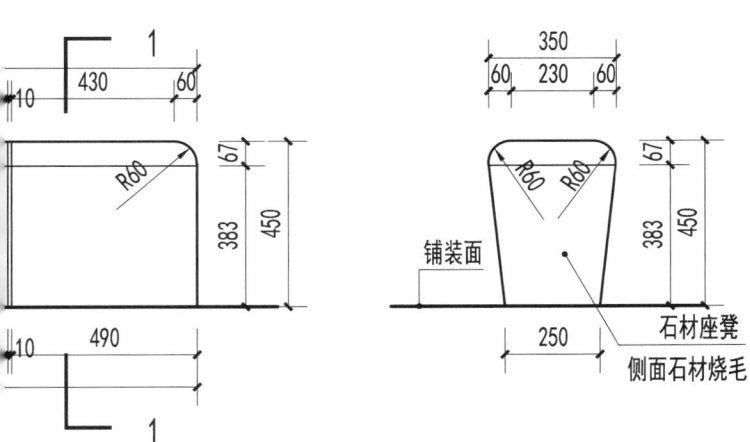

石材座椅立面图 1:20

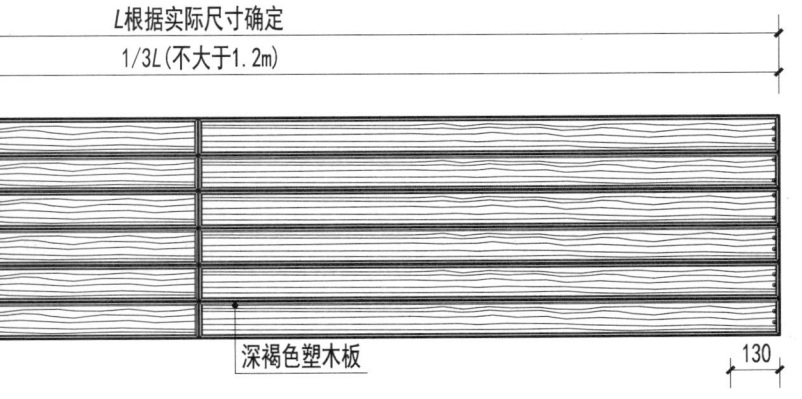

塑木座椅平面图 1:20

塑木座椅立面图一 1:20

注：种植乔木树池净尺寸不应小于1.5m×1.5m。

| 图名 | 站前广场座椅详图 |

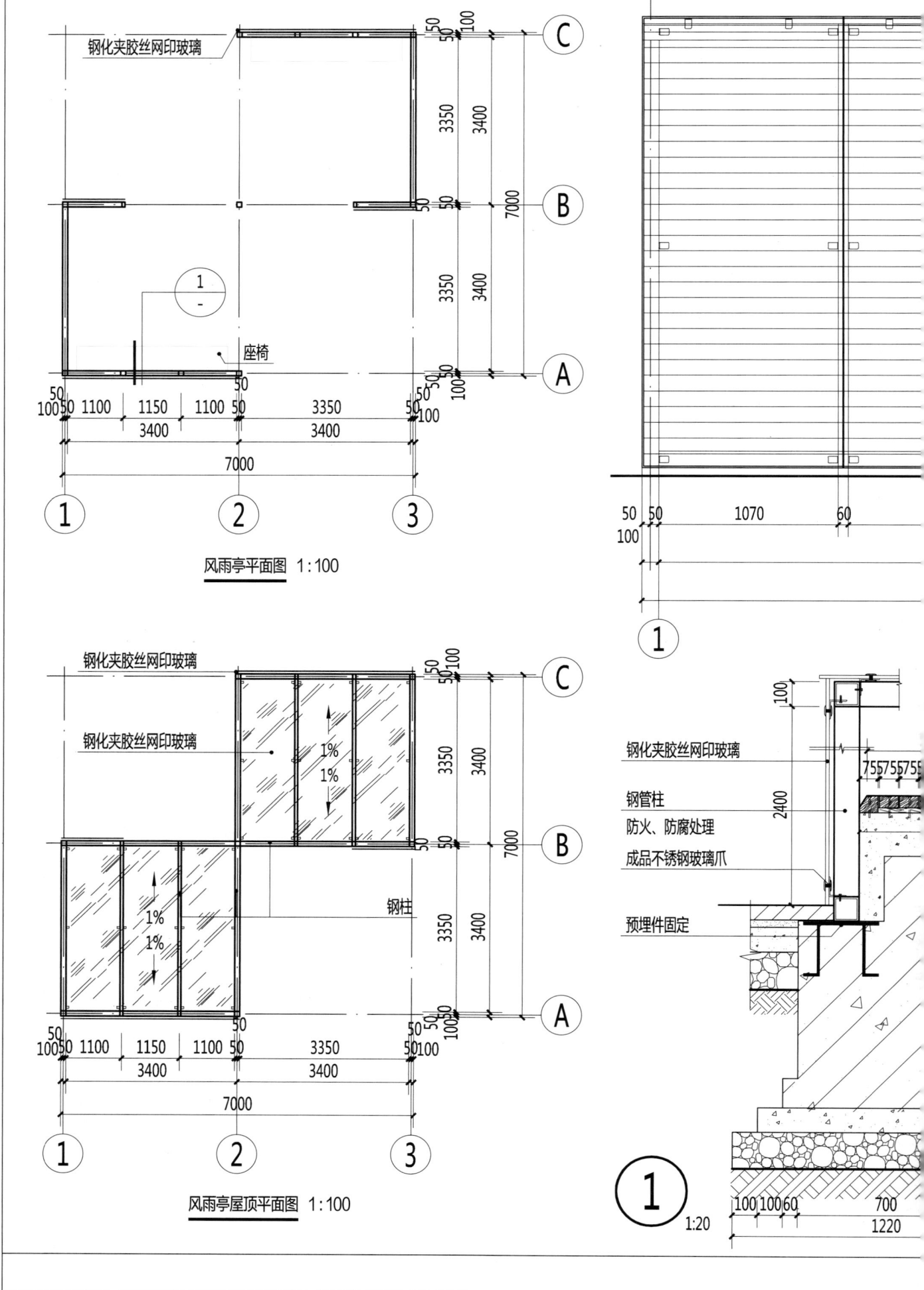

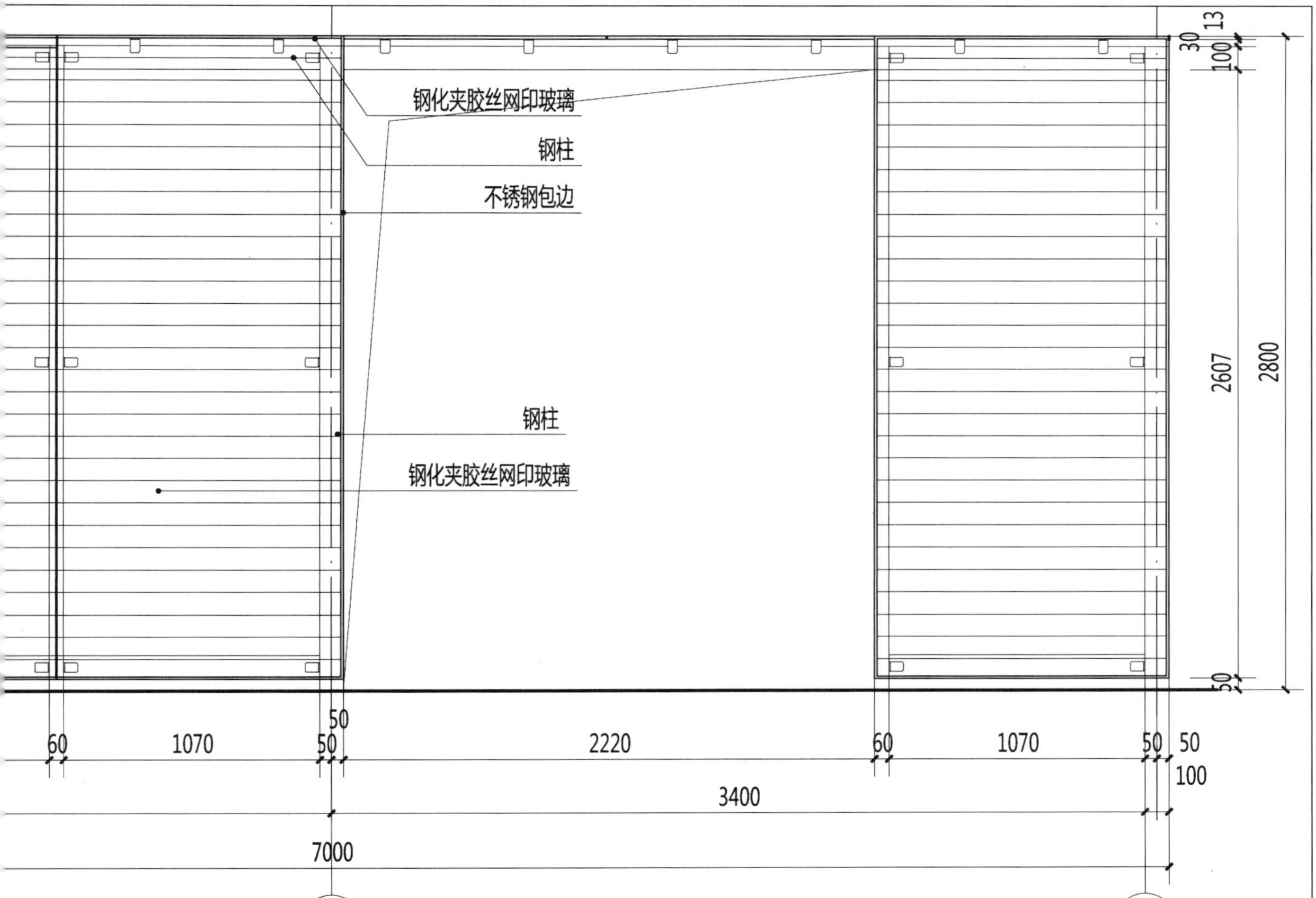

风雨亭立面图 1:50

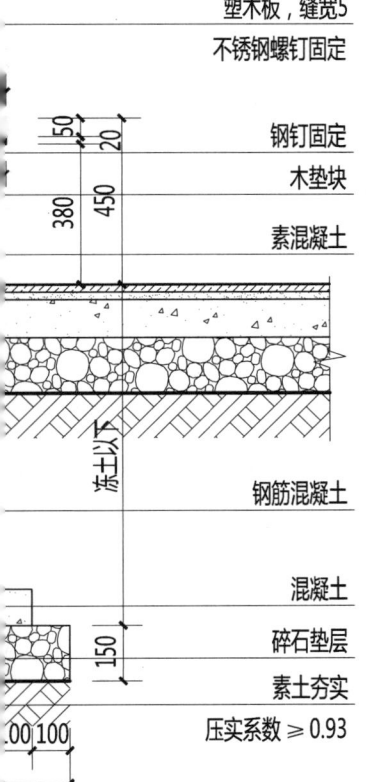

| 图名 | 风雨亭详图 |

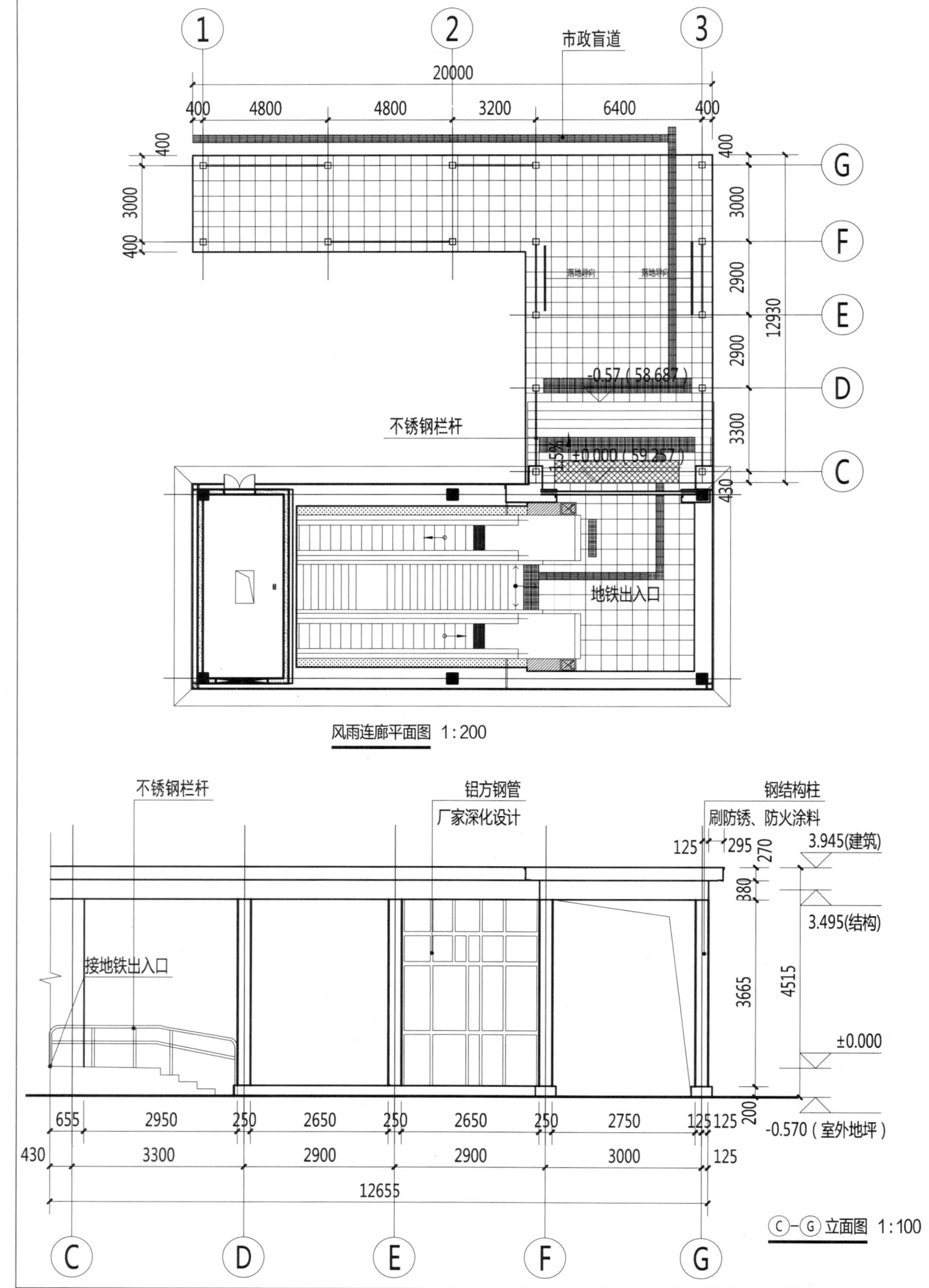

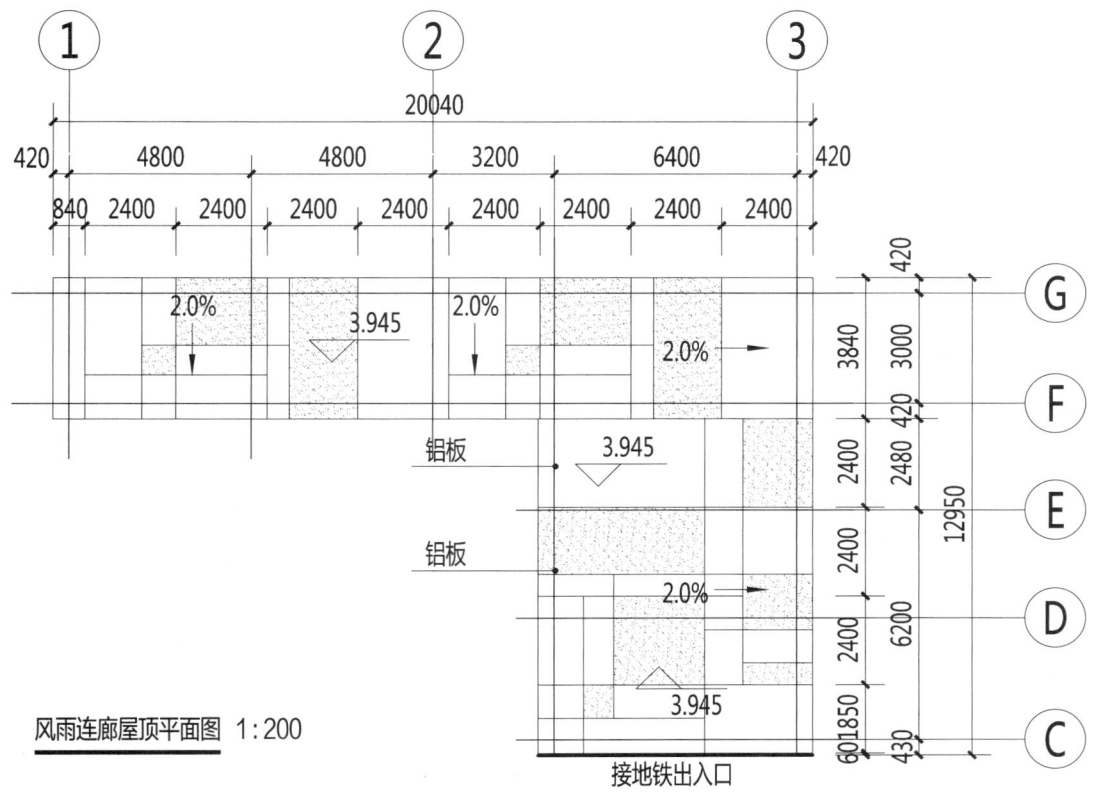

风雨连廊屋顶平面图 1:200

接地铁出入口

| 图名 | 风雨连廊图 |

第三部分

轨道交通接驳设施

非机动车停车场图
高架步行道通道图
公交港湾、出租车停靠图
小汽车驻车换乘停车场图

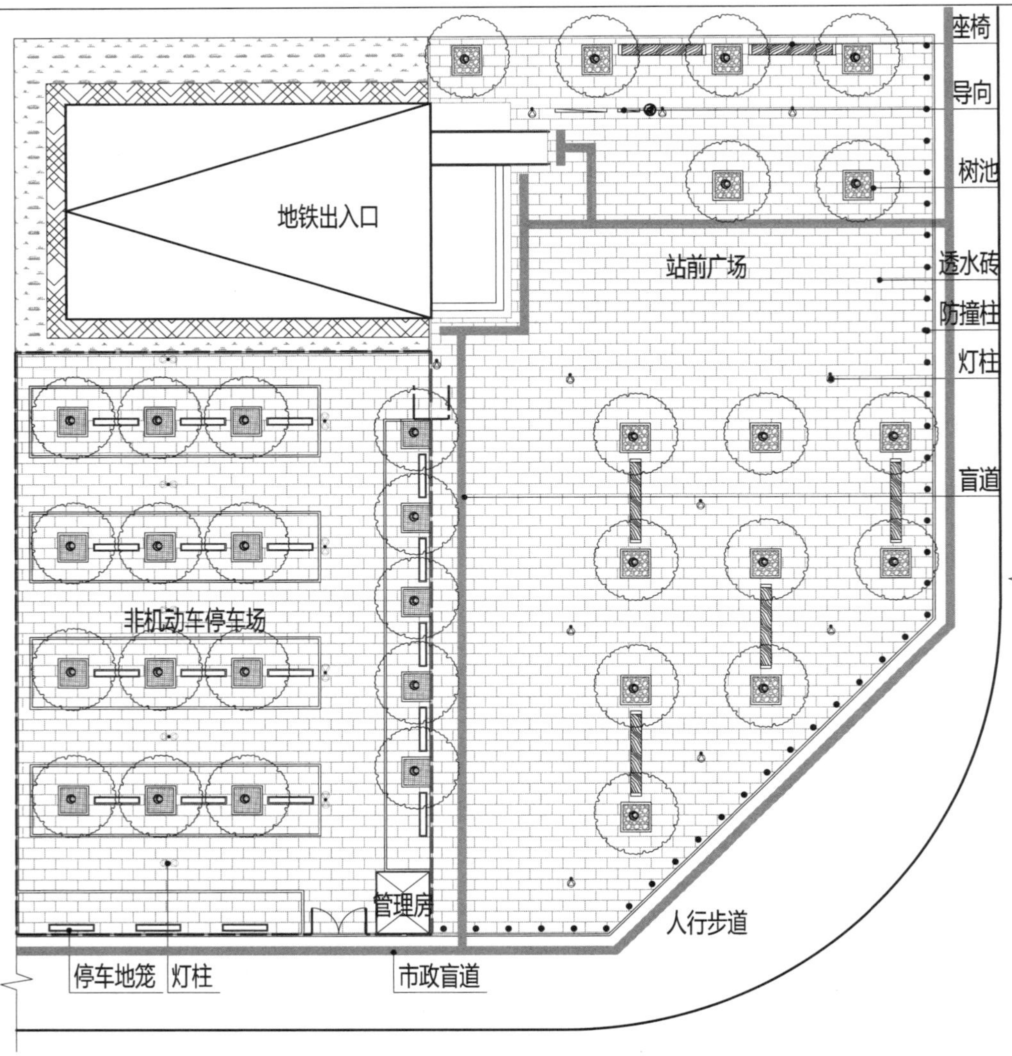

无雨棚绿化停车平面图 1:350

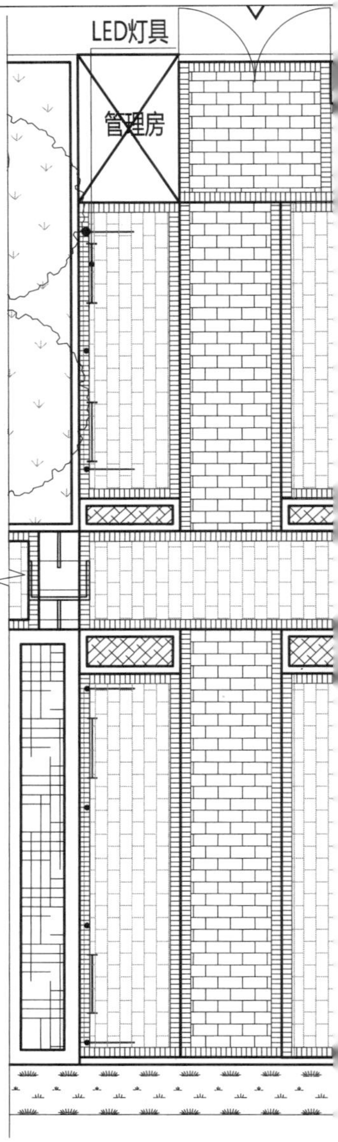

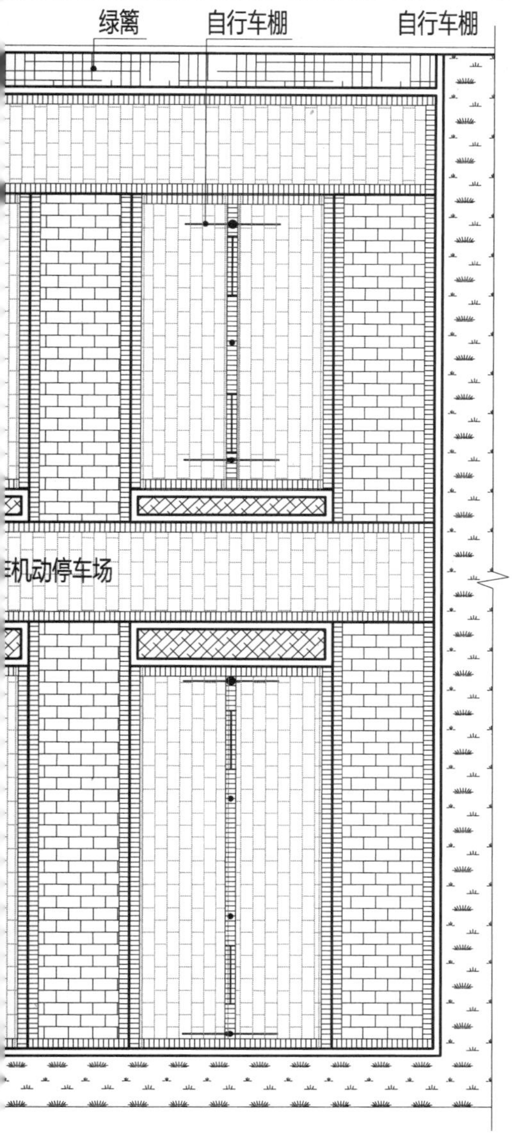

| 绿篱 | 自行车棚 | 自行车棚 |

抽拉下压式

侧面图

平面图

正面图

必要通道：1700mm以上

上架直压下架横移式

侧面图

平面图

正面图

必要通道：1500mm以上

雨棚绿化停车平面图 1:150

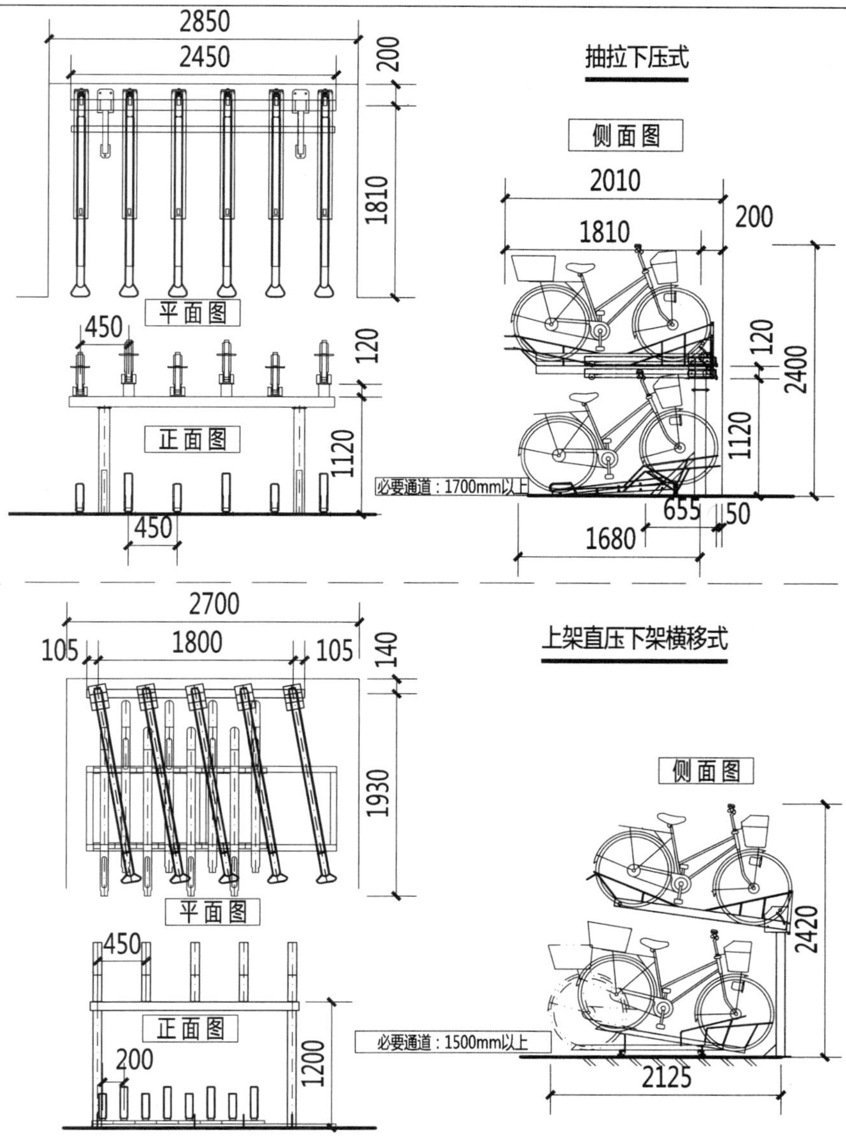

机械停车图 1:100

| 图名 | 非机动车停车场平面图 |

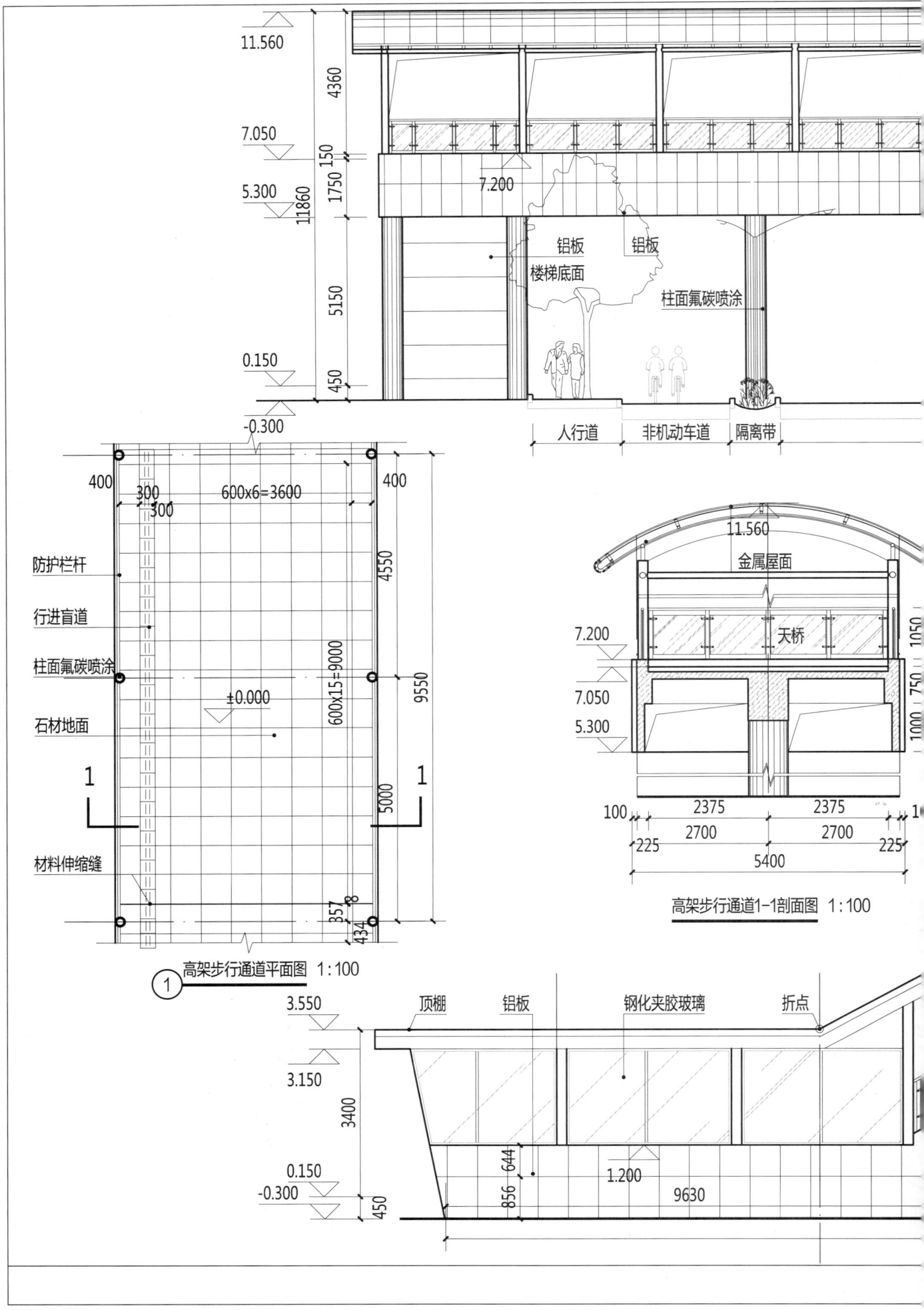

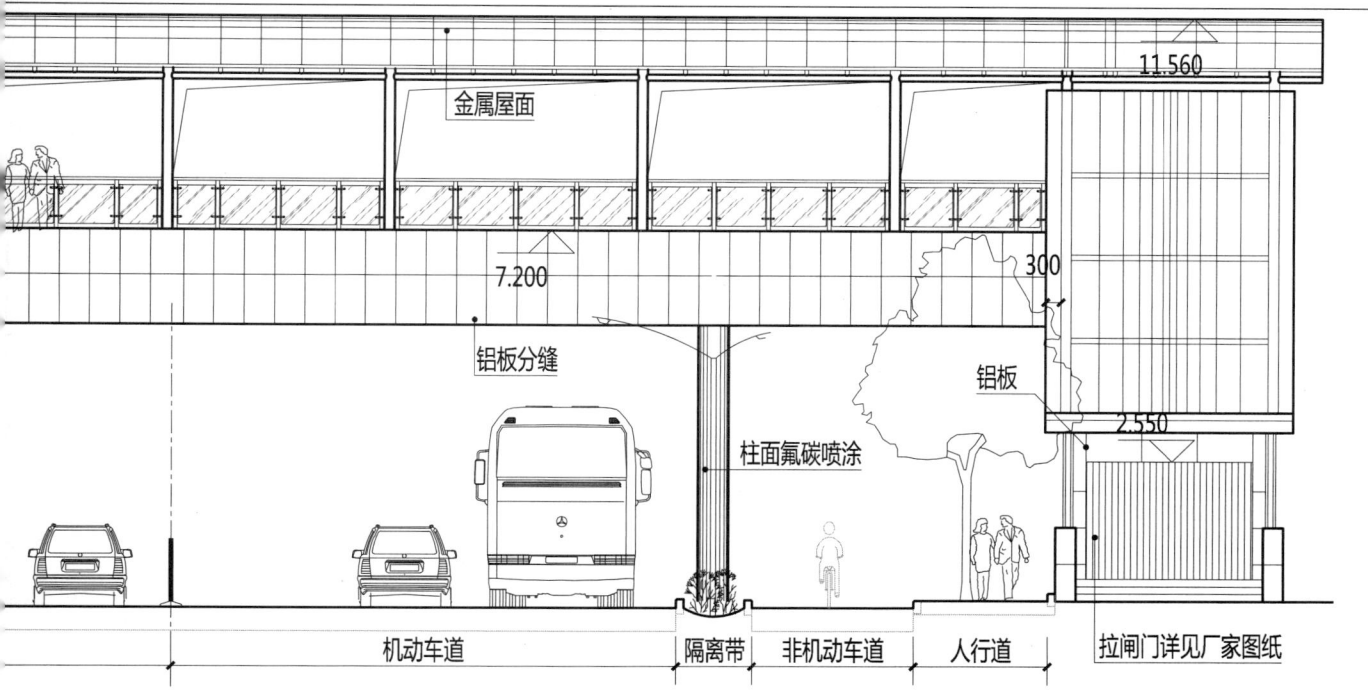

高架步行通道立面图一 1:150

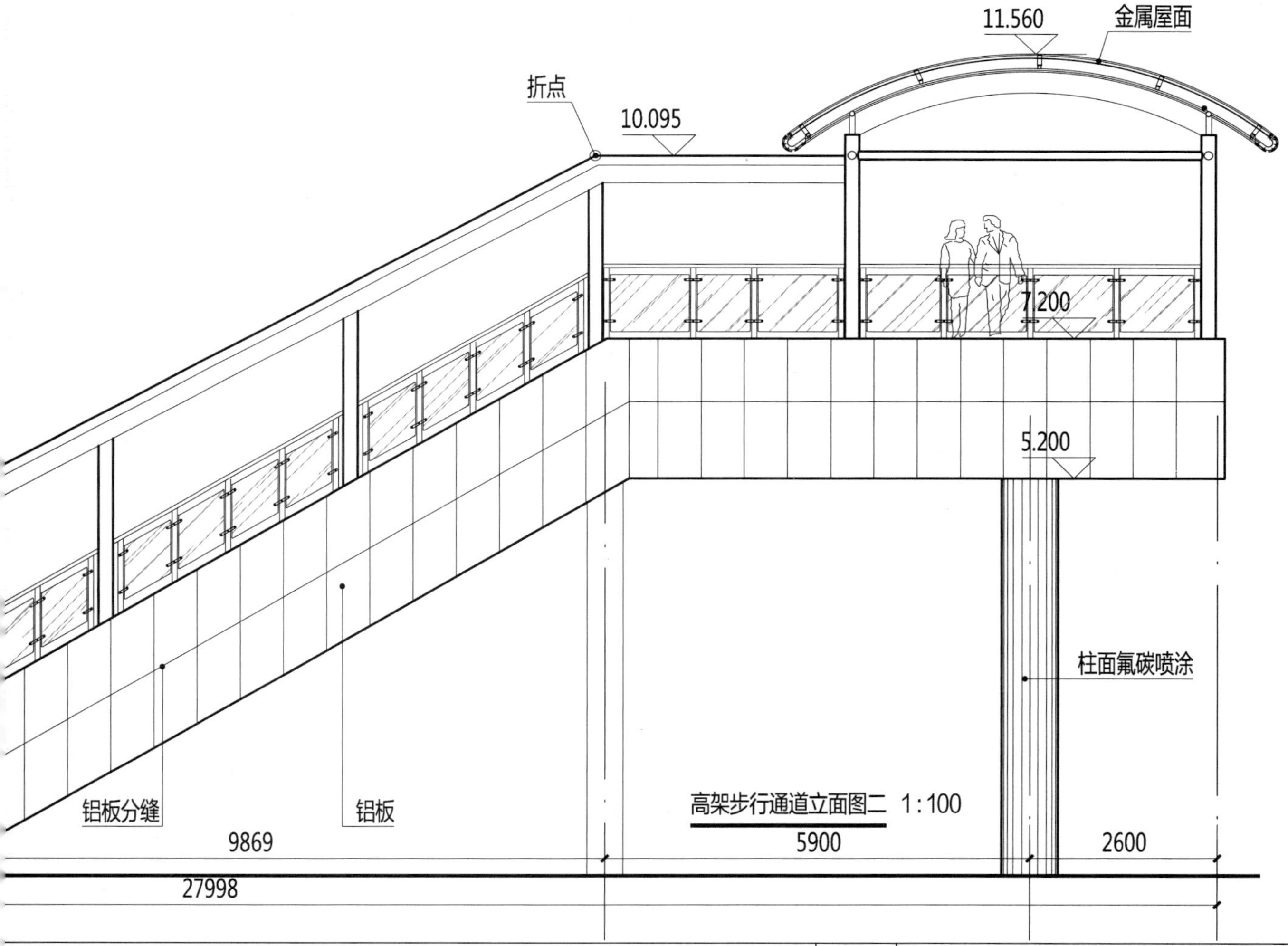

高架步行通道立面图二 1:100

图名　高架步行通道图

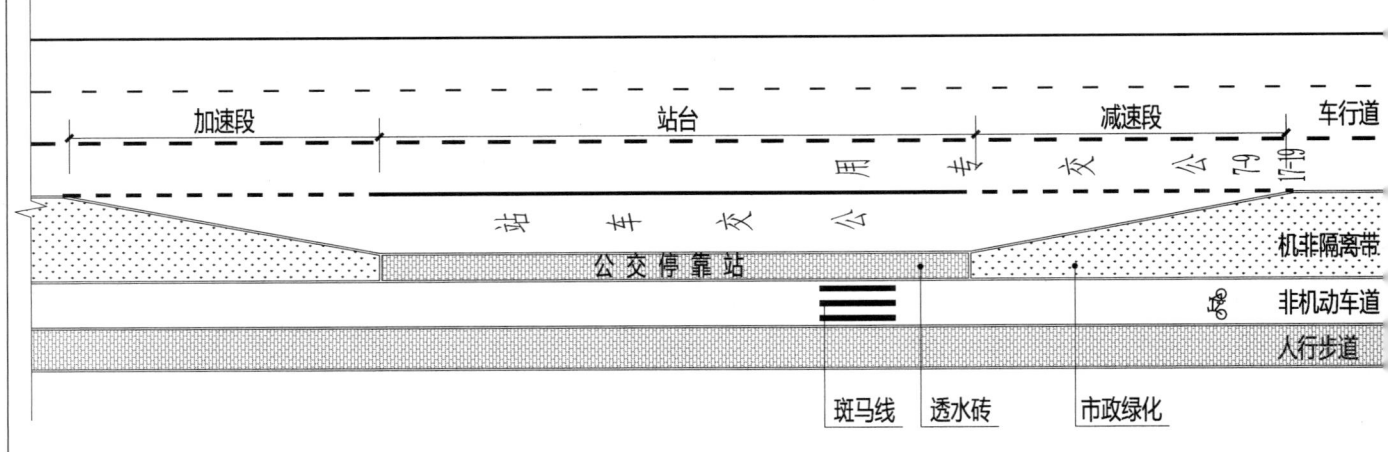

港湾式公交停靠站 1:500

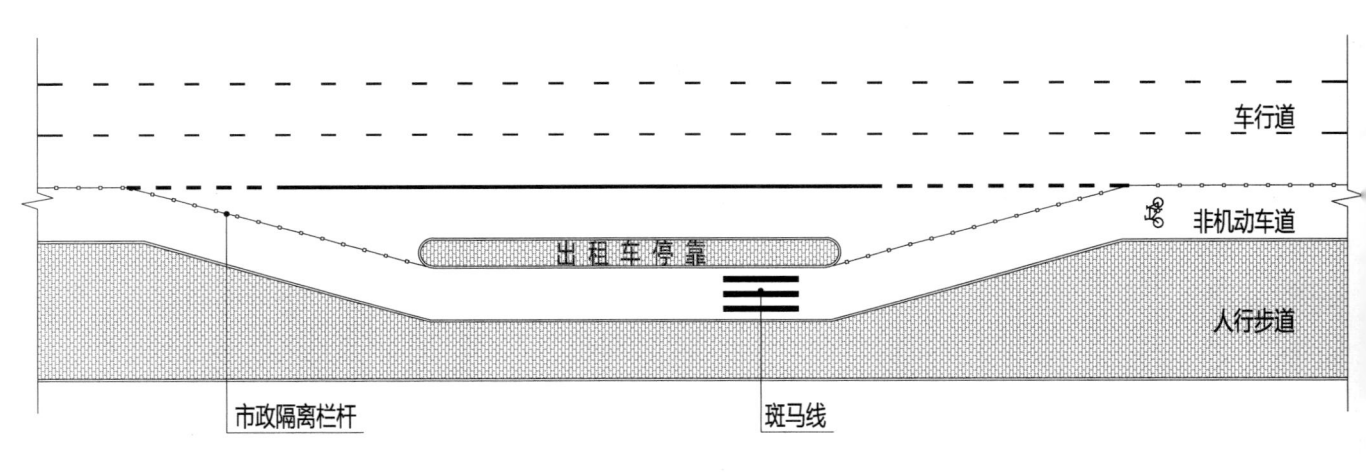

港湾式出租车停靠站 1:500

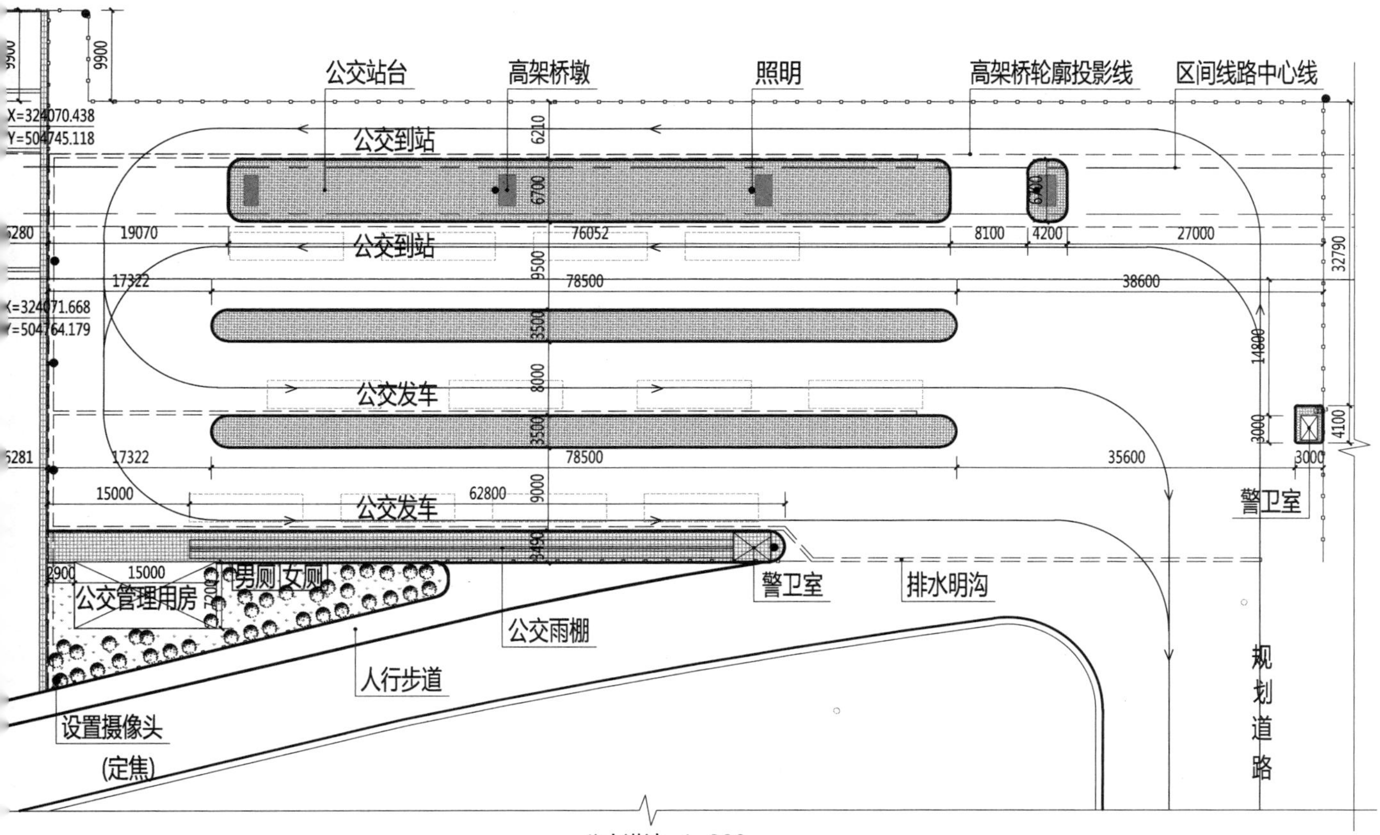

公交港湾 1:800

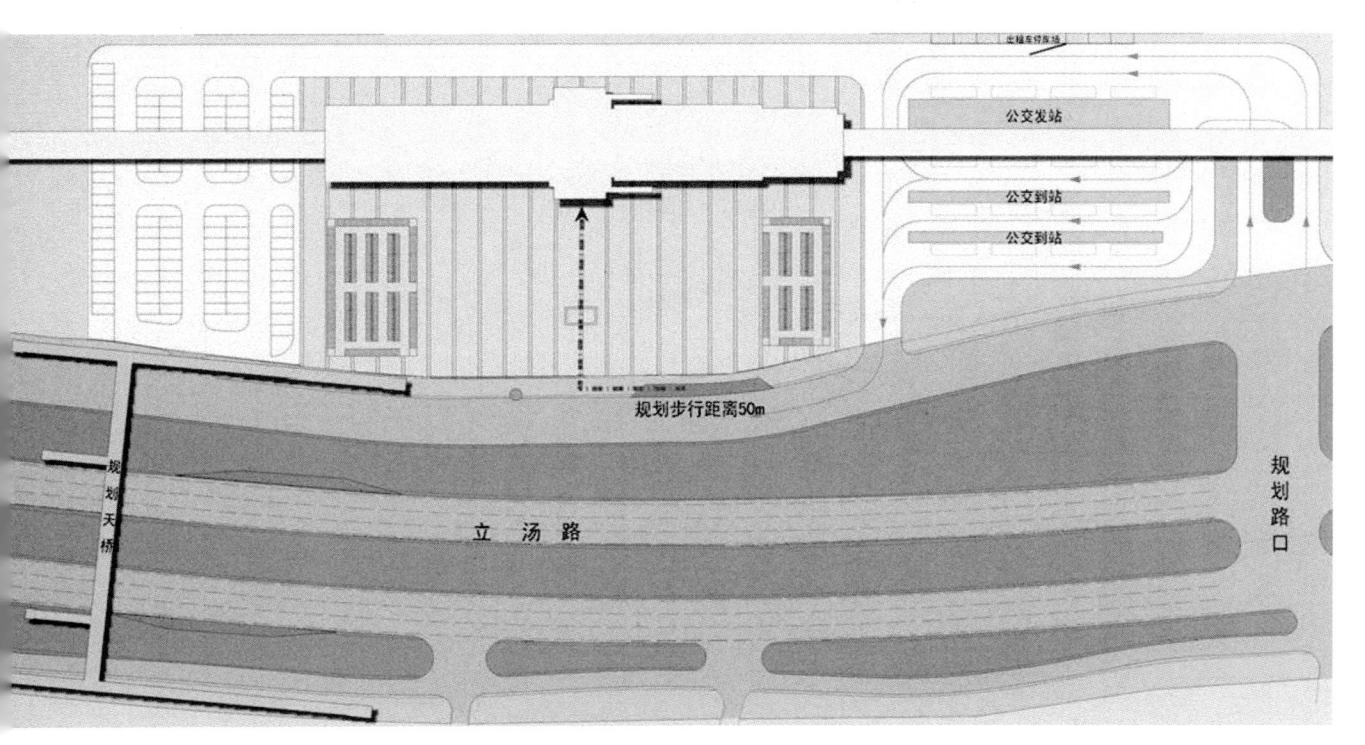

| 图名 | 公交港湾、出租车停靠平面图 |

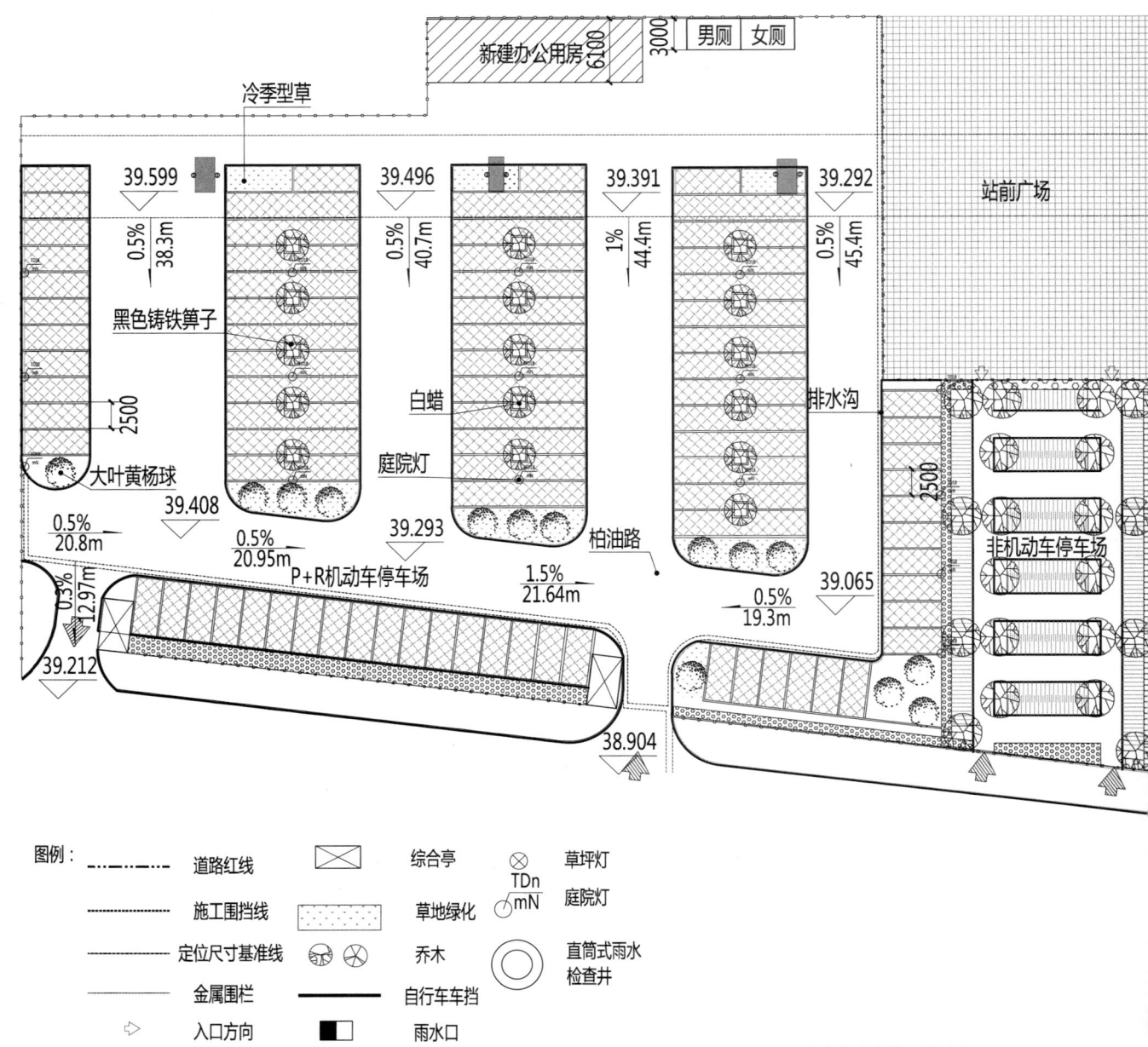

小汽车驻车换乘停车场平面图 1:600

第三部分 轨道交通接驳设施

| 图名 | 小汽车驻车换乘停车场平面图 |

第四部分

节点详图

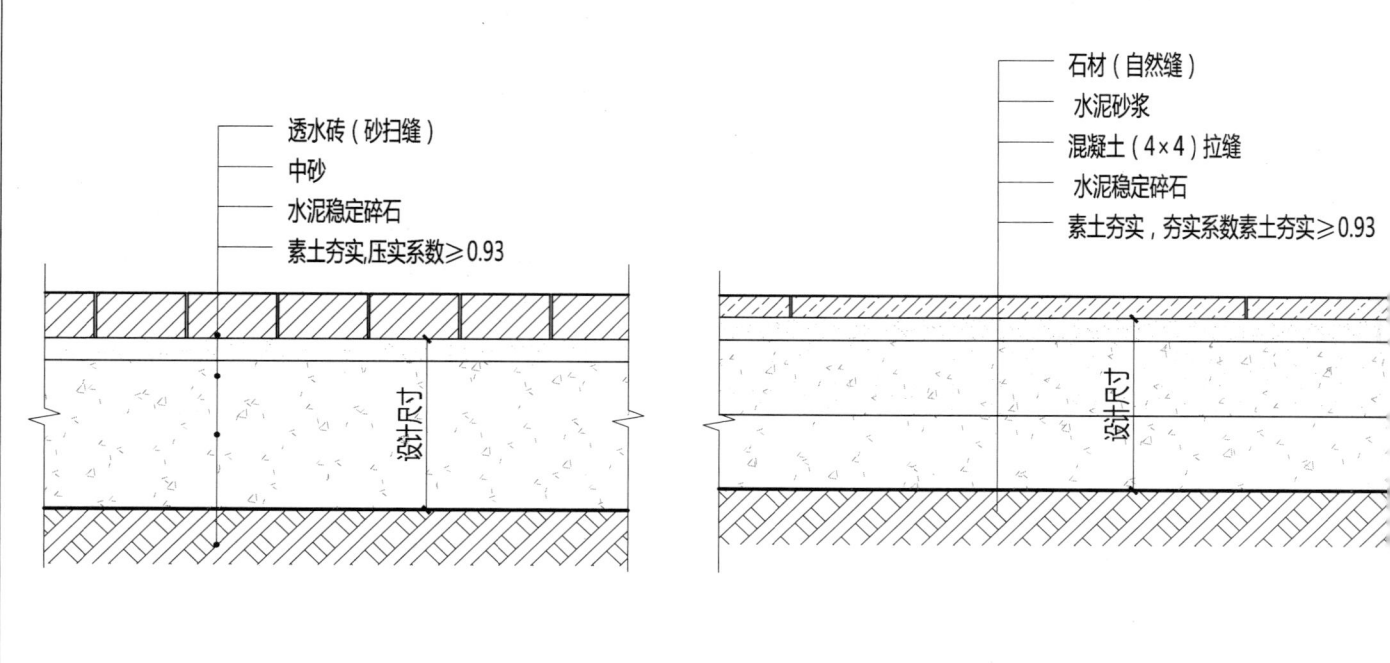

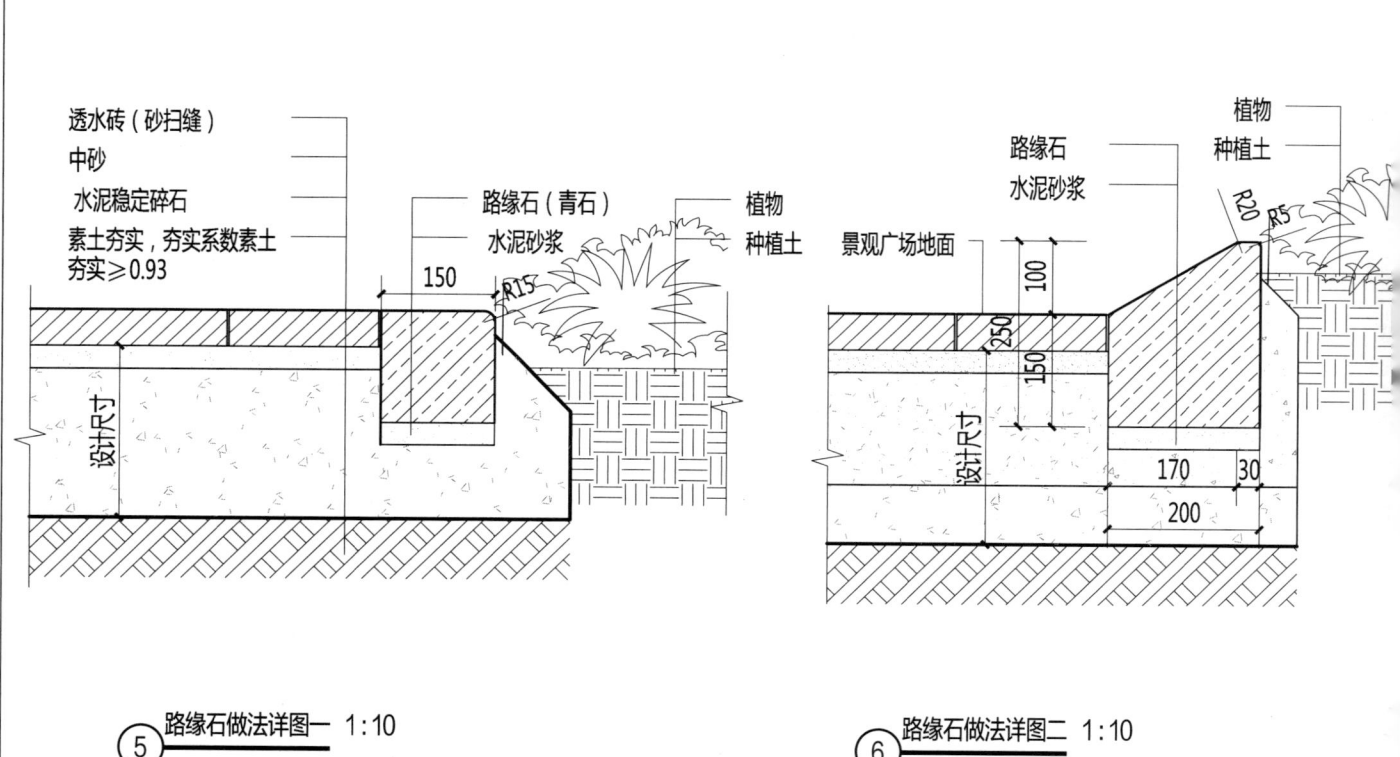

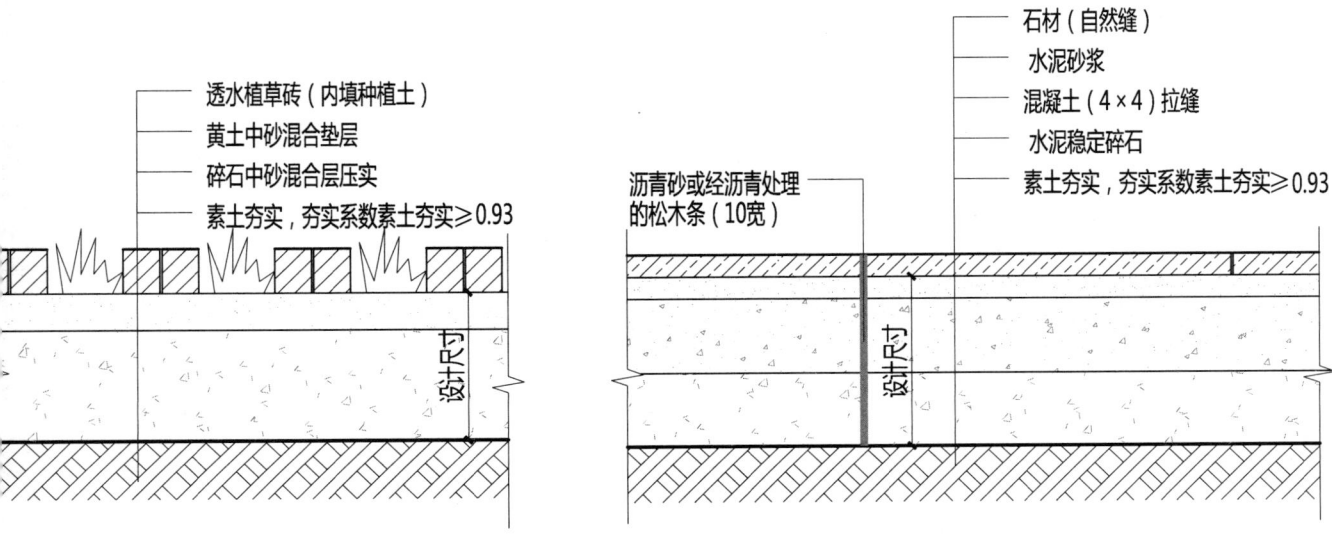

③ 透水植草砖铺装剖面图 1:10

④ 广场伸缩缝做法详图 1:10

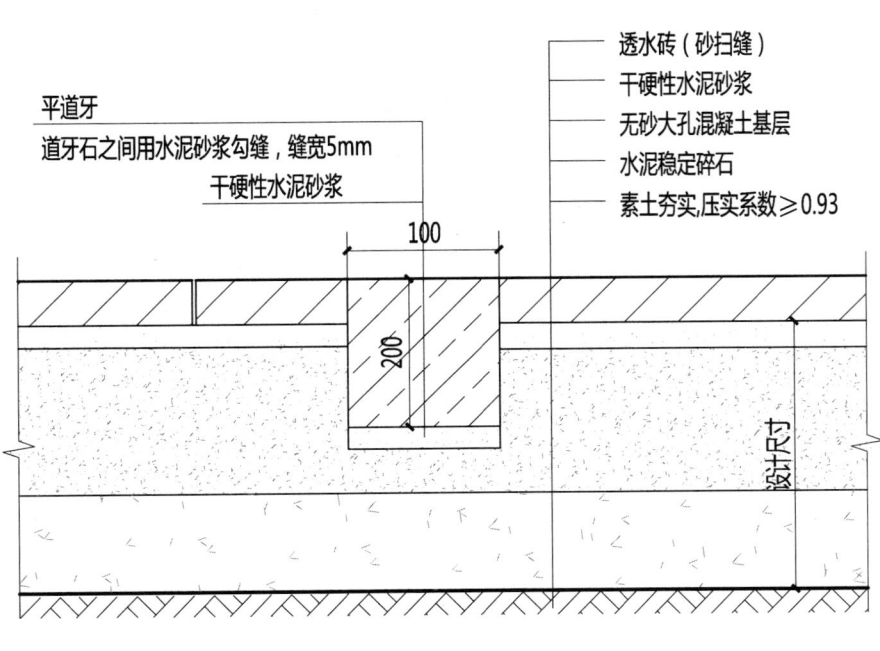

⑦ 路缘石做法详图五 1:10

| 图名 | 地面铺装做法详图一 |

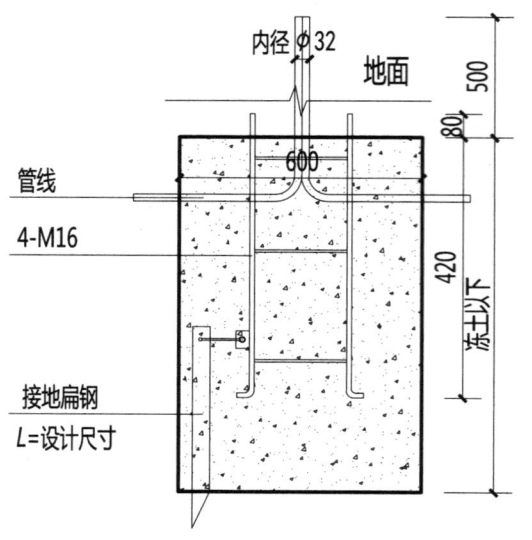
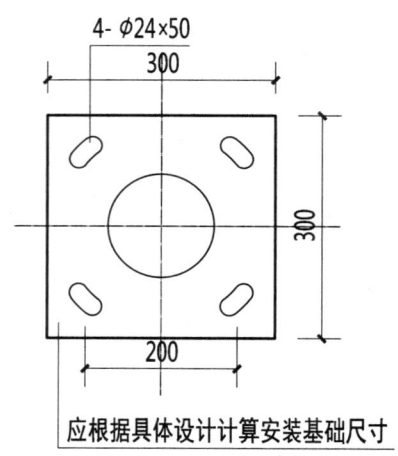

① 灯杆基础做法 1:20

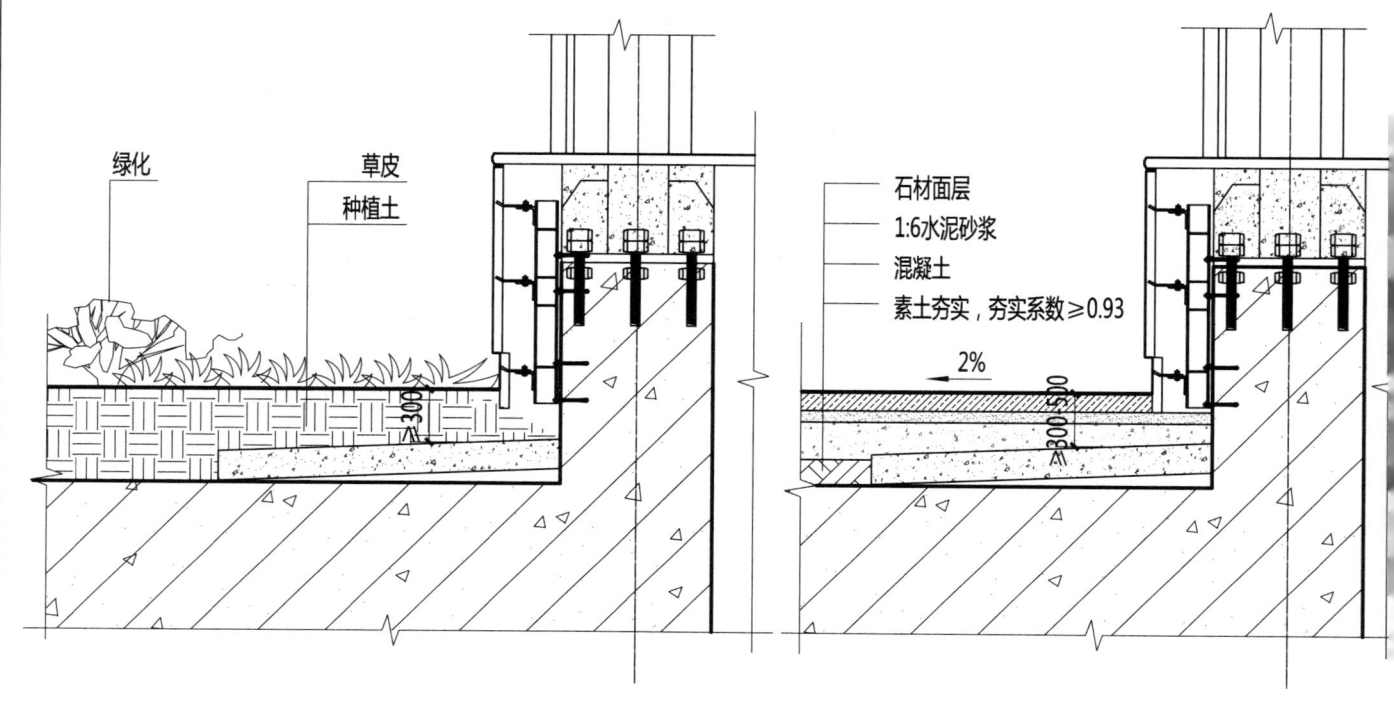

③ 出入口与绿地结合做法 1:20

④ 出入口与铺装结合做法 1:20

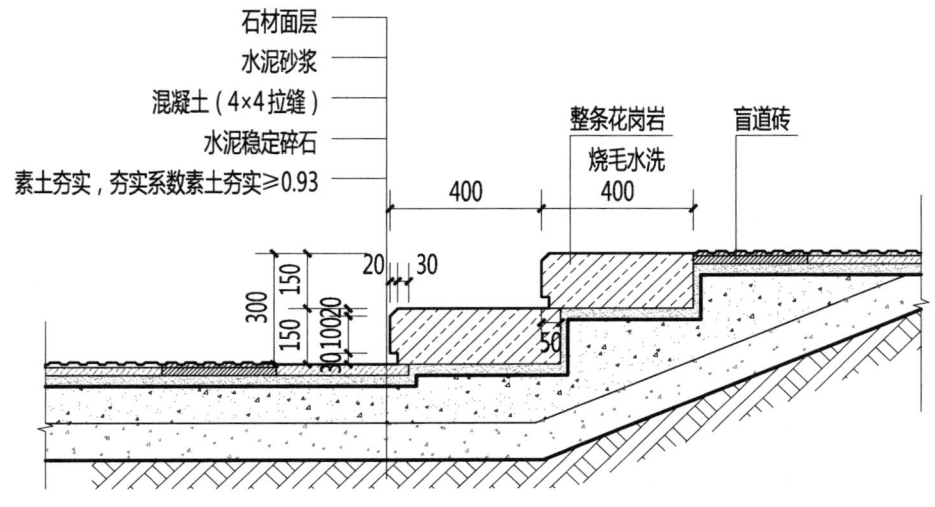

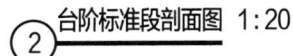
台阶标准段剖面图 1:20

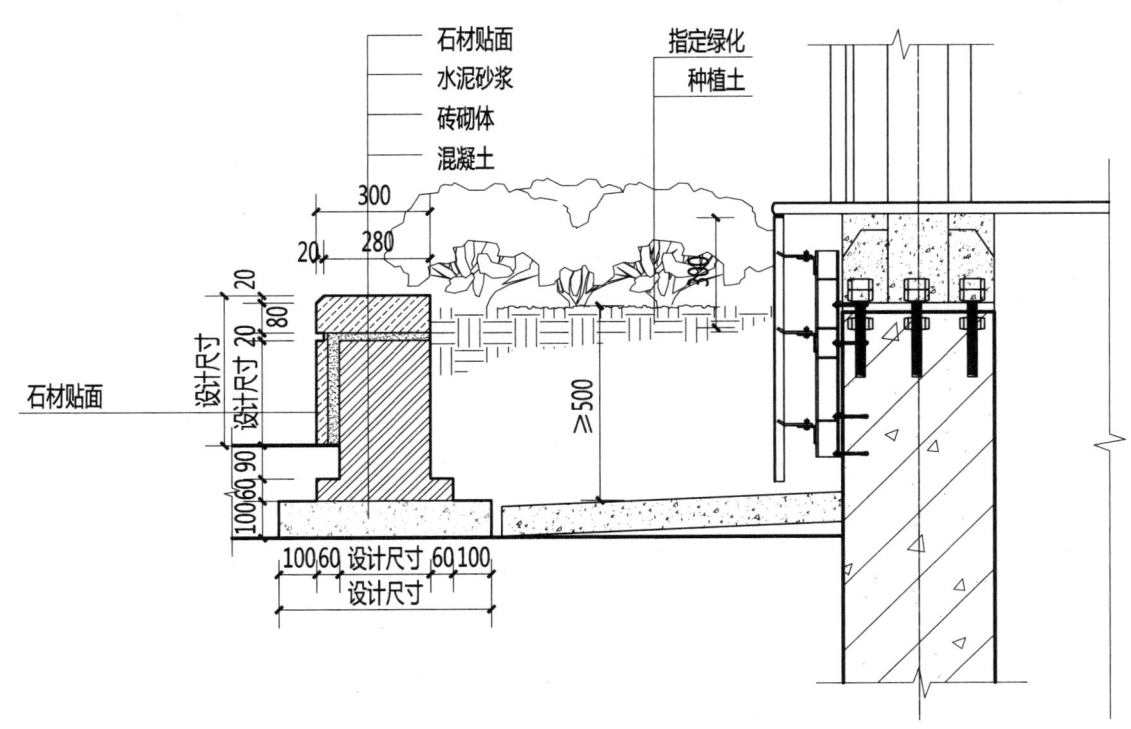
出入口与花池结合做法 1:20

| 图名 | 构筑物做法详图一 |

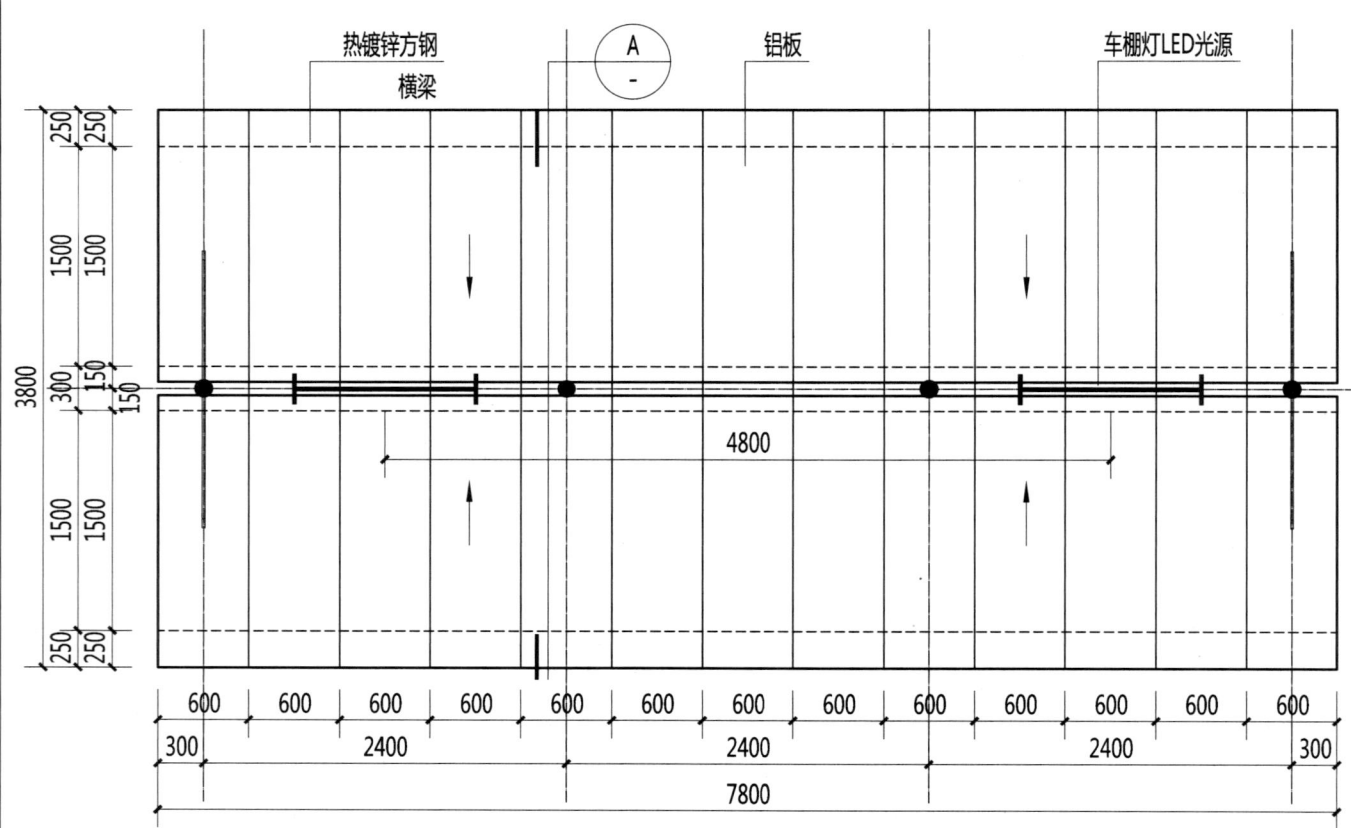

⑥ 双向自行车棚平面图 1:50

注: 1. 双向自行车棚仅适用于不小于3.2m宽的自行车停车场。
    2. 双向自行车棚中央采用天沟，天沟内向车棚两端纵向0.2%泛水找坡。
    3. 车棚立体间距为2.4m。

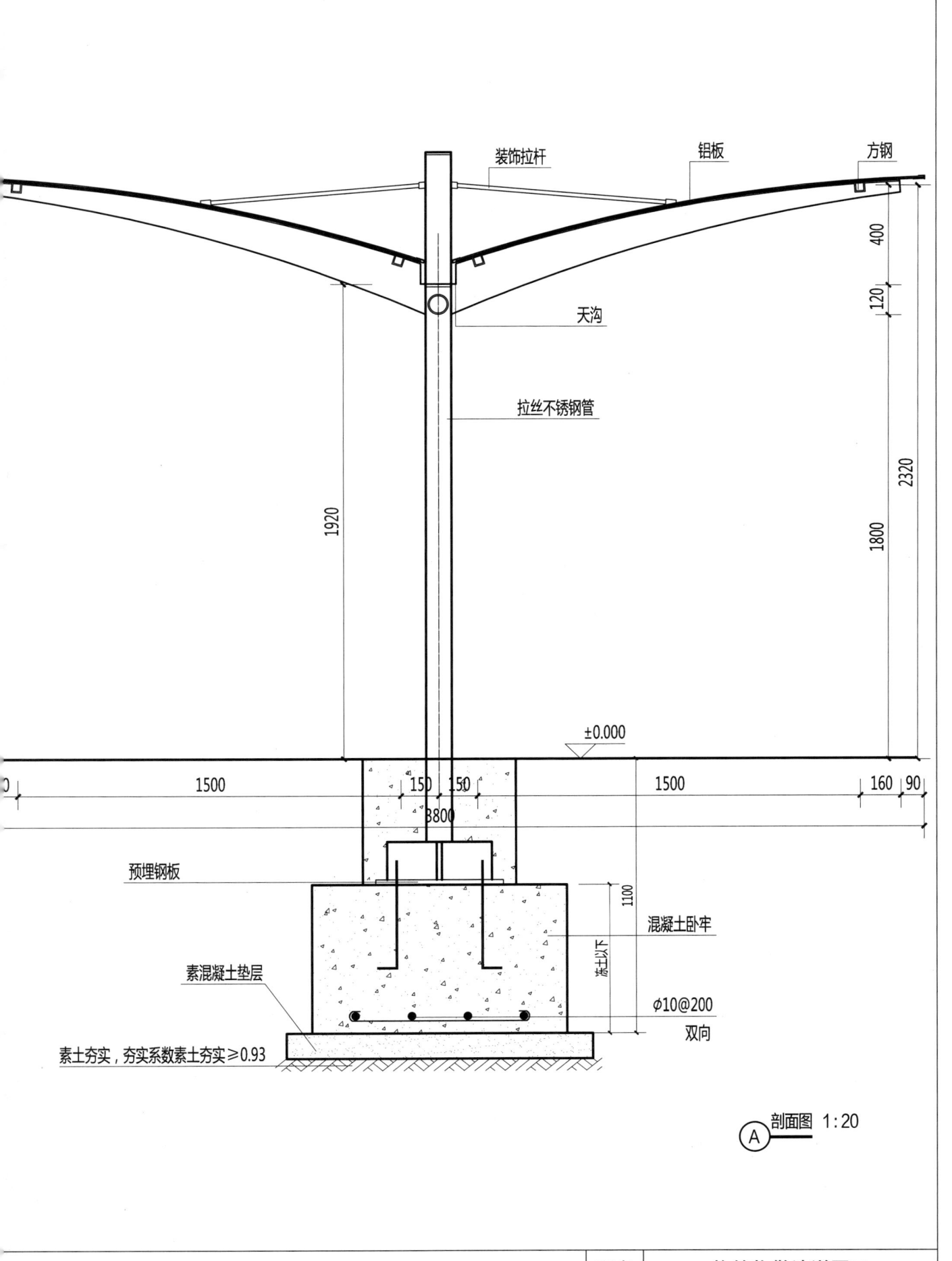

剖面图 1:20

| 图名 | 构筑物做法详图二 |

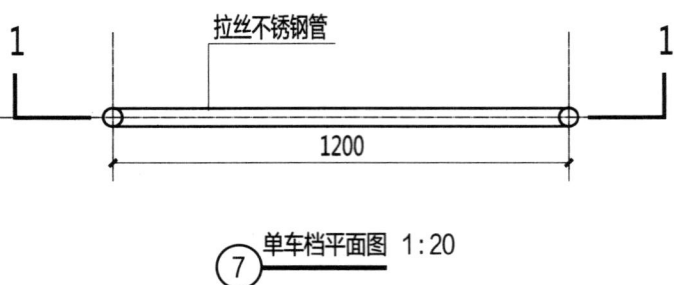

单车档平面图 1:20

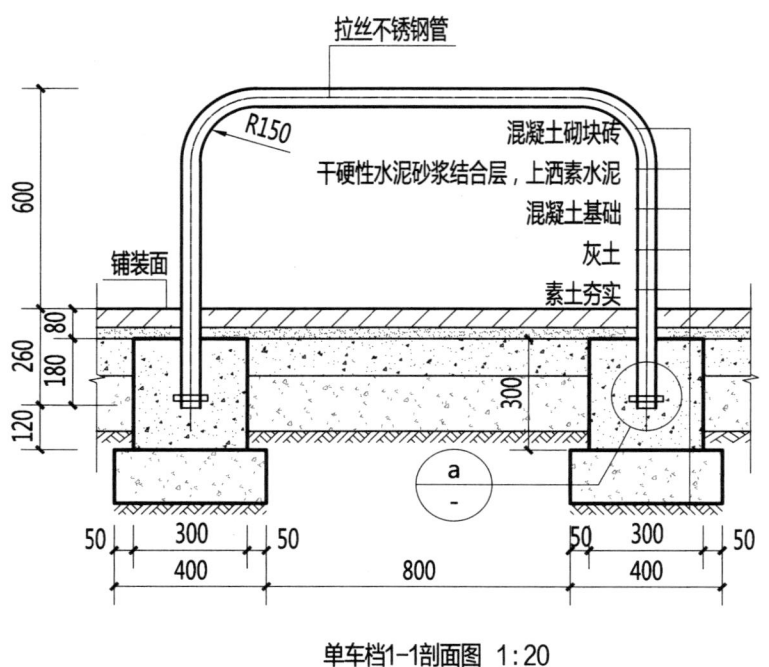

单车档1-1剖面图 1:20

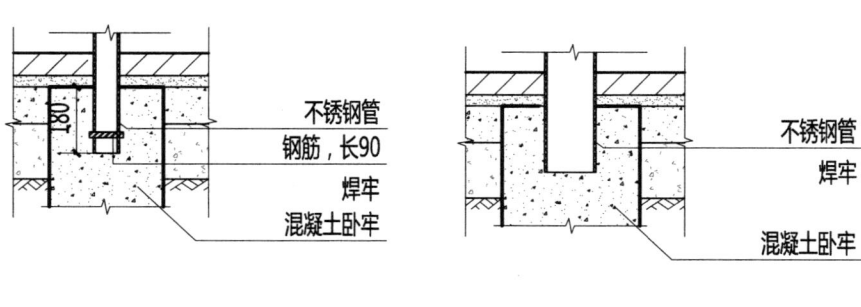

防撞柱剖面图 1:20

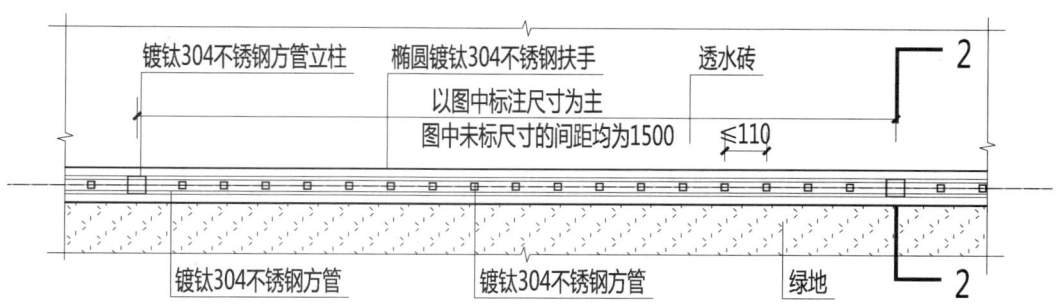

⑧ 自行车停车场围栏平面图 1:20

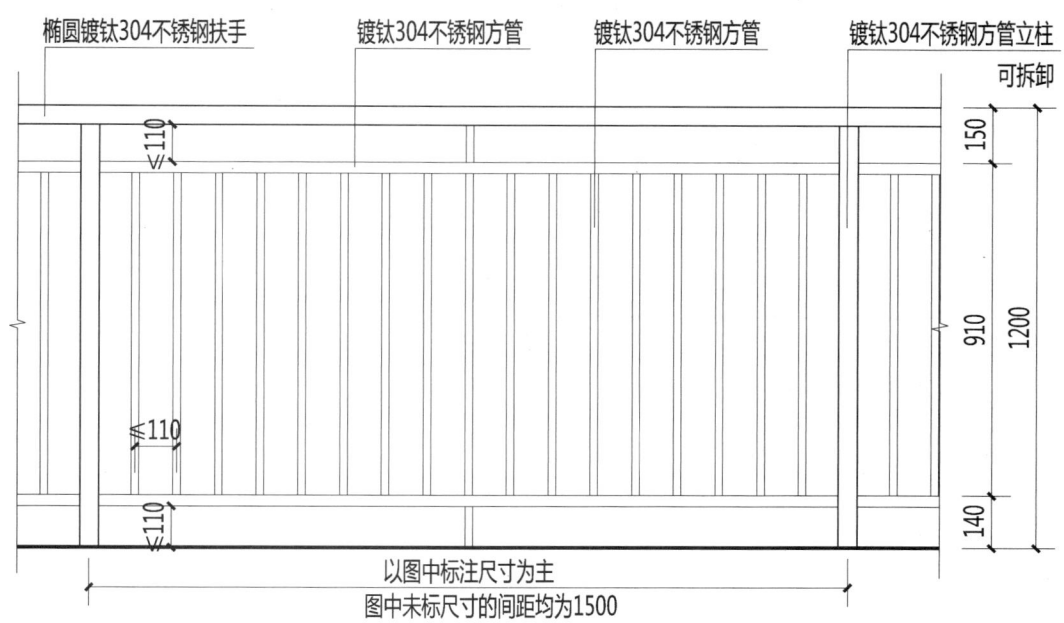

自行车停车场围栏立面图 1:20

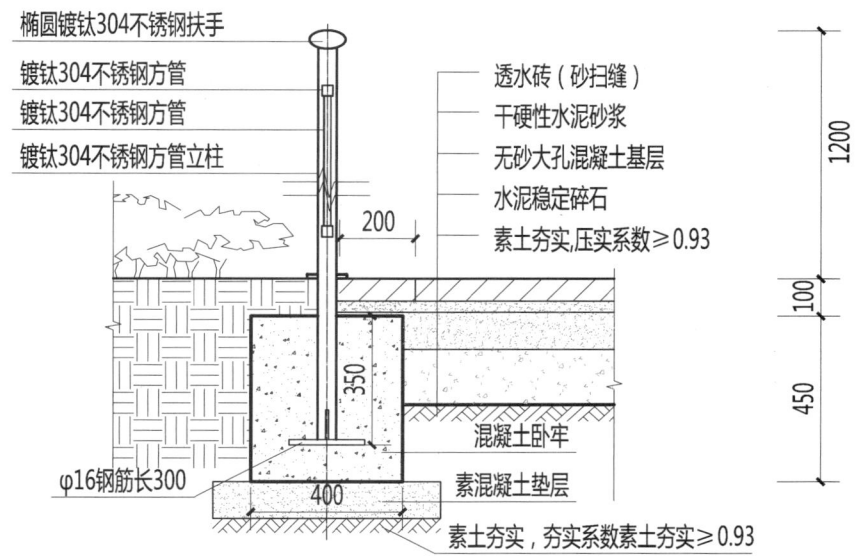

2-2剖面图 1:20

| 图名 | 构筑物做法详图三 |

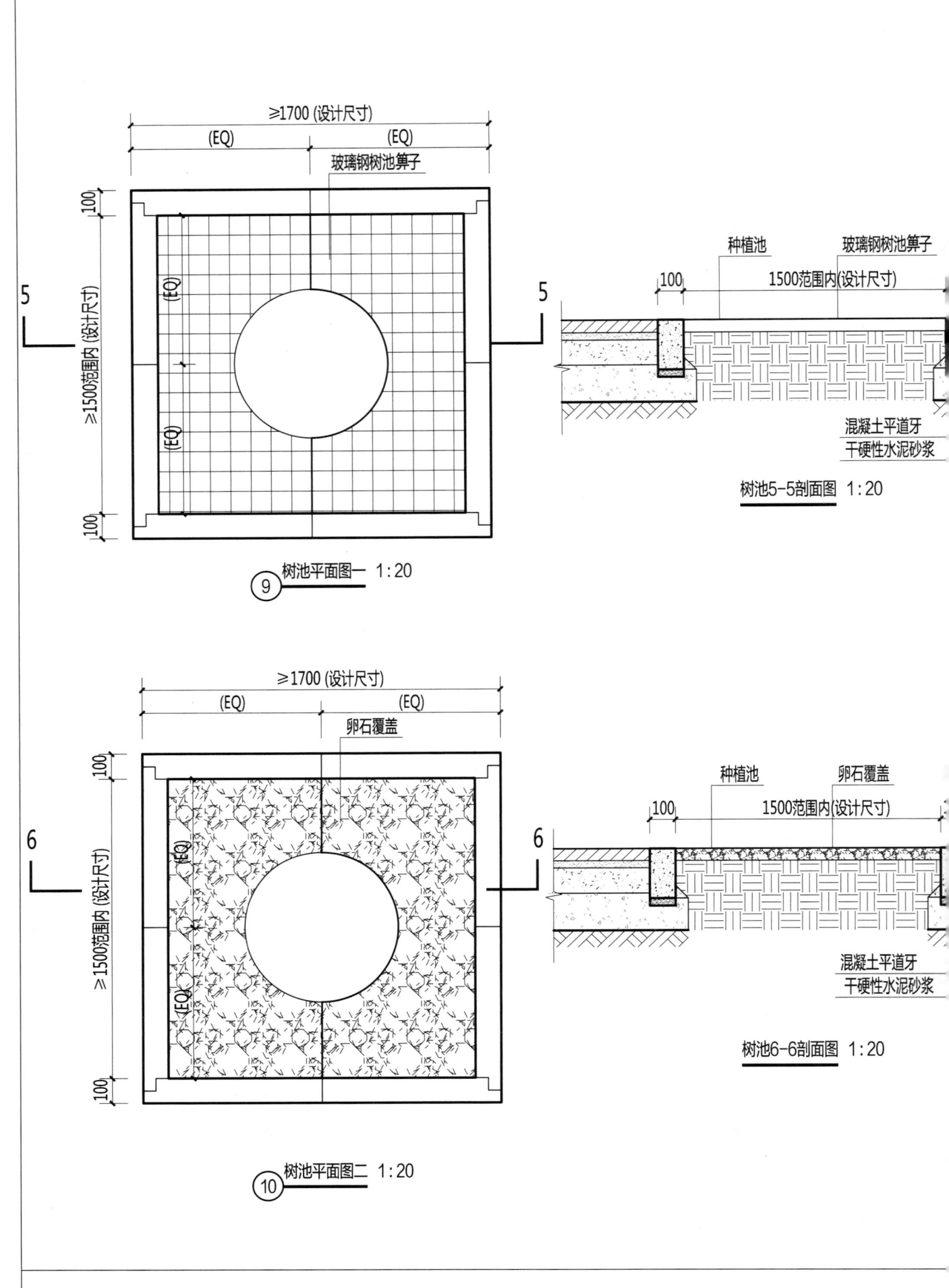

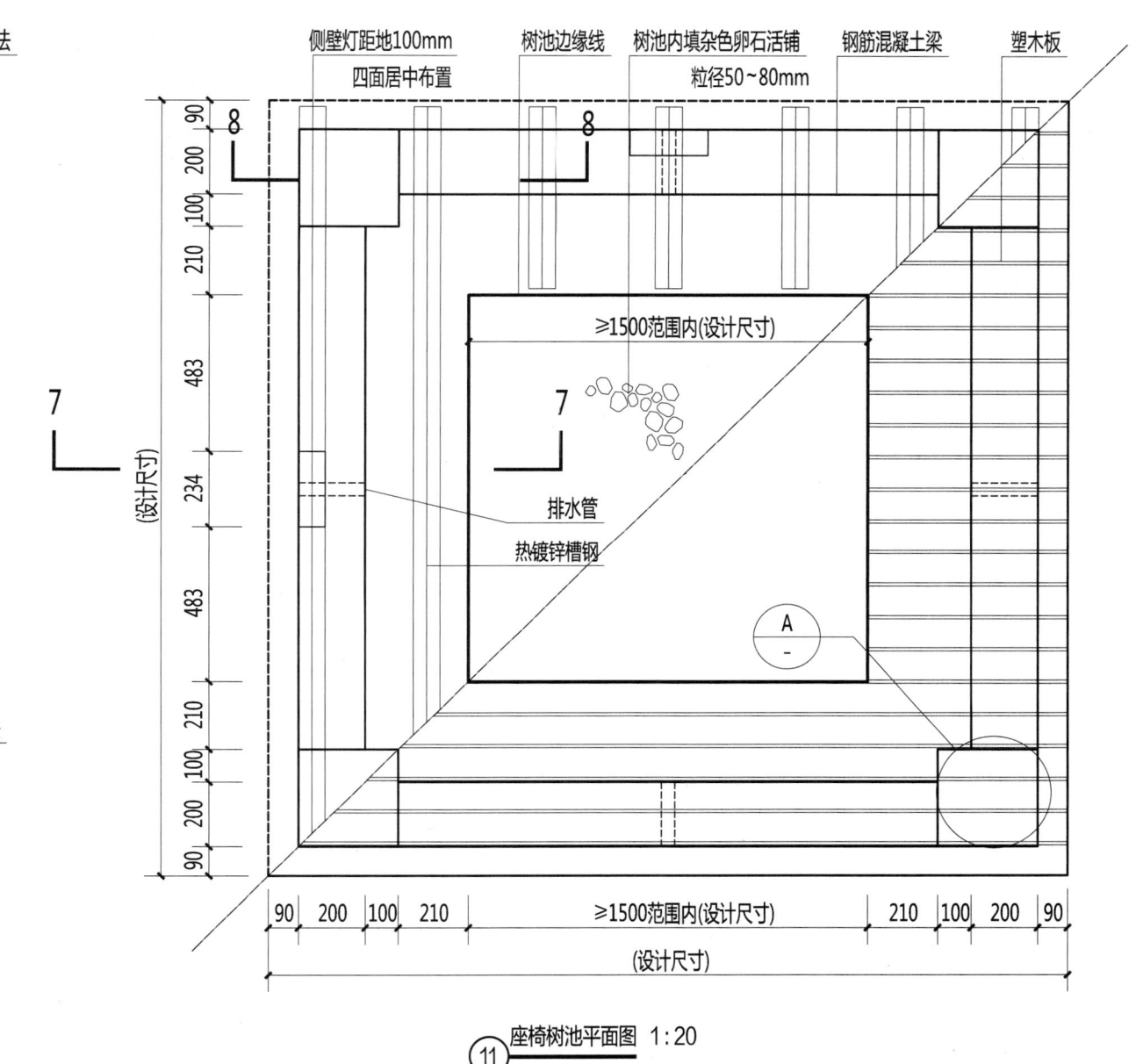

座椅树池平面图 1:20 ⑪

注：种植乔木树池净尺寸不应小于1.5m×1.5m。

| 图名 | 构筑物做法详图四 |

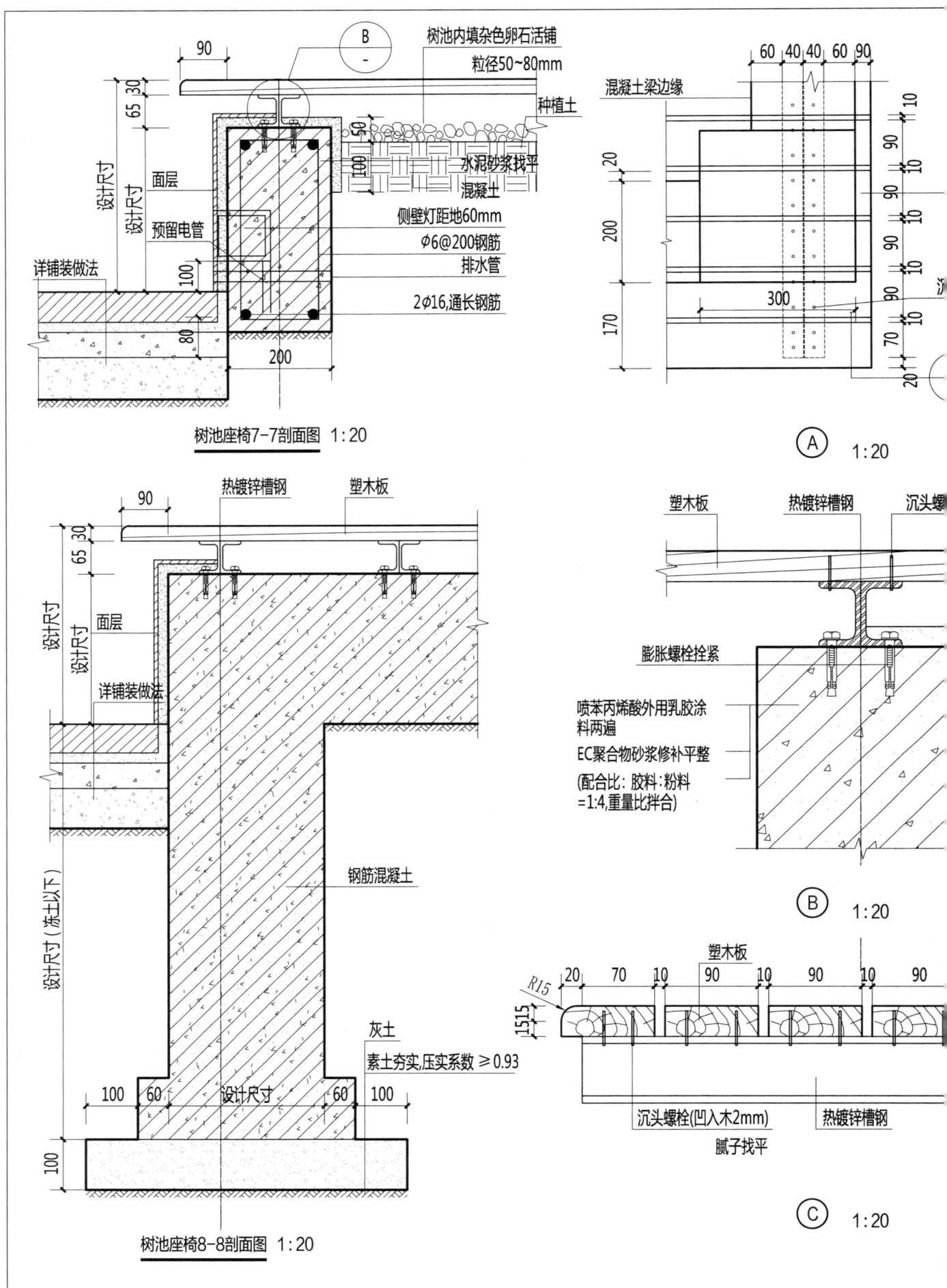

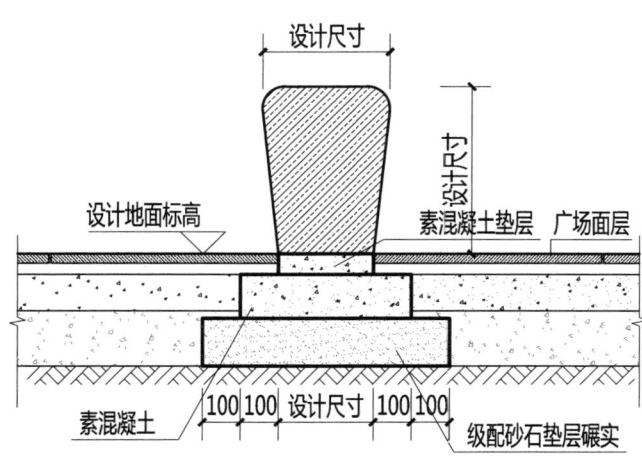

⑫ 石材座椅1-1剖面图 1:20

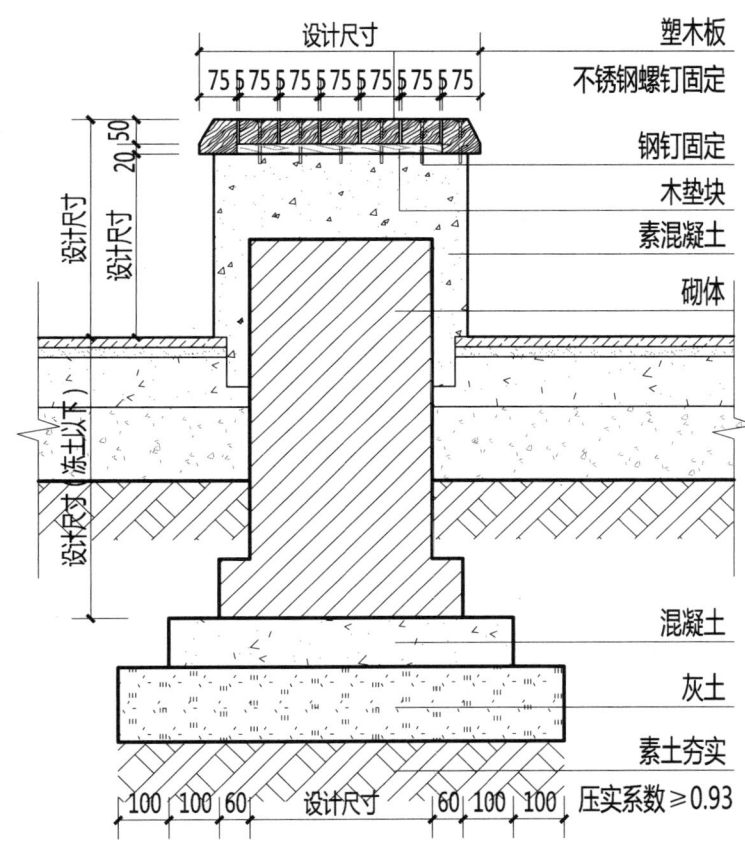

⑬ 塑木座椅1-1剖面图 1:20

| 图名 | 构筑物做法详图五 |

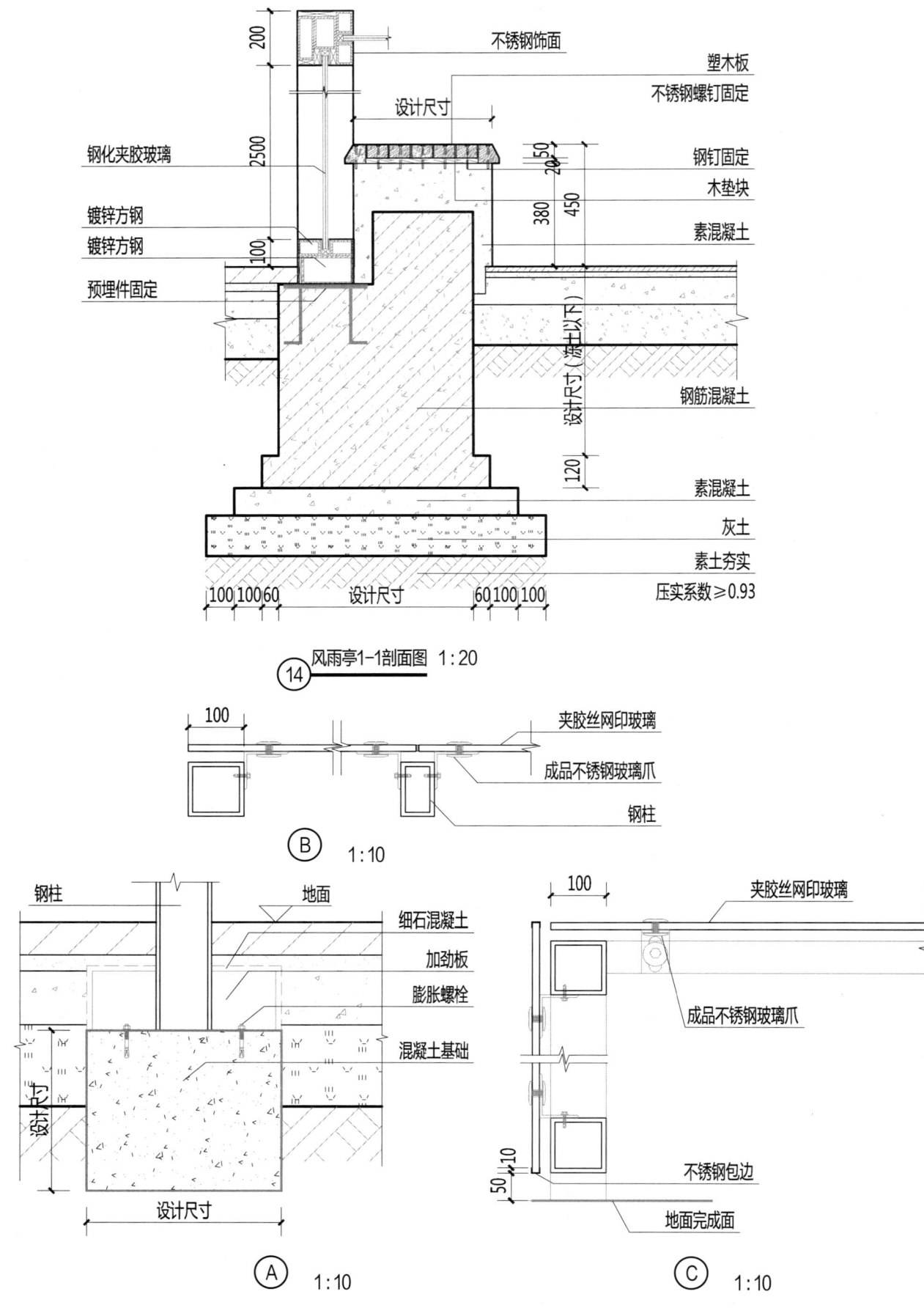

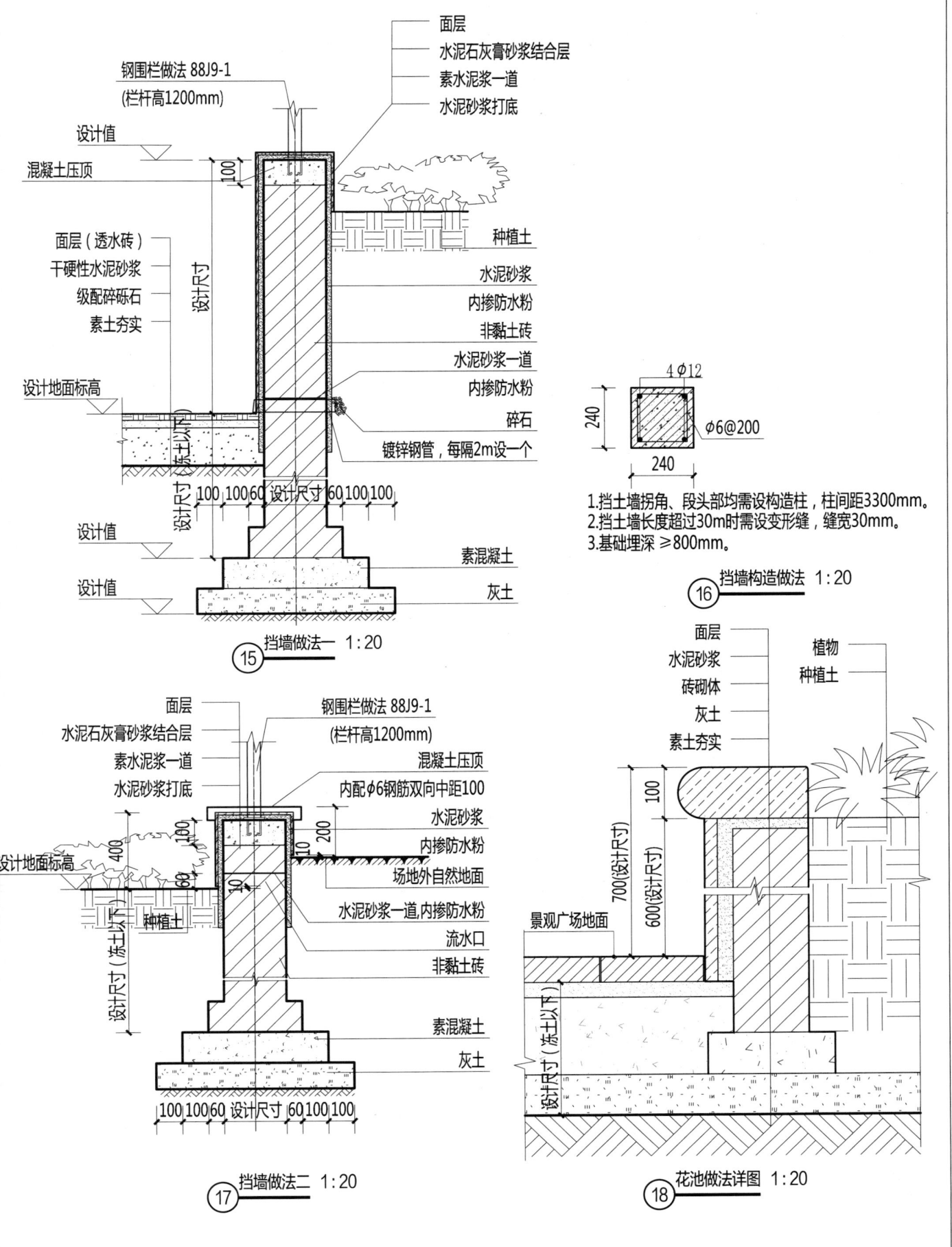

交通接驳

公交接驳

过街天桥

下沉广场

机动车停车

导向标识结合

地下自行车库入口

第二篇

车站出入口设施

设计要点及设计依据
第一部分　车站出入口
第二部分　无障碍电梯亭
第三部分　风亭及冷却塔
第四部分　墙身大样
第五部分　节点详图

设计要点及设计依据

1 设计要点

城市轨道交通车站主要分为地下站、地面站和高架站三种类型,城市中心区域以地下站为主,城市外围区域往往采用高架站或地面站形式。无论哪种形式,轨道交通车站都需要与城市街道发生密切关系。车站出入口设施正是连通街道步行系统与轨道交通站体的一系列建筑设施,确保车站人流的到达与疏散,以及保障站内空气质量等物理环境的安全性、舒适性。

相对于城市外围区域的高架站、地面站,其有条件预留好车站建设用地,确保地面出入口的规模和站外环境,使出入口设施得以集中合理布局。城市中心区域的地下车站出入口设施则往往由于街道两侧建筑密集、用地局促且分散在街道十字路口,很容易由于流线、体量、噪声等问题与既有街道环境产生不协调。

由于车站出入口设施数量多且每日高强度使用,因此在建筑造型、构造做法、材料选择和细部节点等方面需要系统化、标准化、模数化的设计对应,便于施工及投入使用后的维护。

1.1 设计范围

地铁车站地面出入口设施包括:车站地面出入口、无障碍电梯、紧急疏散口、风亭和冷却塔等。

地铁地面建筑的建筑设计包括:建筑形式、构造做法、内部装修、材料的选择、照明灯具的布置及选型等。

车站地面出入口设施设计应考虑与相关专业的接口设计,主要包括:车站建筑与结构专业、装修专业、通风空调专业、通信信号专业、动力照明专业、FAS/BAS专业、PIS专业、AFC专业、安检专业、给水排水专业、电梯自动扶梯专业、人防专业、交通接驳专业、景观专业、广告专业及导向标识等专业的接口设计。

1.2 设计原则

1.2.1 根据城市街道环境特点,分散与集中布置相结合,整合车站周边环境,提高城市街道绿色出行质量。

车站地面出入口设施根据车站站位一般选在城市道路两侧、交叉路口及人流较大的广场附近,地面出入口宜分散均匀、多点布置,并与主客流方向保持一致。出入口之间保持合理的距离,以在车站周边最大范围内有效吸引和疏散客流。依据城市建设用地情况,在建成区、待改造区、新建区应尽可能将出入口等车站设施设置在建设用地内,与周边建筑结合建设,规划设计同步,根据条件可分期实施。

1.2.2 满足交通建筑功能要求，在建筑造型、材料选择及细部处理等采用系统化、标准化、模数化设计。

轨道交通在城市日常生活中使用频繁，对城市居民的安全出行影响重大，车站地面出入口的设计应以安全、高效、细致为基本功能定位，满足建筑安全、使用规模、客流疏散、防火、防倒塌、环境评估、运营管理等技术规范。轨道交通地面出入口等设施作为城市街道中不断涌现的"群体性公共空间"，应充分考虑系统化、标准化和模数化设计。从结构形式、尺寸到材料选择及建筑细部处理，经过标准化设计，控制工程造价，利于加工、实施及后期使用中的维护。

1.2.3 综合考虑与道路建设用地、绿地等城市环境的关系，设定标准口、一体化车站出入口、环境协调站口等不同对应、不同特点的地面设施类型。

1.3 设计要点

1.3.1 车站地面出入口

1.3.1.1 设在交叉路口处的地面出入口应方便各个方向乘客进出车站。出入口应有明显的导向标志，便于乘客识别。

1.3.1.2 地面出入口宜平行于道路红线布置，当距离道路边缘较近时，应做好防撞措施；当出口方向垂直主干道时，出入口踏步前缘与路缘石边缘距离不宜小于开口宽度的1.2倍，且不小于5.4m。

1.3.1.3 地面出入口平台高度应满足当地防洪要求，一般应高出室外地面450mm，且应设置防淹挡板。

1.3.1.4 车站地面出入口与地面建筑物合建时，在出入口和地面建筑之间应采取可靠的防火分隔措施。且应保证在地铁运营期间能够独立出入。独立修建的出入口与周围建筑物之间的距离应满足《建筑设计防火规范》GB 50016和其他相关规范、规定的要求。

1.3.1.5 地面出入口应符合战时防倒塌要求。

1.3.1.6 地面出入口应设拉闸门或卷帘门，以保证车站运营的独立和关闭后的安全。敞口出入口应在通道内靠近口部的位置考虑拉闸门的设置空间，避免对通道通行宽度的影响。

1.3.2 无障碍电梯

1.3.2.1 每座车站均应至少在人流最大的一处出入口设一部无障碍电梯；重要车站应在主要客流方向一侧设置至少两部无障碍电梯，无障碍电梯应尽可能与地面出入口合建，并保证与城市无障碍通行系统的无缝衔接。

1.3.2.2 全线无障碍电梯做法应保持一致，地面梯井升壁尽可能采用玻璃通道形式，配置通透的无障碍电梯轿厢，提高可视性和安全防范。

1.3.2.3 供无障碍通行的车站出入口、无障碍电梯出入口平台最小宽度不应小于2m，出入口门扇开启时，最小净宽不应小于1.5m。

1.3.2.4　供无障碍通行使用的车站出入口，应考虑设置坡道，坡道坡度不应大于1∶12，坡长不应大于9m，宽度不应小于1.5m，起点、终点、休息平台长度不应小于1.5m；坡道两侧应设置扶手，并保持连贯，坡道地面应采取防滑措施。

1.3.2.5　无障碍电梯如设置候梯厅，其面积不应小于4m²，开口不应正对街道，并保证口部坡道的防滑效果。

1.3.3　紧急疏散口

1.3.3.1　车站紧急疏散口：车站主要设备、管理用房区内应加设直通地面的安全通道，其宽度不应小于1.2m。紧急疏散口应尽量考虑与地面风亭、地面出入口合建，并应满足防火间距要求，当必须贴临设置时，应考虑防火分隔和独立进出。

1.3.3.2　车站紧急疏散口单独设置时，应尽量低矮，缩小尺度，避免对周边城市环境及景观造成不利影响。

1.3.3.3　环境敏感地点采用敞口形式。

1.3.3.4　紧急疏散口前应有一定的疏散空间。

1.3.4　风亭和冷却塔

1.3.4.1　地下车站按通风、空调工艺要求需设置活塞风亭、进风亭、排风亭和冷却塔。在满足功能的前提下，根据地面建筑的现状及规划要求，风亭尽可能与周边建筑结合，当布置在绿地范围内，宜采用敞口低风亭形式。

1.3.4.2　风亭、冷却塔的设置位置及排风方向应避开环评敏感区域。对于建成区，在交通干线两侧区域设置风亭、冷却塔，距建筑控制距离宜为15m；在居住、商业、工业混合区，控制距离宜为15～30m；在居住、文教区，控制距离宜为25～50m。同时还应满足现行国家标准《声环境质量标准》GB 3096中相应区域类别的噪声限值。若不能满足相应区域的噪声限值时，应根据地铁工程环境影响报告书的要求，采取减振降噪措施。

1.3.4.3　车站风亭排风口与车站出入口的方向应错开。当排风口与出入口的方向无法错开时，间距应大于10m，或风口比出入口高5m。出入口与风亭合建时，风亭百叶窗应背向人流通行区域布置，如必需布置在同一墙面时，其最小距离不应小于5m。当风亭设于路边时，风亭开口底距地面的高度应不小于2m。

1.3.4.4　风亭与建筑物的直线距离还应满足现行国家标准《建筑设计防火规范》GB 50016的规定和城市规划要求。当风亭与其它建筑物结合设置时，建筑物在车站风口周围5m范围内不应开设门、窗及通风口等，且该范围内不得有遮挡物，必须开窗时，外窗应设乙级防火窗。

1.3.4.5　车站冷却塔应尽量设在道路红线以外不

影响城市景观的位置，并应尽量靠近风亭设置。如有困难不能设在道路红线以外时，需经城市规划部门同意。由于景观的需要而采用下沉式时，应满足工艺要求，并考虑排水设施和安全防护设施，周边应配合设置绿化环境和安全隔离措施。

1.3.4.6 冷却塔应避免设置在对周边环境和噪声要求较高的建筑物、场地和人流聚集场所，与周边建筑的间距应满足防火、环保、减震和降噪的要求。

1.3.4.7 冷却塔的布置原则：

1）冷却塔应避免放在敏感建筑及区域前面，距离敏感点应满足环评要求（一般不小于15m）。

2）冷却塔应做包封处理。

3）冷却塔位置应避开景观敏感地带，尽可能与周边建筑整合处理。

1.3.5 材料选择

1.3.5.1 车站地面建筑选用的材料应满足安全、耐久、耐火、耐水和耐污的要求。

1.3.5.2 可以考虑通过特定类型的材料来确定某条线路或某个区域的建筑设计风格。

1.3.5.3 地面建筑构造建议采用拼装式，构件预制，尽量避免现场制作。

1.3.5.4 应注重环保节能，可持续发展。

1.3.5.6 地面出入口外墙材料应选择耐磨、耐冲击、可清洗、耐久性好的建筑材料。

1.3.5.7 出口的外墙材料（玻璃、石材等）应方便拆卸和更换。

1.3.5.8 在地面出入口采取敞口形式时，敞口形式应考虑便于运营管理的措施。应注意处理好以下问题：通行地面及踏步防滑、外露墙面和顶面的（内外）防水、墙面及顶面截水构造、地面开口围合墙体防坠落、防撞击。

1.3.5.9 敞口风亭的风口设施，应具备防坠落、防杂物、防腐蚀、防盗功能，且应设置带锁的检修口，检修口应与风道检修爬梯结合。

1.3.6 建筑功能

1.3.6.1 消防疏散

1）车站地面出入口建筑应满足消防疏散要求，其通道和门口宽度不应随意减小。

2）独立设置的车站地面建筑与其他建筑的间距应满足相关规范规定的防火间距要求。

1.3.6.2 人防

车站地面建筑应根据人防等级满足人防设计的相关要求。

1.3.6.3 通风排烟

1）车站地面出入口、风亭应根据车站通风系统火灾情况下的不同工况的要求，满足相关设计要求。

2）进、排风亭风口位置及方向应满足地铁相关规范要求。

3）风亭百叶应满足通风面积（约24m²），避免产生二次噪声，并适当设置消声、防雨设施。

1.3.6.4 防水

1）车站地面建筑应考虑防雨雪等特殊天气状况。

2）出入口可根据情况设置防淹挡板。

3）出入口应适当考虑挡水板的位置，既方便实用又不影响功能和观感。可考虑在出入口地下空间侧墙、地面部分放置挡水板，也可考虑在地面放置刮泥板。

1.3.6.5 散水

1）在处理出入口等地面建筑与站前广场的衔接时，应注意散水的处理。

2）出入口原则上可做暗藏散水。

1.3.6.6 防撞

应考虑车站地面建筑的防撞设施（在临街位置1m以下应适当考虑）。

1.3.6.7 无障碍设计

1）车站地面出入口、无障碍电梯、站前广场等应考虑无障碍设计。

2）候梯厅及室外平台及坡道应符合无障碍设计要求。

1.3.6.8 运营管理及维护要求

1）要考虑在地铁运营结束后车站地面出入口的管理设施，采用电工卷帘门或拉闸门。

2）选择经久耐用、易清洁、易更换、标准化的建筑材料。

1.3.6.9 其他

应具有可实施性，并注意节约投资。

1.3.7 专业系统配合

1.3.7.1 导向标识系统

1）车站地面建筑所涉及的导向标志包括：疏散标志、指示标志、地徽标志。

2）合理判读导向标识地方标准的强制性要求和建议性要求。

3）车站建筑顶部宜设导向标识，在设计时考虑标识安装点的防水处理。

1.3.7.2 电气专业

1）车站地面建筑所涉及的电气专业系统包括：动照专业。

2）考虑出入口的功能性照明，并根据出入口的位置和条件适当考虑增加部分景观性照明。

1.3.7.3 设备专业

1）车站地面建筑所涉及的设备专业系统包括：通信信号专业、暖通专业、给水排水专业等。

2）风亭冷却塔等附属建筑物的处理与设备专业协调解决，尽量避免出现风亭过高、过大的情况。

1.4 设计整合

1.4.1 地铁地面附属建筑群设计应注重与所处城市环境整合

1.4.1.1 车站地面建筑的设计应对所在地区的城市环境和城市肌理进行分析，将地铁车站地面出入口、无障碍电梯、紧急疏散口、风亭和冷却塔以及站前广场作为一个综合体整体考虑，尽量整合，避免设计中消极空间的出现。

1.4.1.2 功能整合：地铁地面附属建筑群的实用功能应与所处城市环境功能衔接或互补，如与城市其他公共交通方式衔接、与城市人行道衔接、与城市广场衔接、与邻近商业建筑衔接，或者为城市补充市民休憩广场等。

1.4.1.3 景观融合：地铁地面建筑群通过控制综合布局（包括建筑、绿化、广场等）、体量、造型、材料、色彩等要素，实现与所处城市环境的融合。

1.4.2 地铁地面附属建筑群设计应注意自身构成要素之间的整合

1.4.2.1 地面出入口应尽量与临近的无障碍电梯、紧急疏散口、风亭、冷却塔整合设计，尽量避免局部分散凌乱的情况。

1.4.2.2 地面出入口、无障碍电梯、紧急疏散口、风亭、冷却塔应与室外广场结合设计。

1.4.3 地铁地面附属建筑群设计应与相关设备专业功能紧密结合设计

1.4.3.1 地面附属建筑设计应充分考虑有利于通风、照明、通信、导向等设备的功能合理性。

1.4.3.2 合理预留上述各专业设备安装条件，既利于实现最佳的建筑空间效果，又利于设备的功能实现及检修和维护。

1.4.3.3 应注意地面出入口建筑与导向标识的整体结合设计，坚决避免导向与出入口生硬叠加式的设计。

2　设计依据

1. 《地铁设计规范》GB 50157
2. 《城市轨道交通技术规范》GB 50490
3. 《建筑设计防火规范》GB 50016
4. 《民用建筑设计通则》GB 50352
5. 《无障碍设计规范》GB 50763
6. 《人民防空工程设计规范》GB 50225
7. 《人民防空工程设计防火规范》GB 50098
8. 《建筑钢结构防火技术规范》GB 51249
9. 《建筑抗震设计规范》GB 50011
10. 《屋面工程技术规范》GB 50345
11. 《公共建筑节能设计标准》GB 50189
12. 《建筑内部装修设计防火规范》GB 50222
13. 《民用建筑工程室内环境污染控制规范》GB 50325
14. 《民用建筑隔声设计规范》GB 50118
15. 《墙体材料应用统一技术规范》GB 50574
16. 《建筑照明设计标准》GB 50034
17. 《城市轨道交通照明》GB/T 16275
18. 《建筑玻璃应用技术规程》JGJ 113
19. 《玻璃幕墙工程技术规范》JGJ 102
20. 《城市轨道交通工程设计规范》DB 11/995
21. 国家标准图集系列、其他相关国家及地方规范、规程、规定和相关行业标准等

第一部分

车站出入口

直出入口图
侧出入口图
无障碍出入口图
与风亭合建出入口图
地面厅出入口图
一体化合建出入口图
开敞式出入口图
紧急疏散口图

出入口屋顶平面图 1:100

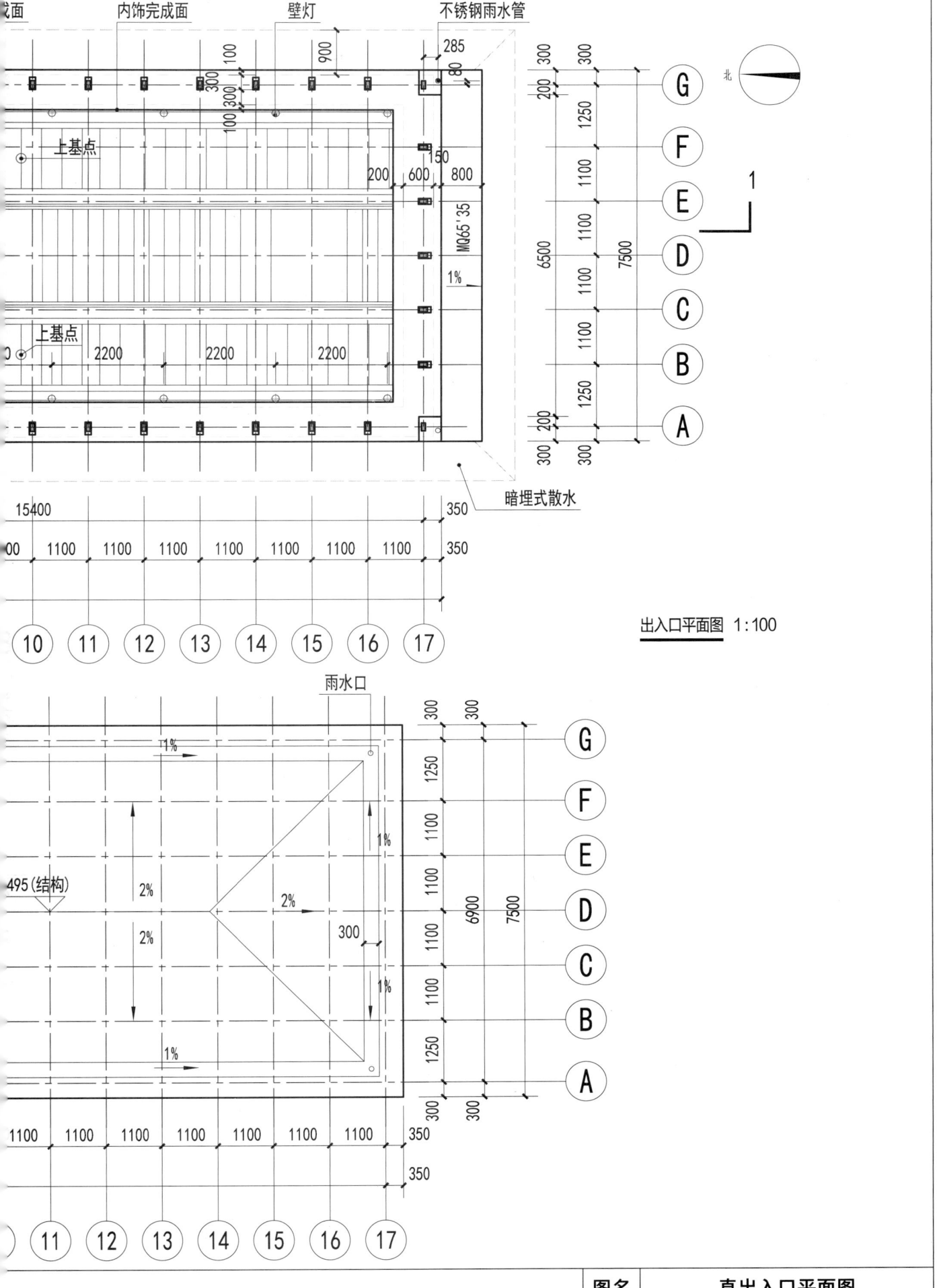

出入口平面图 1:100

直出入口平面图

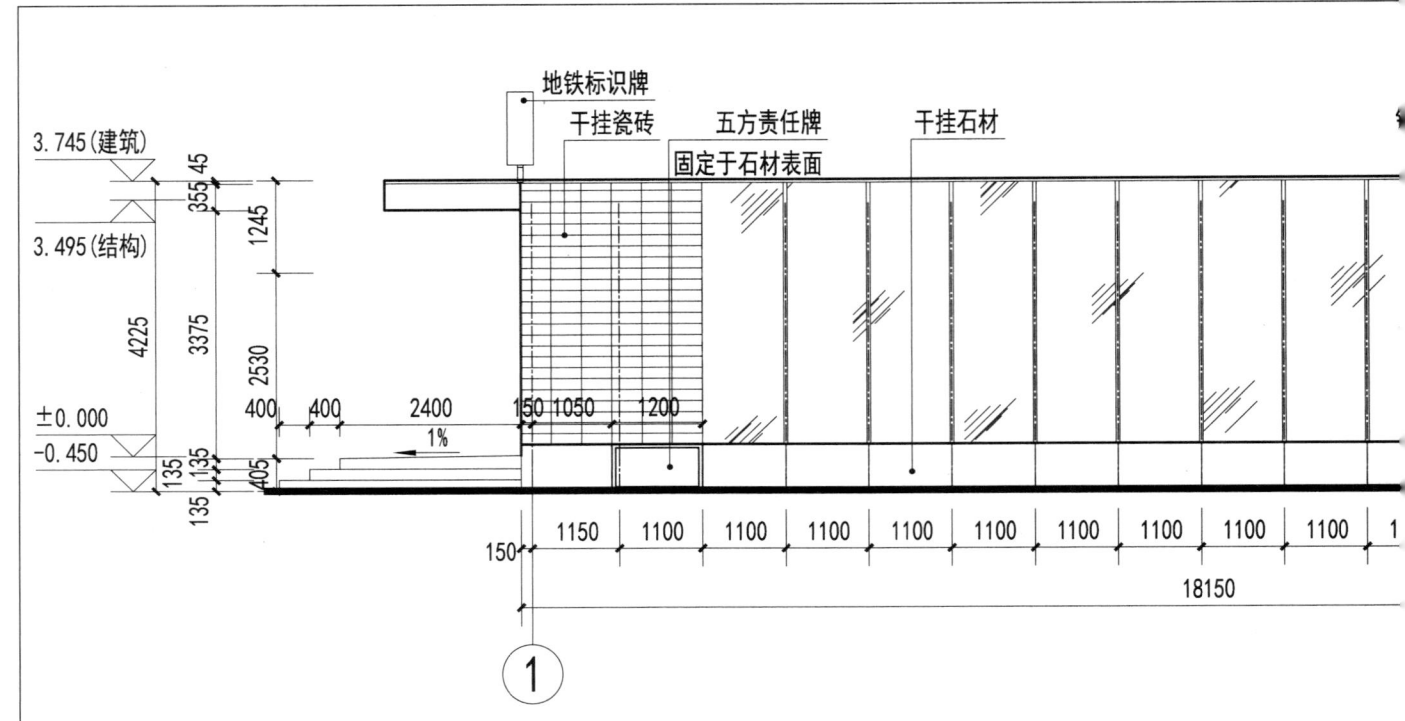

出入口①-⑰立面图 1:100

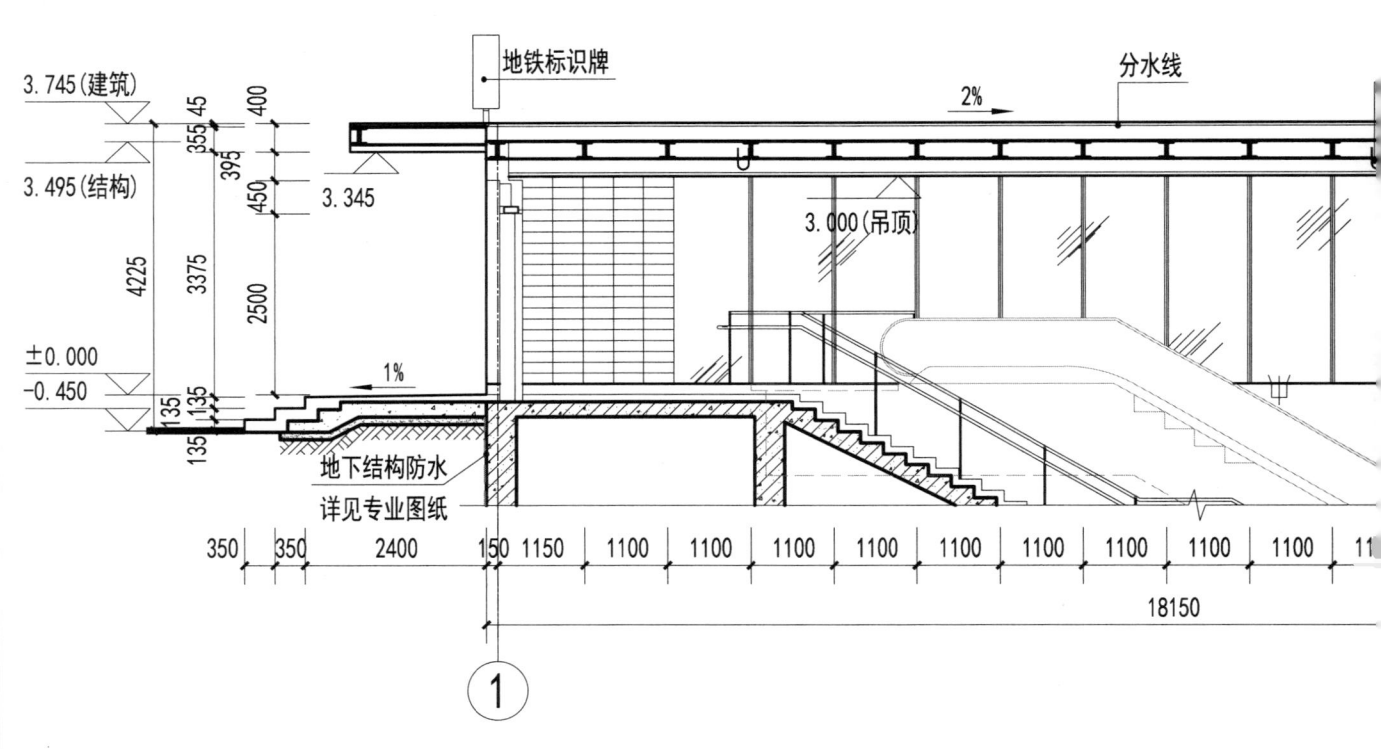

出入口1-1剖面图 1:100

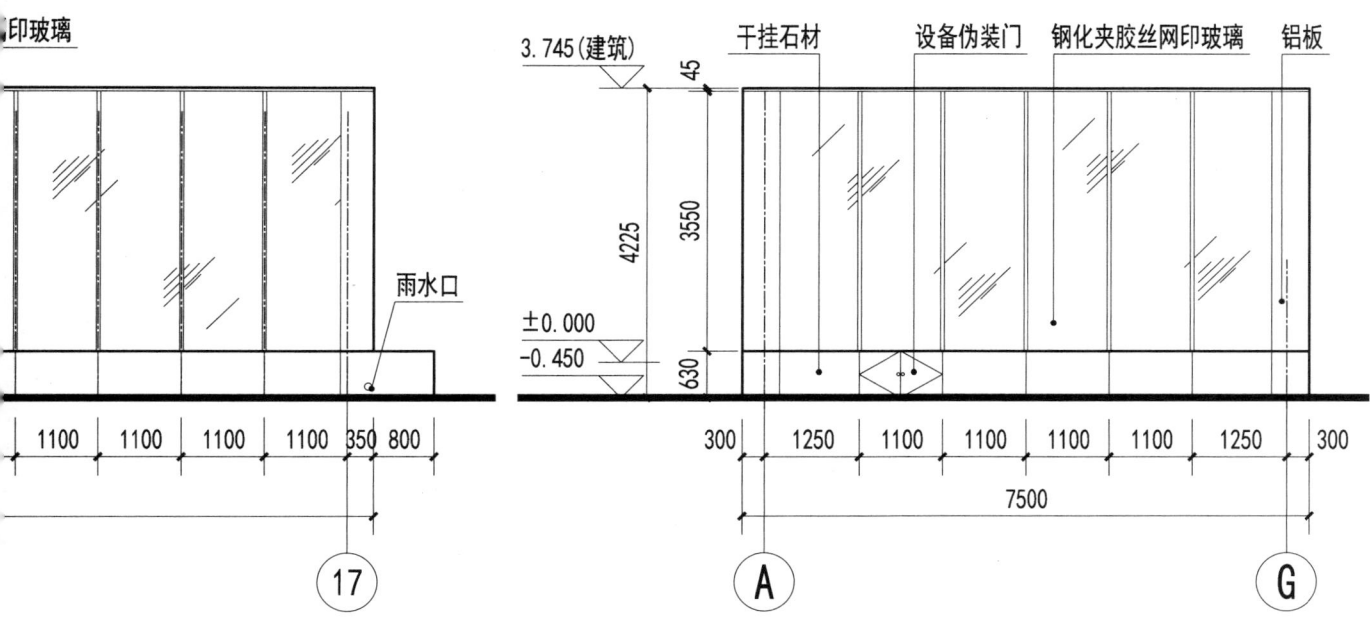

出入口 Ⓐ-Ⓖ 立面图 1:100

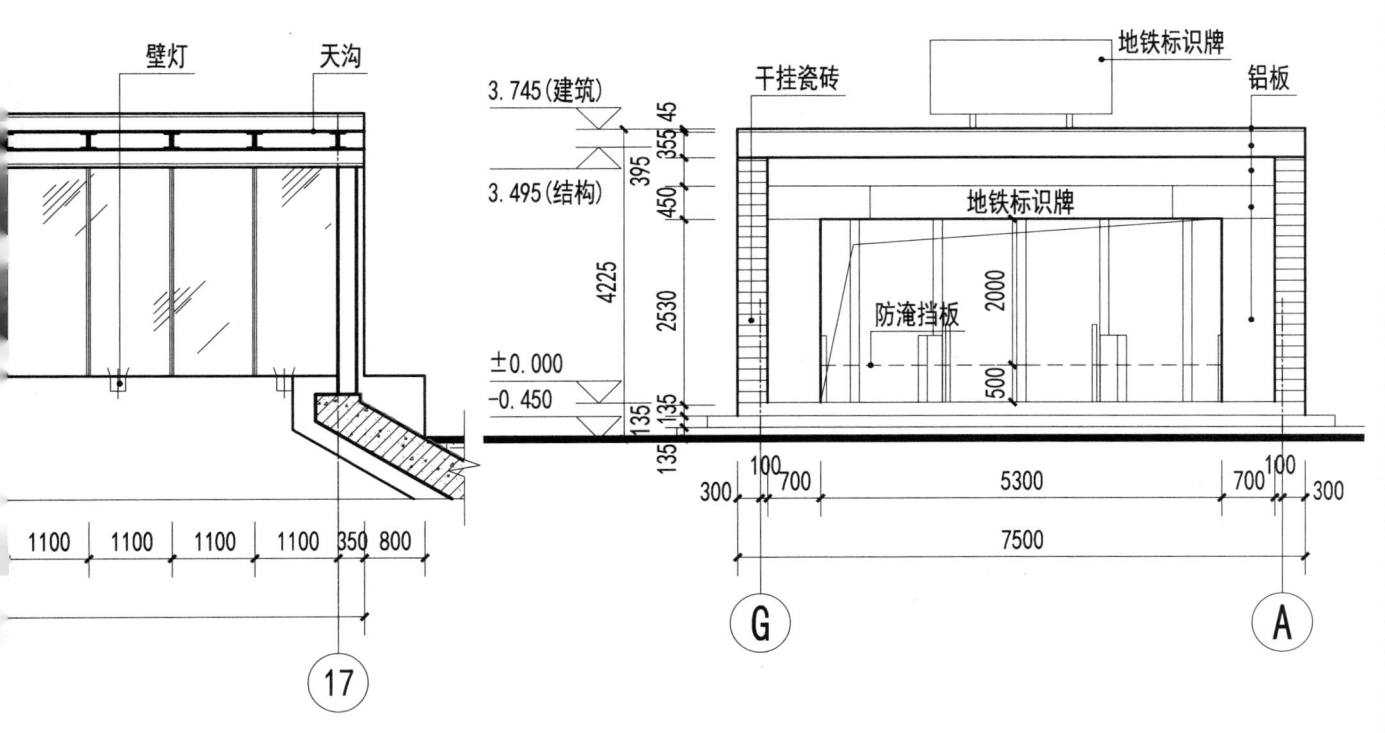

出入口 Ⓖ-Ⓐ 立面图 1:100

| 图名 | 直出入口立、剖面图 |

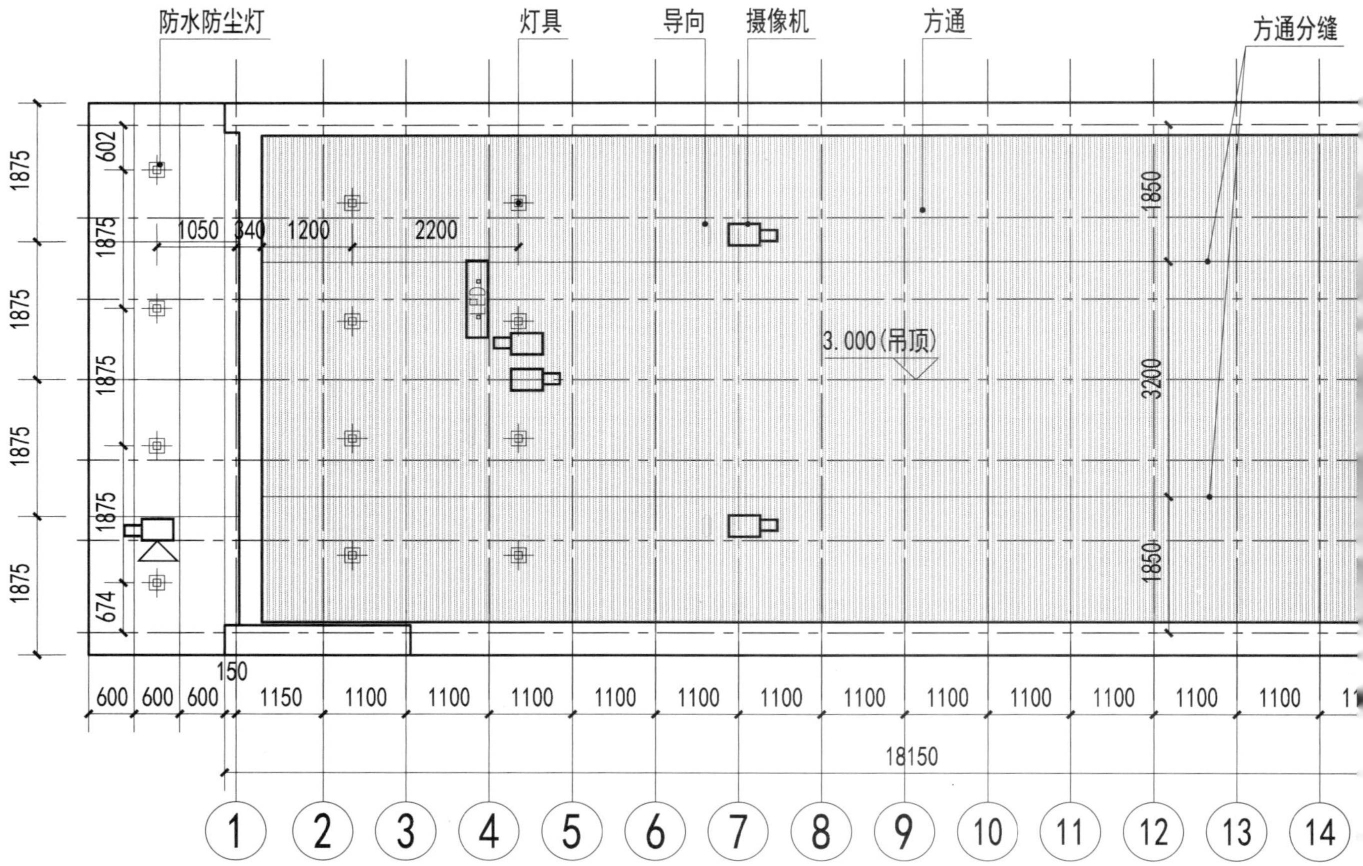

第二篇 车站出入口设施

出入口吊顶平面图 1:100

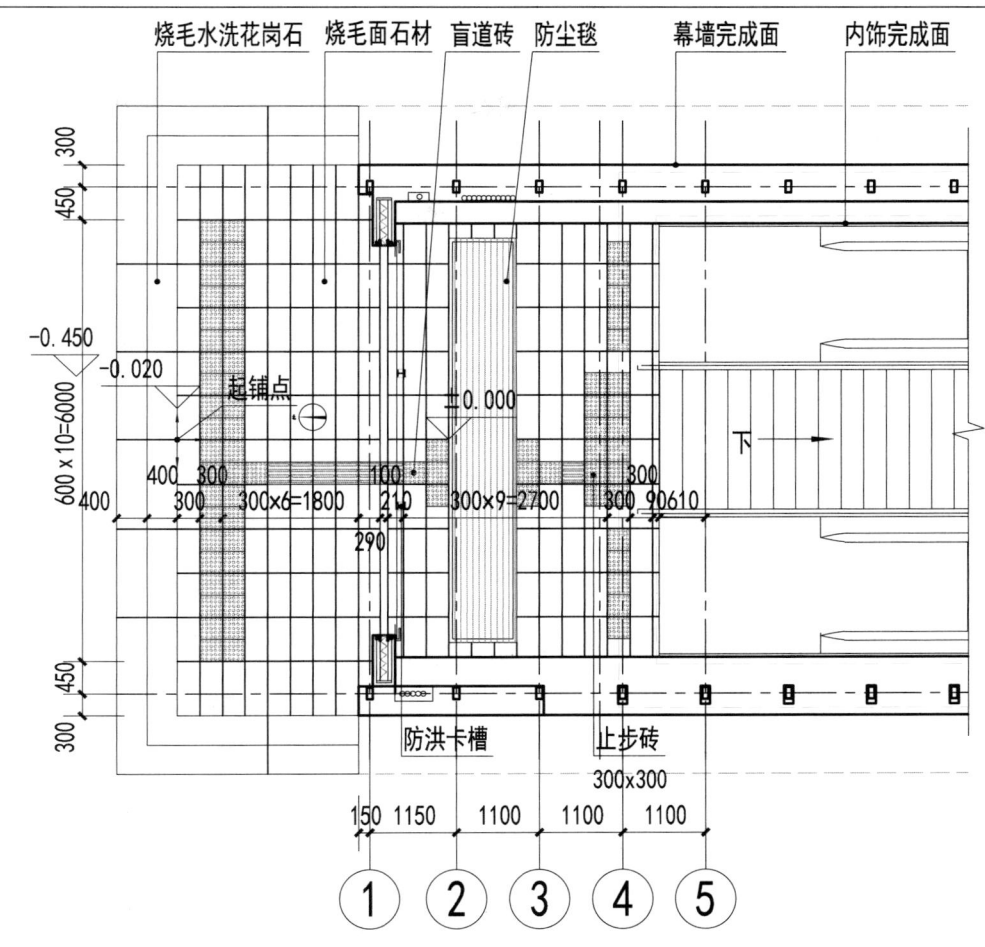

出入口地面铺装图 1:100

直出入口示意图

| 图名 | 直出入口吊顶及铺装图 |

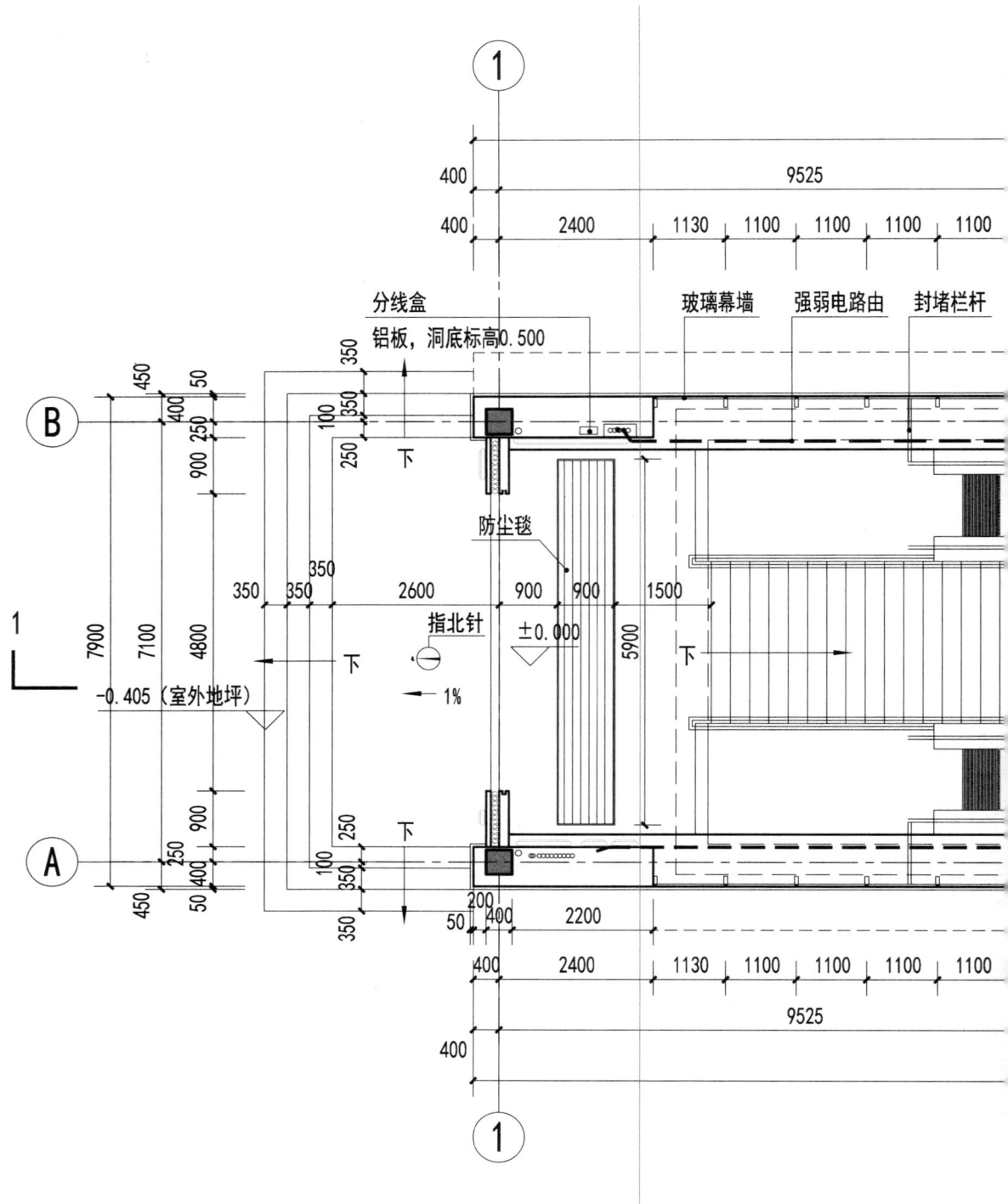

出入口后背风机房平面图 1:100

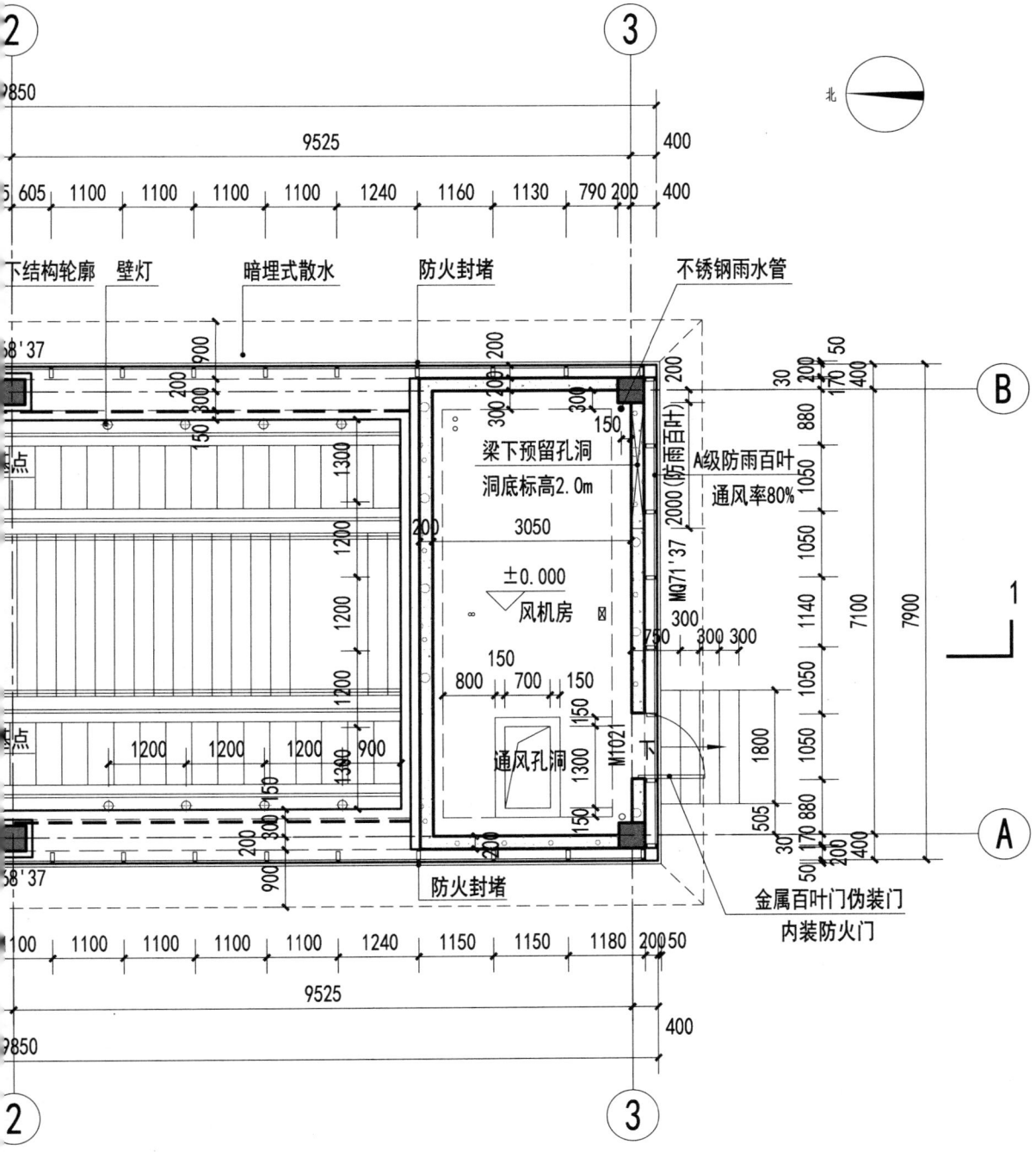

图名 直出入口后背风机房平面图

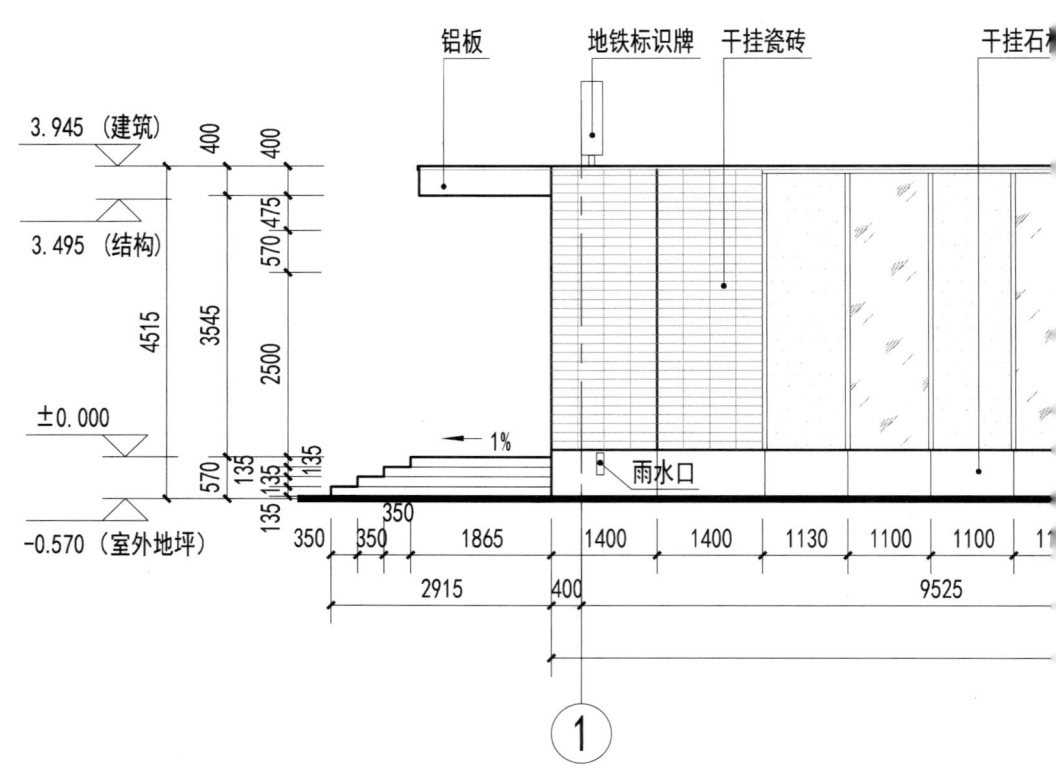

出入口后背风机房①—③立面图 1:100

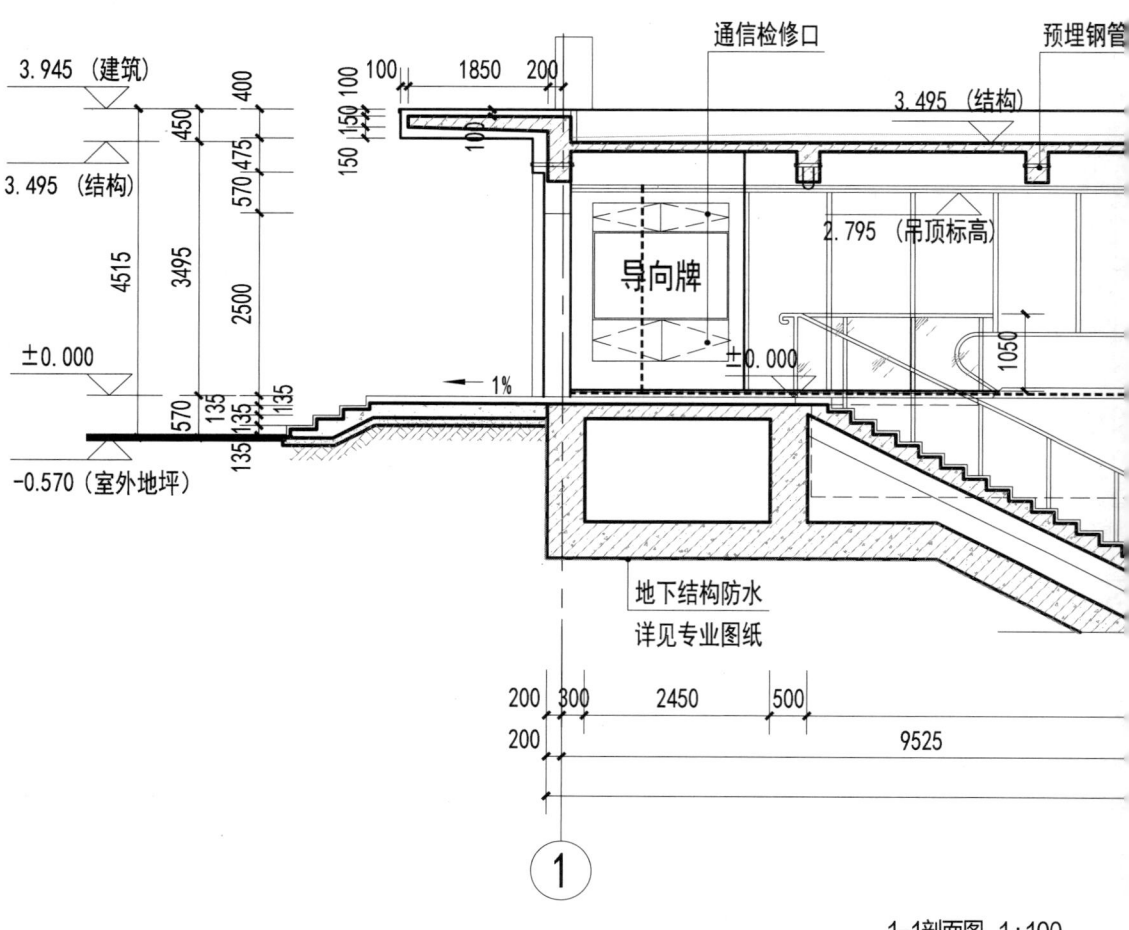

1-1剖面图 1:100

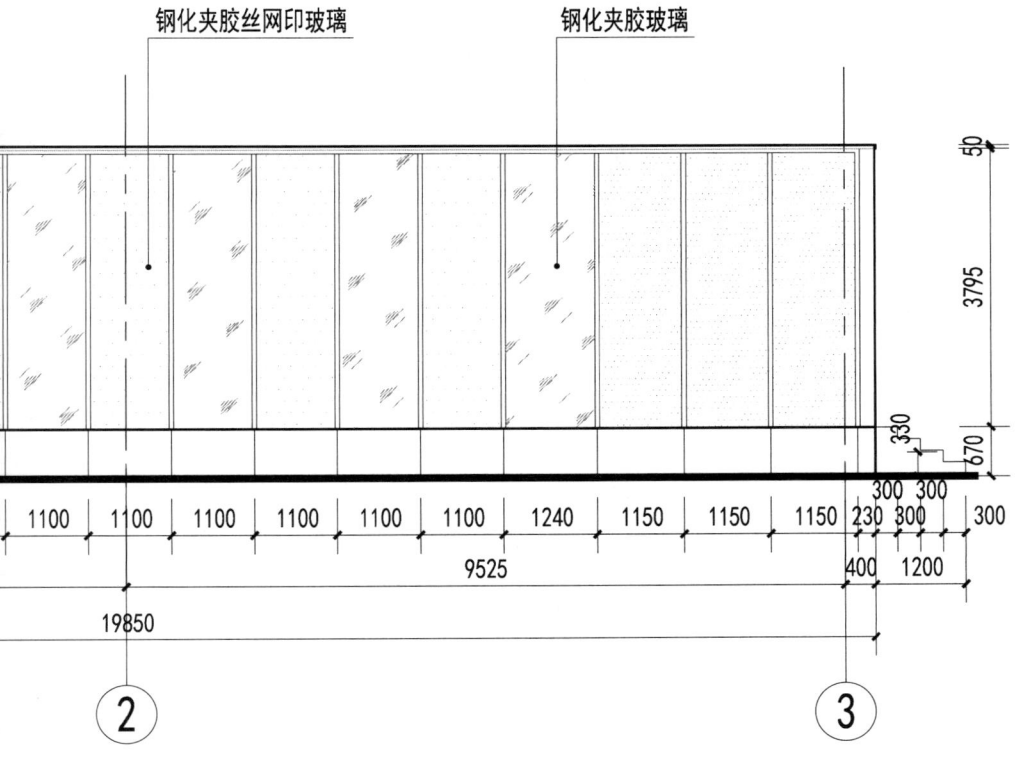

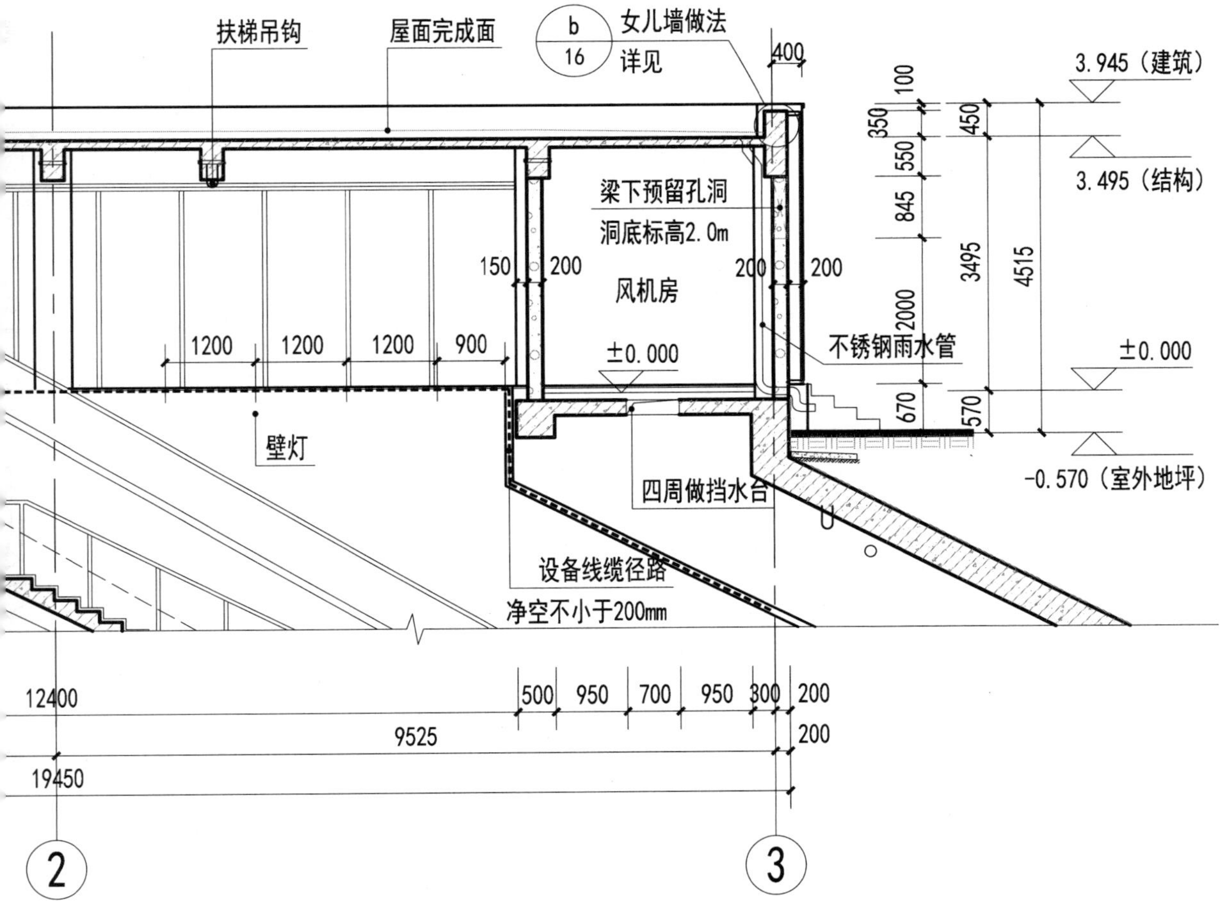

图名 直出入口后背风机房立、剖面图

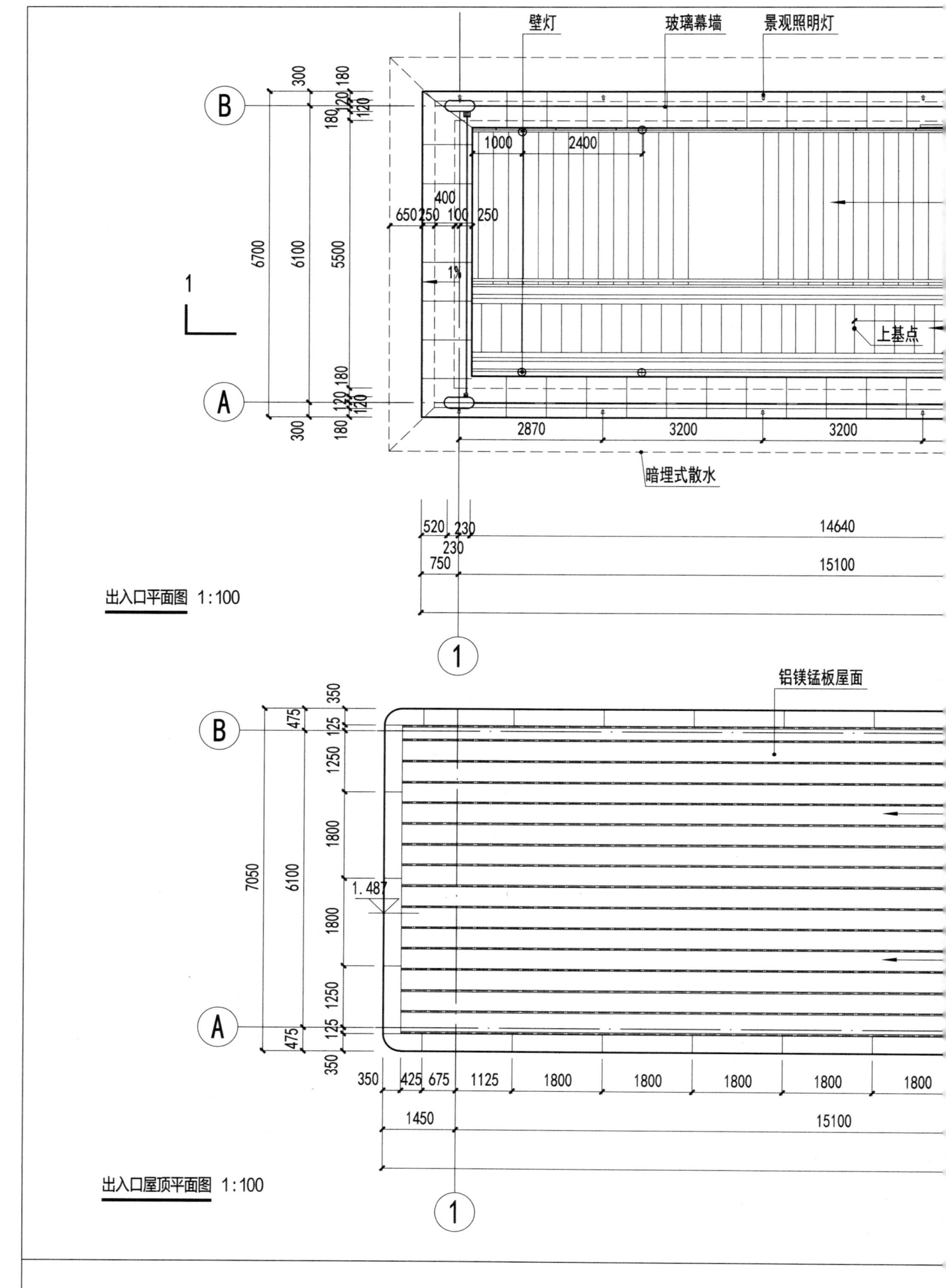

出入口平面图 1:100

出入口屋顶平面图 1:100

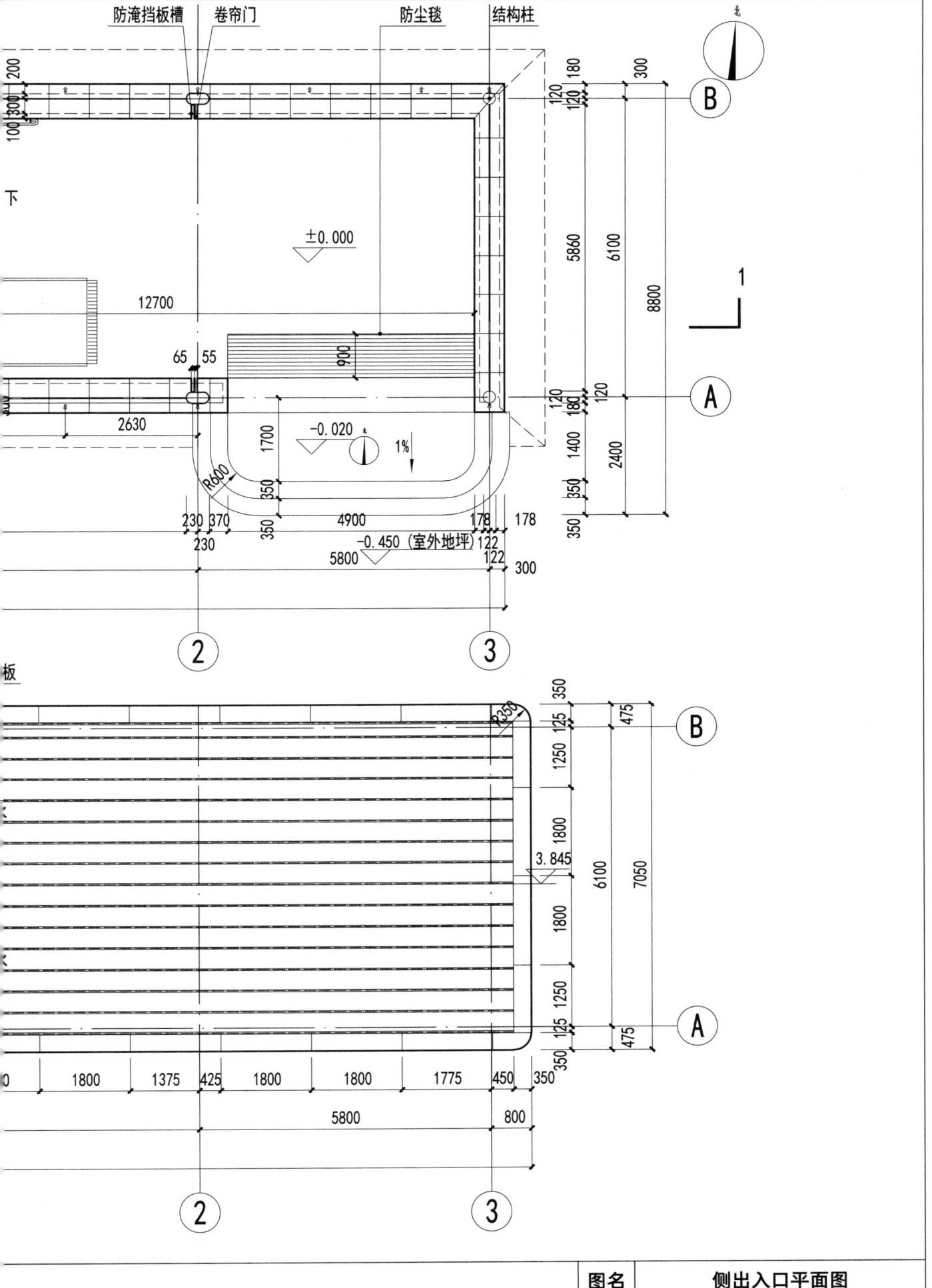

侧出入口平面图

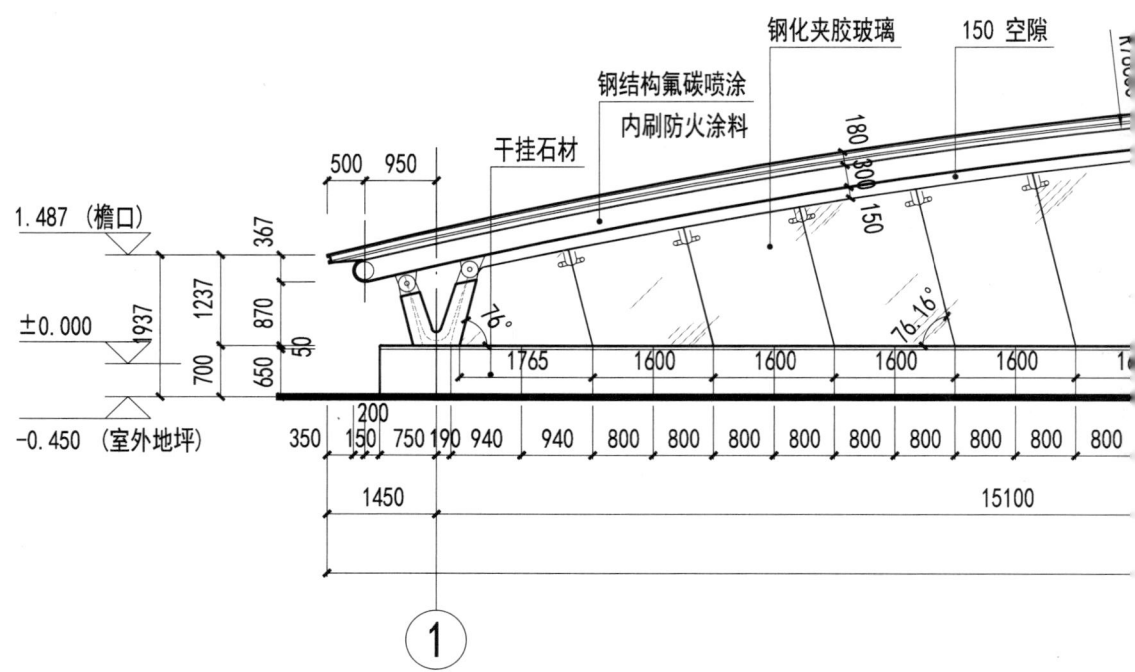

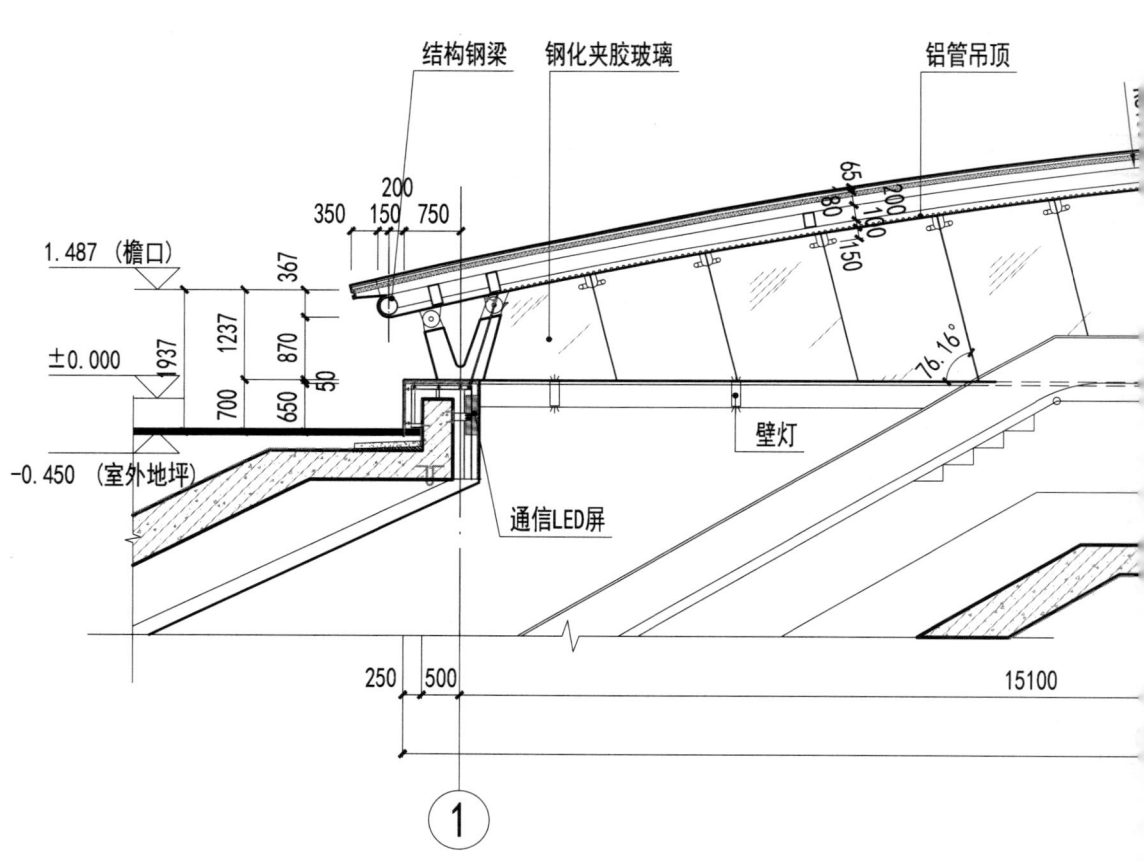

1-1剖面图 1:100

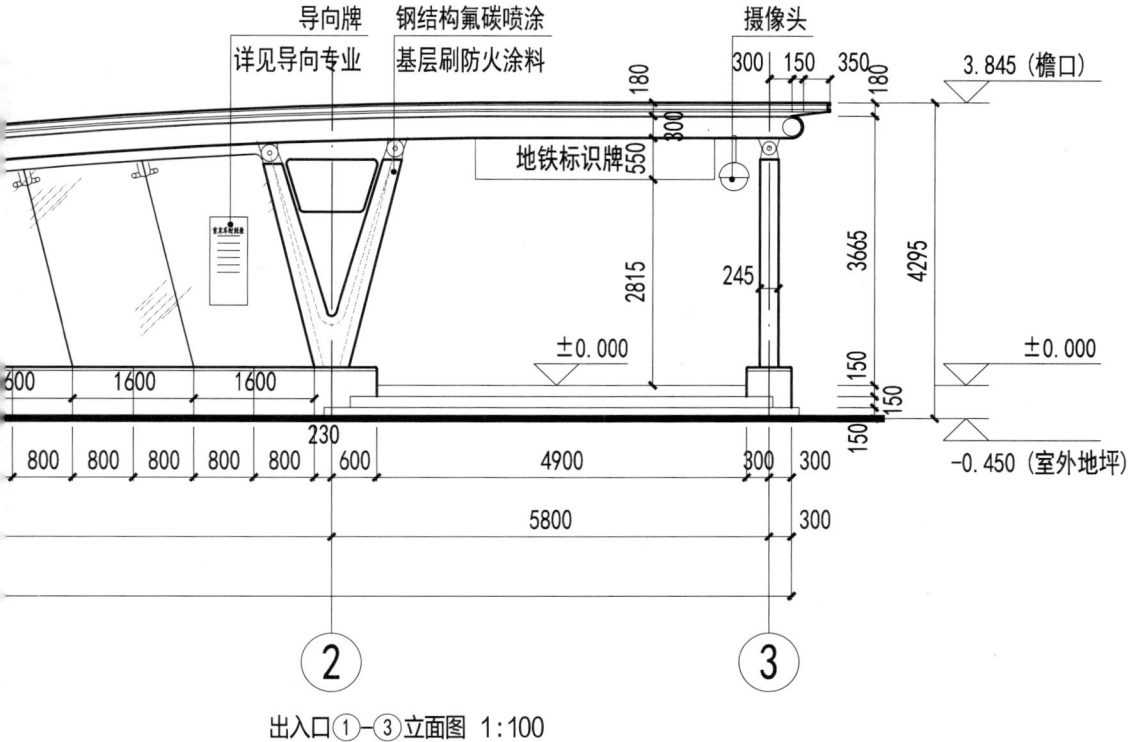

出入口①-③立面图 1:100

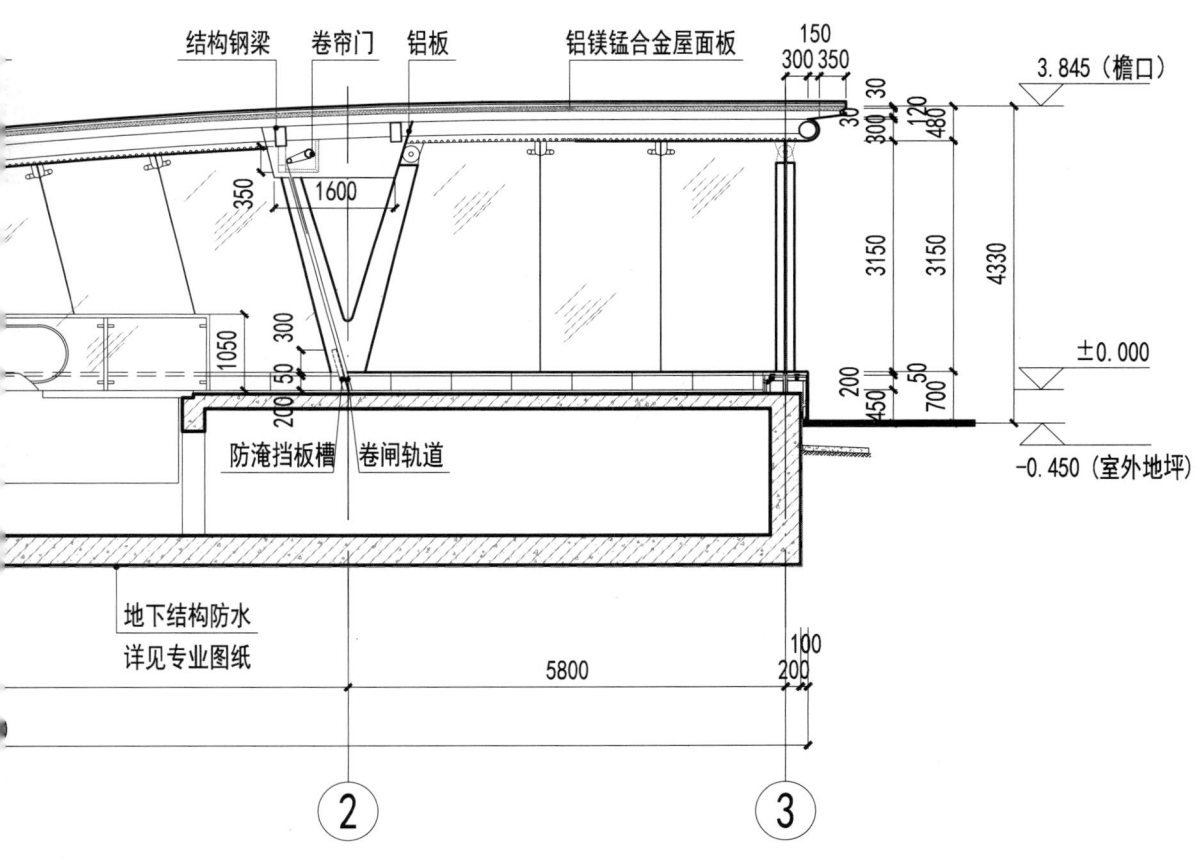

| 图名 | 侧出入口立、剖面图 |

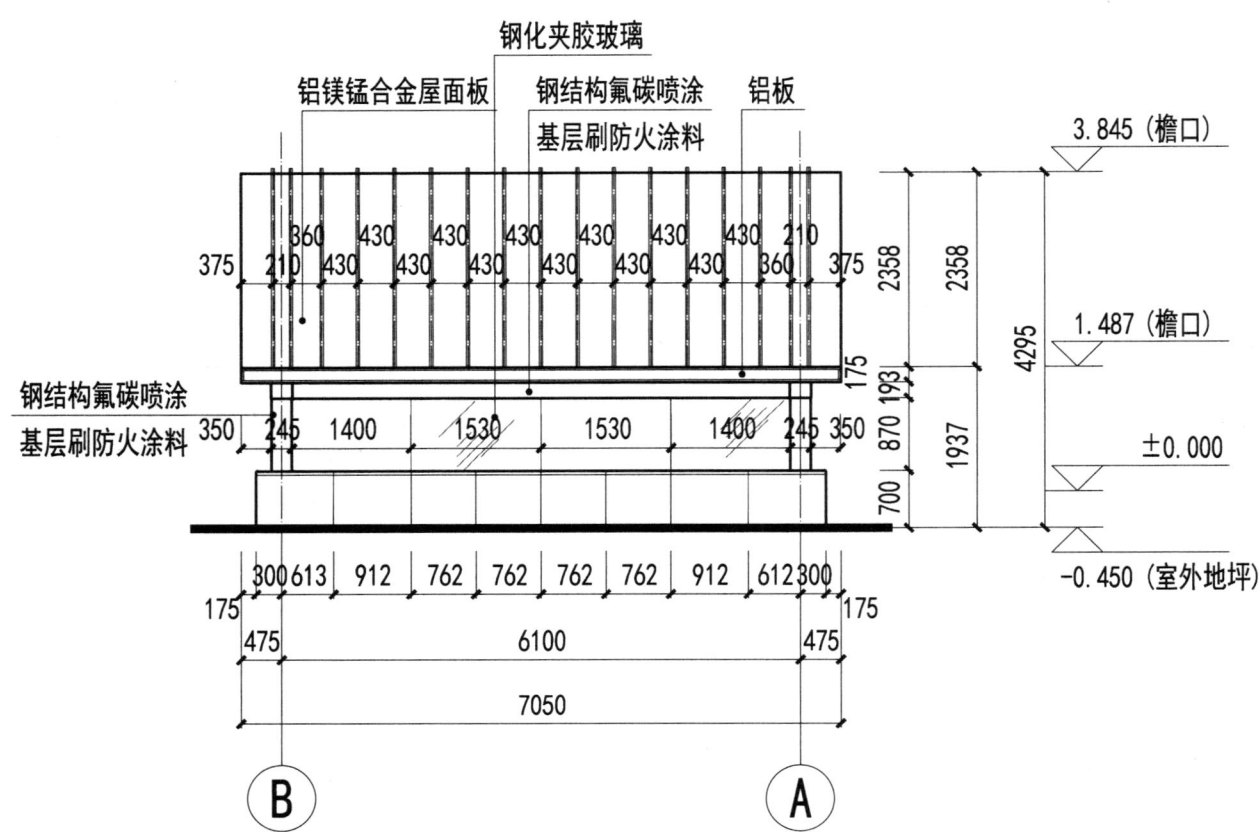

出入口 B-A 立面图 1:100

091

第一部分 车站出入口

侧出入口示意图

| 图名 | 侧出入口立面图 |

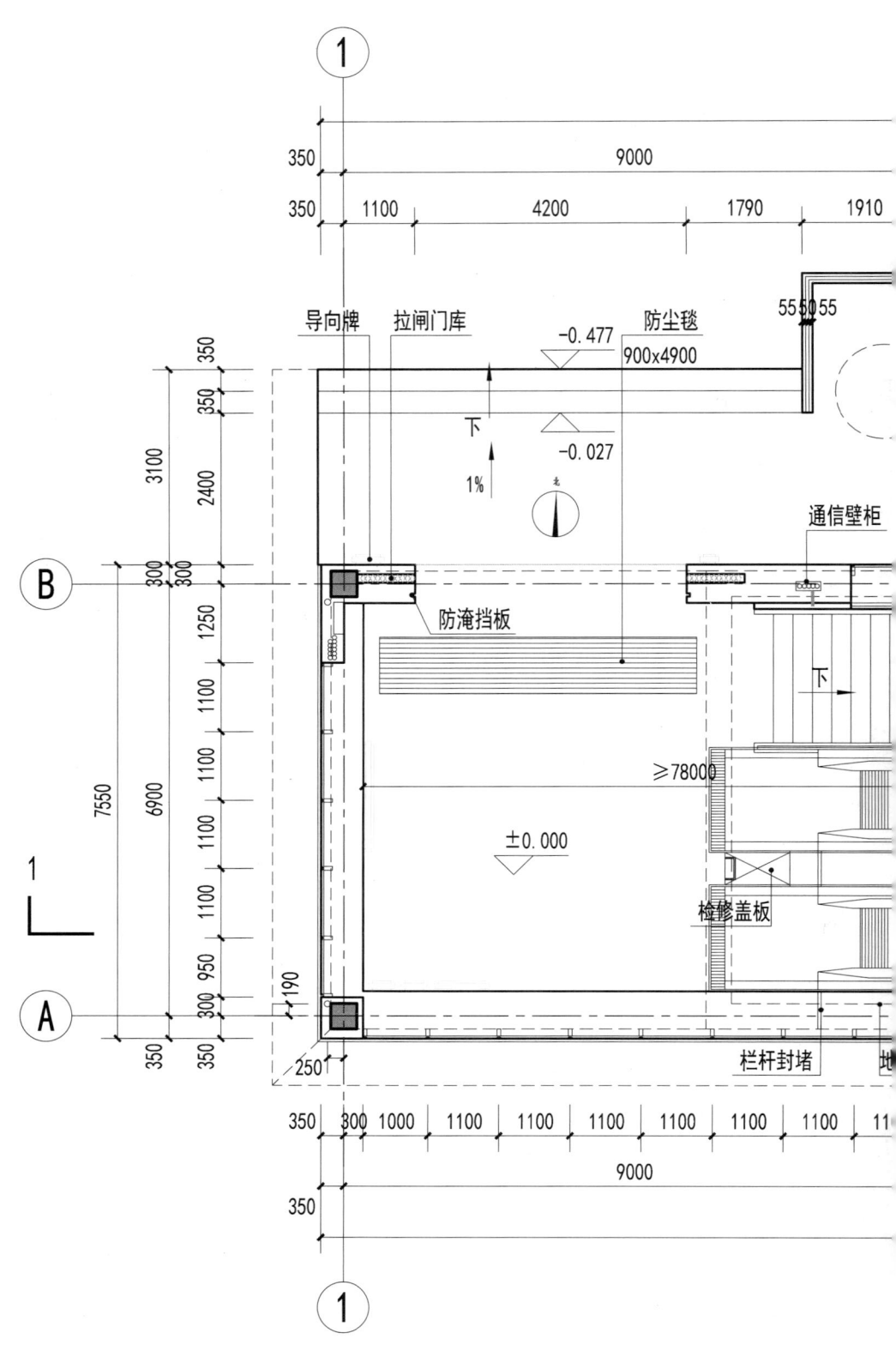

无障碍出入口平面图 1:100

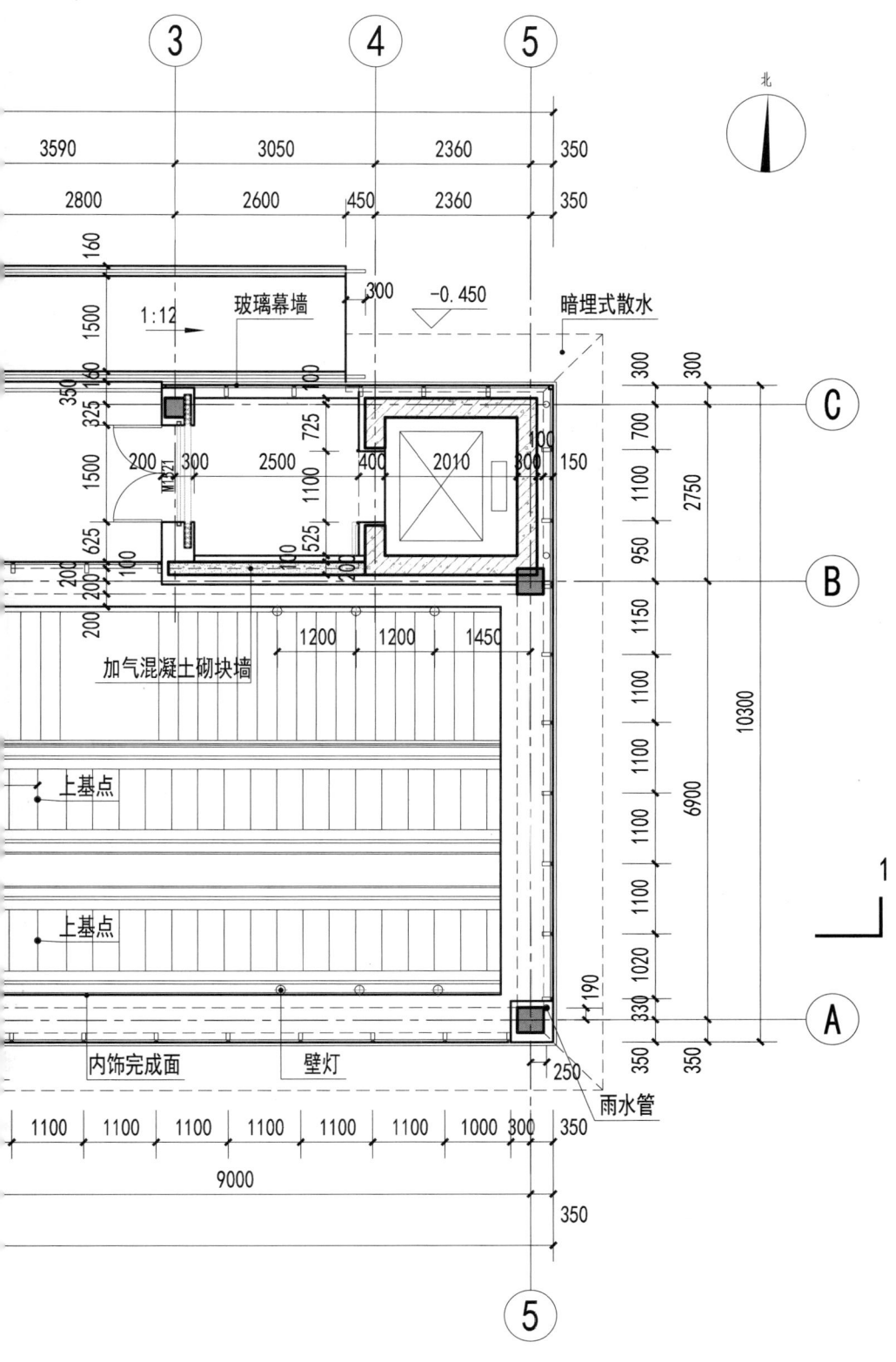

图名 无障碍出入口平面图

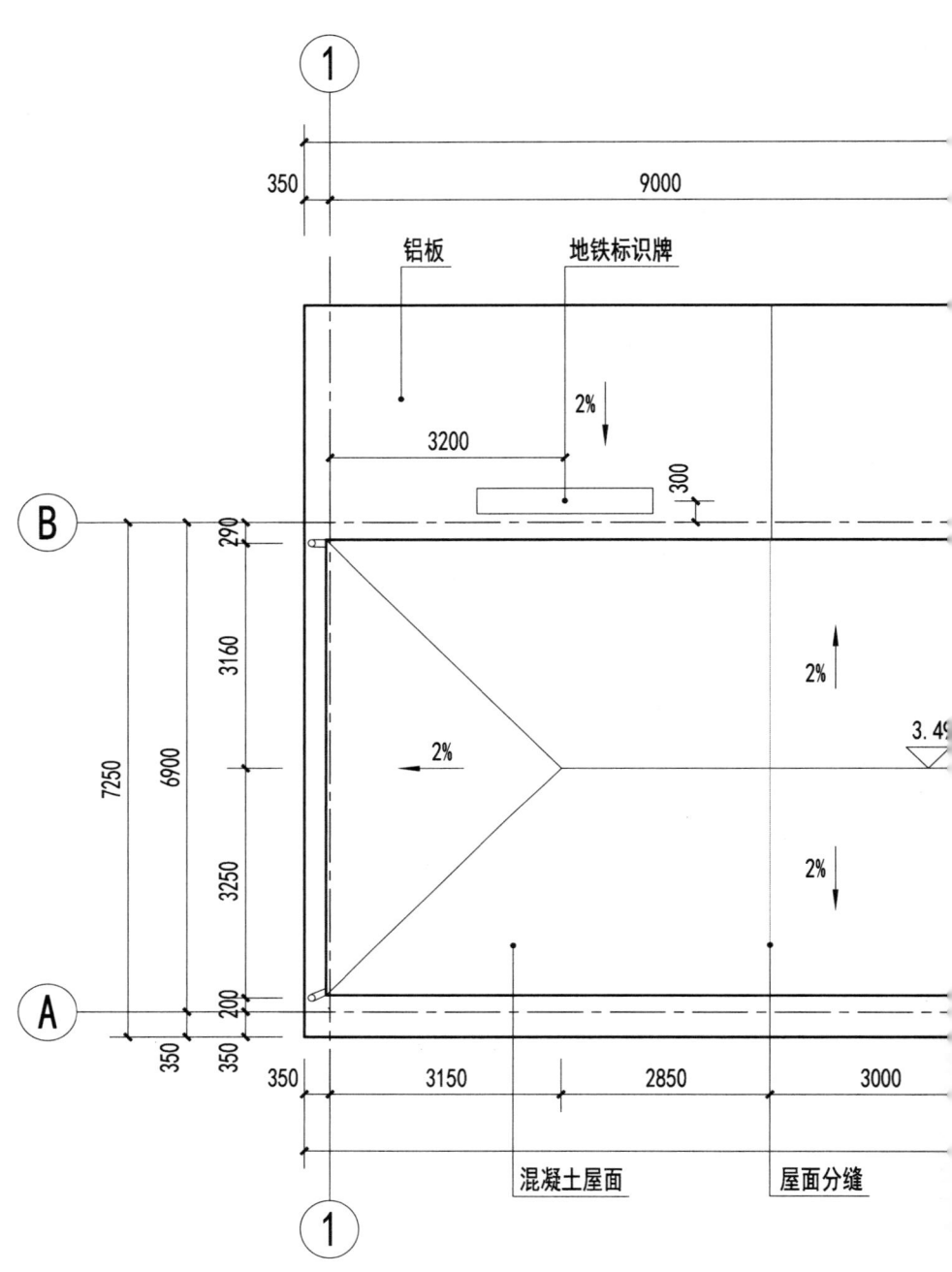

无障碍出入口屋顶平面图 1:100

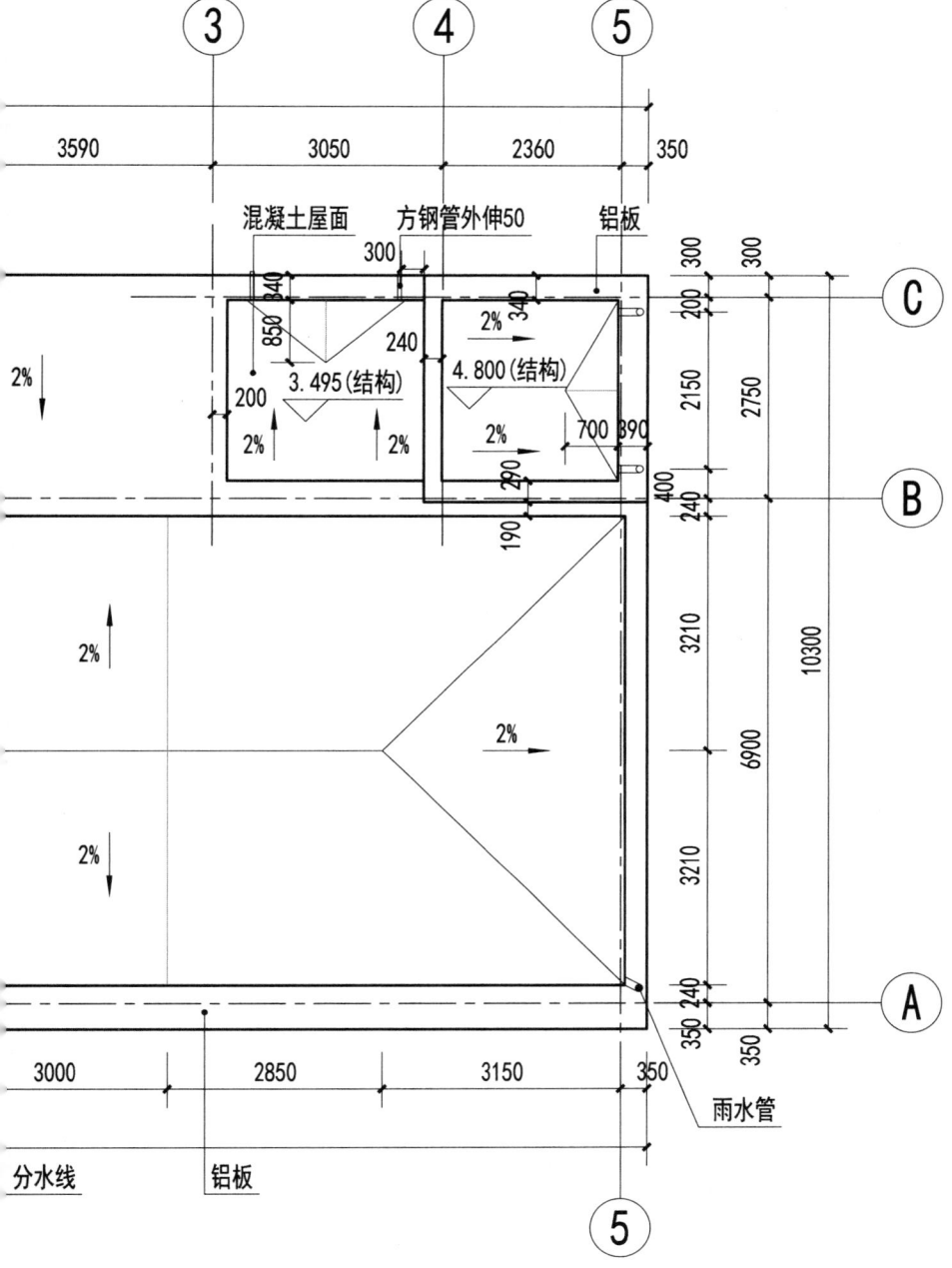

| 图名 | 无障碍出入口屋顶平面图 |

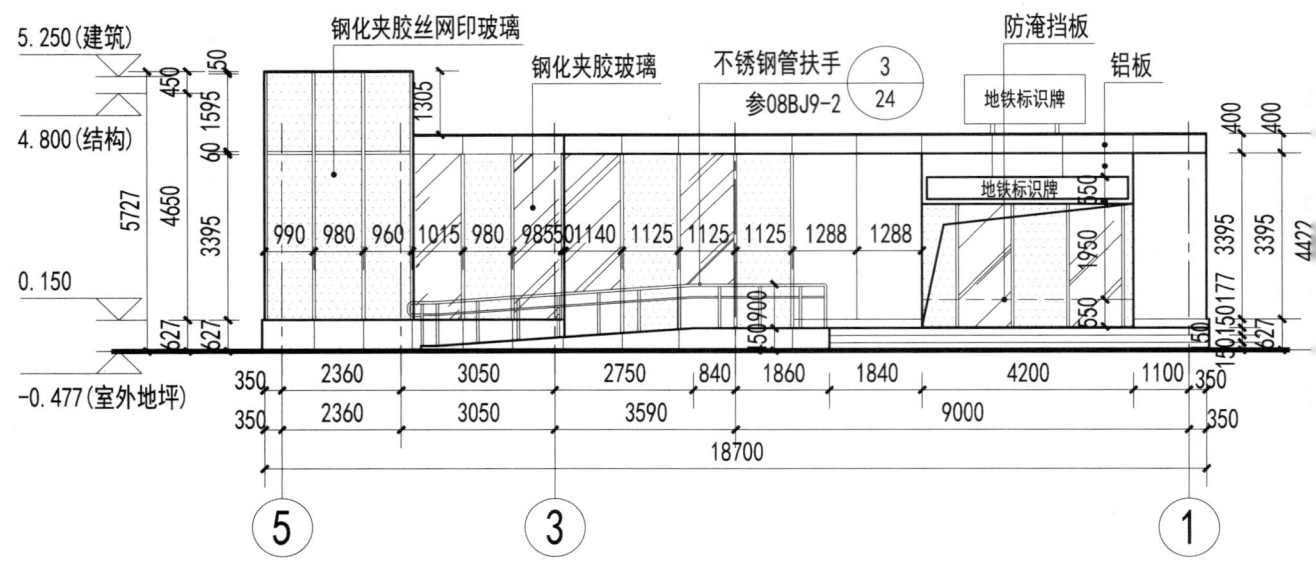

⑤—① 立面图 1:150

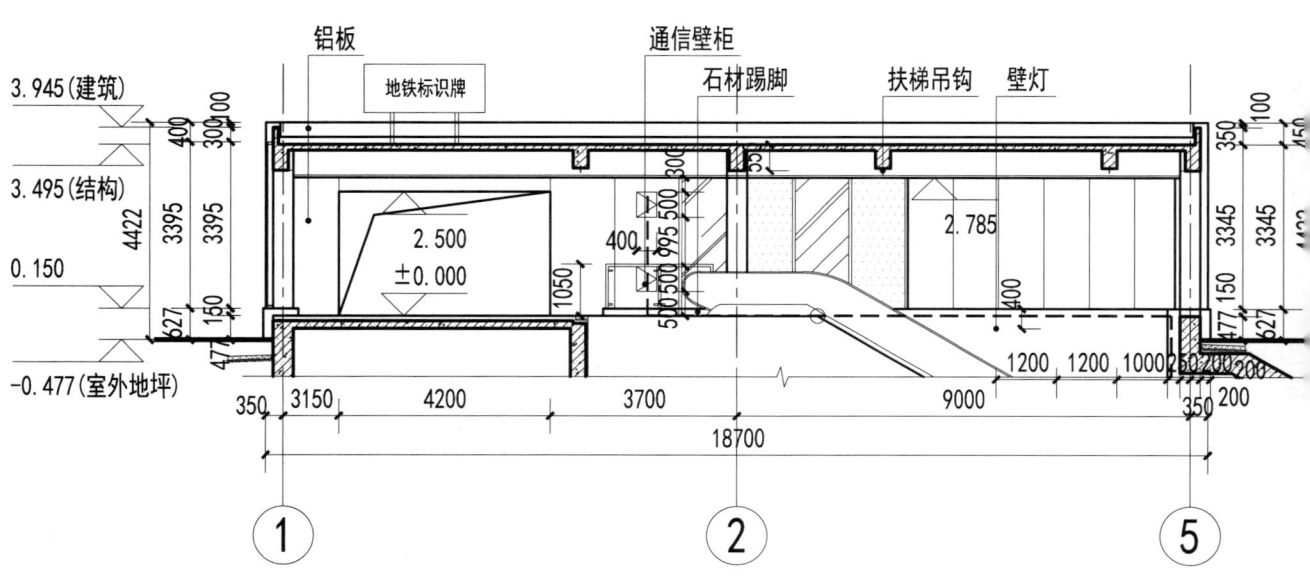

1-1剖面图 1:150

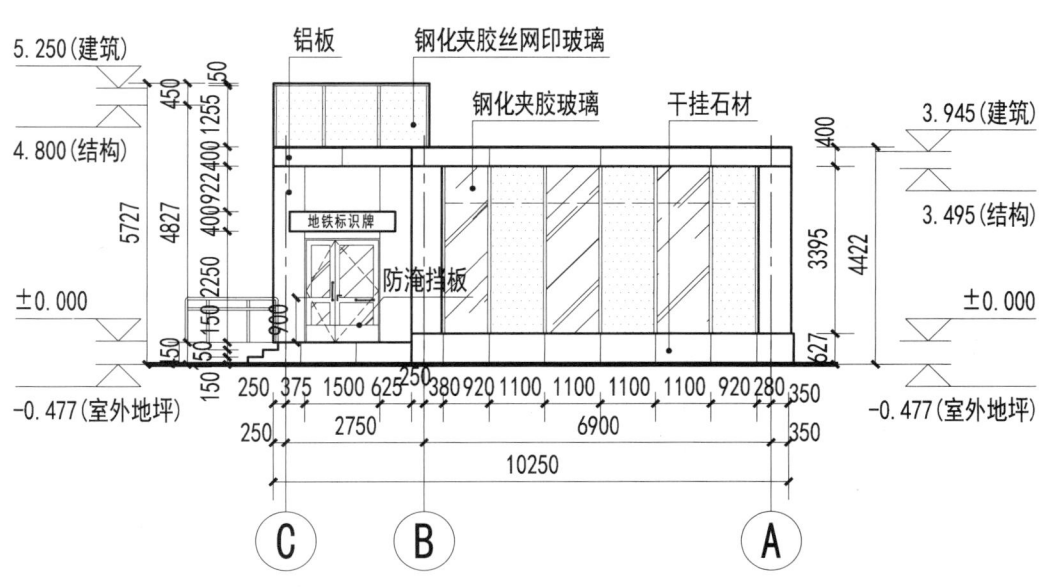

C-A 立面图 1:150

无障碍出入口示意图

| 图名 | 无障碍出入口立、剖平面图 |

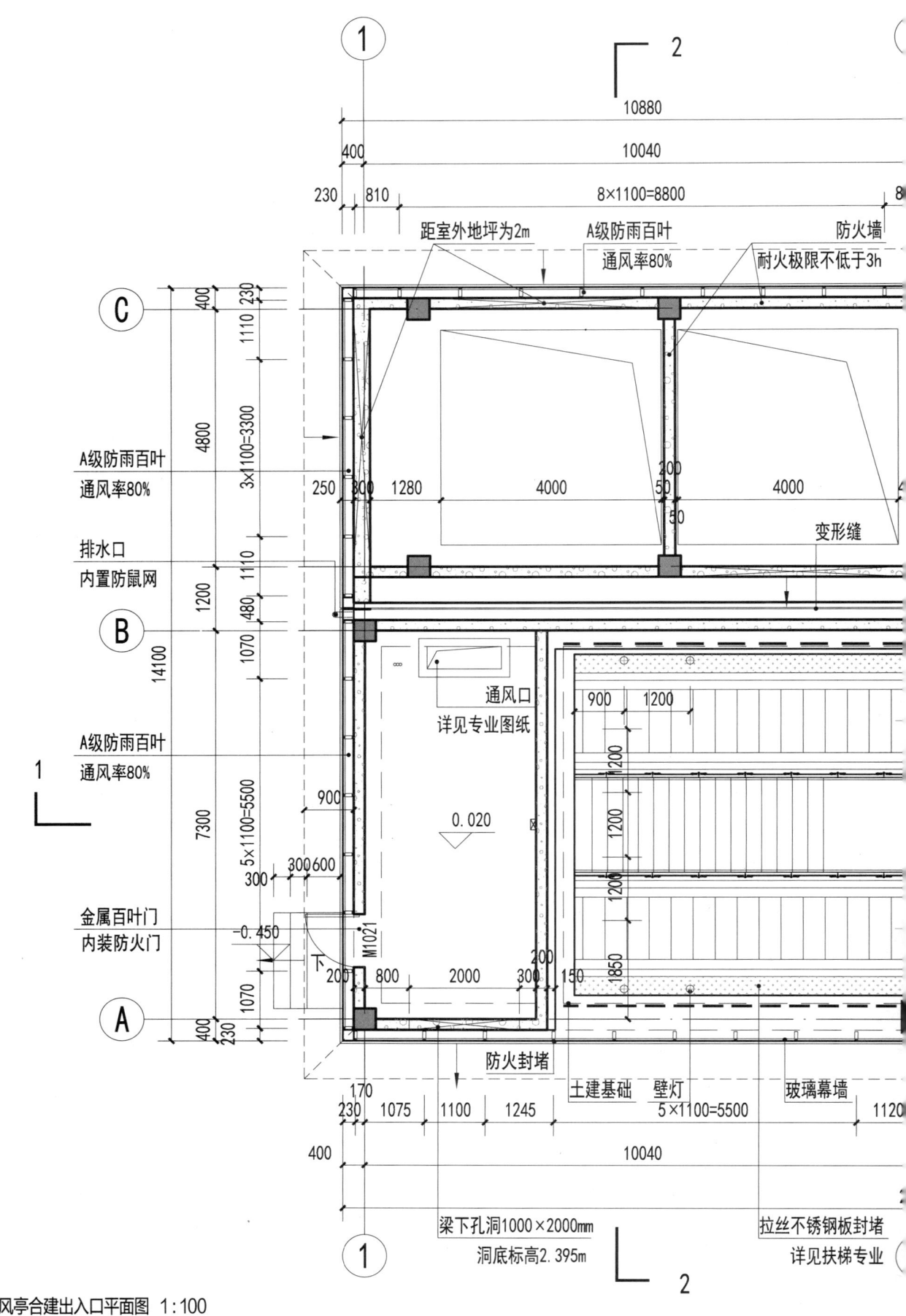

与风亭合建出入口平面图 1:100

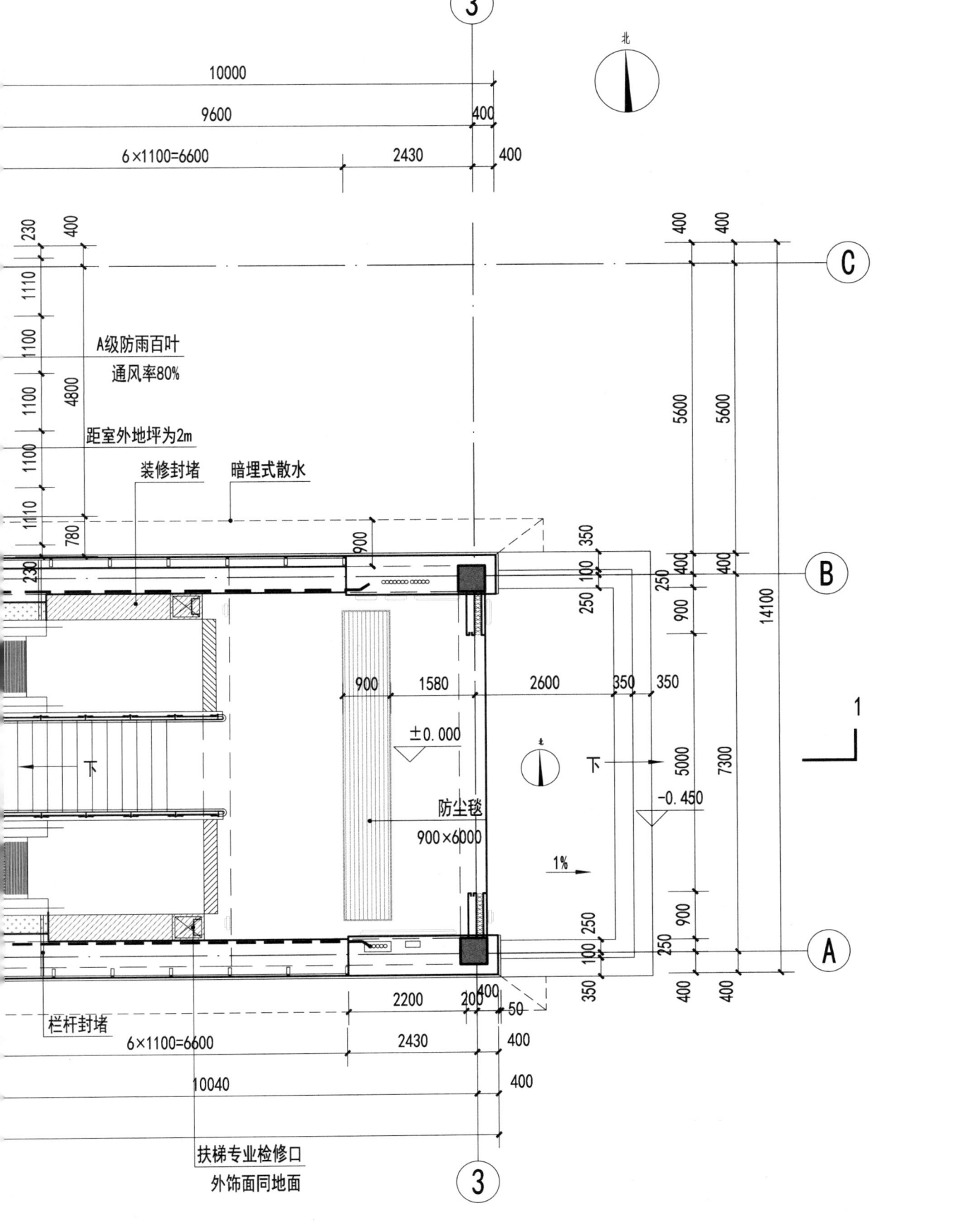

| 图名 | 与风亭合建出入口平面图 |

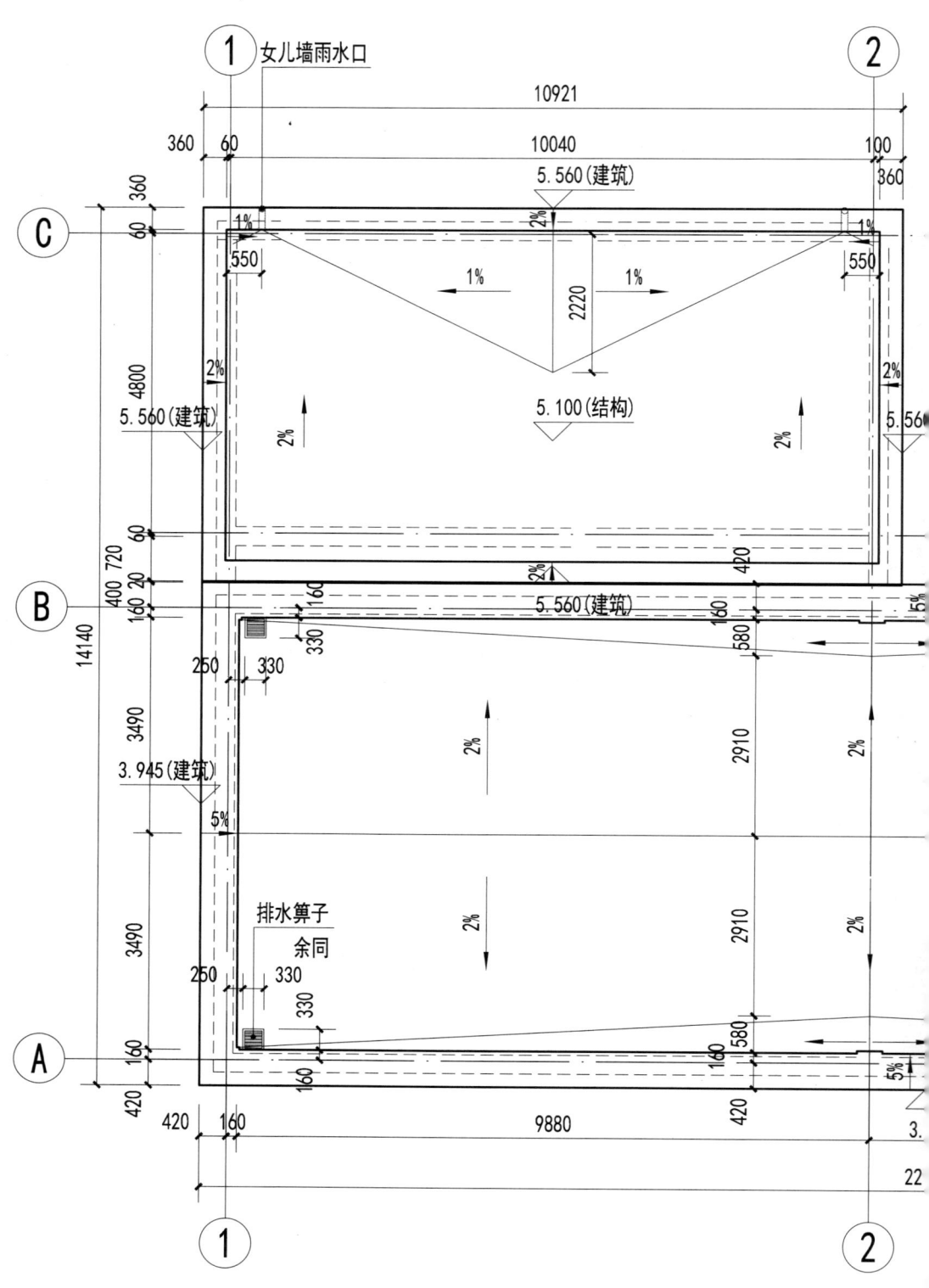

与风亭合建出入口屋顶平面图 1:100

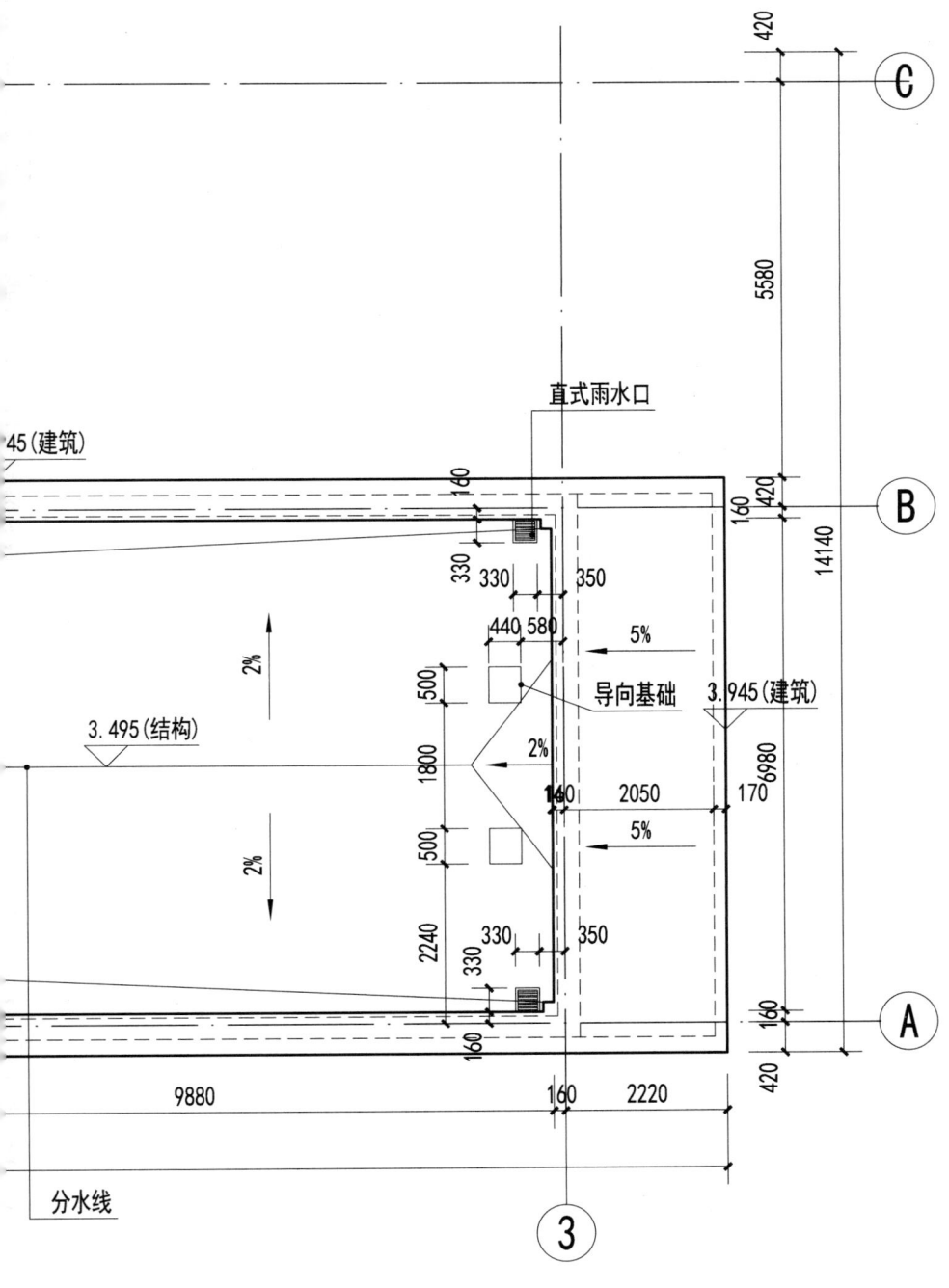

| 图名 | 与风亭合建出入口屋顶平面图 |

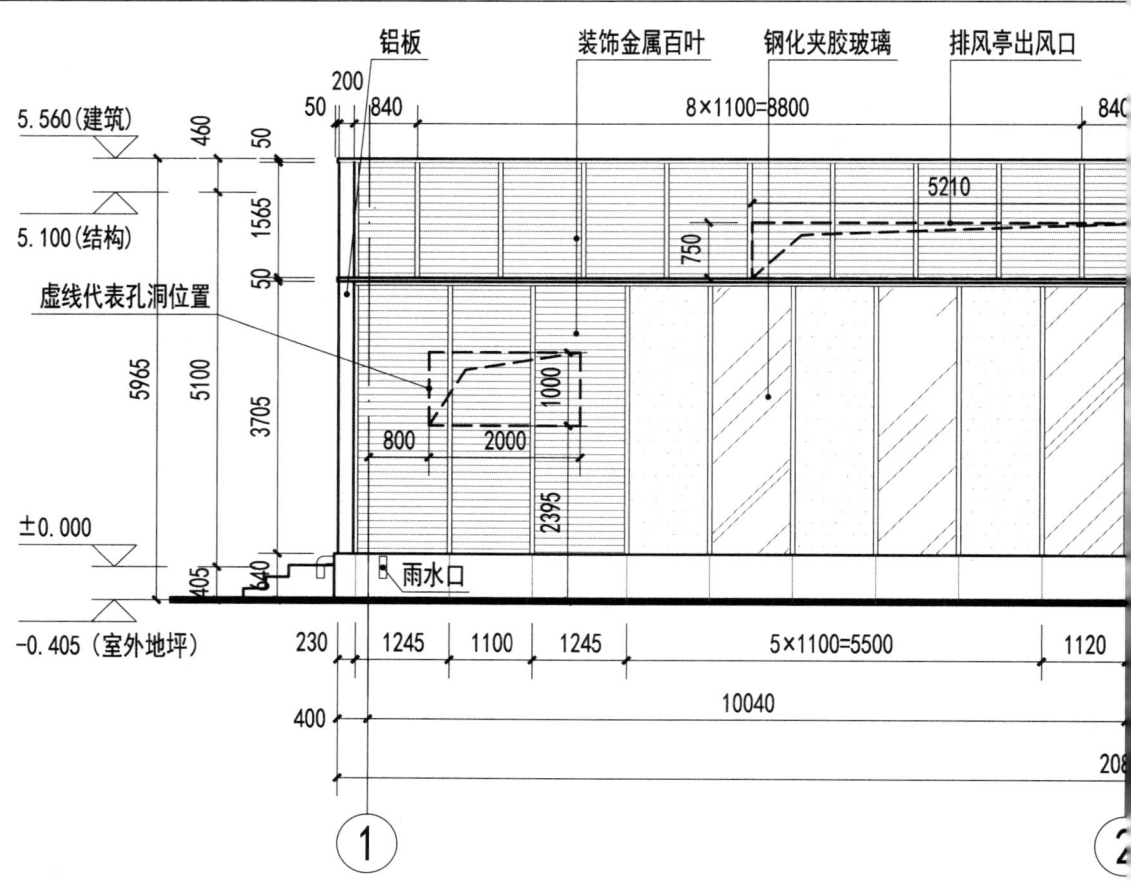

与风亭合建出入口①-③立面图 1:100

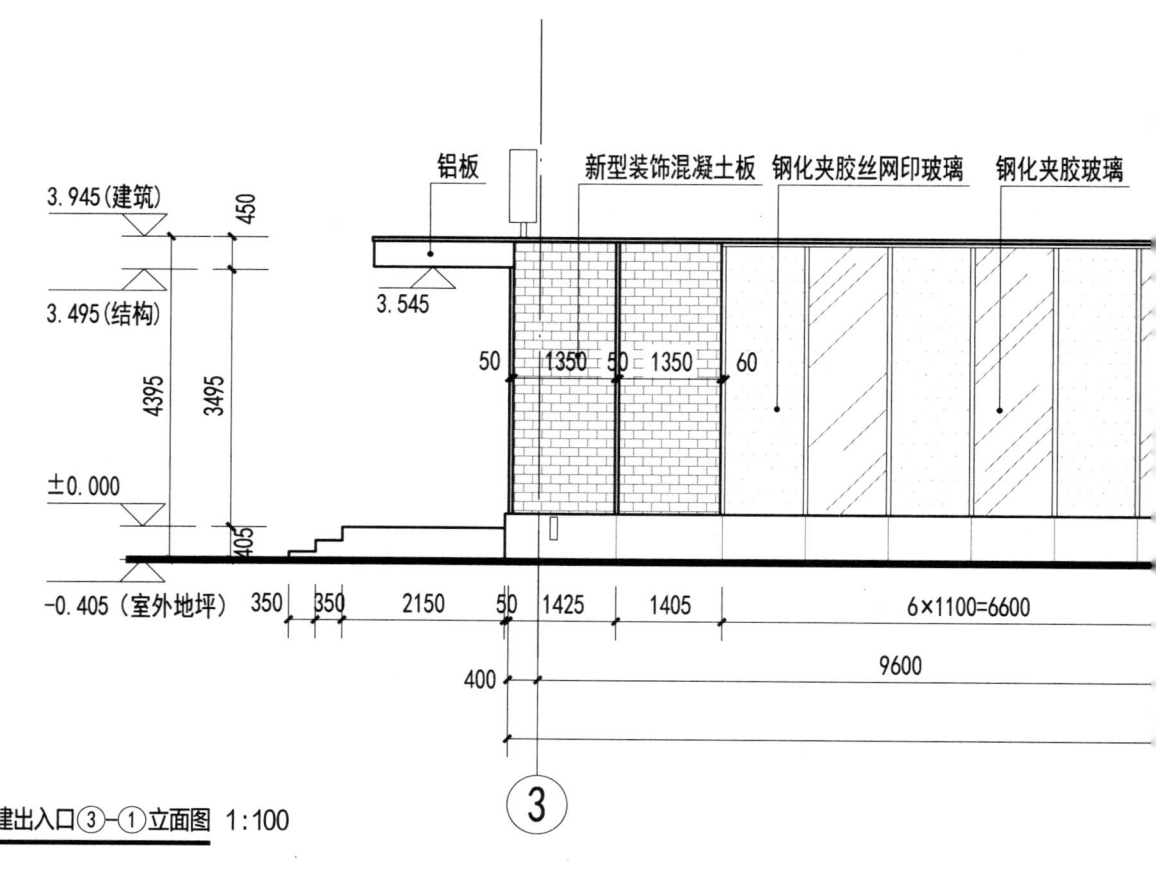

与风亭合建出入口③-①立面图 1:100

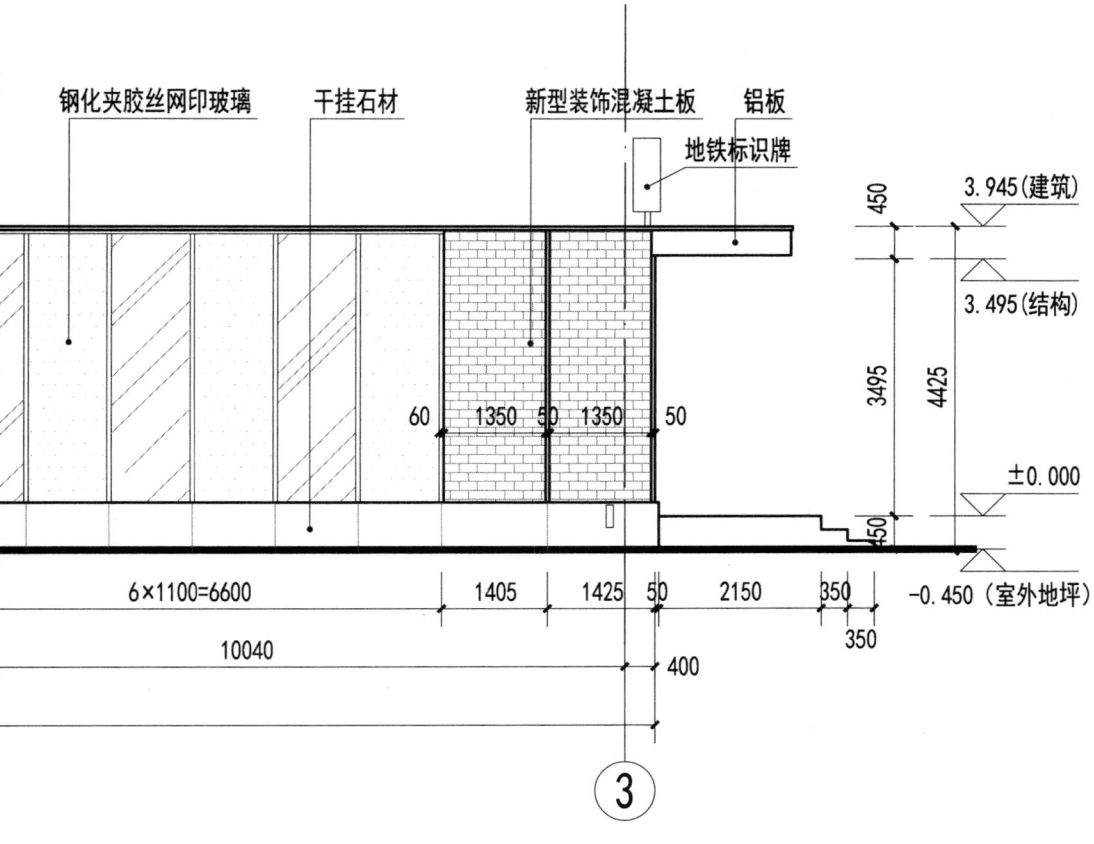

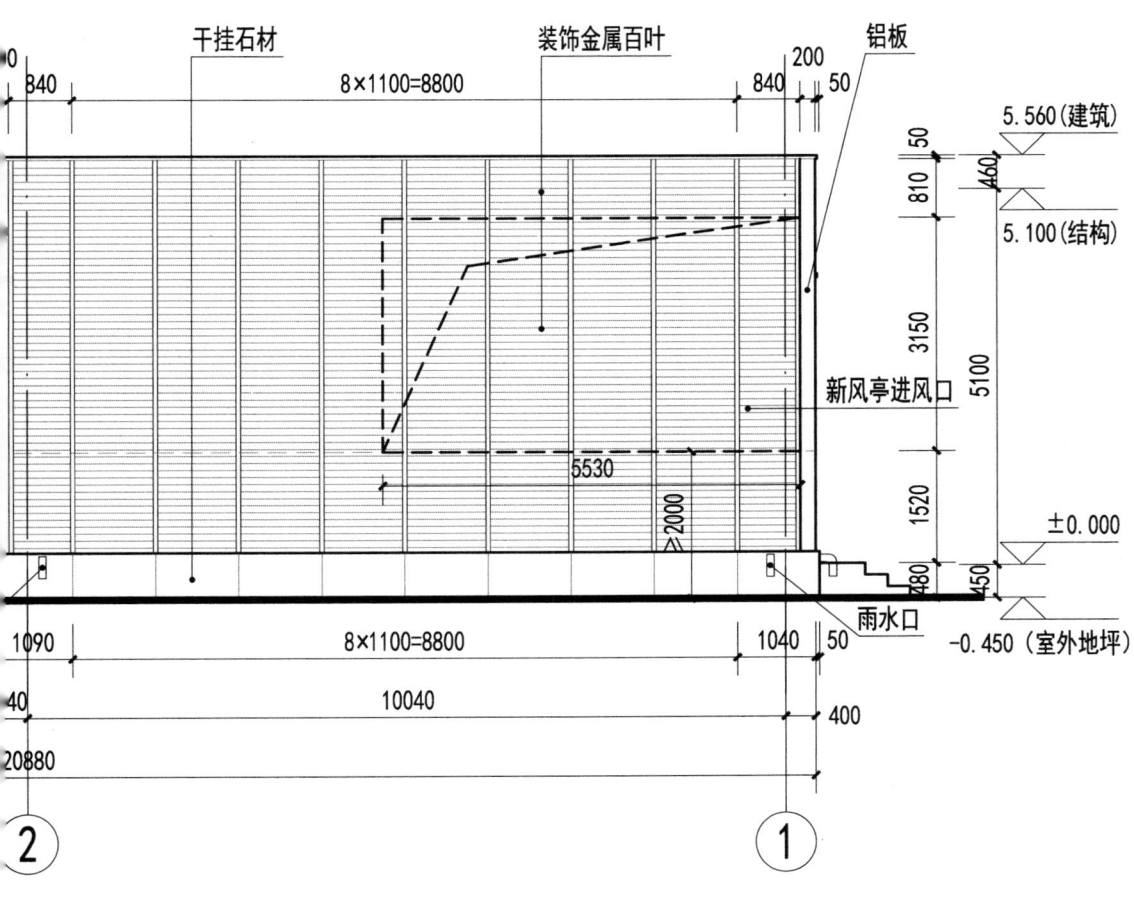

| 图名 | 与风亭合建出入口立面图 |

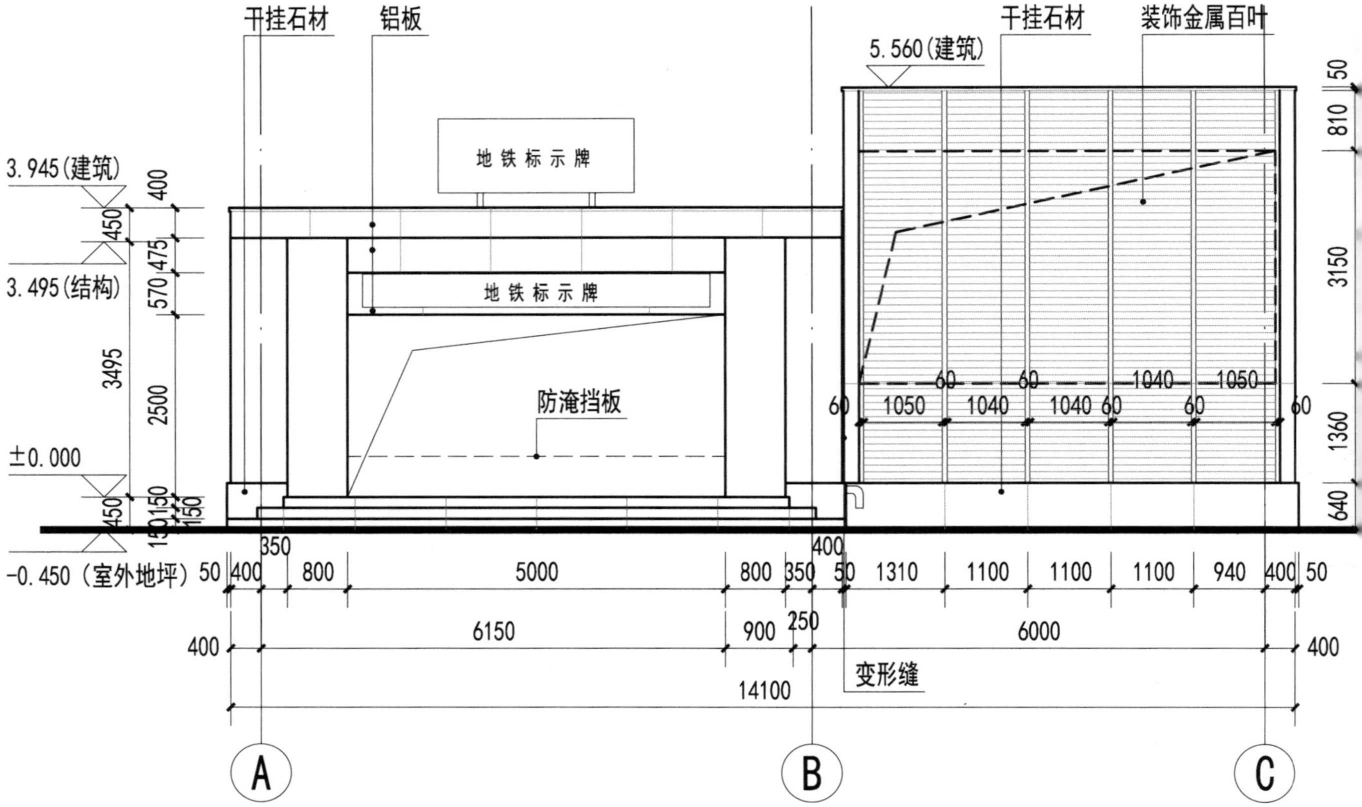

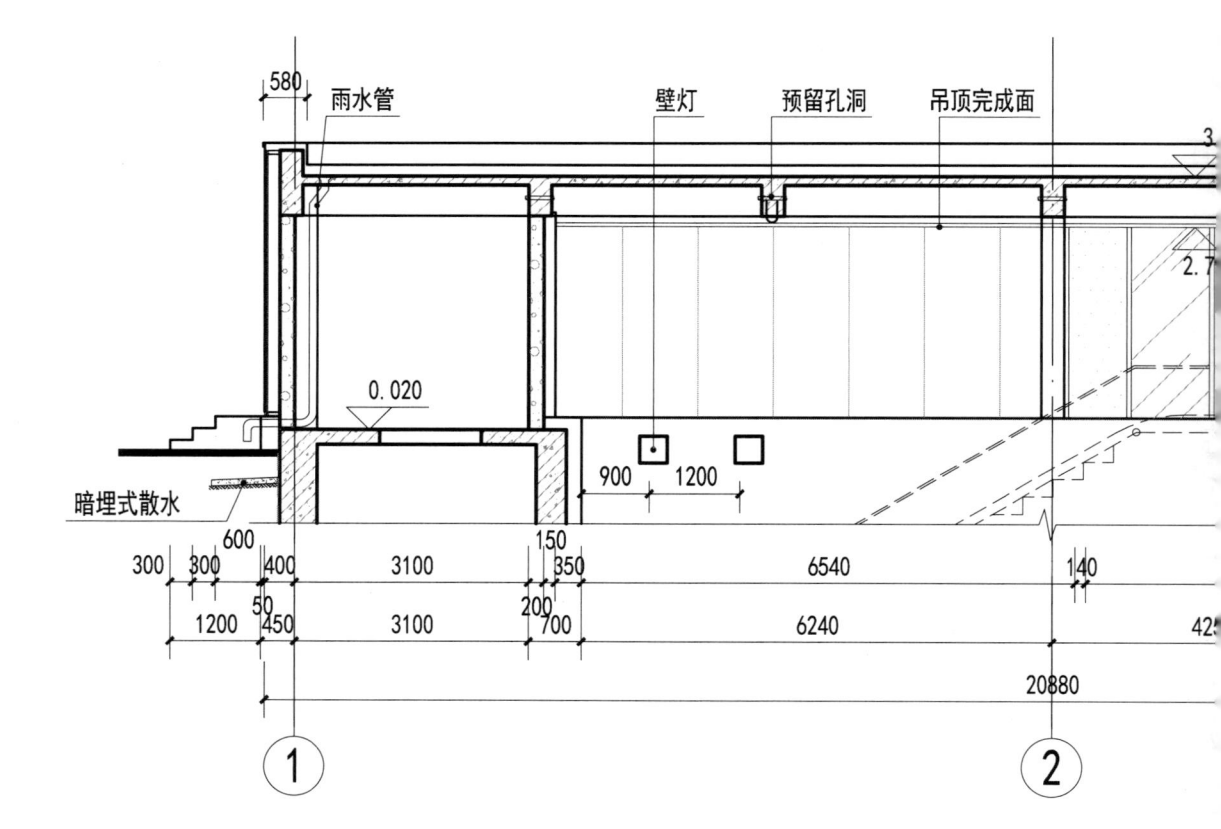

与风亭合建出入口 Ⓐ—Ⓒ 立面图 1:100

1—1剖面图 1:100

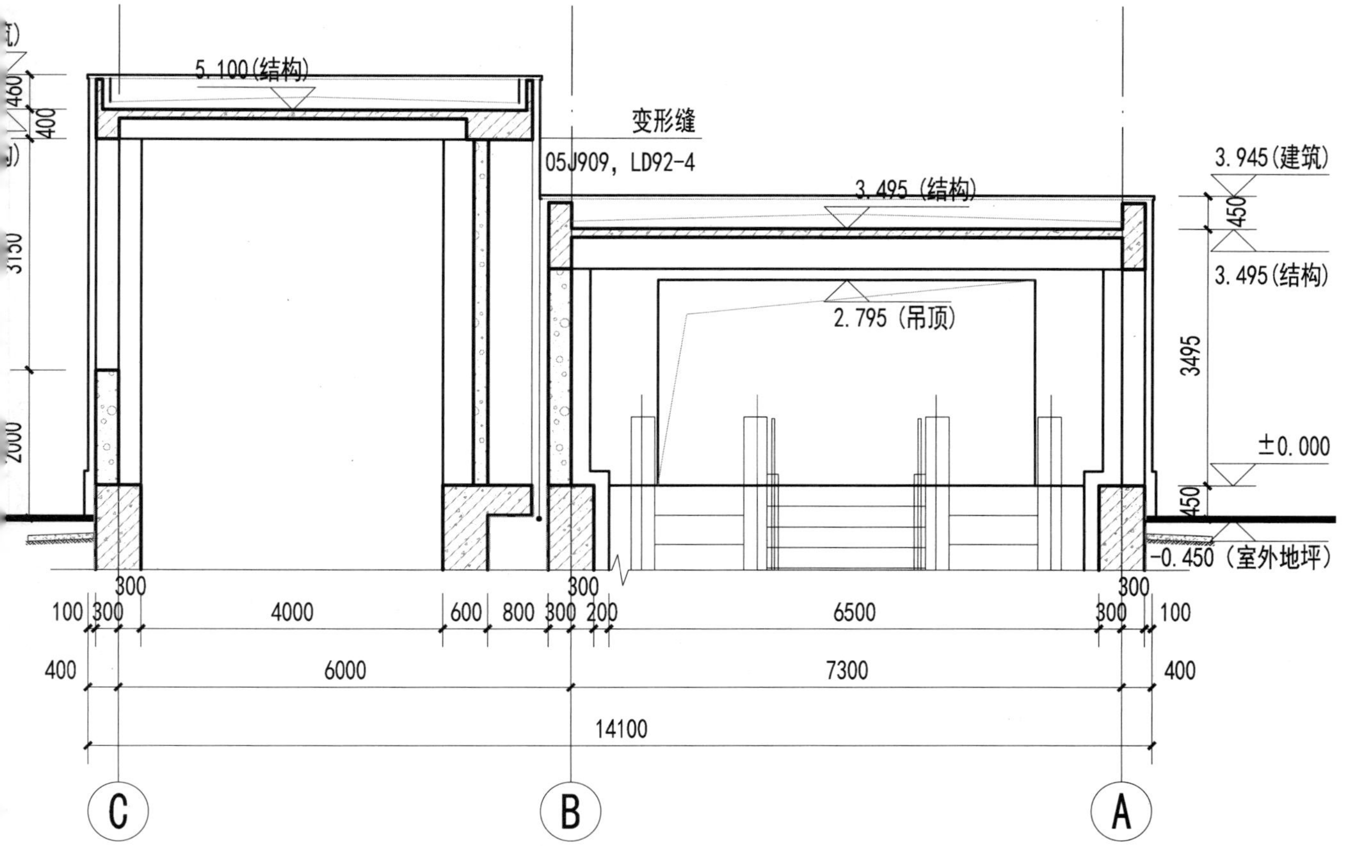

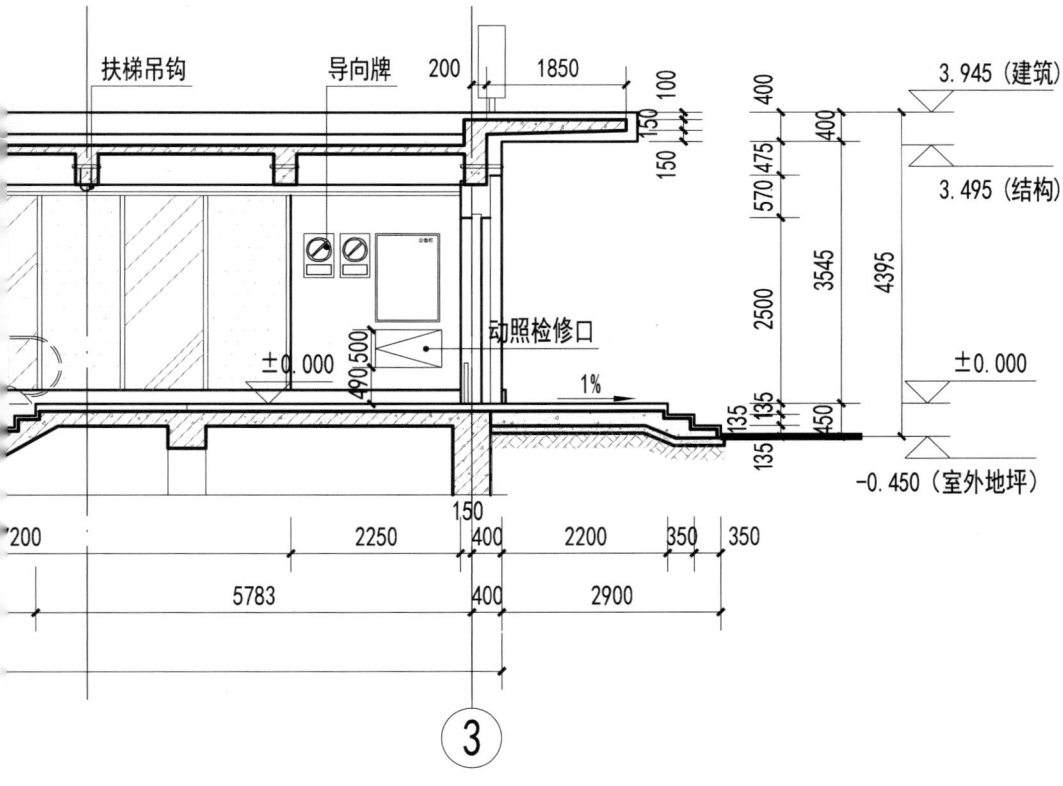

2-2剖面图 1:100

| 图名 | 与风亭合建出入口立、剖面图 |

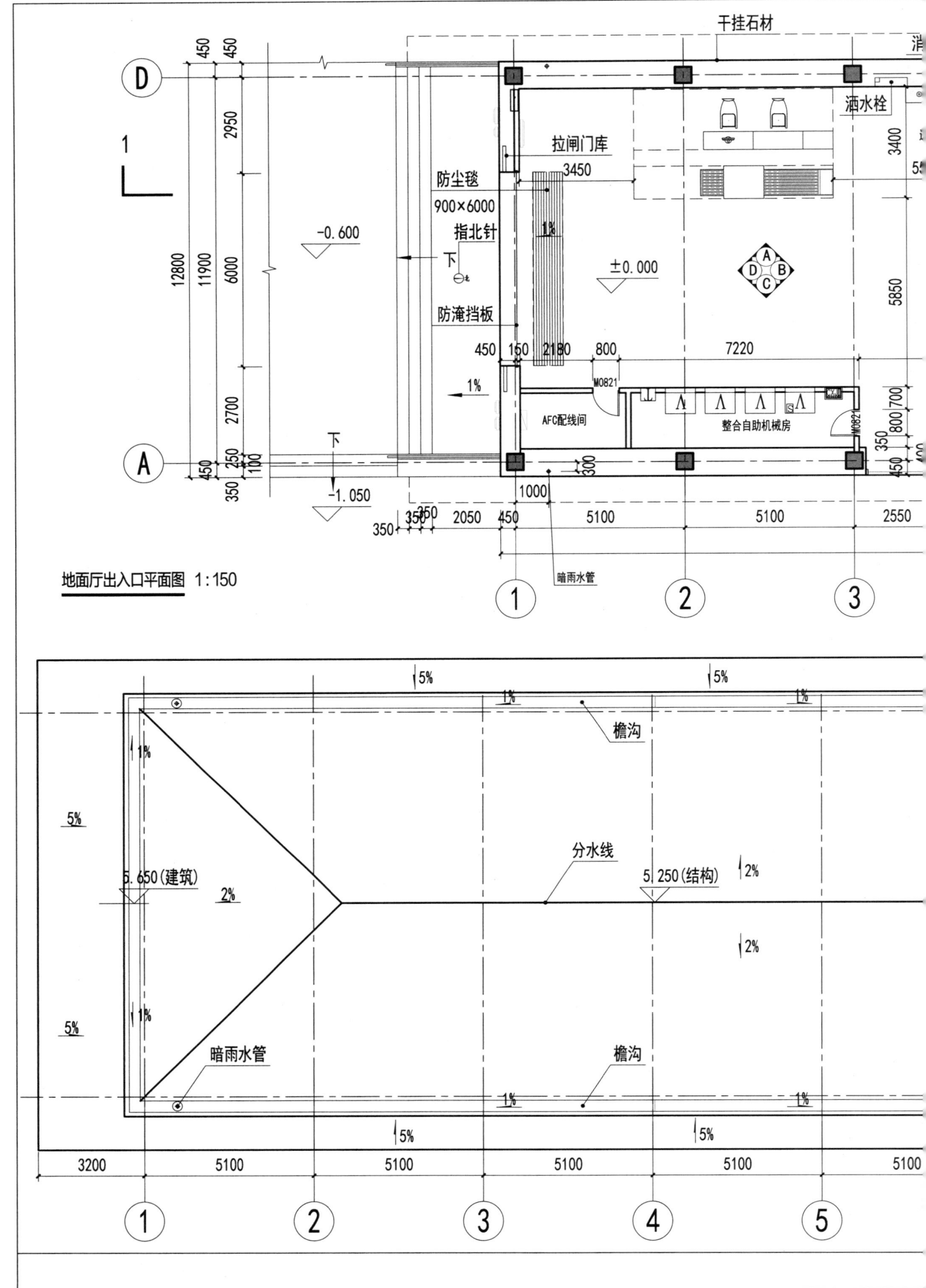

地面厅出入口平面图 1:150

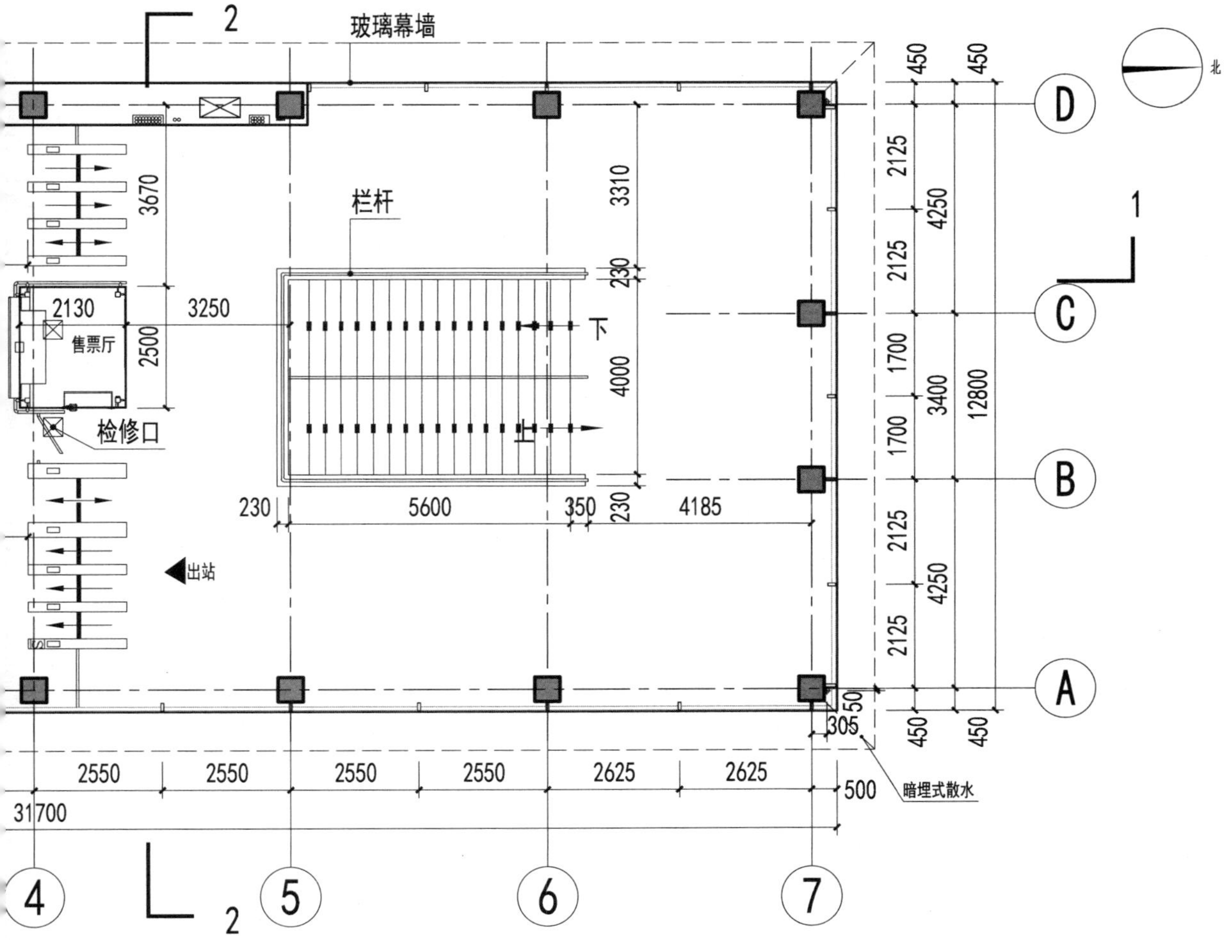

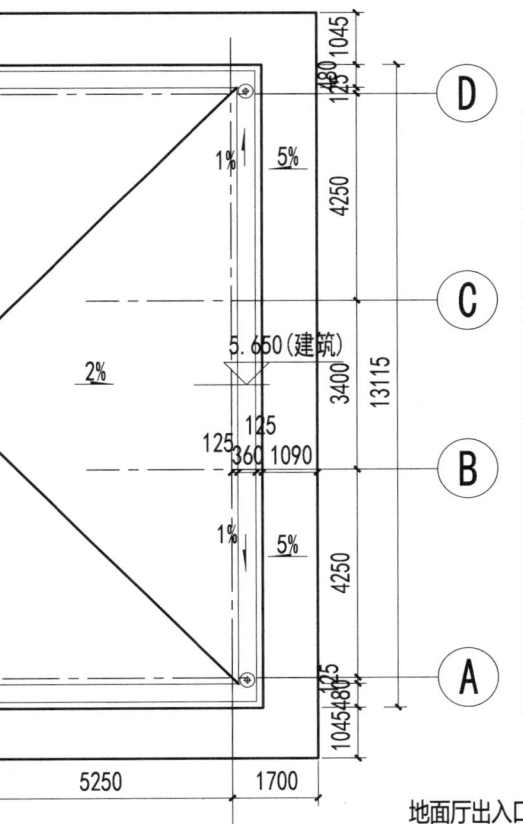

序号	图例	名称	备注
01	V	自助售票机	尺寸及外观以业主自行采购实物为准
02	检查机	安检机	尺寸及外观以业主自行采购实物为准
03	⊠	检修人孔	尺寸依据图纸标注
04	Y○	手动报警按钮及电话插口	
05	Y	消火栓报警开关	
06	◣◤	成品消火栓	
07	▭	成品洒水栓	
08	▱	配电箱	
09	CX	PIS查询机	尺寸及外观以业主自行采购实物为准
10	T		尺寸及外观以业主自行采购实物为准
11	⇥	自动检票机	尺寸及外观以业主自行采购实物为准
12	≡	导向标志牌	

装修图例

地面厅出入口屋顶平面图 1:150

图名：地面厅出入口平面及屋顶平面图

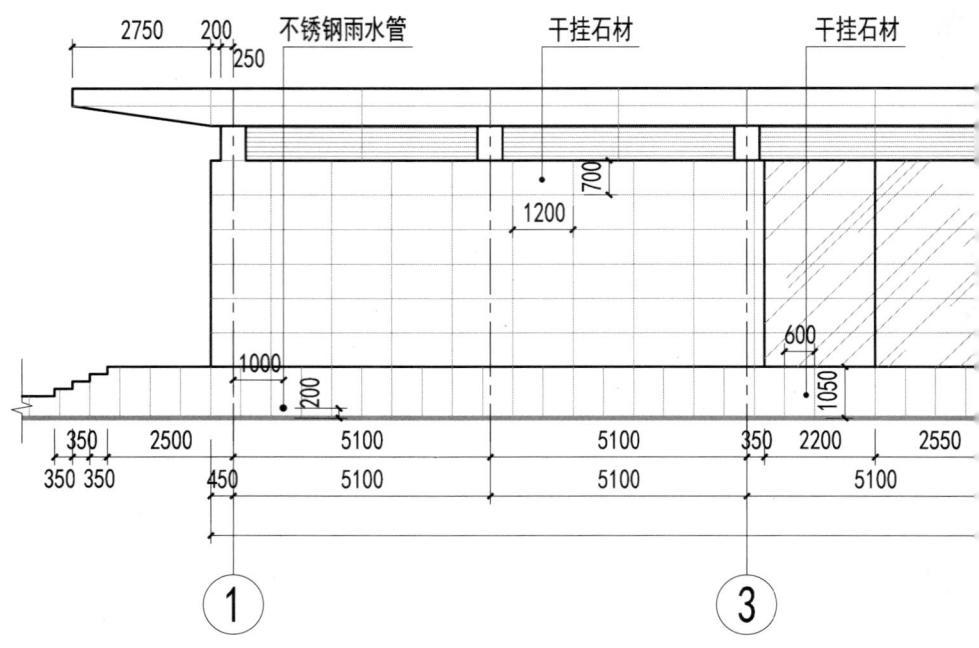

地面厅出入口①-⑦立面图 1:150

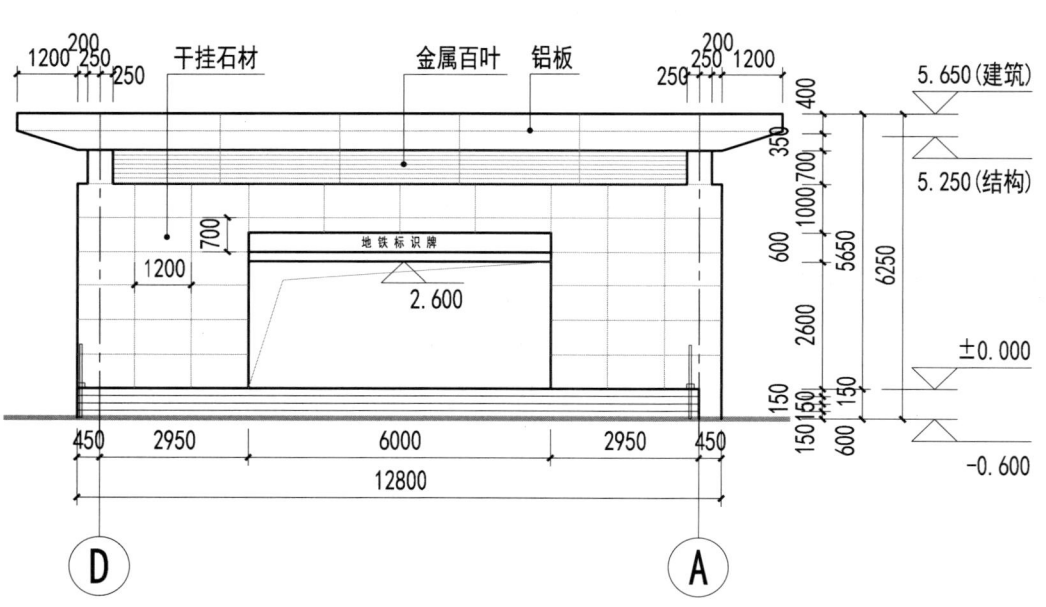

地面厅出入口Ⓓ-Ⓐ立面图 1:150

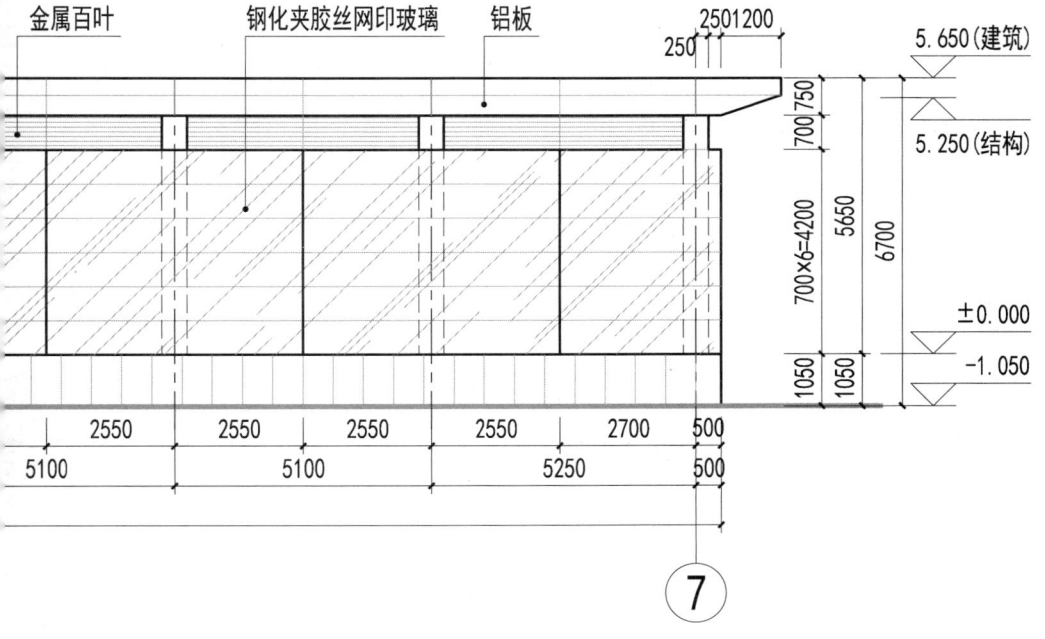

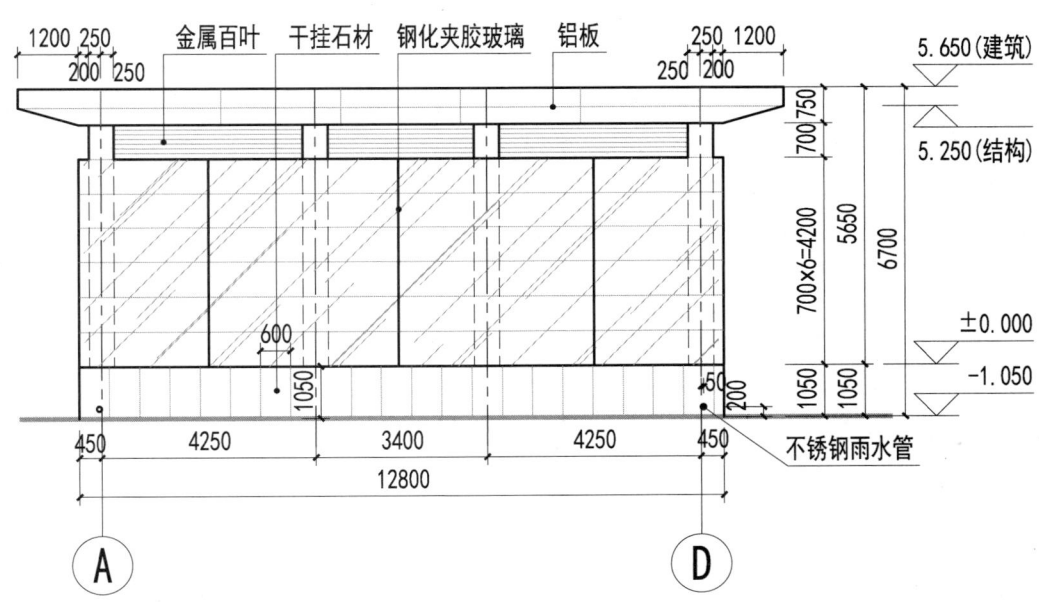

地面厅出入口Ⓐ-Ⓓ立面图 1:150

| 图名 | 地面厅出入口立面图 |

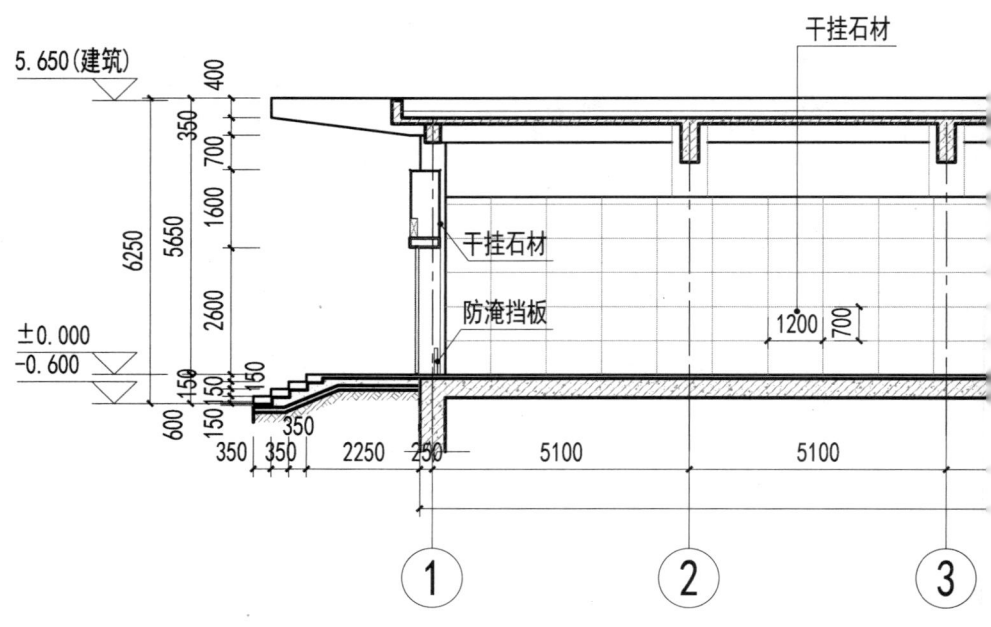

地面厅出入口剖面图 1:150

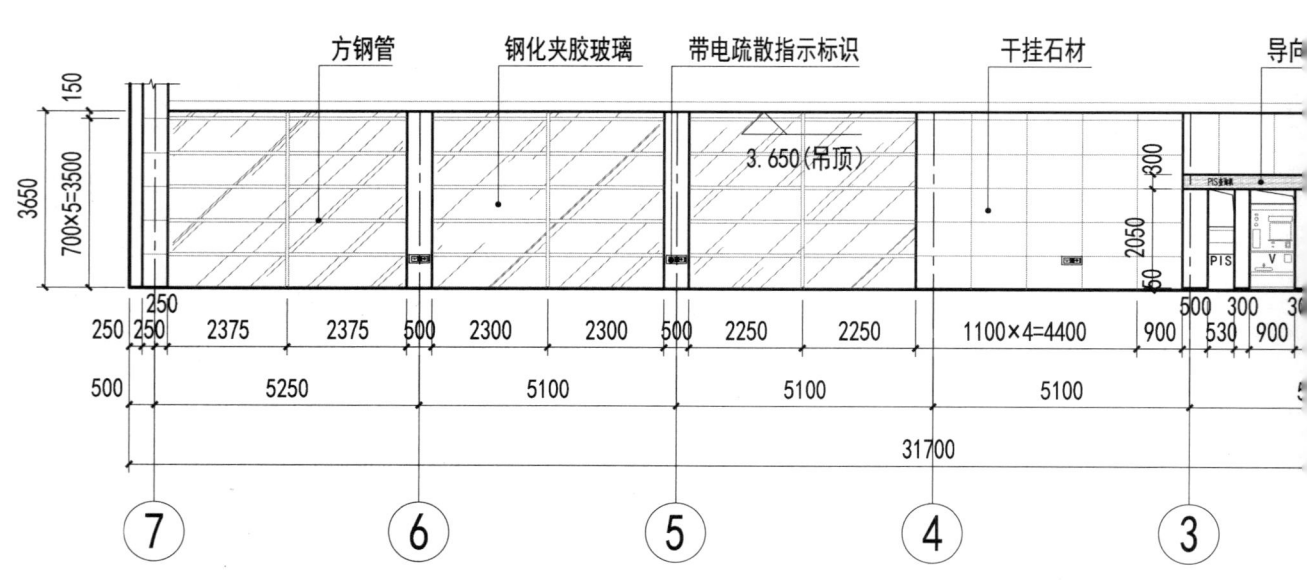

地面厅出入口内饰C立面图 1:150

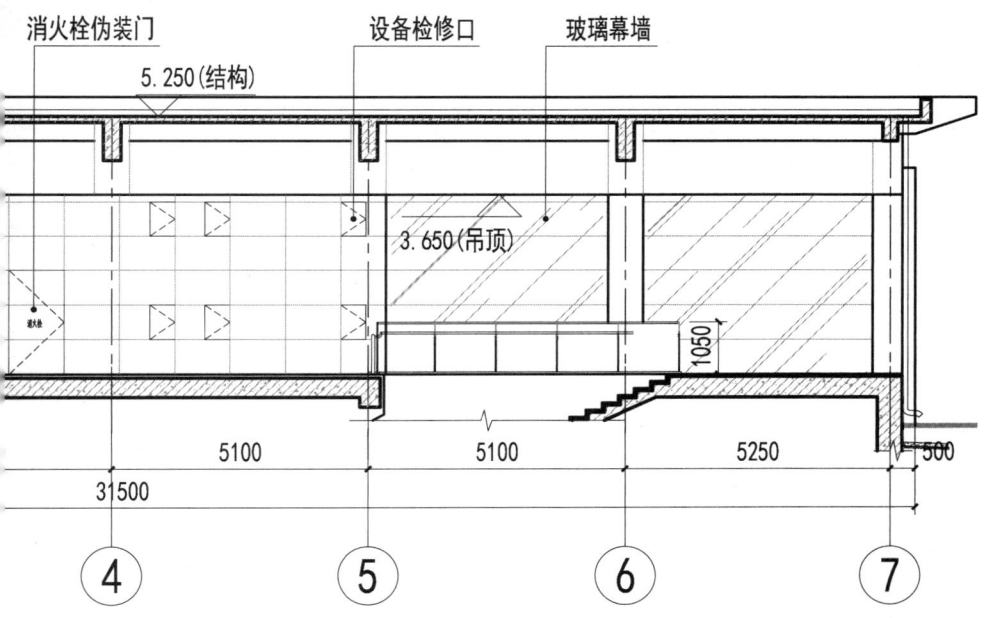

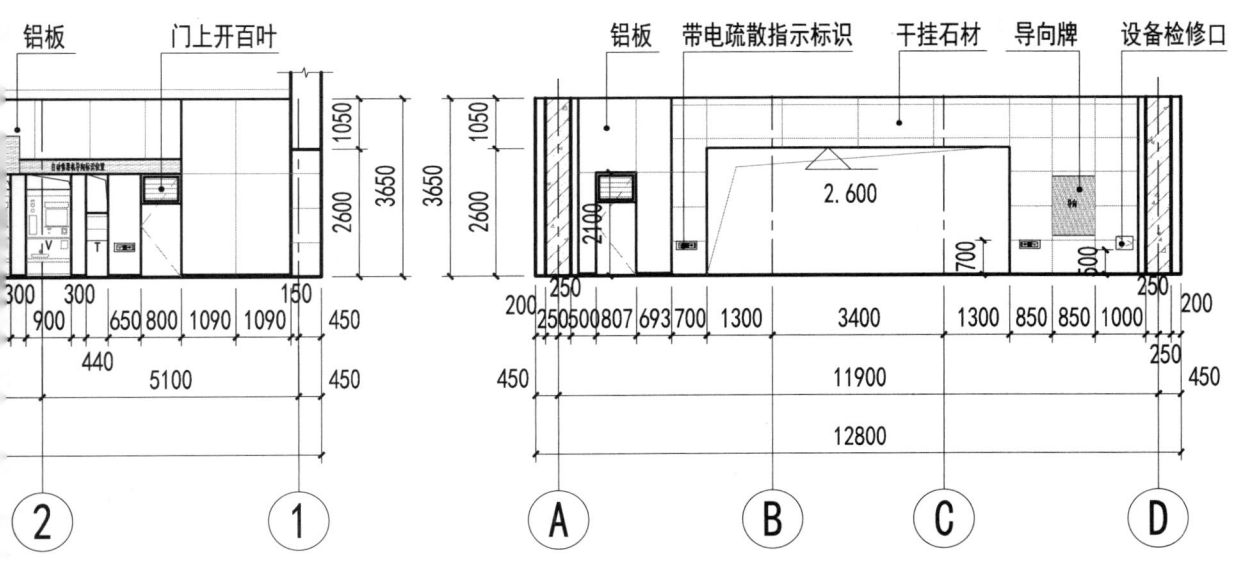

地面厅出入口内饰D立面图 1:150

| 图名 | 地面厅出入口剖、内饰面图 |

一体化合建出入口平面图 1:200

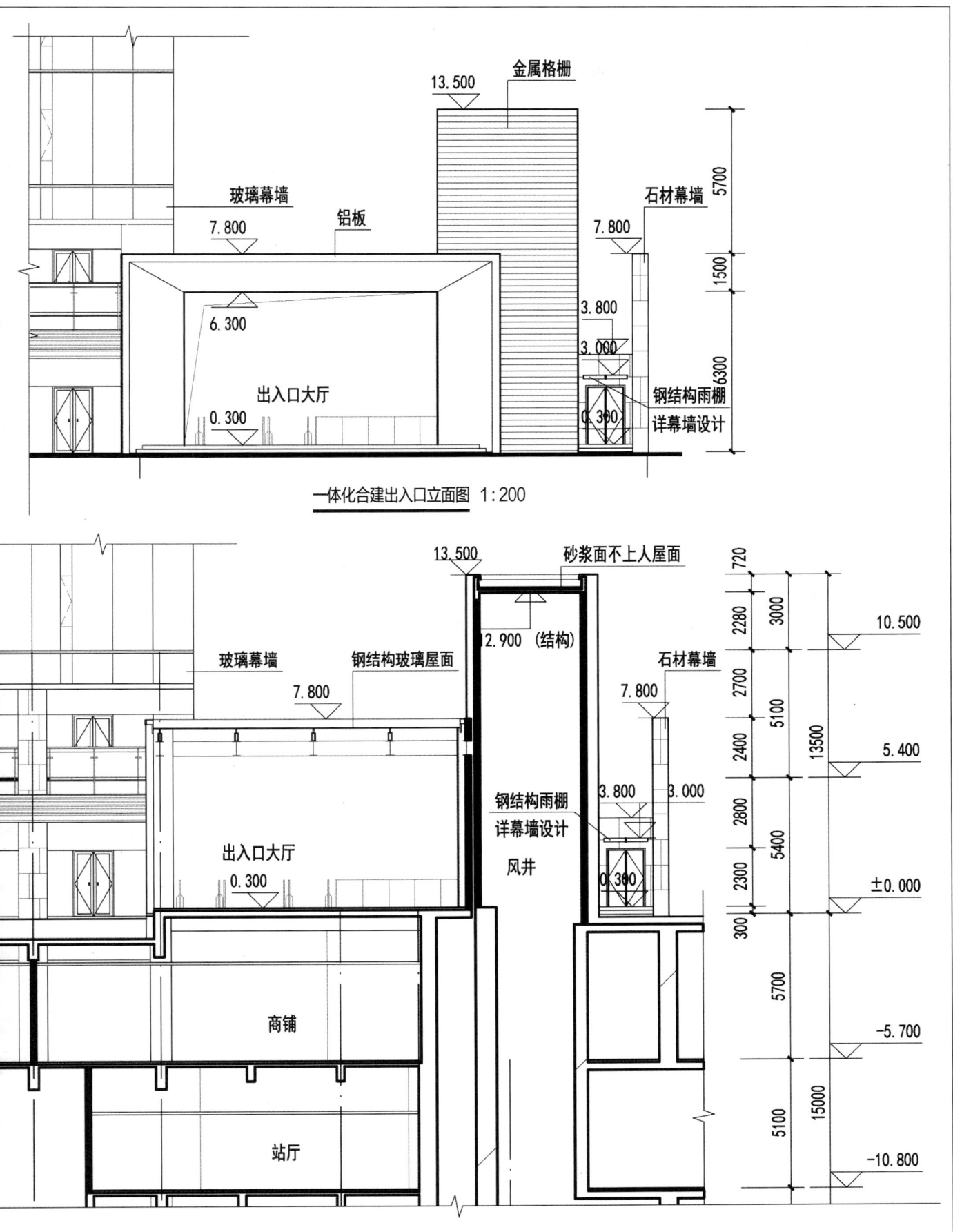

一体化合建出入口立面图 1:200

一体化合建出入口1-1剖面图 1:200

图名 一体化合建出入口平、立、剖面图

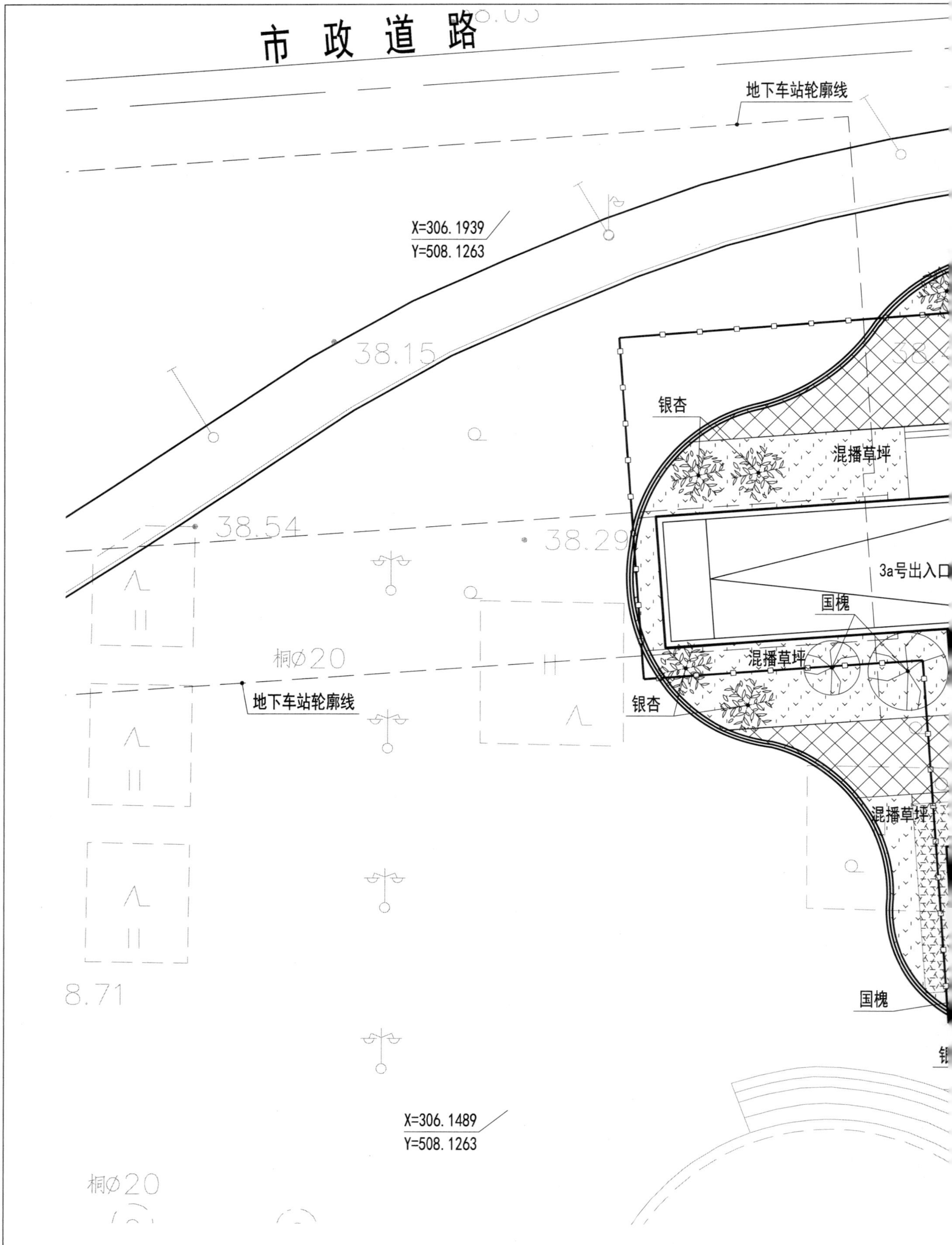

市 政 道 路

地下车站轮廓线

X=306.1939
Y=508.1263

38.15

38.54　　　　　38.29

银杏

混播草坪

3a号出入口

国槐

混播草坪

银杏

桐⌀20

地下车站轮廓线

混播草坪

国槐

8.71

X=306.1489
Y=508.1263

桐⌀20

出入口站前广场绿化总平面图　1∶250

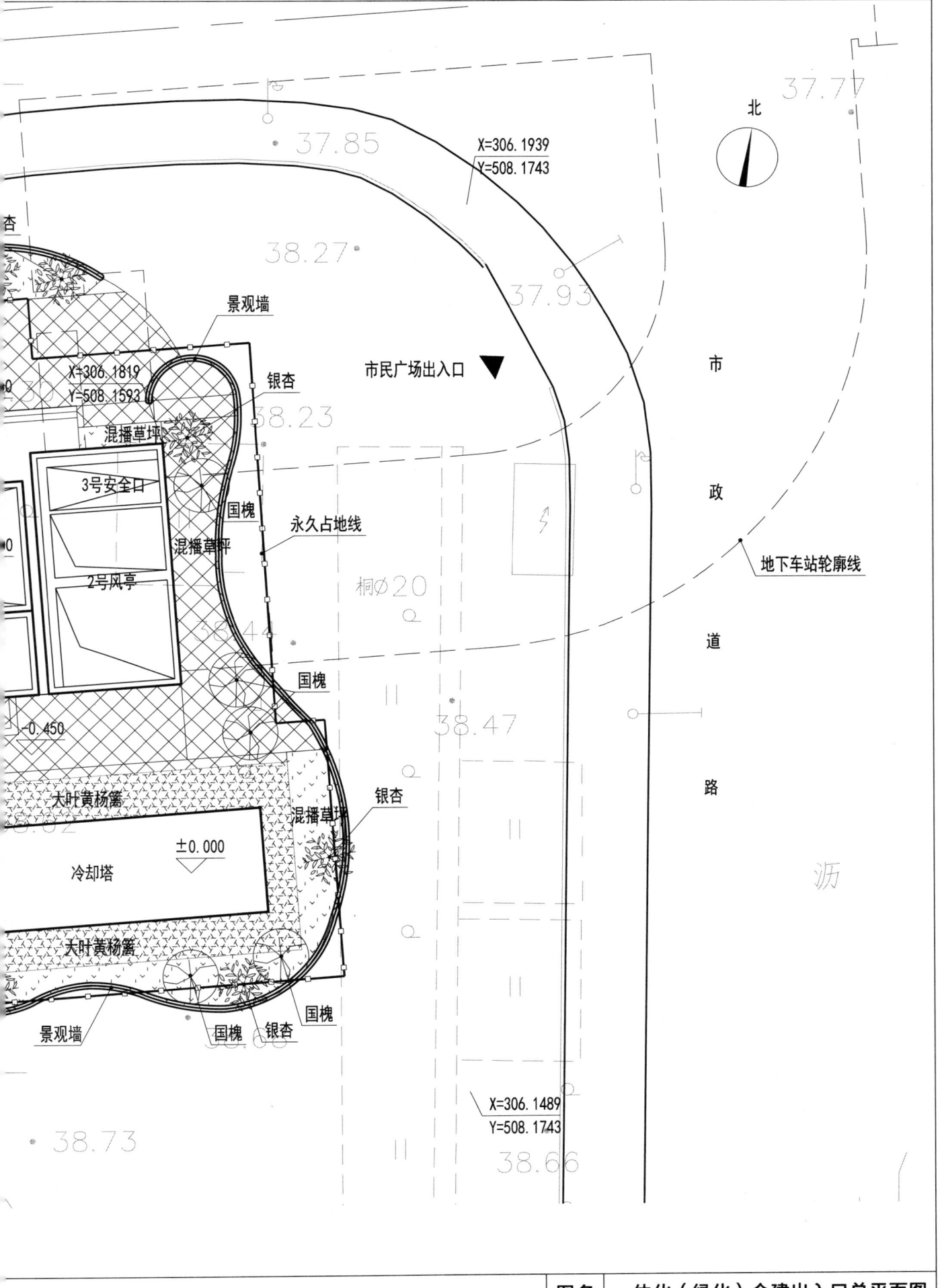

图名　一体化（绿化）合建出入口总平面图

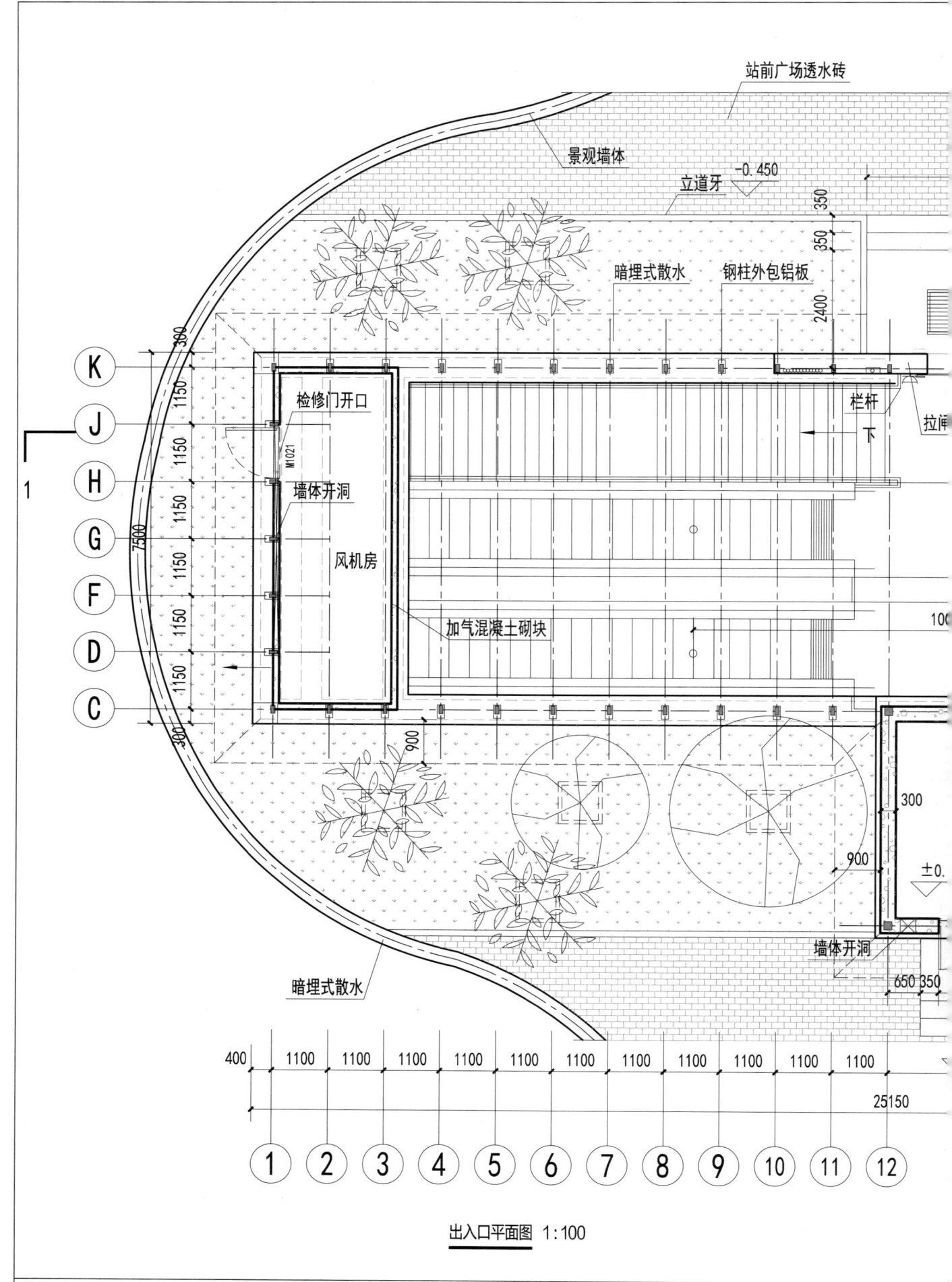

出入口平面图 1:100

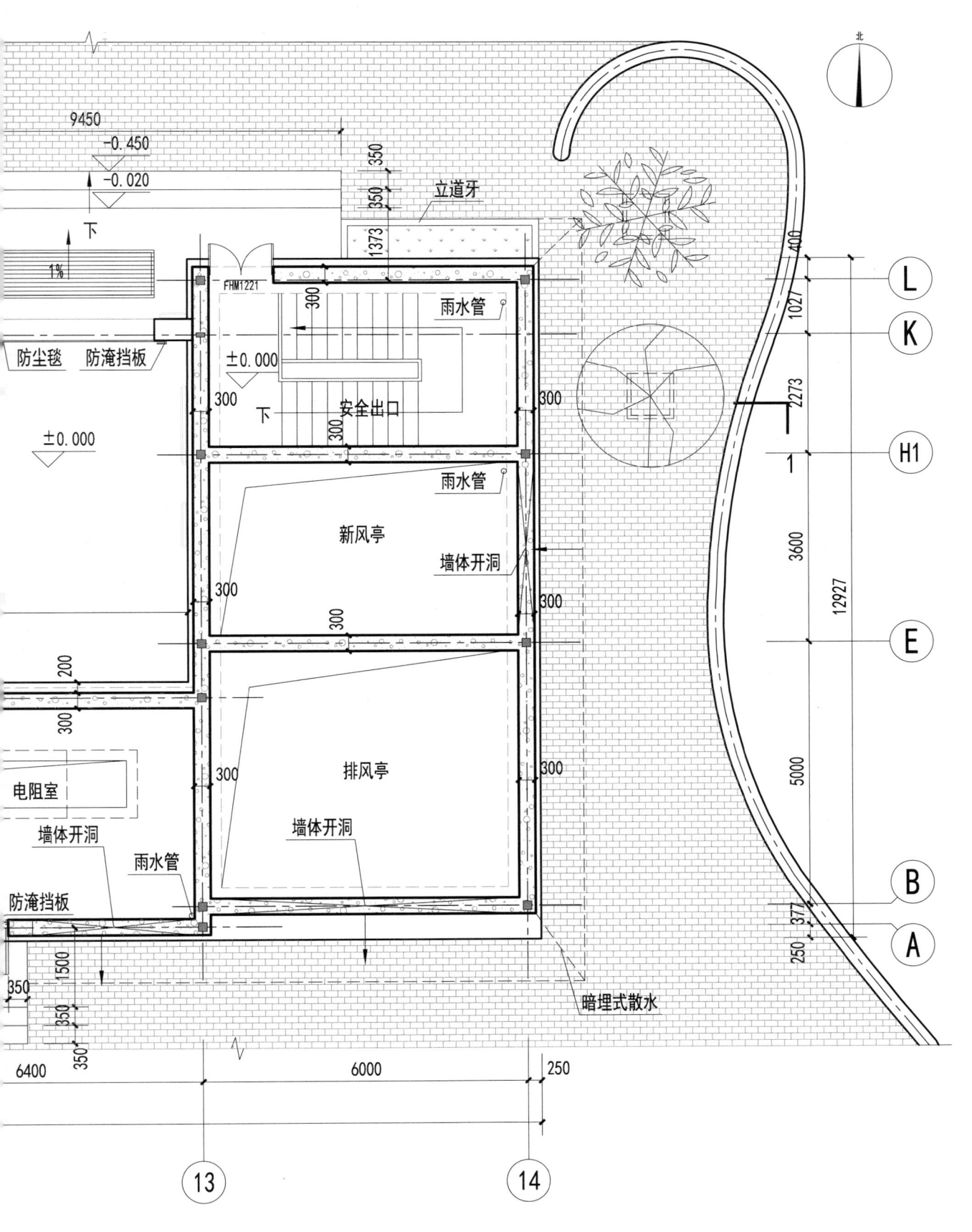

图名 一体化（绿化）合建出入口平面图

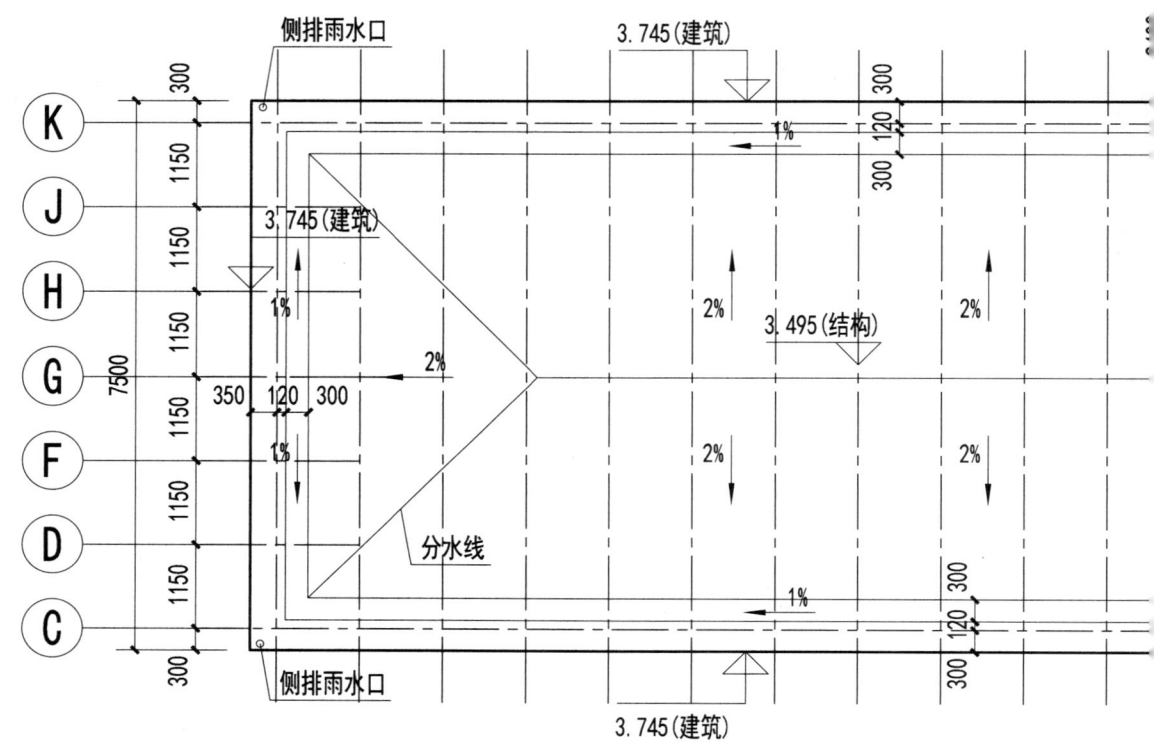

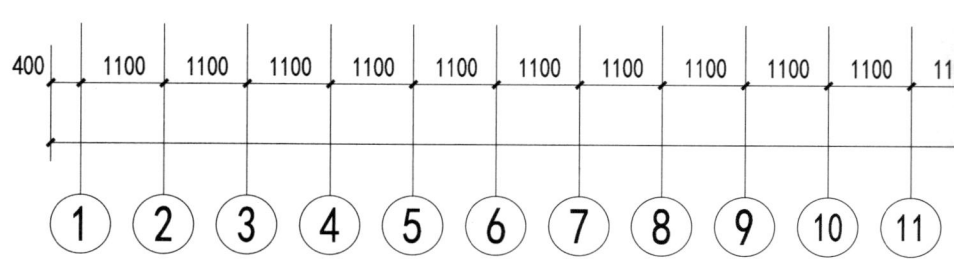

出入口屋顶平面图 1:100

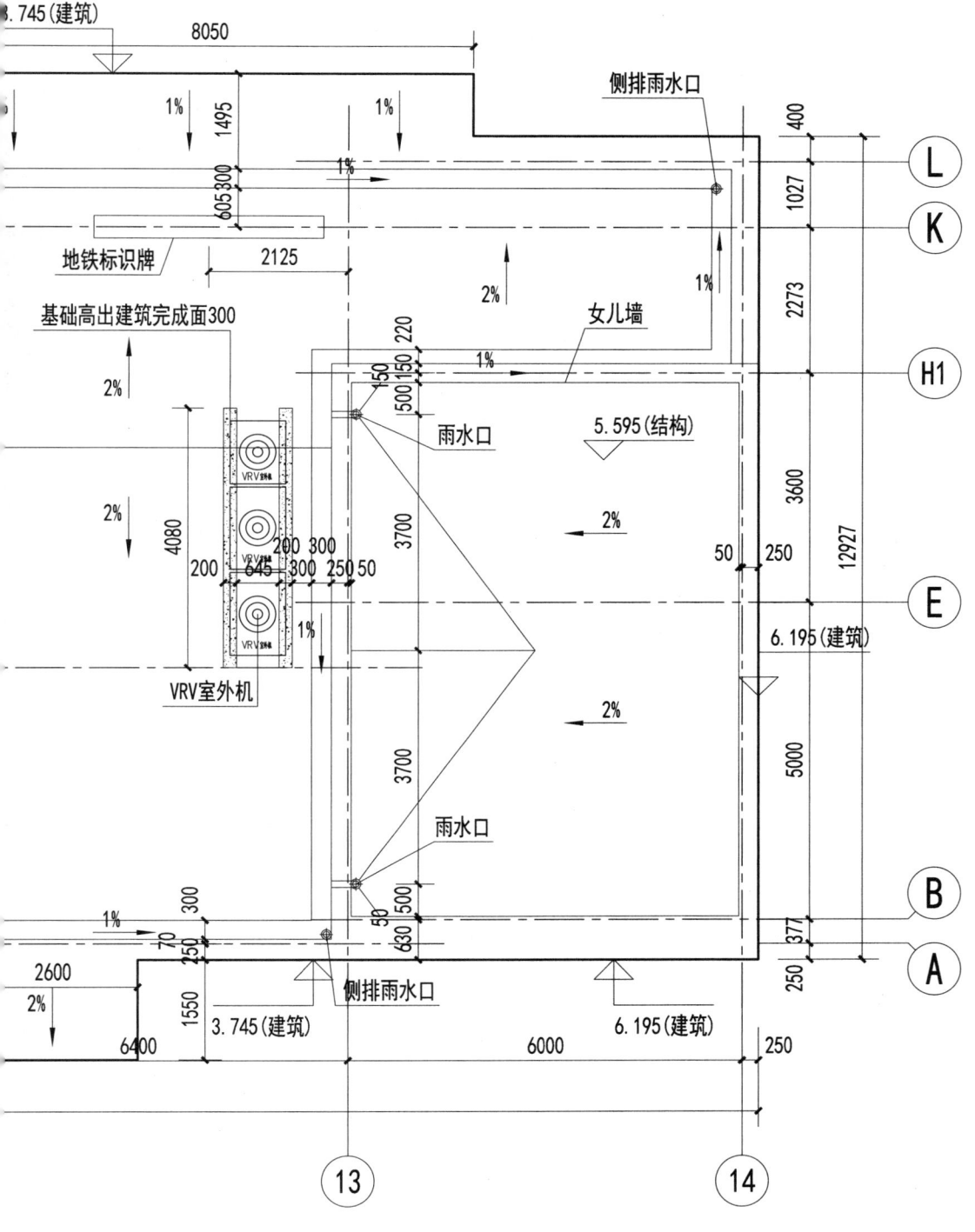

| 图名 | 一体化合建出入口屋顶平面图 |

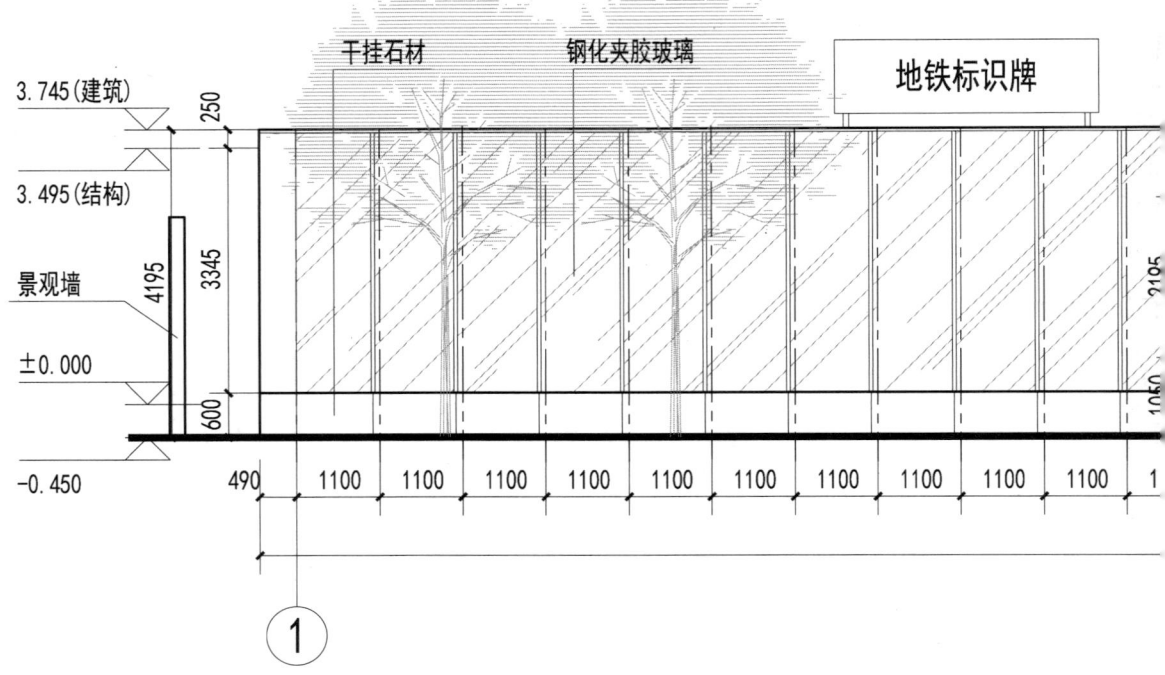

出入口①-⑭立面图 1:100

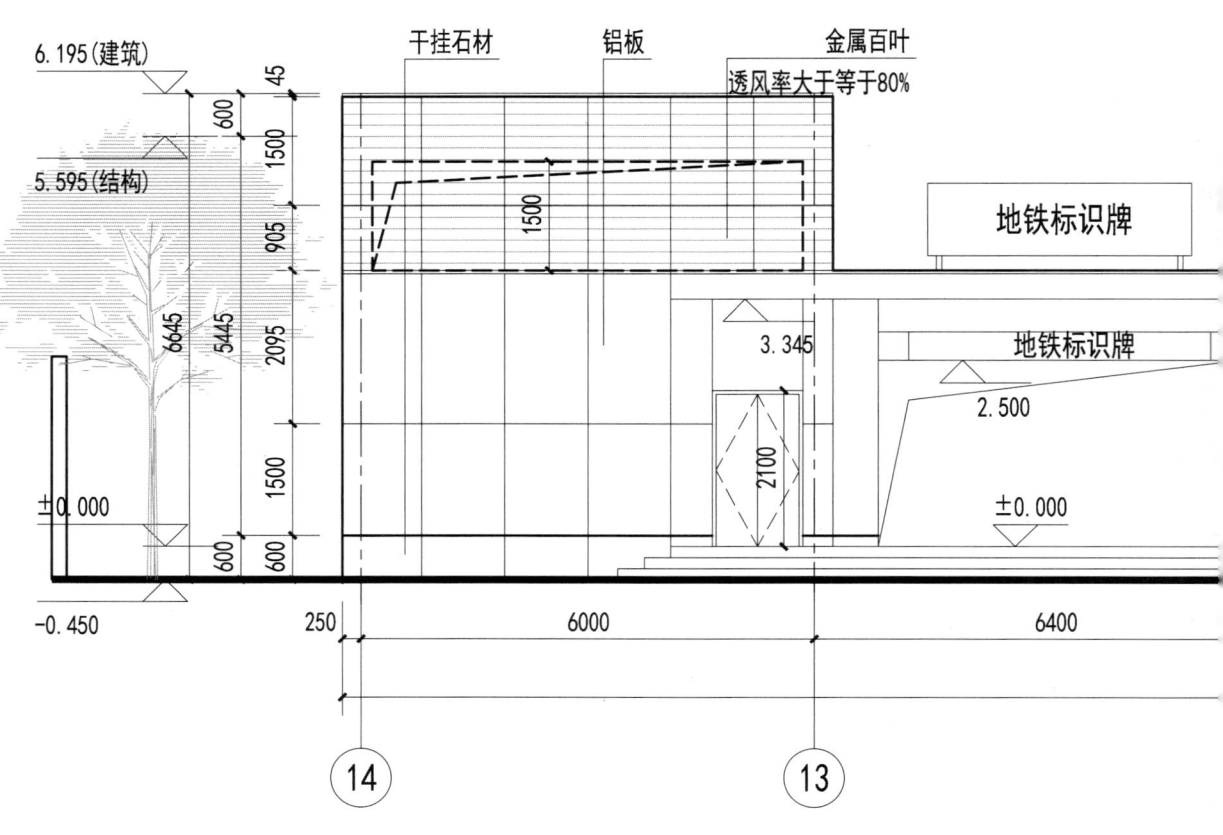

出入口⑭-①立面图 1:200

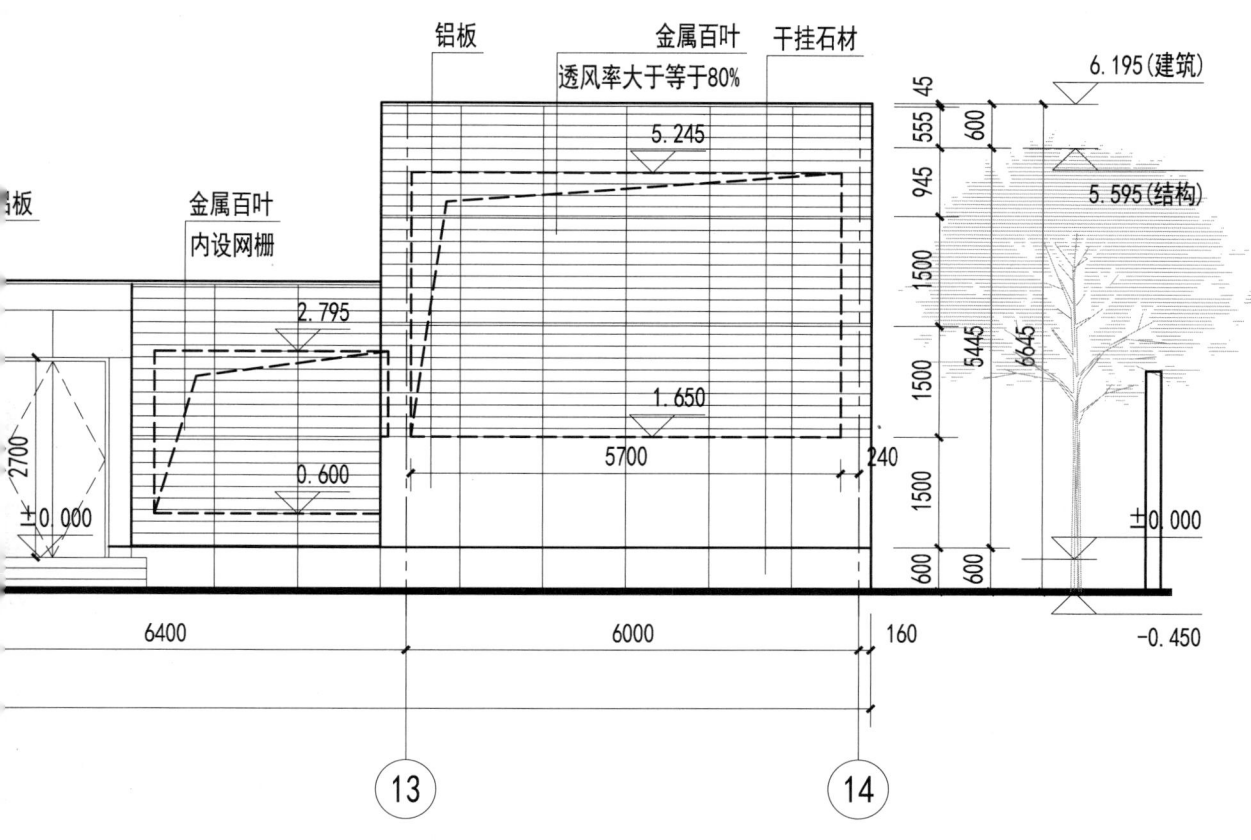
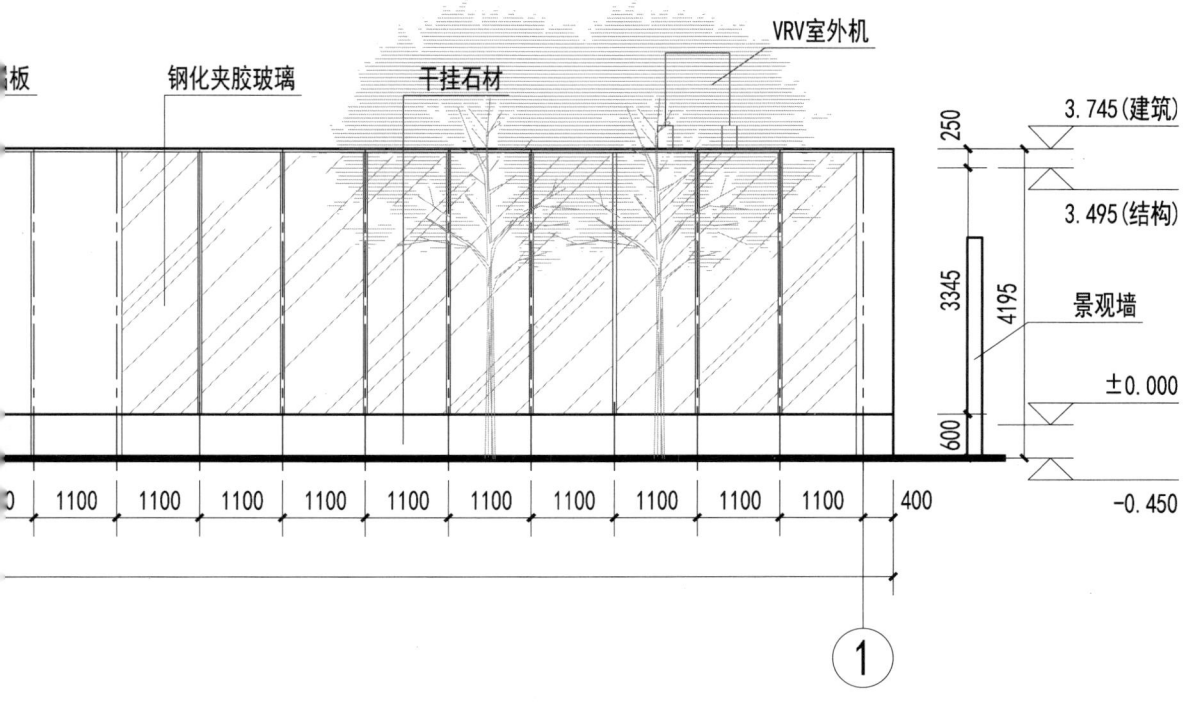

| 图名 | 一体化（绿化）合建出入口立面图 |

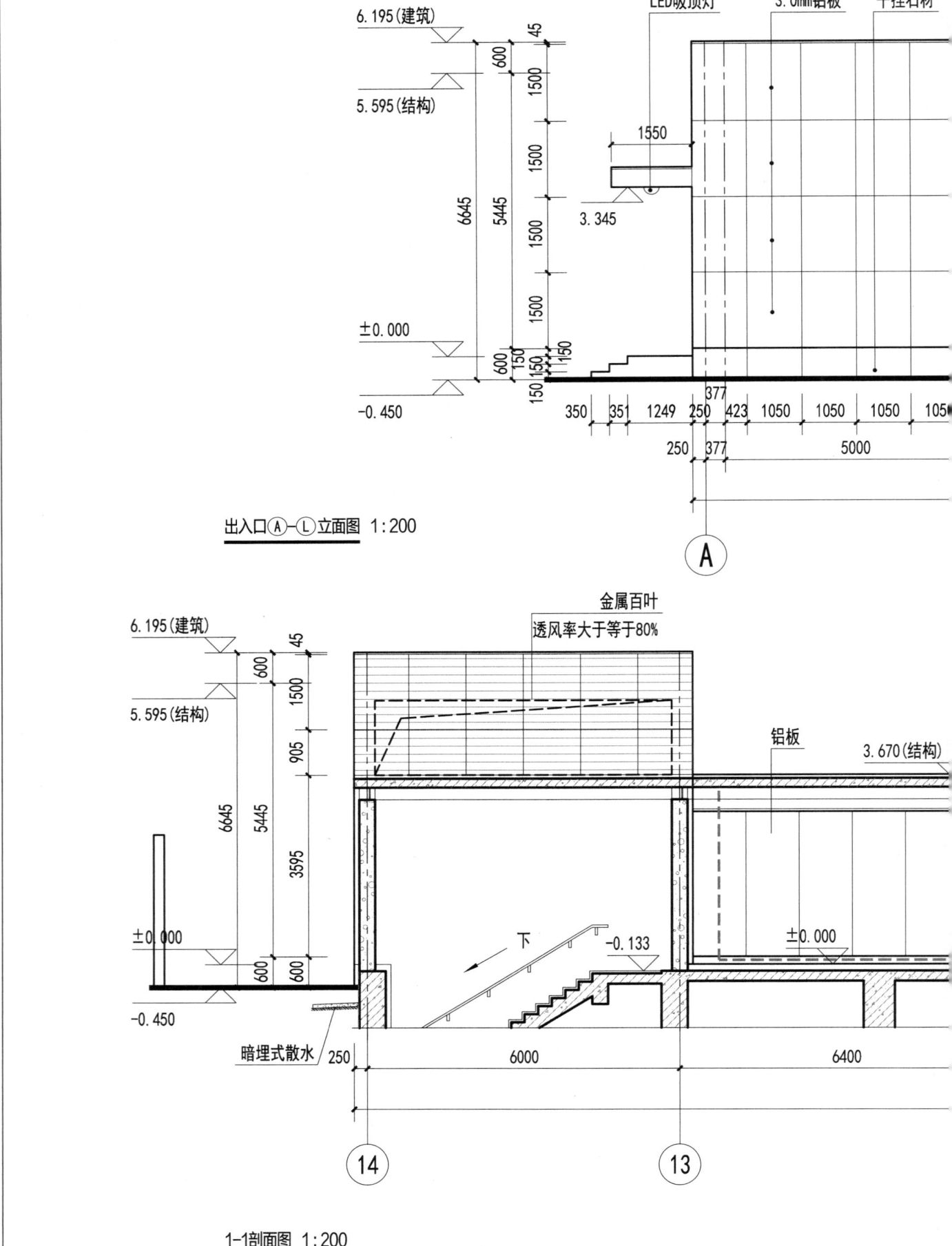

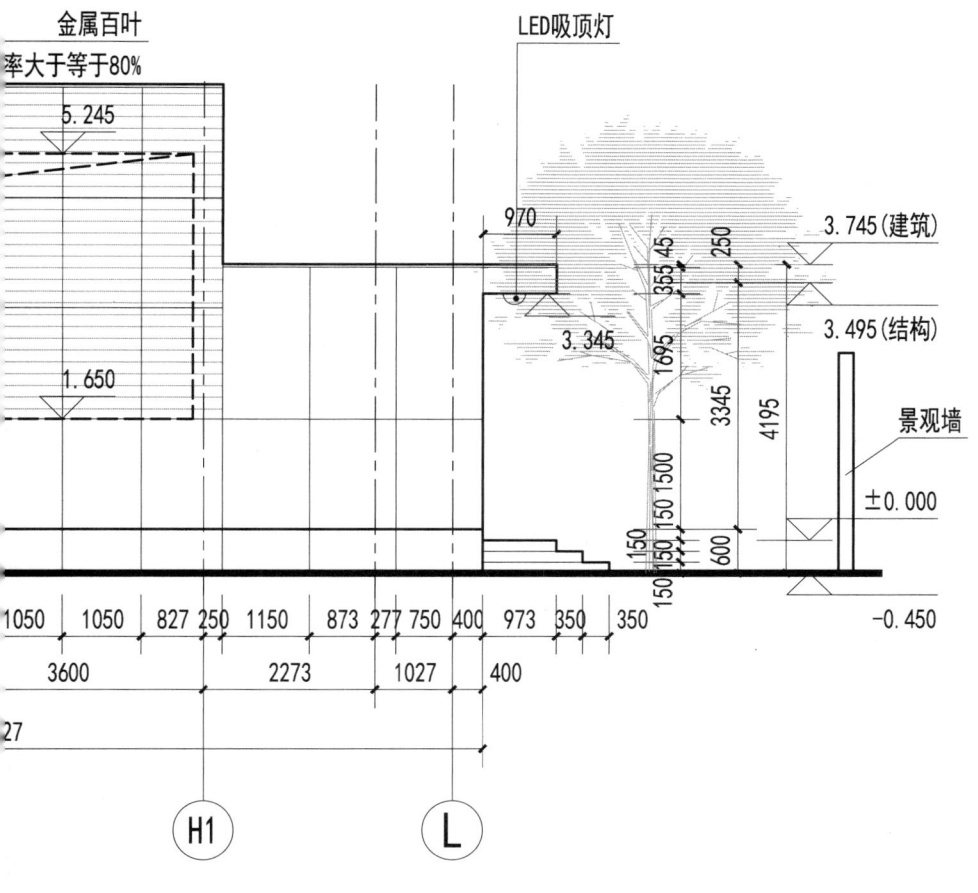

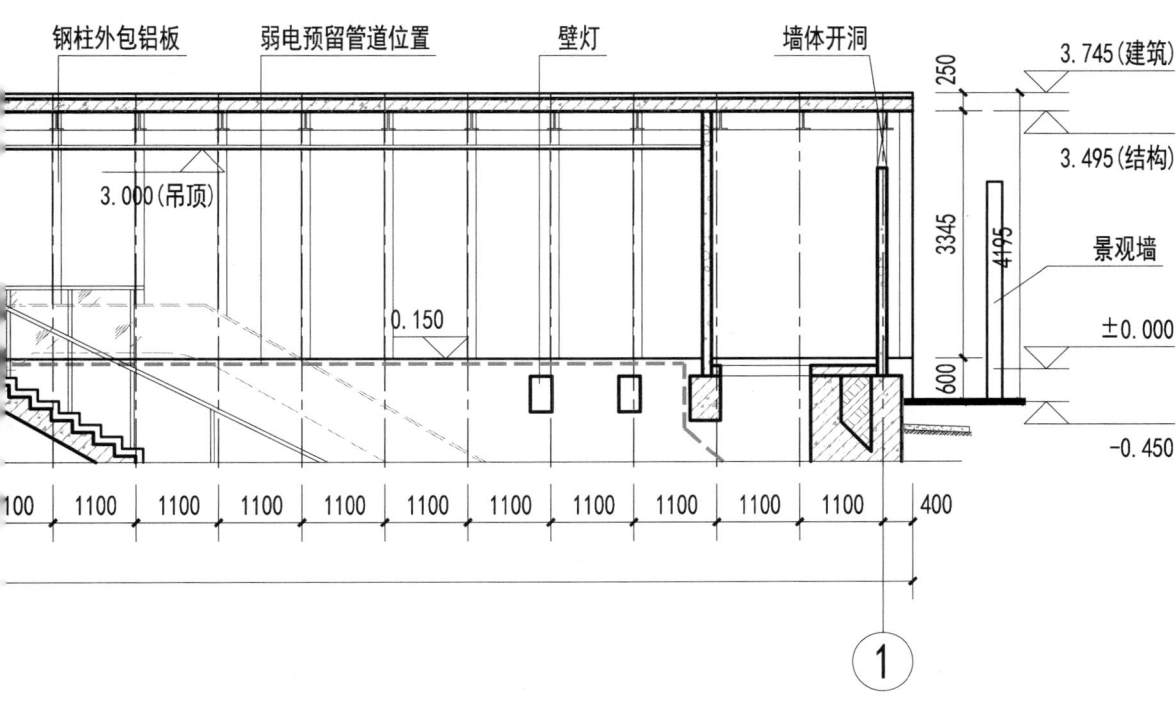

| 图名 | 一体化合建出入口立、剖面图 |

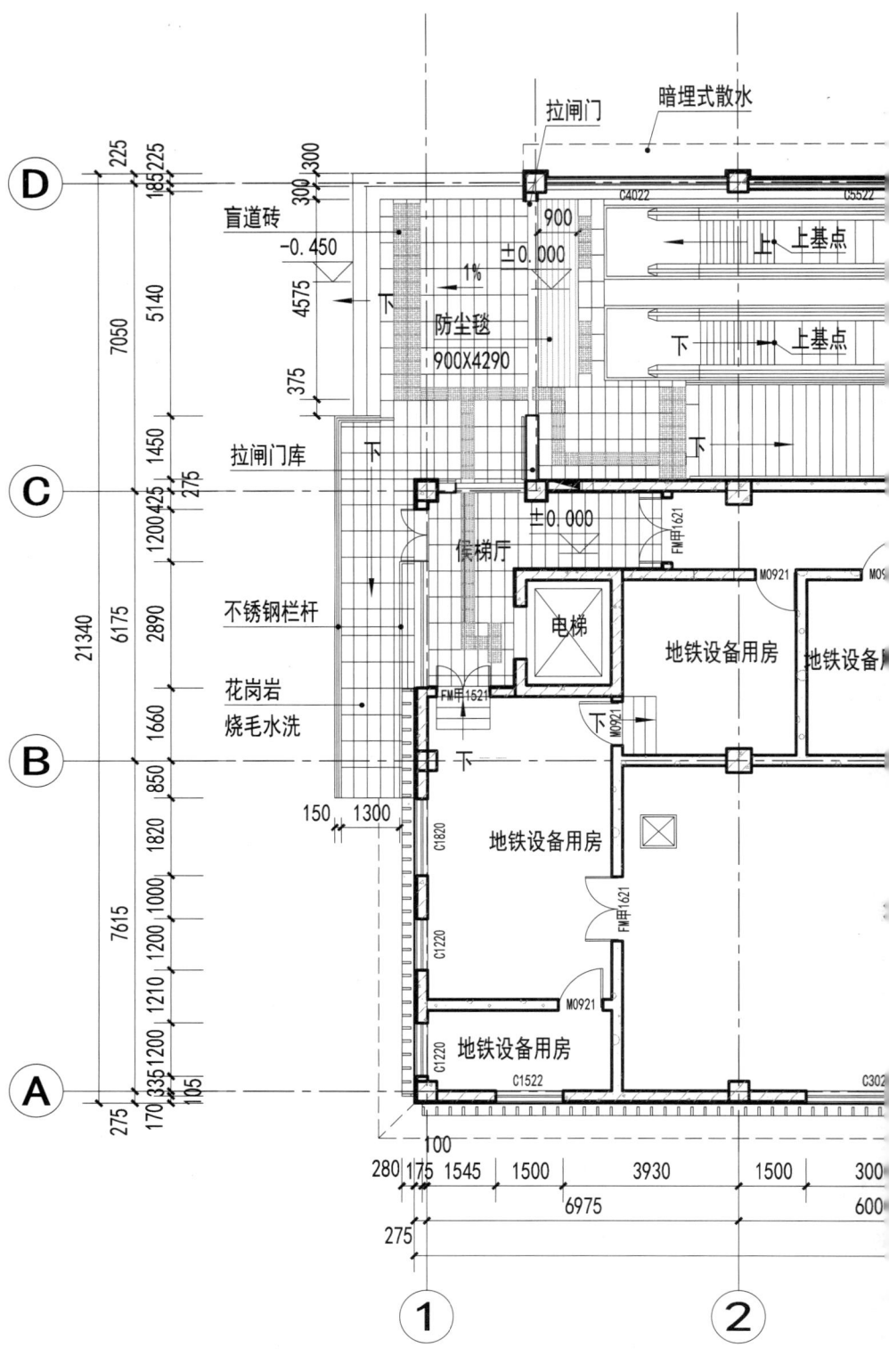

一体化合建出入口平面图 1:150

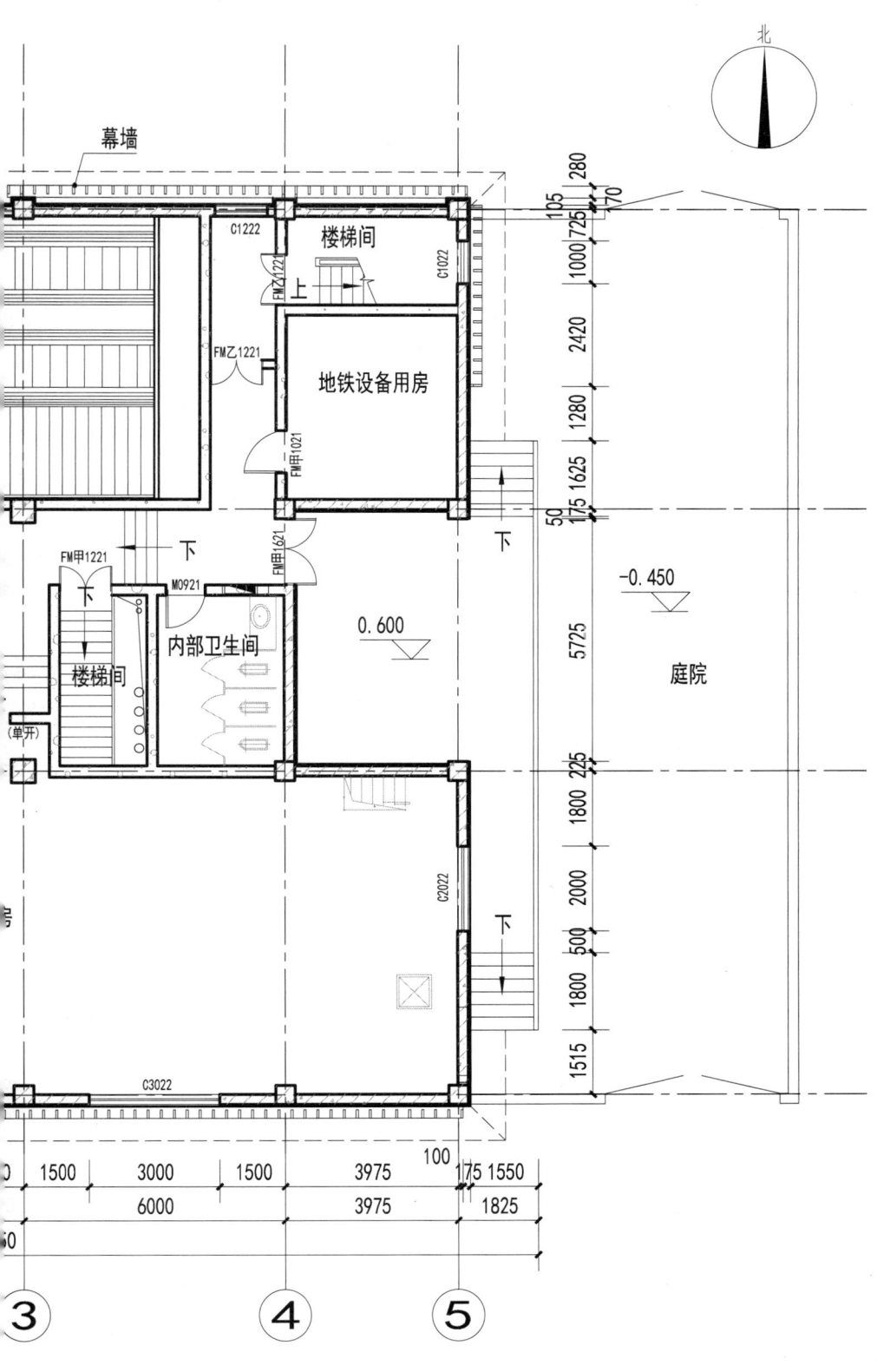

图名 一体化（设备）合建出入口平面图

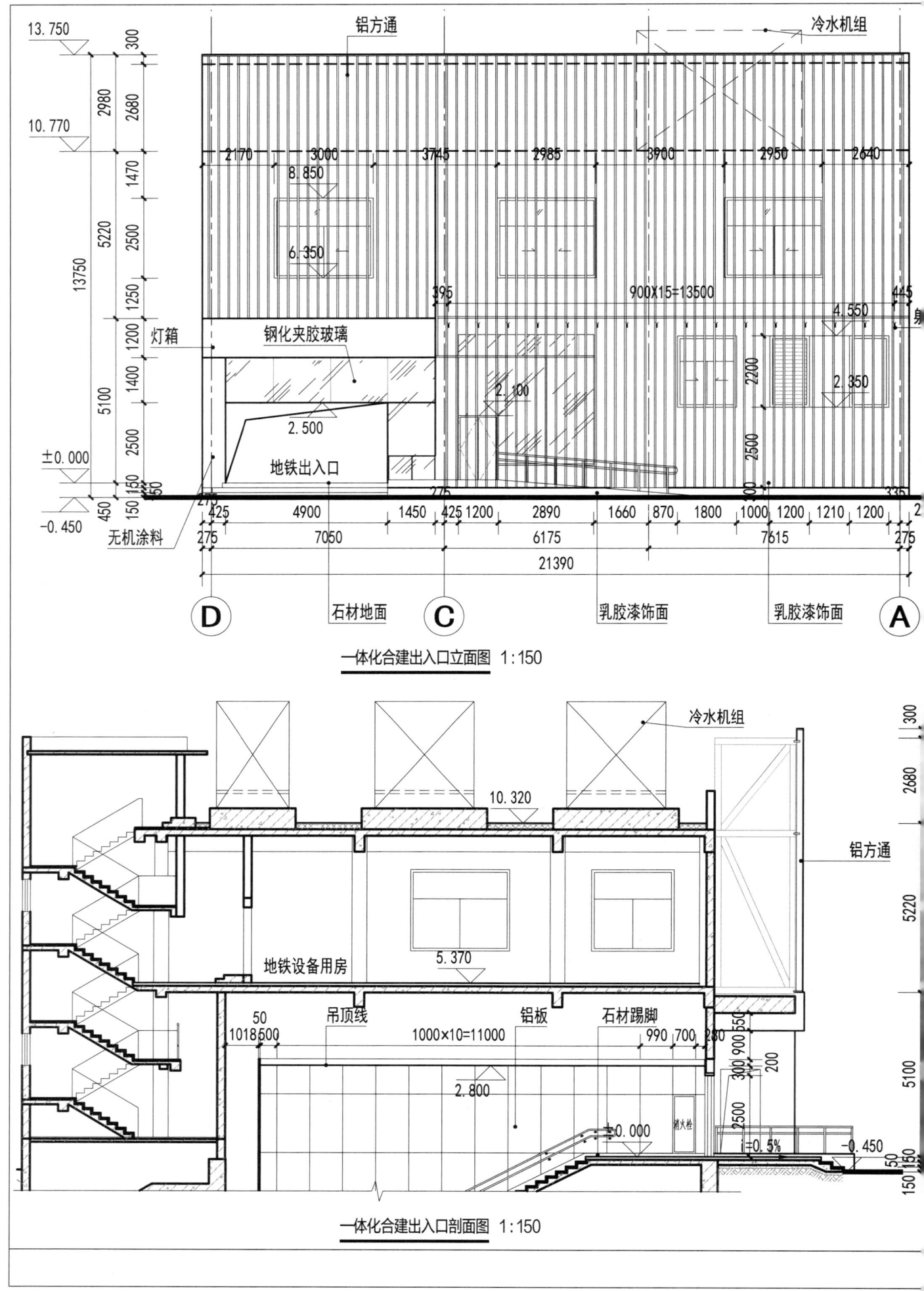

一体化合建出入口示意图

| 图名 | 一体化合建出入口立、剖面图 |

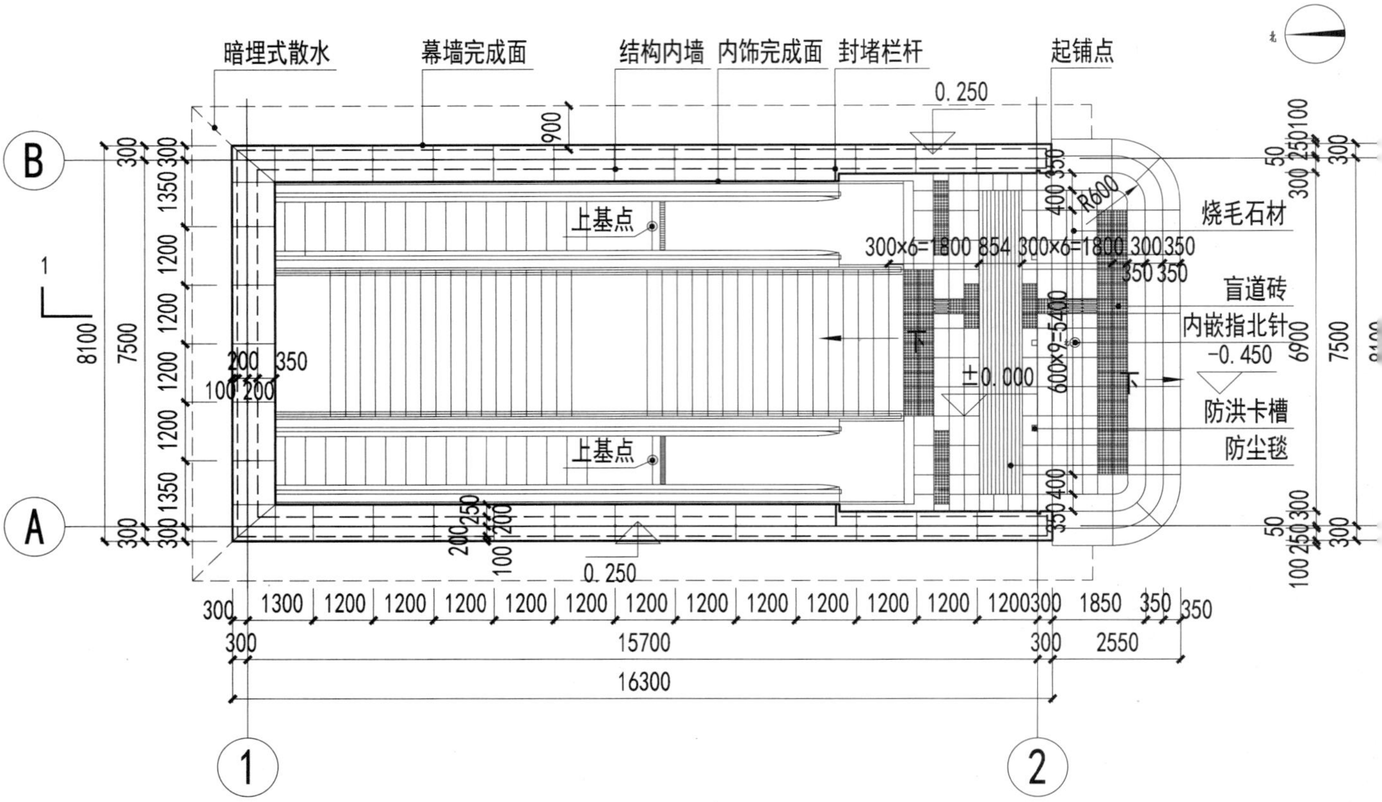

开敞式出入口平面图 1:150

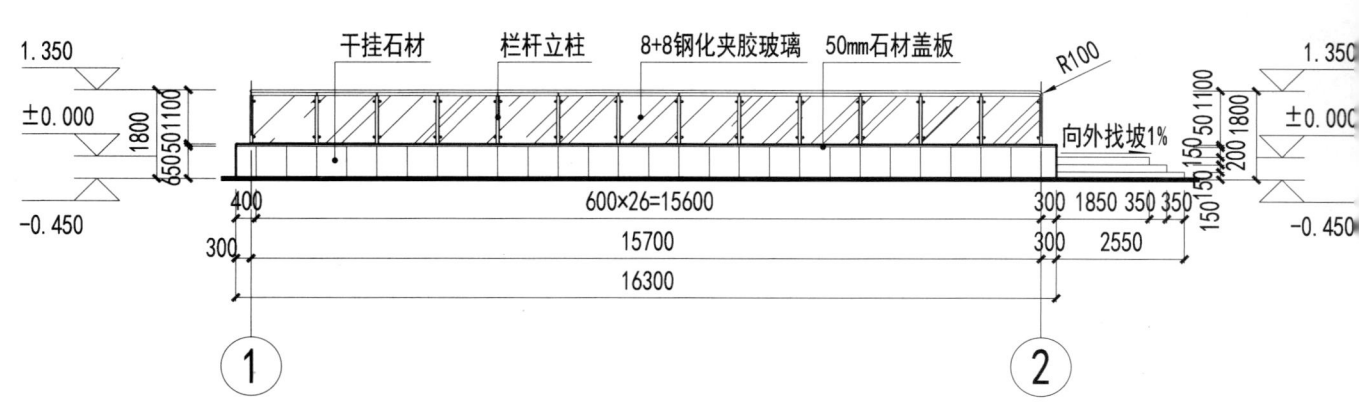

开敞式出入口①-②立面图 1:150

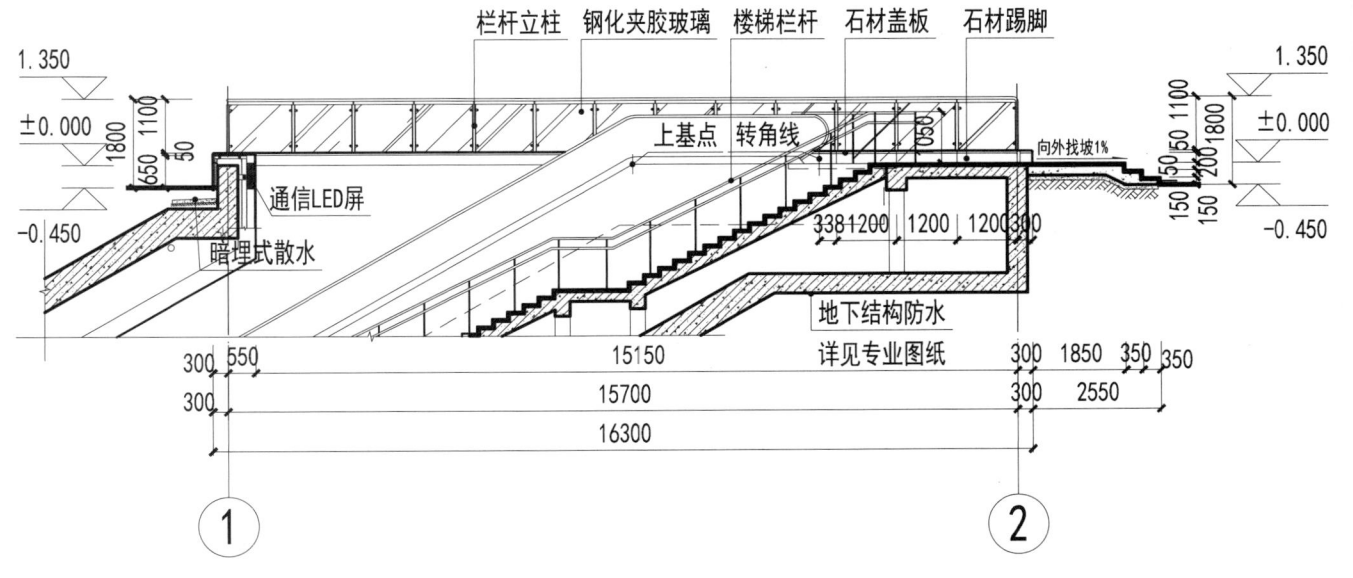

开敞式出入口1-1剖面图 1:150

开敞式出入口示意图

| 图名 | 开敞式出入口平、立、剖面图 |

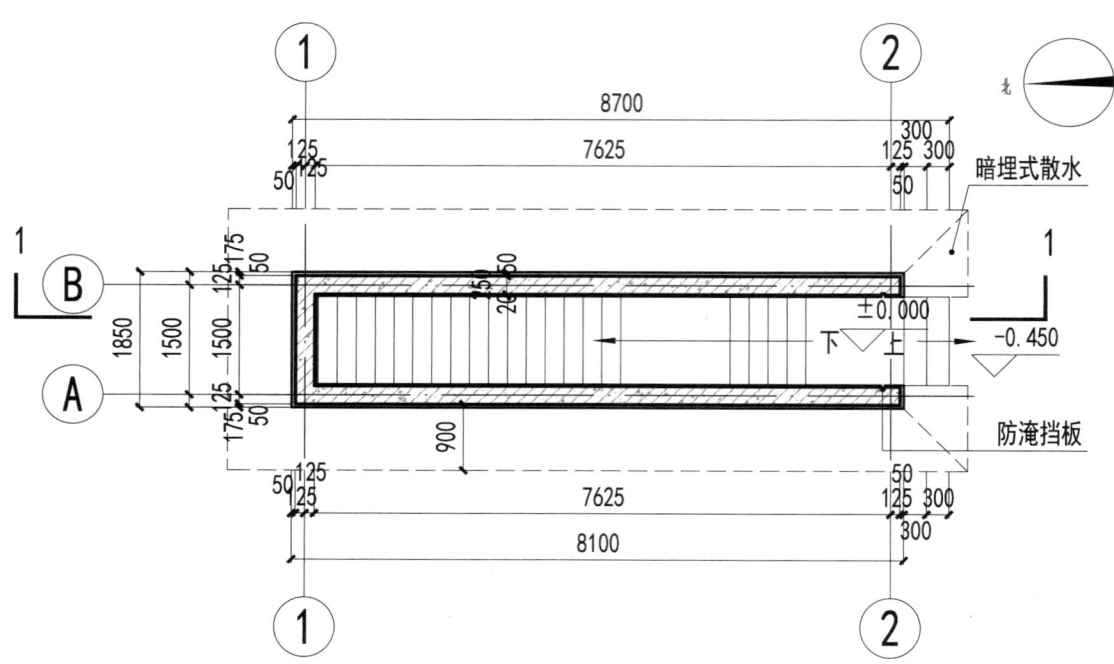

开敞式紧急疏散口平面图 1:100

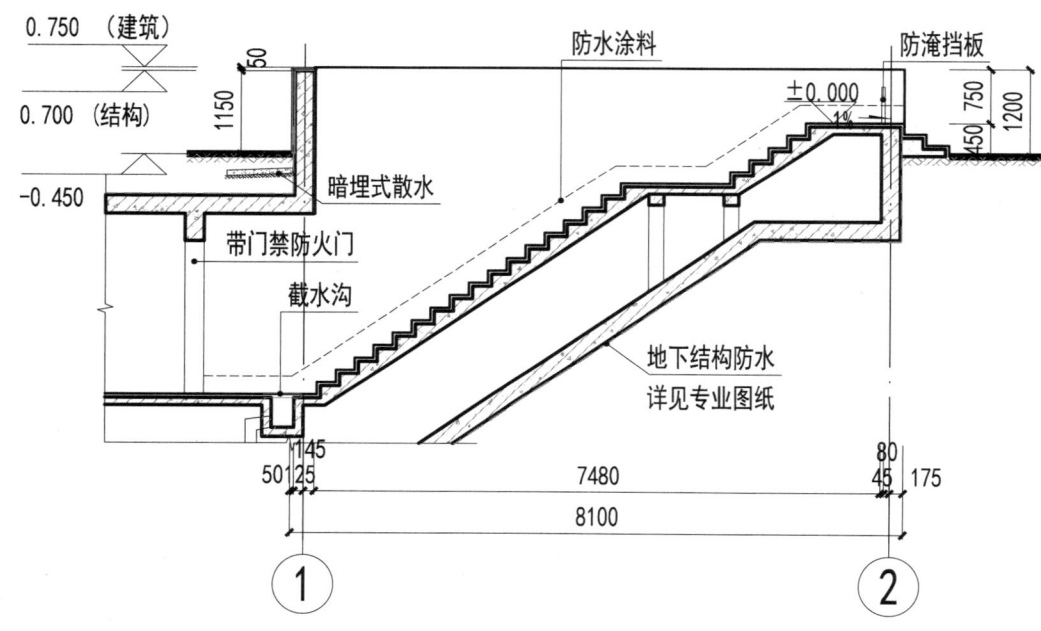

开敞式紧急疏散口1-1剖面图 1:100

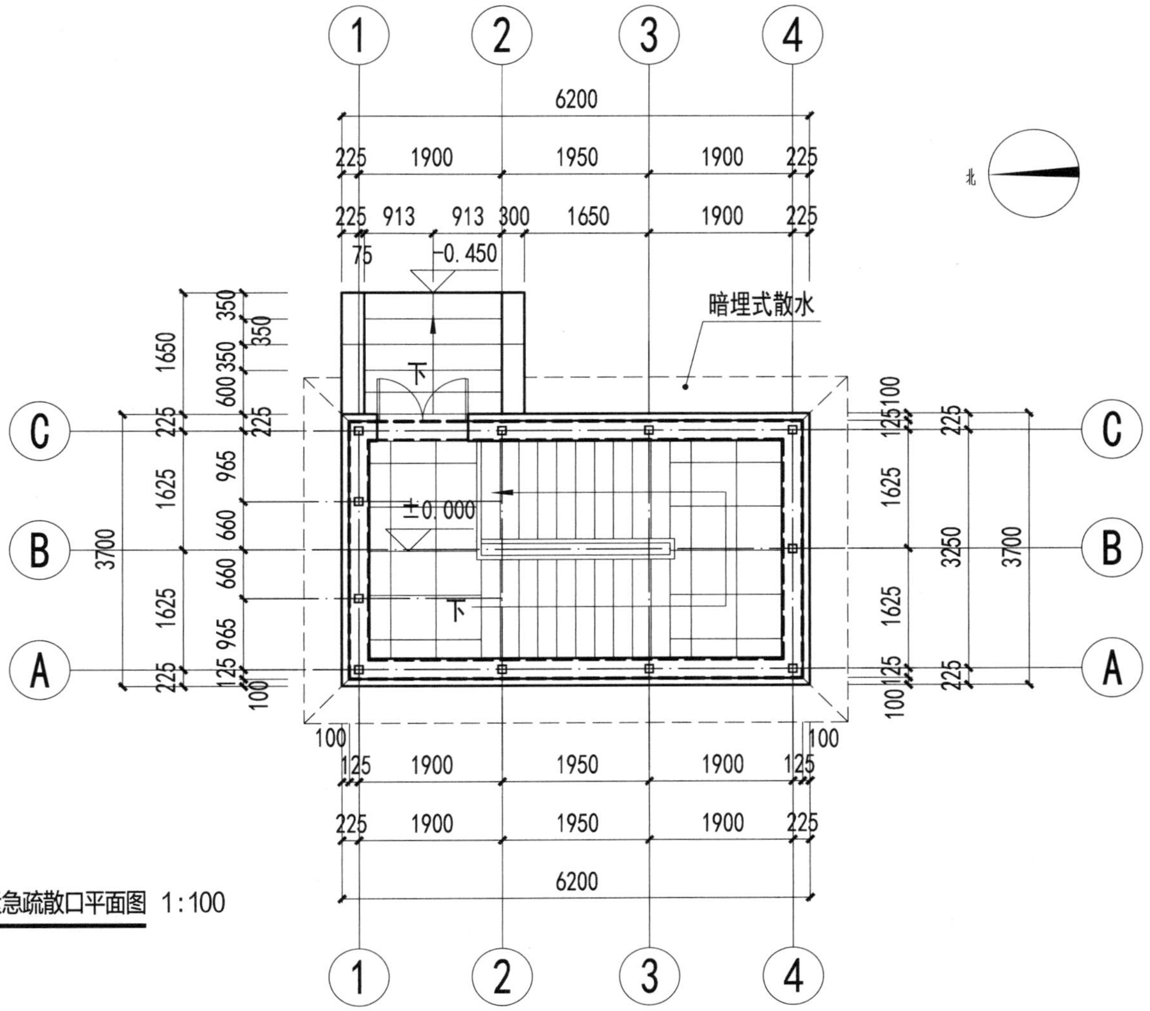

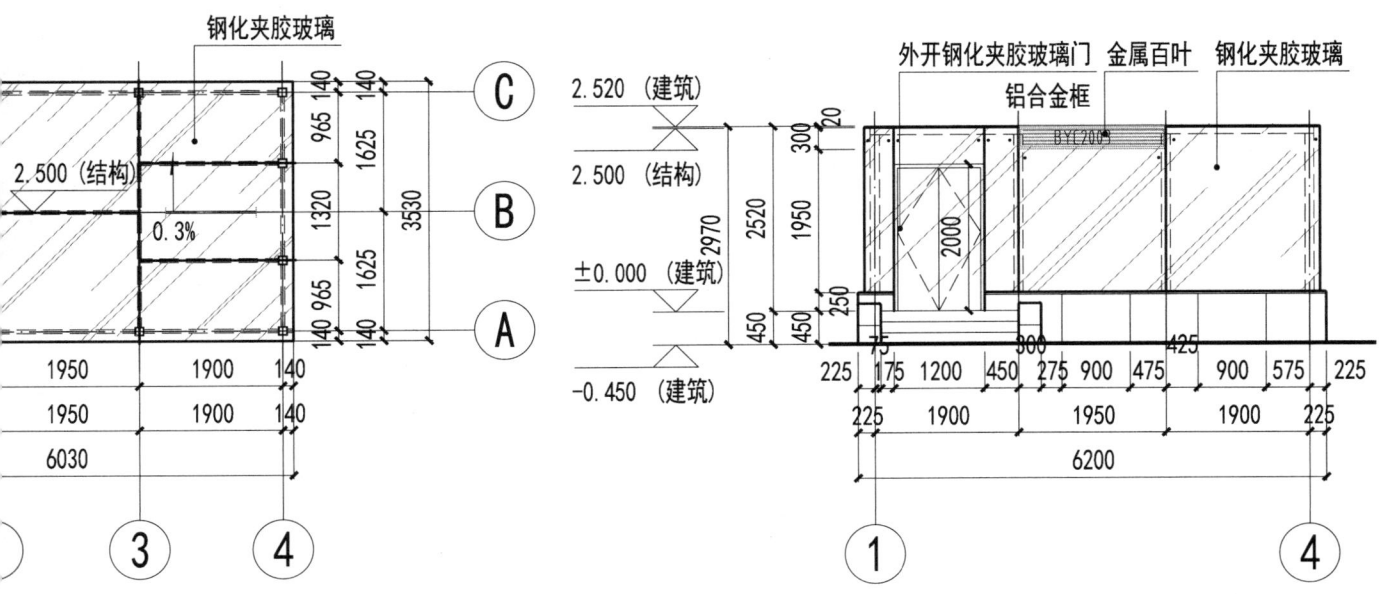

紧急疏散口平面图 1:100

紧急疏散口屋顶平面图 1:100

紧急疏散口①-④立面图 1:100

| 图名 | 紧急疏散口平、立、剖面图 |

第二部分

无障碍电梯亭

无障碍电梯亭图

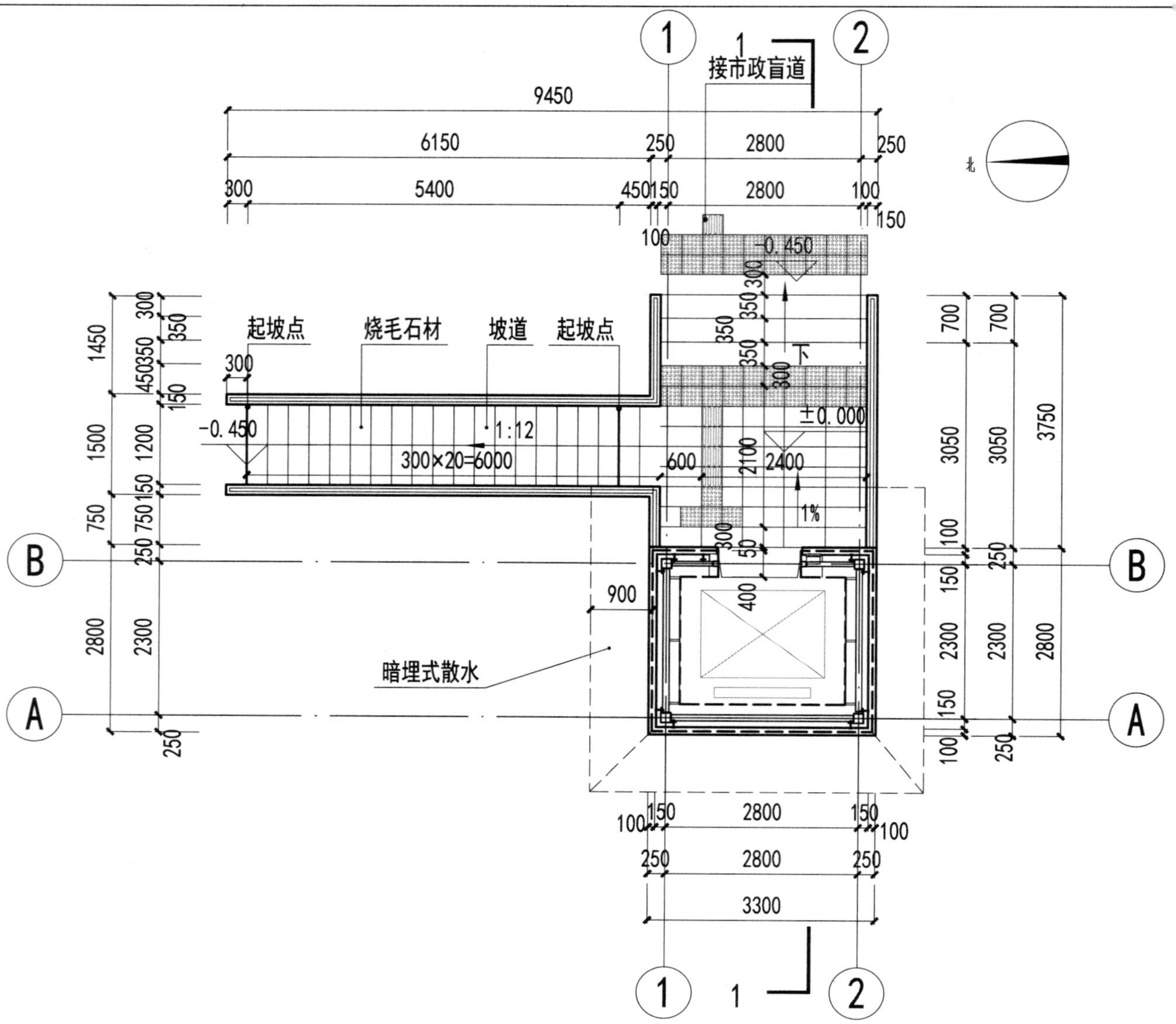

无障碍电梯亭平面图 1:100

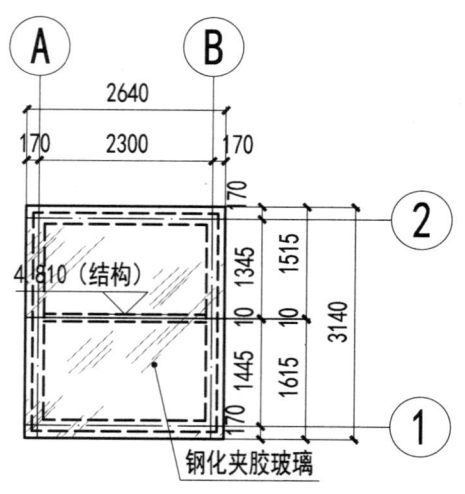

屋顶平面图 1:100

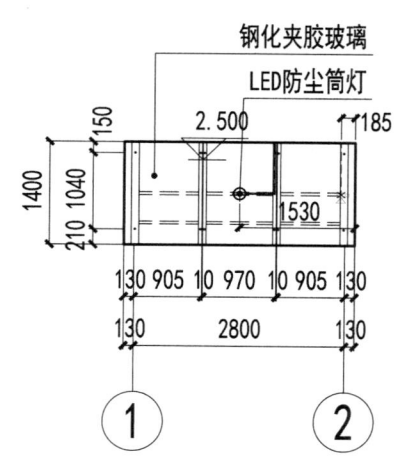

雨棚平面图 1:100

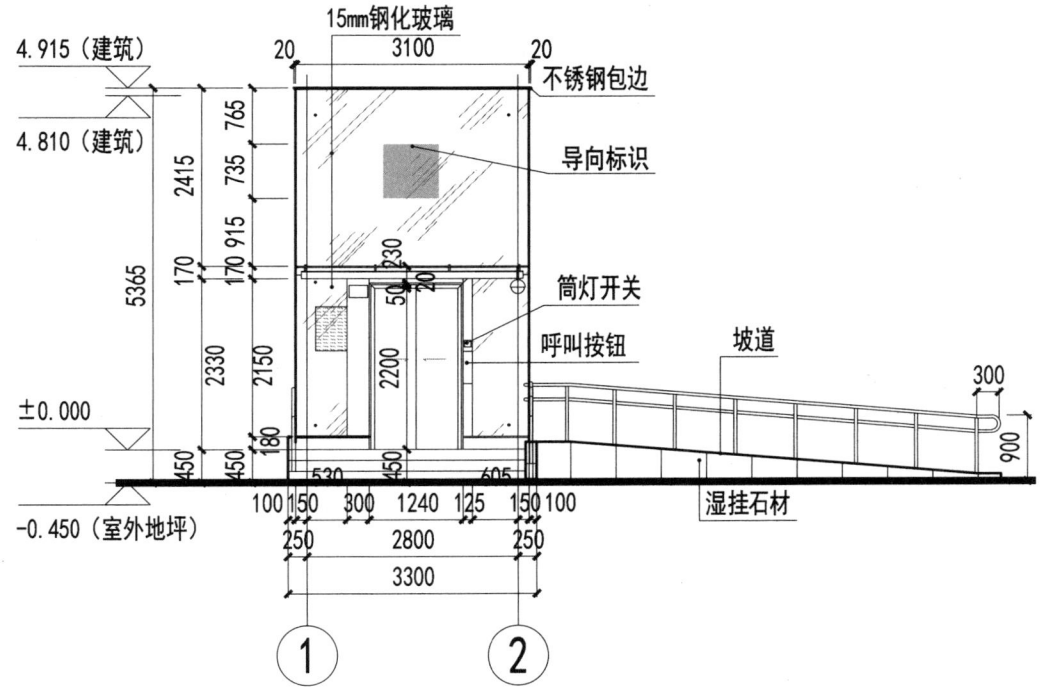

无障碍电梯亭①-②立面图 1:100

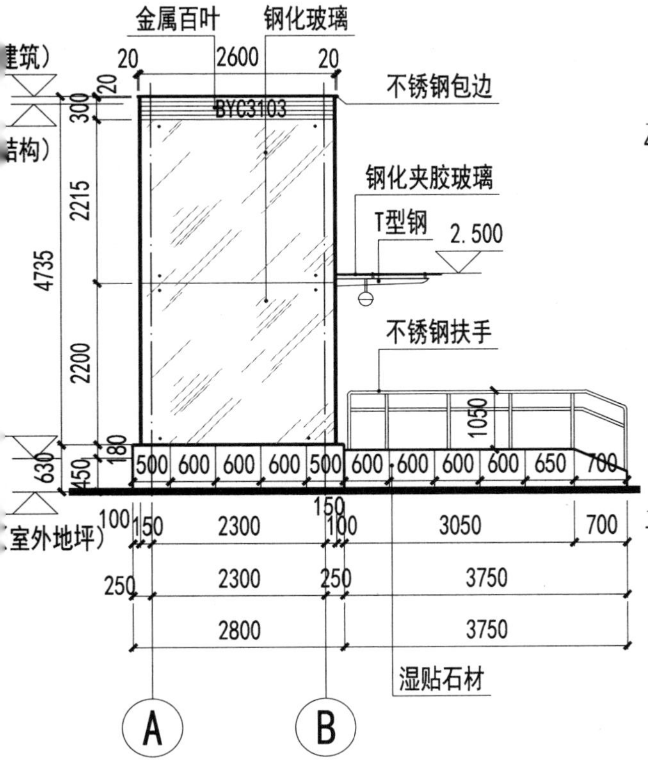

无障碍电梯亭Ⓐ-Ⓑ立面图 1:100

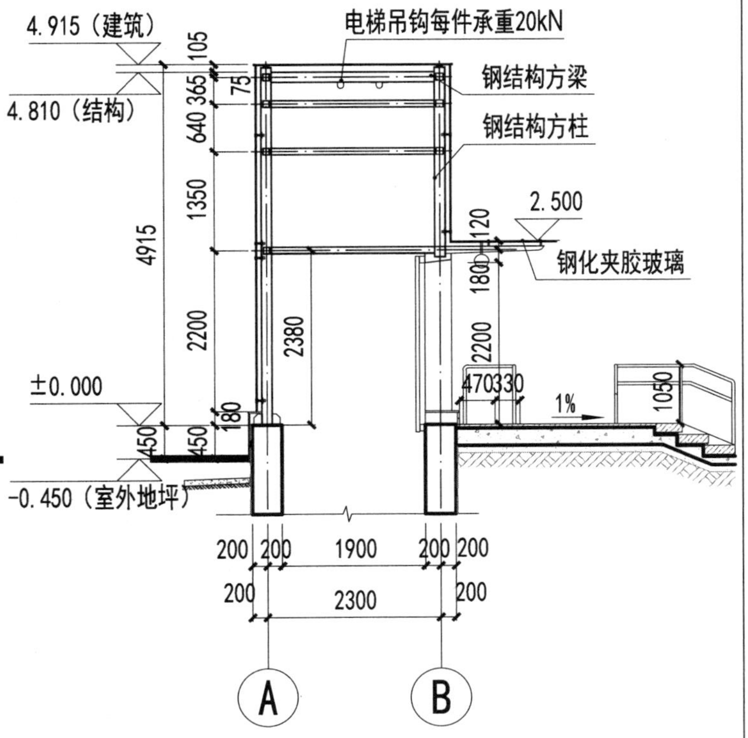

无障碍电梯亭1-1剖面图 1:100

| 图名 | 无障碍电梯亭平、立、剖面图一 |

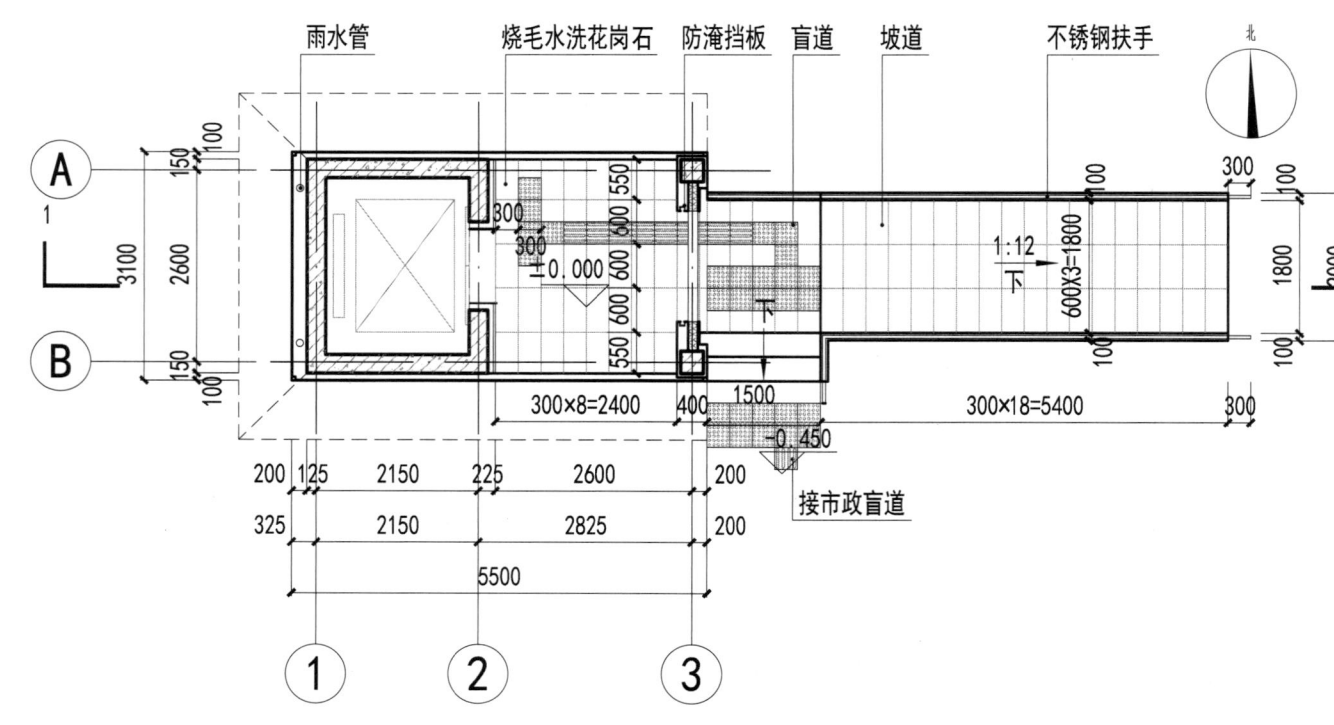

无障碍电梯亭平面图 1:100

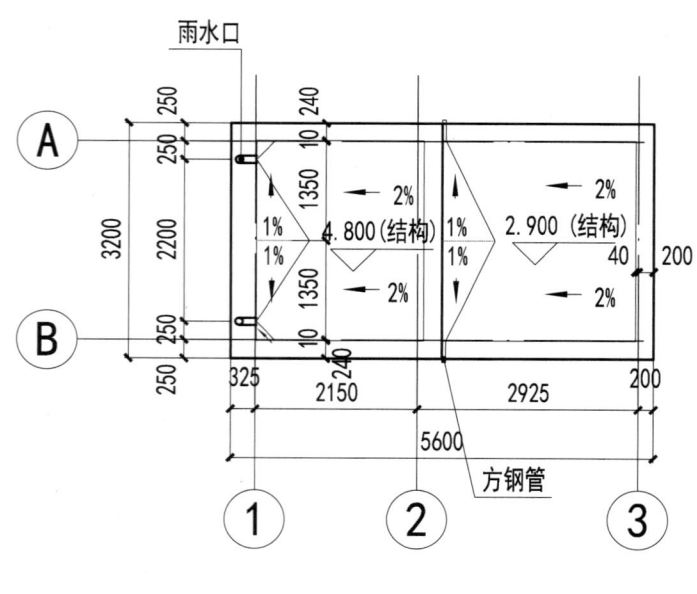

无障碍电梯亭屋顶平面图 1:100

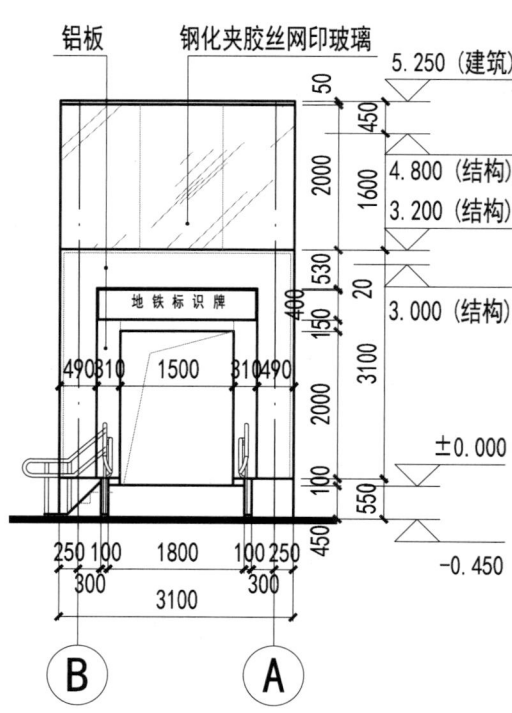

无障碍电梯亭 B—A 立面图 1:100

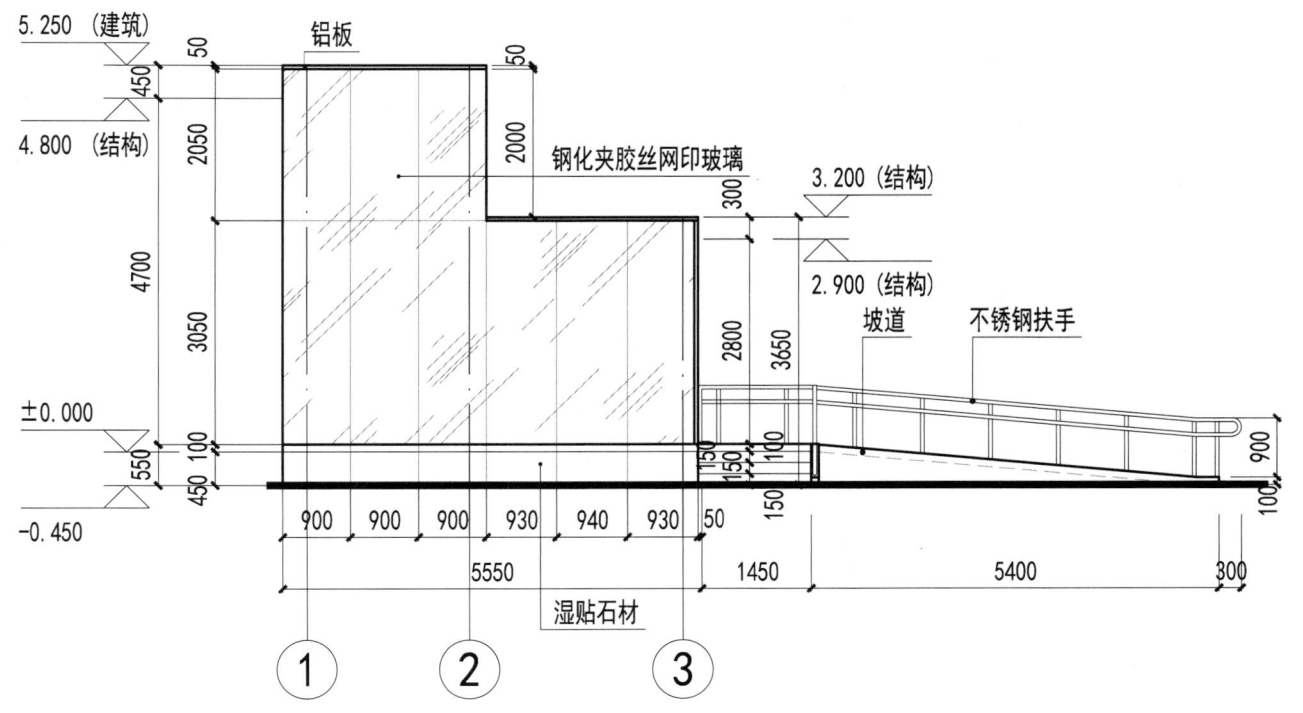

无障碍电梯亭①-③立面图 1:100

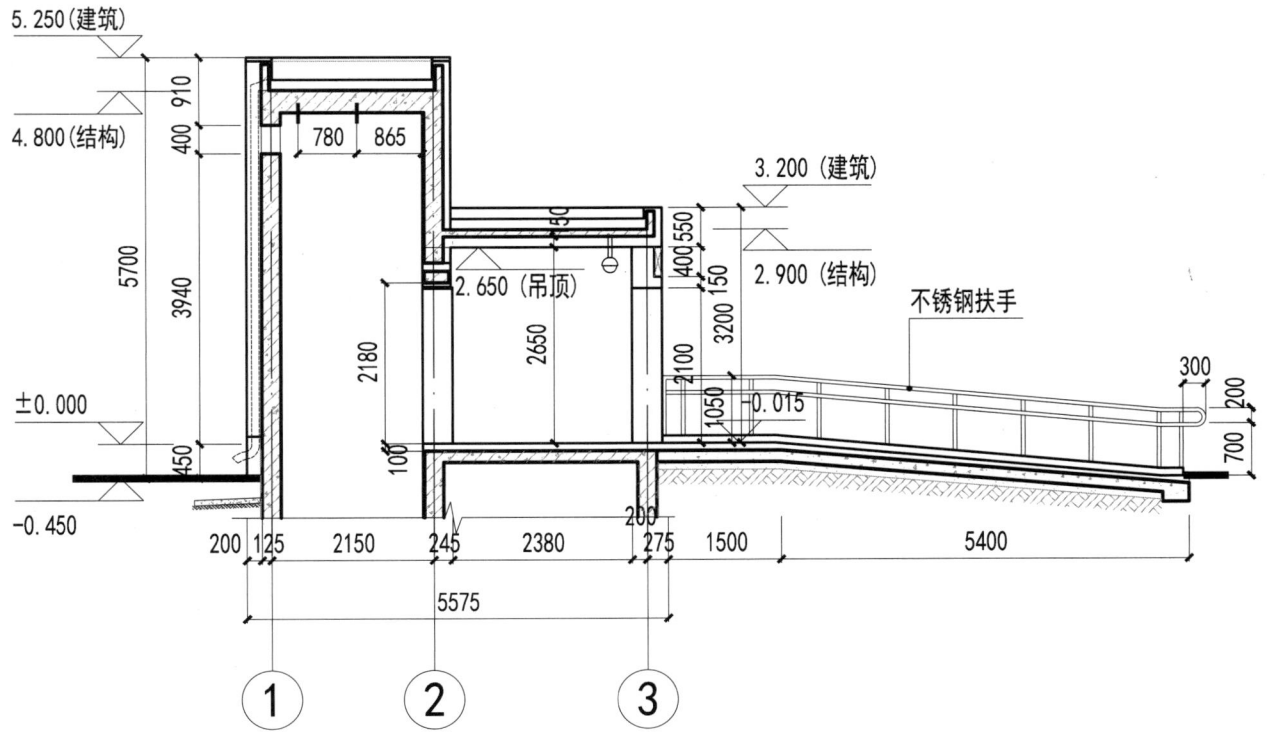

无障碍电梯亭1-1剖面图 1:100

| 图名 | 无障碍电梯亭平、立、剖面图二 |

第三部分

风亭及冷却塔

高风亭图
低风亭图
敞口风亭图
冷却塔图

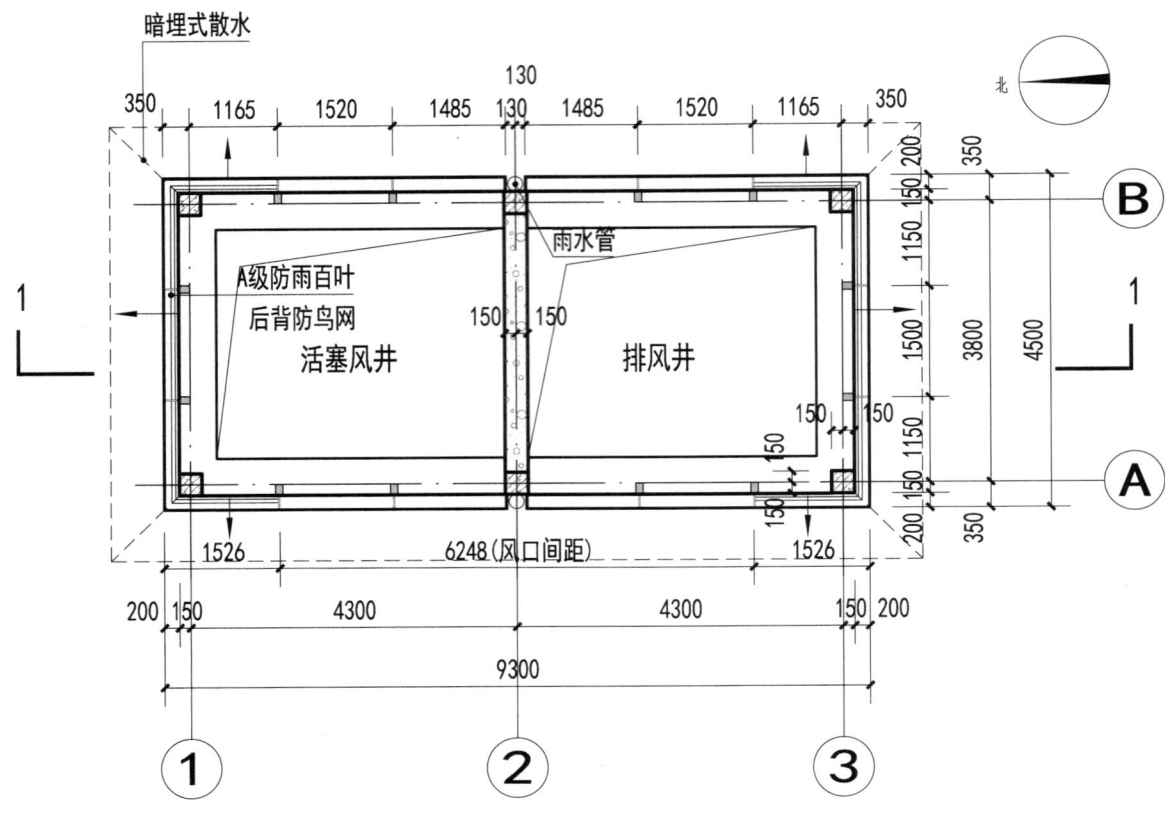

高风亭平面图 1:100

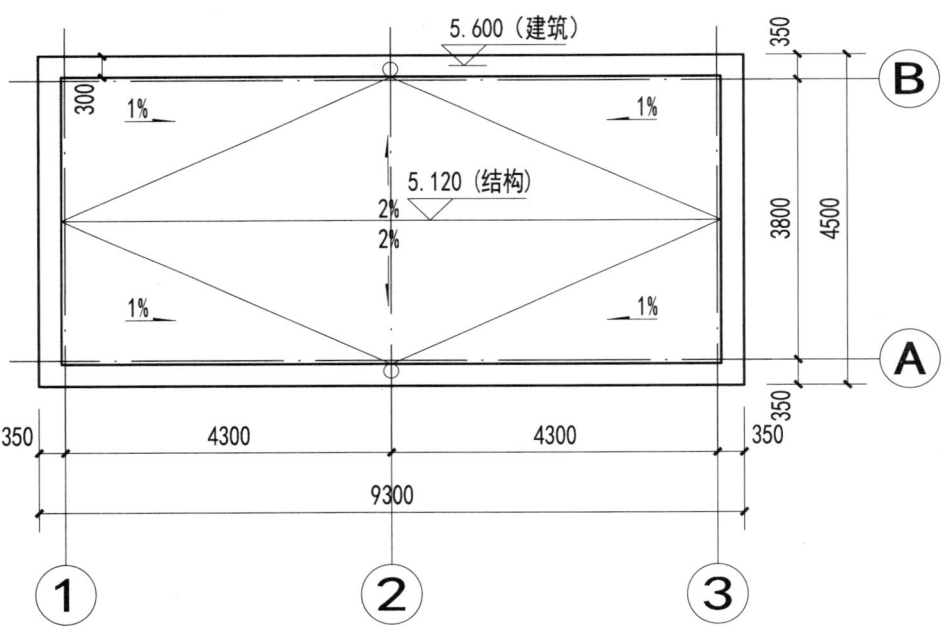

高风亭屋顶平面图 1:100

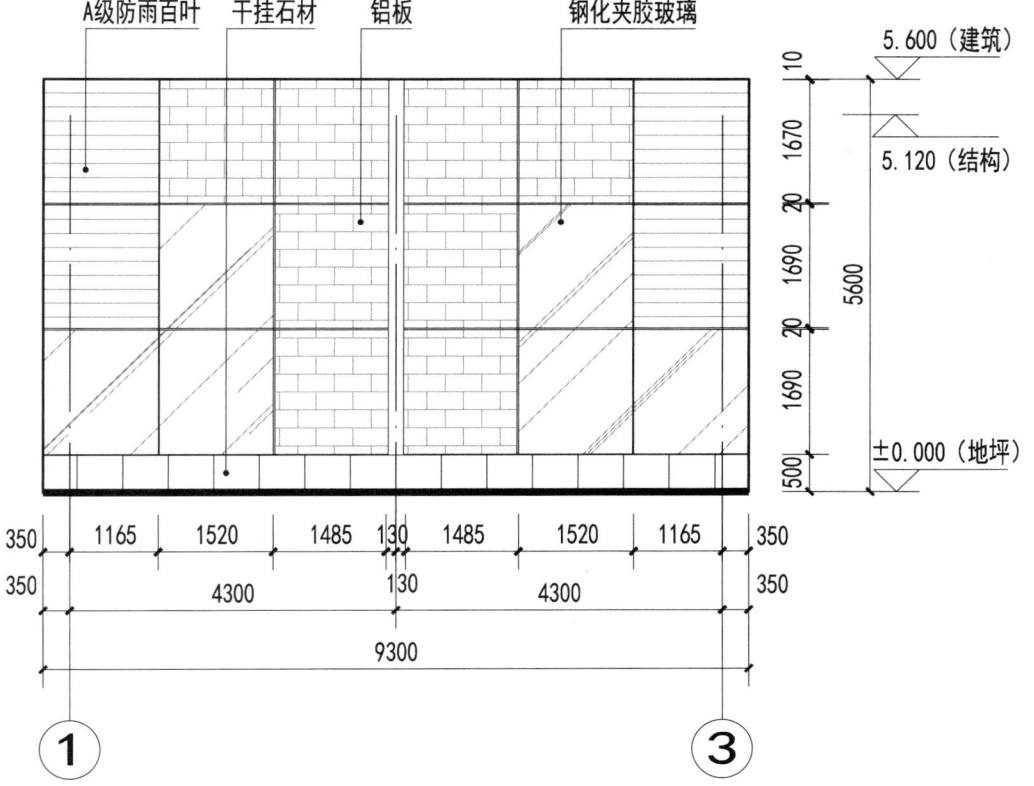

高风亭①-③立面图 1:100

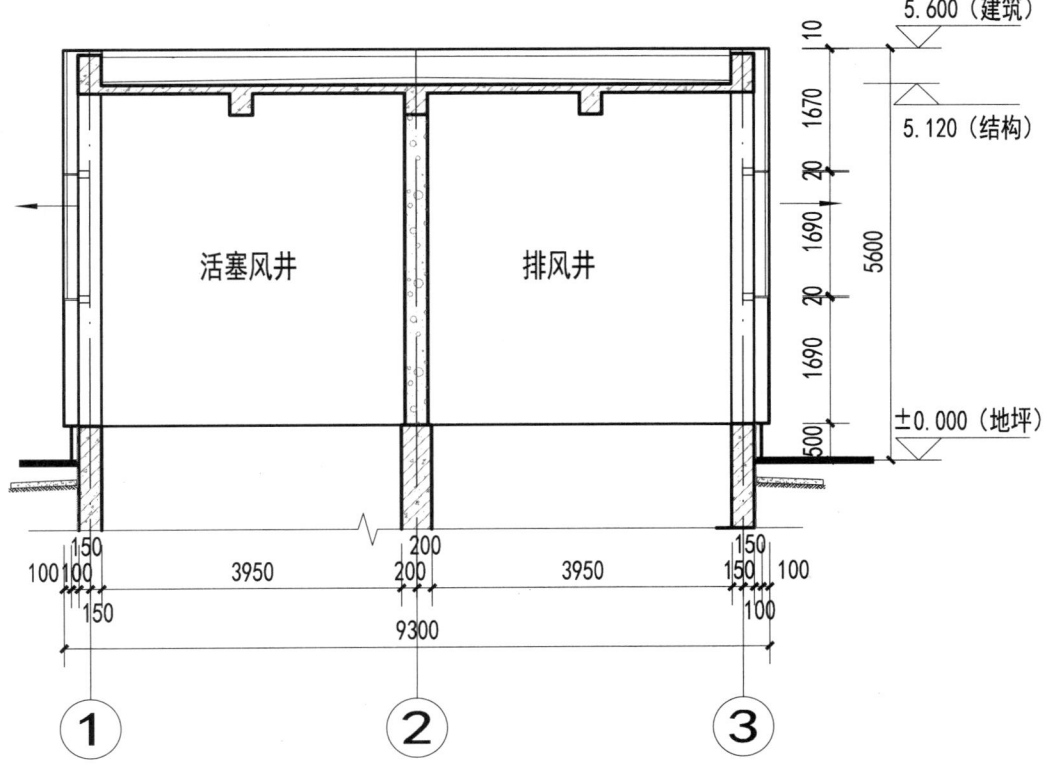

1-1剖面图 1:100

| 图名 | 高风亭平、立、剖面图 |

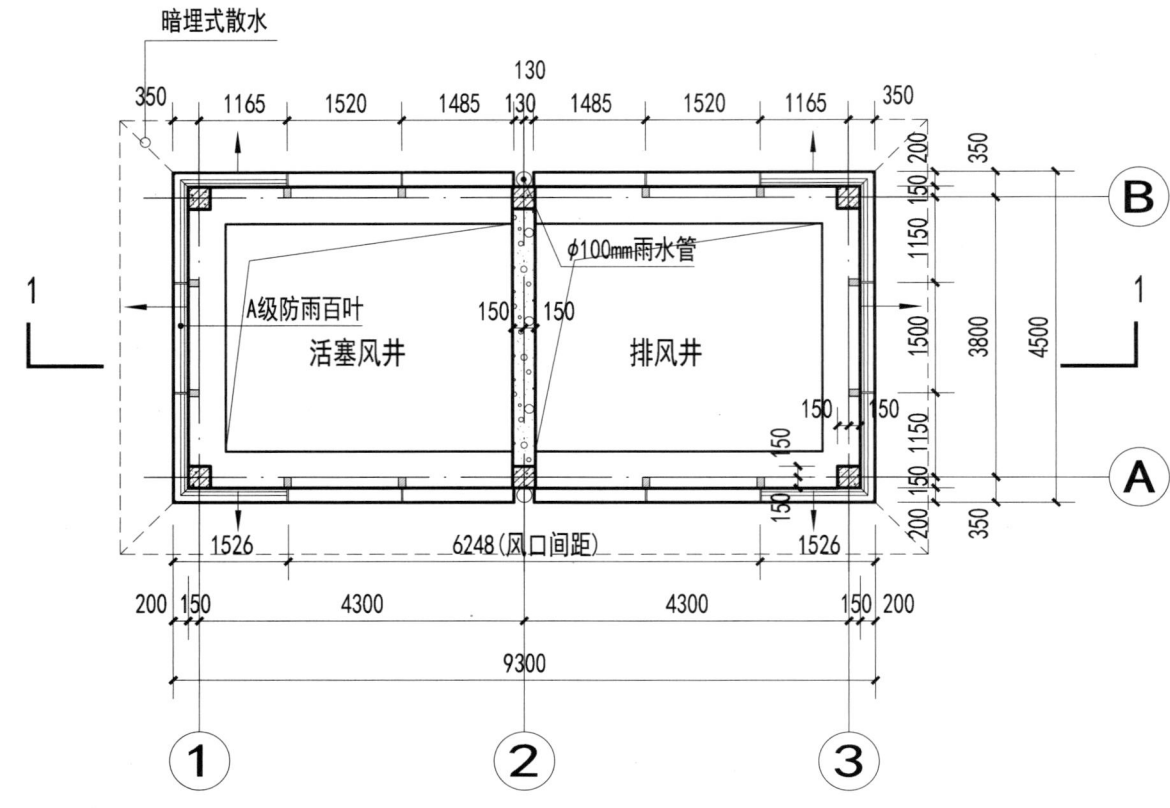

低风亭平面图 1:100

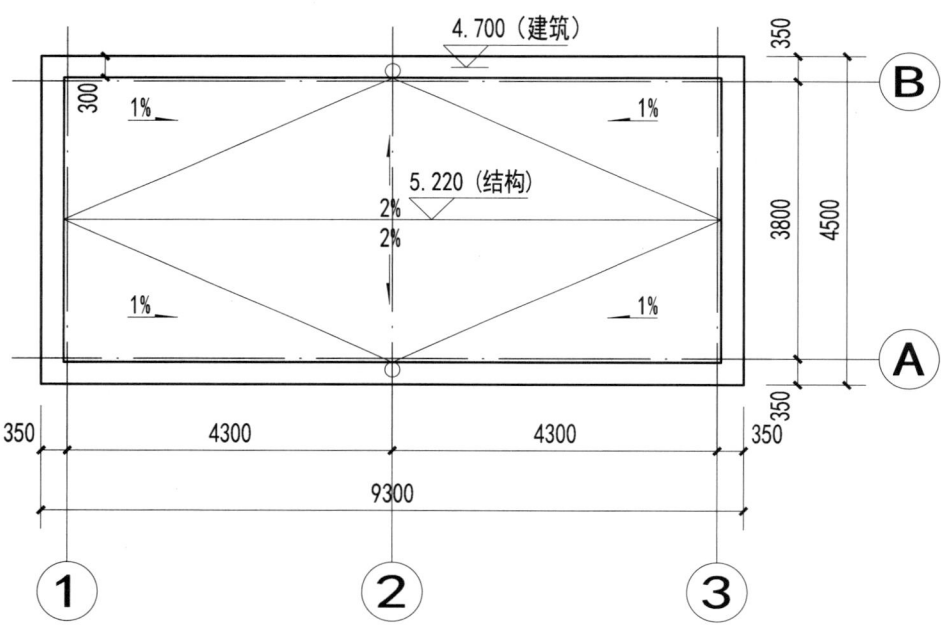

低风亭屋顶平面图 1:100

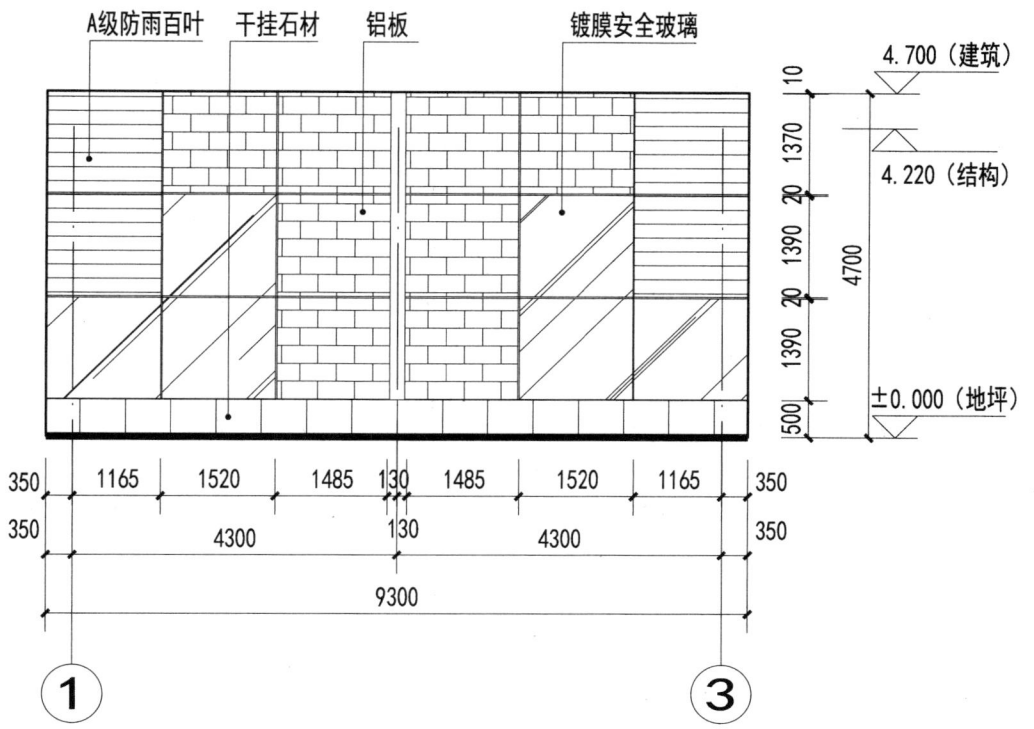

低风亭①—③立面图 1:100

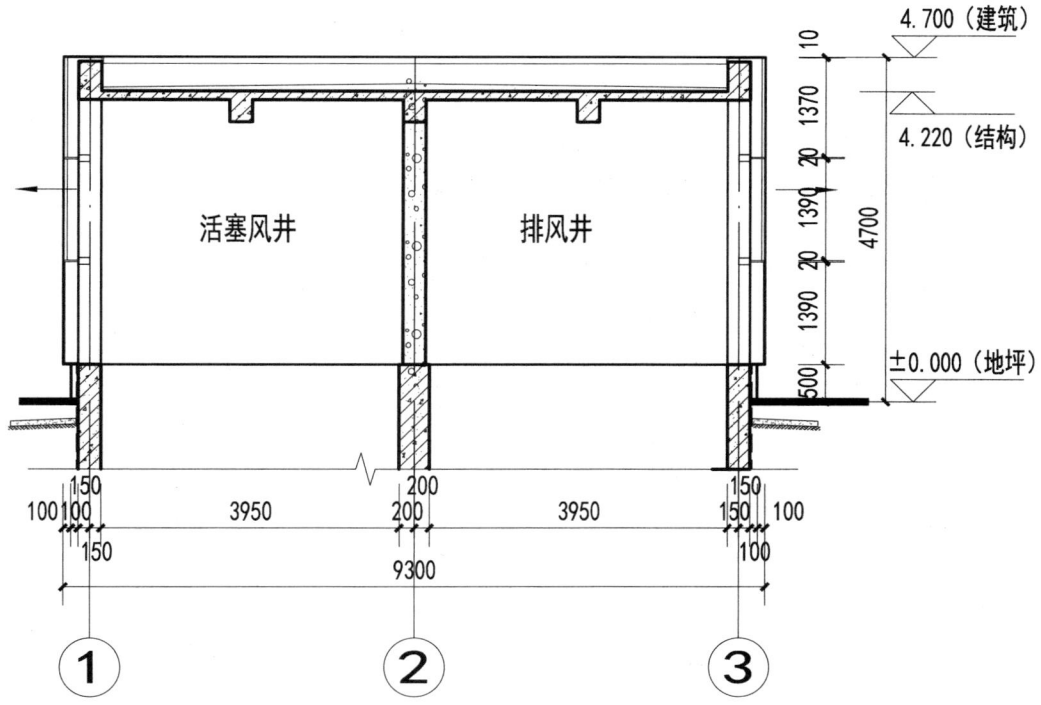

1-1剖面图 1:100

| 图名 | 低风亭平、立、剖面图 |

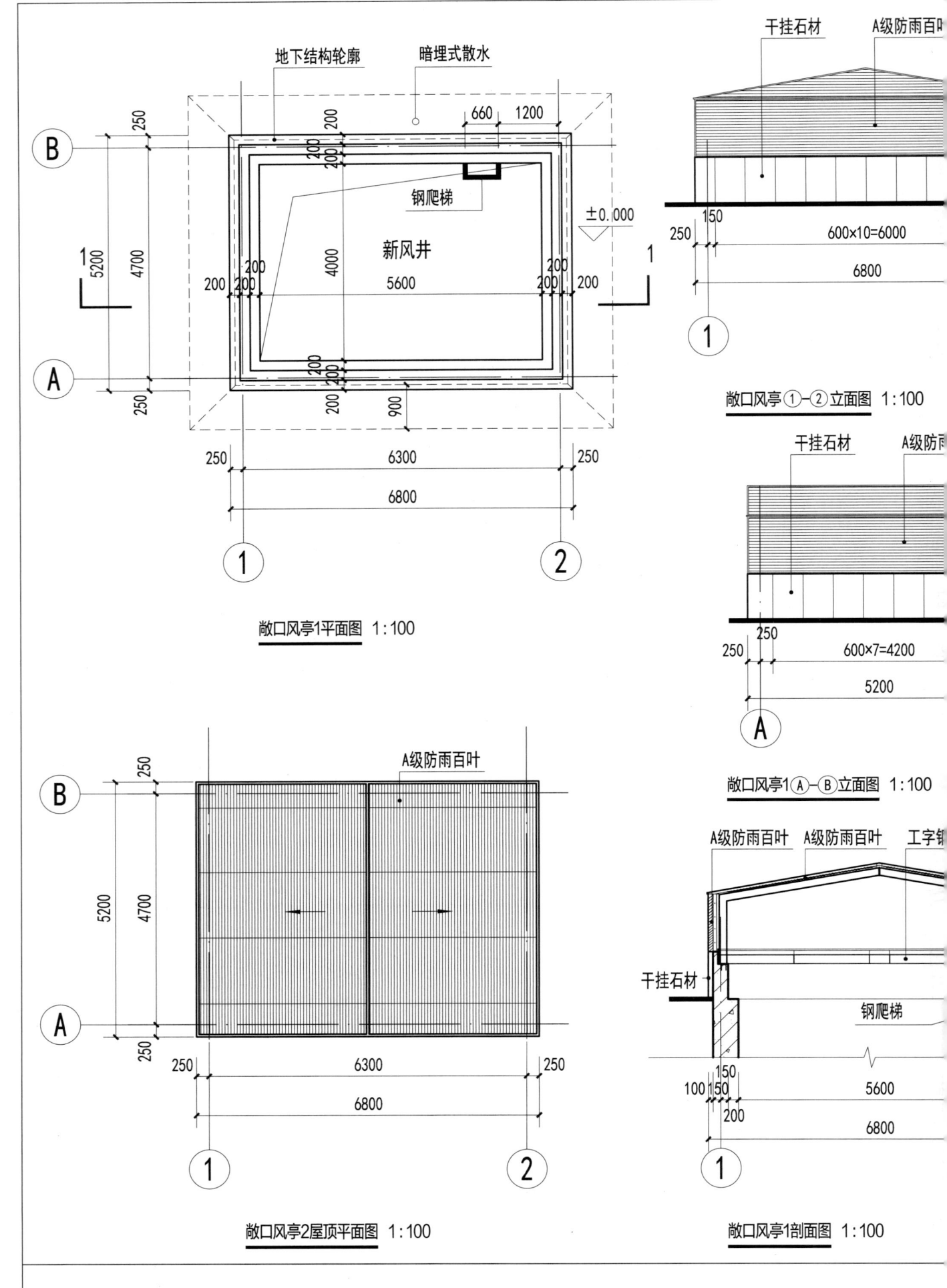

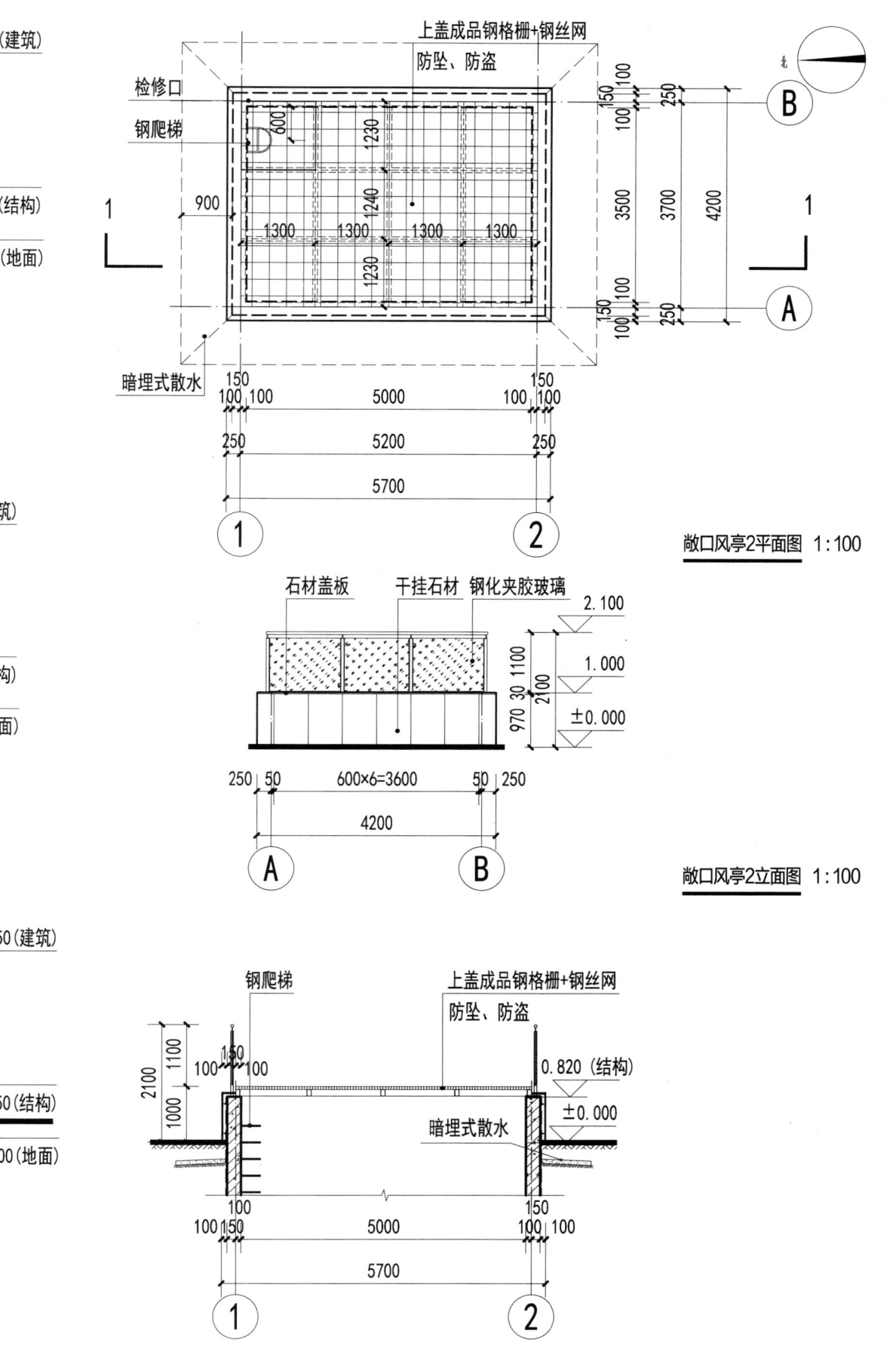

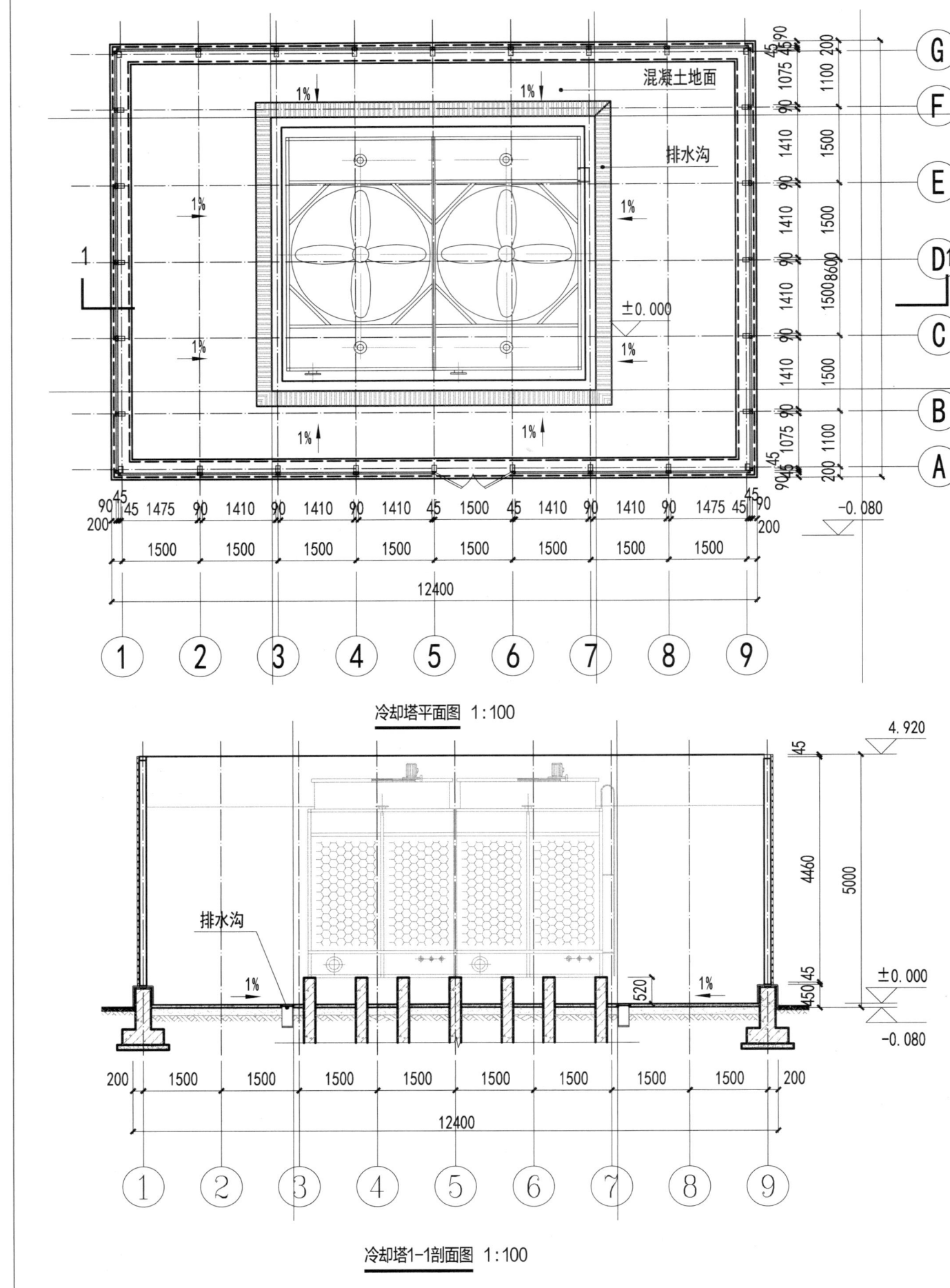

冷却塔平面图 1:100

冷却塔1-1剖面图 1:100

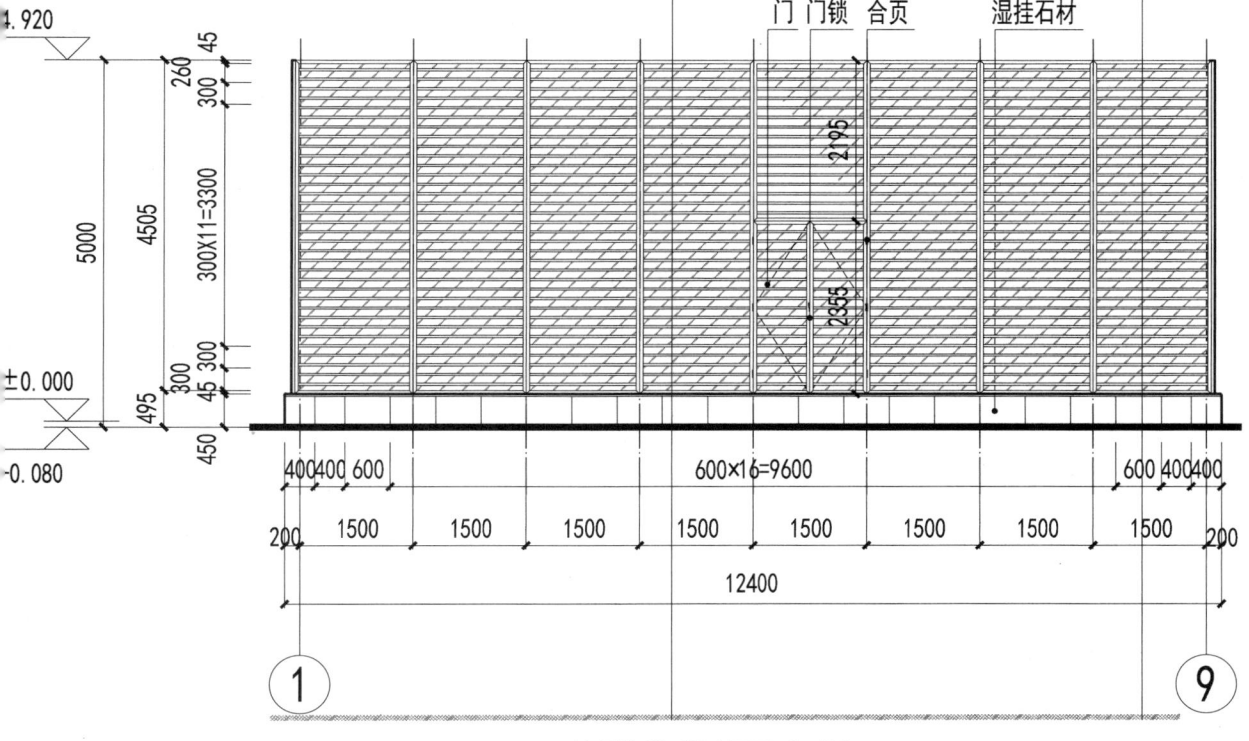

冷却塔①-⑨立面图 1:100

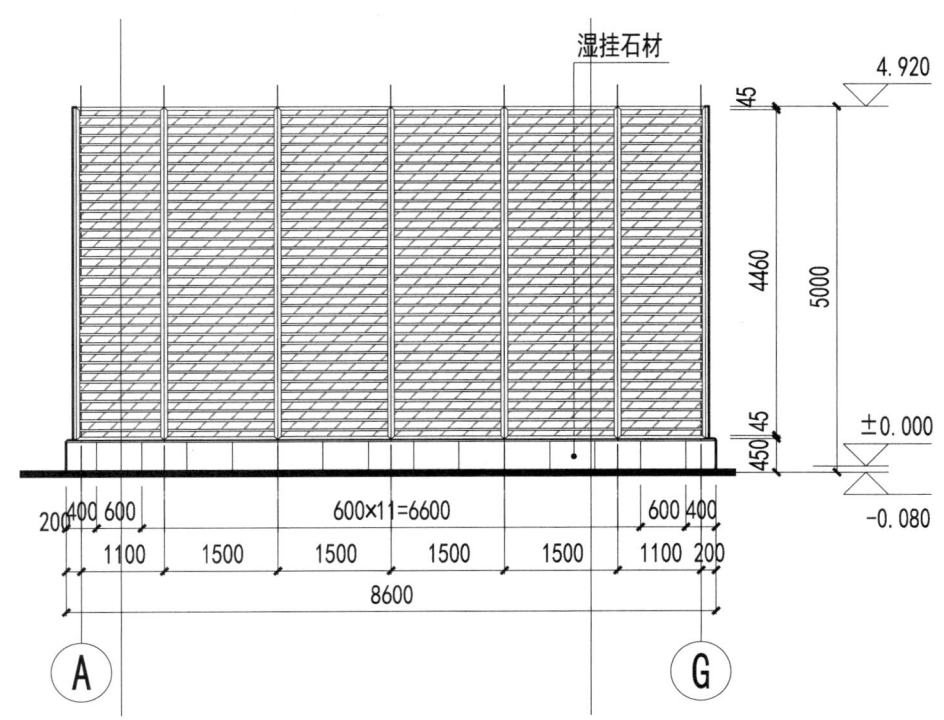

冷却塔Ⓐ-Ⓖ立面图 1:100

| 图名 | 冷却塔平、立、剖面图 |

第四部分

墙身大样

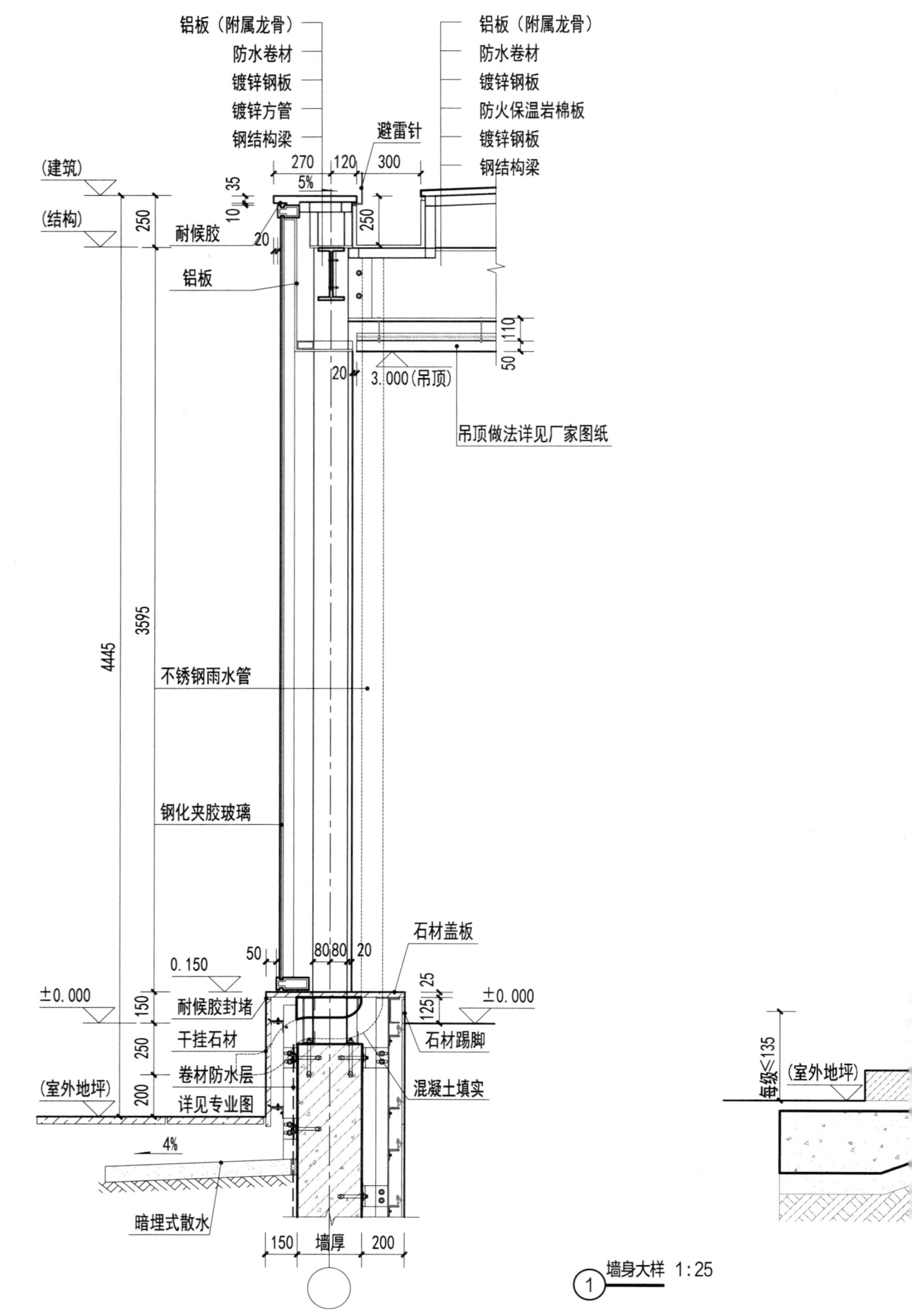

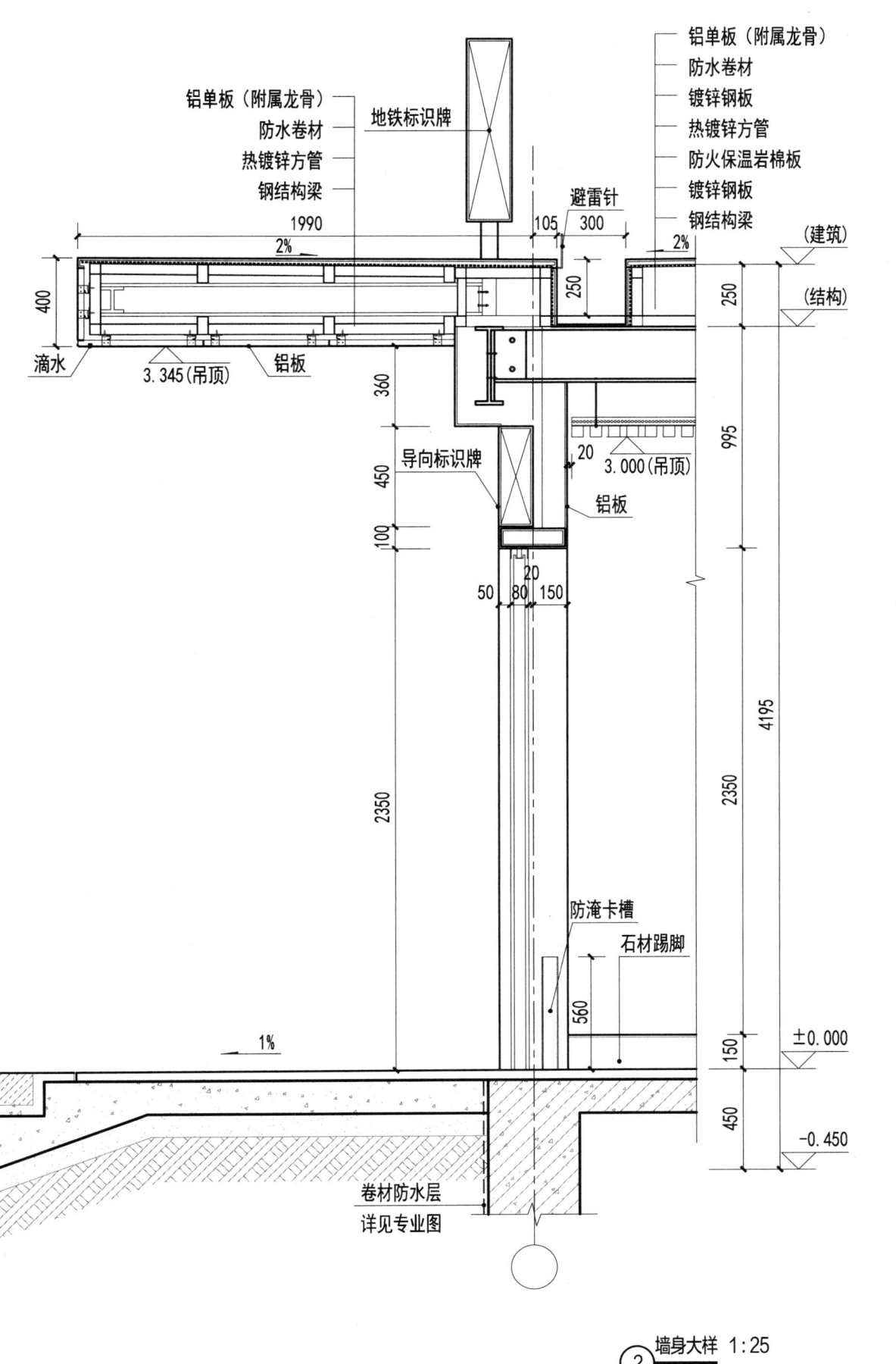

| 图名 | 墙身大样一 |

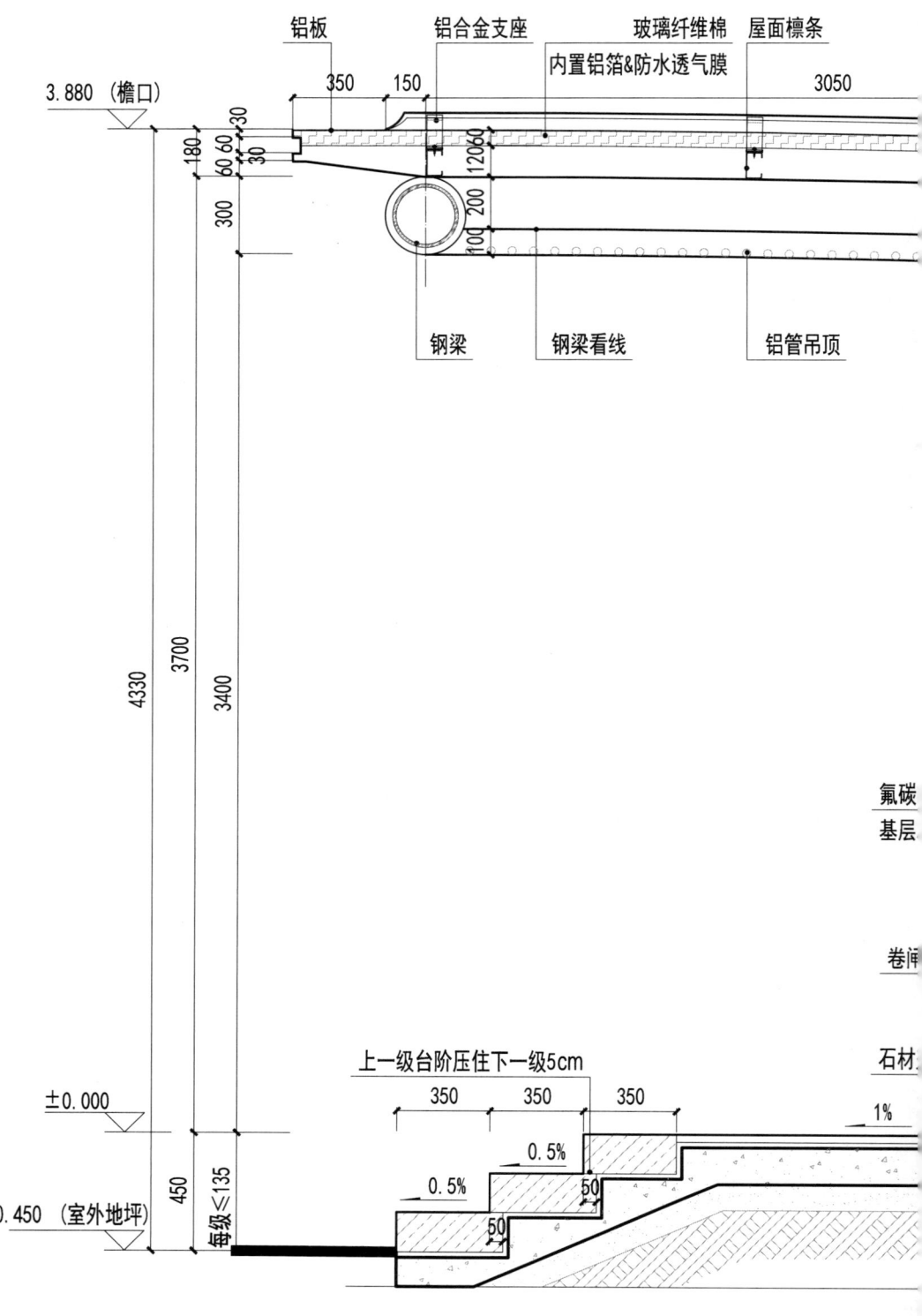

墙身大样 1:25 ③

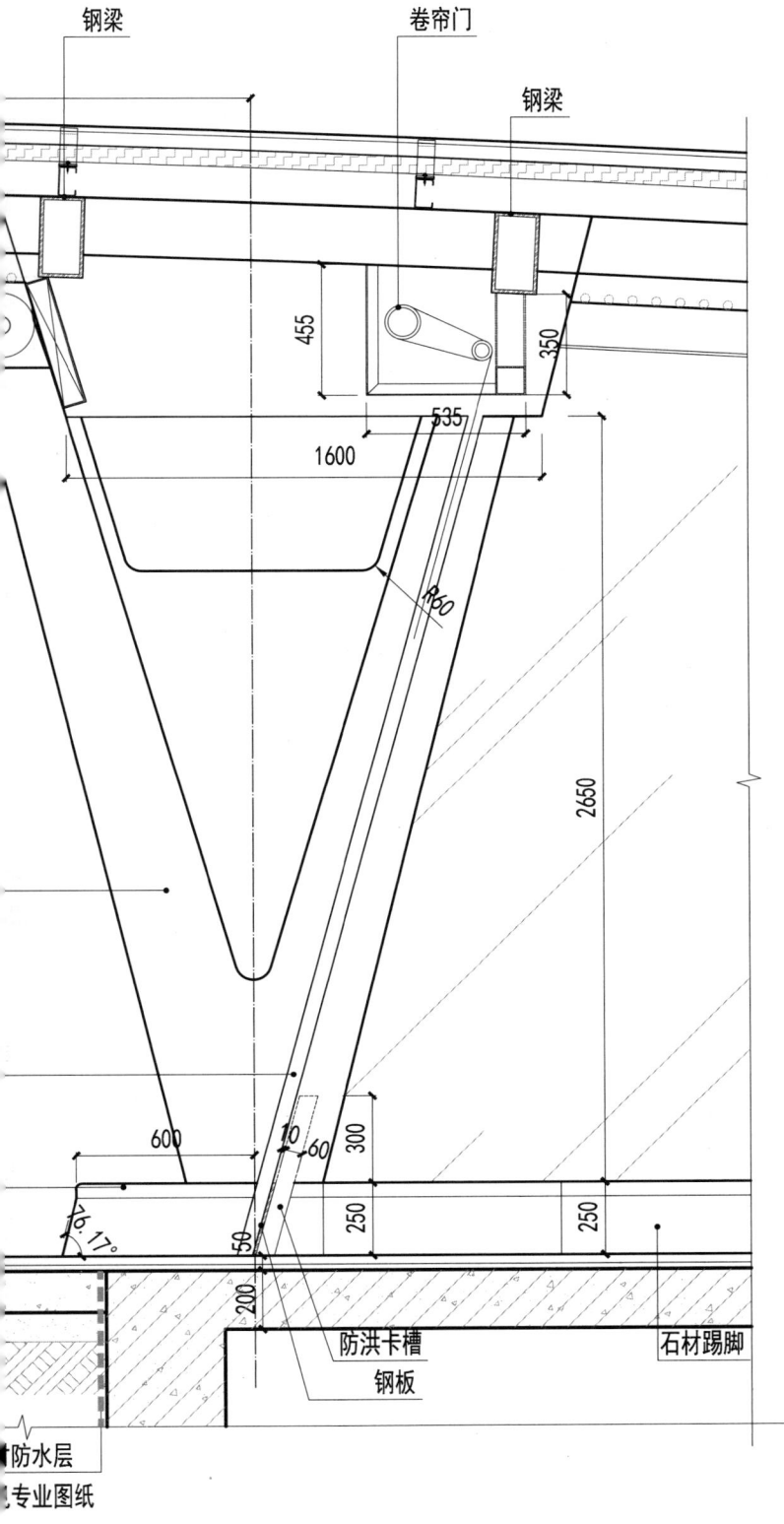

图名 墙身大样二

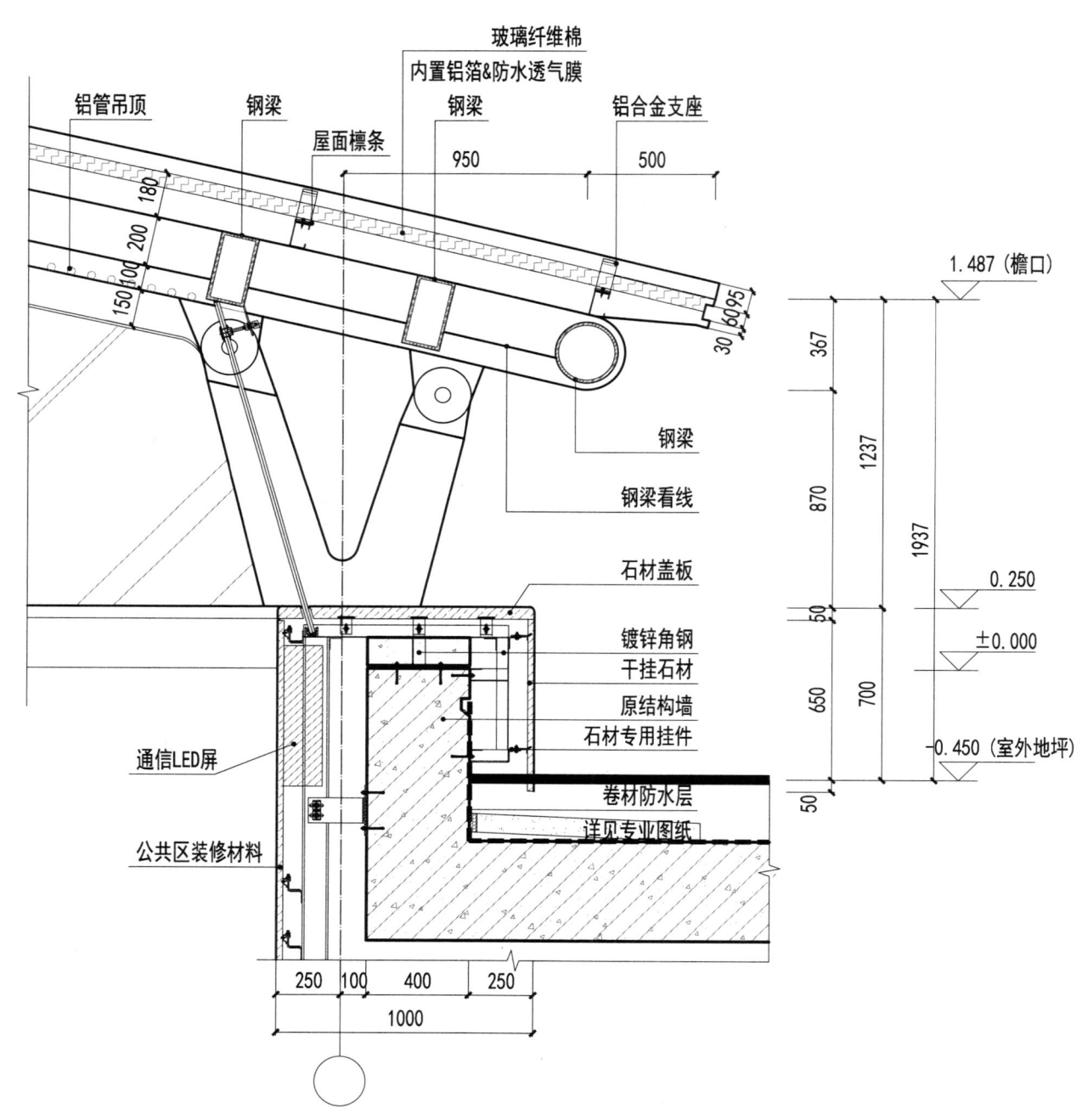

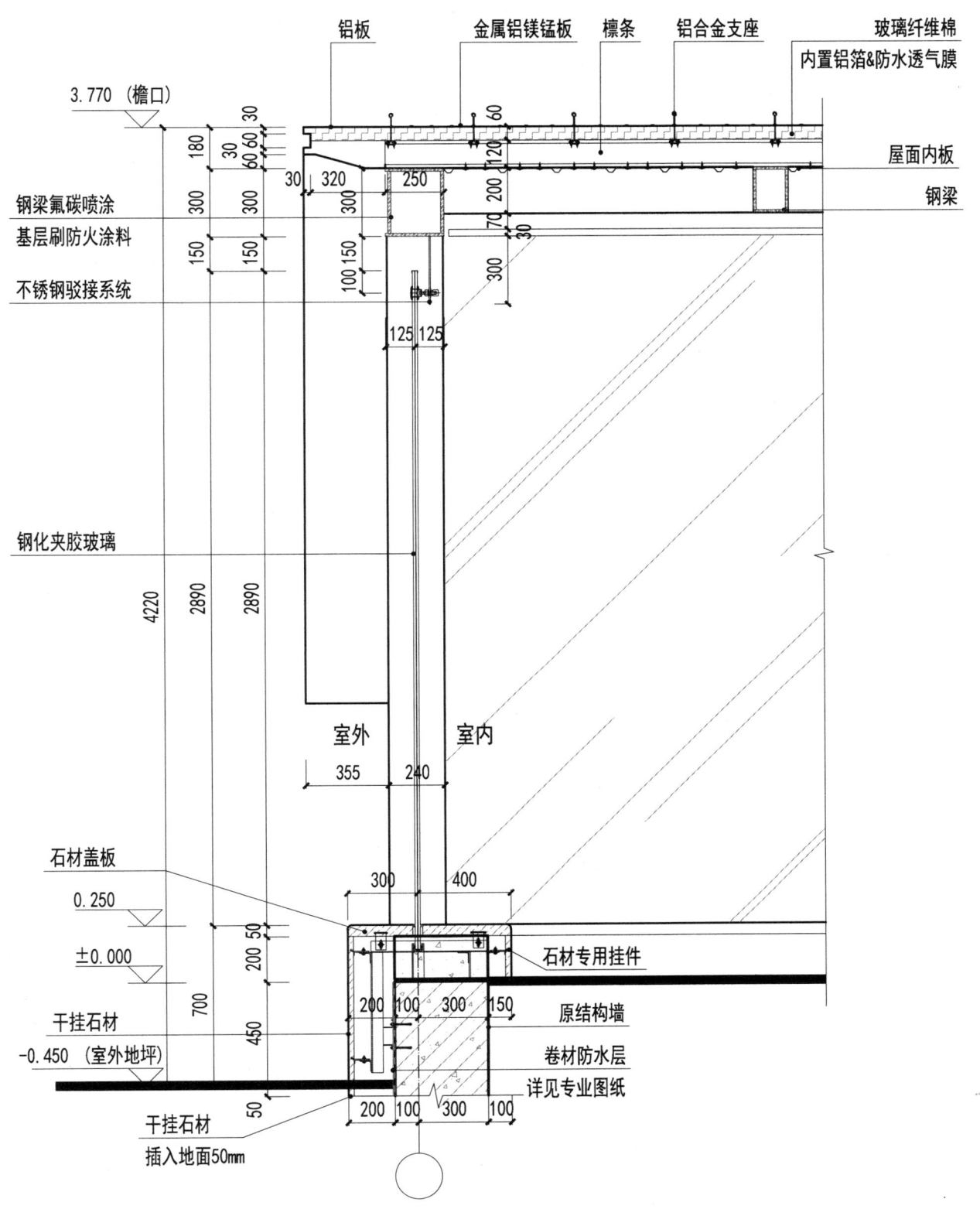

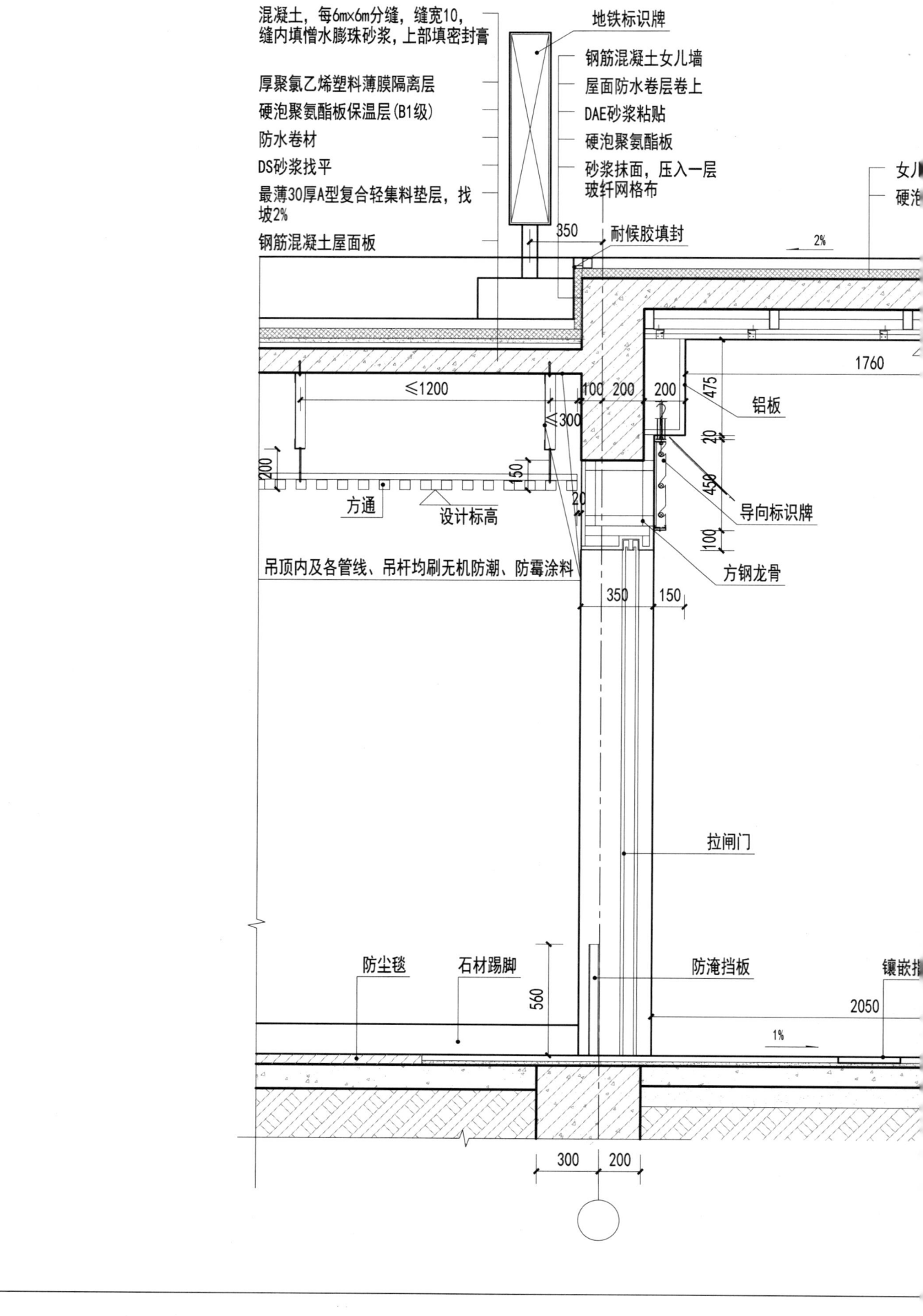

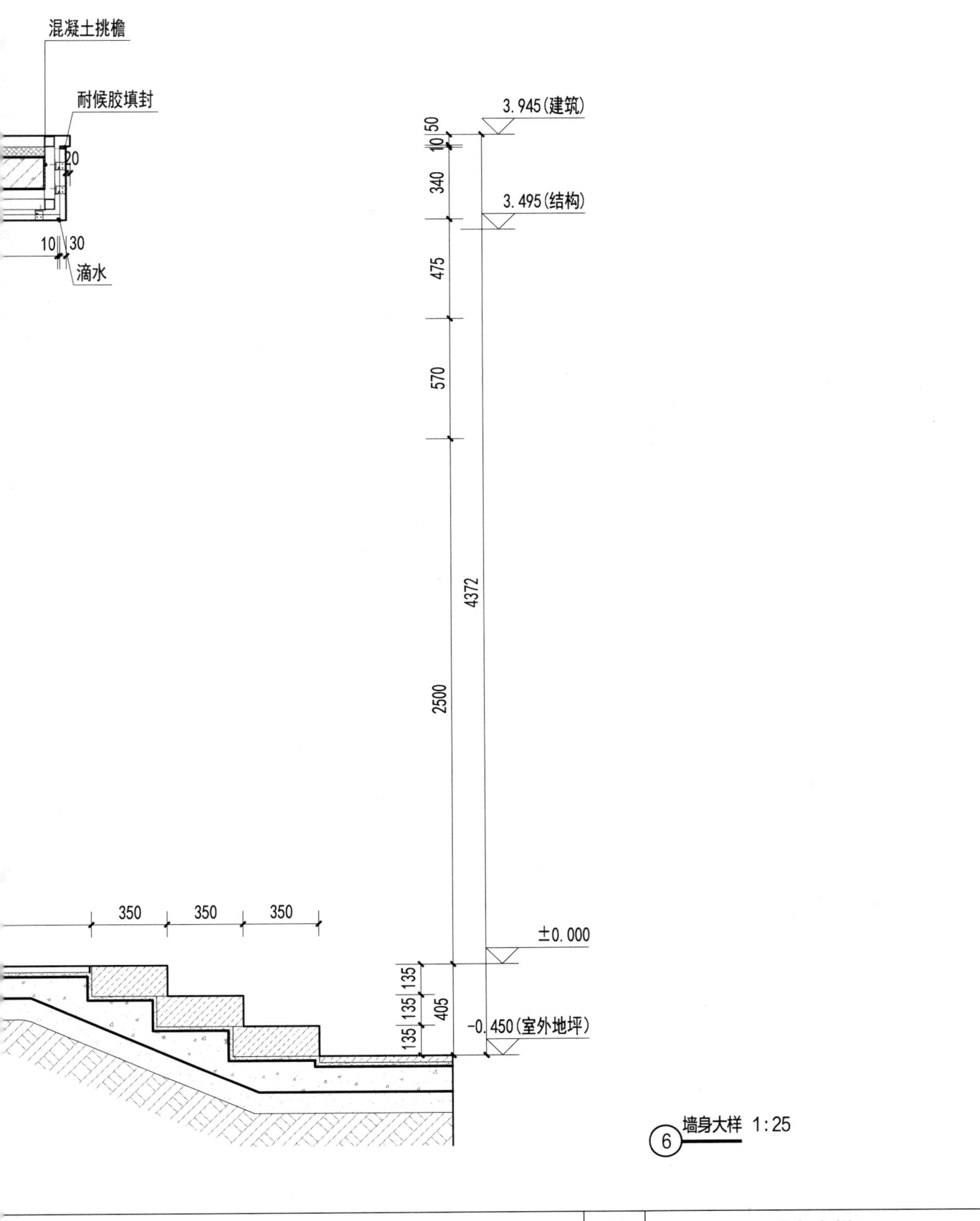

| 图名 | 墙身大样四 |

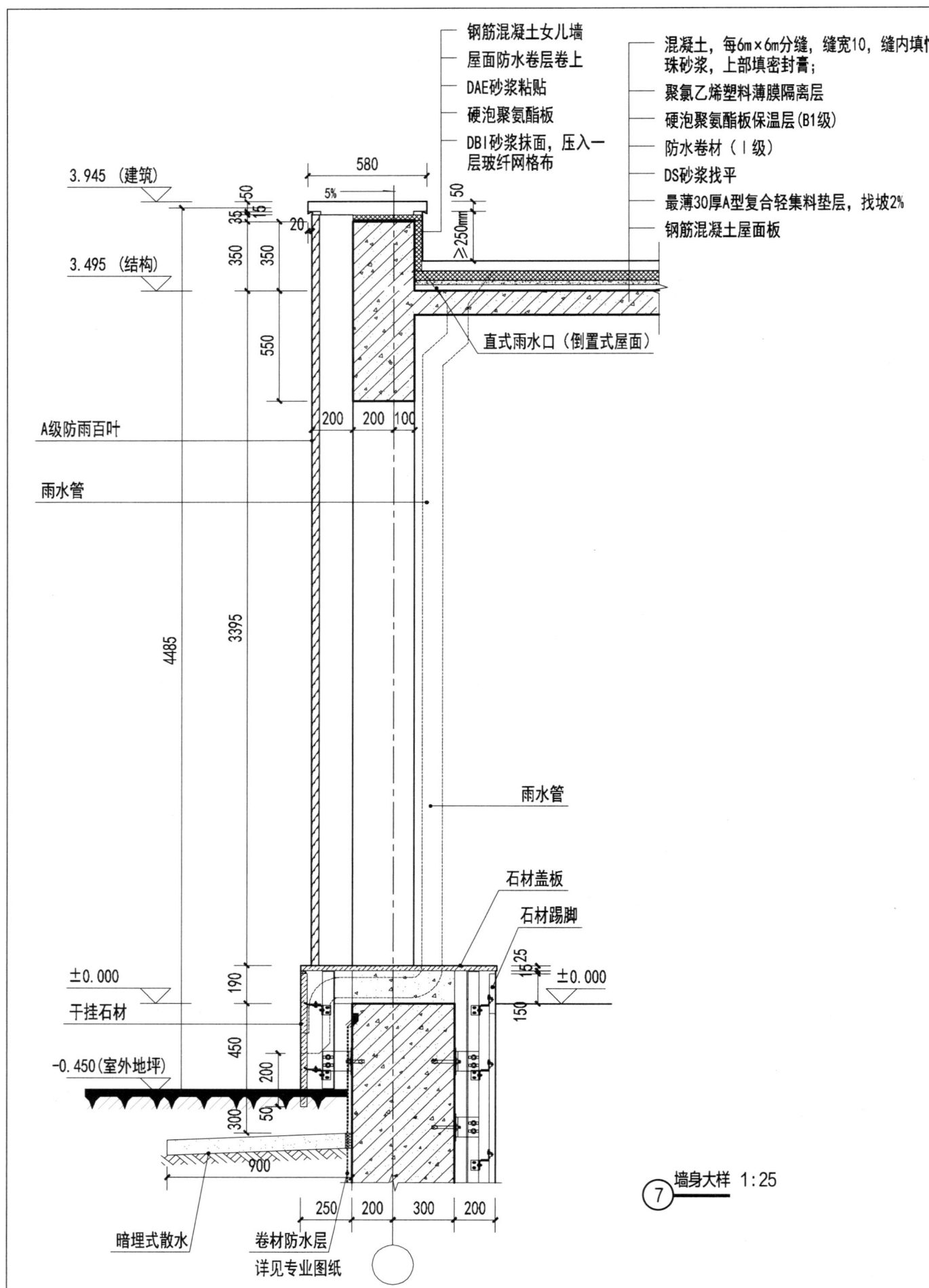

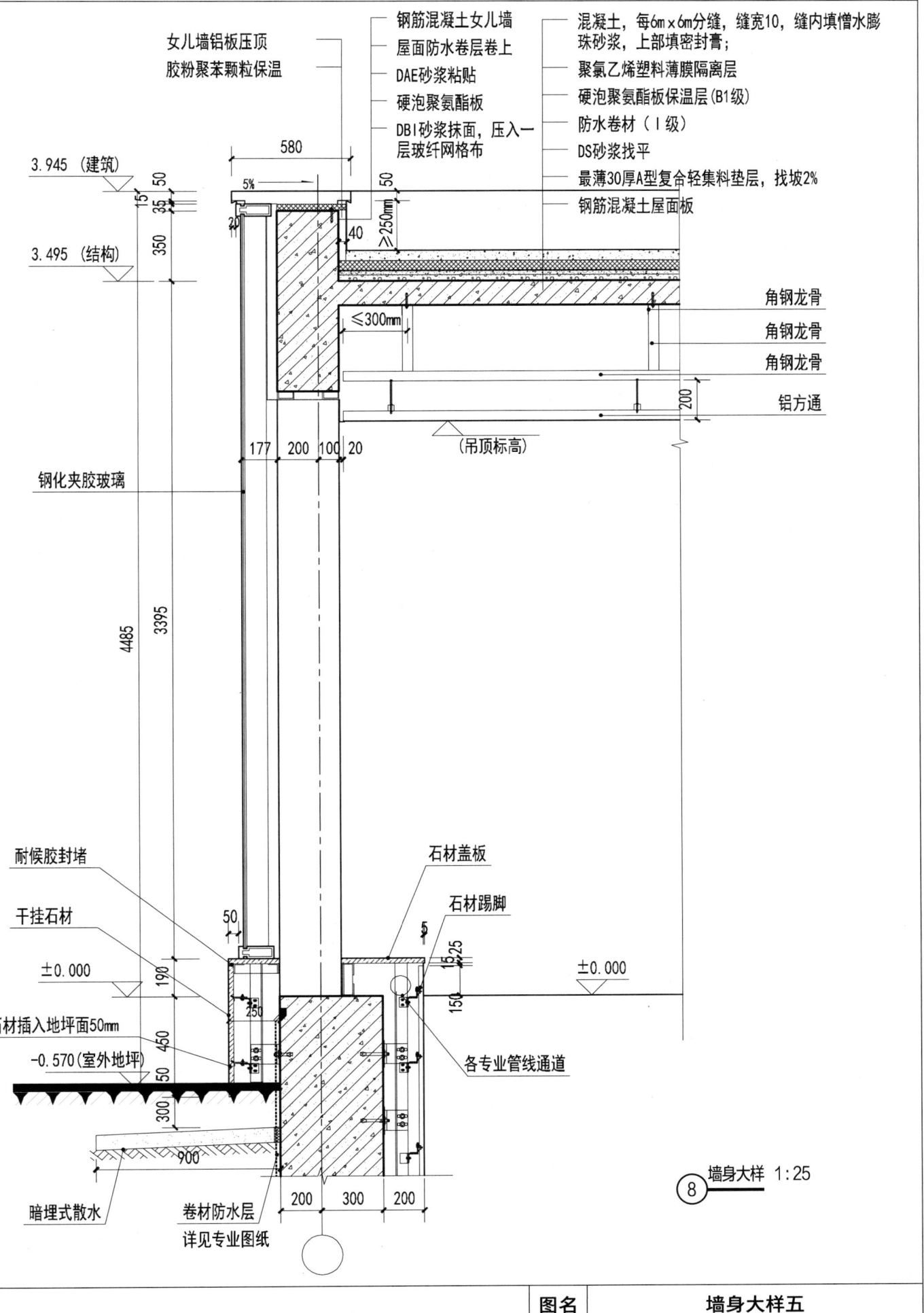

图名 墙身大样五

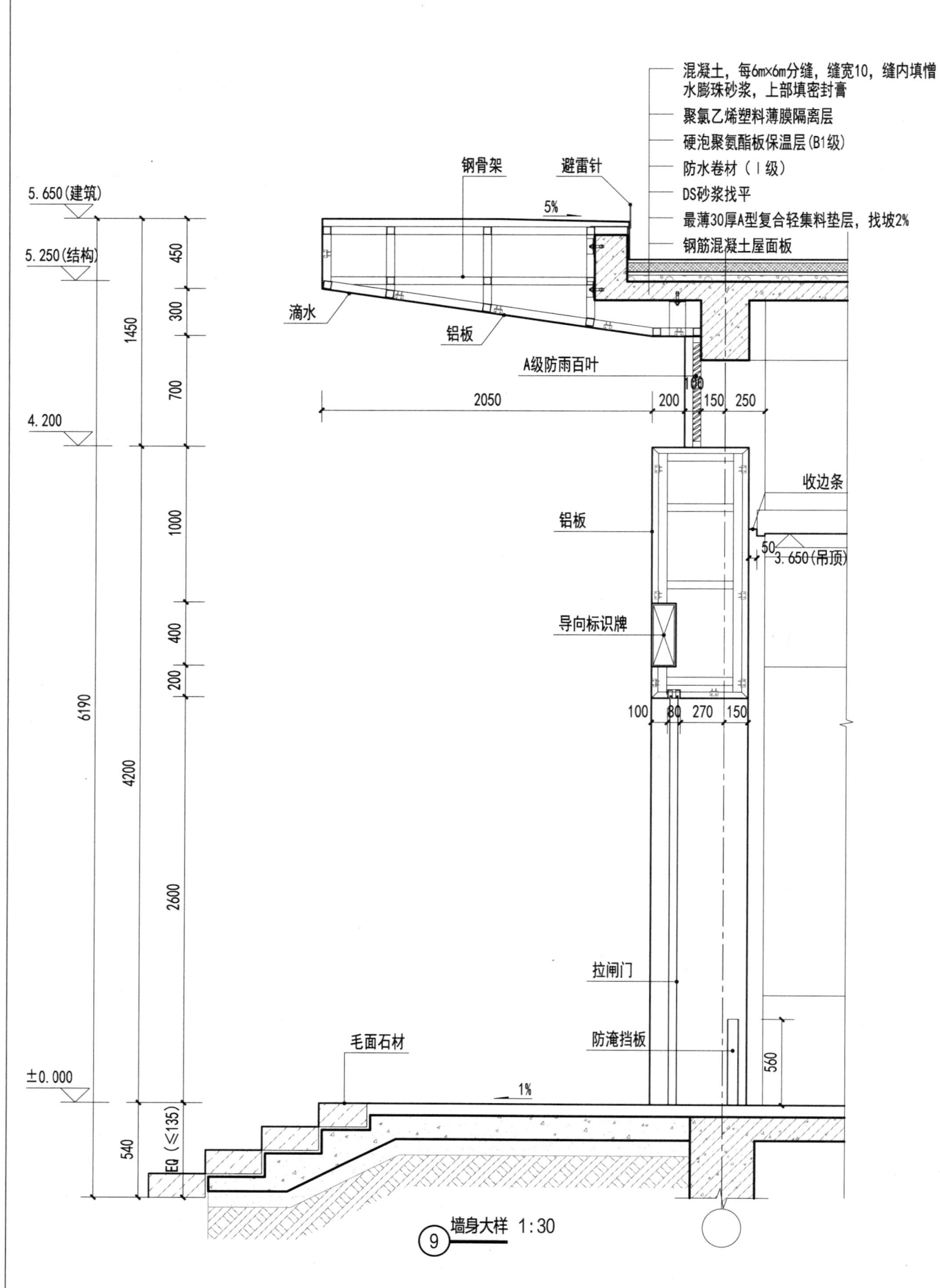

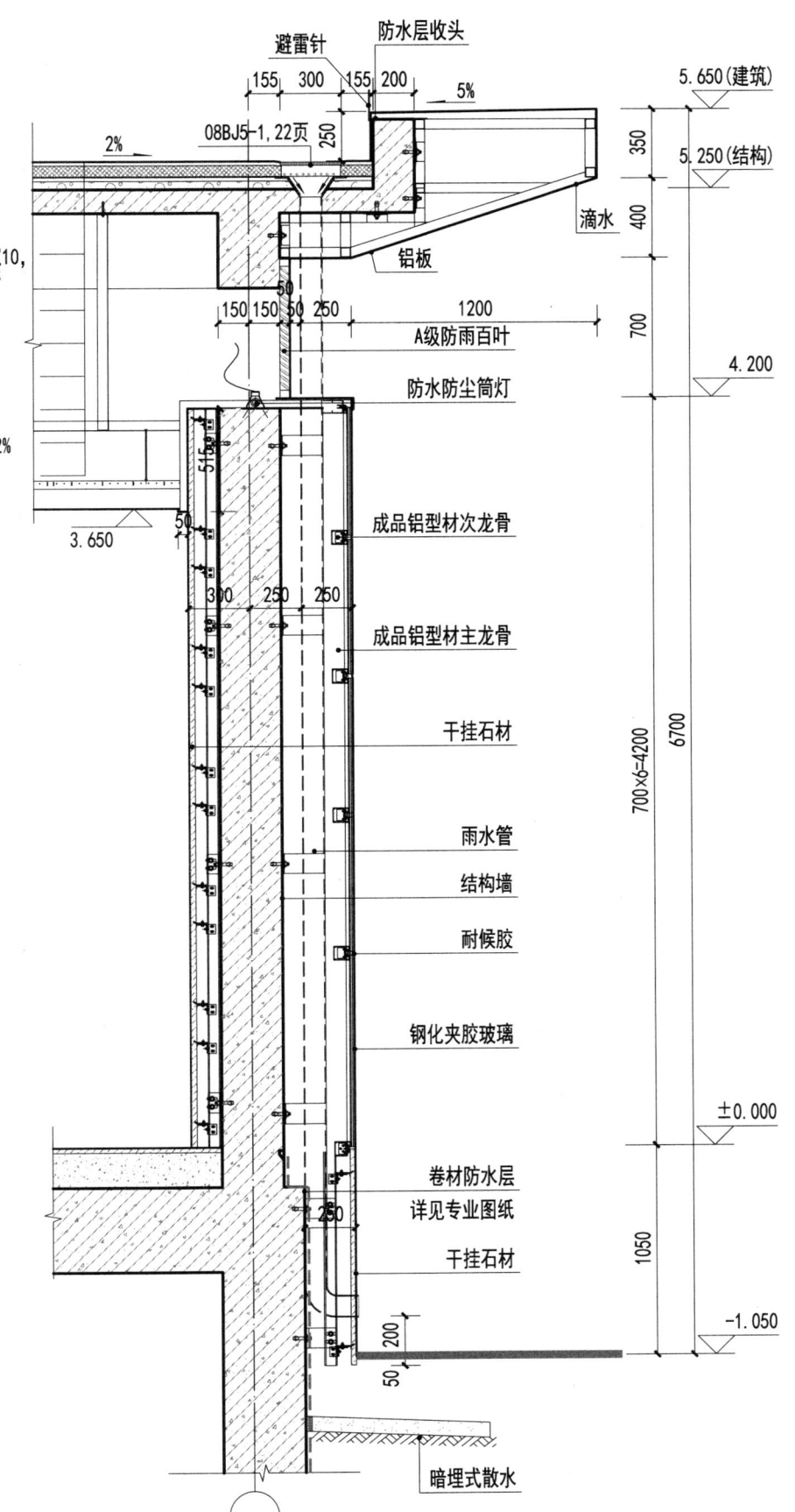

墙身大样六

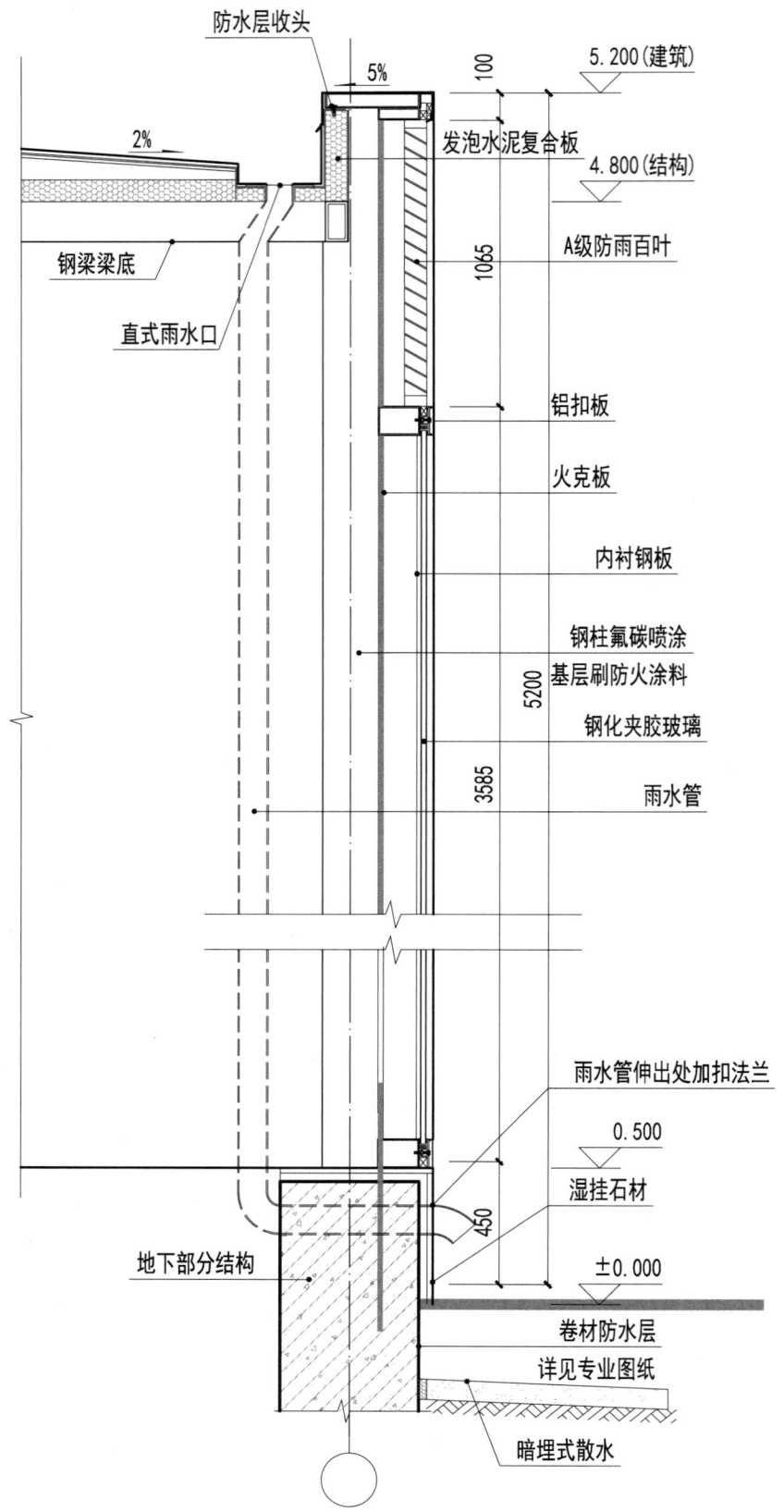

钢结构无障碍电梯亭墙身大样 1:25

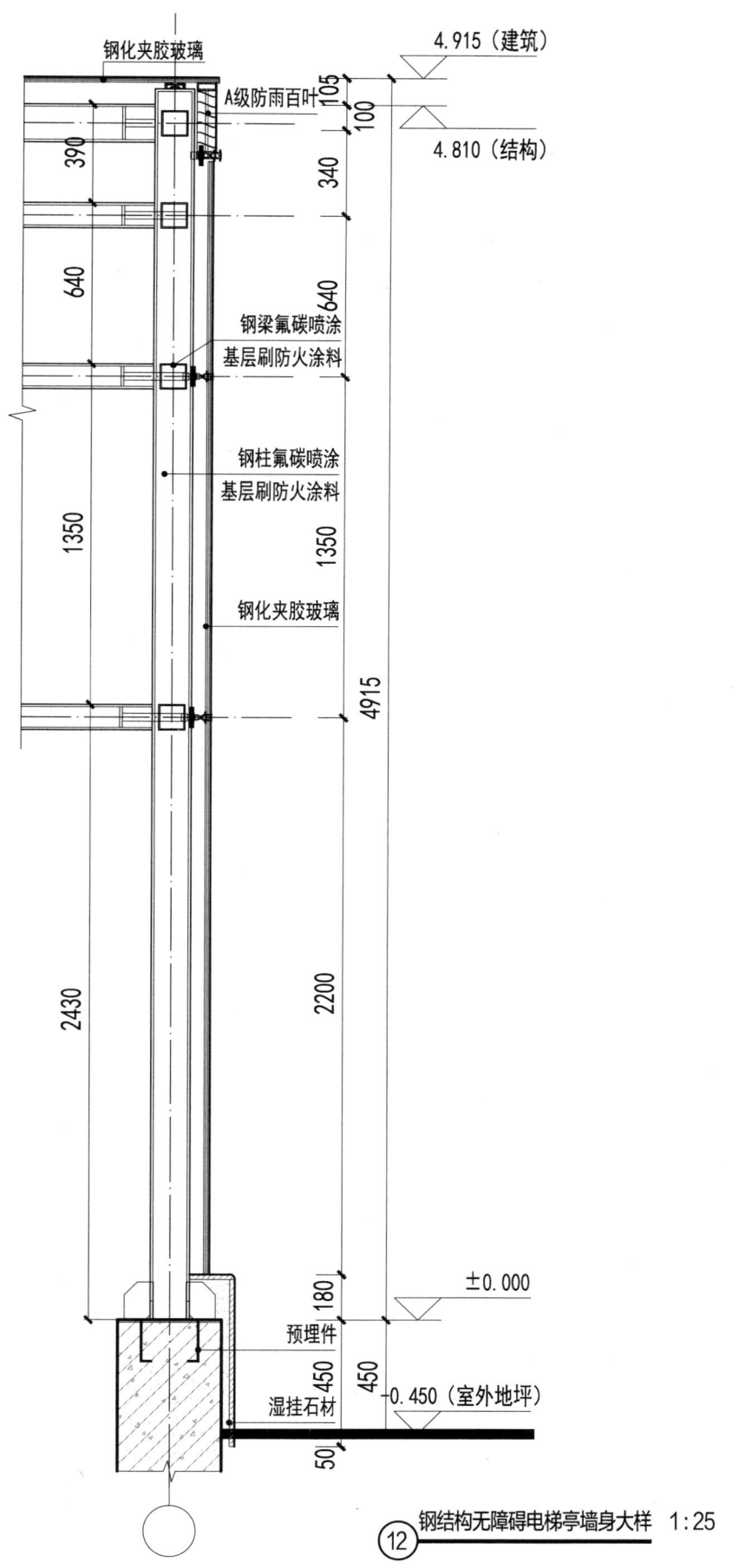

钢结构无障碍电梯亭墙身大样 1:25

| 图名 | 墙身大样七 |

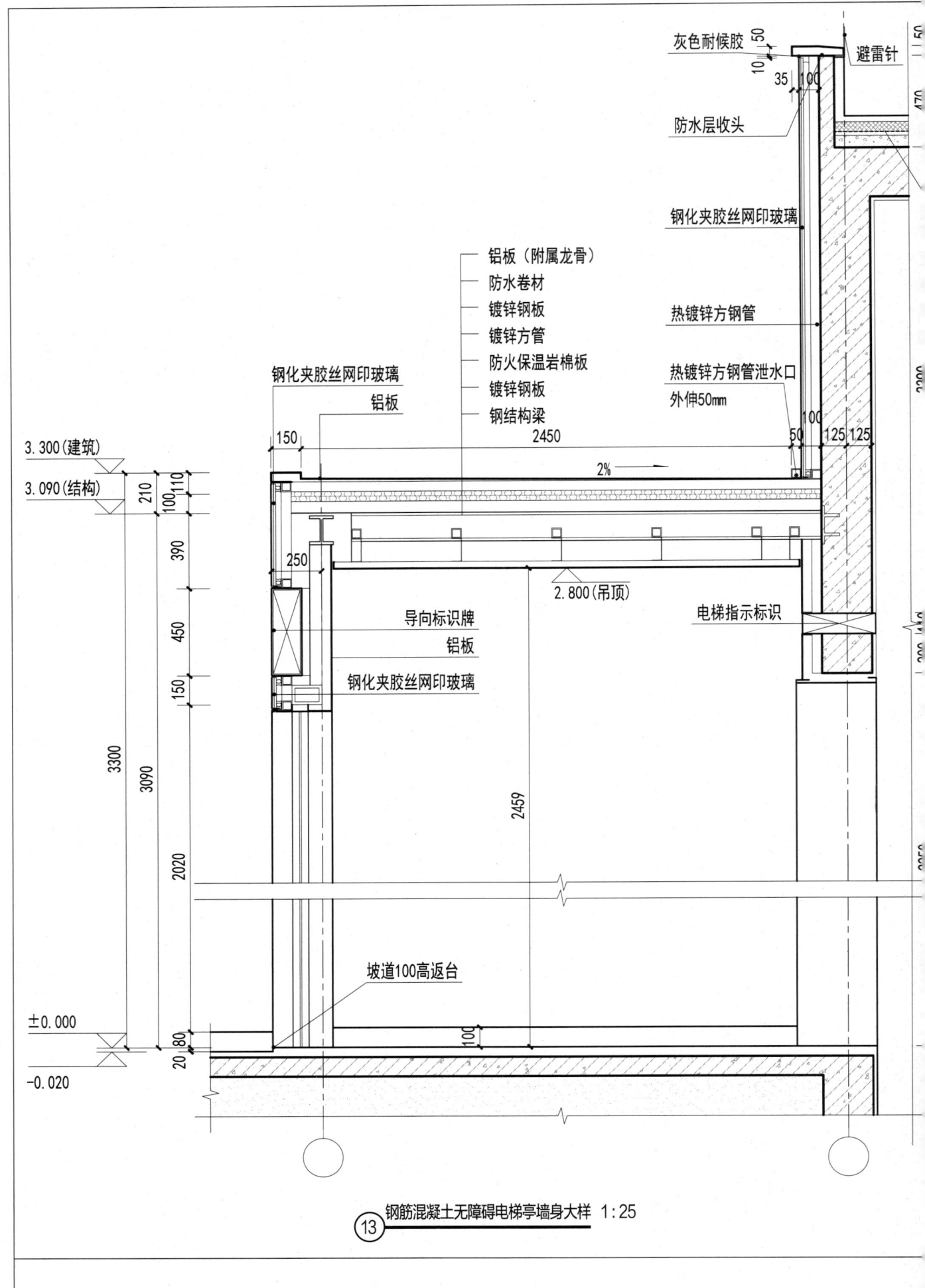

钢筋混凝土无障碍电梯亭墙身大样 1:25

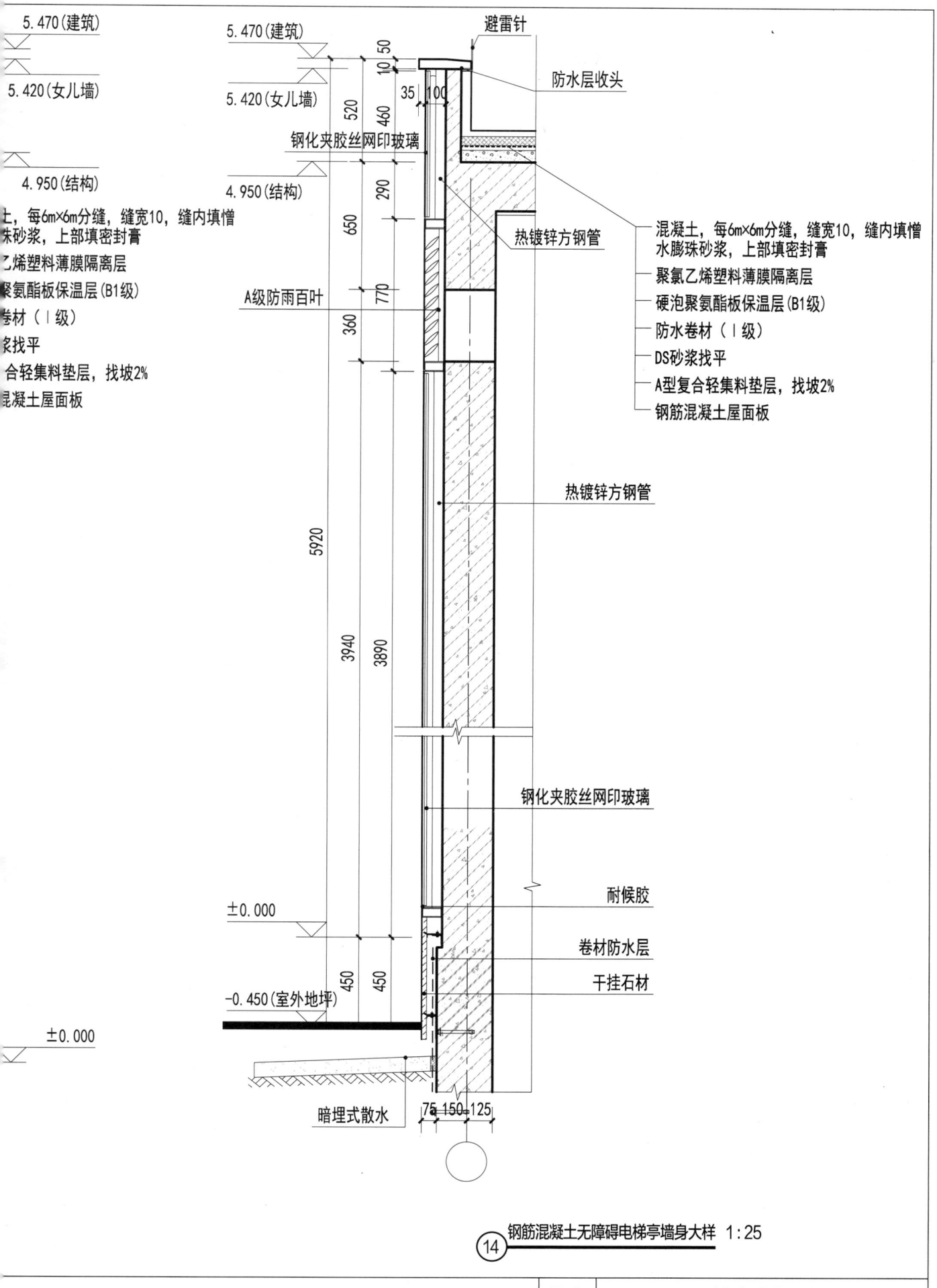

钢筋混凝土无障碍电梯亭墙身大样 1:25

| 图名 | 墙身大样八 |

第五部分

节点详图

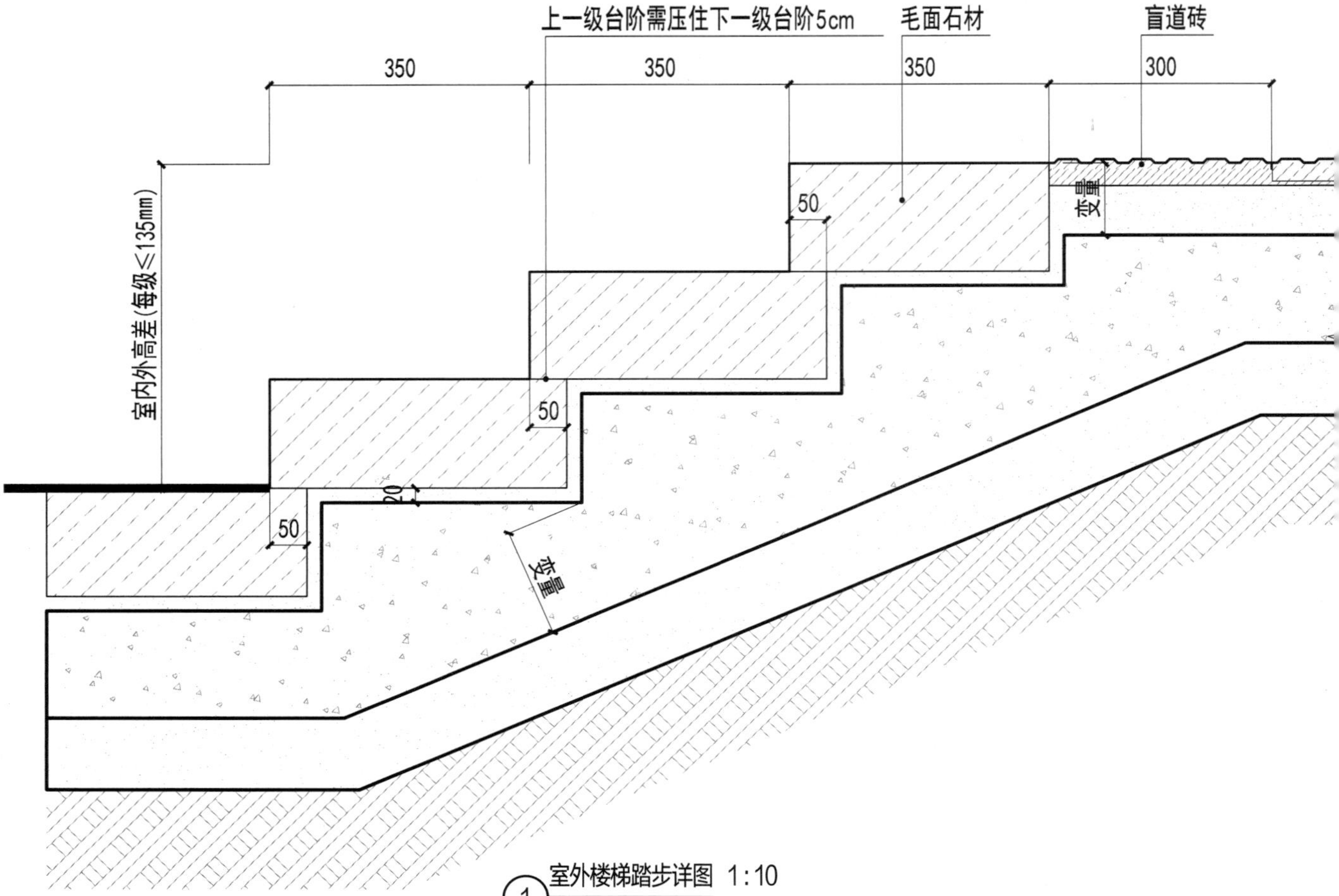

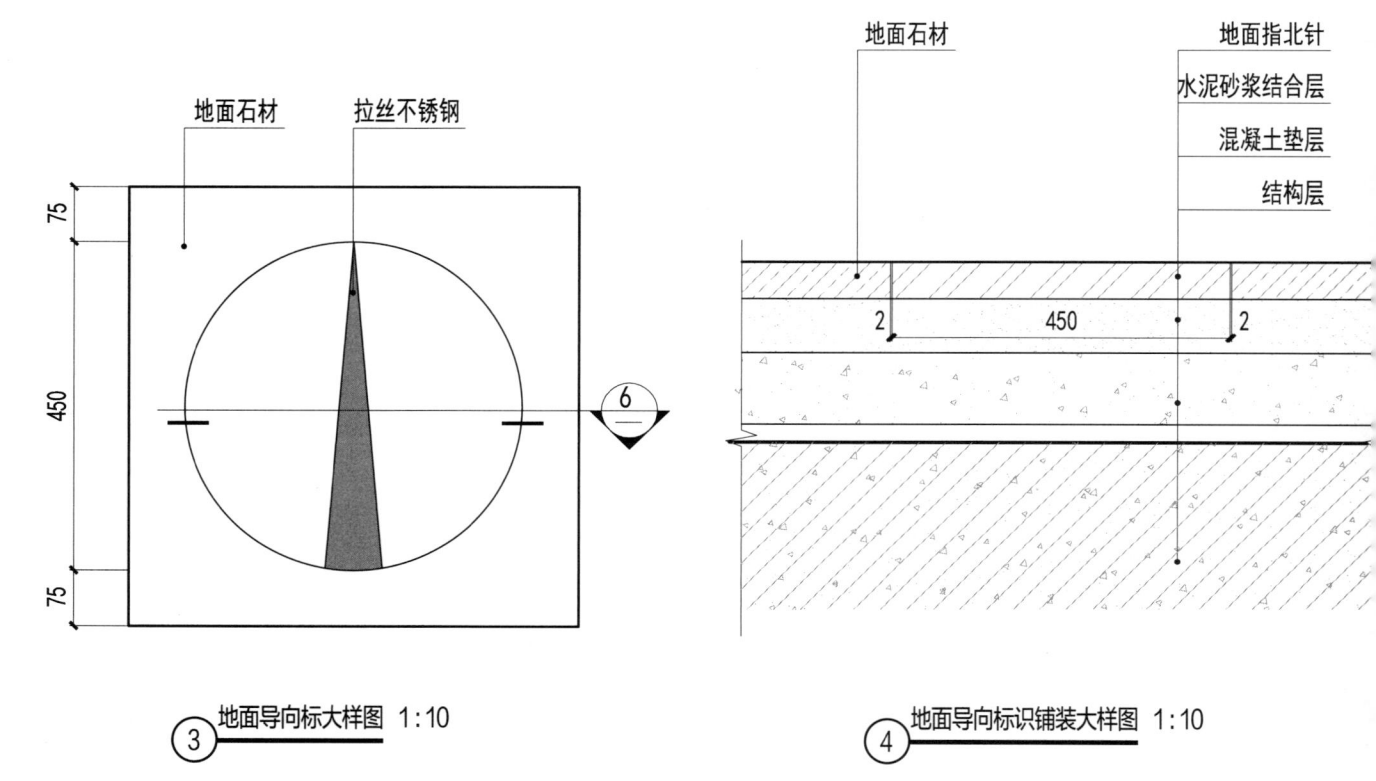

① 室外楼梯踏步详图 1:10

③ 地面导向标大样图 1:10

④ 地面导向标识铺装大样图 1:10

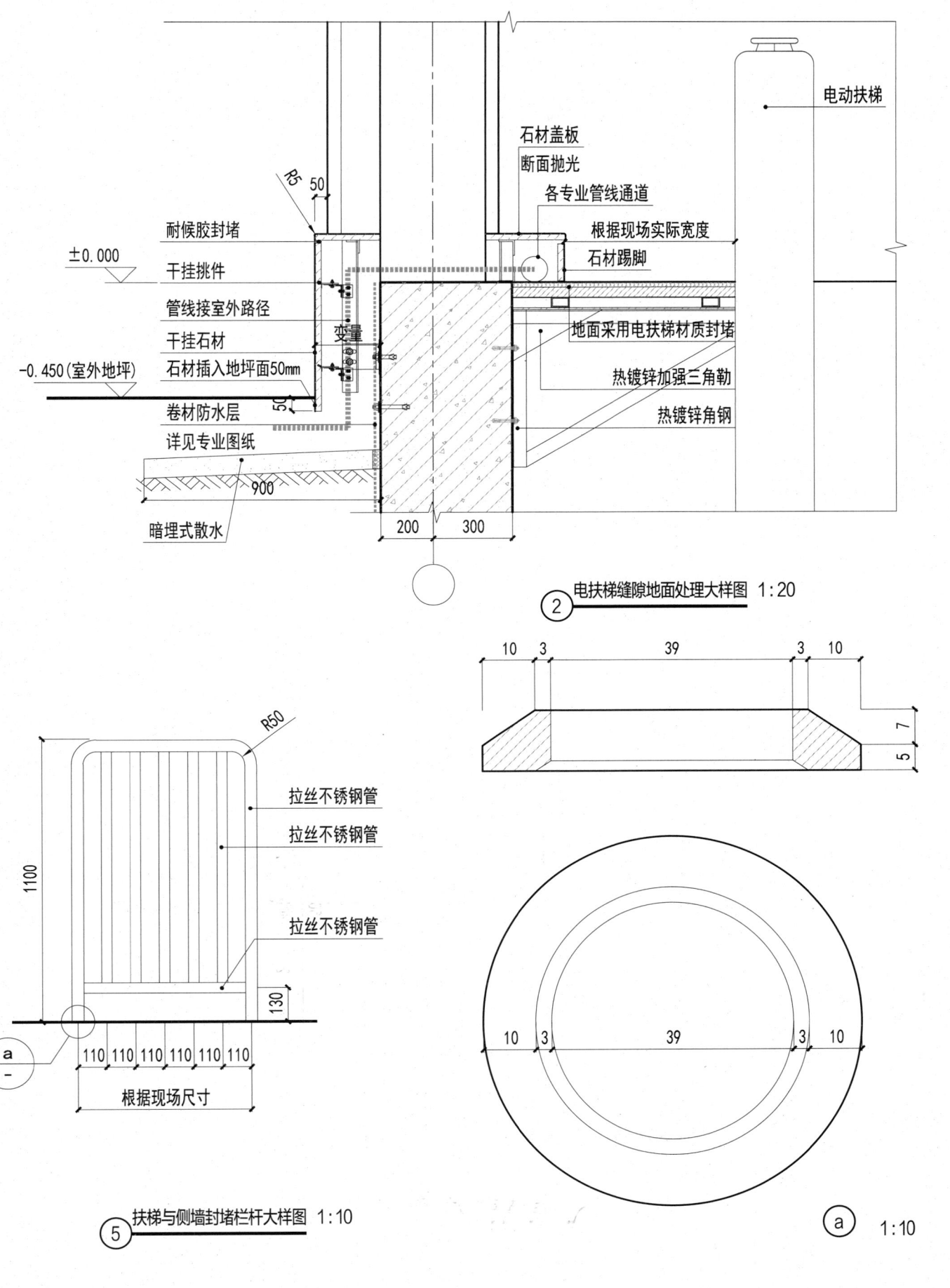

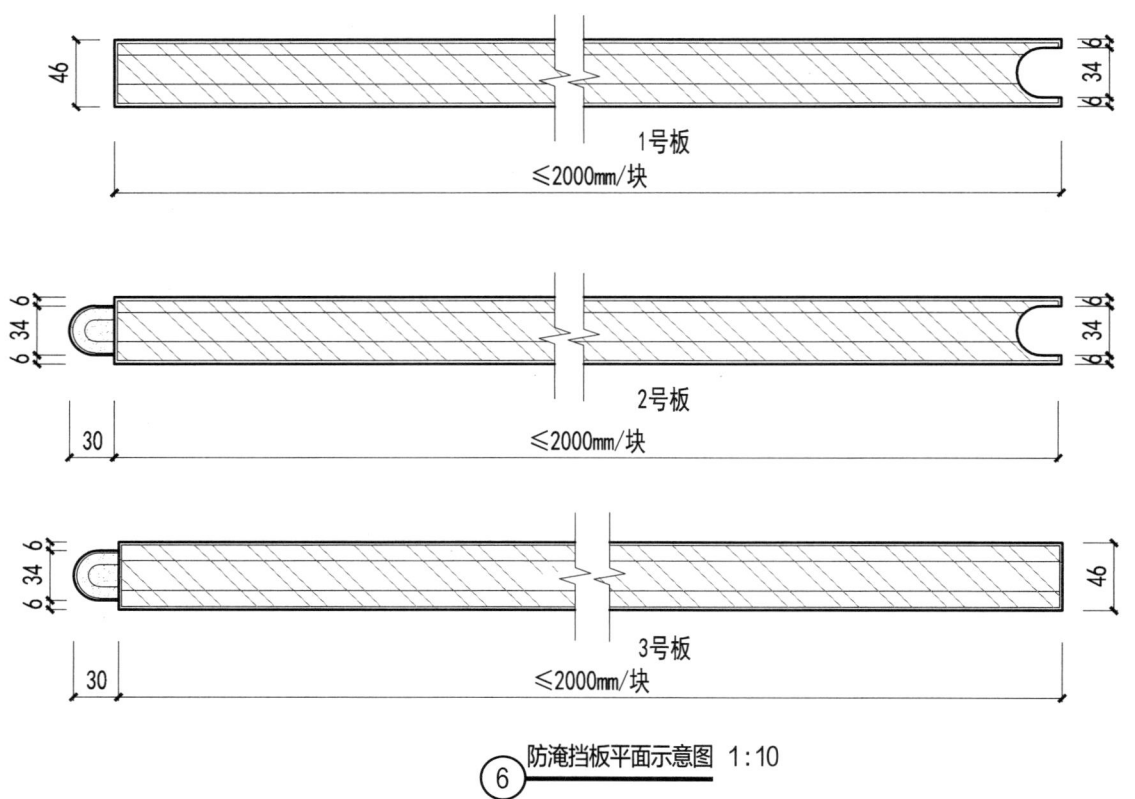

防淹挡板平面示意图 1:10

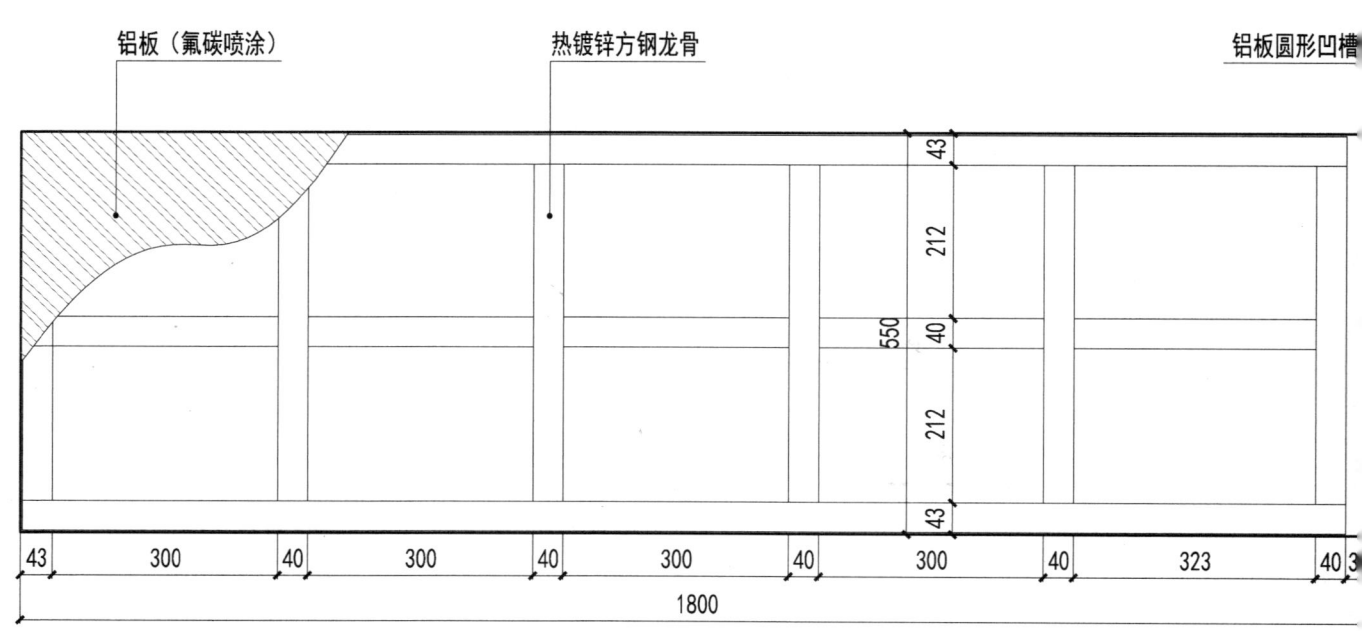

防淹挡板横向龙骨大样图 1:10

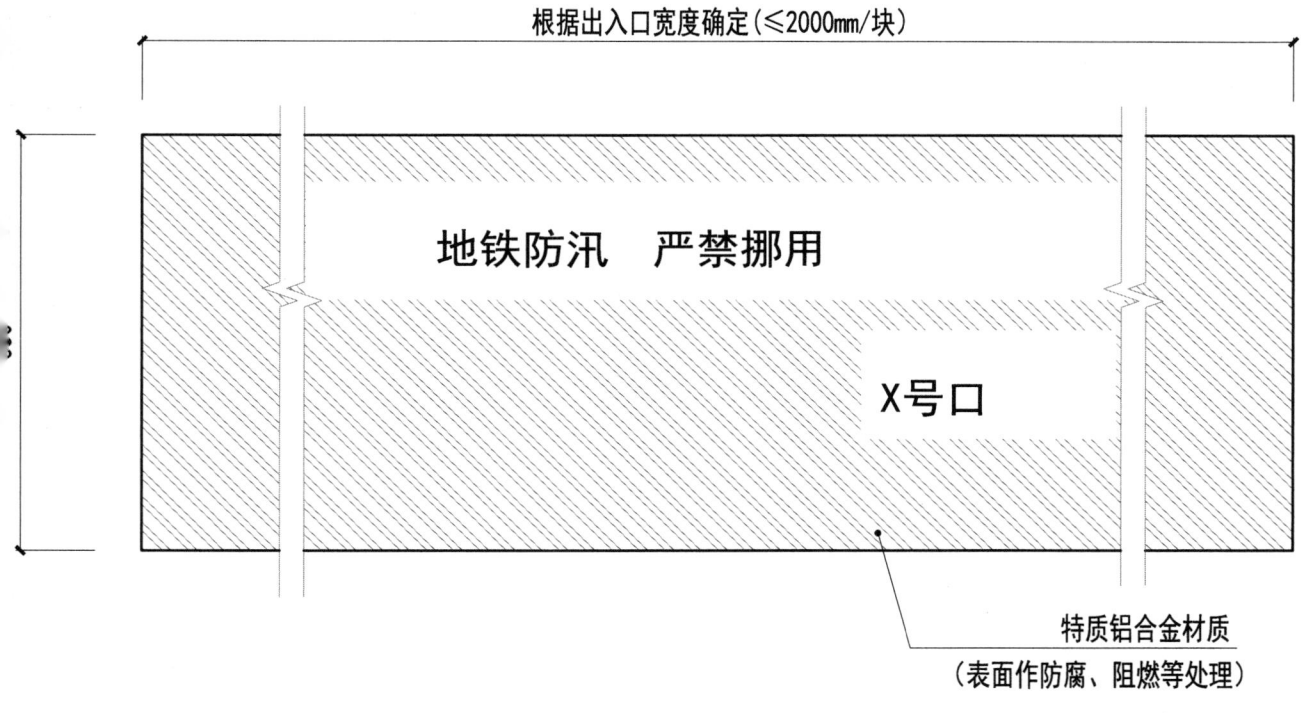

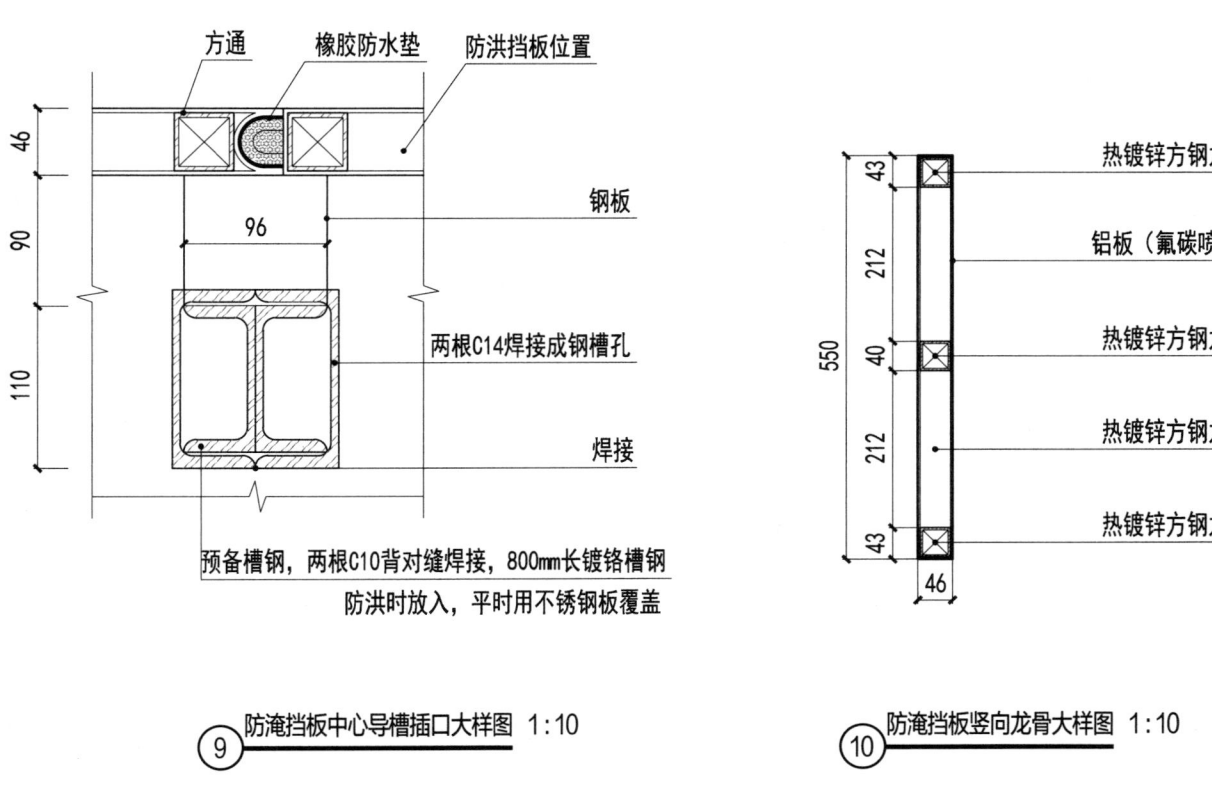

| 图名 | 地面节点详图二 |

① 内排水暗雨水管节点图 1:10

② 拉闸门库防洪挡板节点图 1:10

⑤ 玻璃幕墙与防雨百叶详图 1:10

⑥ 幕墙爪件节点大样图 1:10

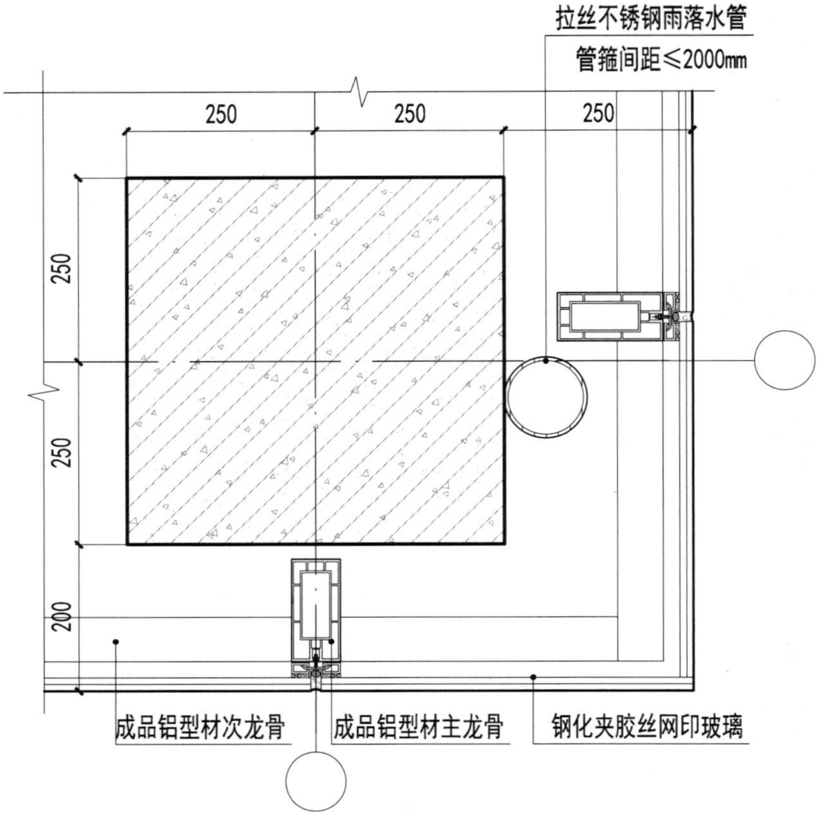

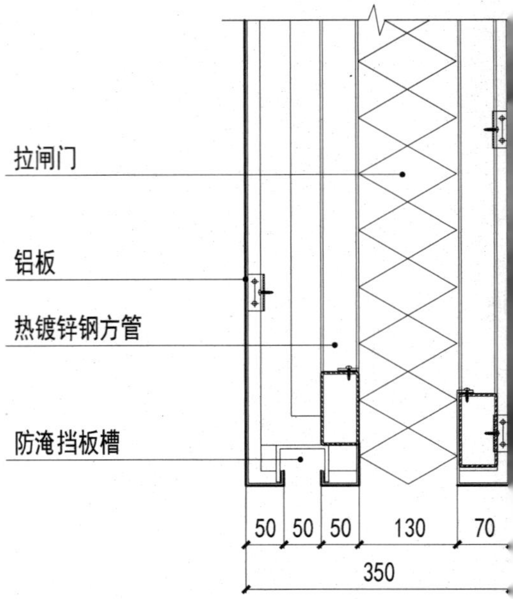

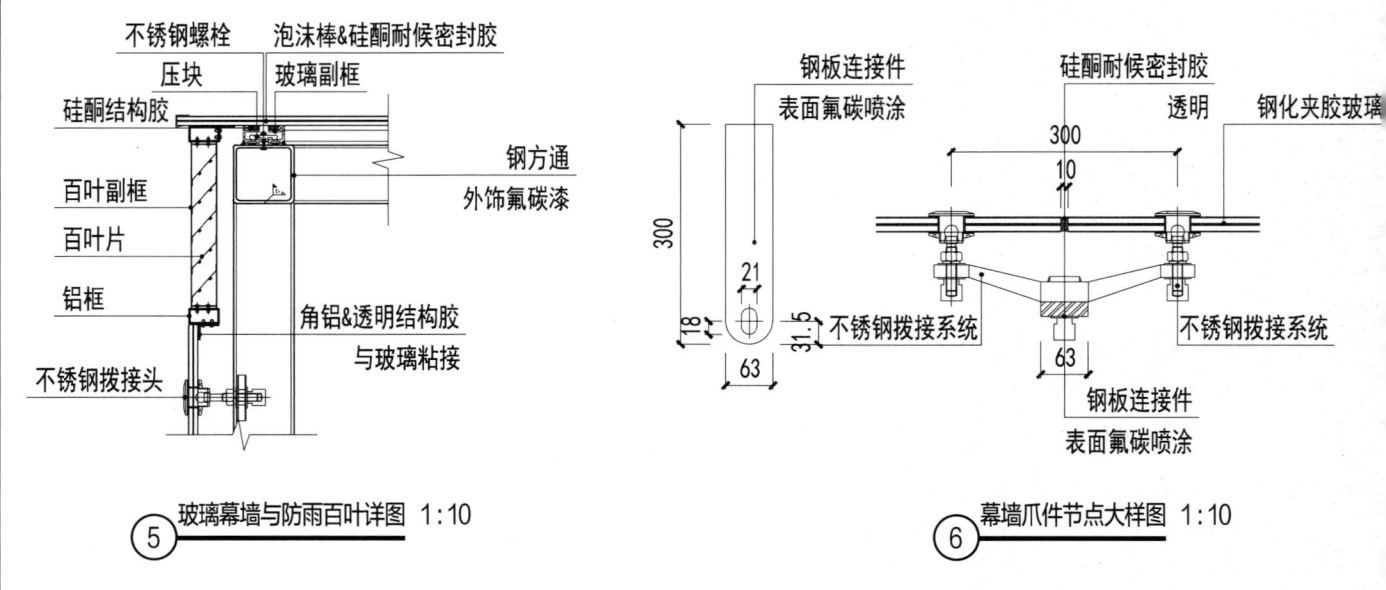

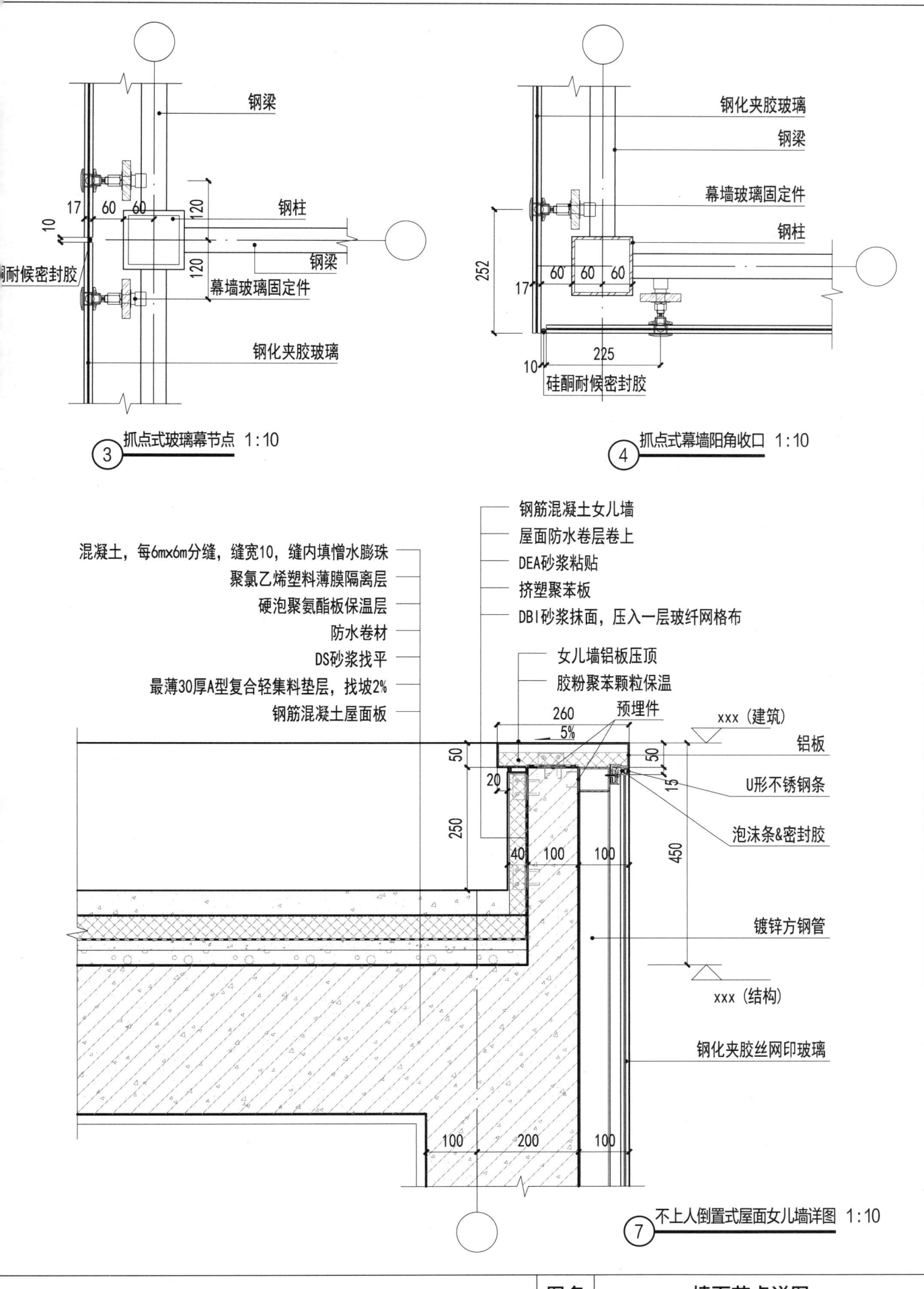

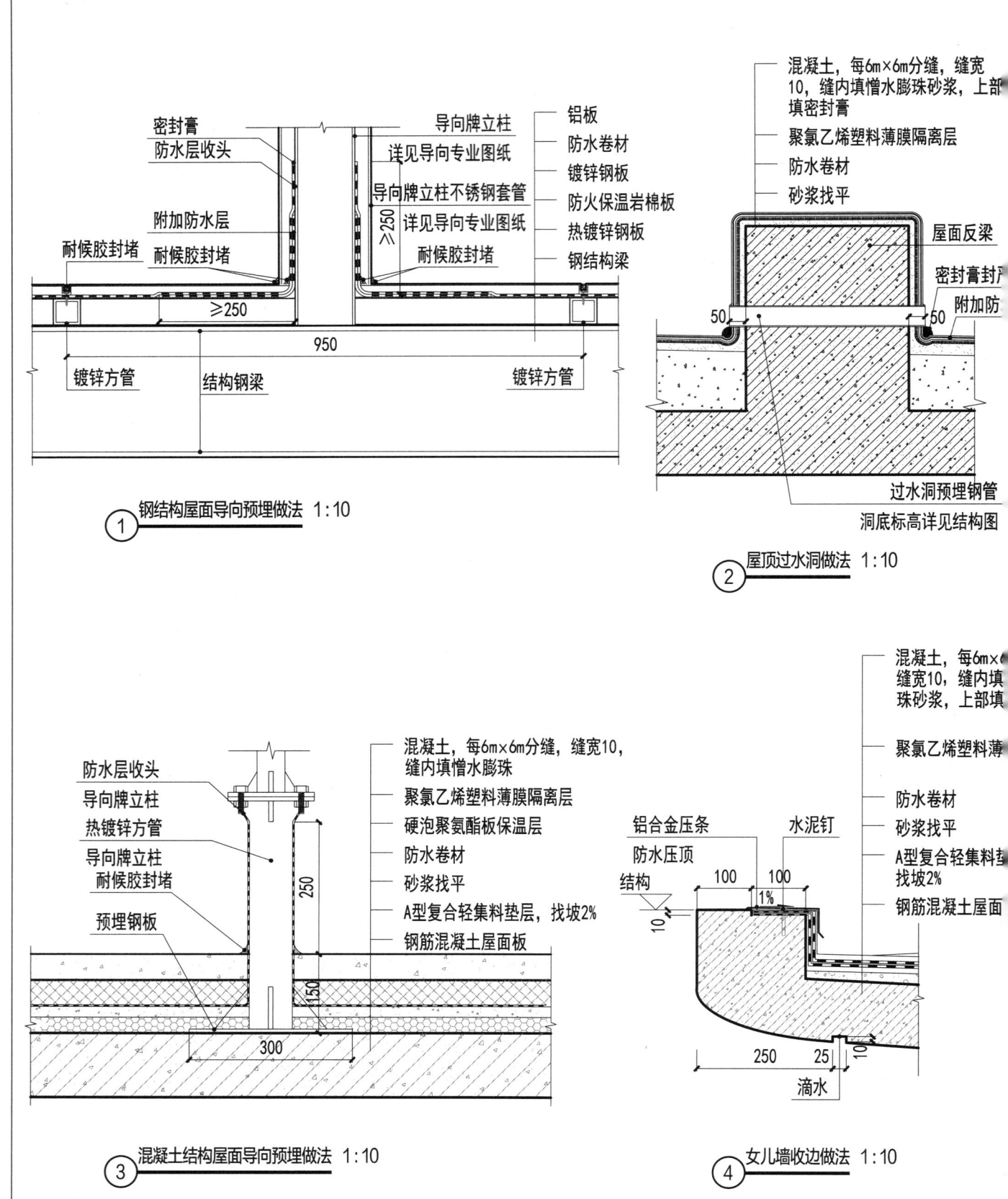

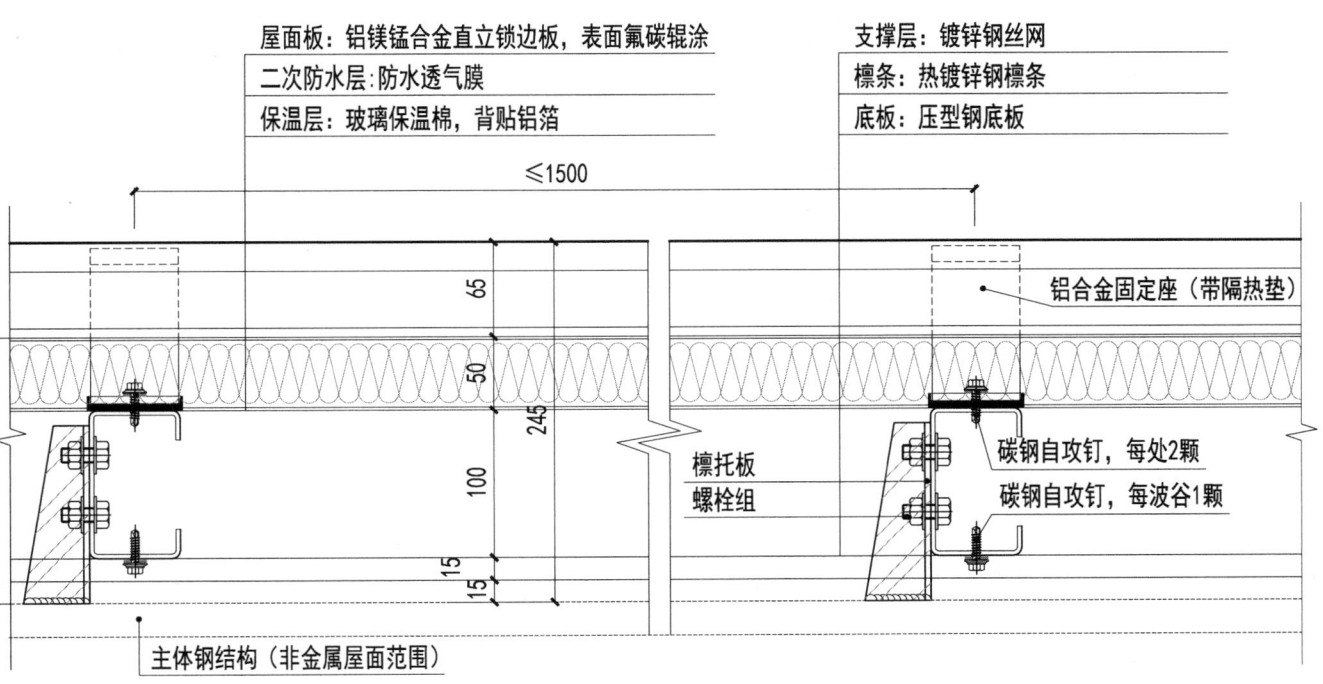

屋面横向标准节点图 1:10

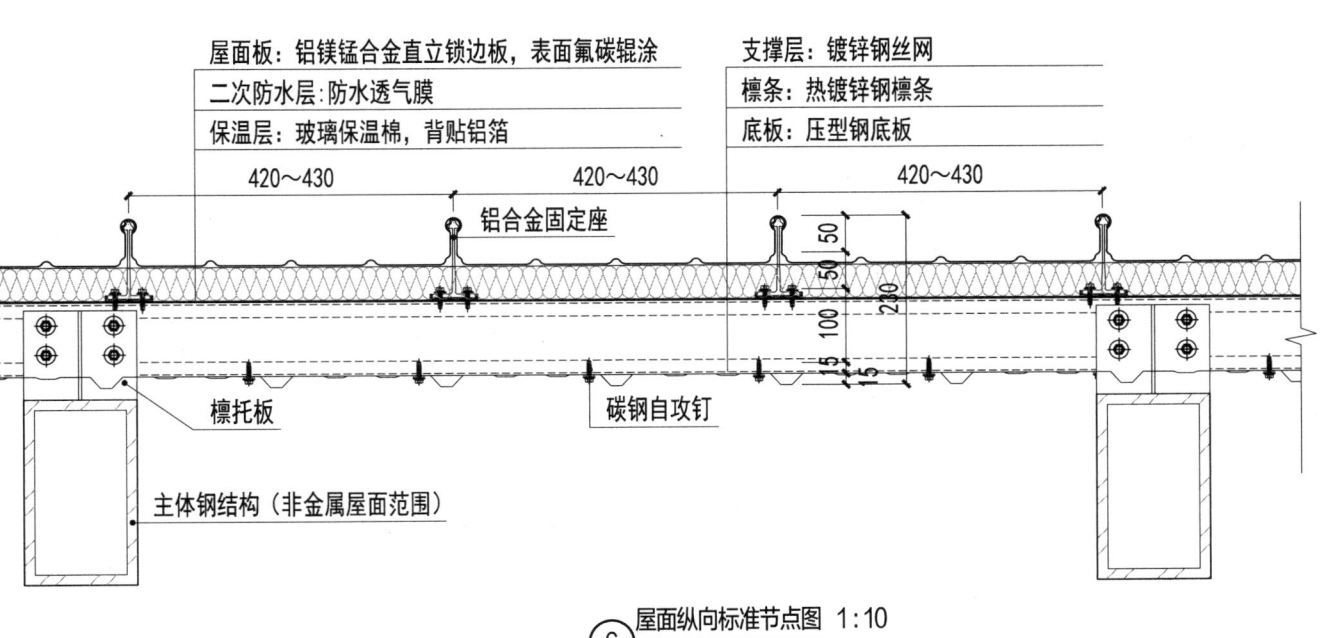

屋面纵向标准节点图 1:10

| 图名 | 顶面节点详图一 |

直出口

合建出入口

无障碍垂直梯

出入口风亭

冷却塔

侧出口

城市轨道交通车站公共空间设计图集

（下册）

刘 弘 杨景涛 任宏伟 主编

AN 国际·都市建筑设计 编著

中国建筑工业出版社

目 录

第一篇　站前广场等轨道交通接驳设施

设计要点及设计依据 002

第一部分　总平面图 009

地下车站站前广场总平面图
枢纽车站站前广场总平面图
下沉广场总平面图

第二部分　站前广场 021

平面图、定位图
竖向图、铺装图
动照图、植物配植图
座椅图
风雨亭图

第三部分　轨道交通接驳设施 041

非机动车停车场图
高架步行道通道图
公交港湾、出租车停靠图
小汽车驻车换乘停车场图

第四部分　节点详图 051

第二篇　车站出入口设施

设计要点及设计依据 068

第一部分　车站出入口 075

直出入口图
侧出入口图
无障碍出入口图
与风亭合建出入口图
地面厅出入口图
一体化合建出入口图
开敞式出入口图
紧急疏散口图

第二部分　无障碍电梯亭 133

无障碍电梯亭图

第三部分　风亭及冷却塔 139

高风亭图
低风亭图
敞口风亭图
冷却塔图

第四部分　墙身大样 149

第五部分　节点详图 167

第三篇　车站主体空间

设计要点及设计依据 178

第一部分　车站主体空间 189

地下车站主体空间图
地上车站主体空间图
车站主要换乘形式空间图
车站与周边一体化结合空间图
车站通道空间图

第二部分　楼扶梯设计 271

直跑楼扶梯图
T形结合式楼扶梯图
剪刀式楼扶梯图
开敞式楼扶梯图
多层式楼扶梯图

第三部分　公共卫生间设计 289

公共卫生间平立面图
公共卫生间节点图

第四部分　节点详图 301

第四篇　车站无障碍设计

设计要点及设计依据 386

第一部分　车站无障碍综合布置图 391

第二部分　盲道布置平面图 399

第三部分　无障碍电梯、栏杆 407

第四部分　低位服务设施 411

第五部分　无障碍卫生间 417

第五篇　导向标识系统

设计要点及设计依据 424

第一部分　导向综合布置图 431

第二部分　各部位导向节点图 439

第三部分　紧急疏散系统图 455

第六篇　车站商业及服务设施

设计要点及设计依据 462

第一部分　广告布置图 467

第二部分　便民商业布置图 475

第三篇

车站主体空间

设计要点及设计依据
第一部分　车站主体空间
第二部分　楼扶梯设计
第三部分　公共卫生间设计
第四部分　节点详图

设计要点及设计依据

1 设计要点

1.1 车站分类

车站主体建筑部分根据不同的条件可大致分类为：

1. 按车站与地面相对位置及地下埋深可分为地下车站（浅埋车站、深埋车站）、地面车站和高架车站。

2. 按结构横断面形式可分为矩形断面车站（单层、双层、多层，单跨、双跨、三跨等）、拱形断面车站（单跨、多跨连拱）。

3. 按施工方法可分为明挖施工车站、暗挖施工车站、盖挖法施工车站。

4. 按站台形式可分为岛式车站、侧式车站、岛/侧混合式车站。

5. 按使用功能可分为一般车站、换乘车站、折返车站。

1.2 客流组织

乘客经由出入口通道进入站厅层非付费区，买票进入付费区，通过付费区楼扶梯到达站台乘车；出站客流下车后通过设置在付费区中的楼扶梯到达站厅付费区。

车站乘客的基本流动大致可以分为四个部分：候车部分（站台等）、流动部分（楼梯、自动扶梯、通道等）、集散部分及乘客服务部分。为了使车站能够更好地满足功能需要，必须合理地安排以上四个部分，并重视确保通畅的乘客流线指示设施。

在组织人流路线时，应着重考虑以下几点：

1. 进、出站客流路线尽量减少交叉和相互干扰；

2. 乘客购票、问询及使用公共设施时均不妨碍客流通行；

3. 合理布置楼扶梯位置，能使乘客迅速出站；

4. 宽通道闸机靠近无障碍电梯及乘客服务中心。

1.3 设计原则

1.3.1 车站总平面和空间布局应符合城市建设总体规划、城市交通规划、城市轨道交通线网规划的要求，应与城市总体规划和车站所在地区的详细控制规划相协调，因地制宜并方便乘客使用。同时，应注重城市轨道交通建设与城市风貌保护、周边街区发展的平衡互动，为可持续发展创造条件。车站的空间布局应协调处理与地面街道、周边建筑、地下管线构筑物等之间的关系，最终稳定站体位置、选定站型、确定合理的车站规模。

1.3.2 轨道交通车站是乘客每日集散和乘降的场所，也是城市空间的重要组成部分。车站设计应满足线路设计要求，重视轨道交通网络间的衔接，为乘客提供车站与其他线路及地面交通之间安全、方便的换乘。站址应选在客流量大并且便于乘客进出站的地方，换乘站在结合周围环境特点布置站位的时候，不仅需要考虑近期车站的功能需求，还须兼顾远期站换乘方案的便捷和远期实施的可操作性，并应根据远期客流要求，工程分期实施的条件，合理选择车站形式、换乘方式及决策近远期车站规模，使近期车站的方案兼具合理性和扩展性。

1.3.3 车站设计必须满足客流和设备运行的需求、保证乘降安全、疏导迅速、功能分区明确、布局合理紧凑、便于管理，并具有良好的通风、照明、卫生、防恐、防灾、救灾等设施，为乘客提供安全、舒适的乘车环境。

1.3.4 换乘车站应根据轨道交通线网规划、线路敷设方式、地上及地下周边环境、换乘客流量的大小等因素，选取同站台平行换乘、同站台平面换乘、站台上下平行换乘、站台间的"十"形、"T"形、"L"形、"H"形等换乘及通道换乘形式。

1.3.5 换乘车站设计应结合客流特征，统一规划、同步设计，优先采用付费区内换乘的换乘方式。凡两条线路建设期相近的换乘车站，换乘节点应同步实施；不能同步实施时，应预留换乘部位的建筑接口条件。换乘车站的出入口应优先考虑共用原则，统一布局以节约用地。

1.3.6 车站设计规模应根据远期高峰小时预测客流集散量和车站行车管理、设备用房的需要来确定，要与站厅、站台、出入口通道、楼扶梯以及售检票等部位的通过能力相匹配，同时满足事故发生时乘客紧急疏散的需要。超高峰系数根据车站规模及周边用地情况所决定的客流性质不同分别取1.1~1.4。

1.3.7 车站形式应根据线路条件和所处环境特点，因地制宜地确定车站形式，结合车站主体空间、结构类型和施工方法，合理地利用城市建筑空间，做到与周围建筑结合好，拆迁少，对地面交通干扰小，对地下管线影响小、改移方便；换乘车站需对换乘形式、使用功能以及综合经济指标等多方面进行比较，换乘节点应根据远期线网的情况分别采用同步实施或是预留接口的实施条件；高架车站在选择车站形式时，除应考虑上述条件外，还应对地面景观环境、城市设计条件和城市环境保护等因素进行详细调查和分析，确定最佳的车站形式。

1.3.8 地面、高架车站应注意建筑体量、造型、用材对周围环境的影响，车站围护结构应综合考虑雨雪、遮阳、通风、隔热以及日常的清洁维护。在临近住宅设站时，应考虑日照间距、视觉和噪声干扰等问题。

1.3.9 安全、舒适、高效始终是轨道交通服务的宗旨，以人为本是车站设计的原则，保证客流的有序流动，要求车站主体空间具有明确合理的功能布局及其导引性，为乘客提供良好的序列空间环境。

1.3.10 车站站位确定后，应对该区域的地下管线、工程地质、水文地质条件、地面建筑拆迁和改造的可能性、与地下建筑物或构筑物之间的关系等综合考虑，并尽量减少房屋的拆迁、管线拆移和施工期间对地面建筑物、交通及环境的影响。

1.3.11 轨道交通车站设计应充分考虑地上、地下空间的综合利用，尽可能与街区的过街通道、商业设施、办公建筑等进行有效结合，以车站为中心整合城市公共空间，最大限度地释放轨道交通车站的辐射力，满足人们的日常使用需求。利用站内剩余空间进行开发时，应满足消防要求，并应预留足够的开发条件。

1.3.12 车站地面站房、出入口以及风亭均需结合站前广场或绿化规划，其地面部分的立面设计要做到简洁、明快、大方且易于识别，并应体现现代交通建筑的特点和时代的气息，同时还应与周围的城市景观相协调。

1.3.13 高架车站主体空间应本着环保节能的原则，执行《公共建筑节能设计标准》GB 50189，不宜采用全玻璃幕墙的设计。高架车站站台层雨棚及围护设施的设置，应具有良好的自然通风与采光条件，避免出现温室效应，并应同时考虑冬季防风防雪。

1.3.14 车站主体空间的室内设计，首先应满足功能要求，以速度、秩序、通畅、易识别来体现交通建筑的特点，力求简洁、明快。车站内部空间既要体现线路特征又要有各车站自身特征，表达所在街区的人文特色。车站内部设计要与建筑空间有机结合，最大限度地改善地下空间的沉闷和压抑感，营造出宜人舒适的车站环境。在条件可能的情况下采用裸露或半裸露的处理手法。暗挖施工的车站应尽可能采用不设吊顶的设计手法，保持原建筑结构的特点。

1.3.15 车站主体空间所选择的室内材料应具有不燃、无毒、放射性指标满足国家环保要求、经济、耐久、便于维护和清洗的性能，地面材料应防滑、耐磨、耐腐蚀。每个车站的材料种类不宜繁多，构造应尽量统一，并考虑好防震措施以利于后期维修保养。在车站公共区采用具有吸声、防潮性能的室内材料，在站台层车行道的侧墙和顶棚应采用具有减噪性能的饰面材料。

1.3.16 车站建筑防灾设计严格按照《建筑设计防火规范》GB 50016和《地铁设计规范》GB 50157及《人民防空工程设计防火规范》50098国家现行的有关规范、规定的要求执行。除考虑车站自身的消防设计，还应注意出入口、风亭、冷却塔、高架站等地面构（建）筑物和相邻建筑的防火间距，并应满足《地铁设计规范》GB 50157中对噪声的要求。车站及出入口应远离加油站、加气站或其他危险品场地，其距离应符合现行国家标准《汽车加油加气站设计与施工规范》GB 50156的要求，否则应采取相应的防灾措施。

1.3.17 全线需统一考虑无障碍设计。车站设无障碍电梯和专用卫生间及盲道等无障碍设施。车站至少应有一处出入口设置无障碍电梯。

1.3.18 凡与轨道交通车站合建或连通的物业开发区、过街通道等公共设施的防火措施应满足相关规范规定。

1.4 主要设计标准

1.4.1 车站各种通行服务设施的最大通过能力见下表。

最大通行能力 表3-1

名称		通过能力	
		(人/h)	(人/min)
1m宽通道	单向通行	5000	83.3
	双向混行	4000	66.7
1m宽楼梯（提升高度≤8m）	单向下行	4200	70
	单向上行	3700	61.7
	双向混行	3200	53.3
自动扶梯（30°）宽：1.0m/0.6m	0.5m/s	6000	100
	0.65m/s	7300	121.7
	0.5m/s	3600	60
	0.65m/s	4400	73.3
人工售票口		1200	20
自动售票机		300	5

续表

名称		通过能力	
		(人/h)	(人/min)
人工检票口		2600	43.3
自动检票机	门扉式 非接触IC卡	1500	25
	双向门扉式 非接触IC卡	1500	25

(参照：《城市轨道交通工程设计规范》DB 11/995)

1.4.2 站厅层设计标准

装修后地坪面至结构顶板底面净高
（一般情况）　　　　　　　　　　≥4700 mm
其中包括：
　　站厅公共区装修后净高　　　　≥3200 mm
　　公共区吊顶内管线和
　　吊顶净高　　　　　　　　　　≥1500 mm
站厅建筑楼面至任何悬挂
障碍物底面　　　　　　　　　　　≥2400 mm
通道或天桥装修后地坪面
至吊顶地面　　　　　　　　　　　≥2400 mm
拱形断面有效宽度内装修后
最小净高（两侧起拱处）　　　　　≥2100 mm
站厅公共区装修厚度　　　　　　　≥150mm
站厅付费区与非付费区之间的分区栏杆应在适当位置设置一定数量的安全疏散门。

1.4.3 站台层设计标准

站台层层高（站台建筑地面-
站厅层建筑地面）　　　　　　　　≥5100 mm
站台层公共区装修后净高　　　　　≥3000 mm
站台层公共区装修厚度　　　　　　100mm

地下车站纵向最小纵坡	2‰
无柱岛式站台宽度	≥8000 mm
有柱岛式站台宽度	≥10000 mm
岛式站台的侧站台	≥2500 mm
侧式站台（长向范围内设梯）的侧站台宽度	≥2500 mm
侧式站台（垂直于侧站台开通道口）的侧站台宽度	≥3500 mm

1.4.4 自动扶梯设计标准

1.4.4.1 乘客要求的横向净空和净高

1）自动扶梯踏步面至上部任何障碍物的最小高度≥2400mm。

2）自动扶梯扶手带中心线至墙面装修面的最小距离为200mm，当自动扶梯穿过一层楼面（或平台）时，自动扶梯扶手带中至开孔边沿的净距应≥400mm，若不能满足时，应设防撞安全标志。

1.4.4.2 土建与自动扶梯配合时应满足下列要求

1）今后可能的吊运路线和安装空间。

2）应为维修人员创造良好工作条件。

3）如在自动扶梯下端设集水坑时，在坑内应有良好的排水条件。

1.4.4.3 布置要求

1）当扶梯分段设置时，两段之间应设不小于8500mm长的平台。

2）两相对应运行的自动扶梯上工作点之净距≥18000mm（困难条件下不小于16000mm）。

3）两相反方向运营的自动扶梯下工作点之净距≥16000mm。

4）步行楼梯第一级踏步与相对自动扶梯工作点之间净距≥15000mm（困难条件下不小于12000mm）。

5）自动扶梯上下工作点至前方任何障碍物净距≥8000mm。

1.4.4.4 设置标准

1）一般车站的站厅与站台间应设上行自动扶梯，高差超过6m时，上下行均应设自动扶梯。上行的换乘楼梯应根据换乘楼梯的形式，在条件许可的情况下应尽可能设自动扶梯。

2）对于重要车站、换乘站、大客流车站，应分析其客流特征，站厅与站台间应设上下行自动扶梯，出入口除设上行扶梯外可酌情增设下行自动扶梯。站台和出入口设上下行扶梯时应设步行楼梯。分期建设的自动扶梯应预留位置。

3）站厅层~出入口自动扶梯与步行梯设置应符

合下表的规定：

车站出入口自动扶梯与步行梯高度限定 表3-2

提升高度H（m）	上行	下行	注
H≤6	自动扶梯	步行楼梯	
6<H≤10	自动扶梯	步行楼梯或△	设上下行扶梯时需增设步行楼梯
10<H≤19	自动扶梯	自动扶梯	增设步行楼梯
H>19	自动扶梯	自动扶梯	增设步行楼梯和备用自动扶梯

注：1. 当上下行均设自动扶梯时，应加设步行楼梯。步梯净宽度应不小于1.5m。
2. H指出入口下端至地面高度。
△表示在重要车站的主要出入口，也可设自动扶梯。

1.4.5 楼梯设计标准

1.4.5.1 踏步

乘客使用楼梯其踏步尺寸原则上采用150mm×300mm。在楼扶梯并行提升高度较大时，楼、扶梯角度宜一致。

车站内公共区楼梯每个梯段的踏步级数应不大于18步，亦不少于3步。

1）踏步高：乘客使用135~160mm。
　　　　　　工作人员使用150~180mm。

2）踏步宽：乘客使用280~340mm。
　　　　　　工作人员使用250~280mm。

1.4.5.2 楼梯休息平台宽1200~1800mm（布置盲道的休息平台宽度不宜小于1500mm）

1.4.5.3 楼梯宽度

1）单向客流楼梯净宽≥1800mm。

2）双向客流楼梯净宽≥2400mm。

3）当楼梯净宽超过3600mm时，应设置中间扶手。

1.4.5.4 栏杆高度

1）楼梯口部栏杆高1100mm。

2）楼梯梯段栏杆高900mm。

1.4.5.5 净空

1）楼梯踏步面沿口至上部障碍物的最小高度不小于2400mm。

2）防淹平台的落水应坡向街道。

1.5 防灾设计

防火分区：根据《建筑设计防火规范》GB 50016、《地铁设计规范》GB 50157的要求划分防火分区，地下车站站台和站厅应划为一个防火分区，设备与管理用房区每个防火分区的最大使用面积不应大于1500m²；地下换乘车站当共用一个站厅时，站厅公共区面积不应大于5000m²。地上车站公共区采用机械排烟时，防火分区的最大允许建筑面积不应大于5000m²，其他部位每个防火分区最大允许建筑面积不应大于2500m²。

商业等物业开发与站厅非付费区同层相接时应用防火墙划分成不同的防火分区，并宜采用通道连接的方式，通道口应设两道耐火极限不低于三小时的防火卷帘，由轨道交通和物业管理分别控制。当采用防火卷帘分隔时，防火卷帘的设置要求应符合现行国家标准《人民防空工程设计防火规范》GB 50098的相关规定。

每个防火分区之间应采用能耐火极限不低于3h的防火墙分隔；防火墙上的门采用甲级防火门，开启方向为疏散方向，两个防火分区墙上设的观察窗为甲级防火窗。车站公共区、出入口通道、楼扶梯口、管理用房、设备区等处均设置应急照明和疏散指示标志。

防烟分区：车站公共区内每个防烟分区面积不宜超过2000m²，且防烟分区不得跨越防火分区。每个防烟分区之间和楼扶梯口采用挡烟垂壁分隔，挡烟垂壁的高度不小于500mm（吊顶面以下），且须升至结构顶板底。通道口可采用从顶棚下突出不小于500mm的结构梁实现挡烟的功能。车站管理和设备用房区的每个防烟分区面积不应超过750m²。

人防设计：地下车站一般按五级或六级人防标准设防。

防洪设计：车站地面出入口及电梯厅的地坪应高出室外地坪450mm，并应设断水槽，如当地高程不能满足当地防淹高度时，门洞两边应加设防淹闸槽，闸槽高度为平台面以上550mm。风亭进出风口下沿以及能够通到车站内部的其他开口处均应考虑防洪水位高度的要求，必要时应加设防淹设施。

1.6　室内设计

设计范围：车站公共空间的地面、墙面、柱面、顶棚、楼扶梯、无障碍电梯、栏杆扶手、卫生间。

设计原则：轨道交通车站室内设计应以安全、实用、经济、美观为总原则，以通畅、秩序、易识别来体现交通建筑的特点，力求现代简洁，以标准化手法实现高效率的设计整合。各车站应在标准化的统一模式下，根据车站所处城市环境和车站重要性，适当体现各站的特点，实现统一中的变化。采用适宜的设计手法最大限度改善车站空间尤其是地下车站拥挤封闭和压抑感，与建筑结构、设备管线有机结合，创造出舒适的乘车环境，服务乘客。

材料做法：车站建筑室内应采用防火、防潮、防腐、无毒、耐久、易清洁并且放射性指标满足国家标准规定的环保材料，应符合现行国家标准《建筑内部装修设计防火规范》GB 50222及《地铁设计规范》GB 50157的要求。

各部位材料宜标准化以达到工厂加工现场组装最

大化，便于施工和维护。地面和楼梯踏步材料应防滑、耐久、耐磨、耐腐蚀；顶棚材料应有吸声降噪、防潮防霉考虑。

照明灯具应节能、耐久，宜采用深罩明露式，便于更换、清洁和日常维护。半敞开式车站出入口、高架车站应选用防潮、防尘抗风的灯具。

1.7 换乘车站设计

换乘车站是轨道交通线网架构中各条线路的交织点，乘客通过换乘车站及其专用或兼用设施，实现各线路之间的人流往来，达到换乘目的，乘客的换乘行为往往会追求效率性、直接性和准确性的最大化。

换乘空间布局方式、换乘时间将直接影响换乘的安全性、便捷性和舒适型等问题，因此布局的原则应有益于节约乘客的换乘时间，在平面和垂直方向均要保证换乘空间规划布局的紧凑性和明确性；为换乘用的通道应简短、方便，使乘客有可能沿着站台均匀分布；换乘步行距离和换乘时间不超过一定的限度。

换乘车站空间布局按换乘位置可分为站台换乘、站厅换乘、通道换乘以及混合换乘等几种方式。

1. 站台换乘适用于两线车站站台相交或平行的情况。旅客行为目的性较为明确，换乘路线简捷，高差损失小，换乘设施工程量小；但换乘楼梯口处因客流聚集量大往往会产生客流瓶颈，容易发生安全事故；在设计时换乘楼梯宽度容易受到限制，换乘量有限。

2. 站厅换乘一般作为站台换乘和通道换乘的辅助方式。在空间相对开阔的站厅层进行换乘，人们由站台层通过垂直交通到达站厅，换乘客流较分散，事故隐患较小；但换乘高差大，且在站厅层与进出站客流有相互交叉。

3. 通道换乘适用于两线车站距离较远或高差较大时。其设置灵活，适用面广；但换乘路线长，换乘通道增加工程造价。当两线车站站台不相交时，车站换乘一般采用通道换乘。人们进入通道之后，行进方向较为明确，行进速度则易受外界影响，特别是易受其他人行进速度的影响。

4. 在换乘车站的实际应用中，往往采用两种或几种换乘方式组合，以达到完善换乘条件、方便乘客使用、降低工程造价的目的。

1.7.1 换乘车站应进行车站通行设施能力适应性，站台短时冲击性，换乘便捷性以及运能匹配性功能验算，换乘功能各项评价指标标准可按下表确定。

换乘功能评价指标与标准　　表3-3

评价内容	评价指标	含义	评价范围	指标标准	能力适应性评价
通行设施能力适应性	设施利用的均衡性	换乘路径上所有设施能力是否匹配，设施布置与需求的协调性	楼扶梯	<1.2	良好
				1.2~1.5	一般
				>1.5	差
站台短时冲击性	瓶颈设施最大等待人数（人）	反映一批客流到达时的短时冲击大小，反映了换乘的安全性	换乘路径端部设施（站台楼扶梯）	<50	良好
				50~200	一般
				>200	差
	两端站台人流密度（人/m²）	反映一批客流到达时，换乘路径两端站台有效面积内的人流拥挤情况和安全要求	换乘路径的两端站台	<1.0	良好
				1.0~1.2	一般
				>1.2	差
换乘便捷性	平均换乘时间(min)	反映换乘方式及通行设施的完善程度对换乘行走时间的影响	所有换乘方向	<1	良好
				1~3	一般
				>3	差
运能匹配性	站台滞留人数（人）	超高峰时，考核一批换乘客流是否会滞留在站台	相交线路上下行方向的断面富余能力与换乘客流之间的匹配性	<0	良好
				0~400	一般
				>400	差

注：1. 换乘车站站台滞留人数评价标准中的400人是对应6节B型车的标准；
　　2. 换乘便捷性评价标准中，换乘时间小于1min是针对同站台换乘车站，小于等于3min是指节点换乘车站。
（参照：《城市轨道交通工程设计规范》DB 11/995）

1.7.2　换乘车站在换乘全路径上各部位的换乘设施通行能力应匹配，通行设施的布置和组织应相互协调，所有换乘设施的超高峰饱和度不得大于1.0，各换乘设施利用的均衡性指标不得超过1.5。

1.7.3　换乘车站换乘路径的两端站台跨中区人流密度不应大于1.2人/m²，各组换乘设施端部前的最大拥堵人数不应超过200人。

1.7.4　换乘车站交通流线应便捷，同站台换乘的行走时间不应超过1min，节点换乘的平均行走时间不宜超过3min，通道换乘的平均时间不宜超过5min。

1.7.5　相交线路的运输能力应与换乘客流需求相匹配，远期或客流控制期超高峰时段，在站台上的换乘滞留人数不得超过列车超员数和定员数的差值。

1.7.6　换乘通道的宽度应根据客流控制期超高峰小时换乘客流量计算确定，单向换乘通道装修后的最小净宽不应小于5m，双向换乘通道装修后的最小净宽不应小于8m。换乘通道长度大于60m时，宜采取夏季降温措施。

1.8 车站与周边的一体化设计

车站单一的交通功能已不能满足信息时代城市多样化发展的需求。因此，合理确定车站位置及规模，促进交通设施功能多样化，使车站融入城市规划融入街区设计，实现轨道交通车站与周边土地空间一体化协调发展。通过规划协调控制和深入设计，可强化以轨道交通车站为核心的街区功能定位，倡导绿色出行，并为使用者提供可以满足多种城市功能、富有活力的综合性公共场所，提升街区服务水平和环境品质。

轨道交通具有客流量大的优势，因此结合地铁车站建设开发周边地下空间，不仅能更加完善地区的城市功能，还会进一步提高轨道系统为城市服务的质量和运行效率。实际方案应用多以交通为先，整体考虑地下空间开发，发挥地铁车站人流聚集的效益，通过地铁车站在地下联络商业、办公、娱乐以及公交场站等区域，形成与地铁车站连续、安全、舒适的地下步行空间网络。同时，车站与开发空间相接产生的综合效益还能够有效地提升周边土地价值及地区品质。

在城市中心区密集商业地带、城市新兴商业中心和社区中心等具有地下空间开发价值的地区，且建设条件较好时，应考虑结合轨道交通车站设置综合开发地下空间。

地下空间开发应遵守建筑设计防火规范的相关规定，在与地铁车站合建时，应考虑设置独立的安全疏散出入口，与地铁相连的部位，应采用防火隔墙和防火卷帘。地下结合空间的事故疏散通道不得与轨道交通车站出入口、紧急疏散通道等疏散设施合用。

地下空间开发的运营不应影响地铁车站的日常使用，当地铁出入口部分与地下商业合建时，应保证地铁运营期间，出入口通道的正常使用。地下车站内附设的地下商业设施，应符合《人民防空工程设计防火规范》GB 50098相关规定的要求。

2 设计依据

1. 《地铁设计规范》GB 50157

2. 《城市轨道交通技术规范》GB 50490

3. 《建筑设计防火规范》GB 50016

4. 《民用建筑设计通则》GB 50352

5. 《无障碍设计规范》GB 50011763

6. 《人民防空工程设计规范》GB 50225

7. 《人民防空工程设计防火规范》GB 50098

8. 《公共建筑节能设计标准》GB 50189

9. 《建筑抗震设计规范》GB 50011

10.《建筑内部装修设计防火规范》GB 50222

11.《民用建筑工程室内环境污染控制规范》GB 50325

12.《建筑照明设计标准》GB 50034

13.《城市轨道交通照明》GB/T 16275

14.《城市轨道交通工程项目建设标准》建标104

15.《城市轨道交通工程设计规范》DB 11/995

16.《城市轨道交通无障碍设施设计规程》DB 11/T 690

17. 国家标准图集系列、其他相关国家及地方规范、规程、规定和相关行业标准等

第一部分

车站主体空间

地下车站主体空间图
地上车站主体空间图
车站主要换乘形式空间图
车站与周边一体化结合空间图
车站通道空间图

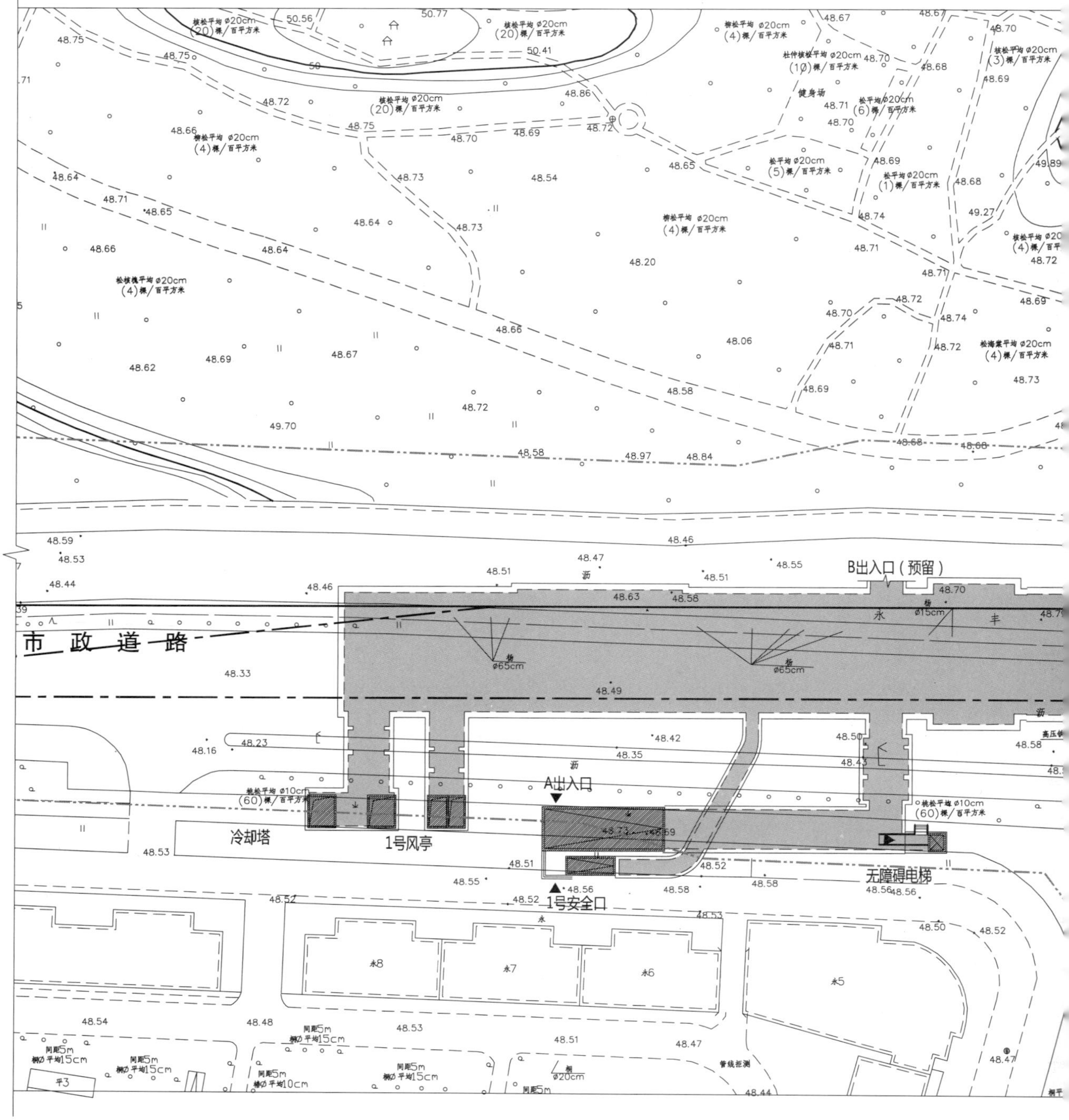

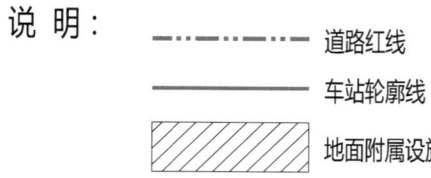

说明：
——·——·—— 道路红线
———— 车站轮廓线
▨ 地面附属设施

C出入口
D出入口
2号风亭
市 政 道 路
XXX站
右1729.000
右BK15+XXX.100
车站有效站台中心里程
149°09′58″
高处电力线高程57.77
10KV
低处电力线高程57.38
10KV
金鼎商务
0 5 10 20m

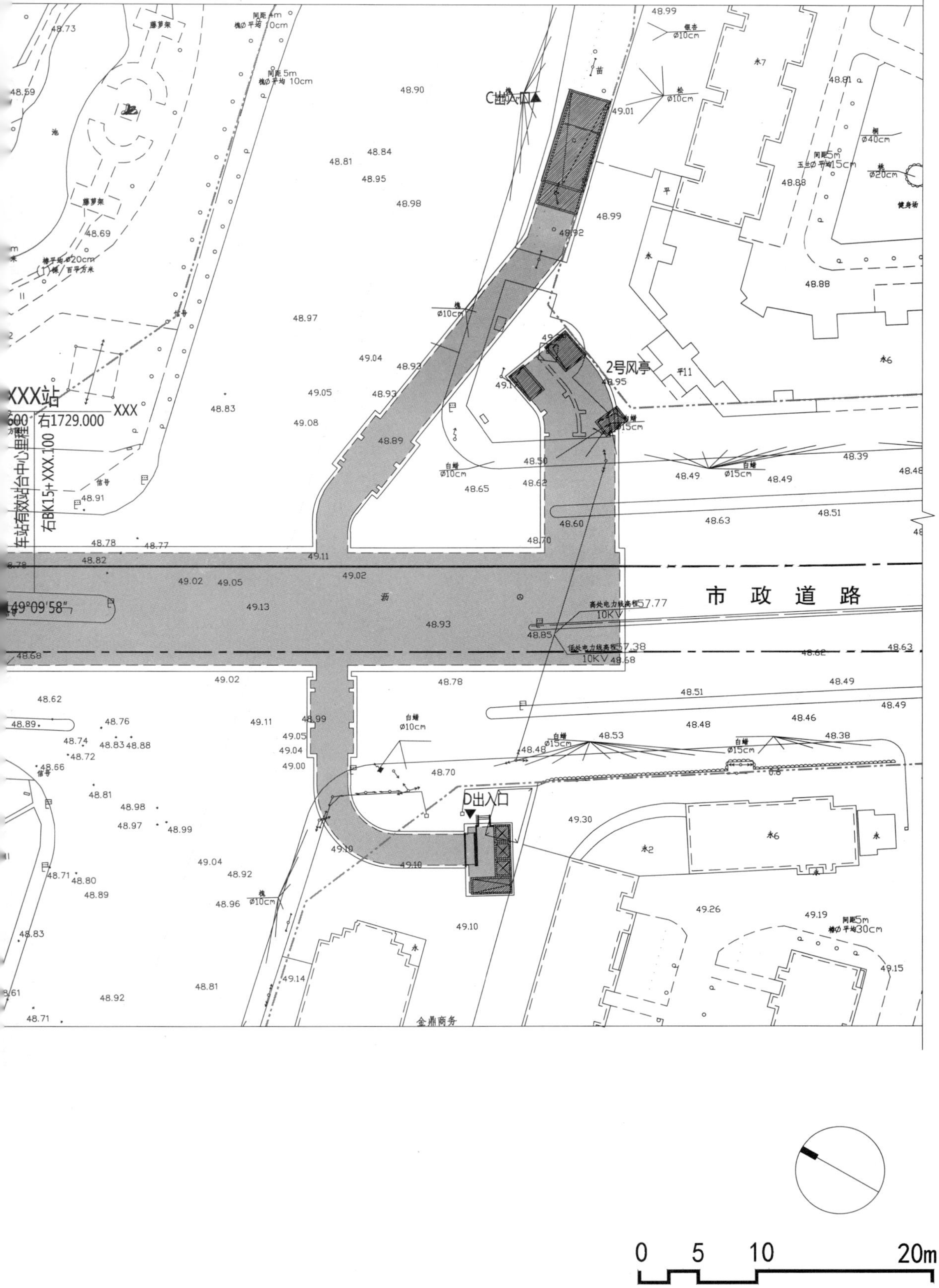

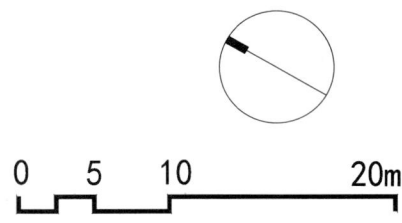

图名	岛式车站总平面图

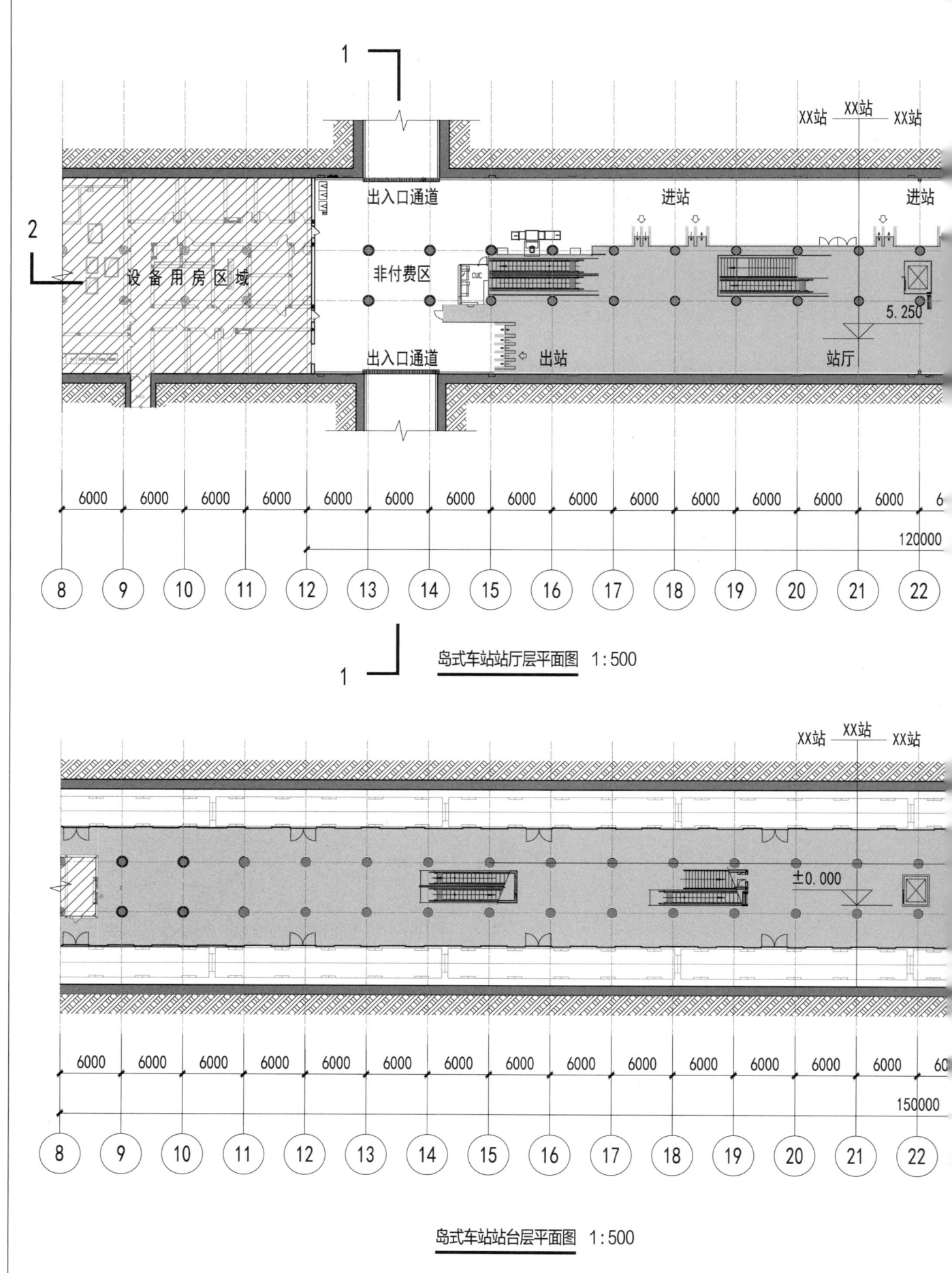

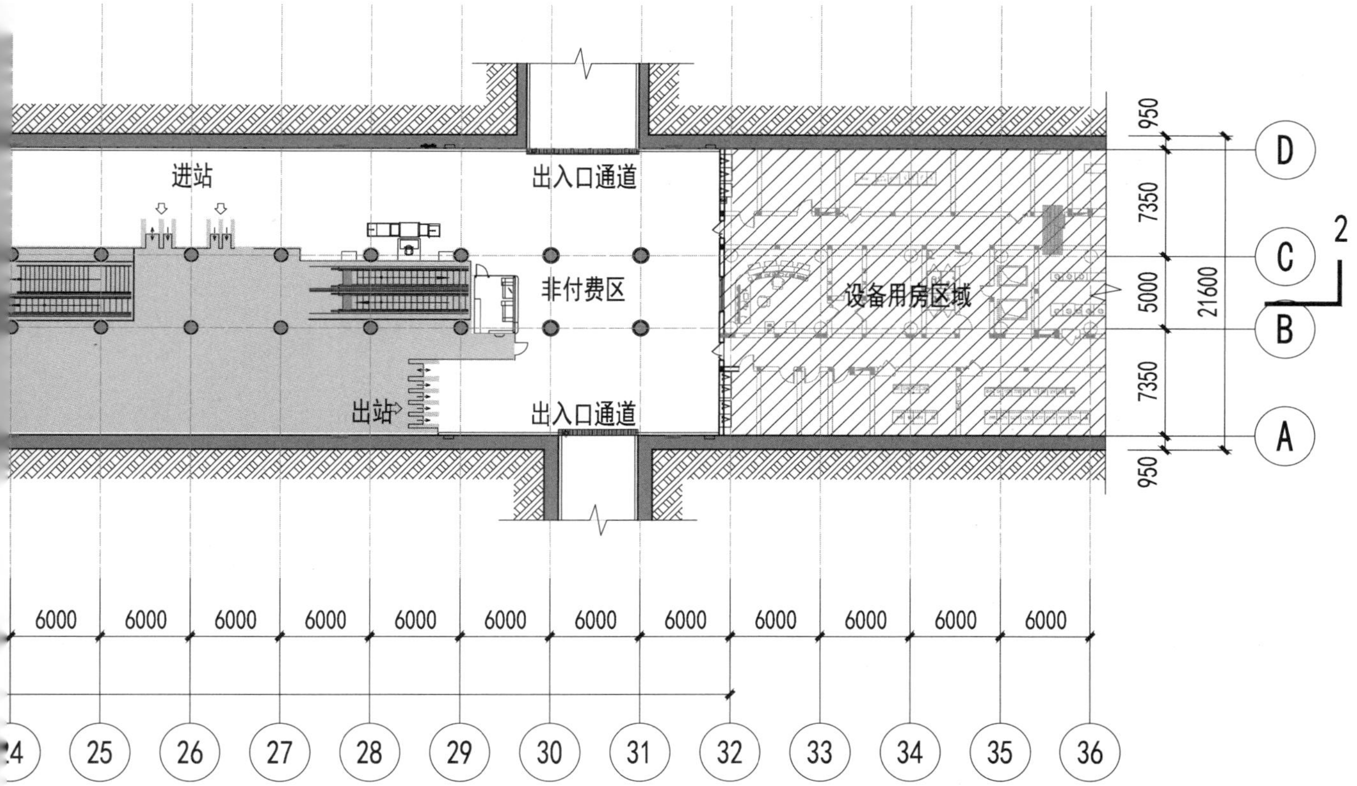

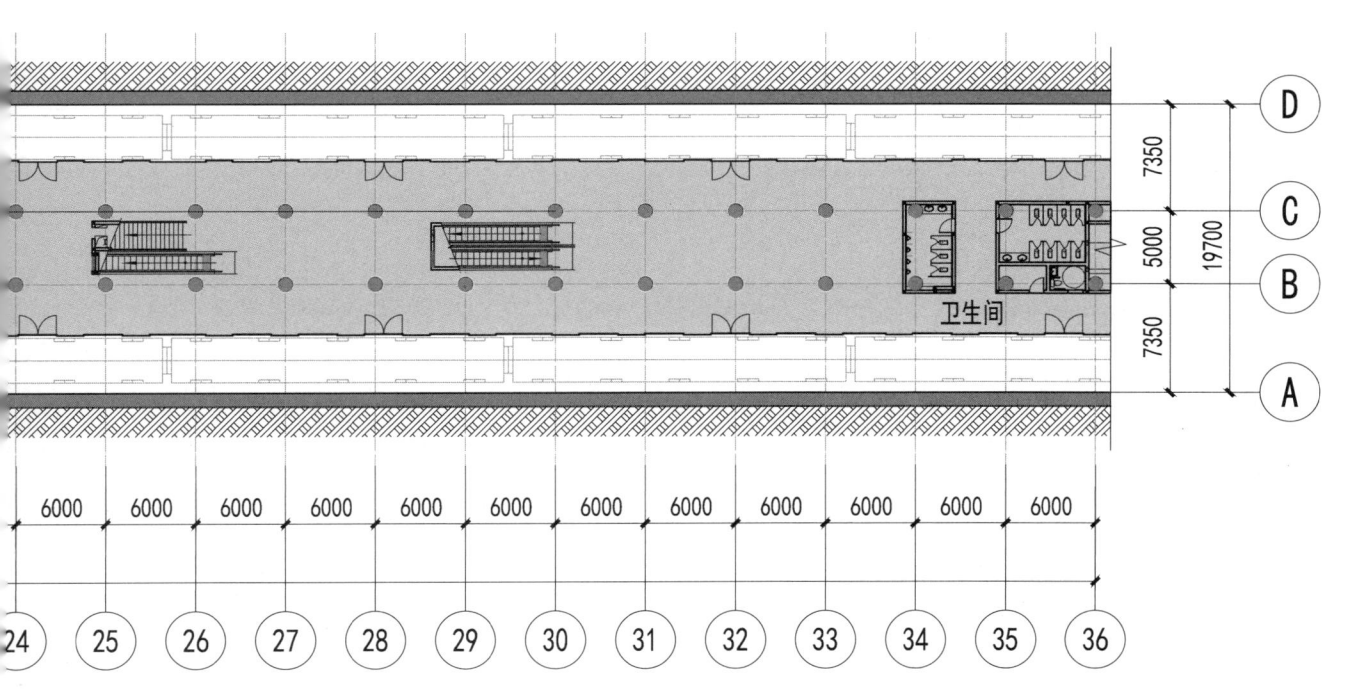

图名　岛式车站站厅、站台层平面图

第三篇 车站主体空间

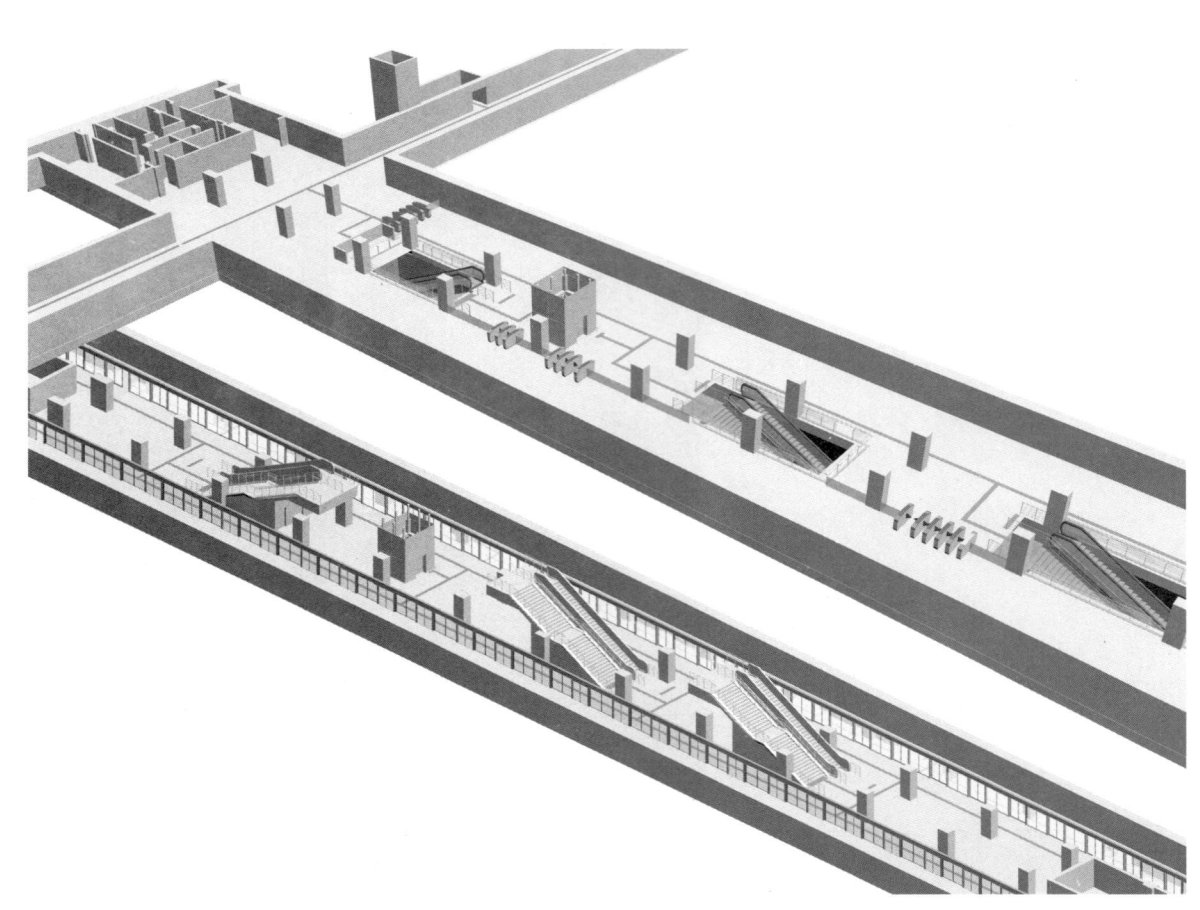

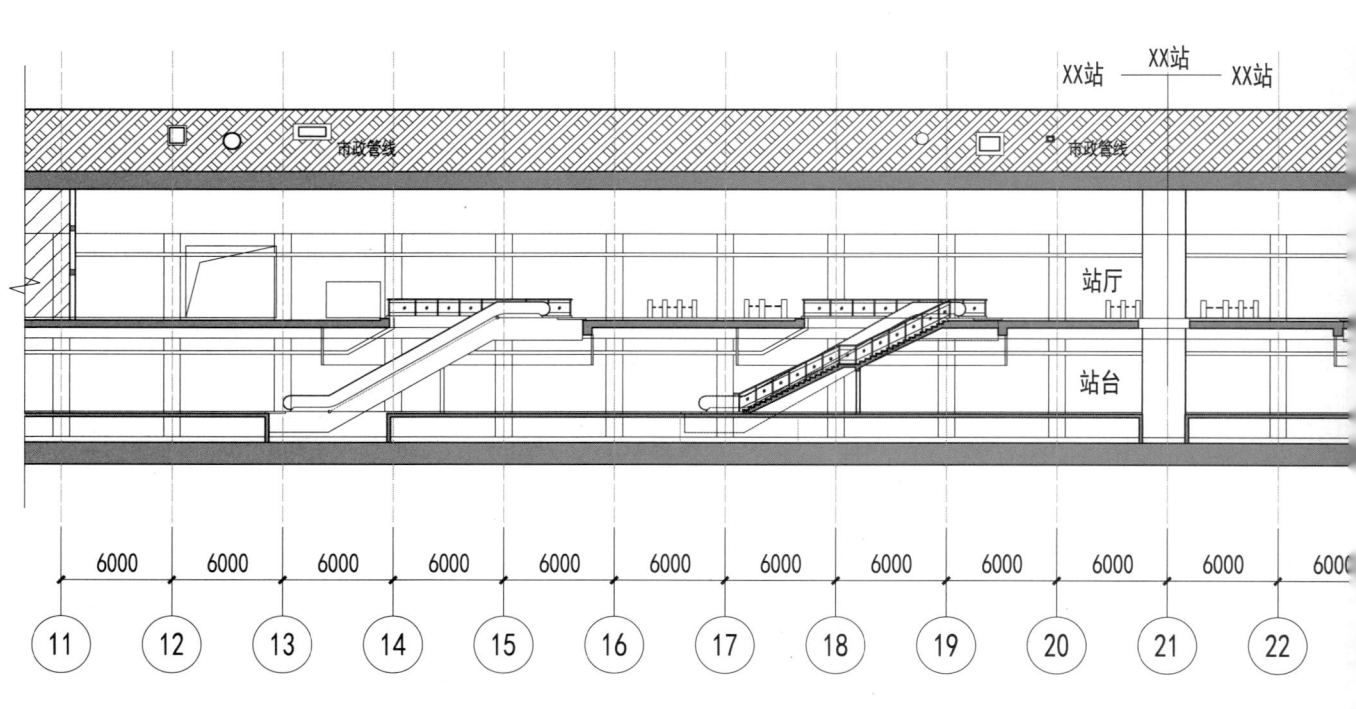

2-2剖面图 1:400

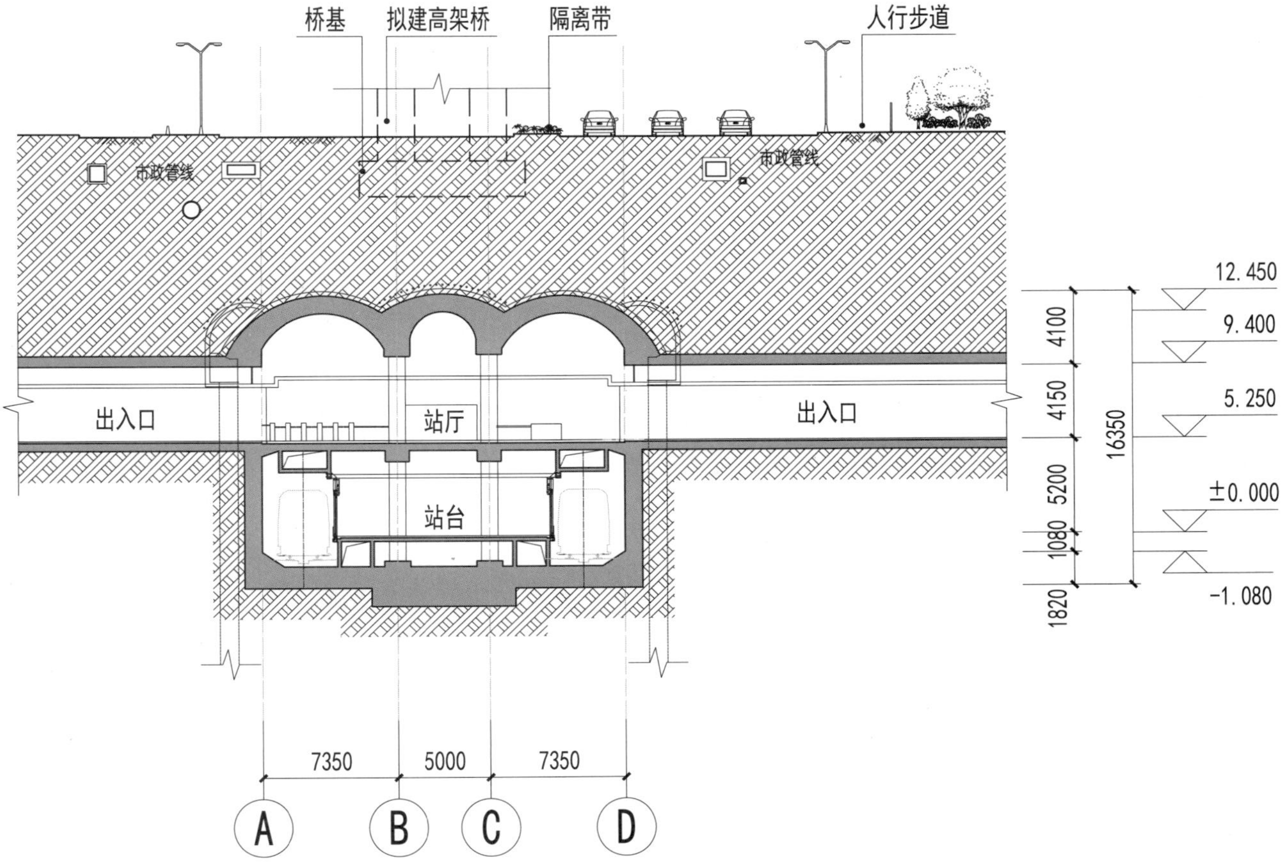

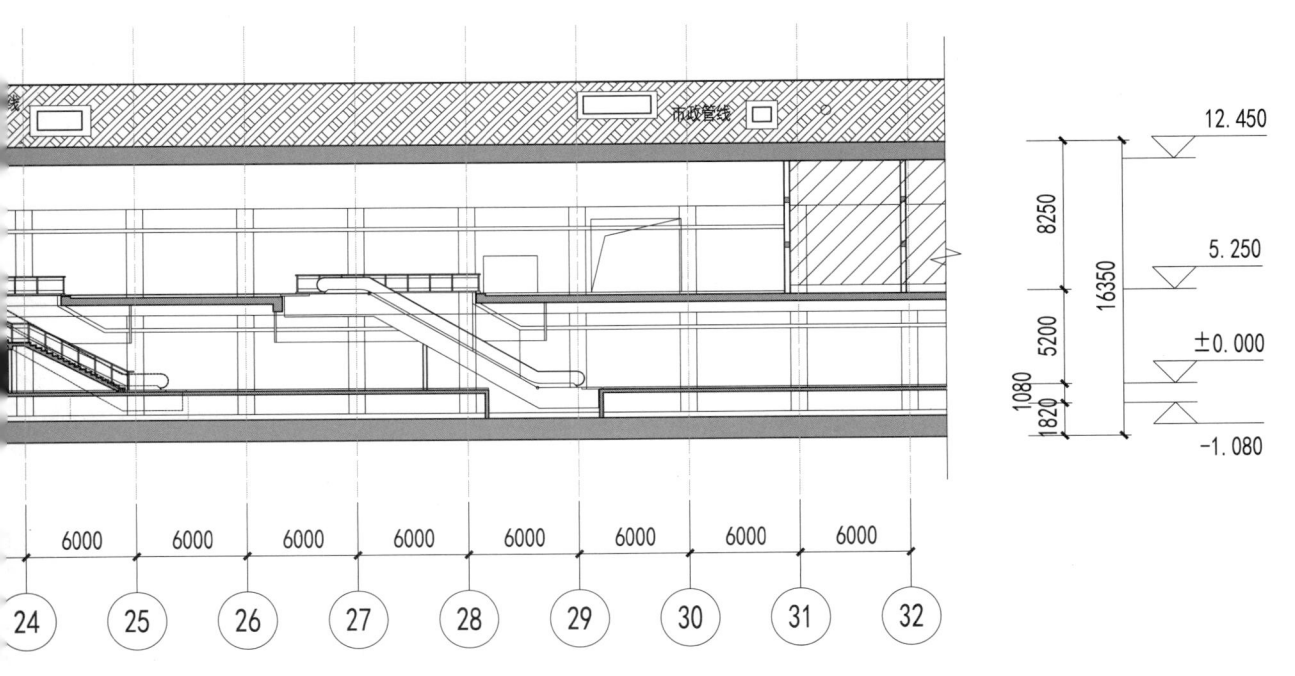

1-1剖面图 1:400

| 图名 | 岛式车站站厅、站台层剖面图 |

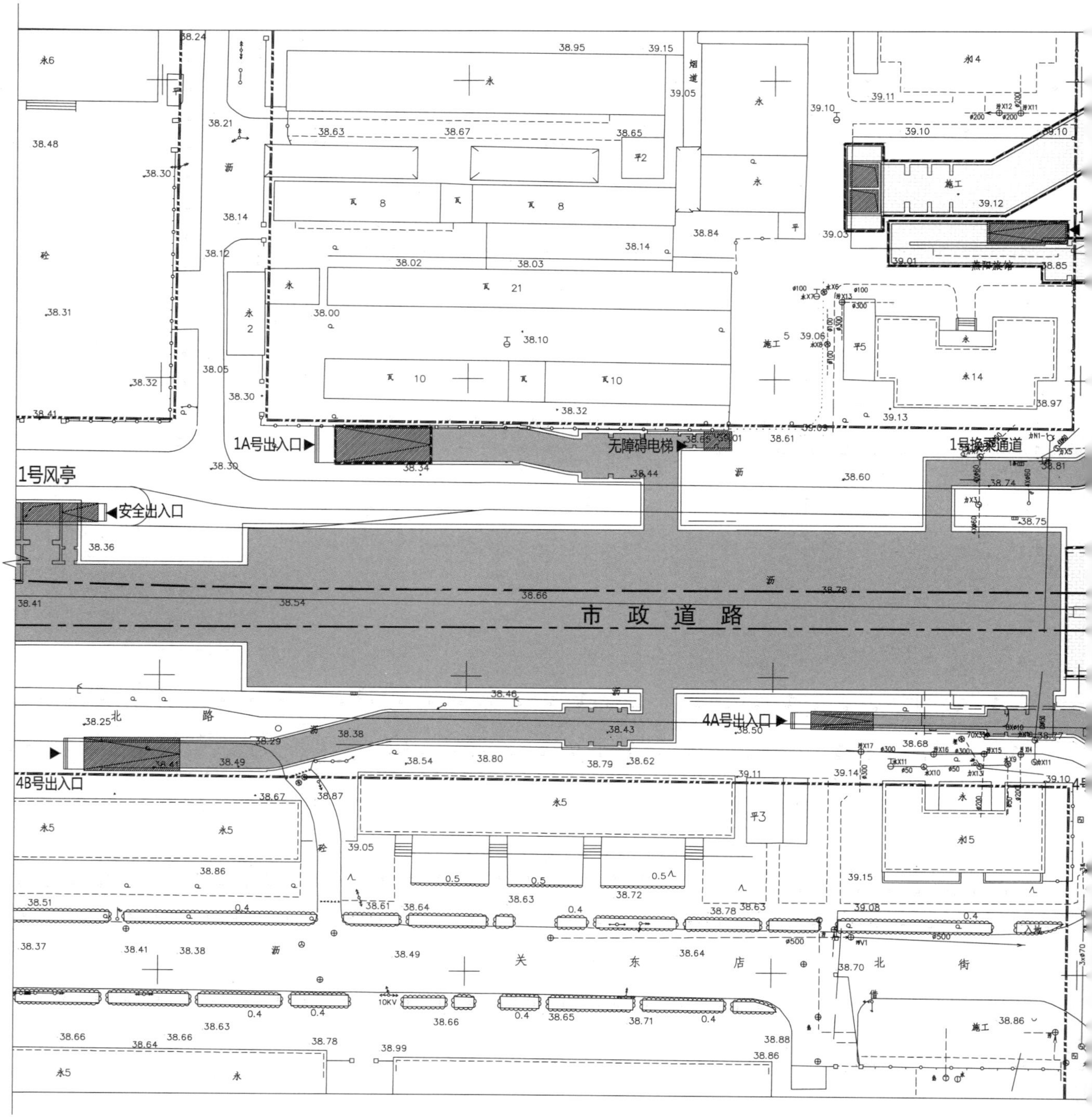

196 | 第三篇 车站主体空间

说 明：
— · · — 道路红线
———— 车站轮廓线
▨ 地面附属设施

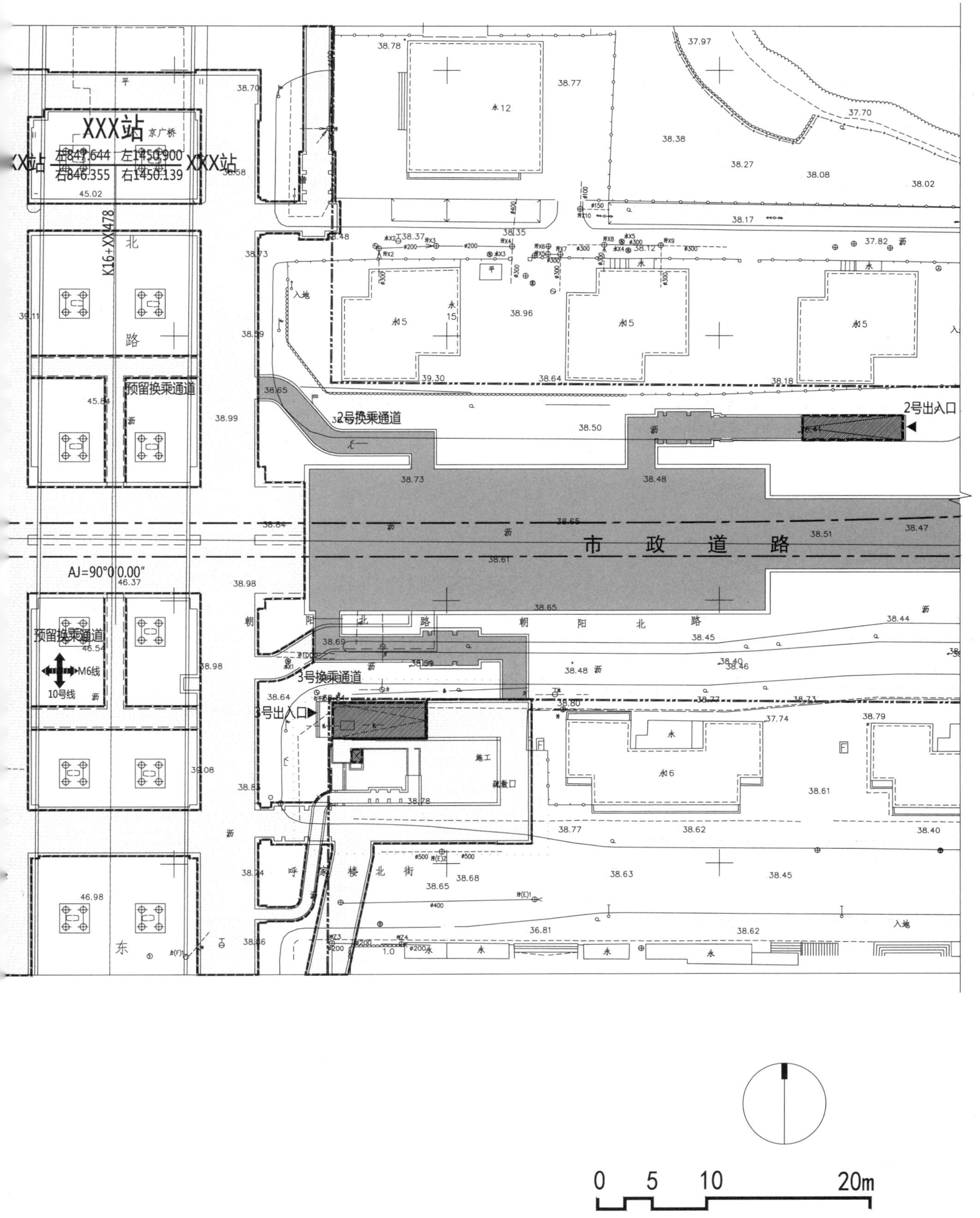
XXX站
XX站
XXX站
左847.644
右846.355
左1450.900
右1450.139
京广桥
K16+XX478
北
路
预留换乘通道
2号换乘通道
2号出入口
市政道路
朝阳北路
AJ=90°0′0.00″
预留换乘通道
M6线
10号线
3号换乘通道
3号出入口
呼家楼北街
东
0 5 10 20m

图名 侧式车站总平面图

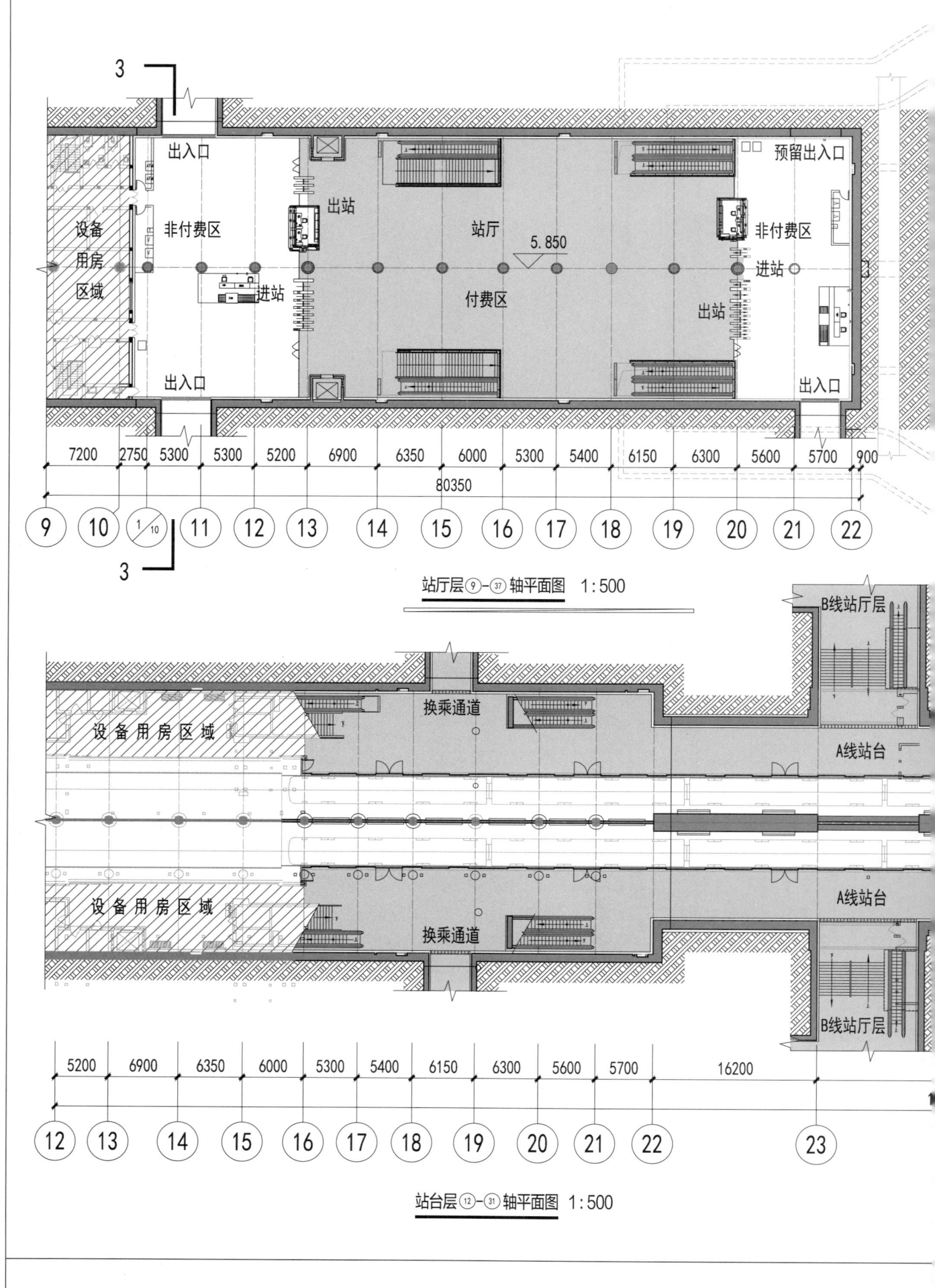

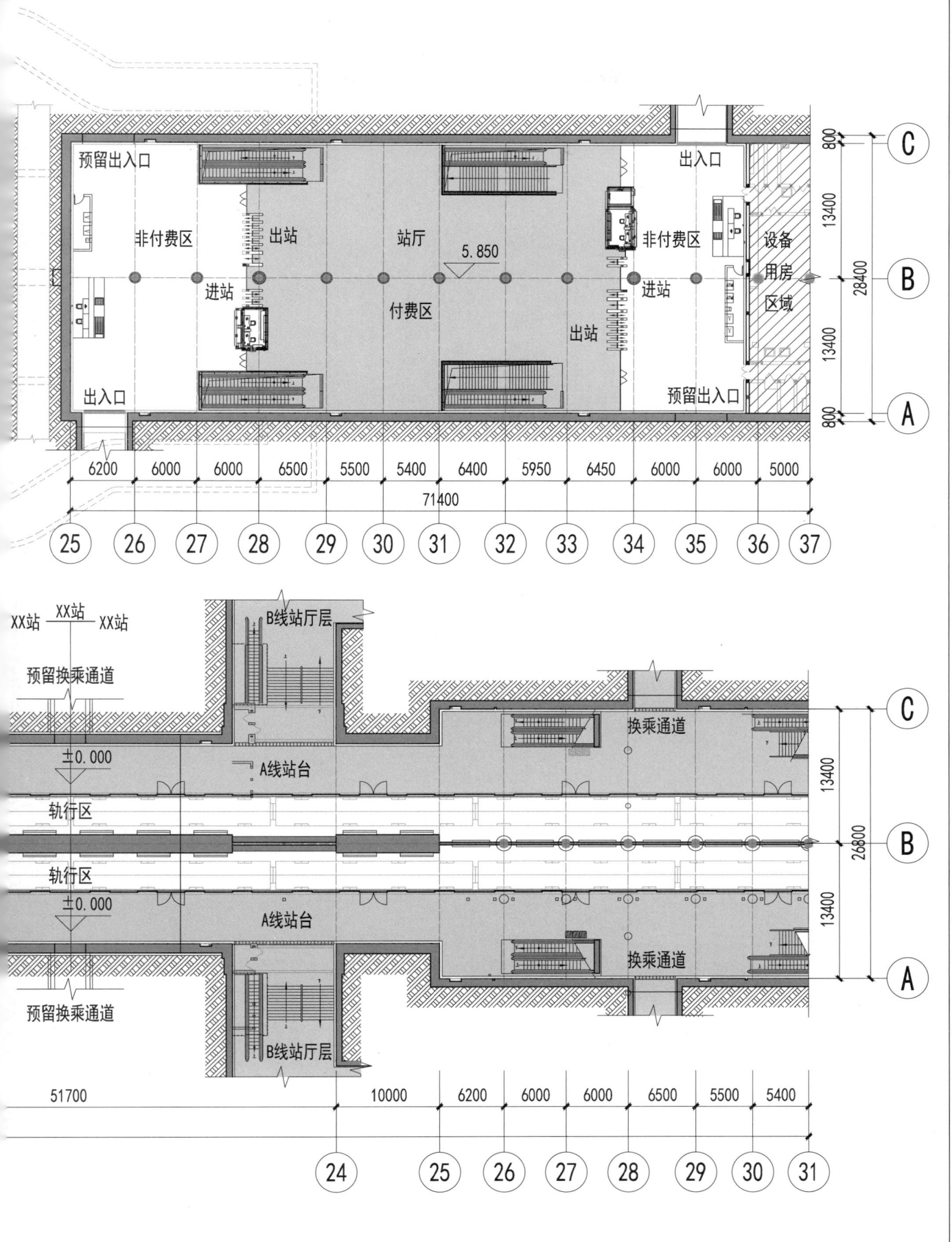

| 图名 | 侧式车站站厅、站台层平面图 |

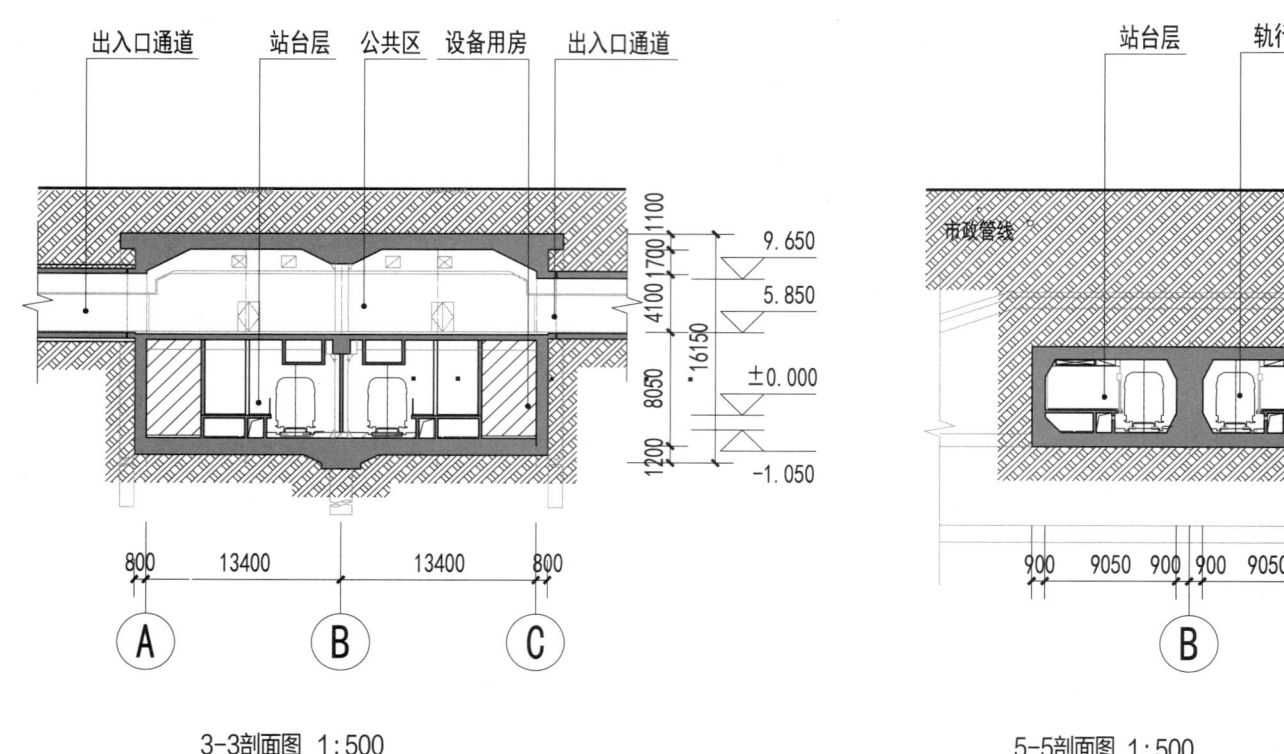

3-3剖面图 1:500

5-5剖面图 1:500

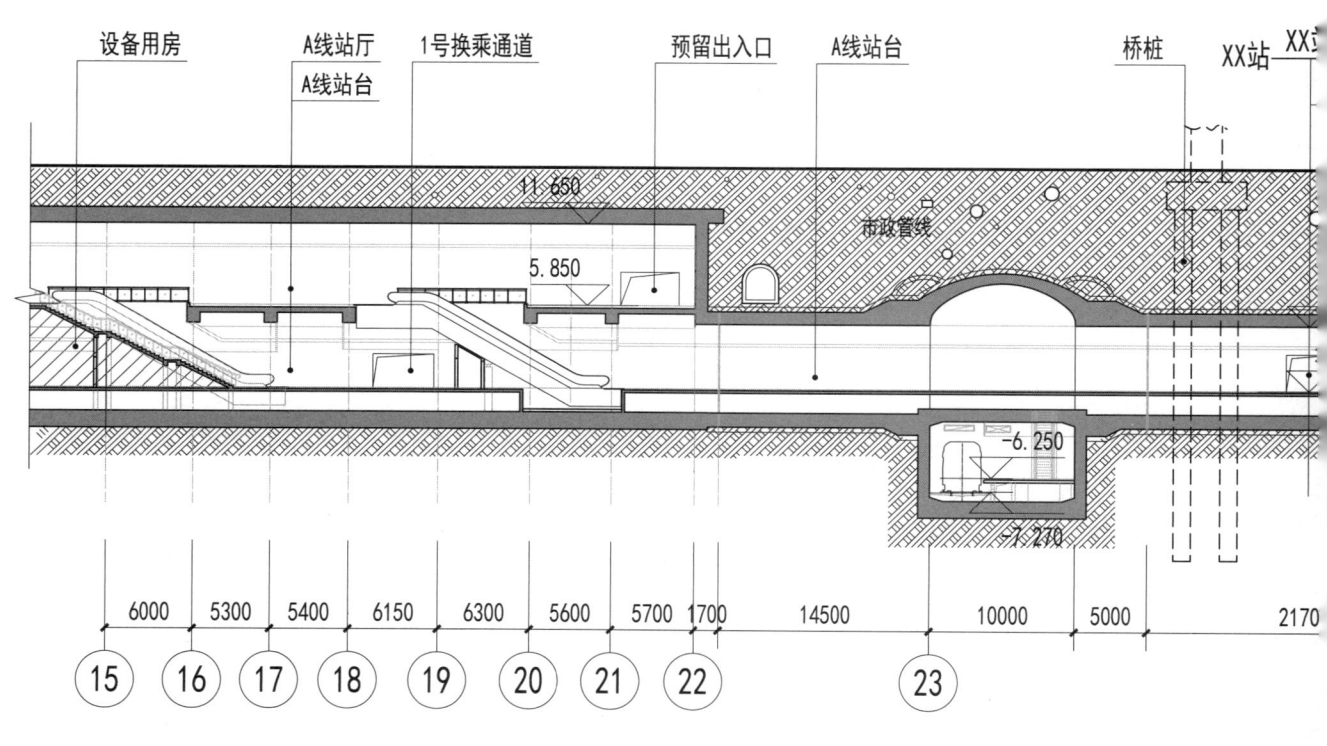

1-1剖面图 1:500

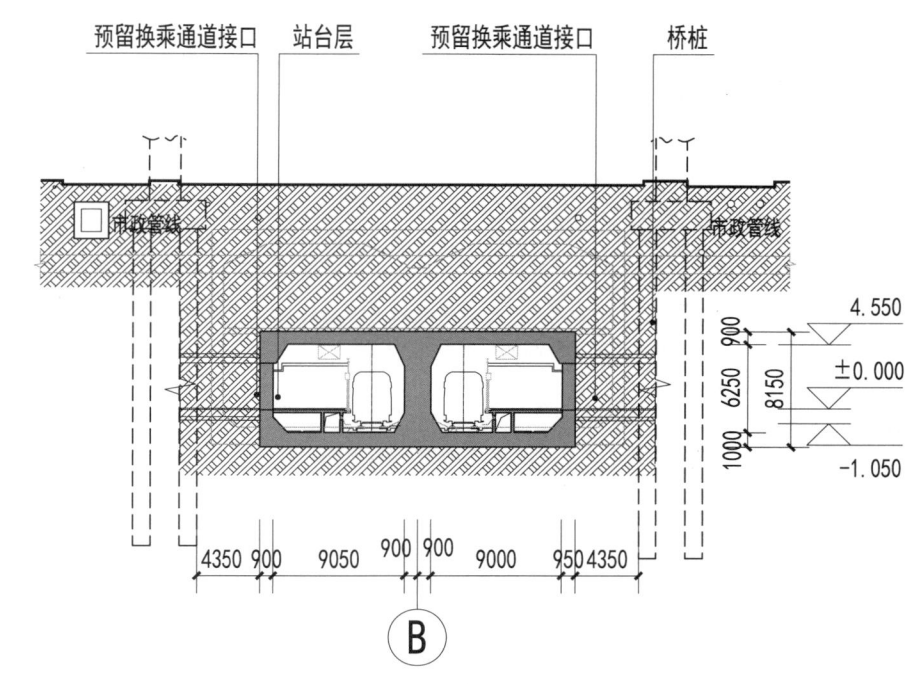

6-6剖面图 1:500

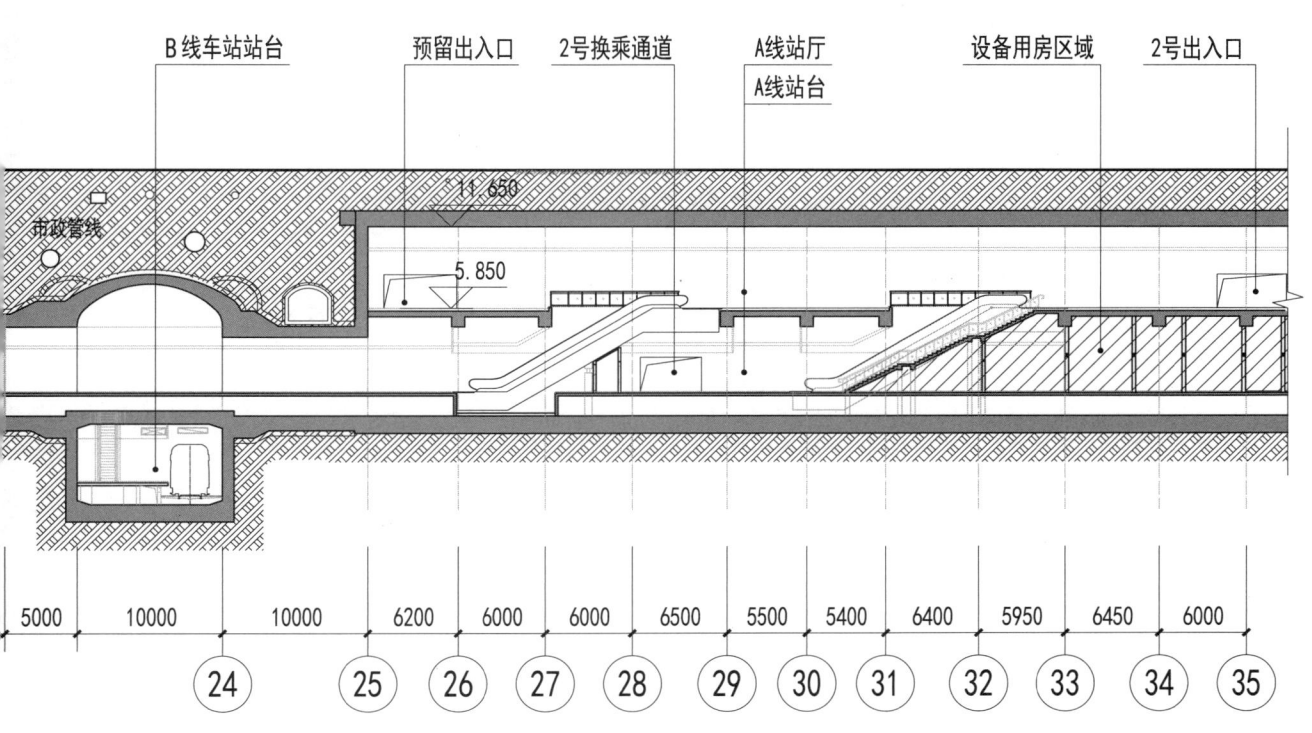

| 图名 | 侧式车站站厅、站台层剖面图 |

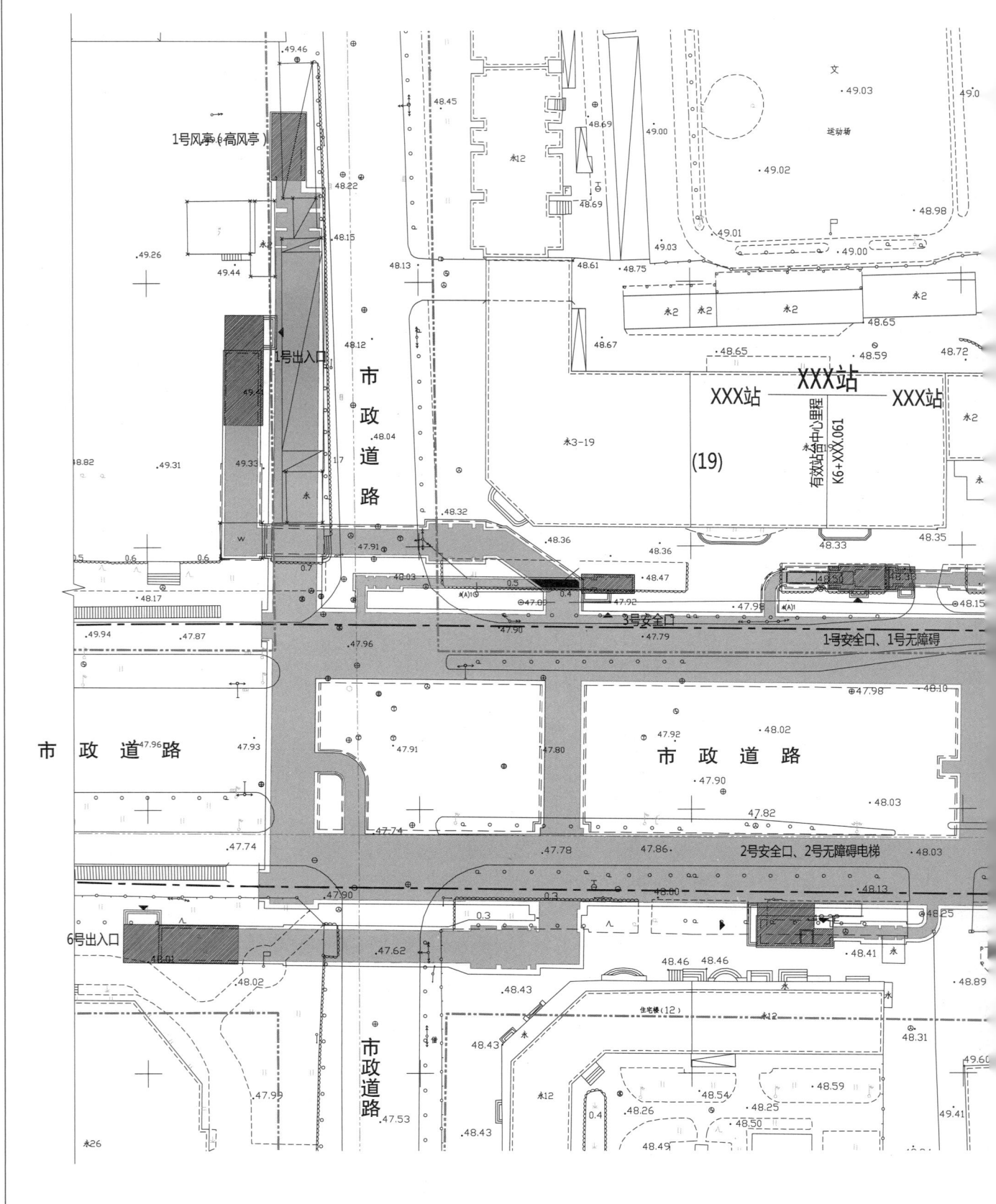

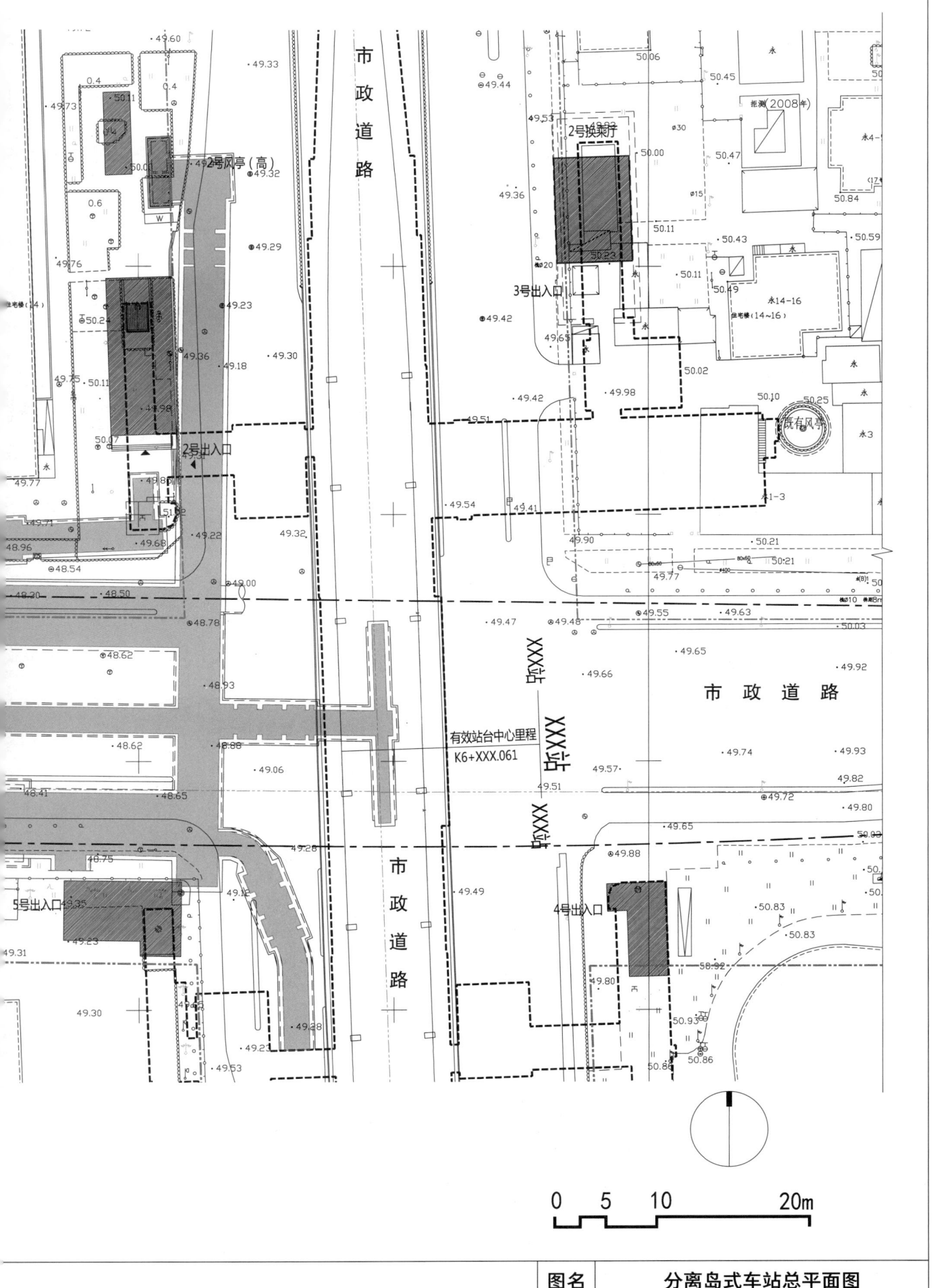

| 图名 | 分离岛式车站总平面图 |

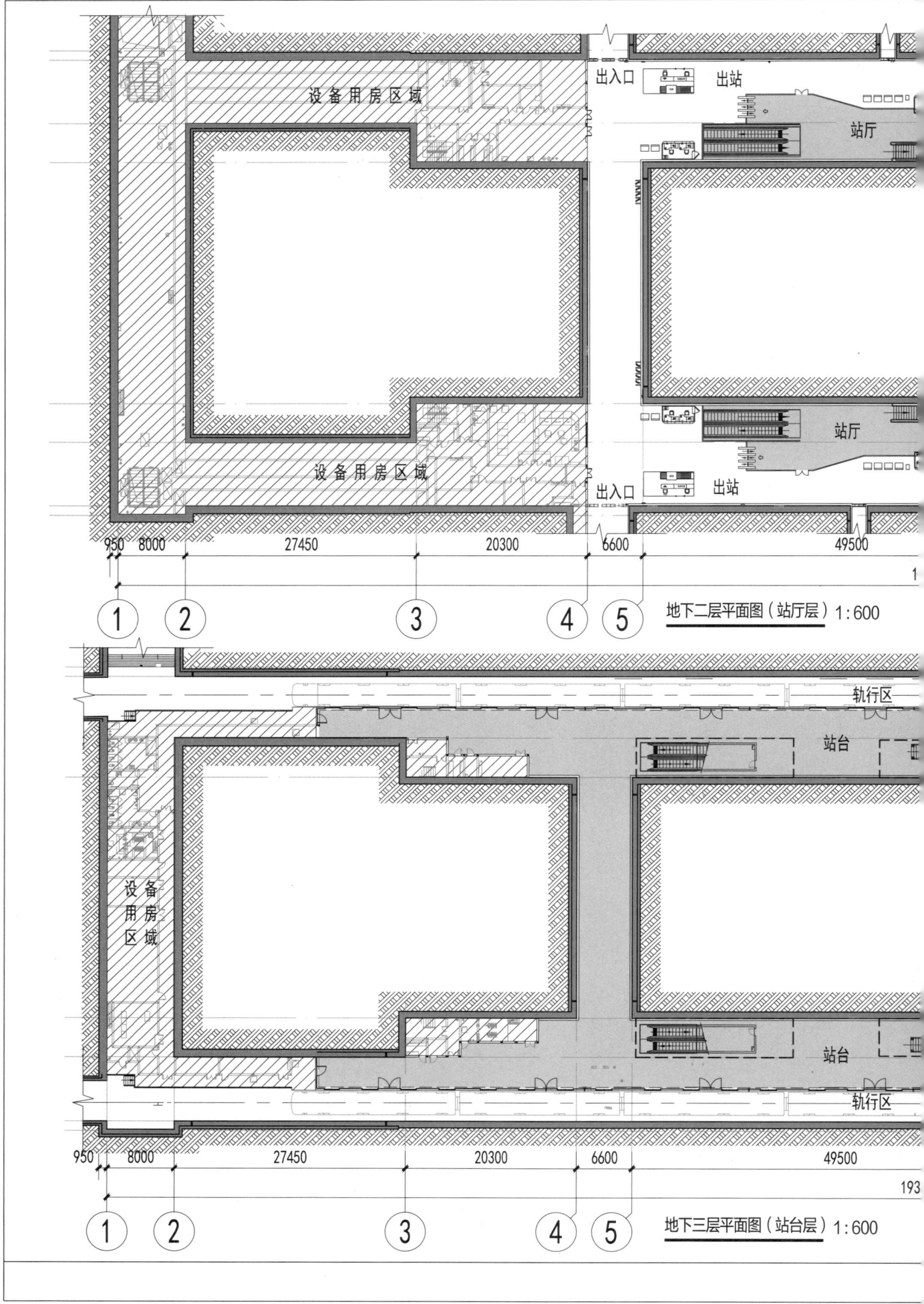

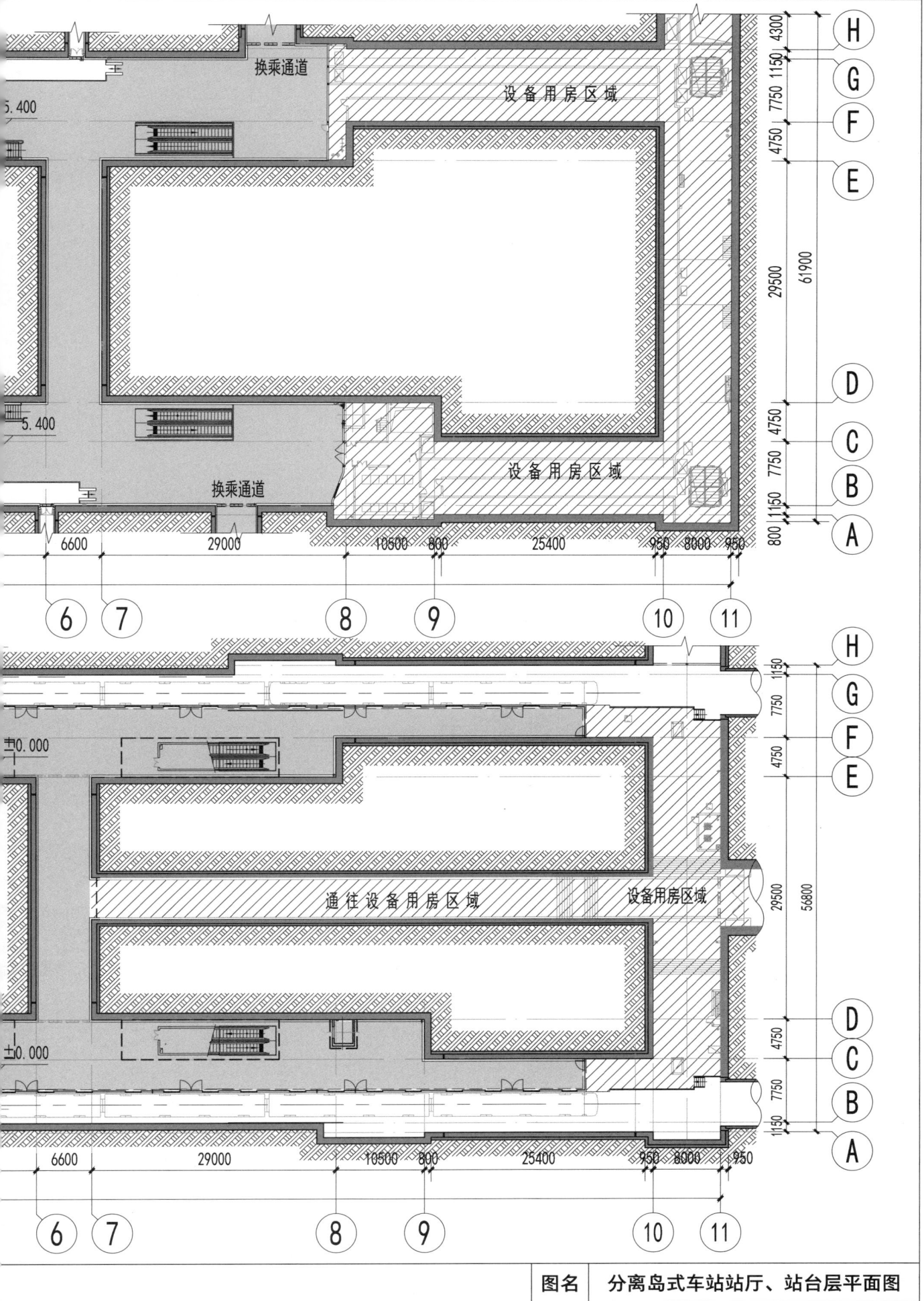

图名 | 分离岛式车站站厅、站台层平面图

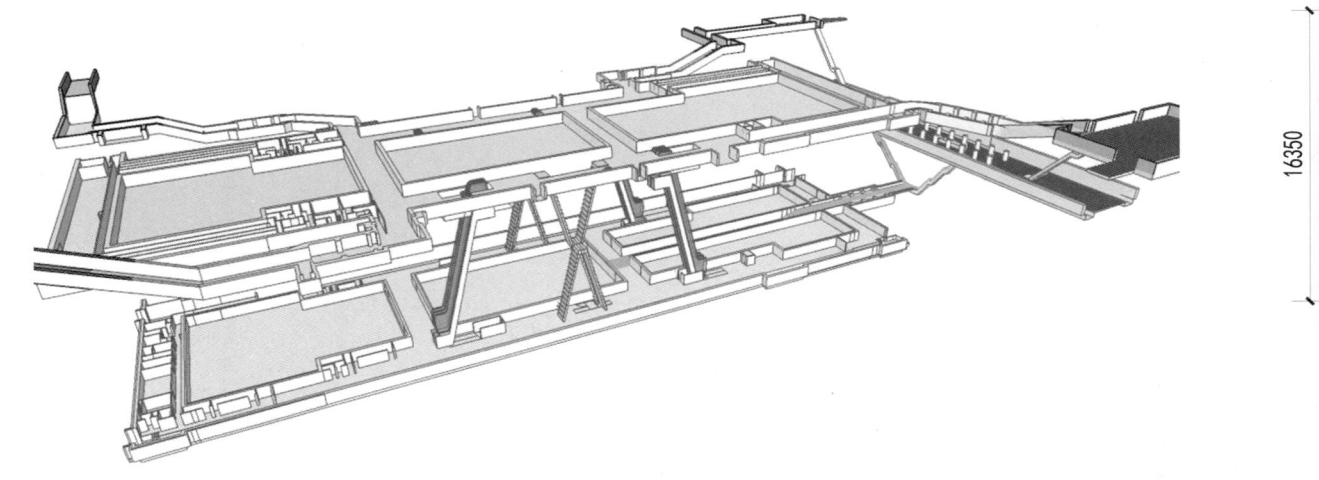

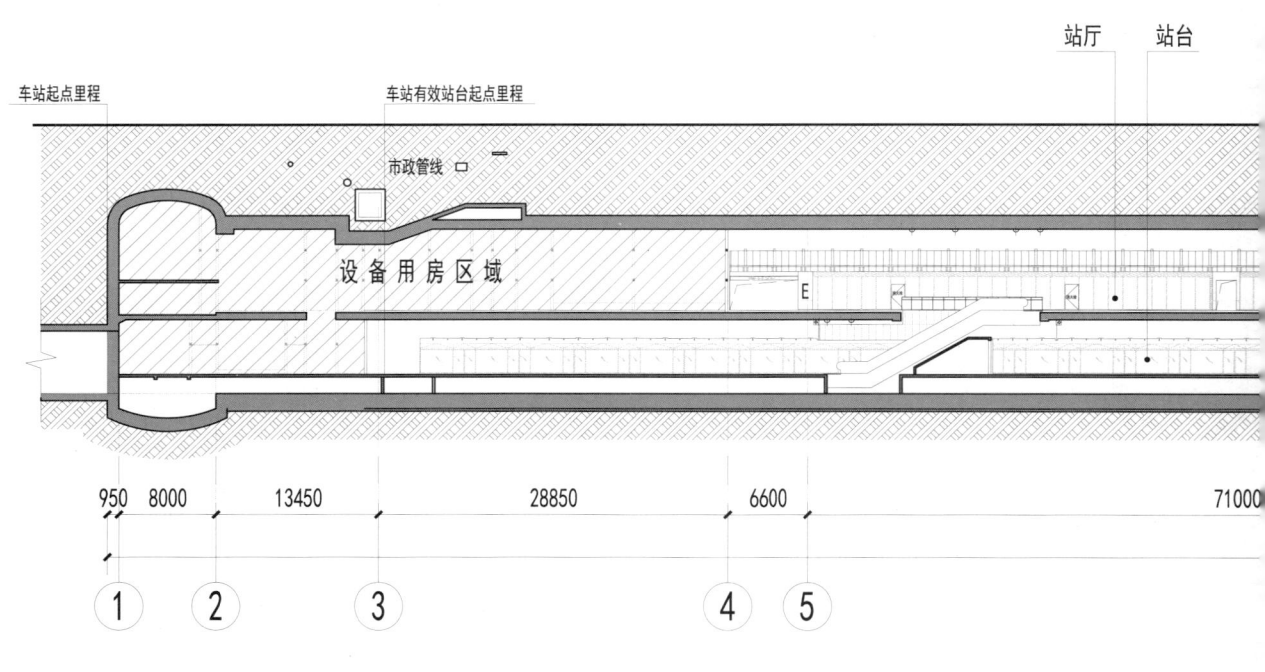

2-2剖面图 1:600

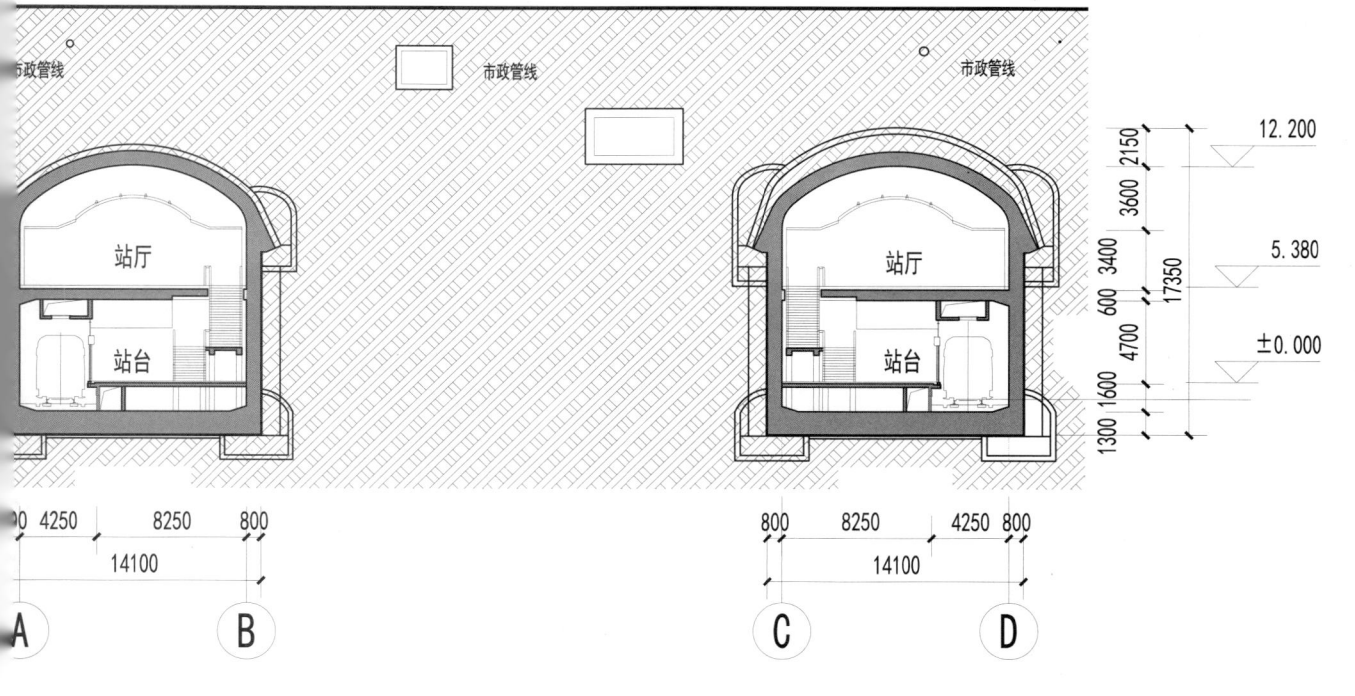

3-3剖面图 1:400

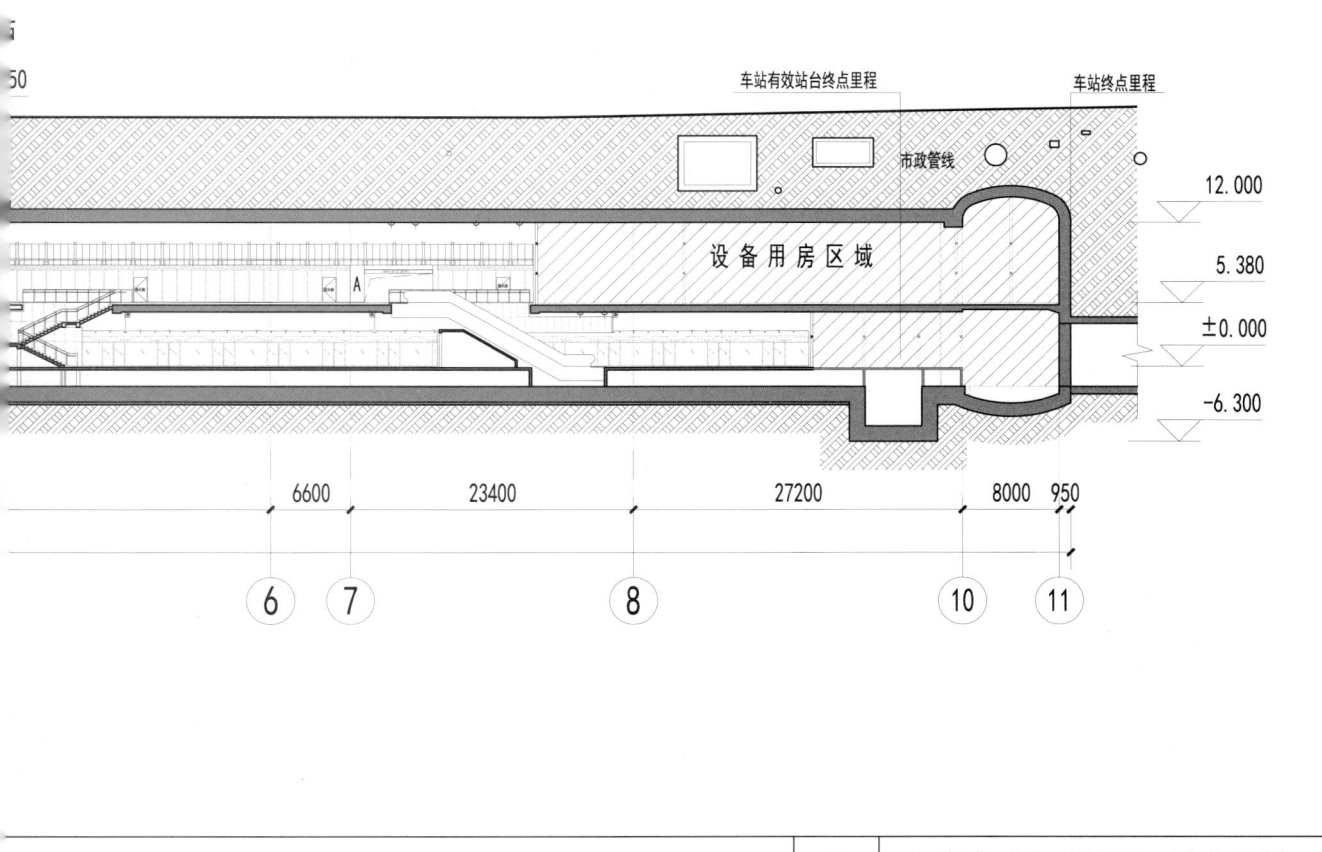

| 图名 | 分离岛式车站站厅、站台层剖面图 |

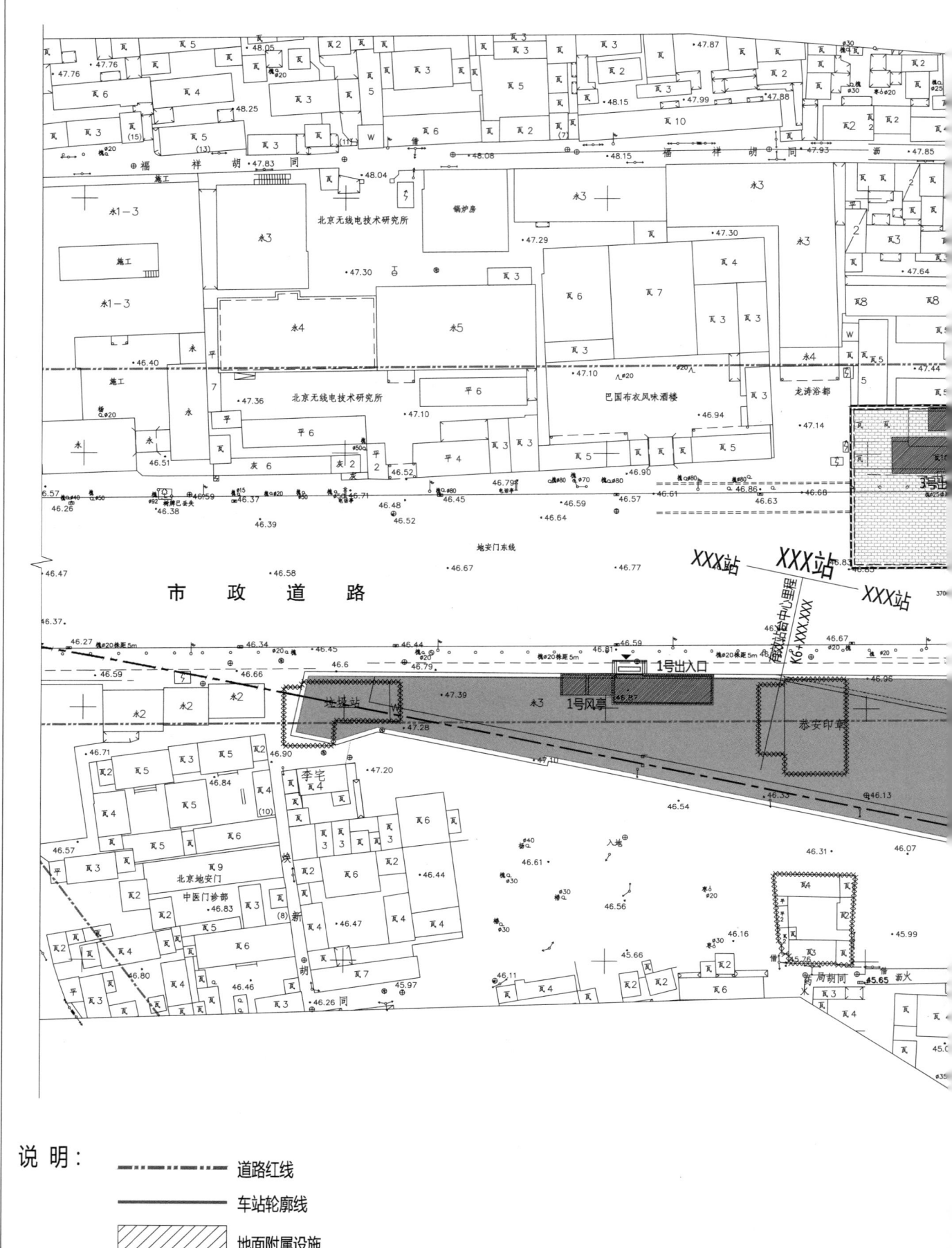

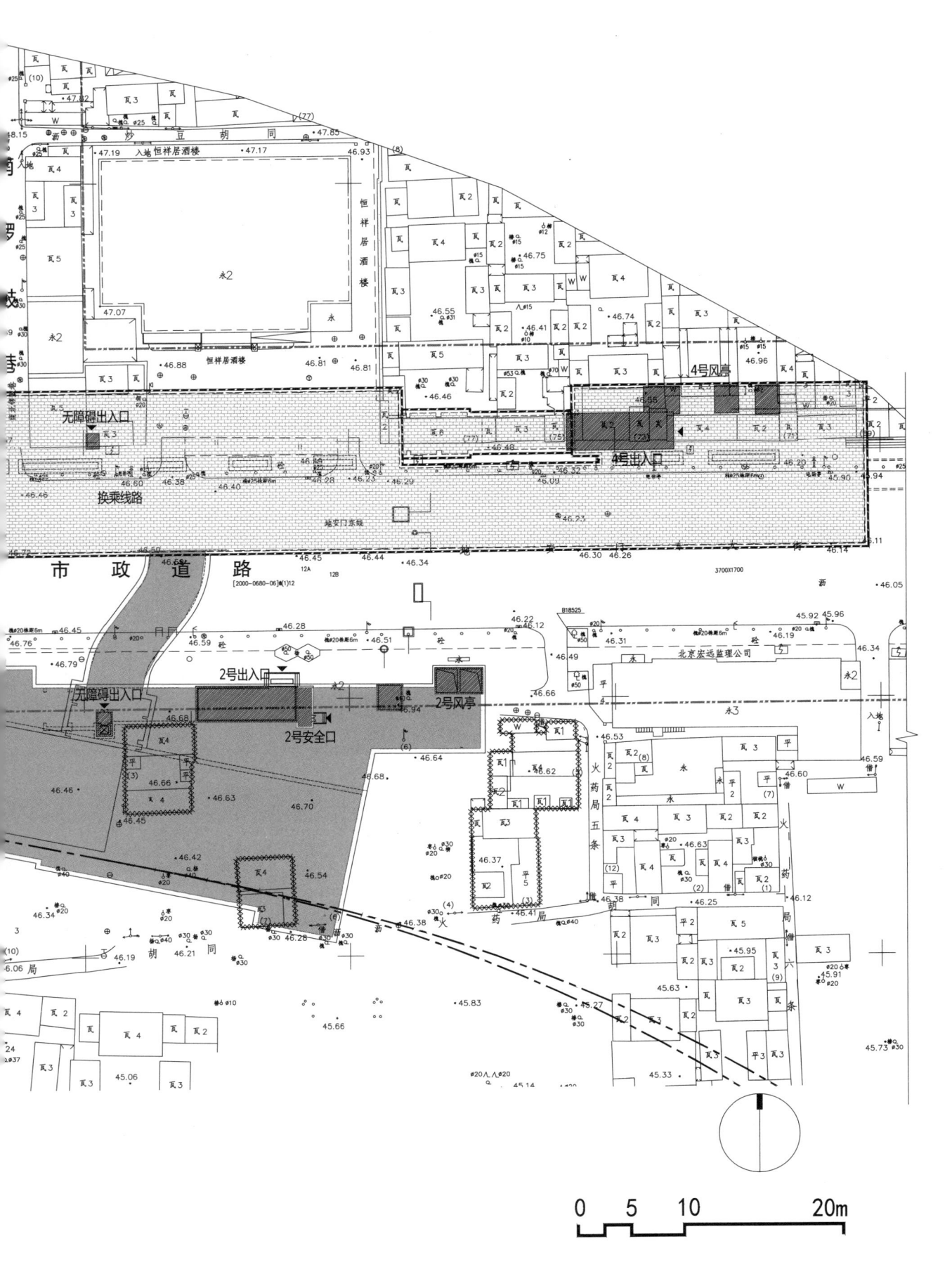

| 图名 | 分层式车站总平面图 |

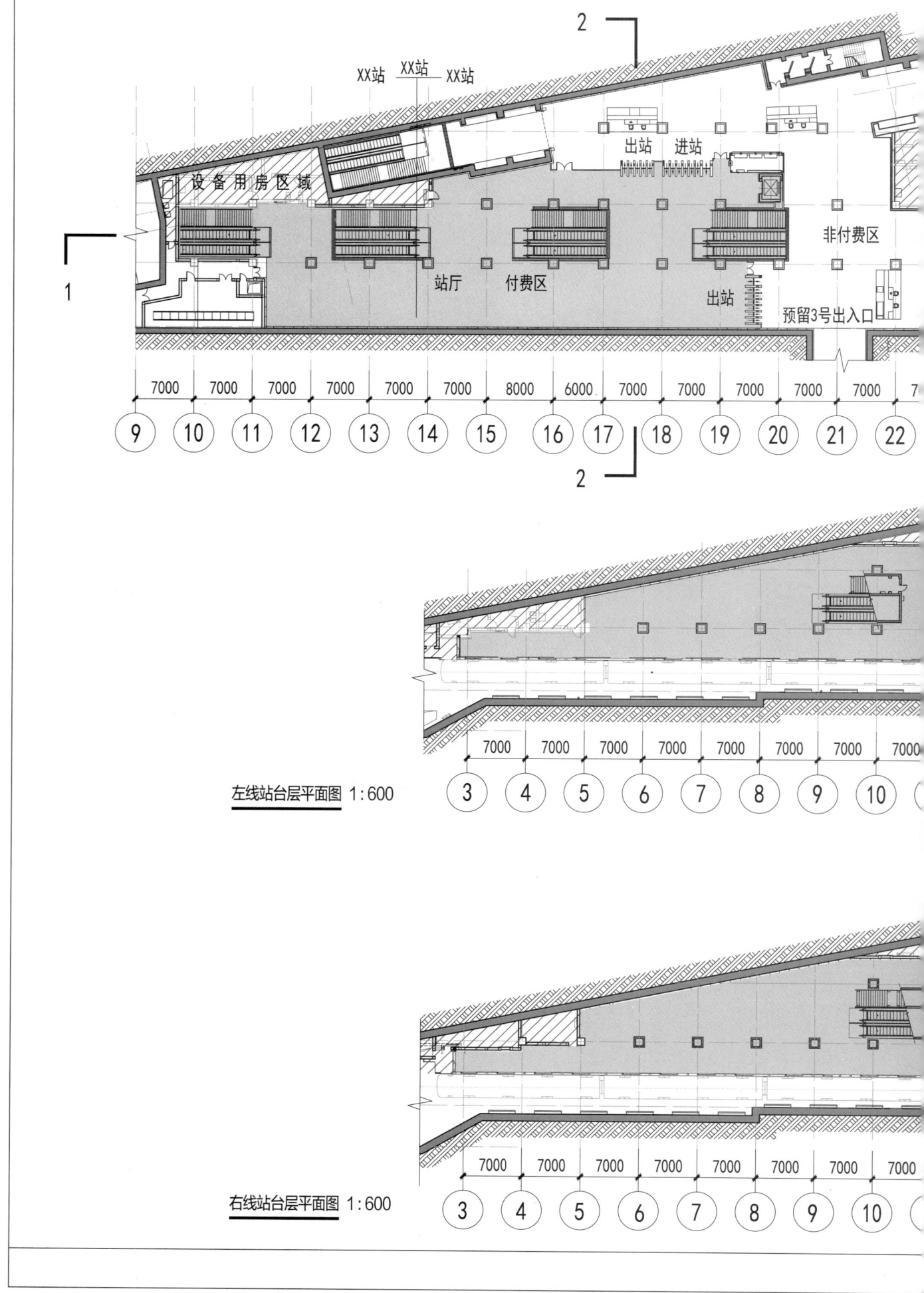

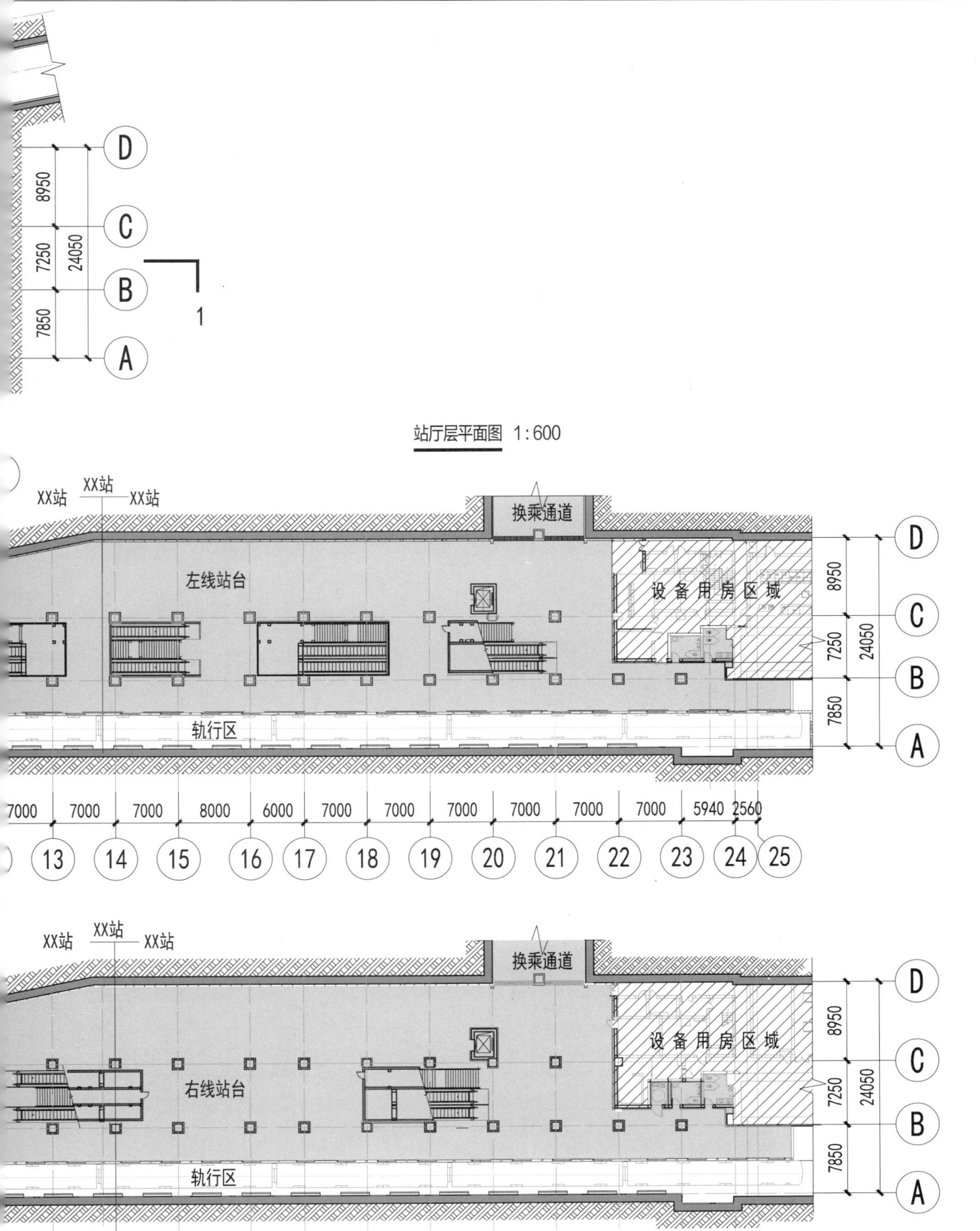

图名 | 分层式车站站厅、站台平面图

XX站
XX站
设备用房区域
左线站台层
右线站台层
7000
7000
7000
7000
7000
7000
7000
7000
7000
7000
4
5
6
7
8
9
10
11
12
14
15

1-1剖面图 1:400

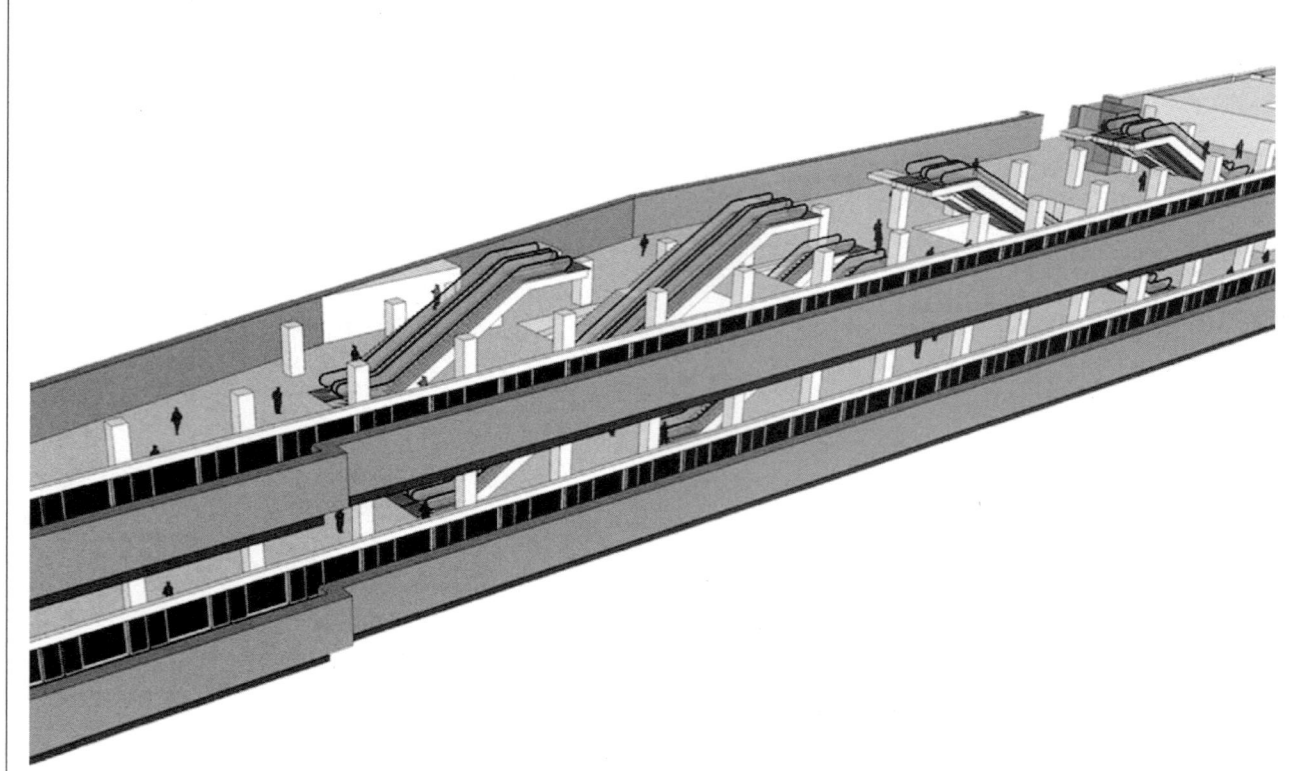

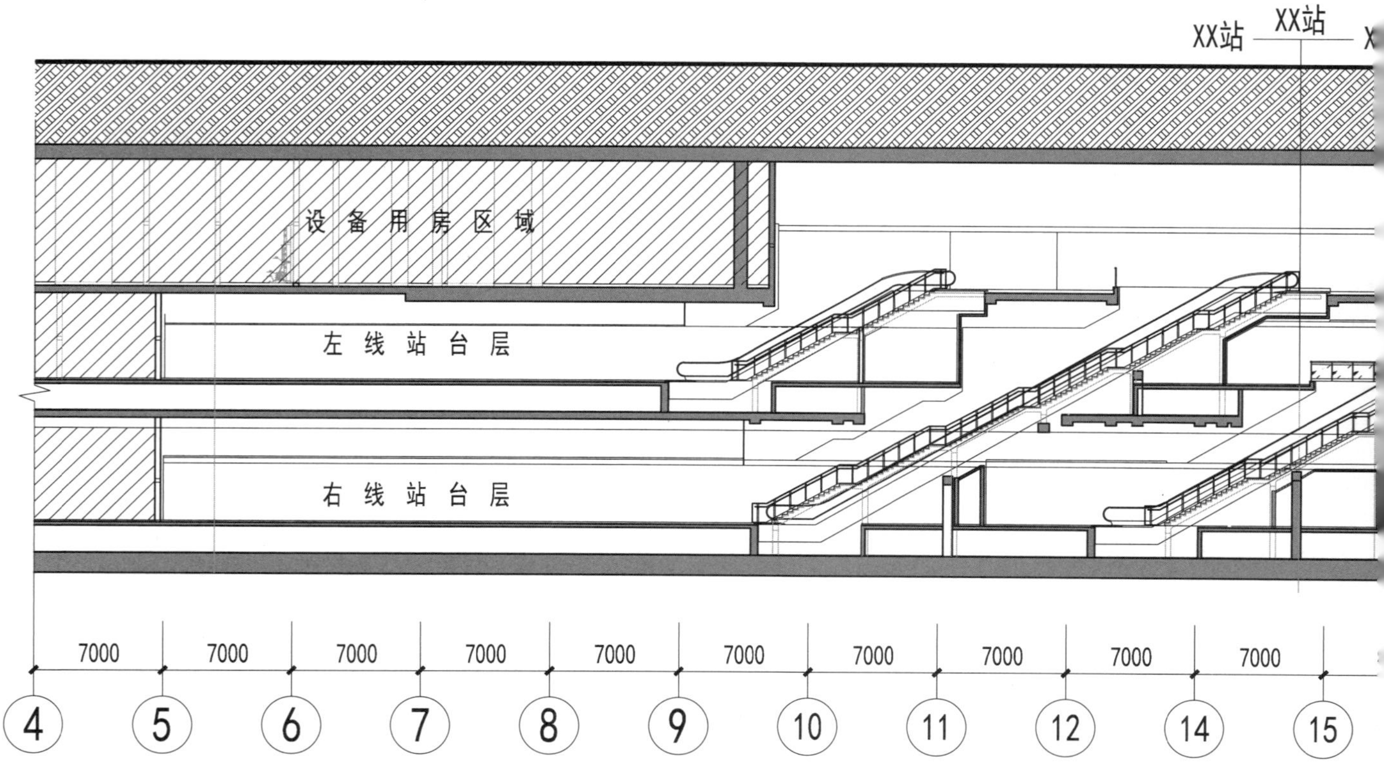

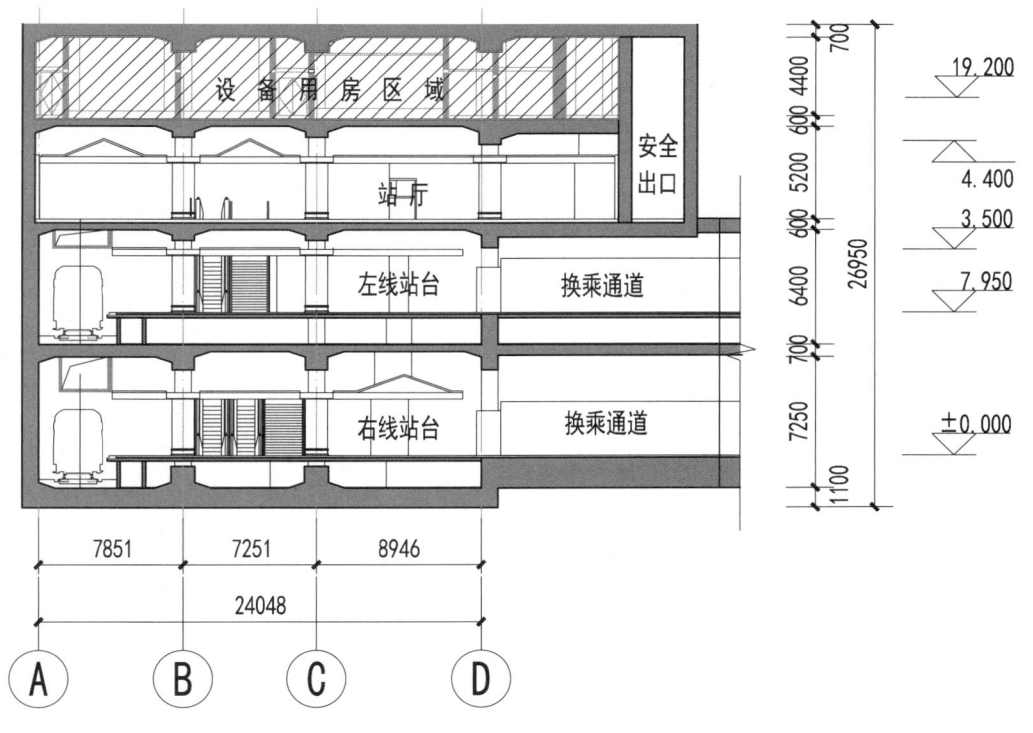

2-2剖面图 1:400

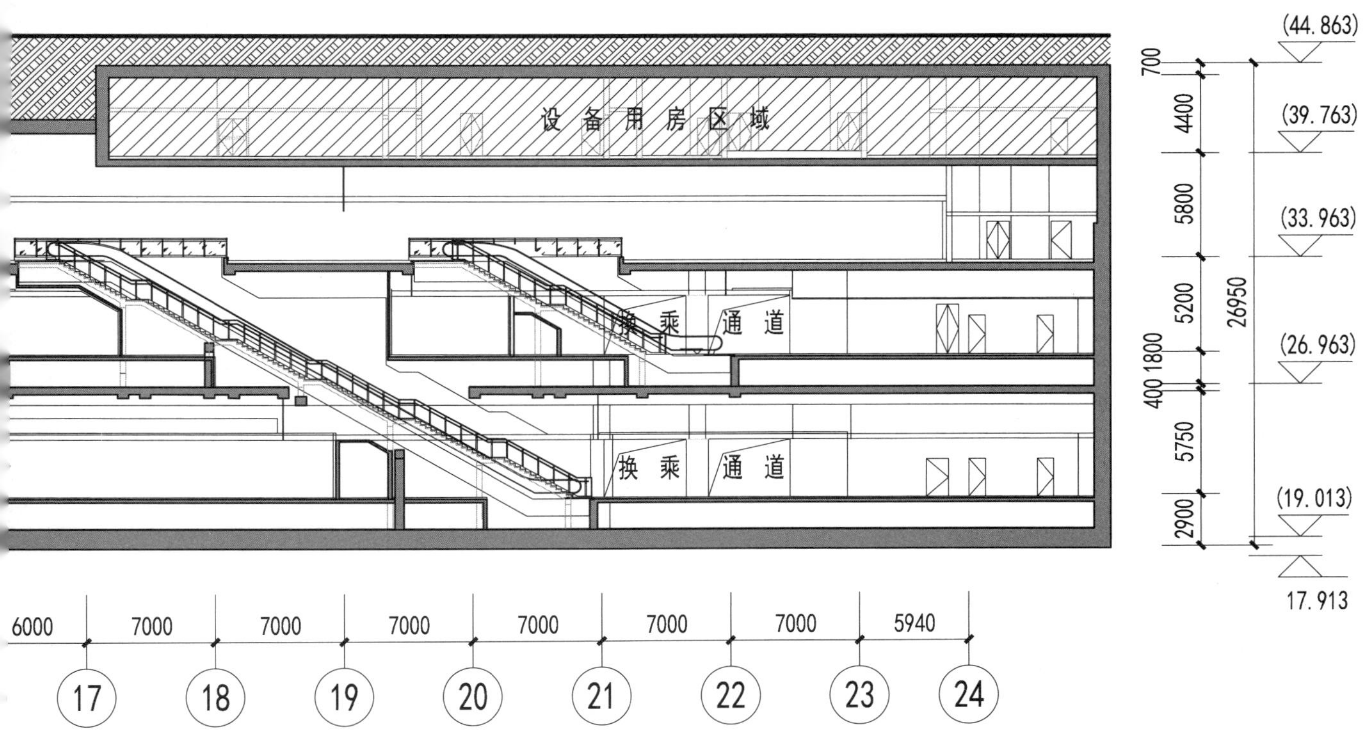

| 图名 | 分层式车站站厅、站台剖面图 |

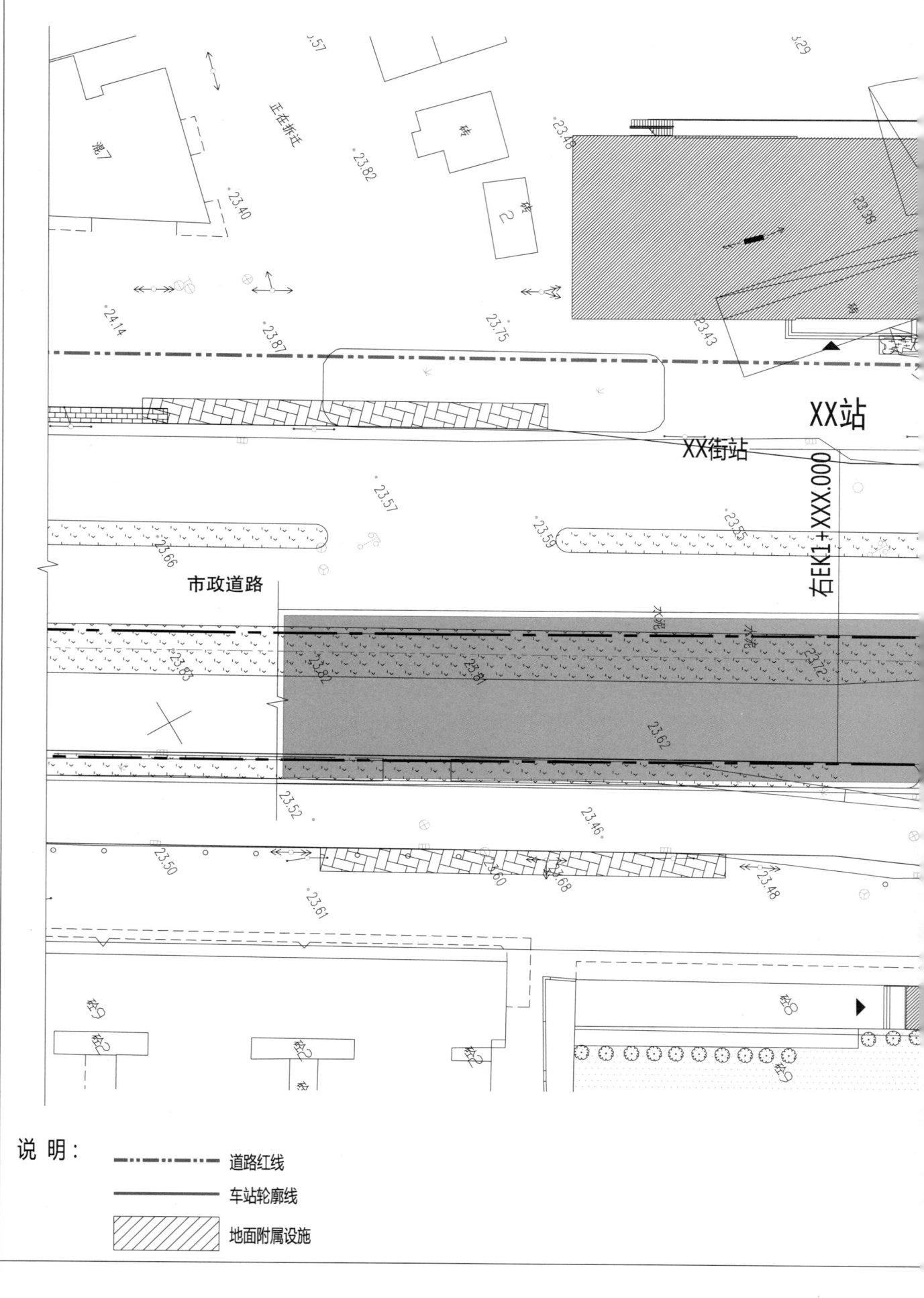

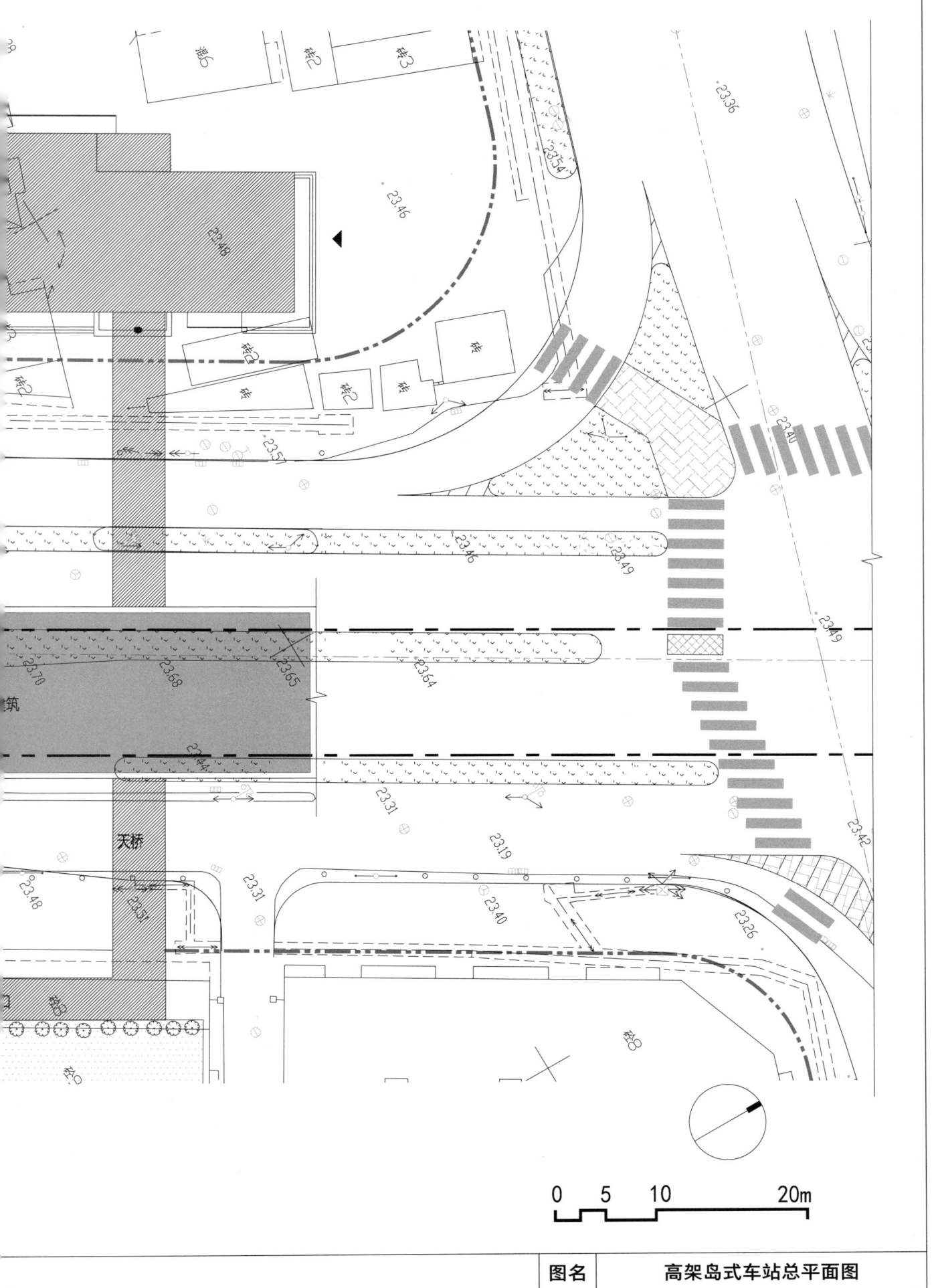

| 图名 | 高架岛式车站总平面图 |

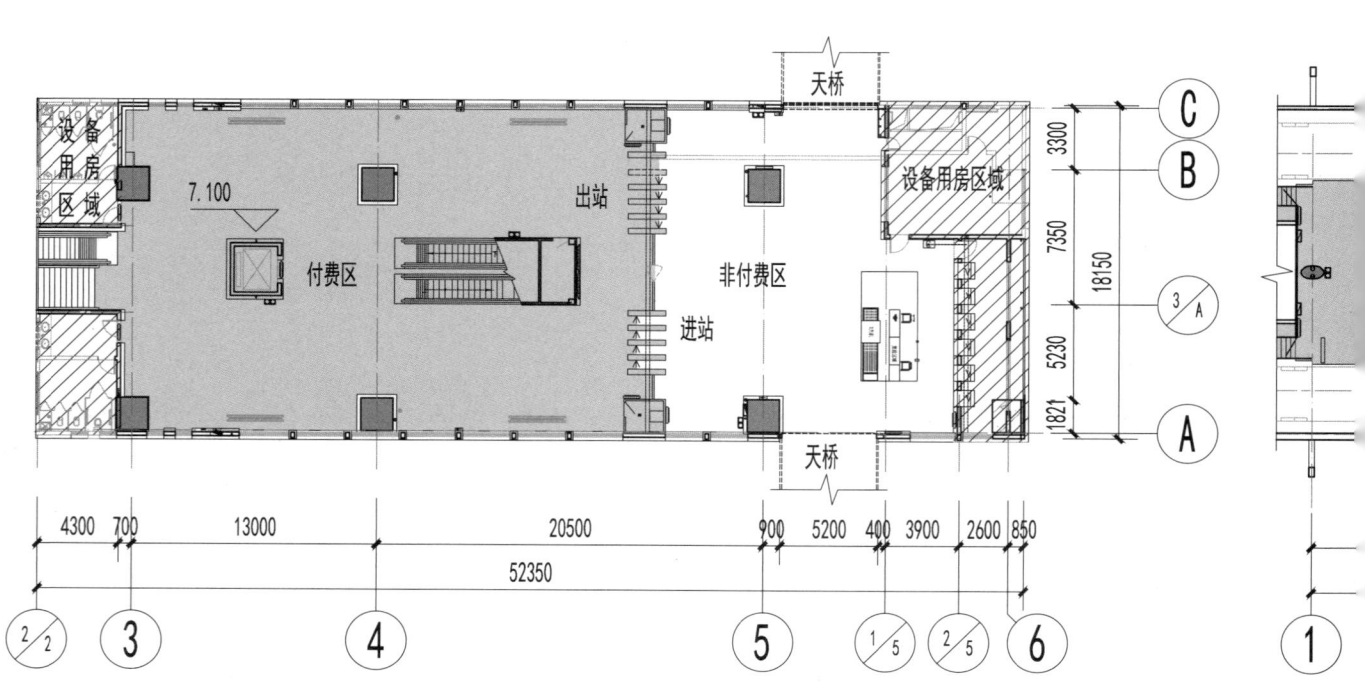

站厅层 ②/②-⑥ 号轴平面布置图 1:400

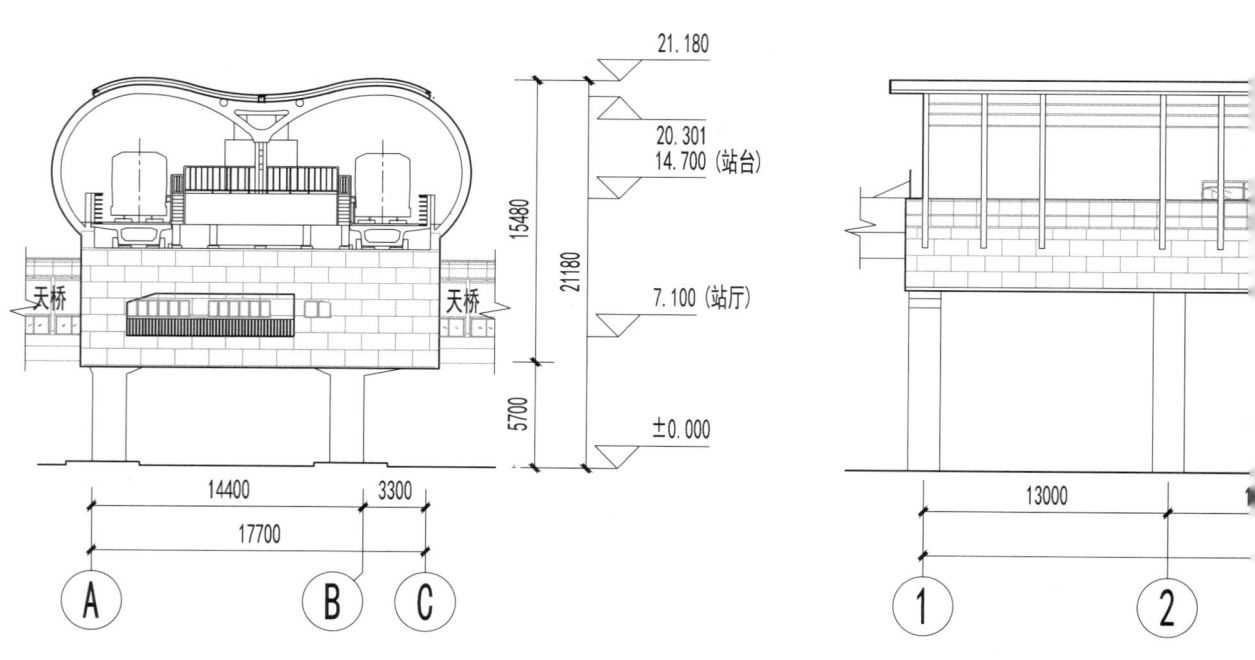

Ⓐ-Ⓒ 轴立面图 1:400

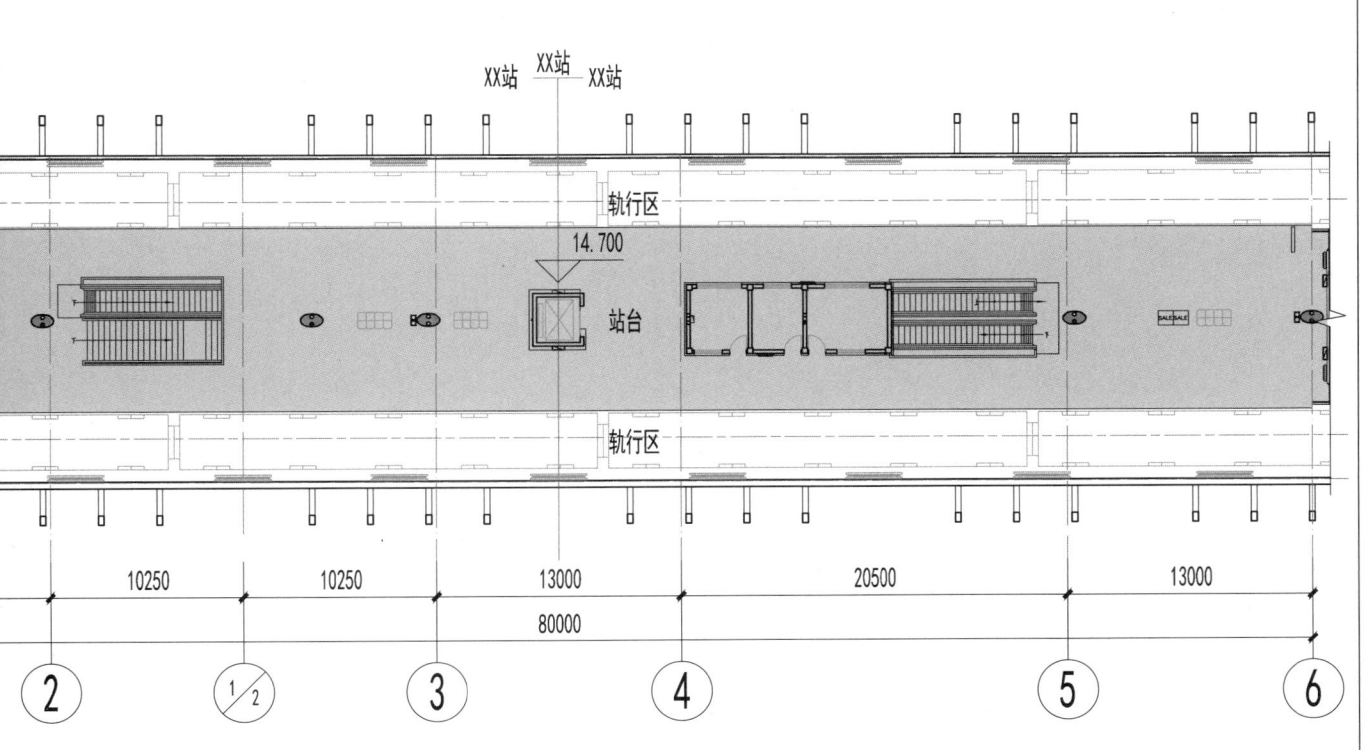

站台层①-⑥号轴平面布置图 1:400

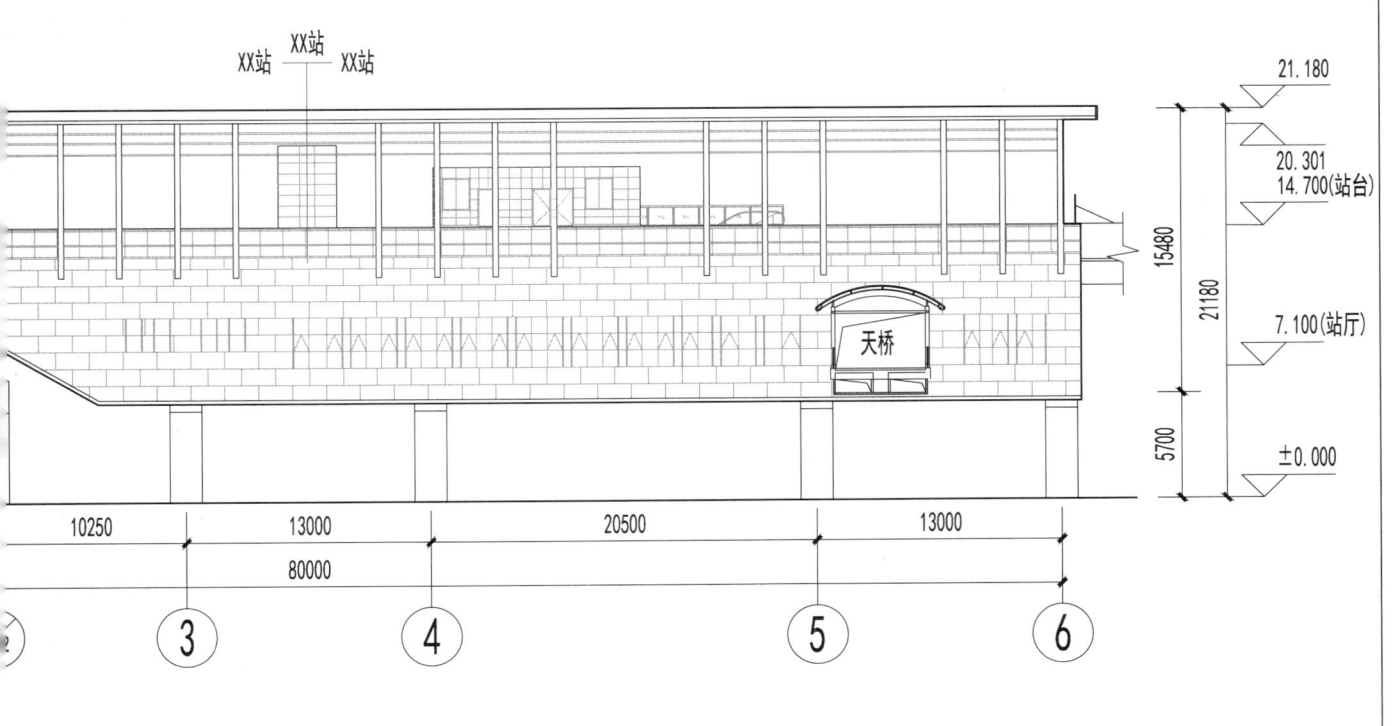

①-⑥号轴立面图 1:400

| 图名 | 高架岛式车站站厅、站台平面、立面图 |

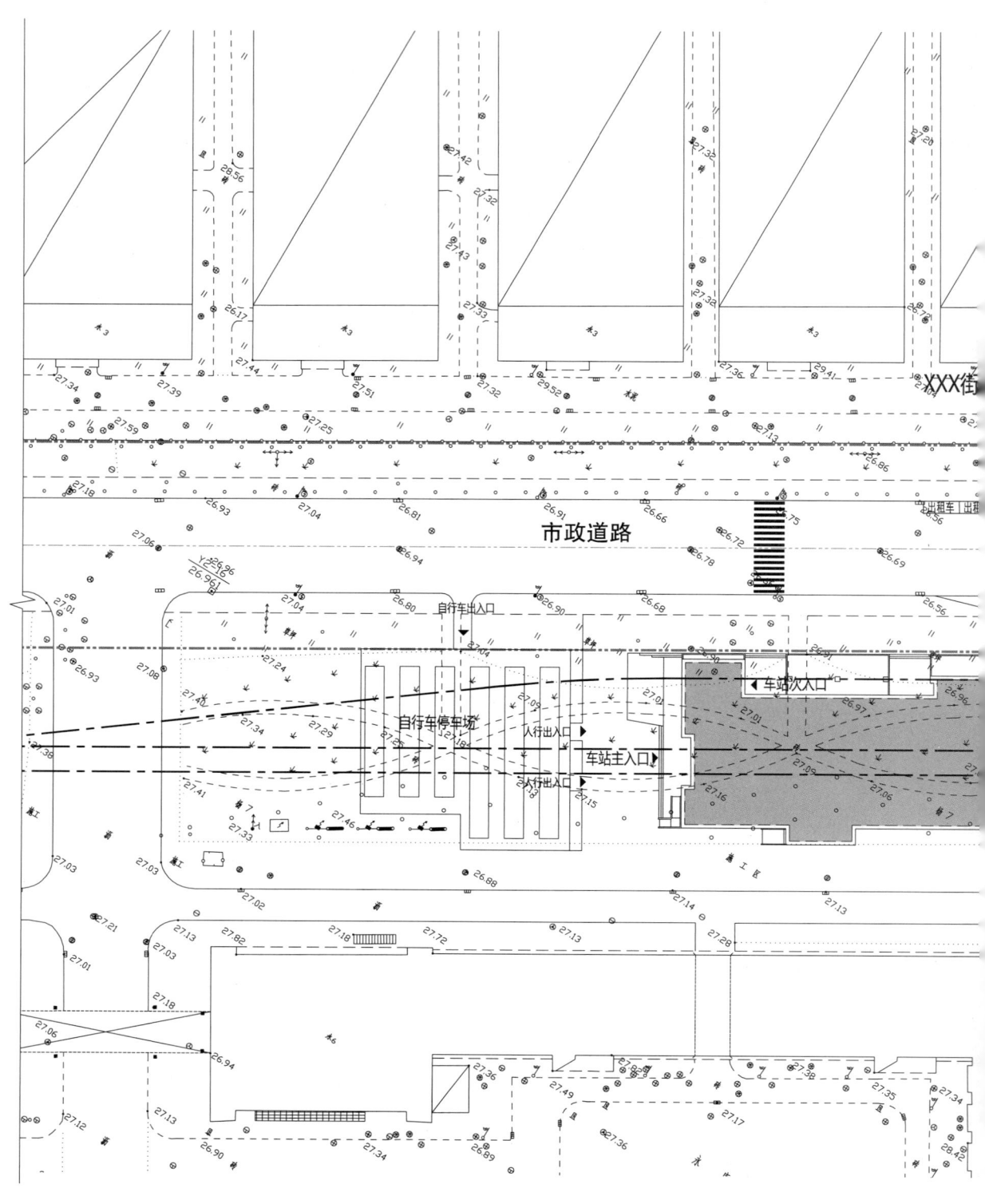

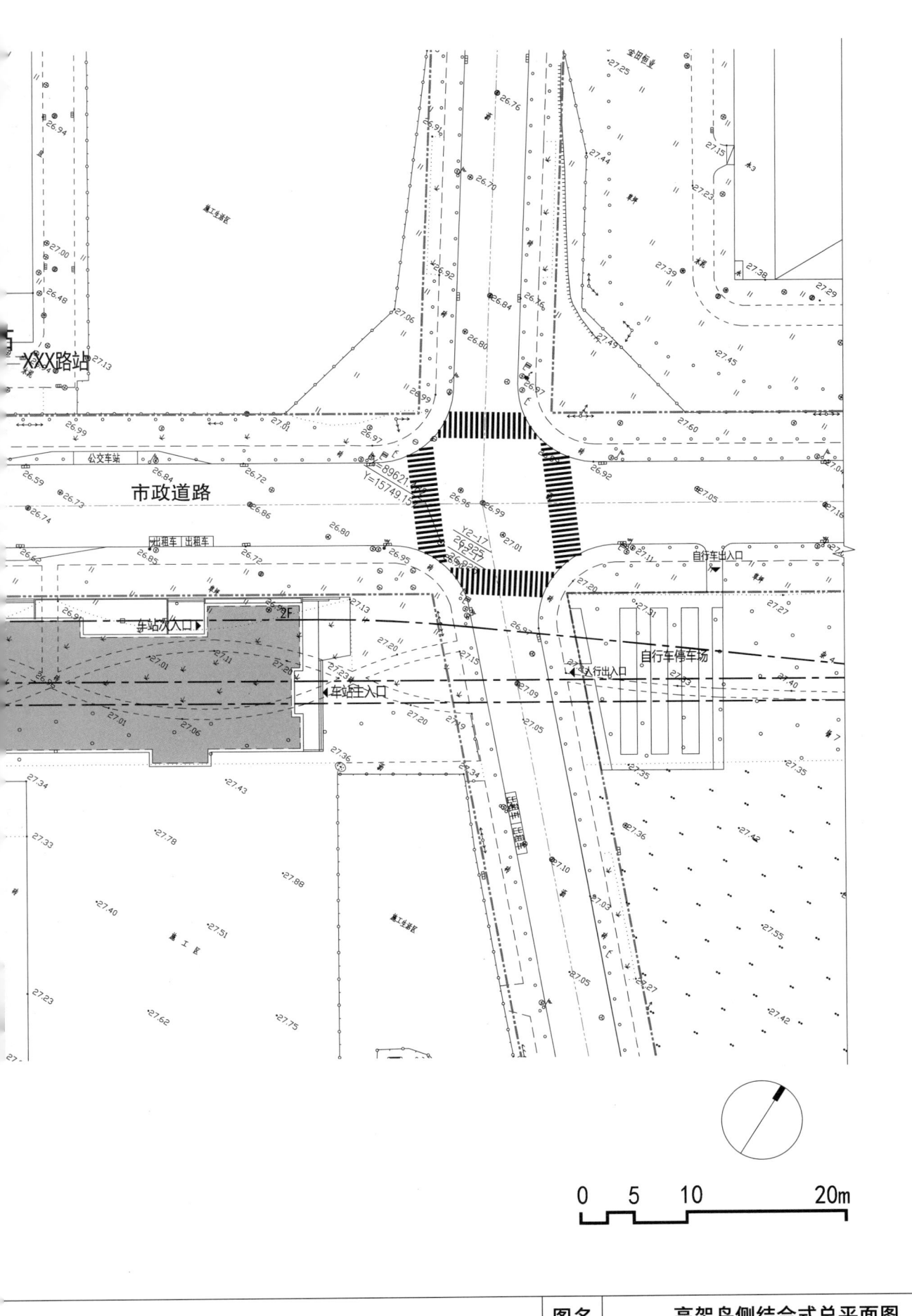

| 图名 | 高架岛侧结合式总平面图 |

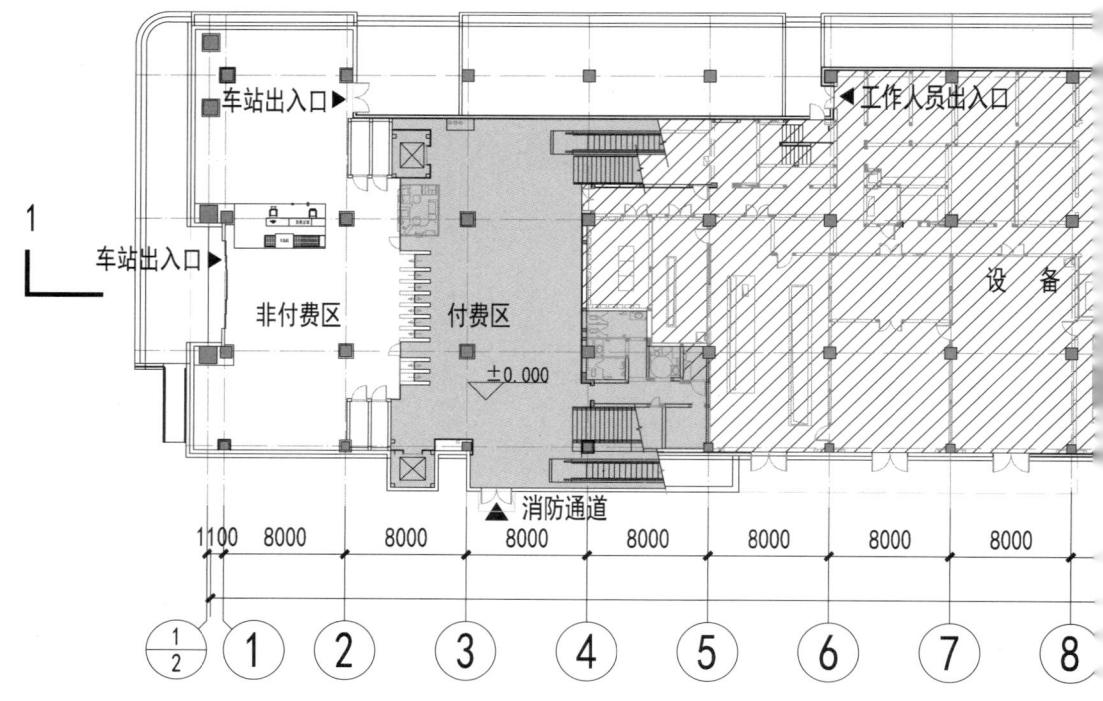

站厅层平面图 1:500

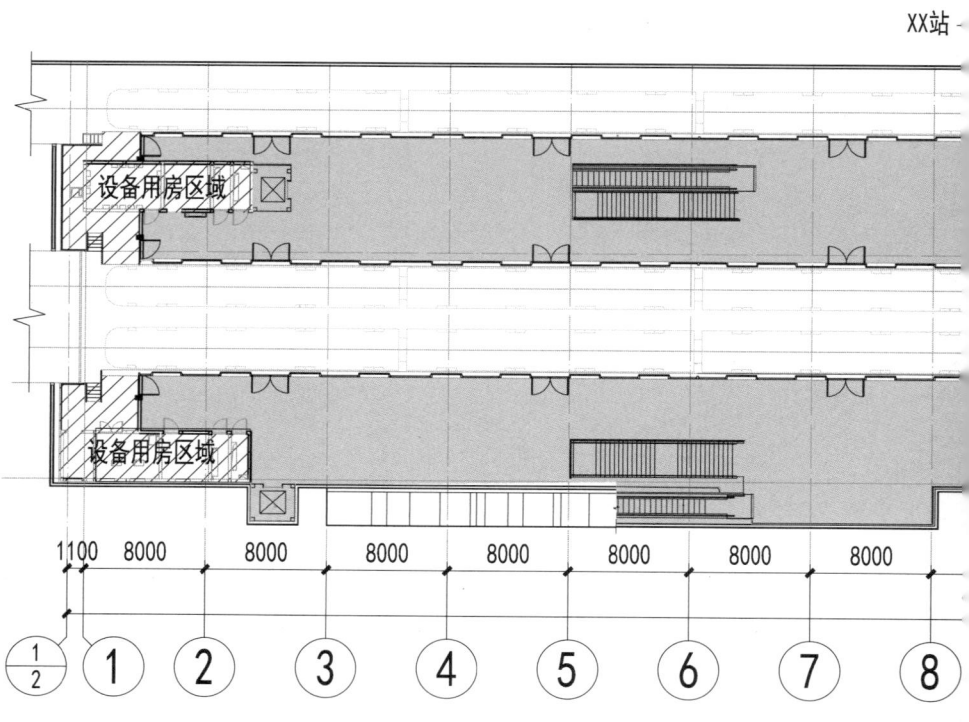

站台层平面图 1:500

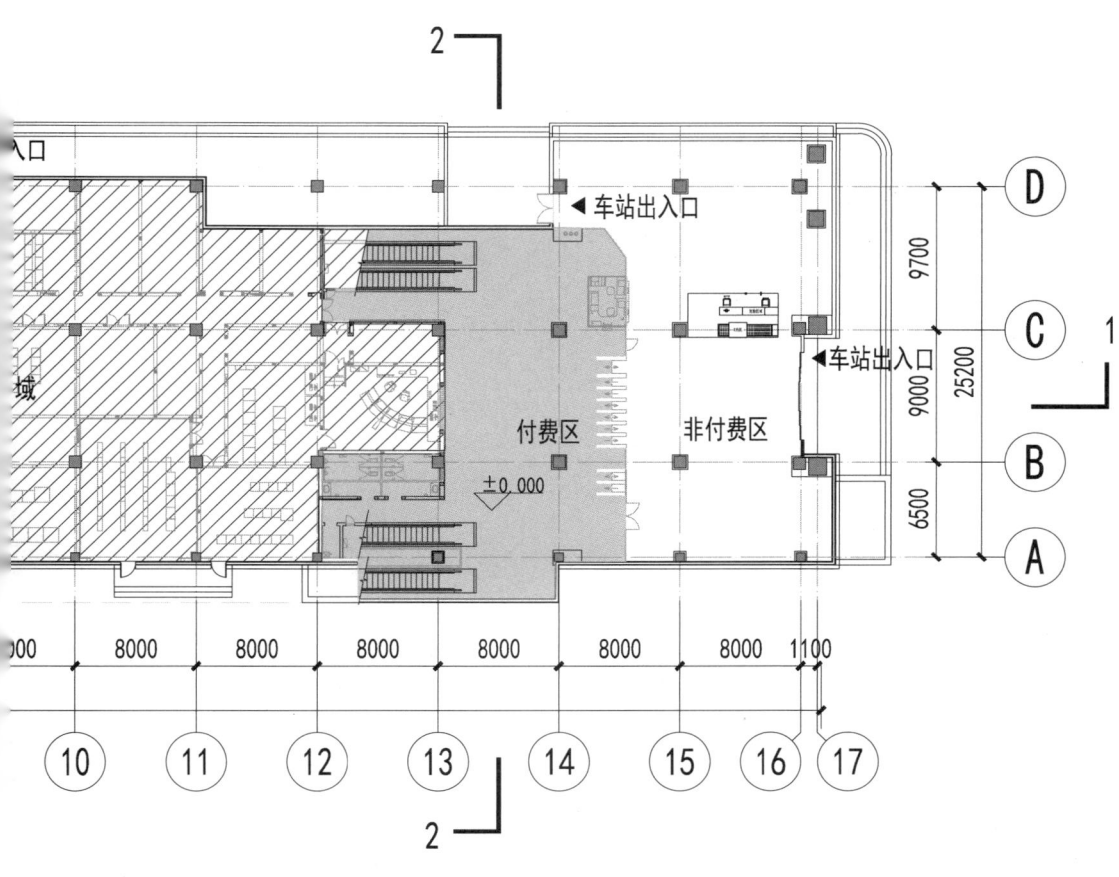

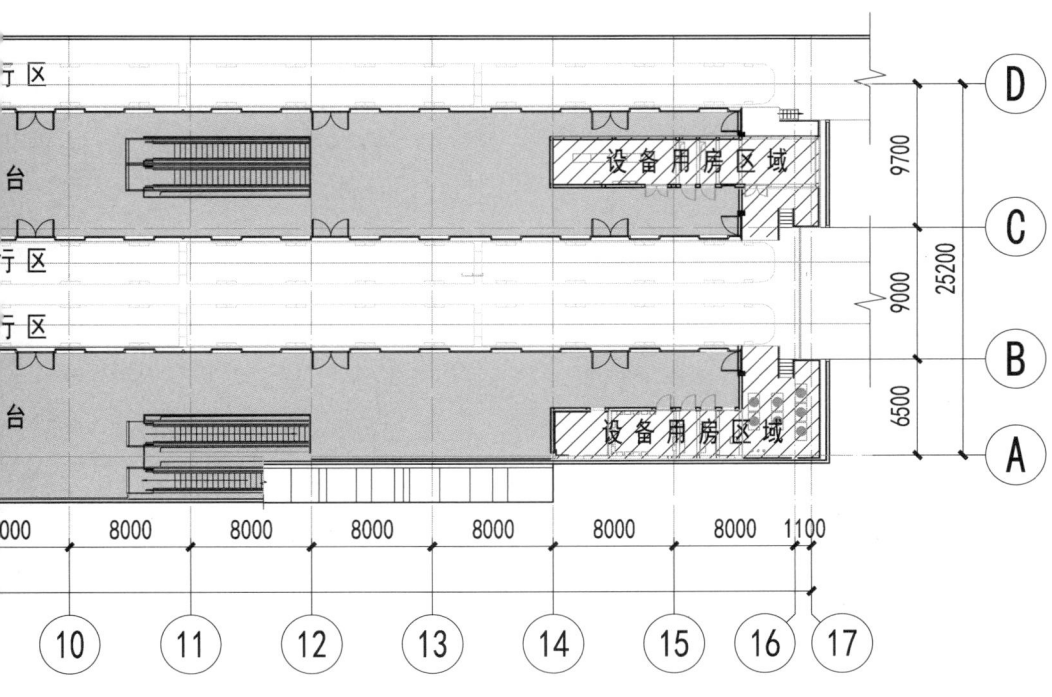

| 图名 | 高架岛侧结合式站厅、站台平面图 |

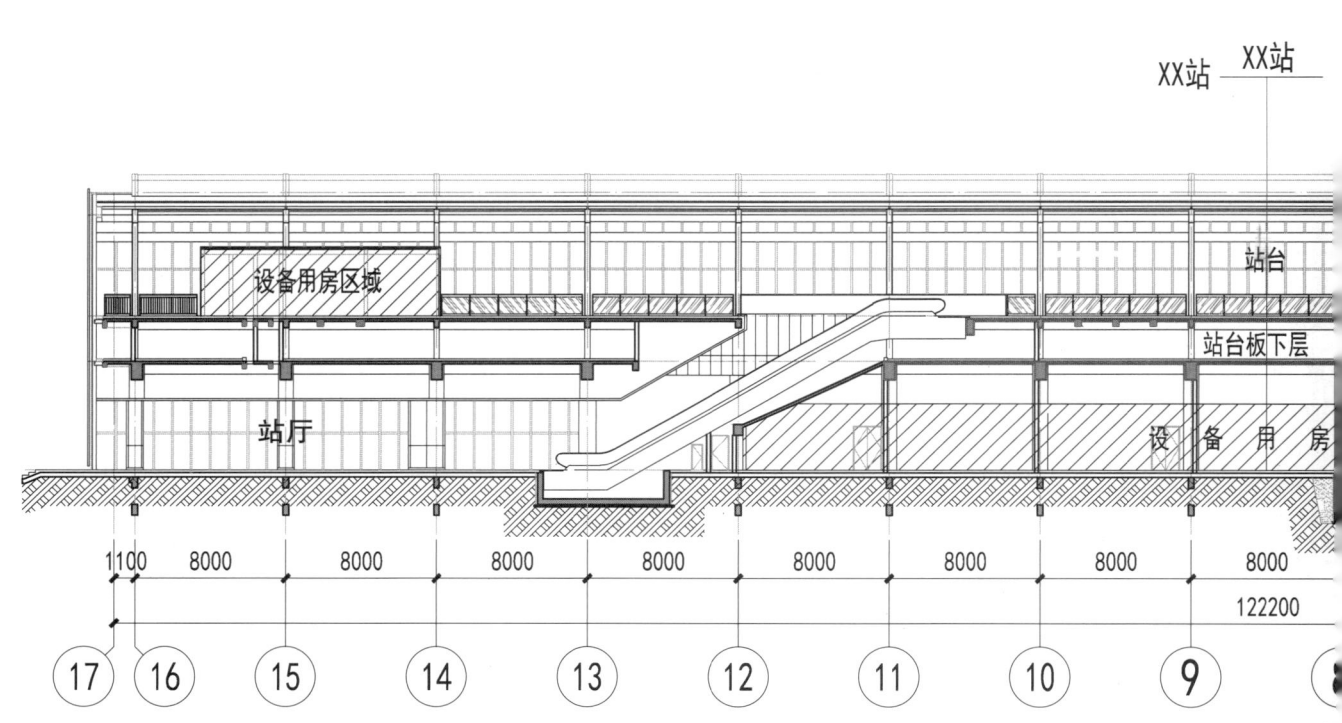

1-1剖面图 1:400

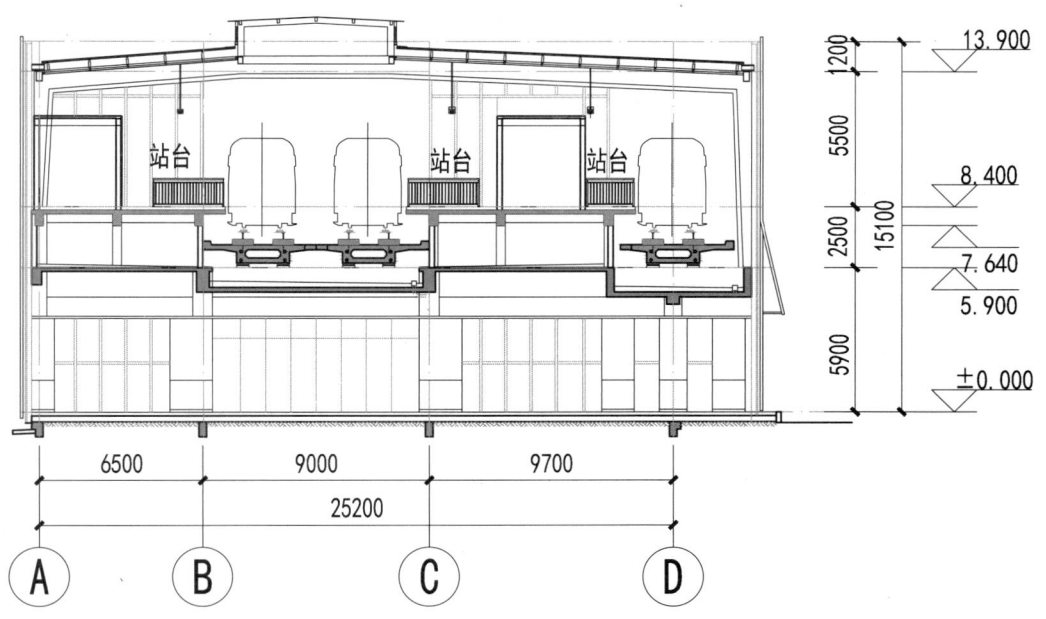

2-2剖面图 1:300

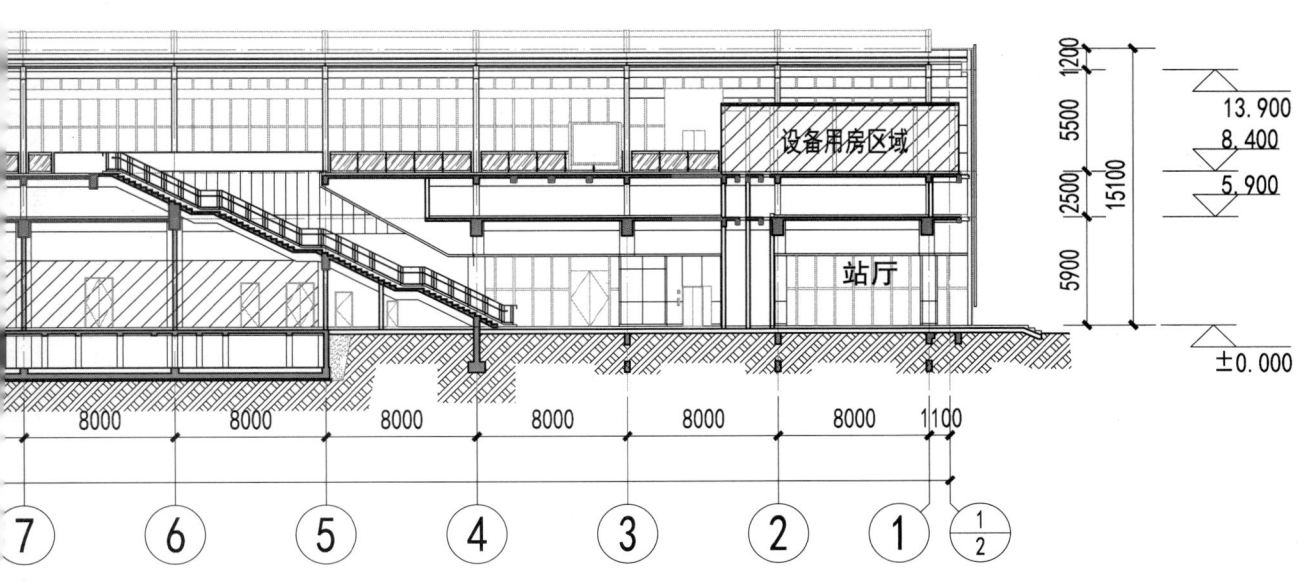

| 图名 | 高架岛侧结合式站厅、站台剖面图 |

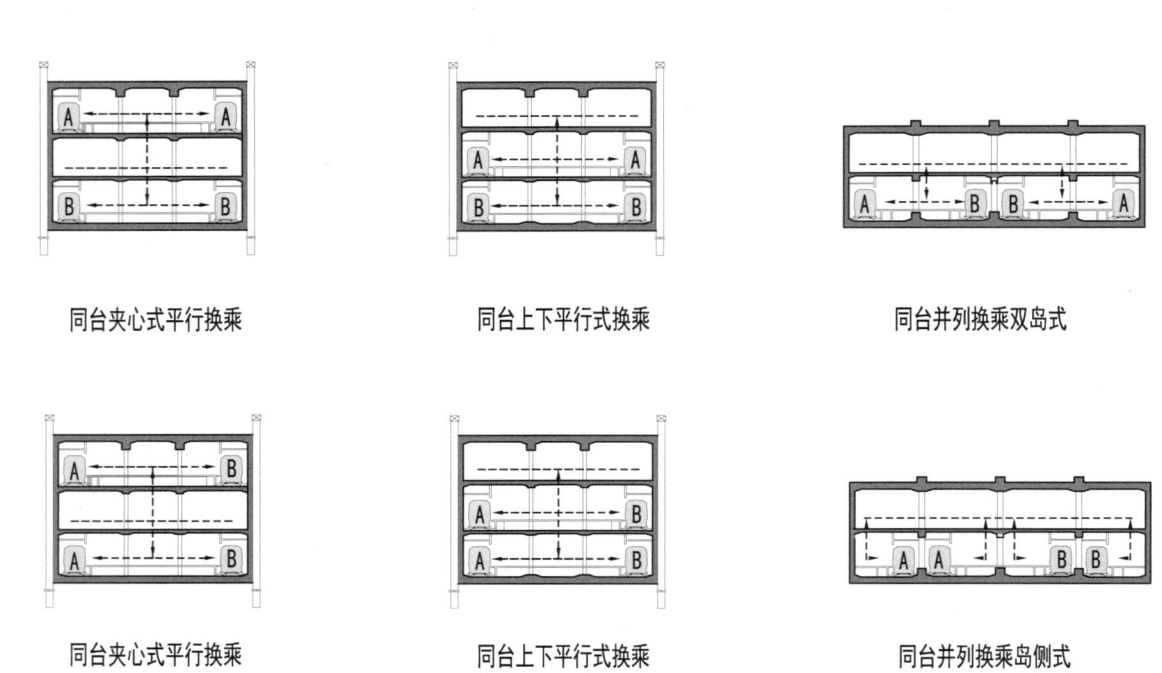

同台夹心式平行换乘　　　　同台上下平行式换乘　　　　同台并列换乘双岛式

同台夹心式平行换乘　　　　同台上下平行式换乘　　　　同台并列换乘岛侧式

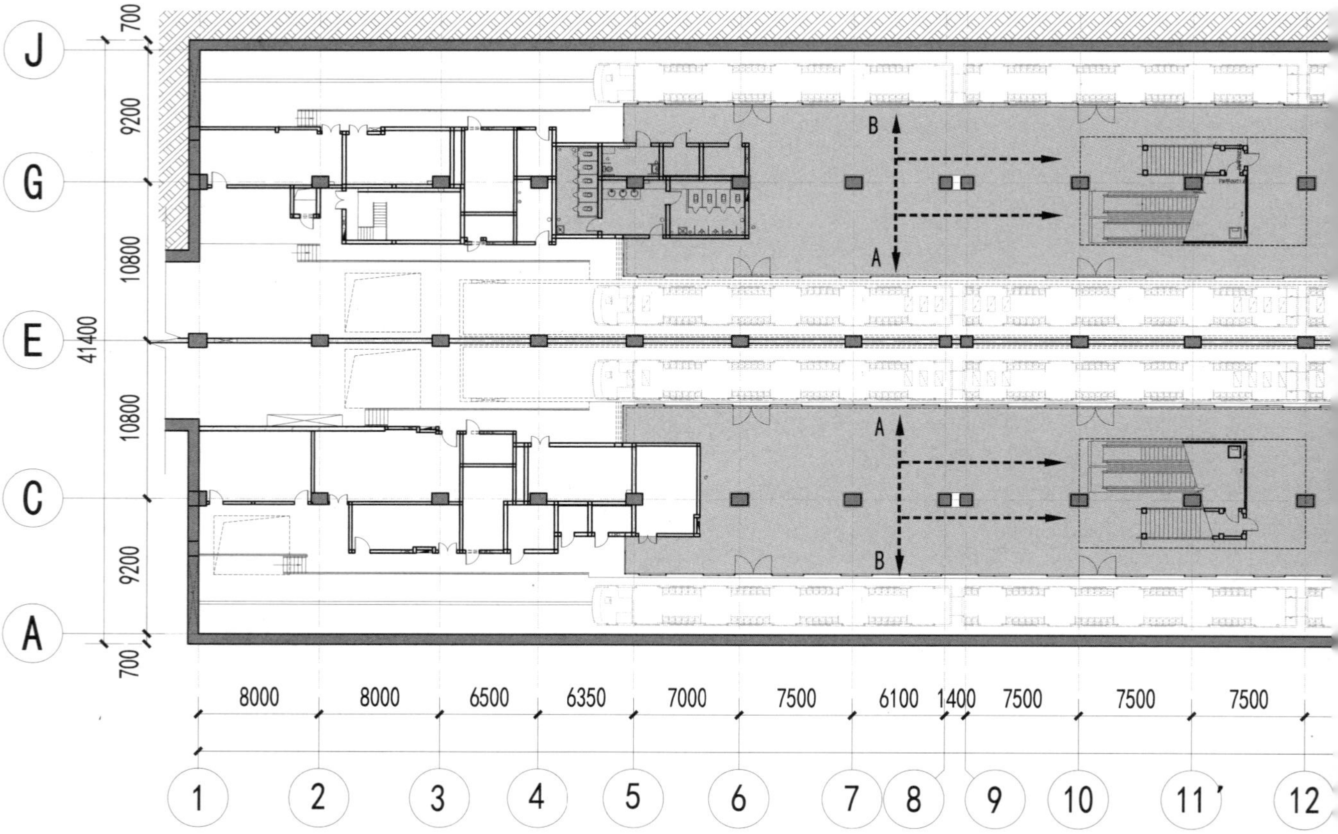

同台并列换乘双岛式平面图　1:500

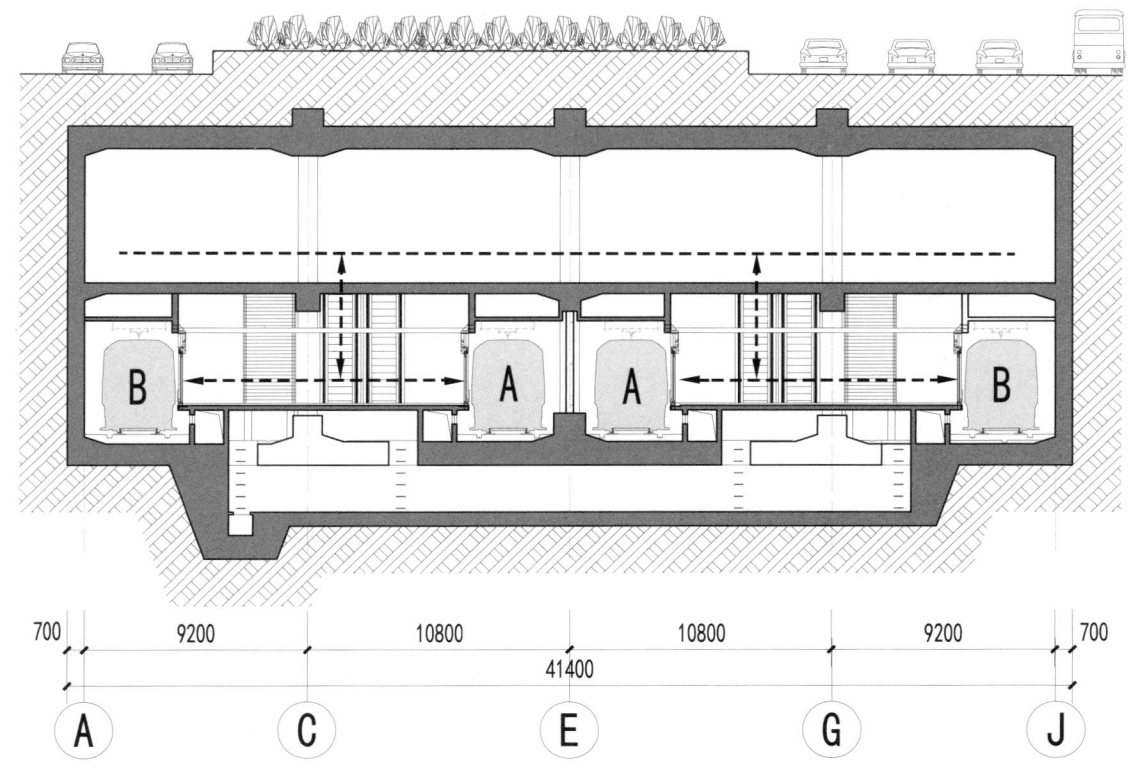

同台并列换乘双岛式剖面图 1:300

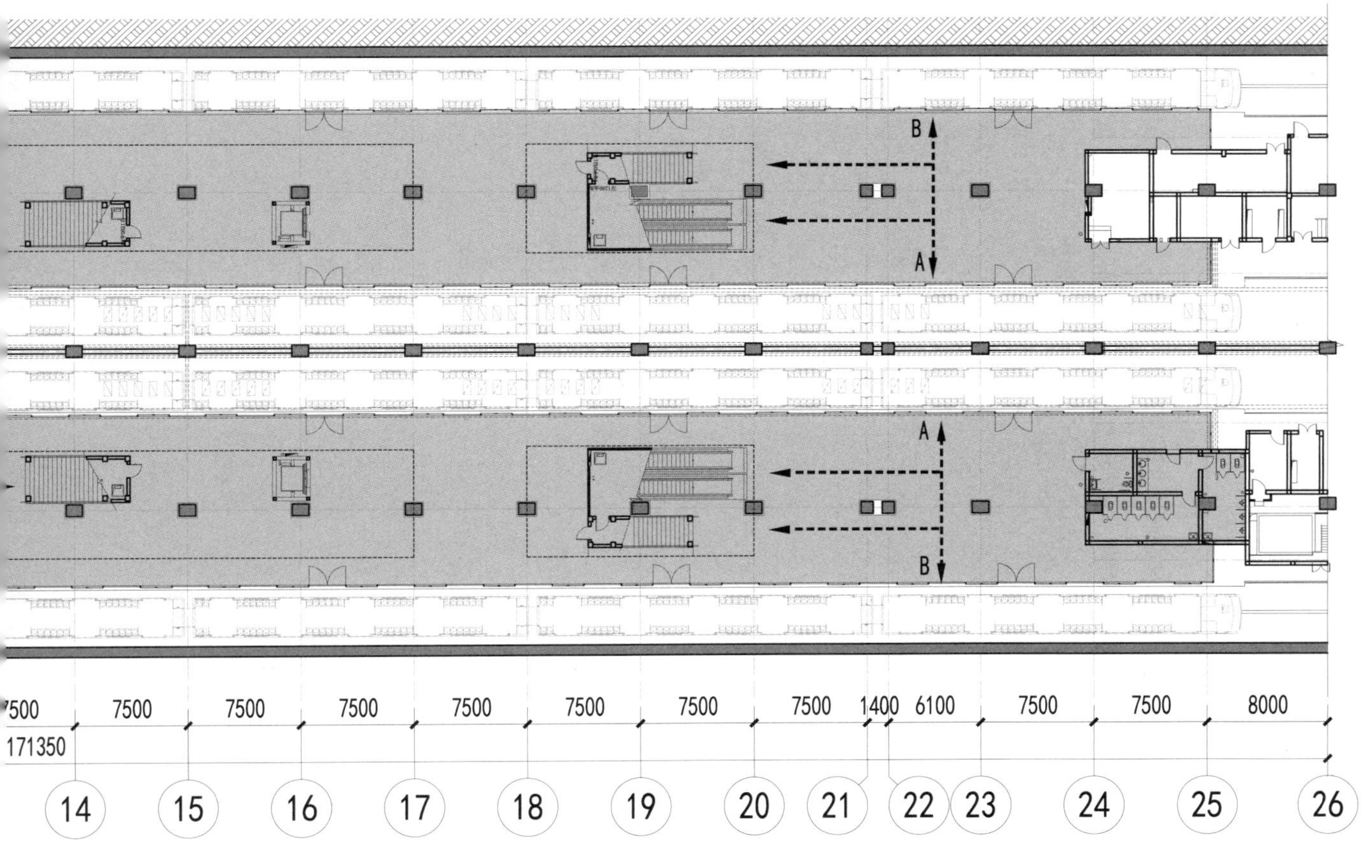

| 图名 | 同站台并列换乘方式车站 |

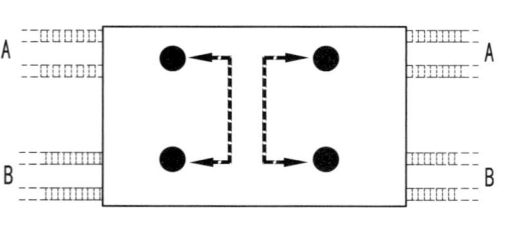

同站厅并列换乘

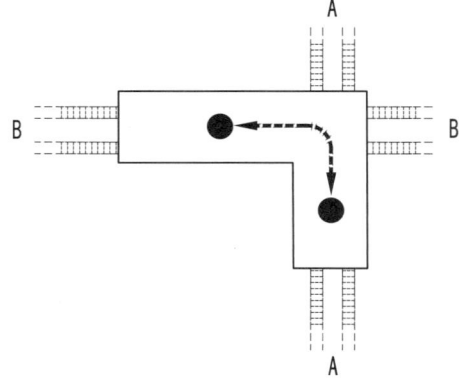

同站厅L形换乘

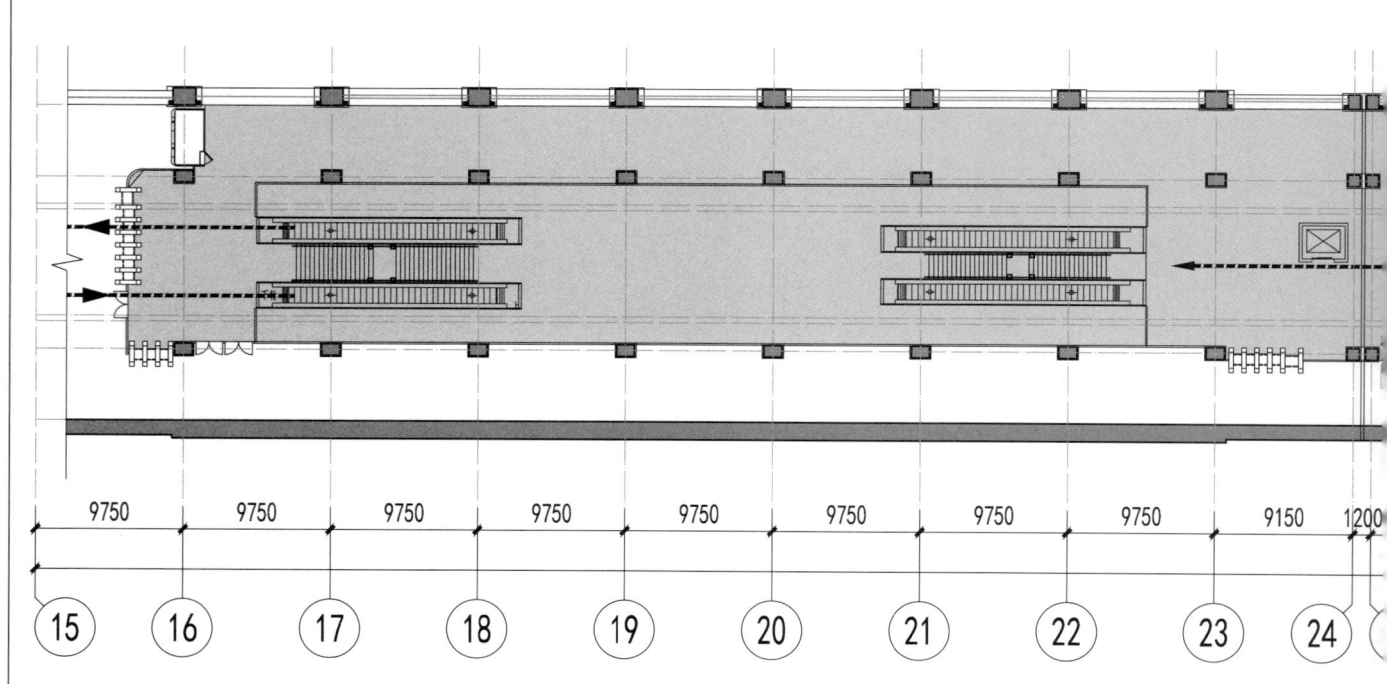

两线站厅T形换乘平面图 1:500

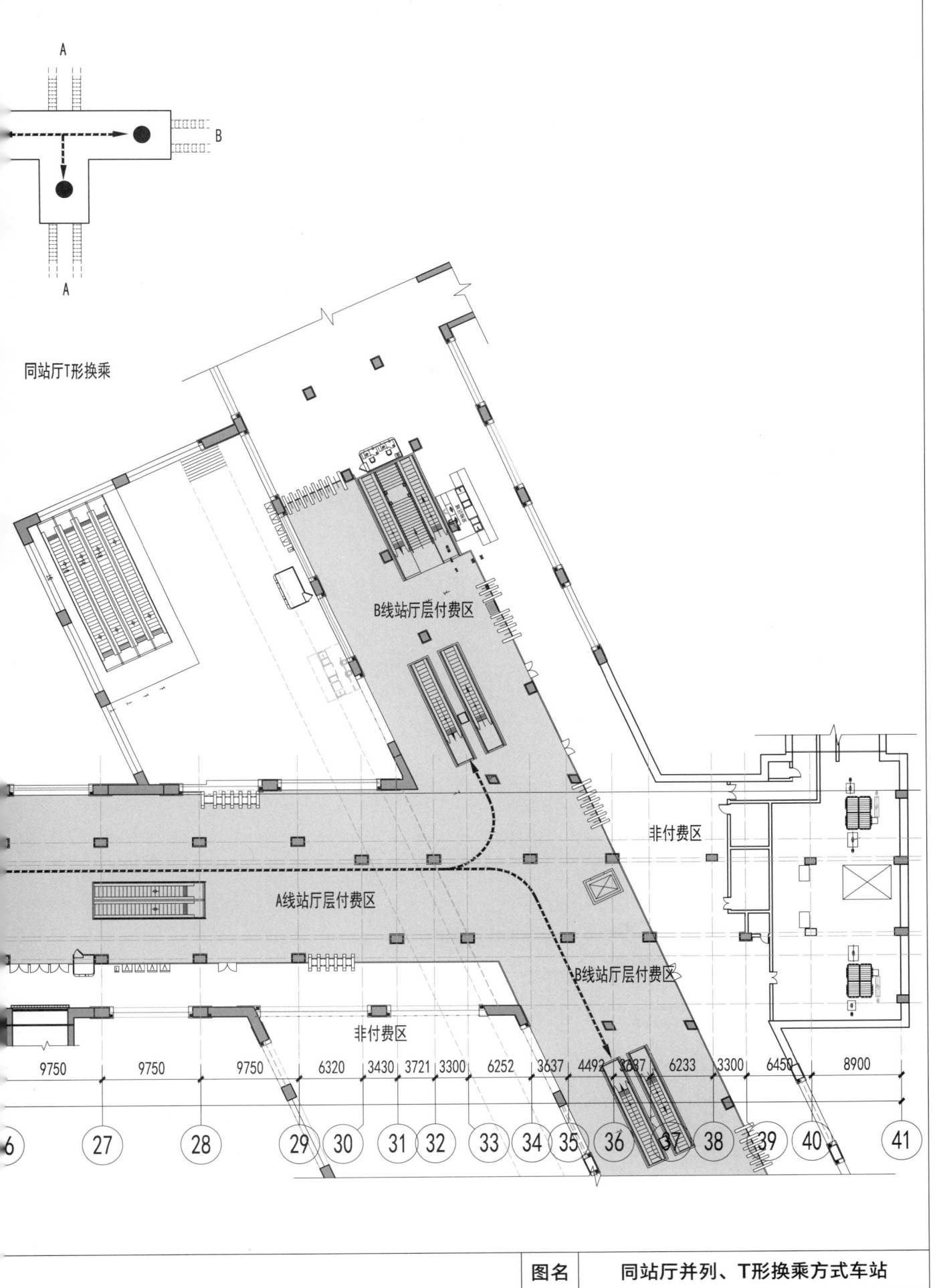

| 图名 | 同站厅并列、T形换乘方式车站 |

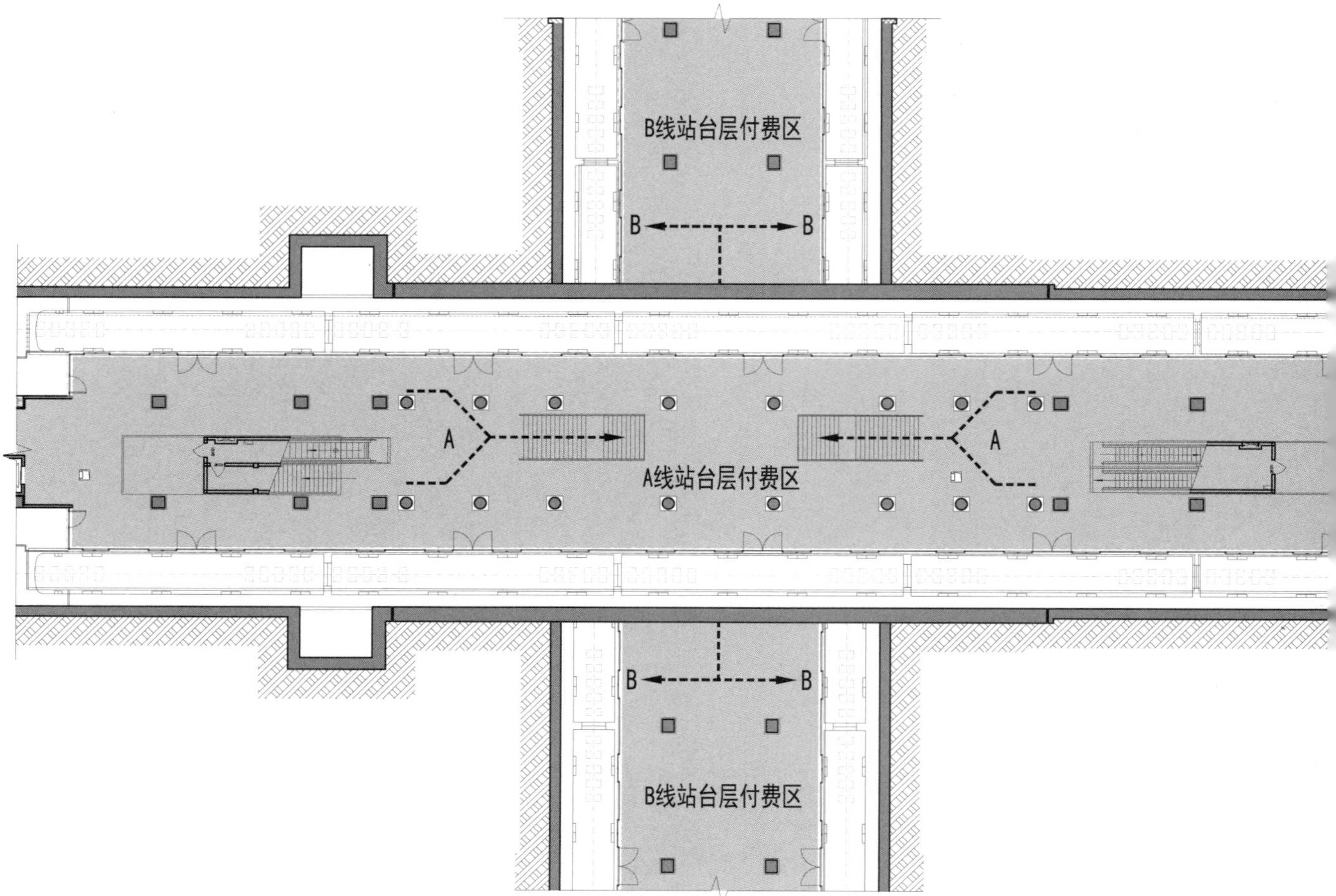

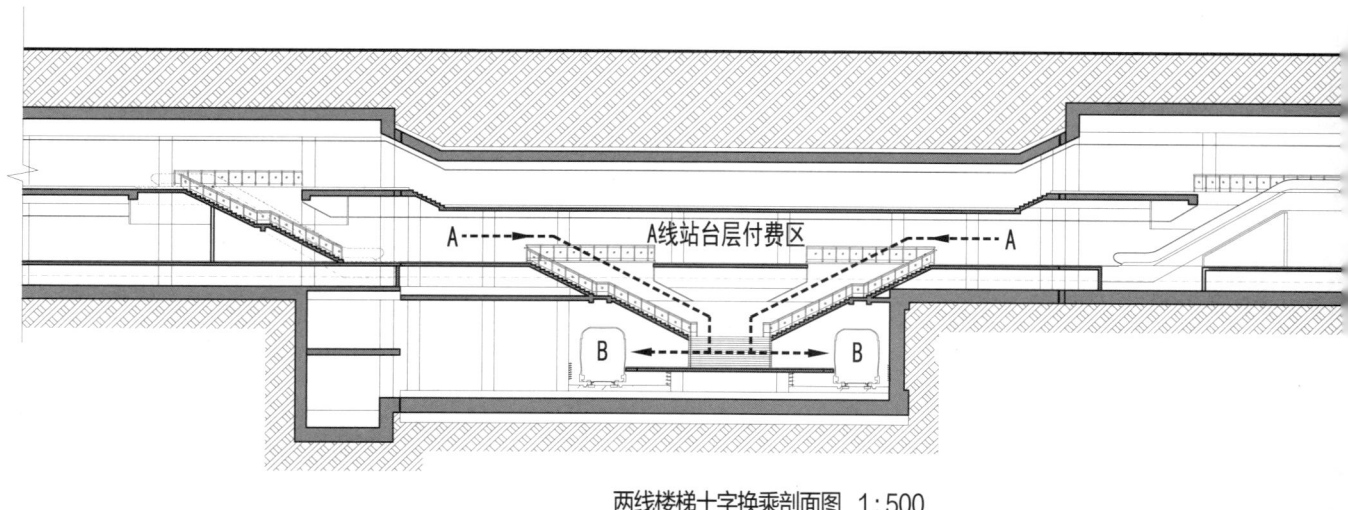

两线楼梯十字换乘平面图 1:500

两线楼梯十字换乘剖面图 1:500

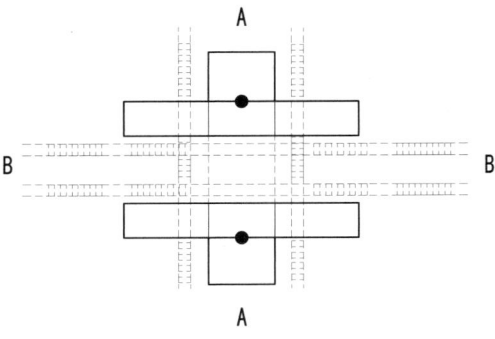

侧式站台+岛式站台

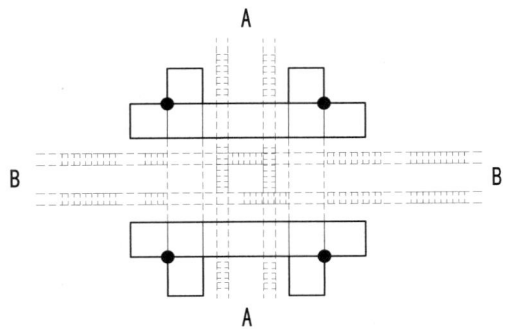

侧式站台+侧式站台

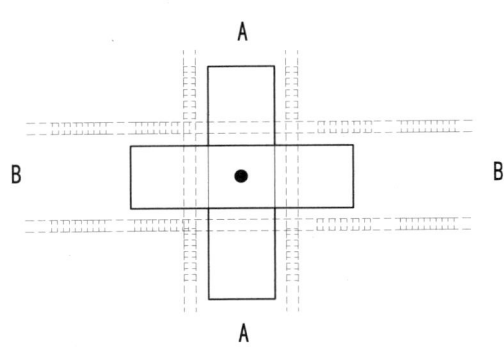

岛式站台+岛式站台

图名	十字换乘方式车站

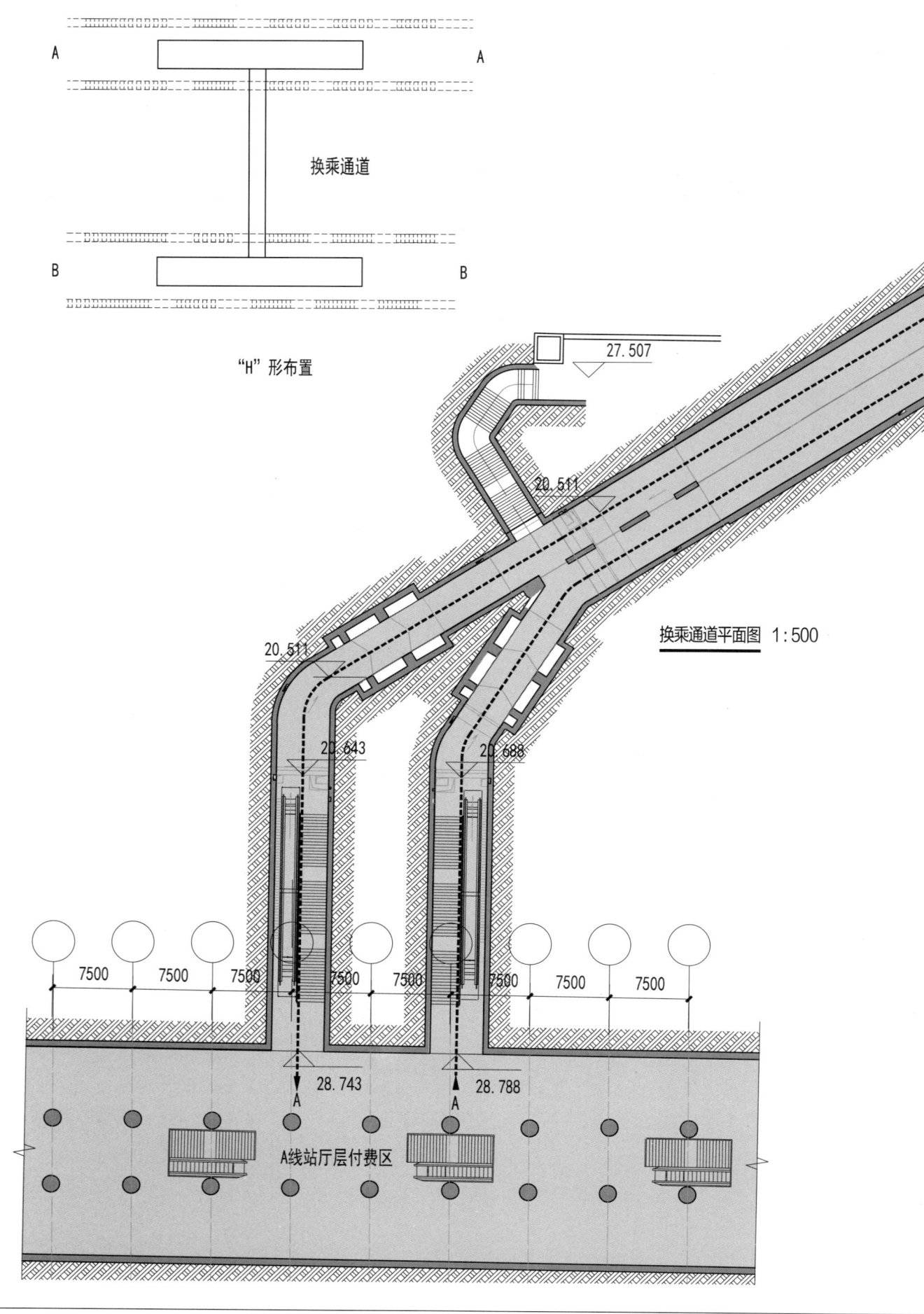

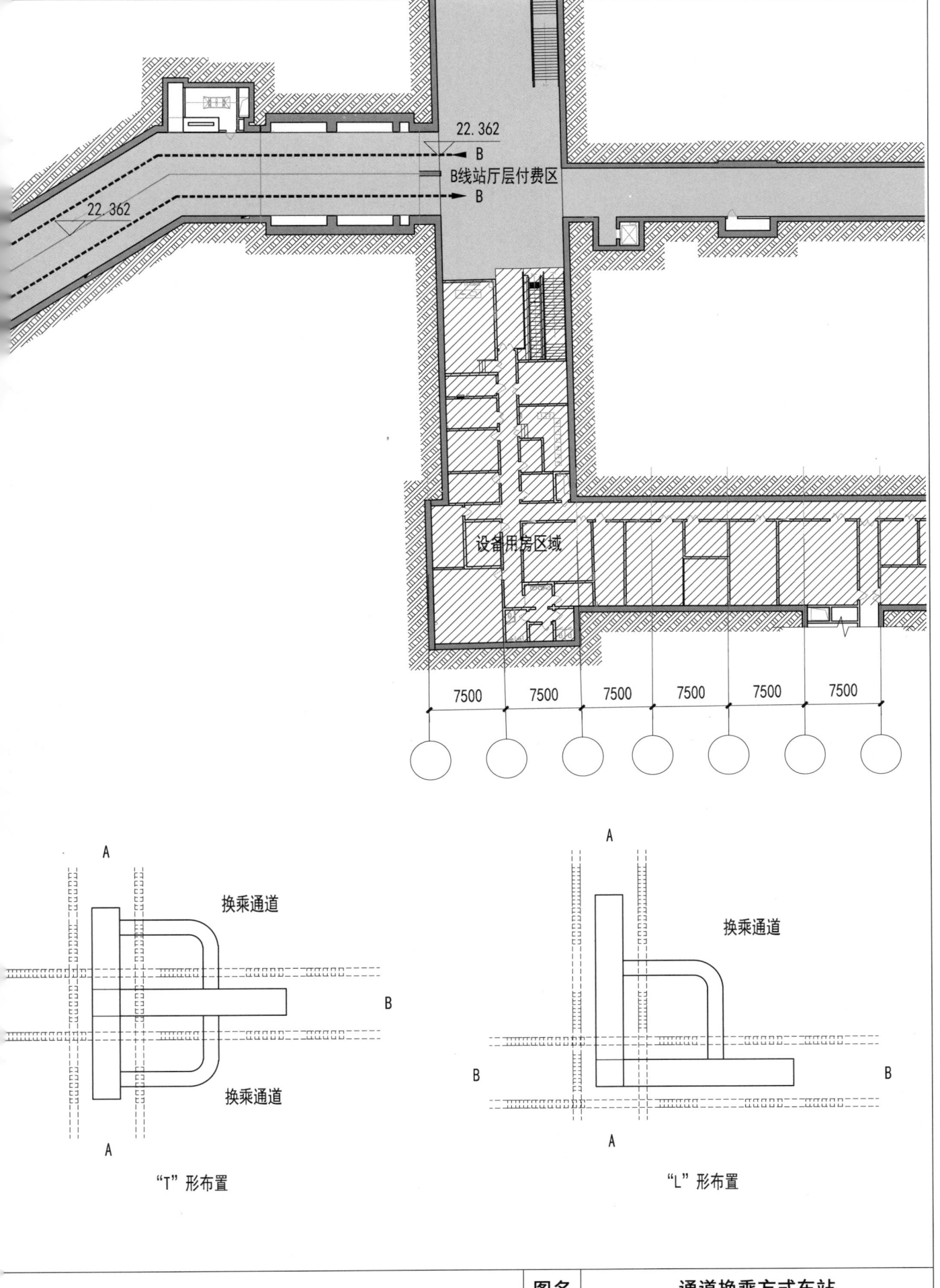

| 图名 | 通道换乘方式车站 |

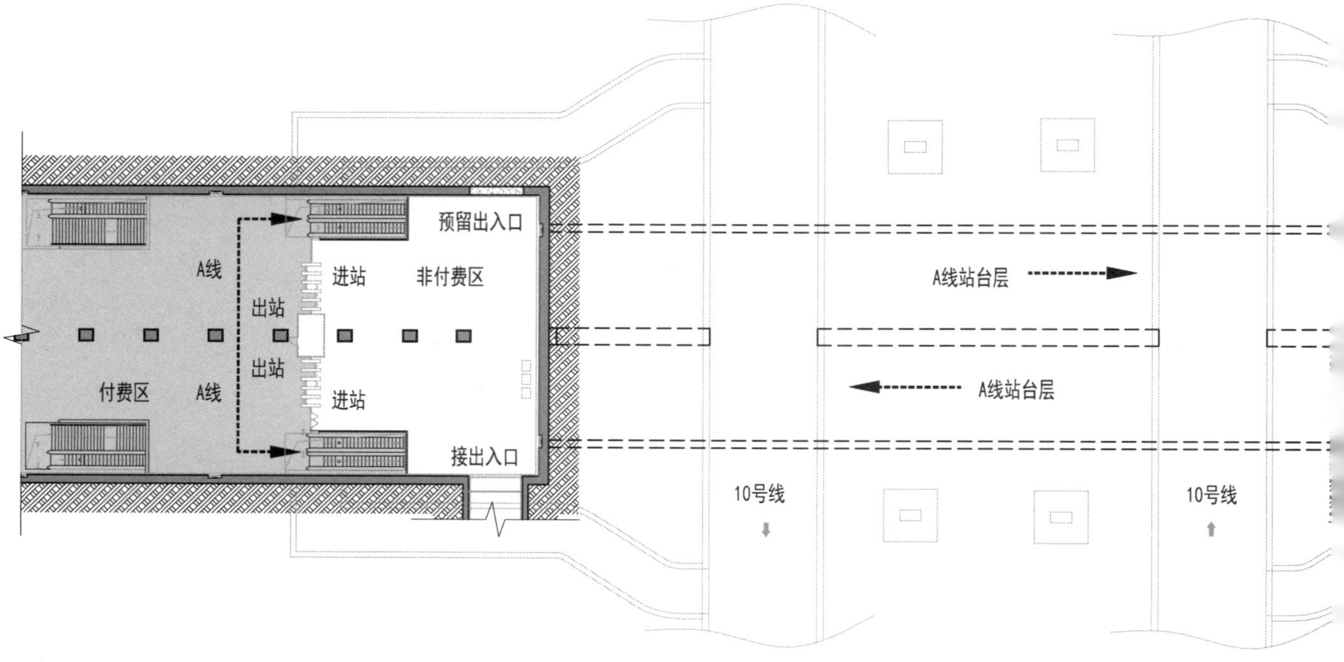

同线侧式站台站厅换乘平面图 1:700

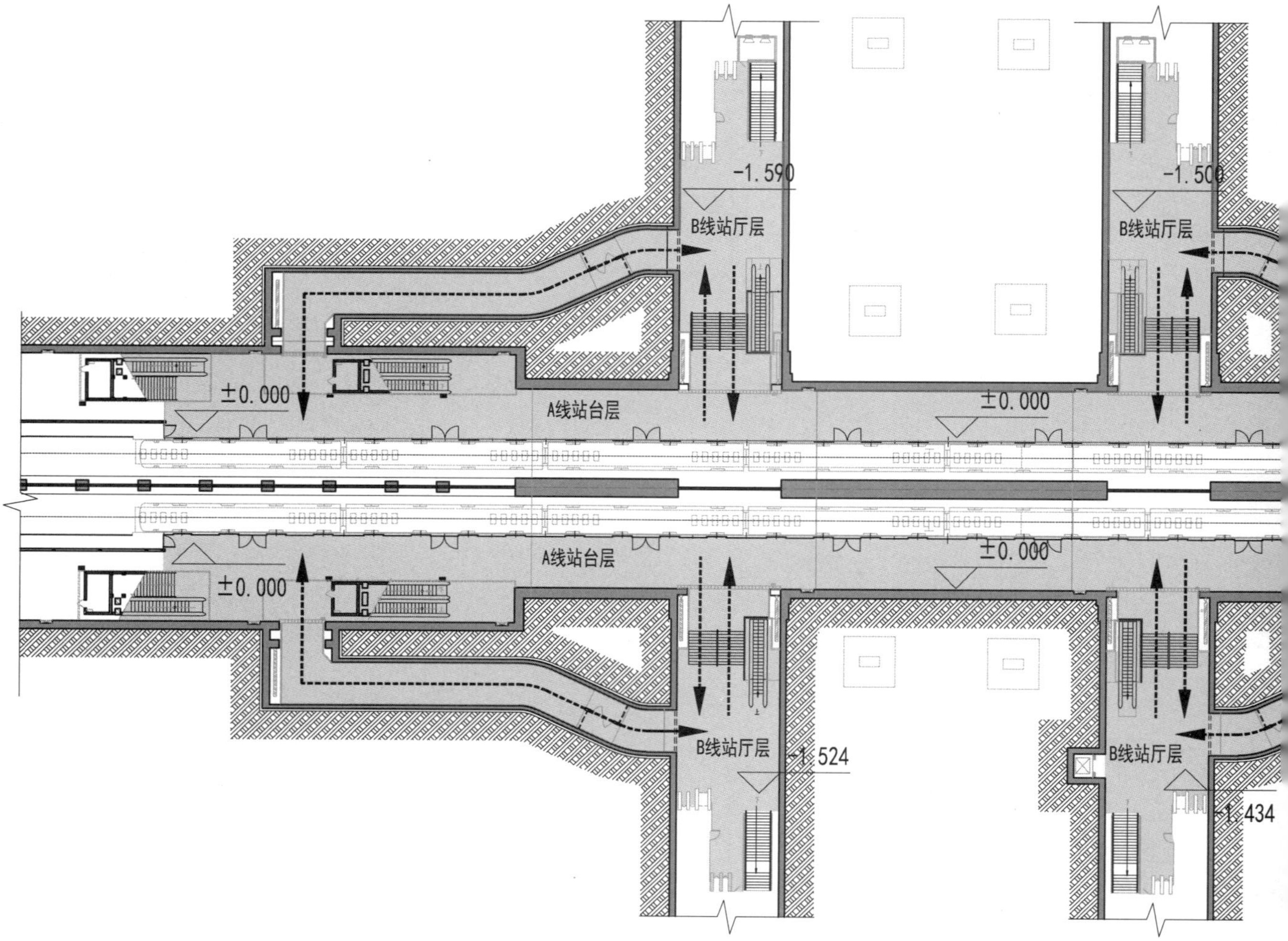

同线侧式站台站厅换乘平面图 1:700

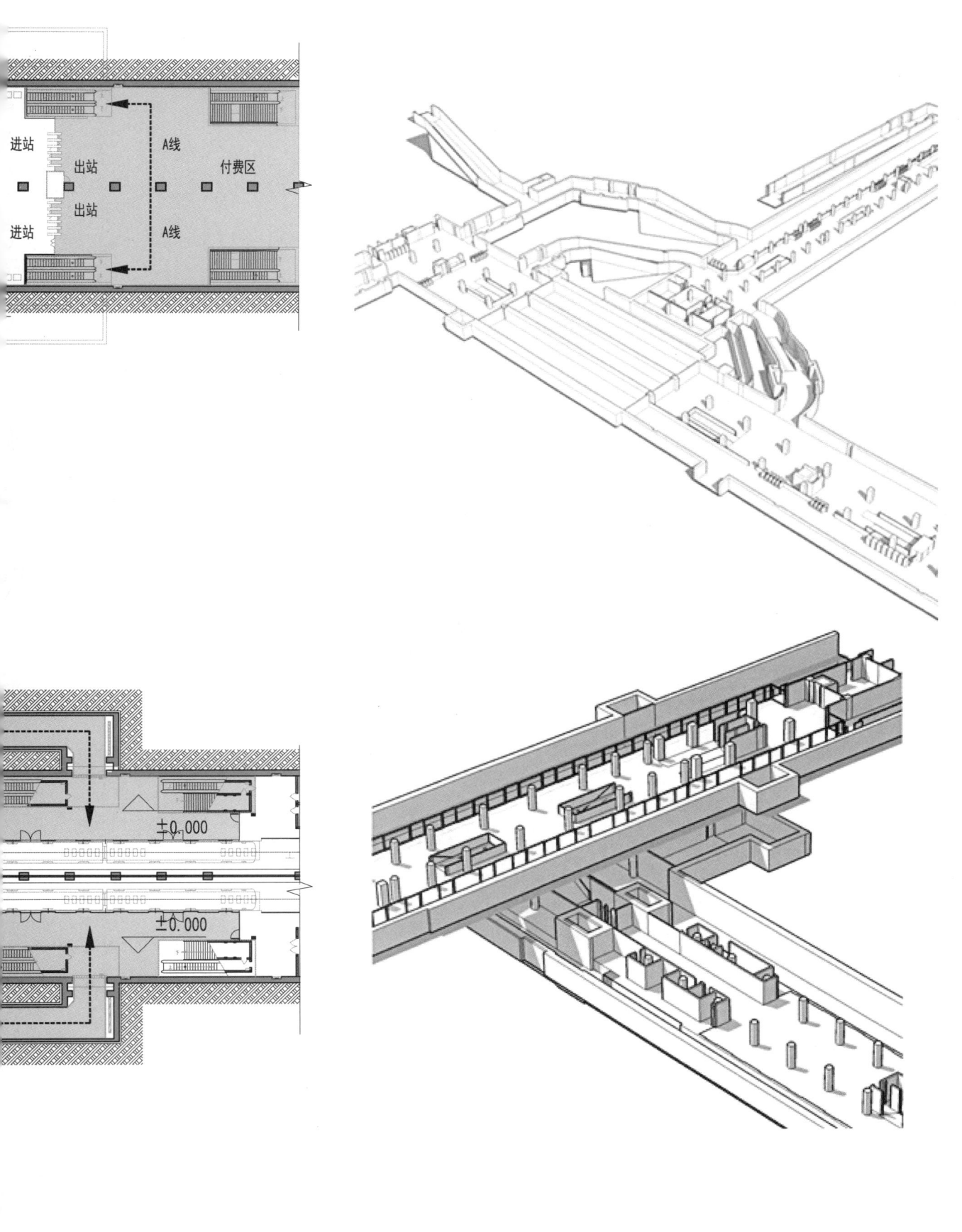

| 图名 | 混合换乘方式车站 |

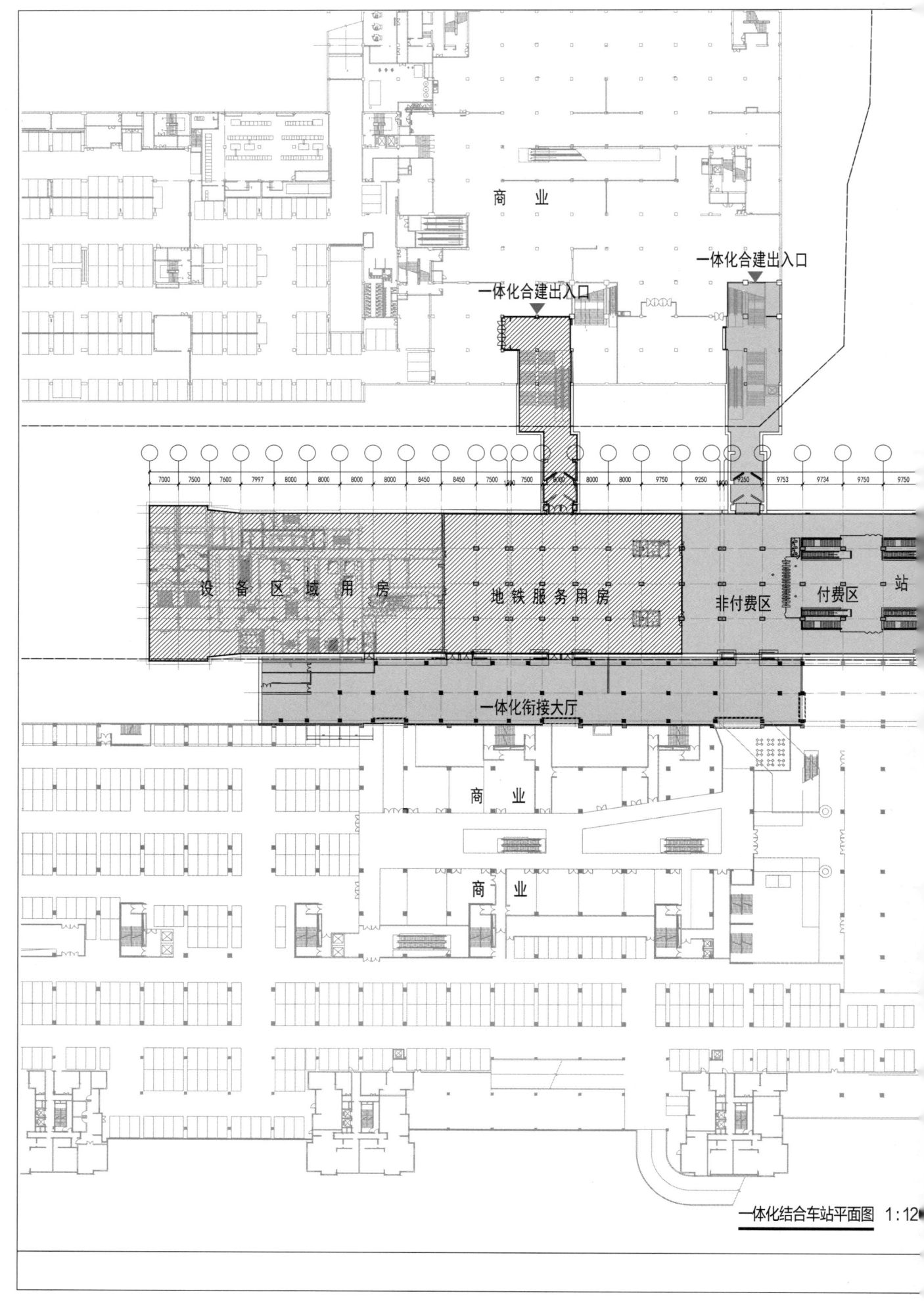

一体化结合车站平面图 1:12

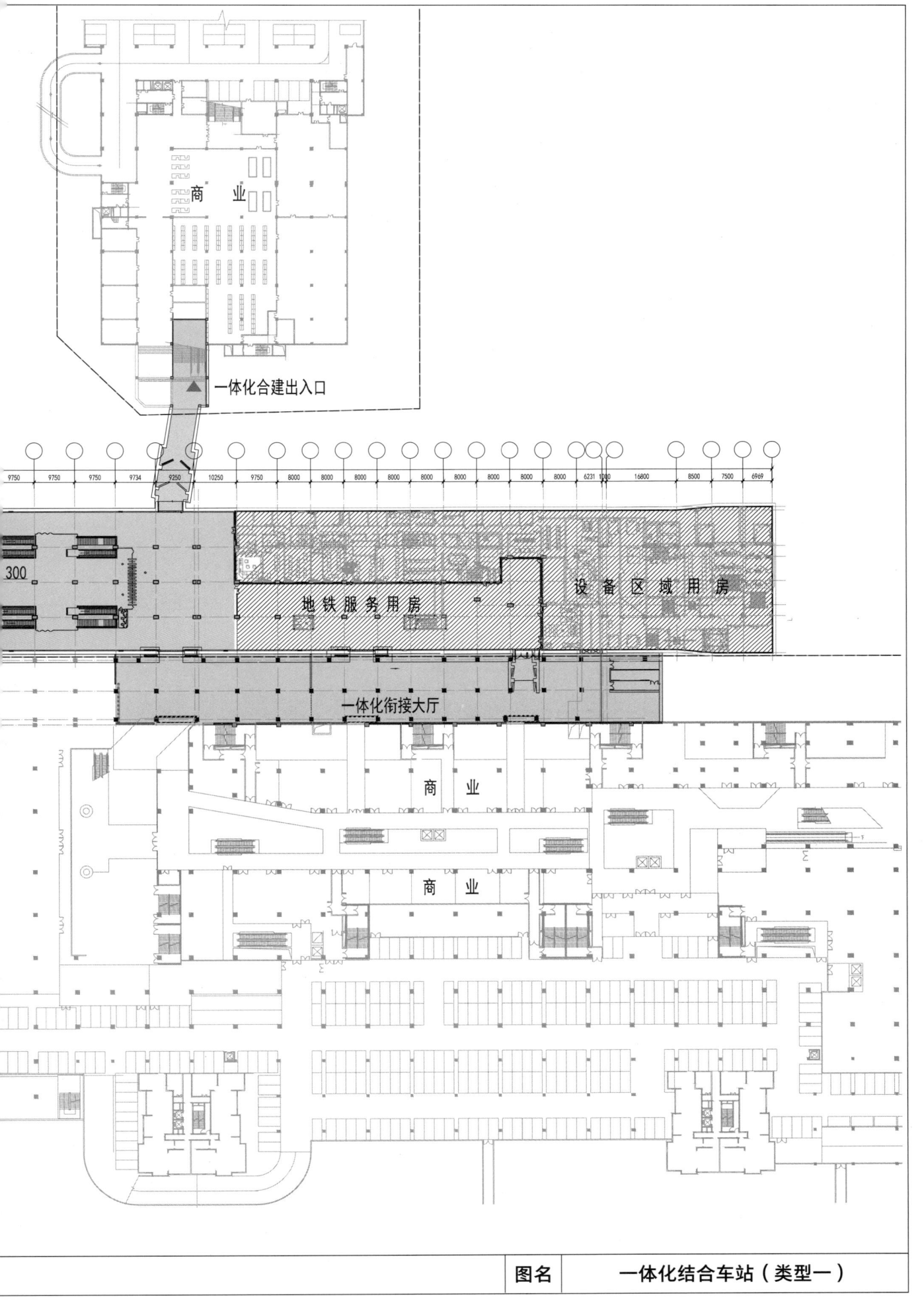

图名　一体化结合车站（类型一）

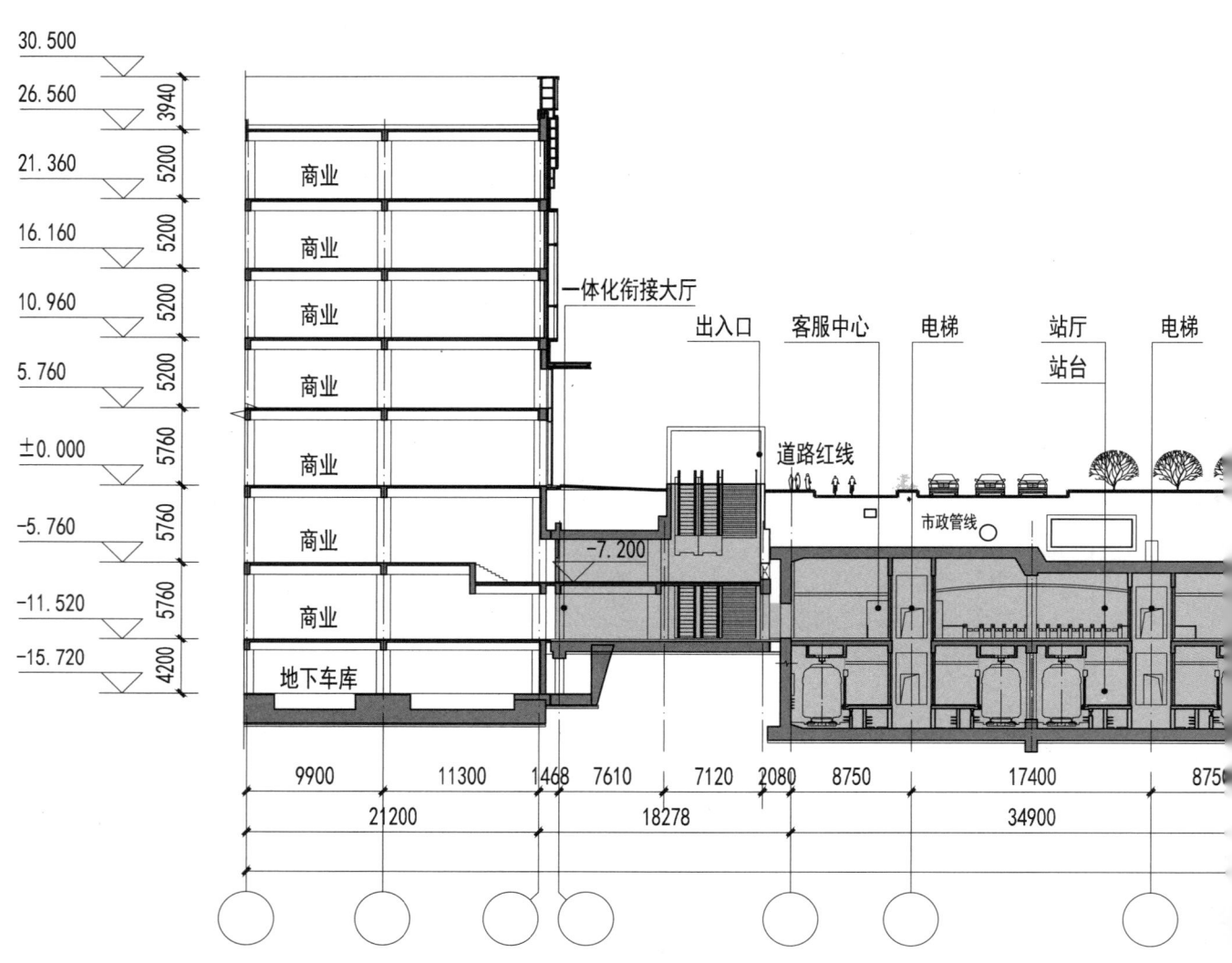

一体化结合车站剖面图 1:5

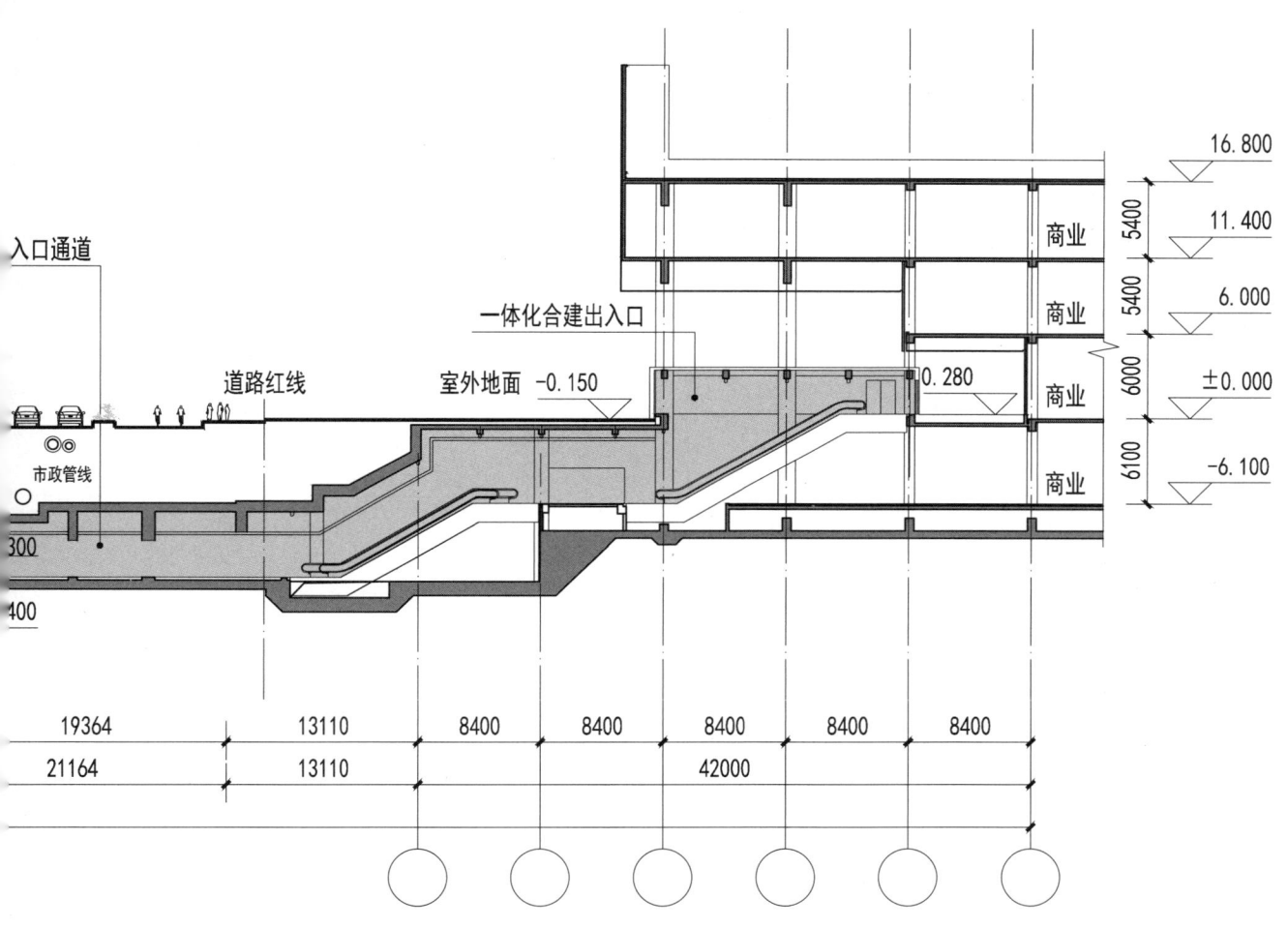

图名 一体化结合车站剖面图（类型一）

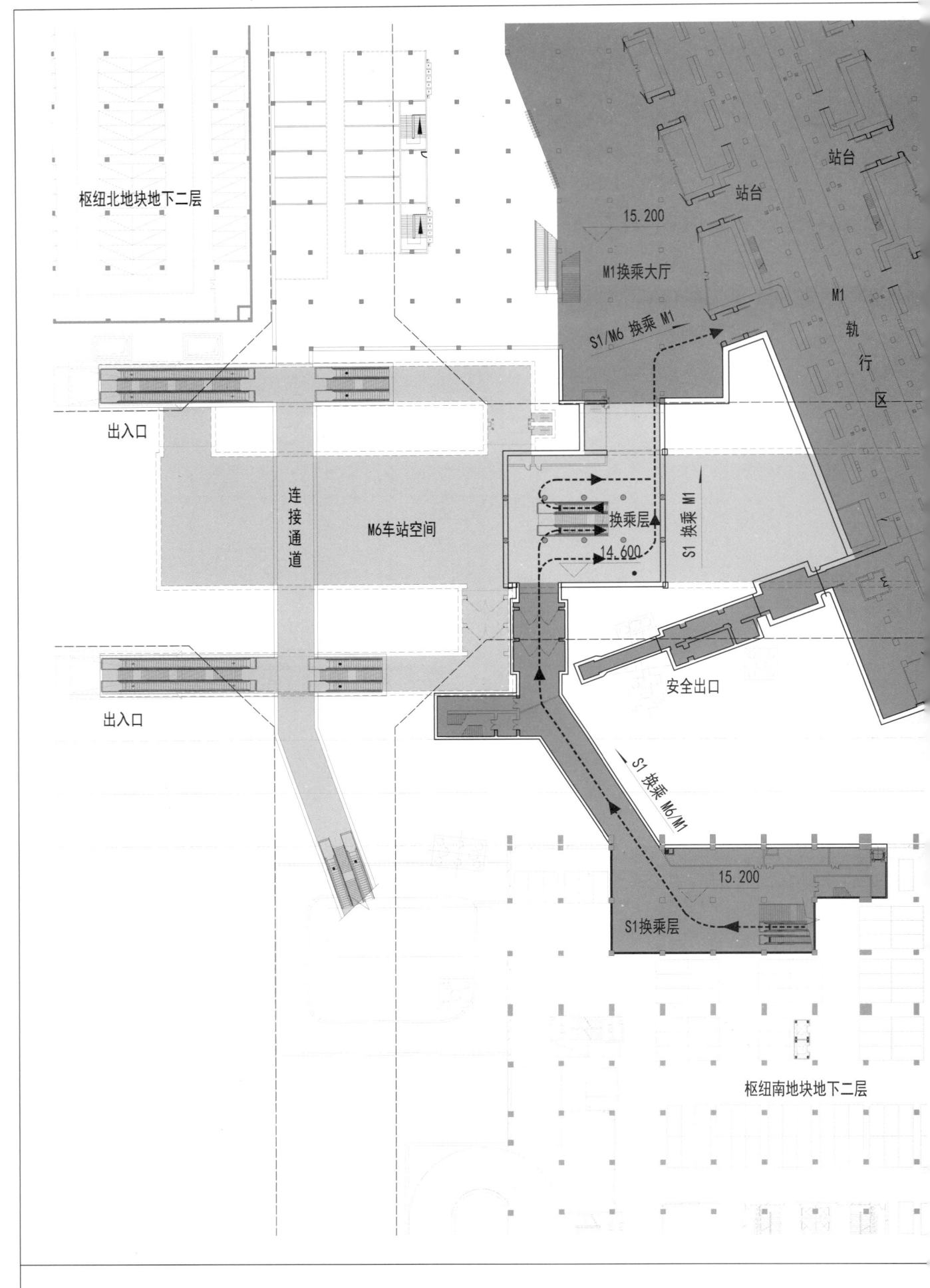

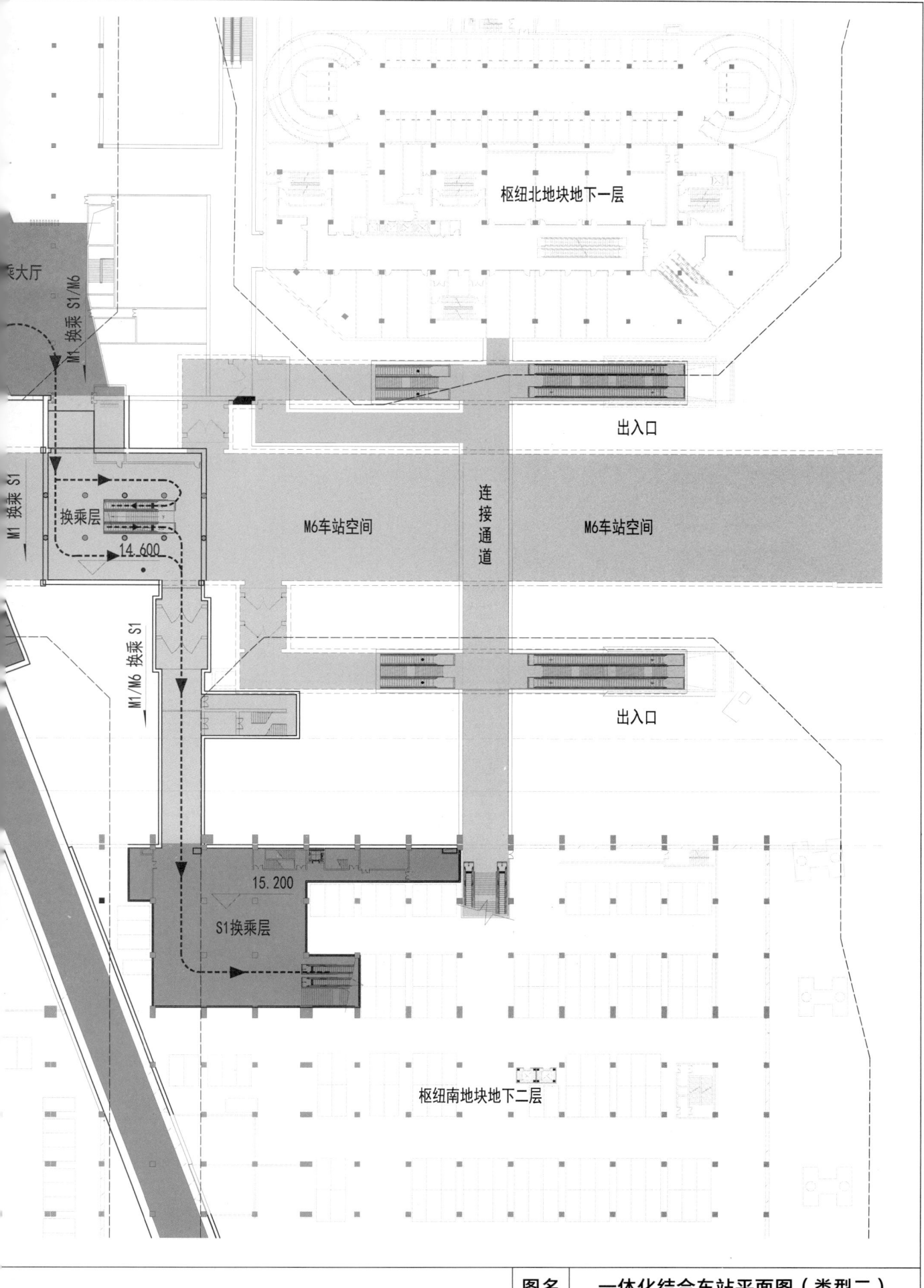

图名　一体化结合车站平面图（类型二）

M1站台
25.400
15.200
公交车站
M1换乘大厅
31.800
25.800
枢纽北地块地下车
5840
2250
9800
19410
15350
8750
7860
8000
8000
7980
11780

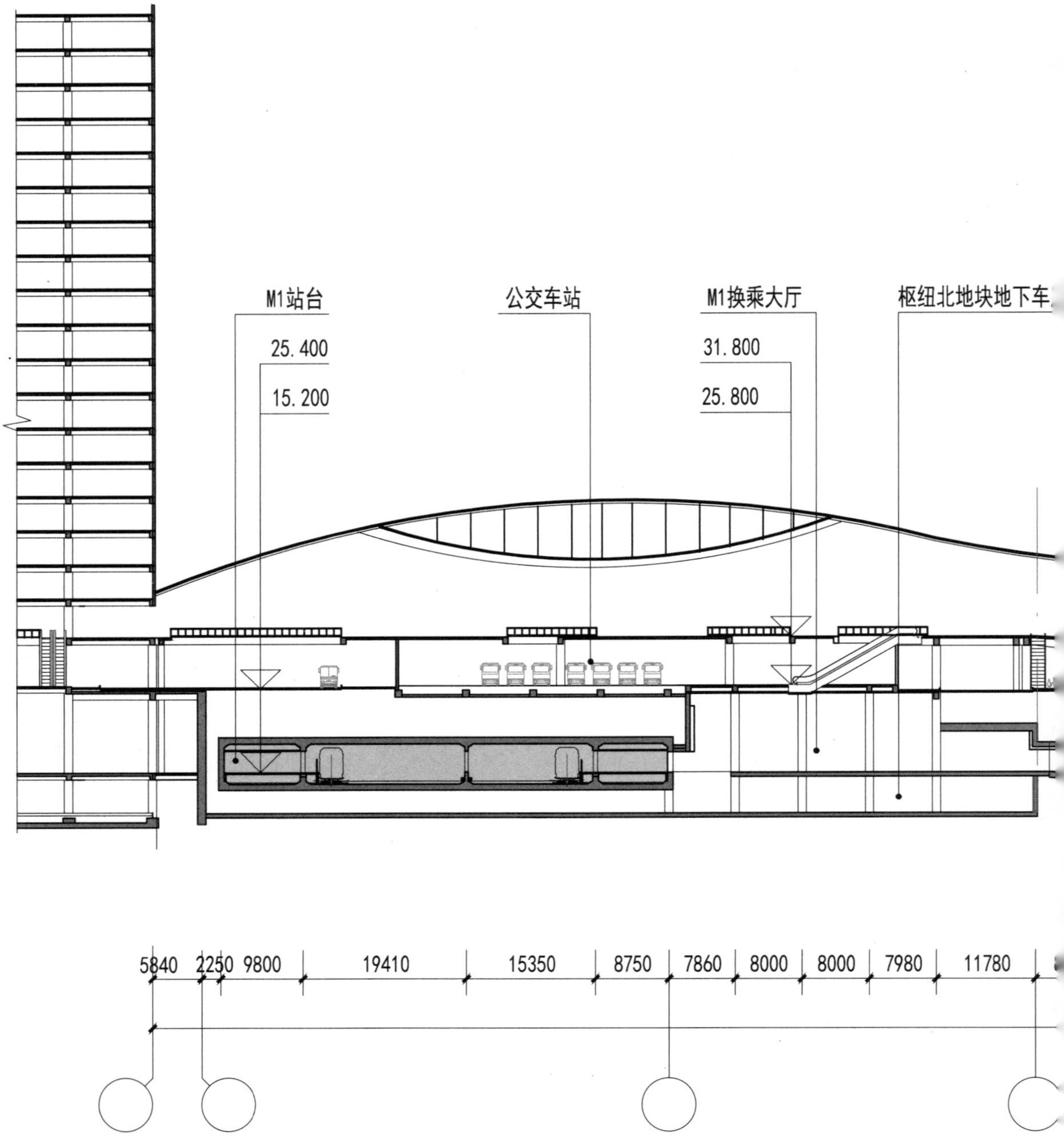

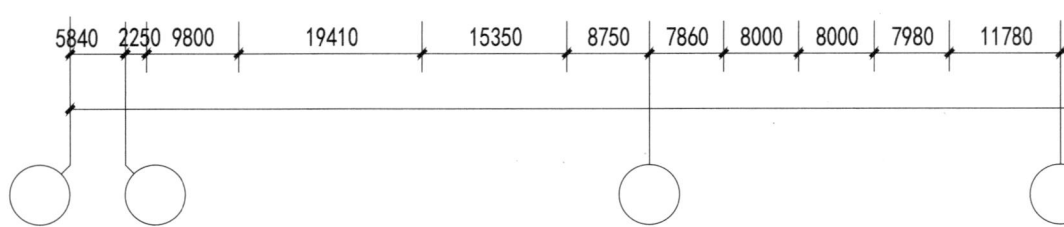

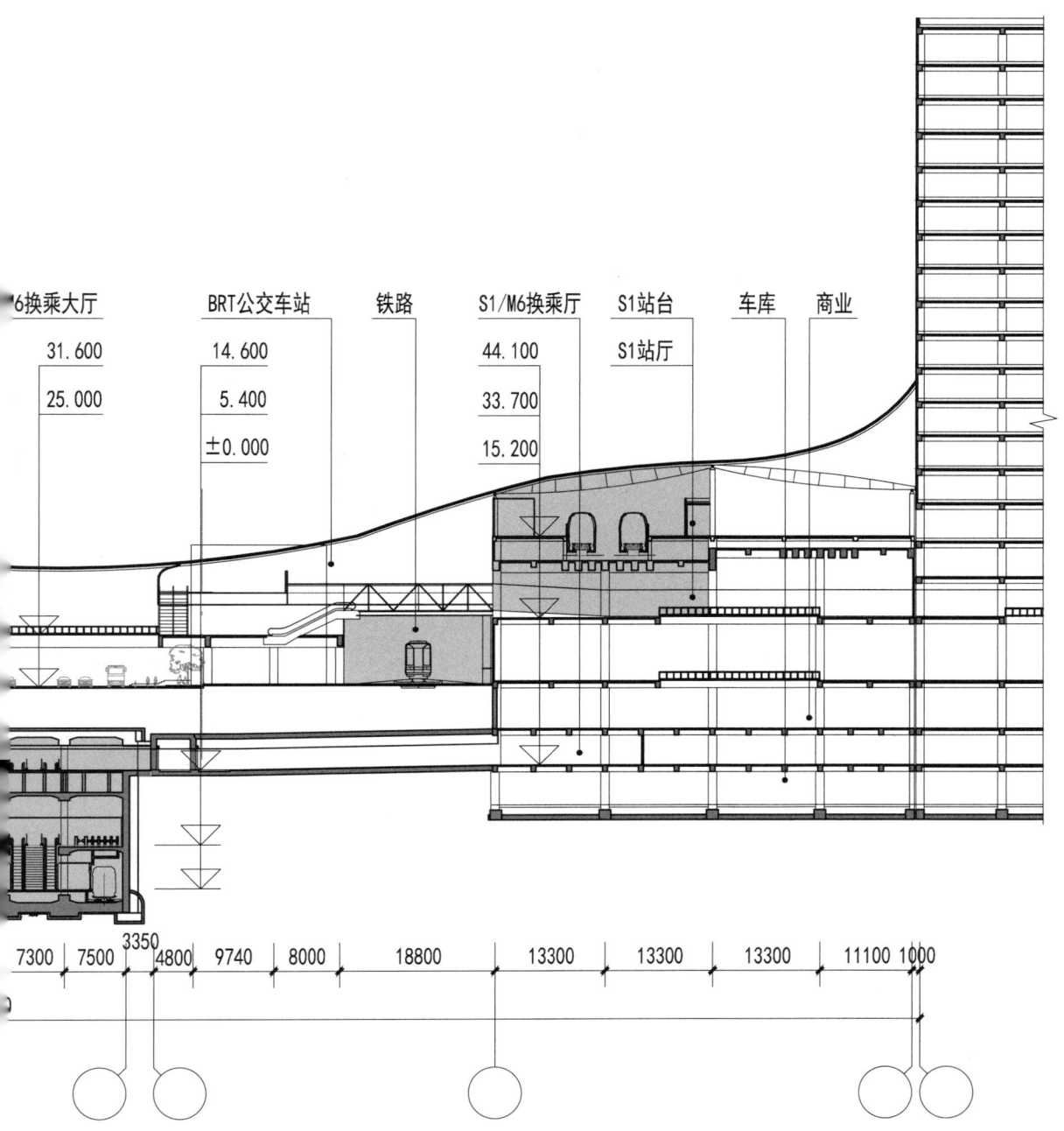

一体化车站剖面图 1:800

| 图名 | 一体化结合车站剖面图（类型二） |

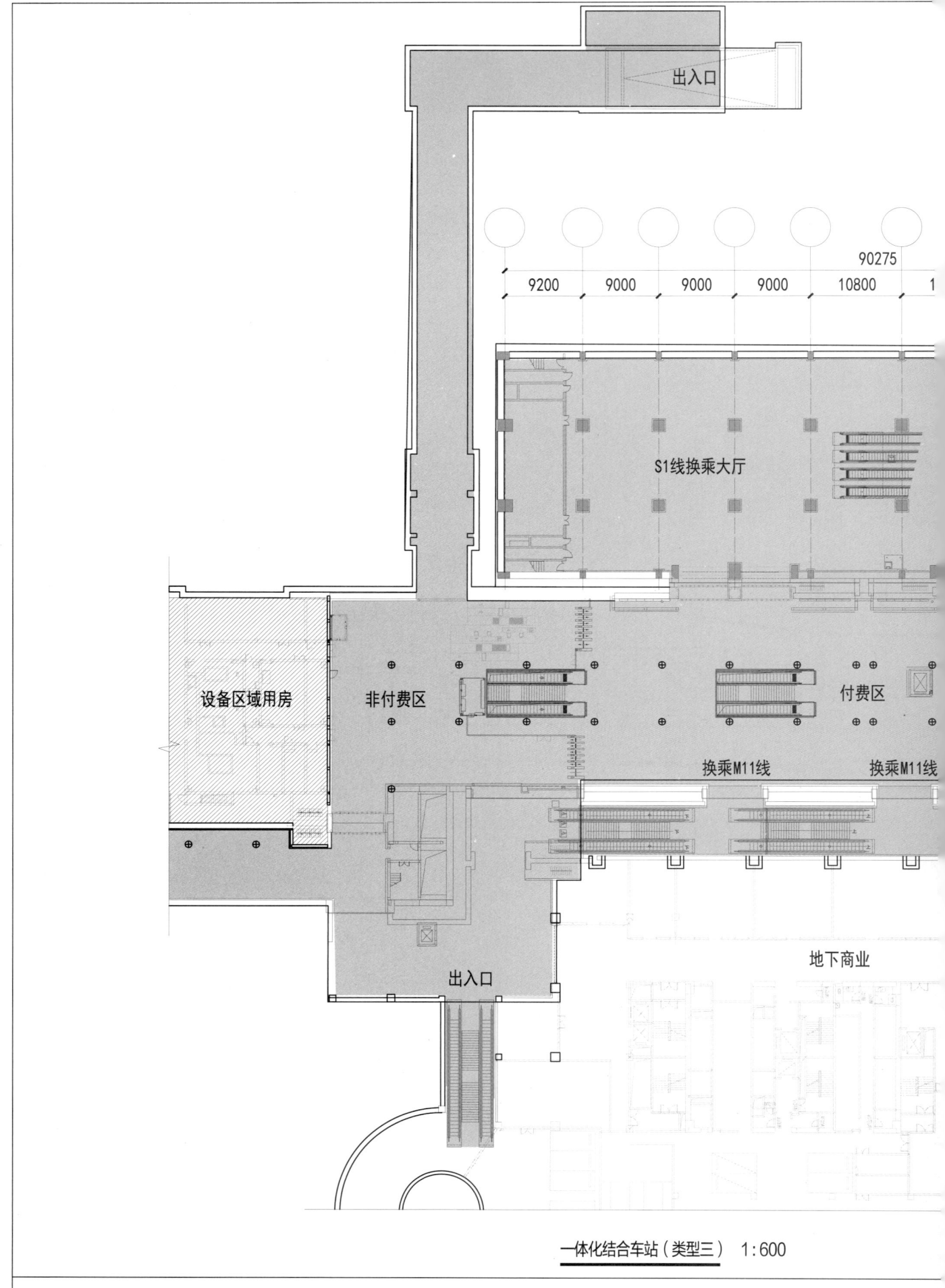

一体化结合车站（类型三） 1:600

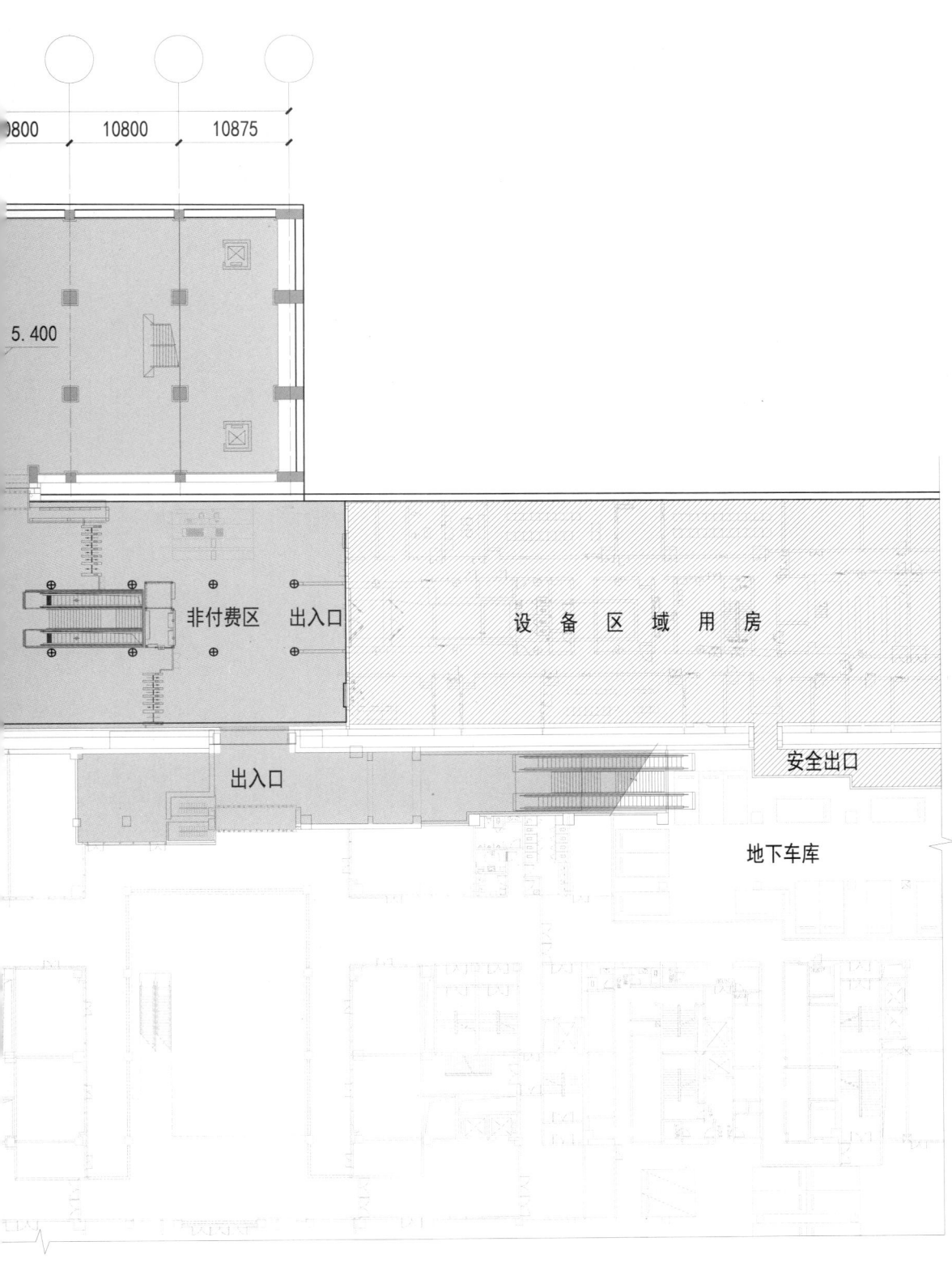

| 图名 | 一体化结合车站平面图（类型三） |

第三篇 车站主体空间

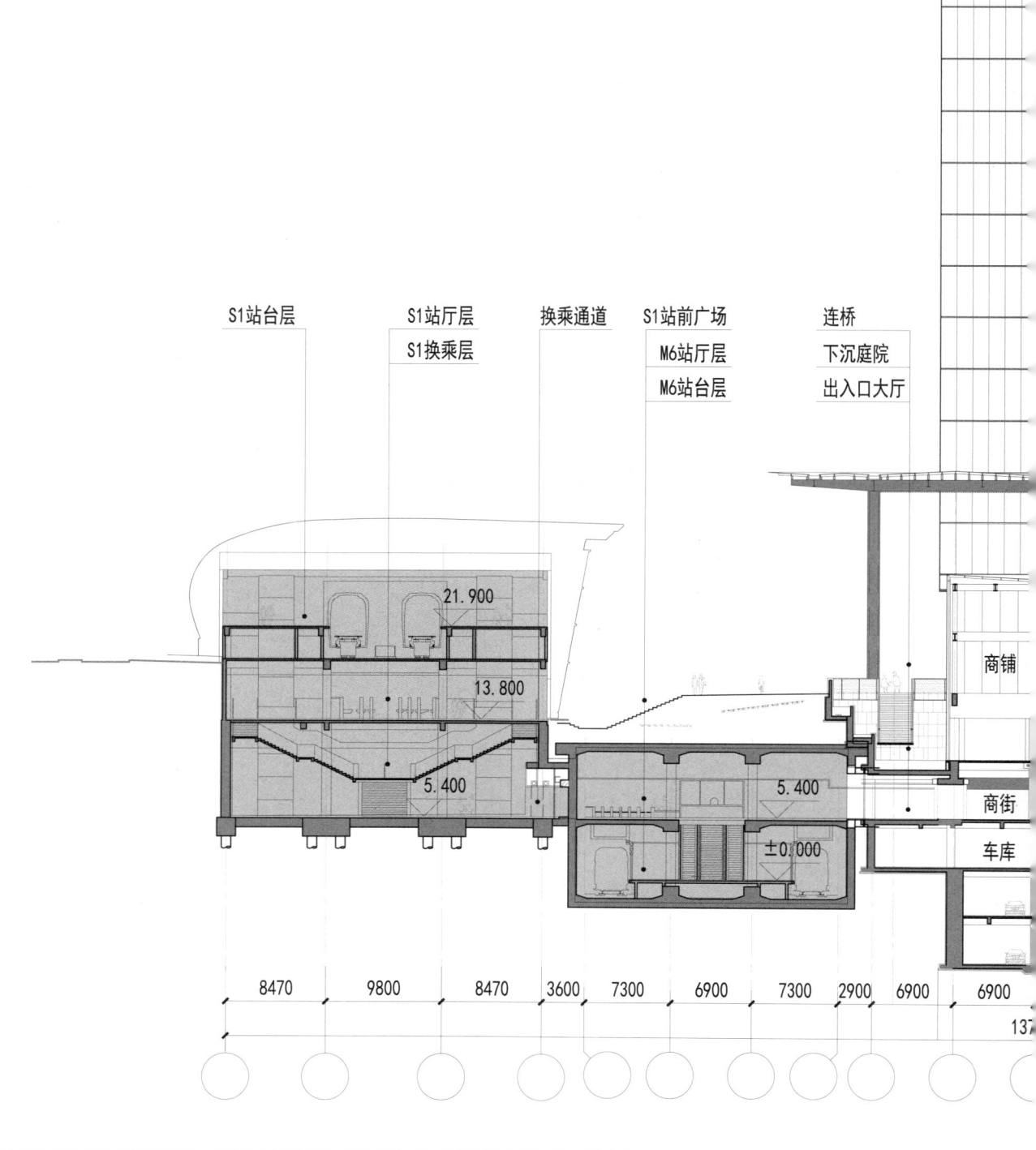

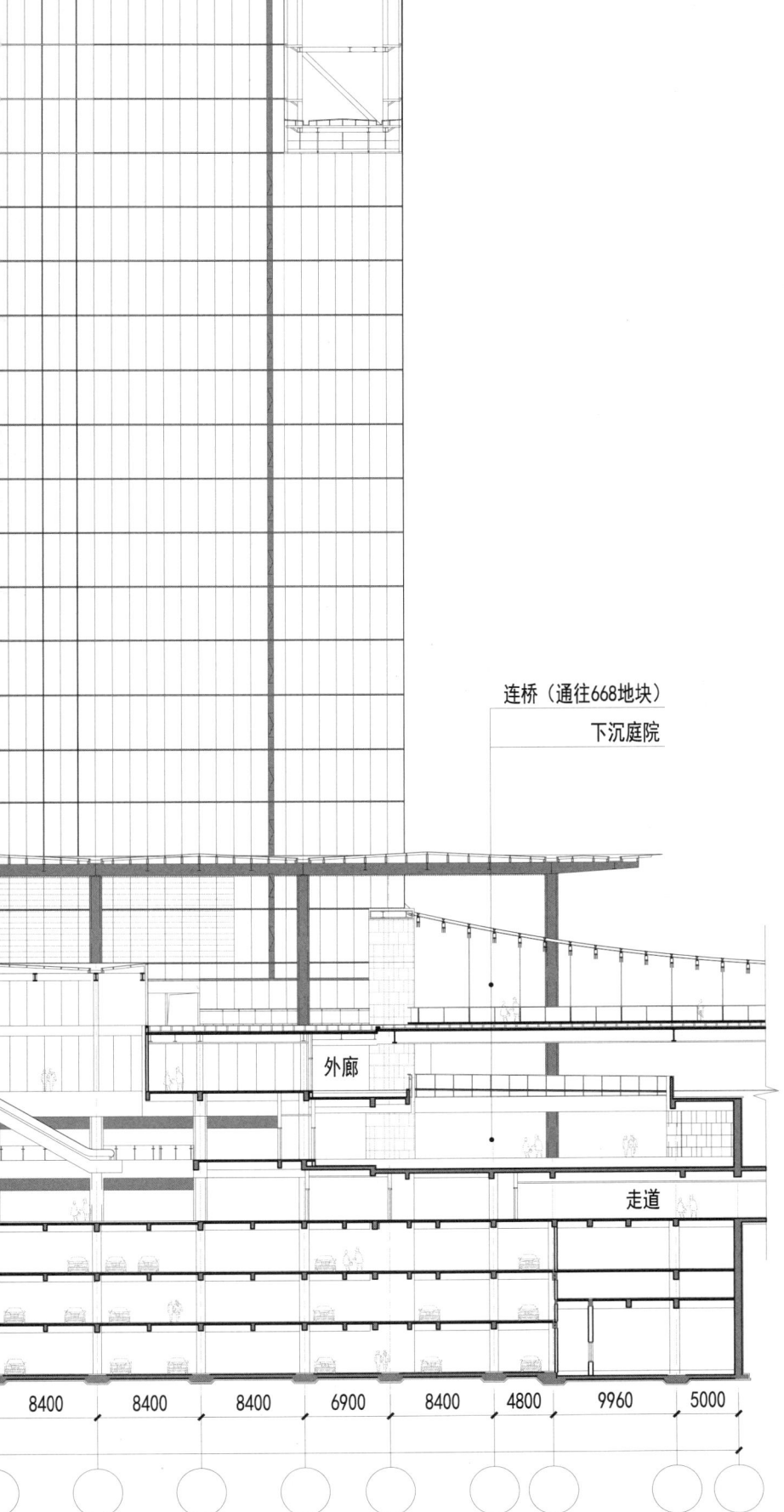

图名 | 一体化结合车站剖面图（类型三）

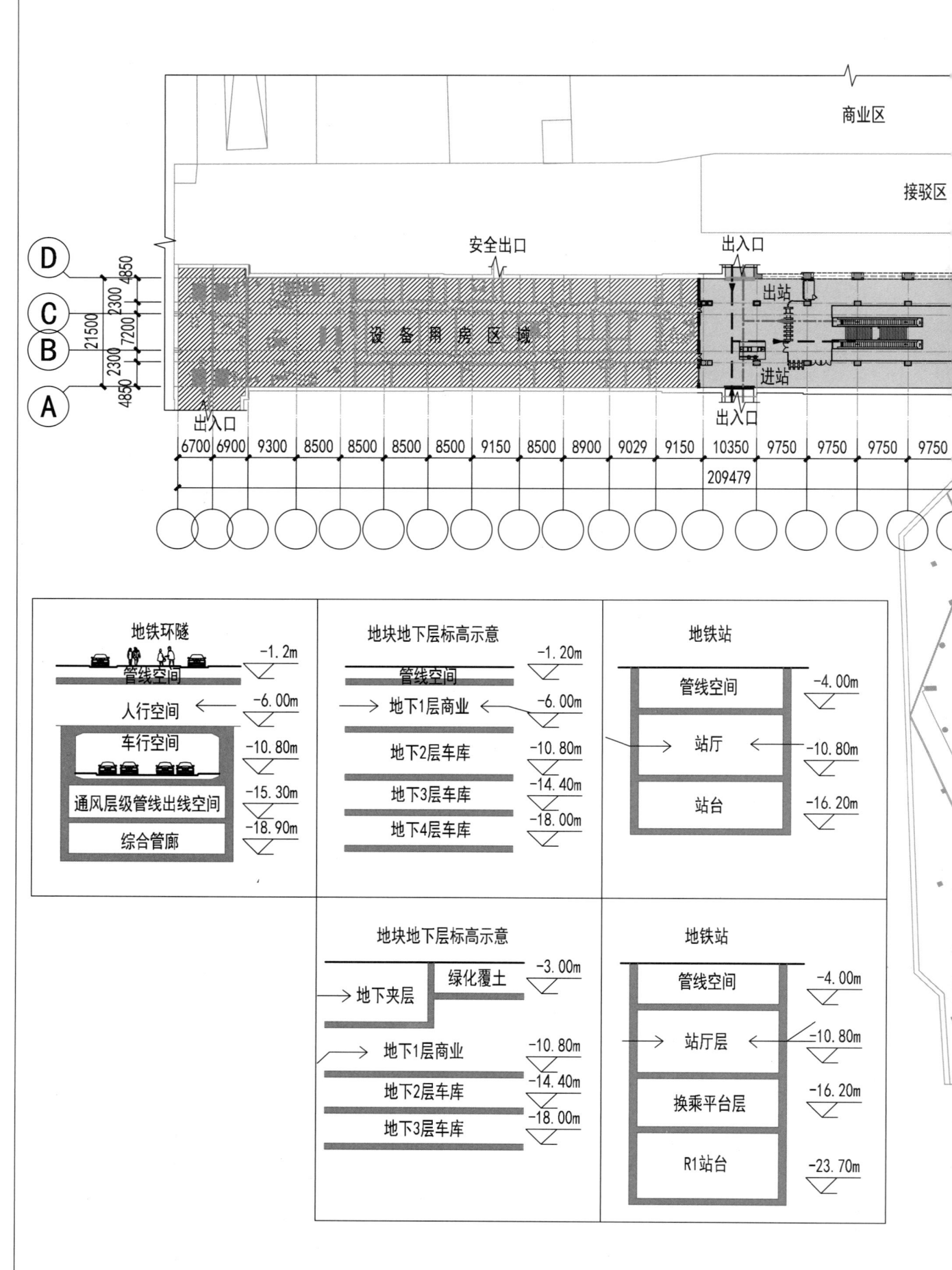

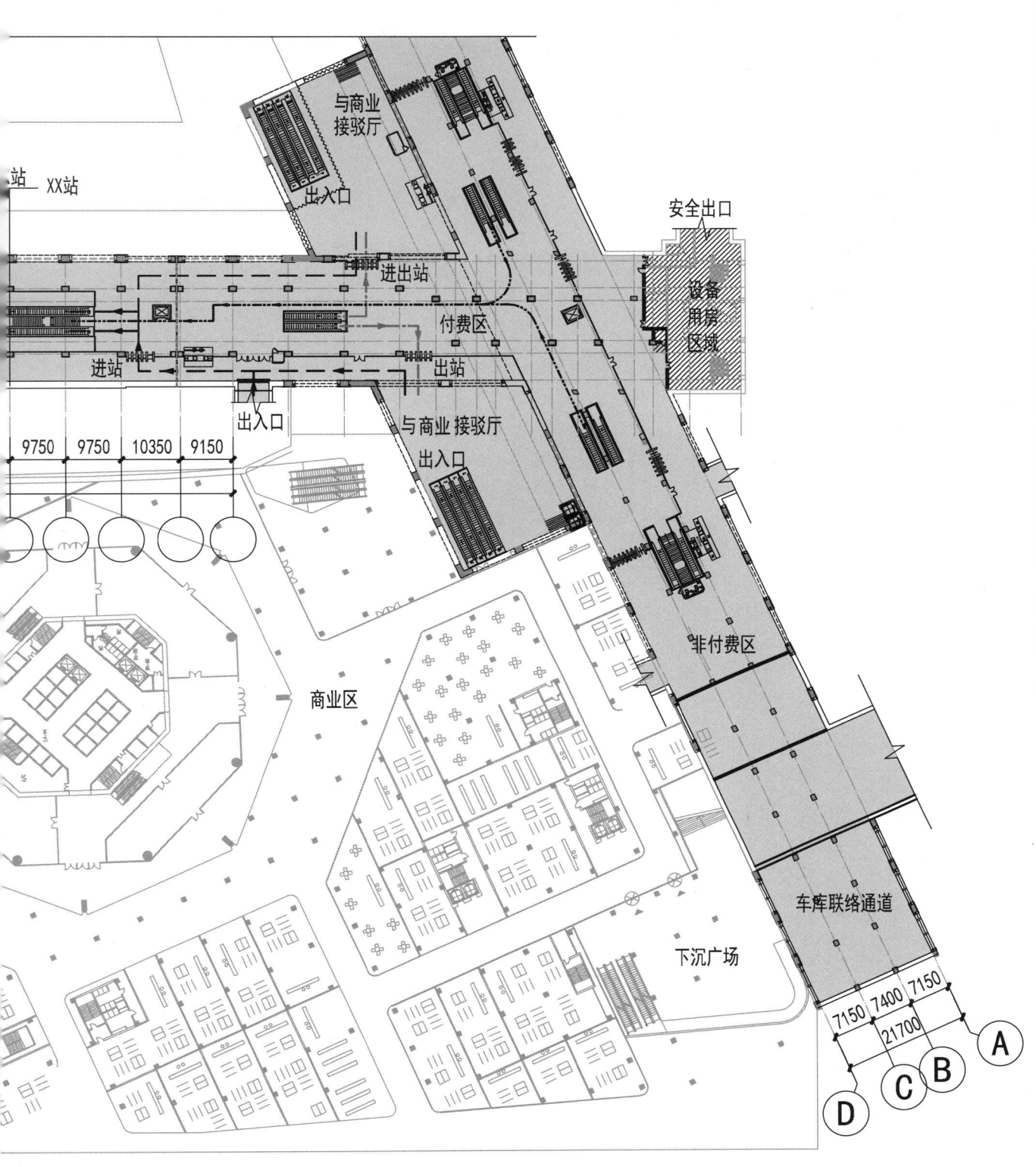

一体化结合车站平面图 1:1000

| 图名 | 一体化结合车站平面图（类型四） |

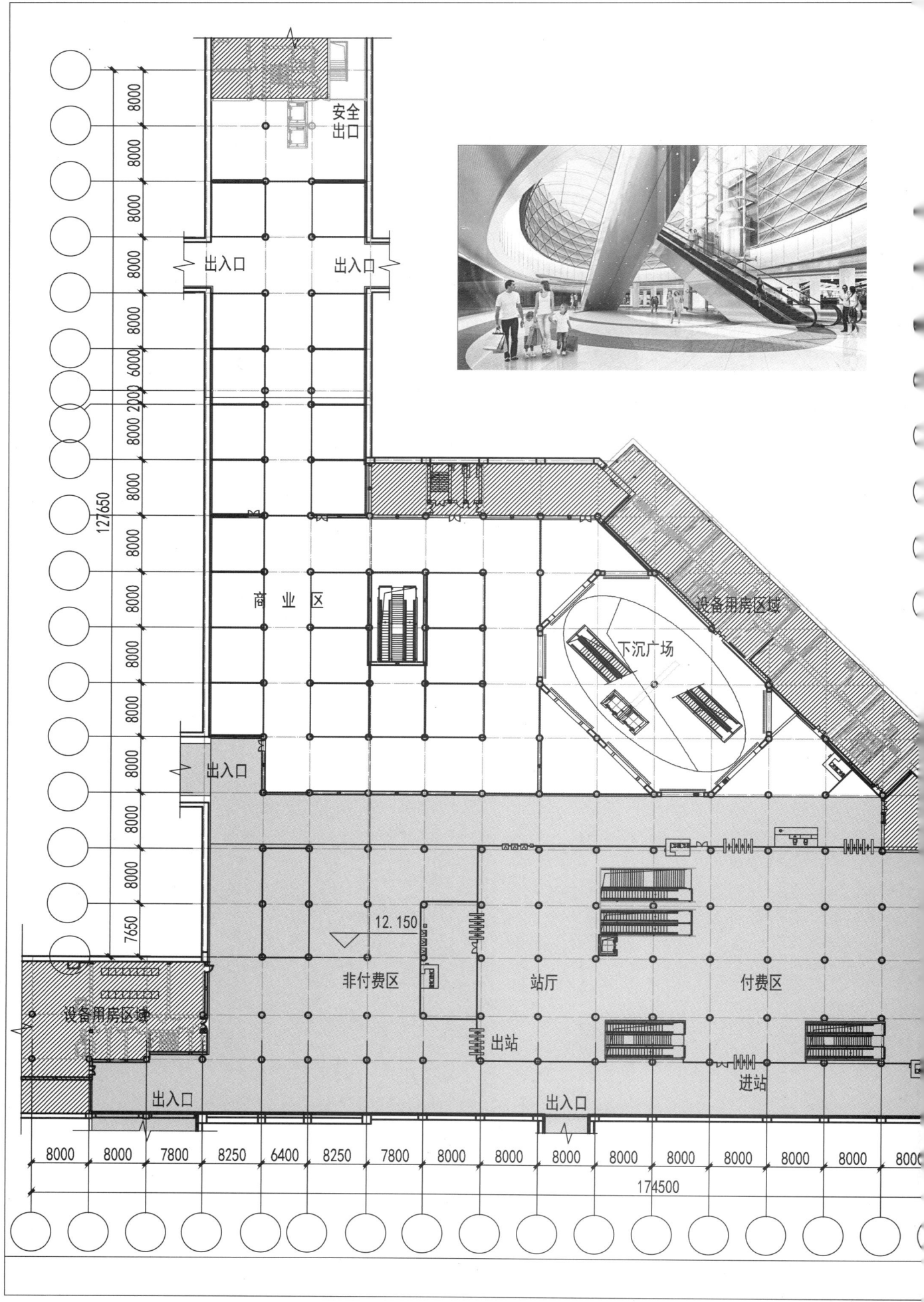

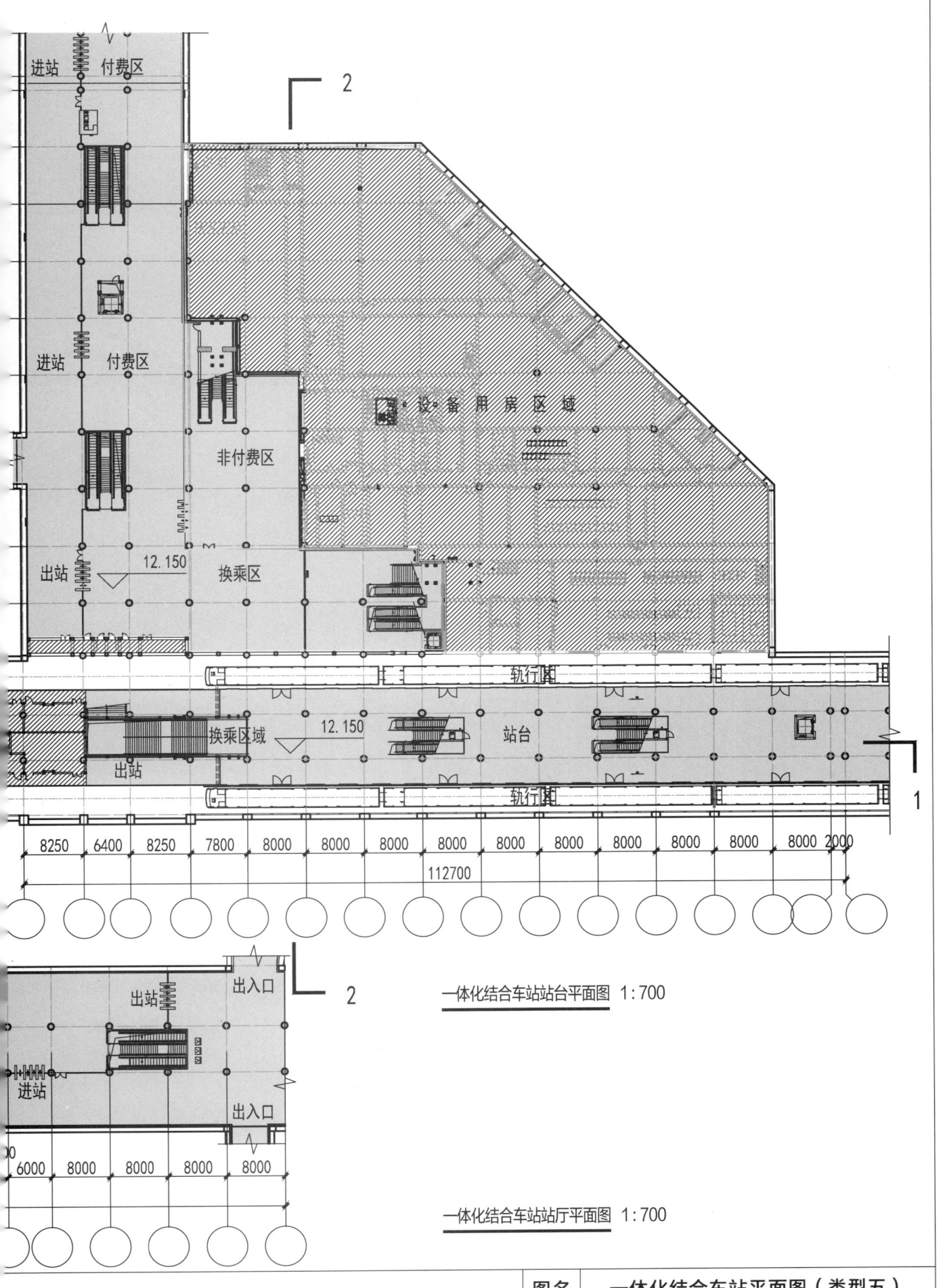

一体化结合车站站台平面图 1:700

一体化结合车站站厅平面图 1:700

| 图名 | 一体化结合车站平面图（类型五） |

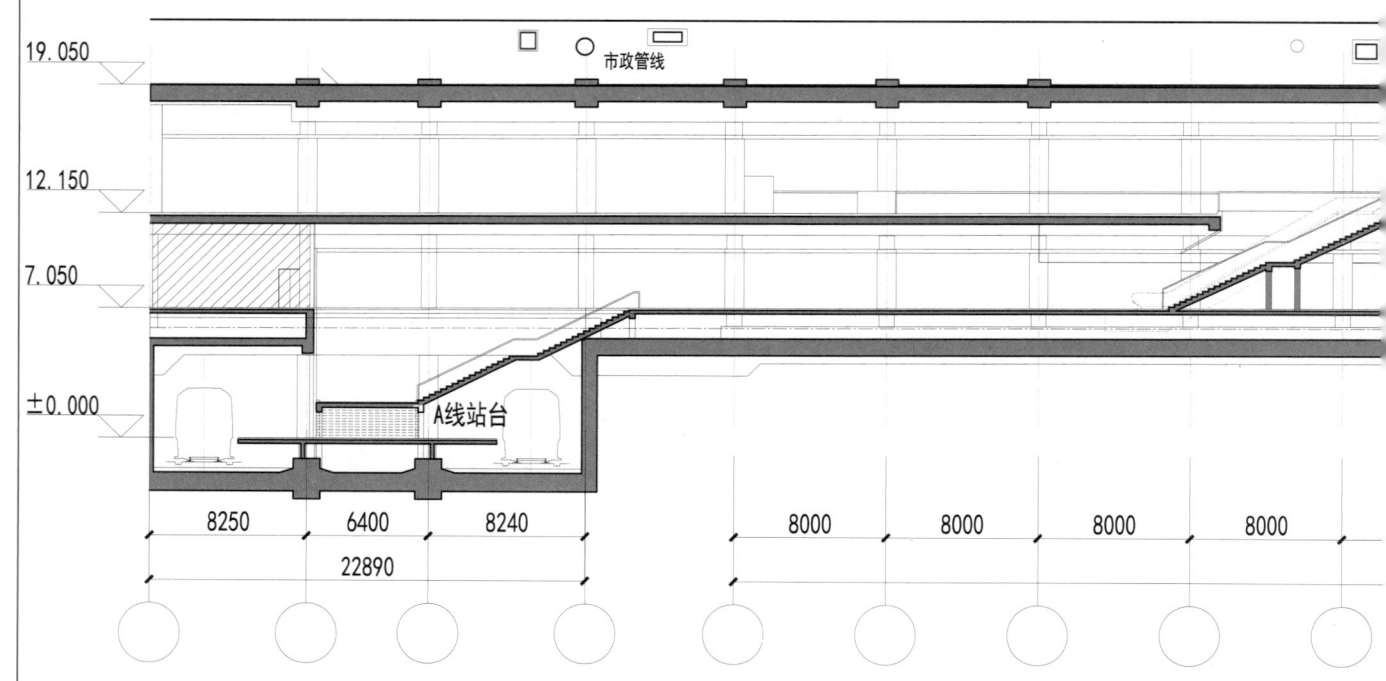

1-1剖面图 1:400

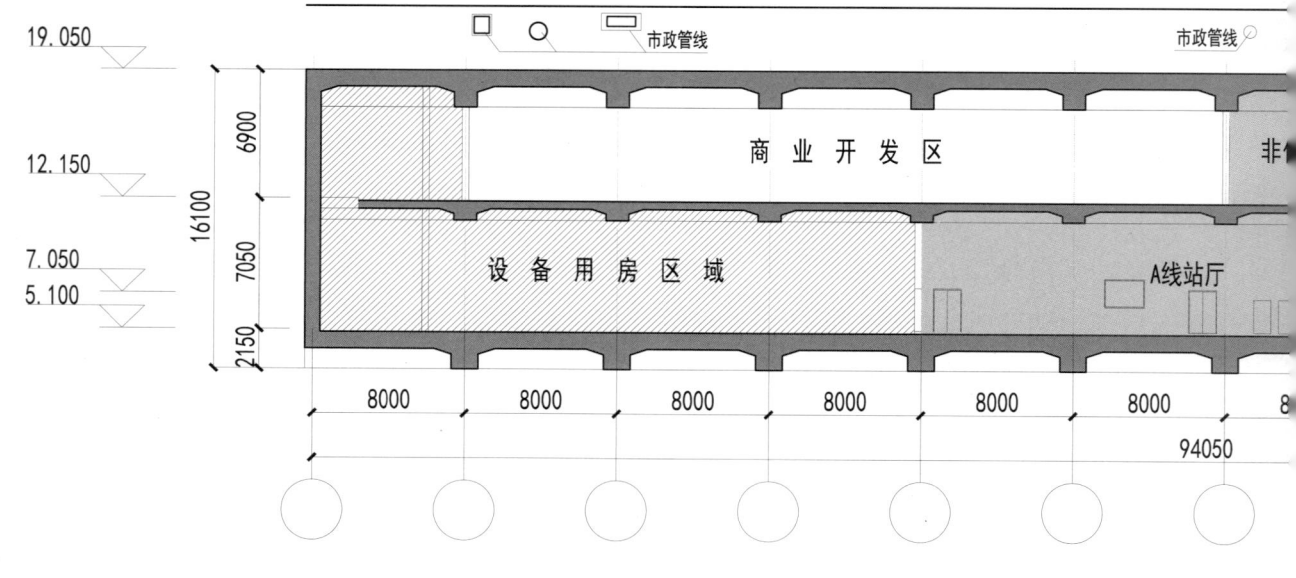

2-2剖面图 1:400

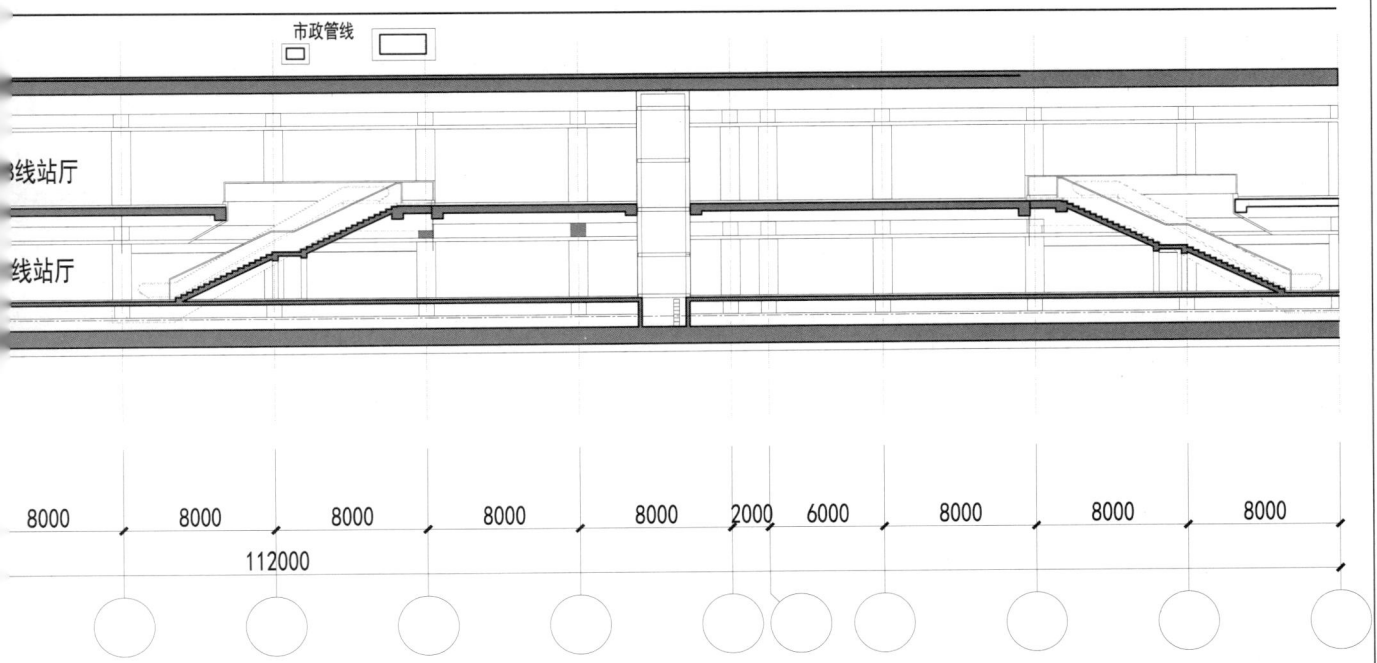

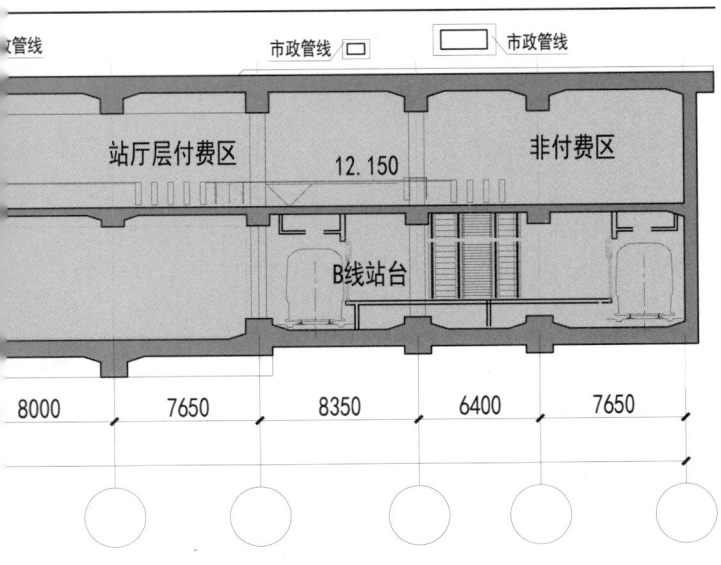

| 图名 | 一体化结合车站剖面图（类型五） |

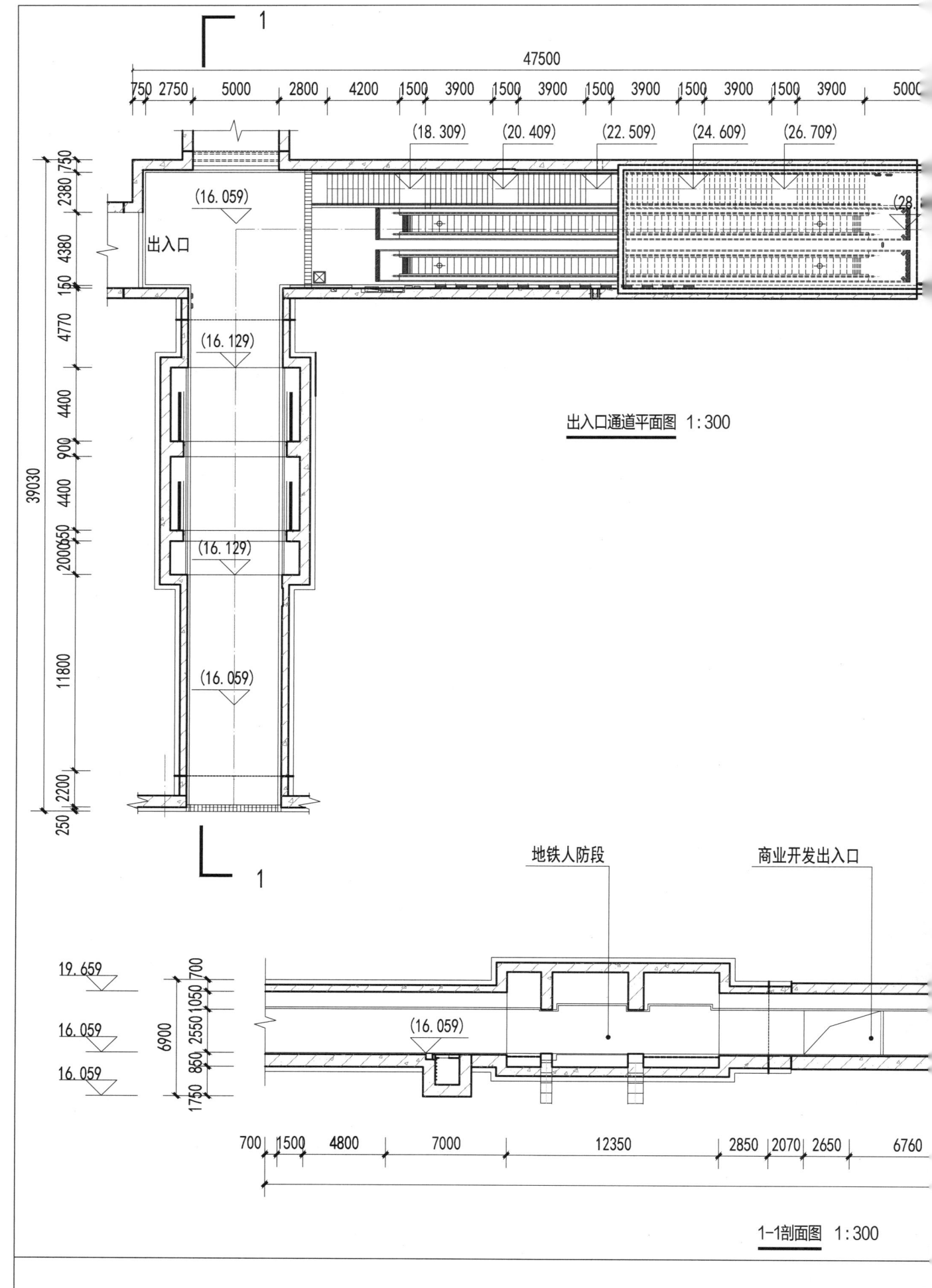

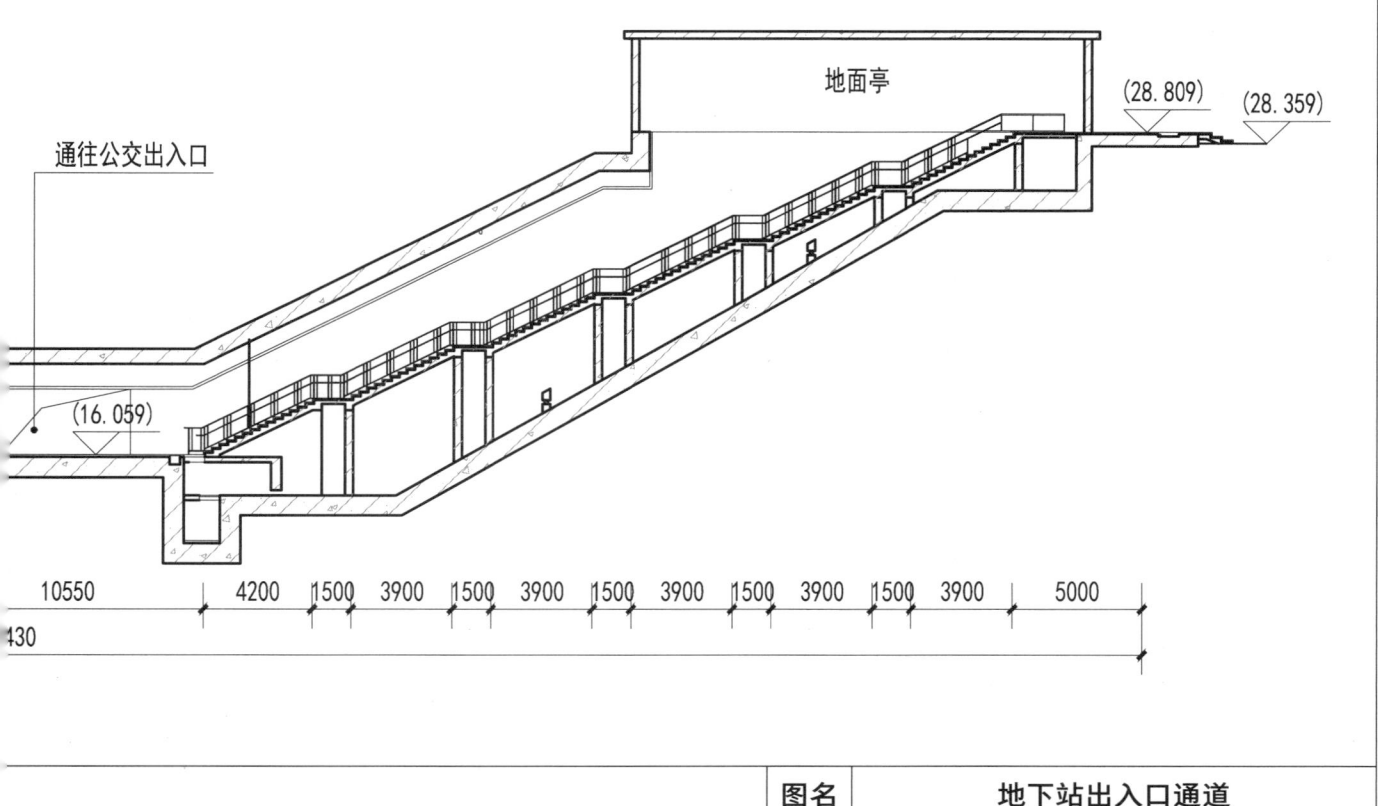

| 图名 | 地下站出入口通道 |

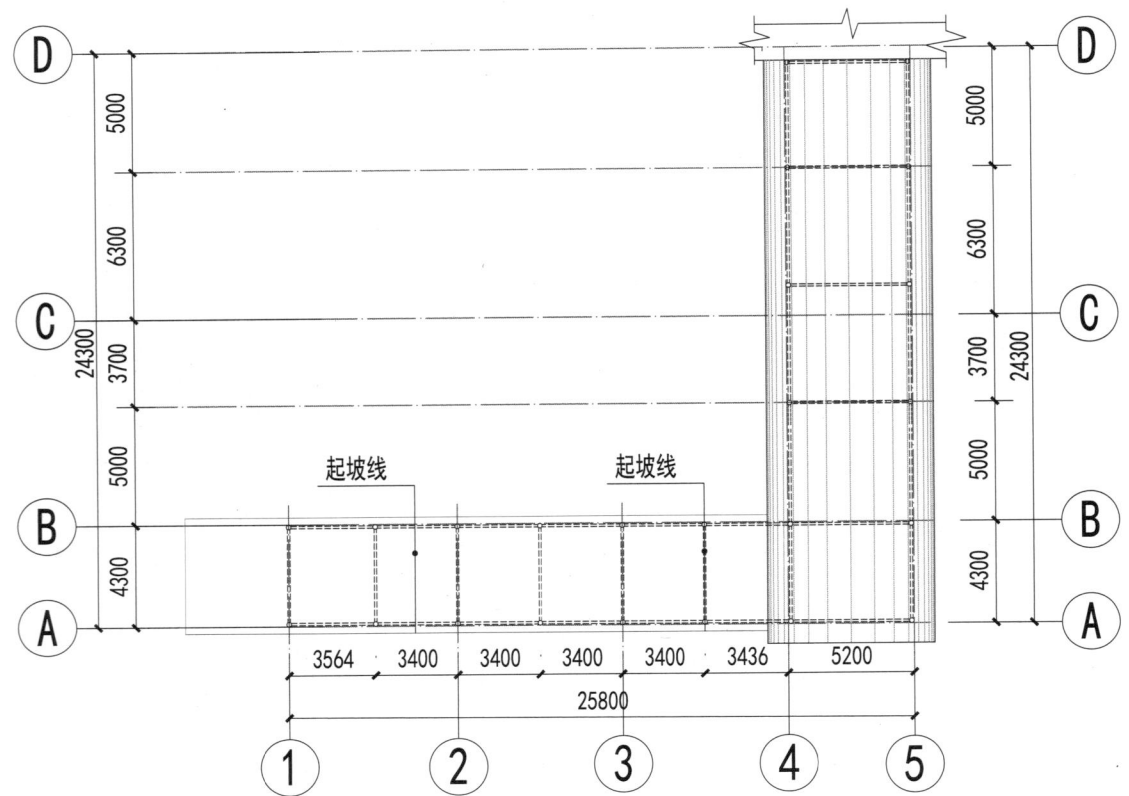

天桥出入口屋顶平面 1:300

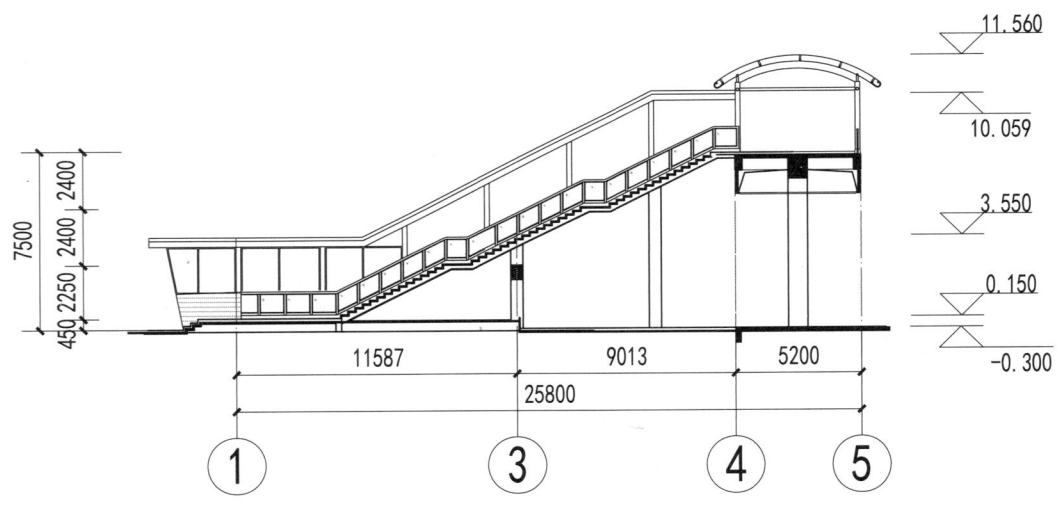

3-3剖面图轴立面 1:300

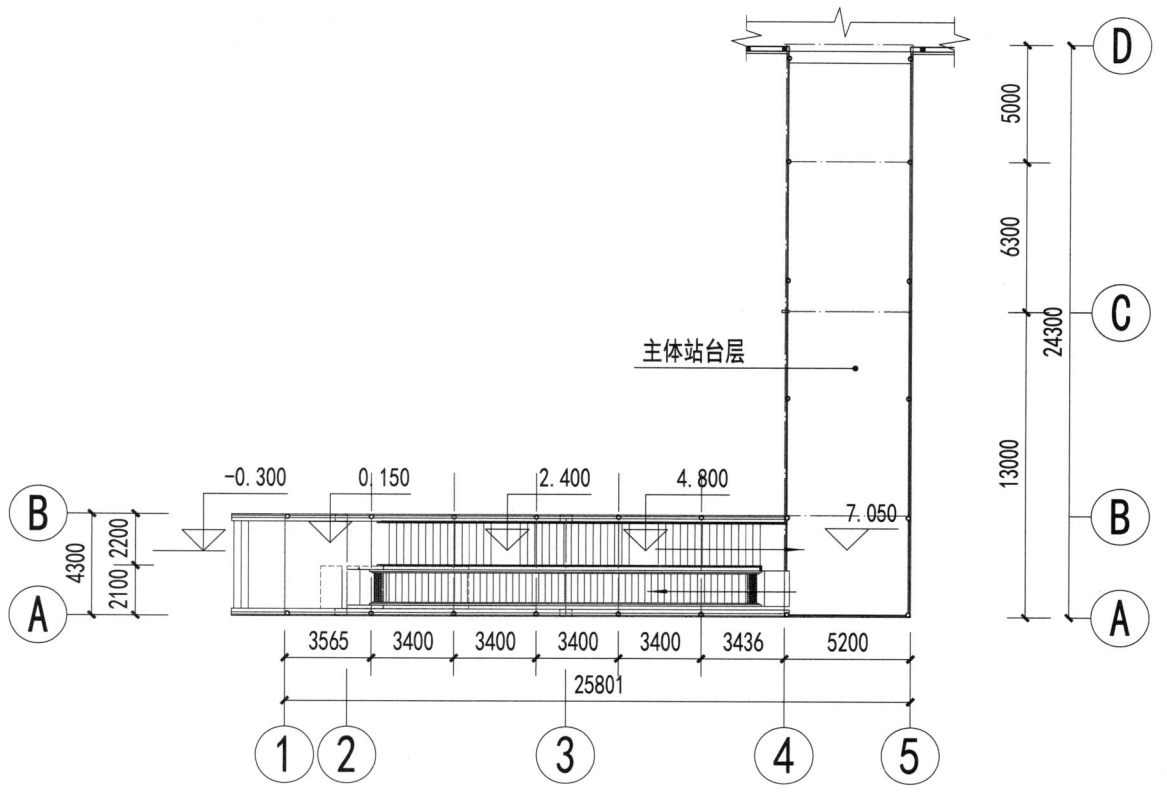

①—⑤轴平面 1:300

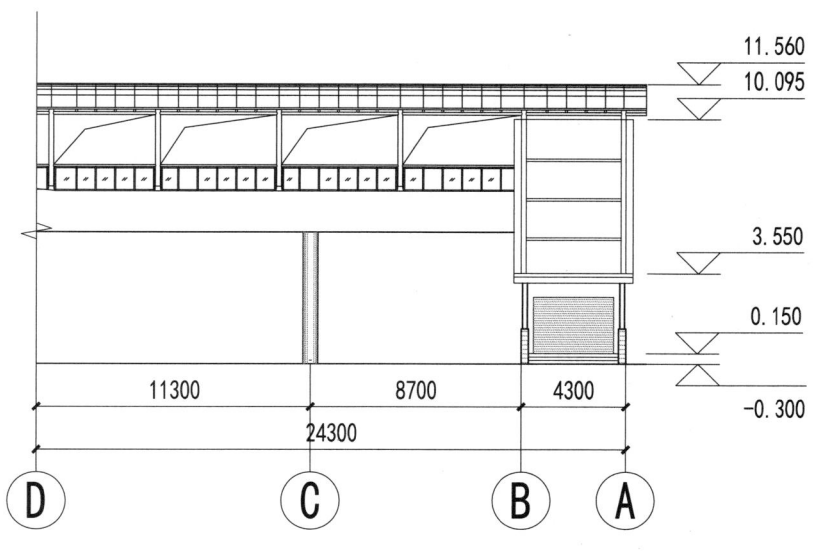

Ⓓ—Ⓐ轴立面 1:300

| 图名 | 高架站出入口通道 |

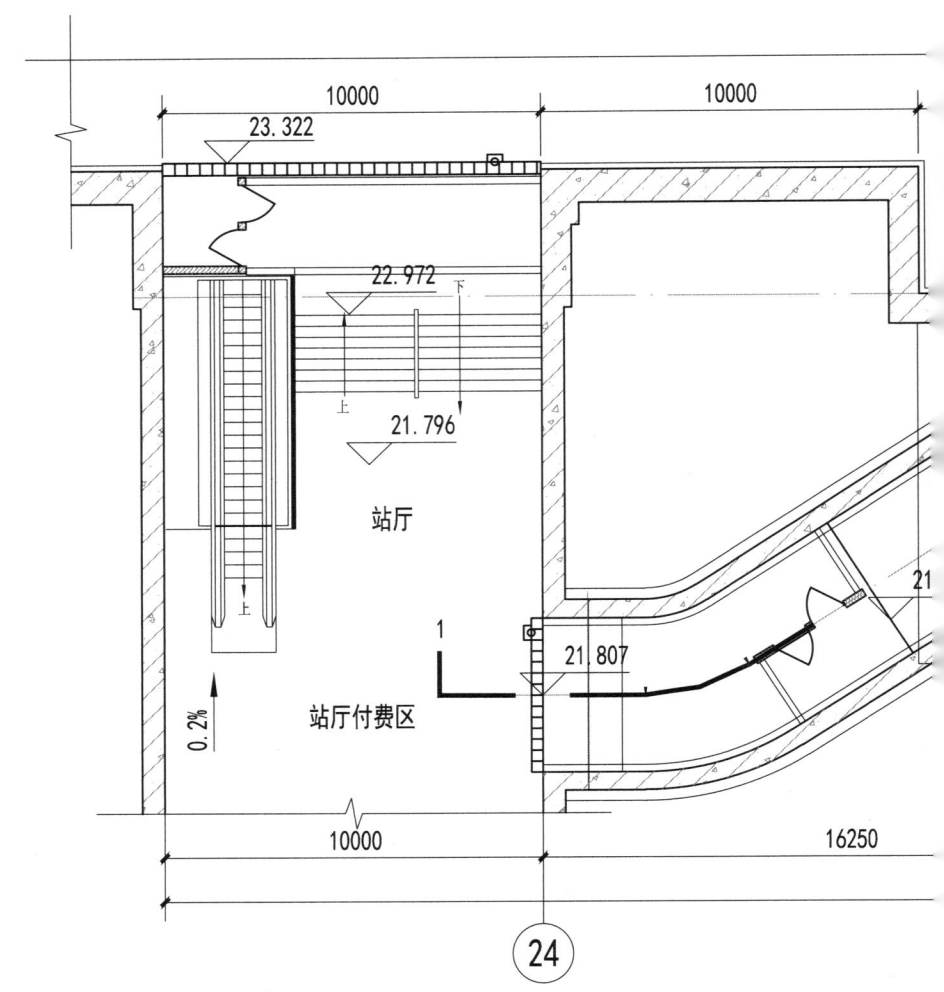

换乘通道平面图 1:200

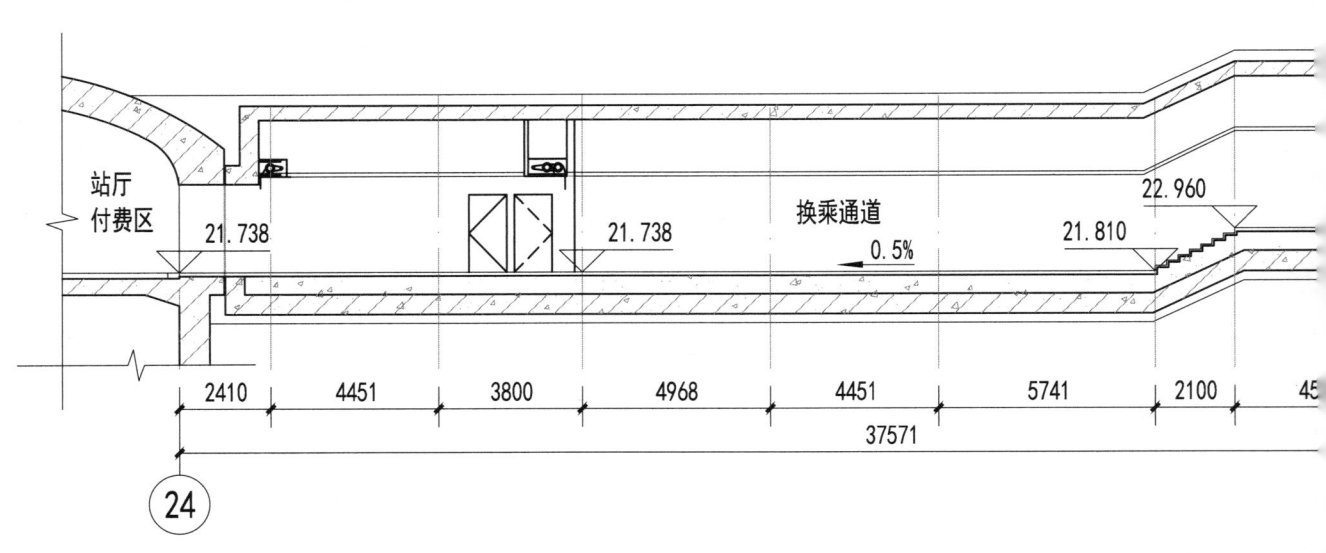

换乘通道1-1剖面图 1:200

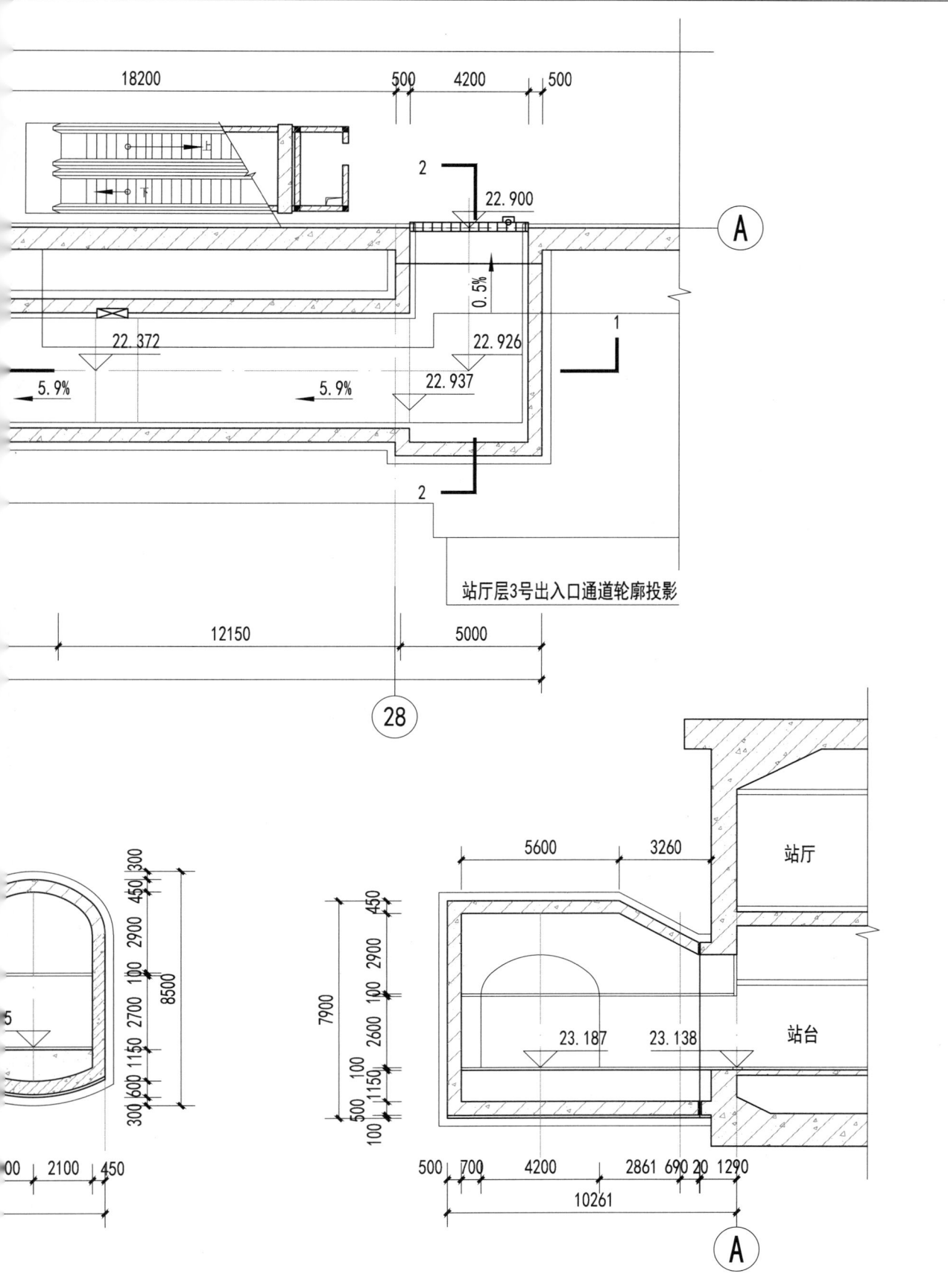

换乘通道2-2剖面图 1:200

| 图名 | 换乘通道 |

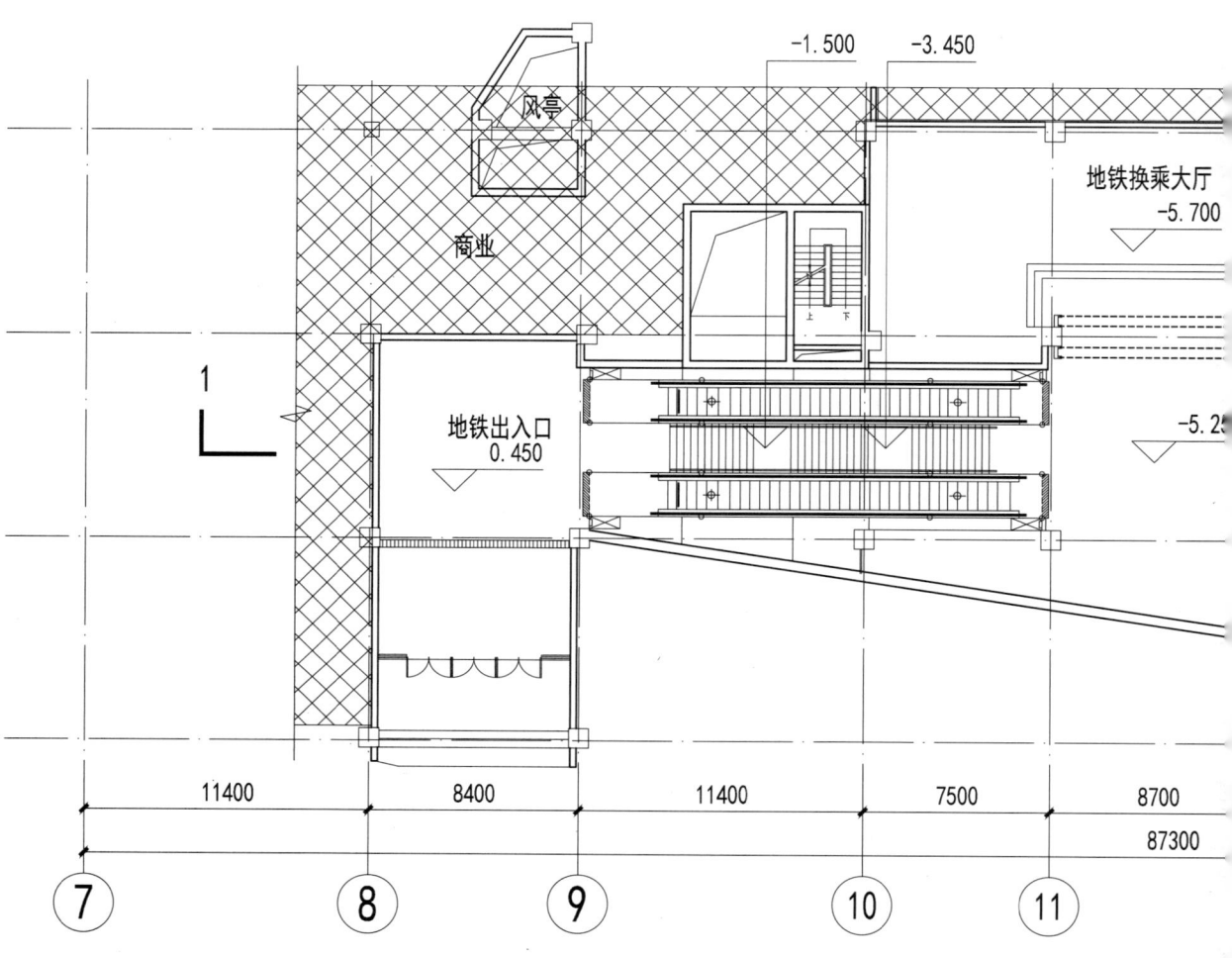

与商业结合出入口通道地铁区域平面图 1:30

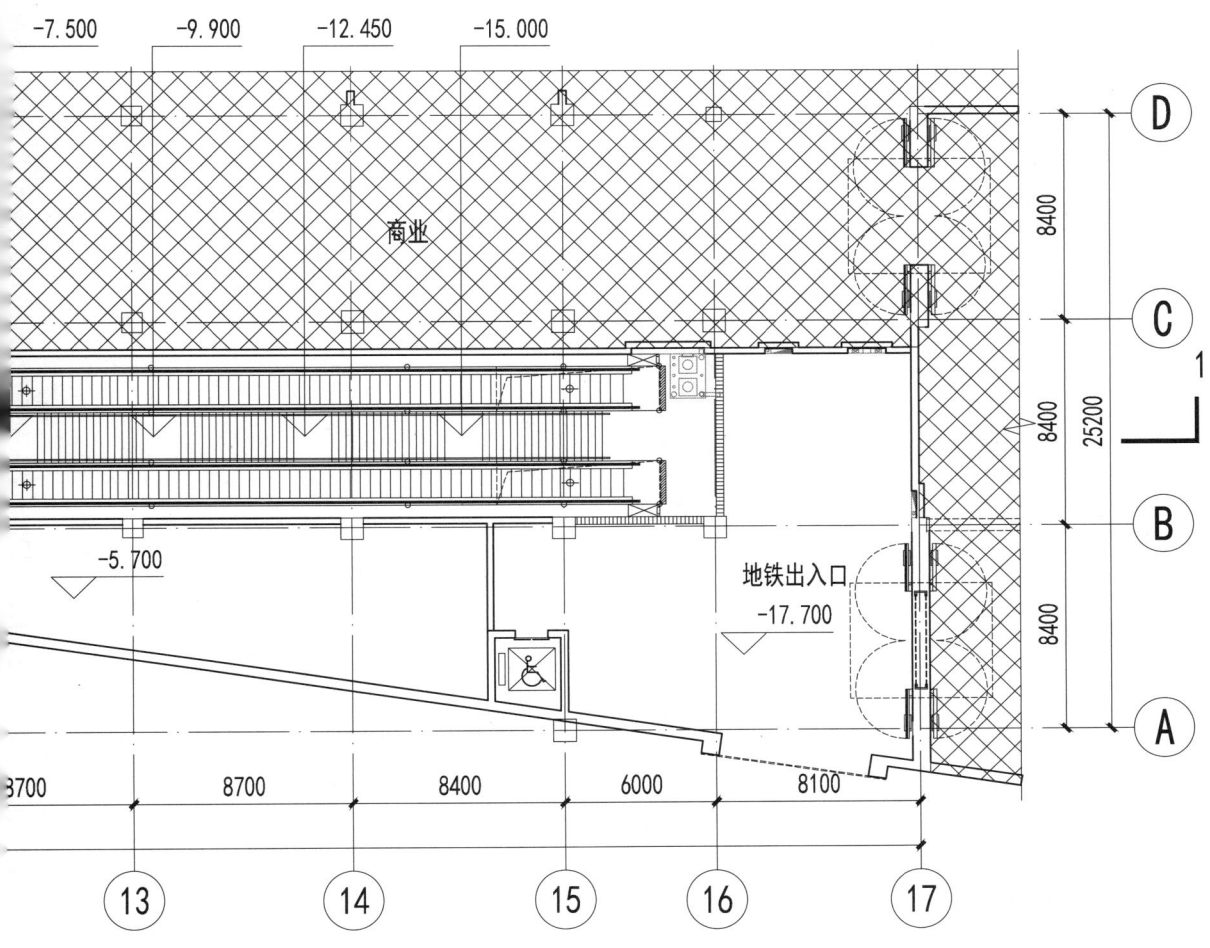

| 图名 | 与商业结合出入口通道平面 |

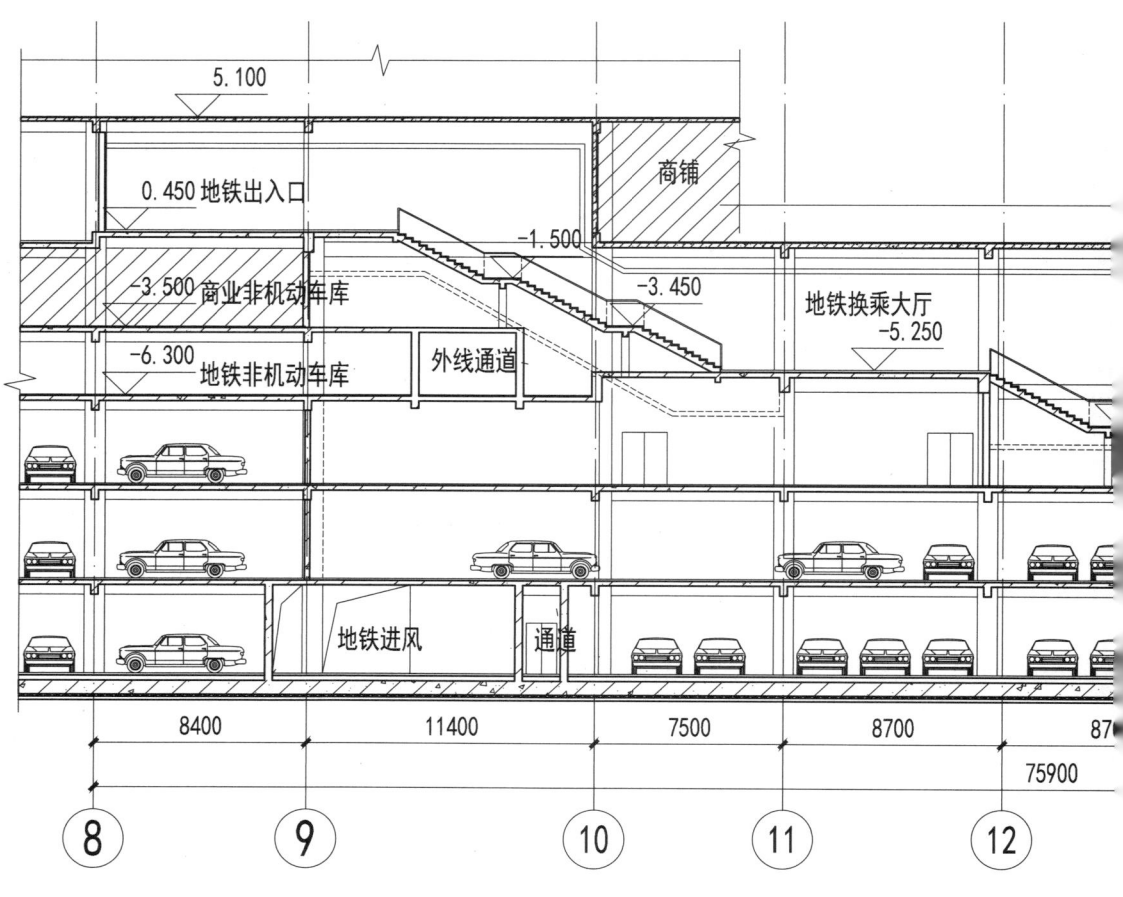

与商业结合出入口通道地铁楼梯1—1剖面图 1:300

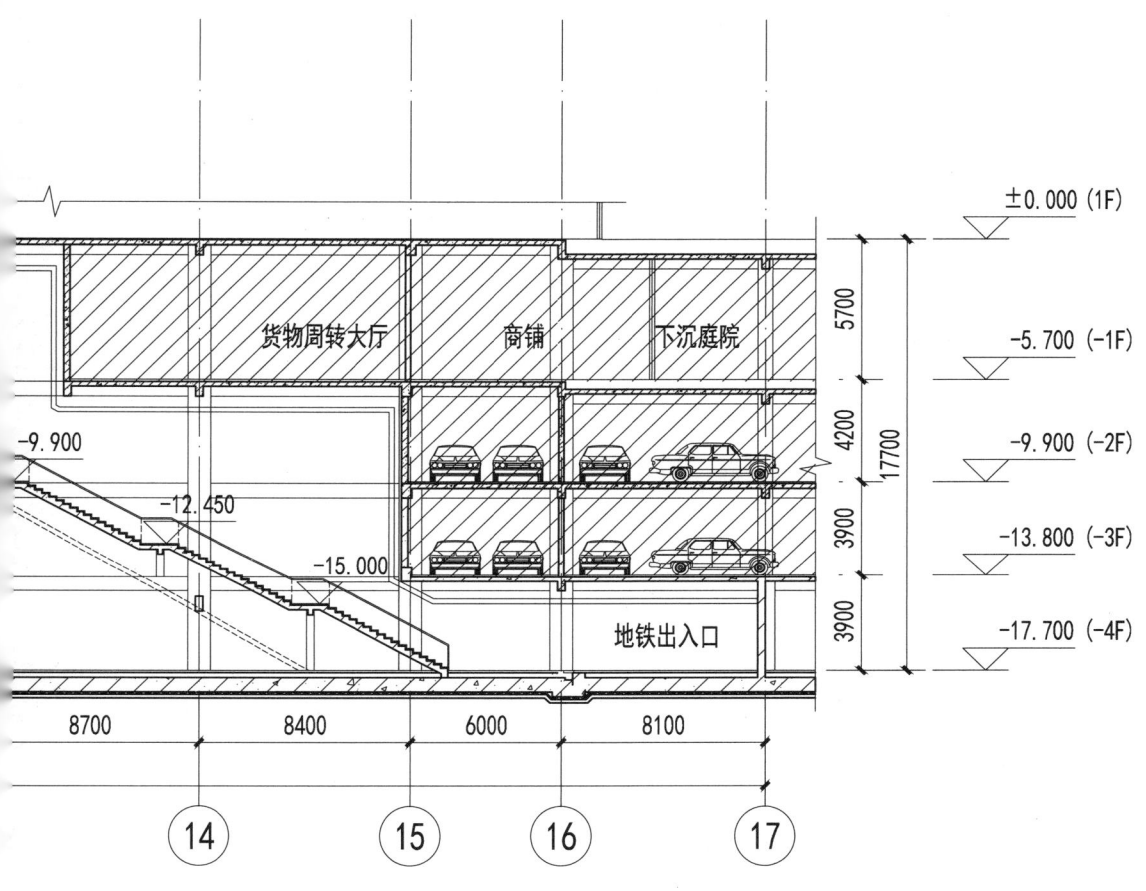

| 图名 | 与商业结合出入口通道剖面图 |

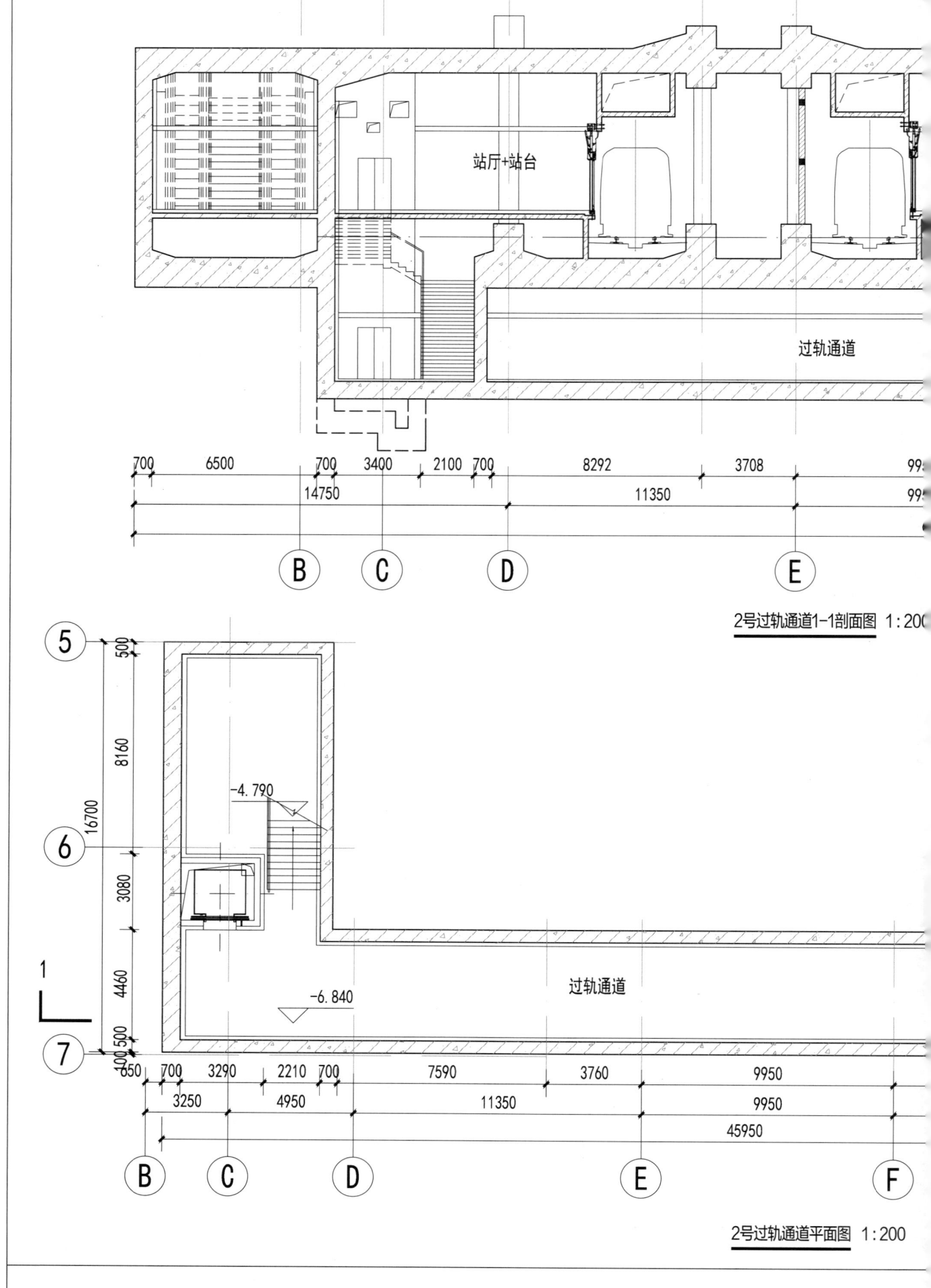

2号过轨通道1-1剖面图 1:200

2号过轨通道平面图 1:200

2110
4290
2700
1200
3900
2000
900
6500
700
2500
700
9700
7500
6800
2800
700
F
G
H
J

-4.790
1
700
2700
1200
4700
1400
100
7400
G
H

1号板下过轨通道位置示意
2号板下过轨通道位置示意

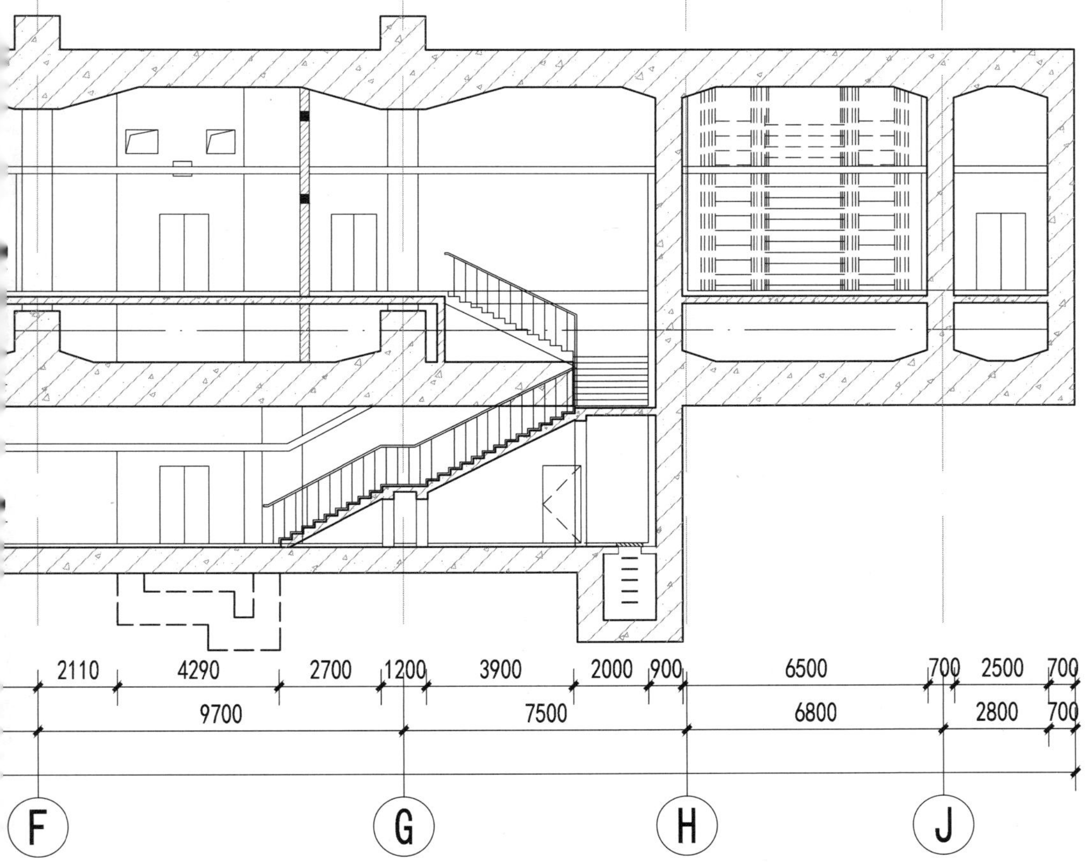

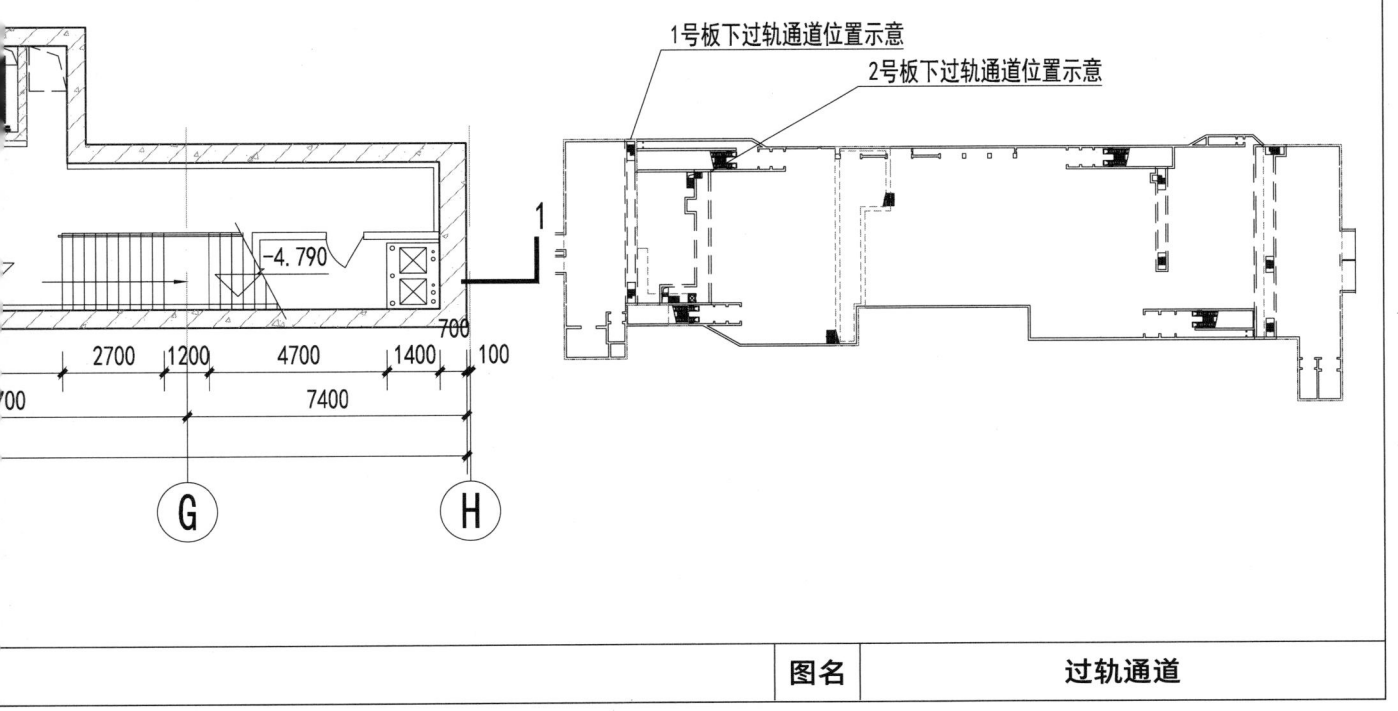

图名	过轨通道

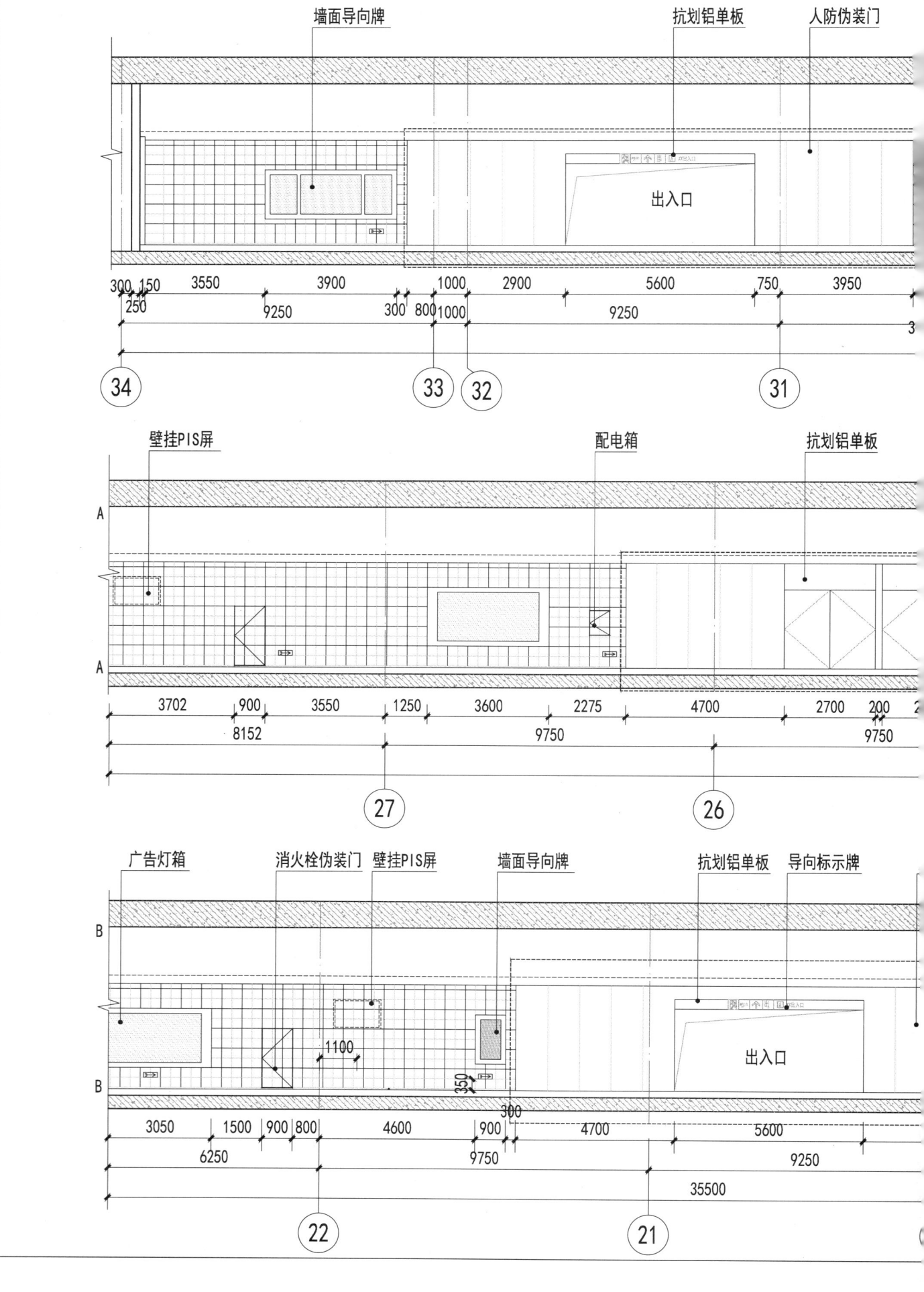

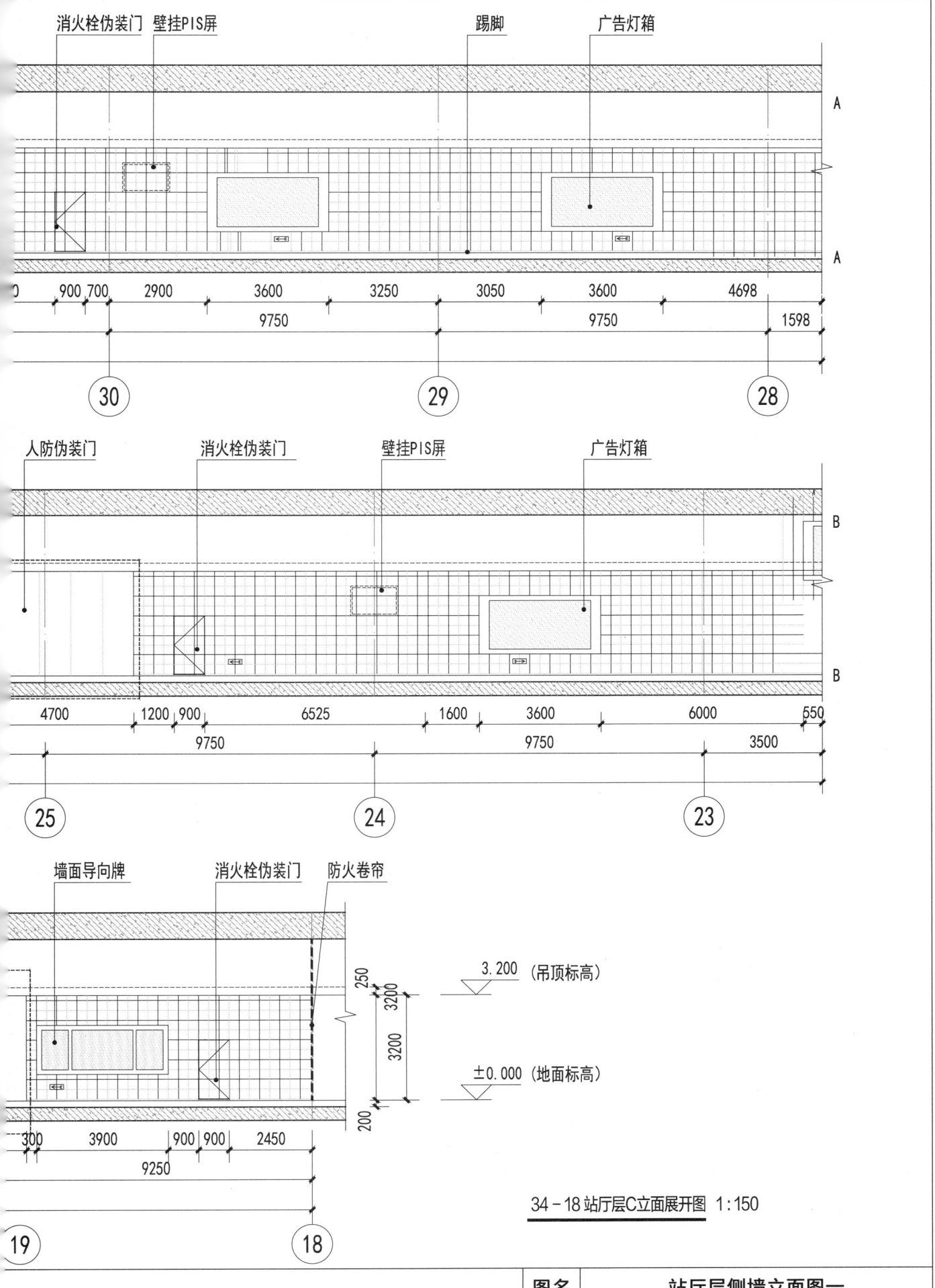

34-18 站厅层C立面展开图 1:150

| 图名 | 站厅层侧墙立面图一 |

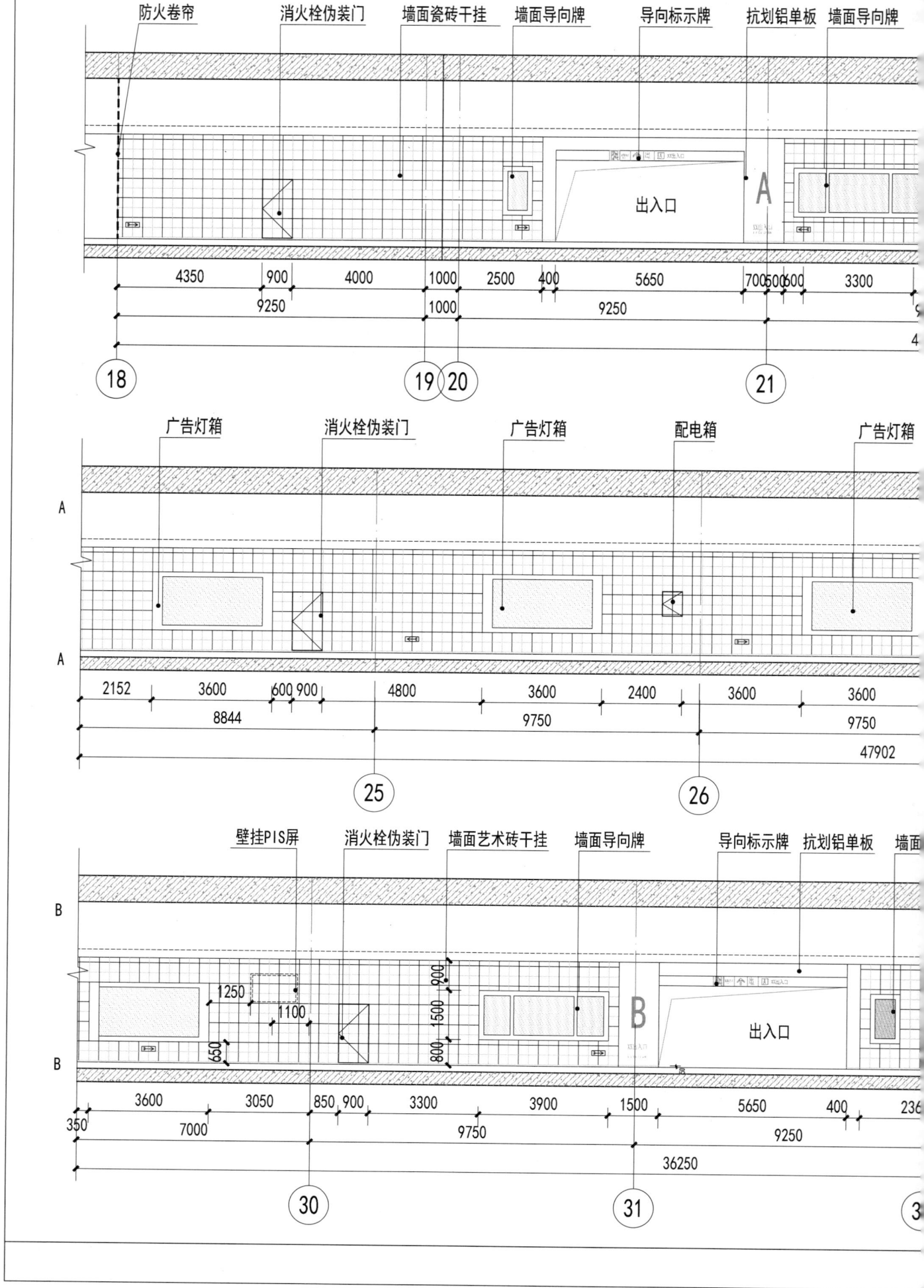

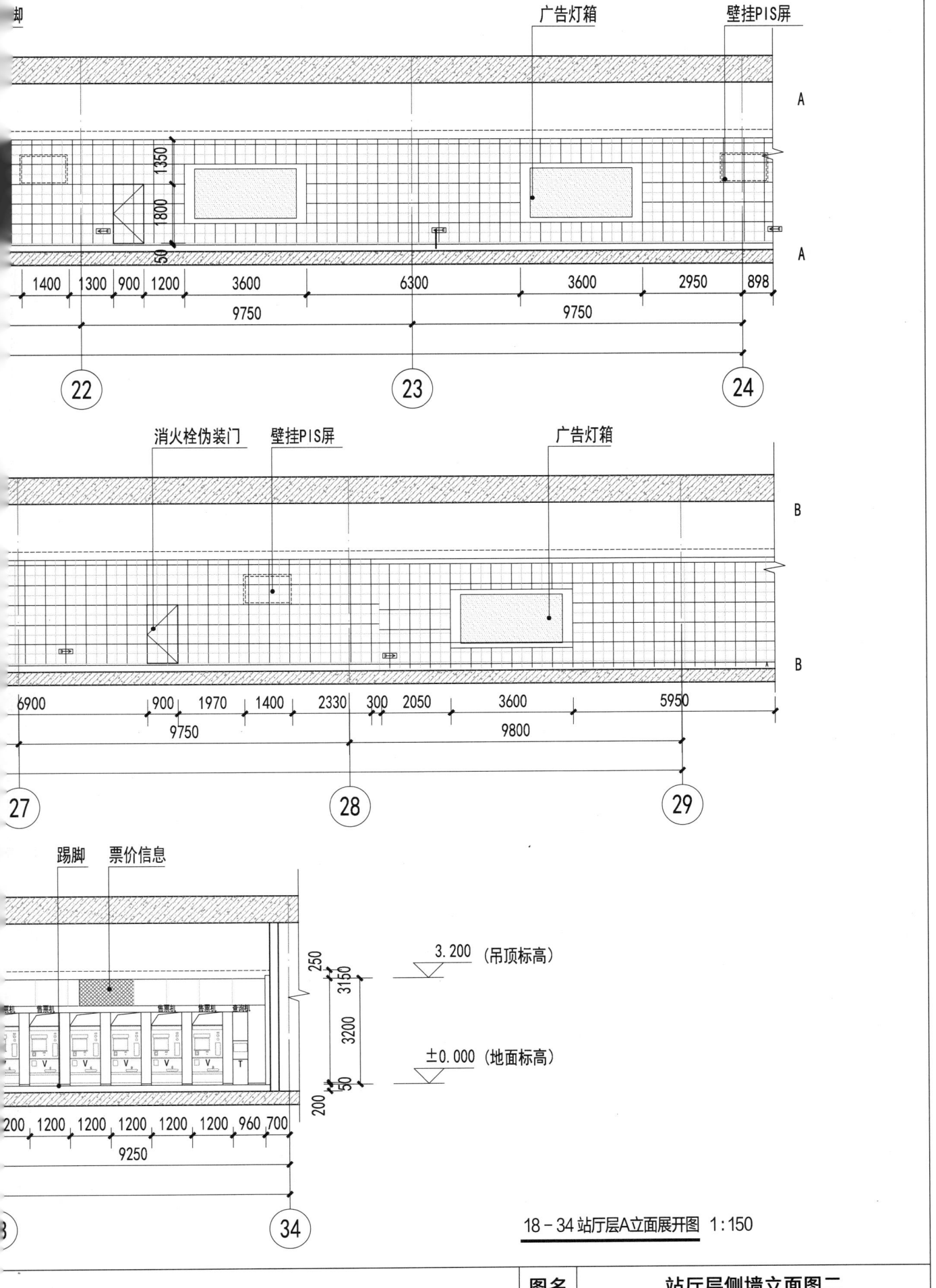

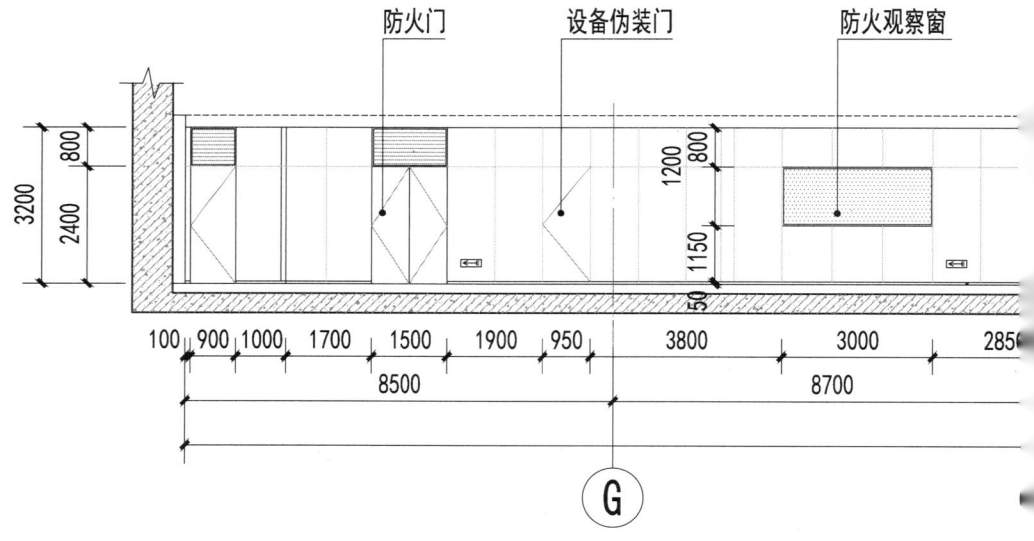

站厅层B立面展开图 1:1

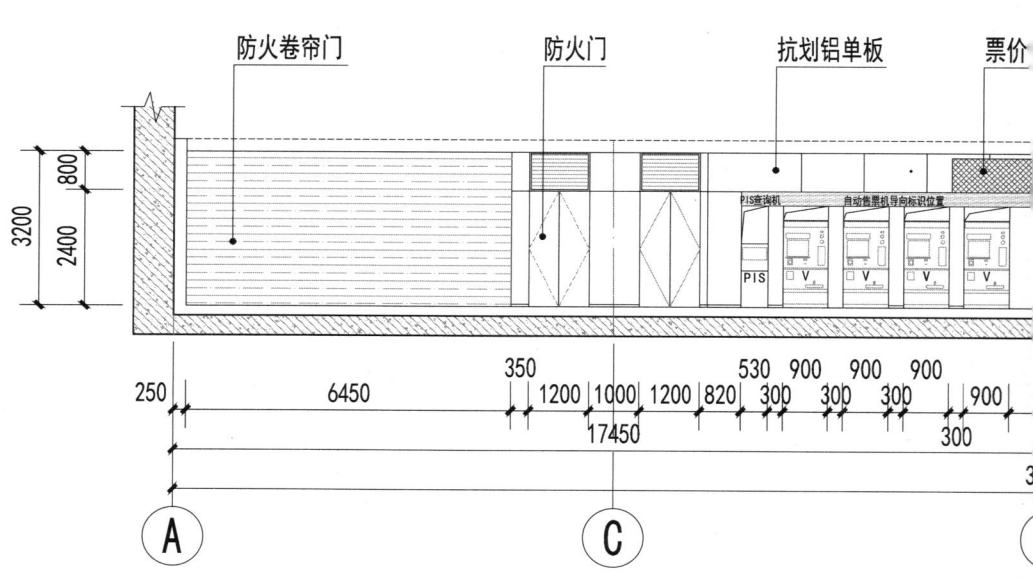

站厅层D立面展开图 1:15

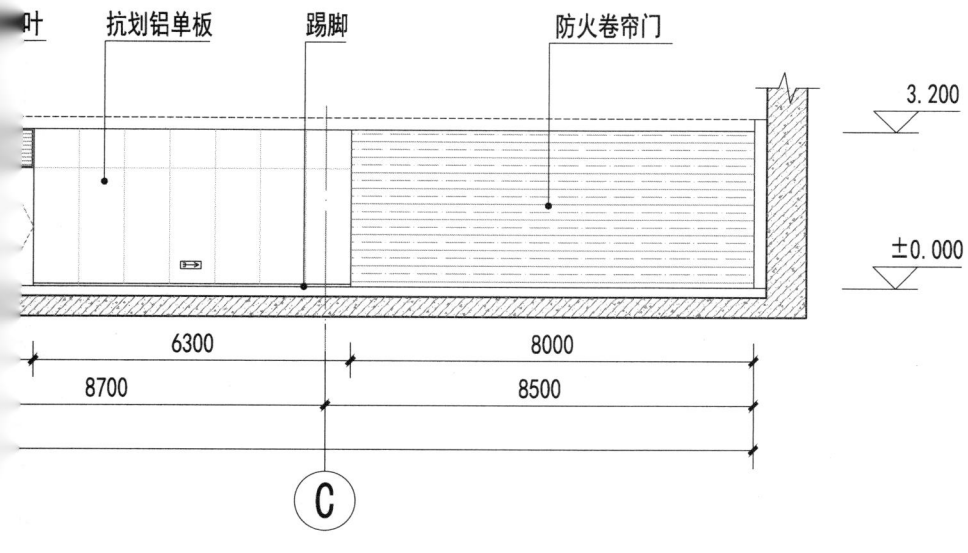

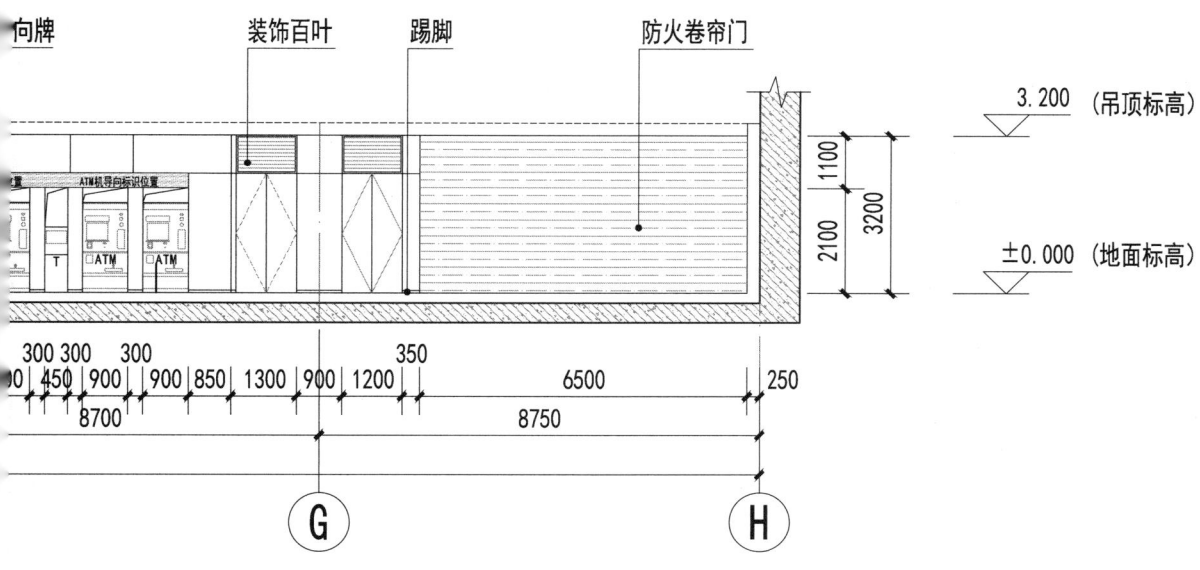

| 图名 | 站厅层立面图 |

第二部分

楼扶梯设计

直跑楼扶梯图
T形结合式楼扶梯图
剪刀式楼扶梯图
开敞式楼扶梯图
多层式楼扶梯图

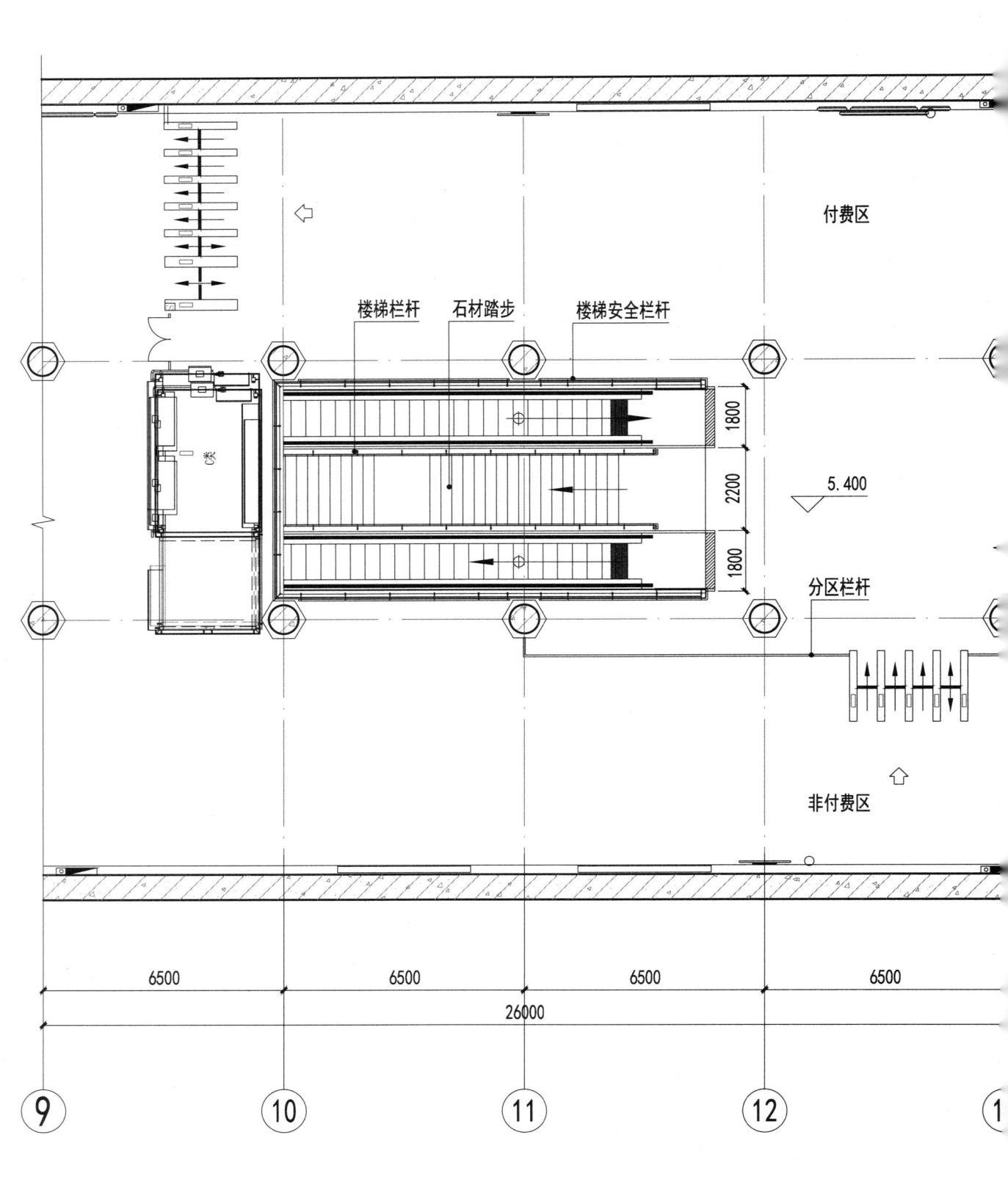

站厅层楼扶梯平面图 1:150

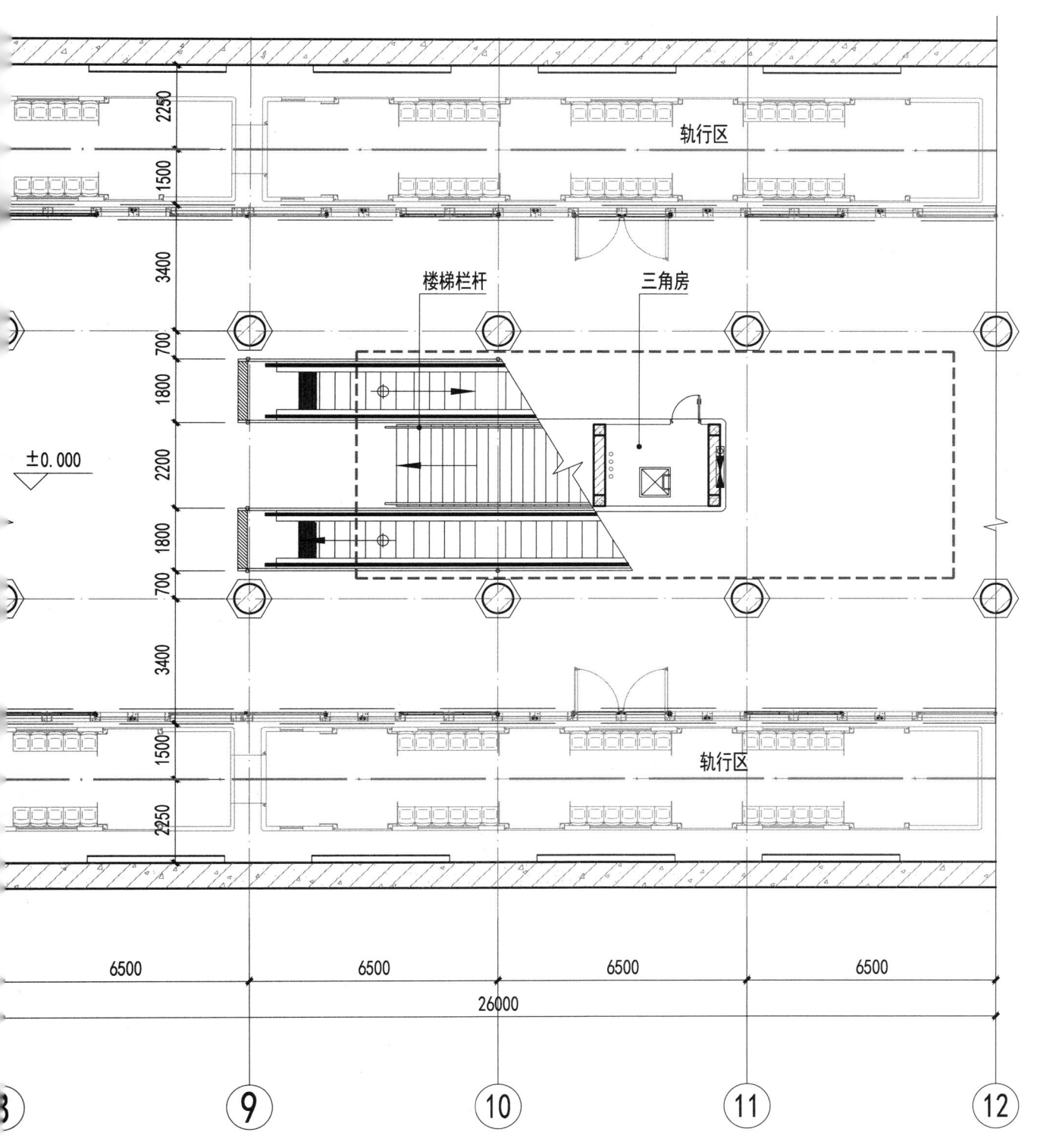

站台层楼扶梯平面图 1:150

| 图名 | 两扶一楼式楼扶梯平面图 |

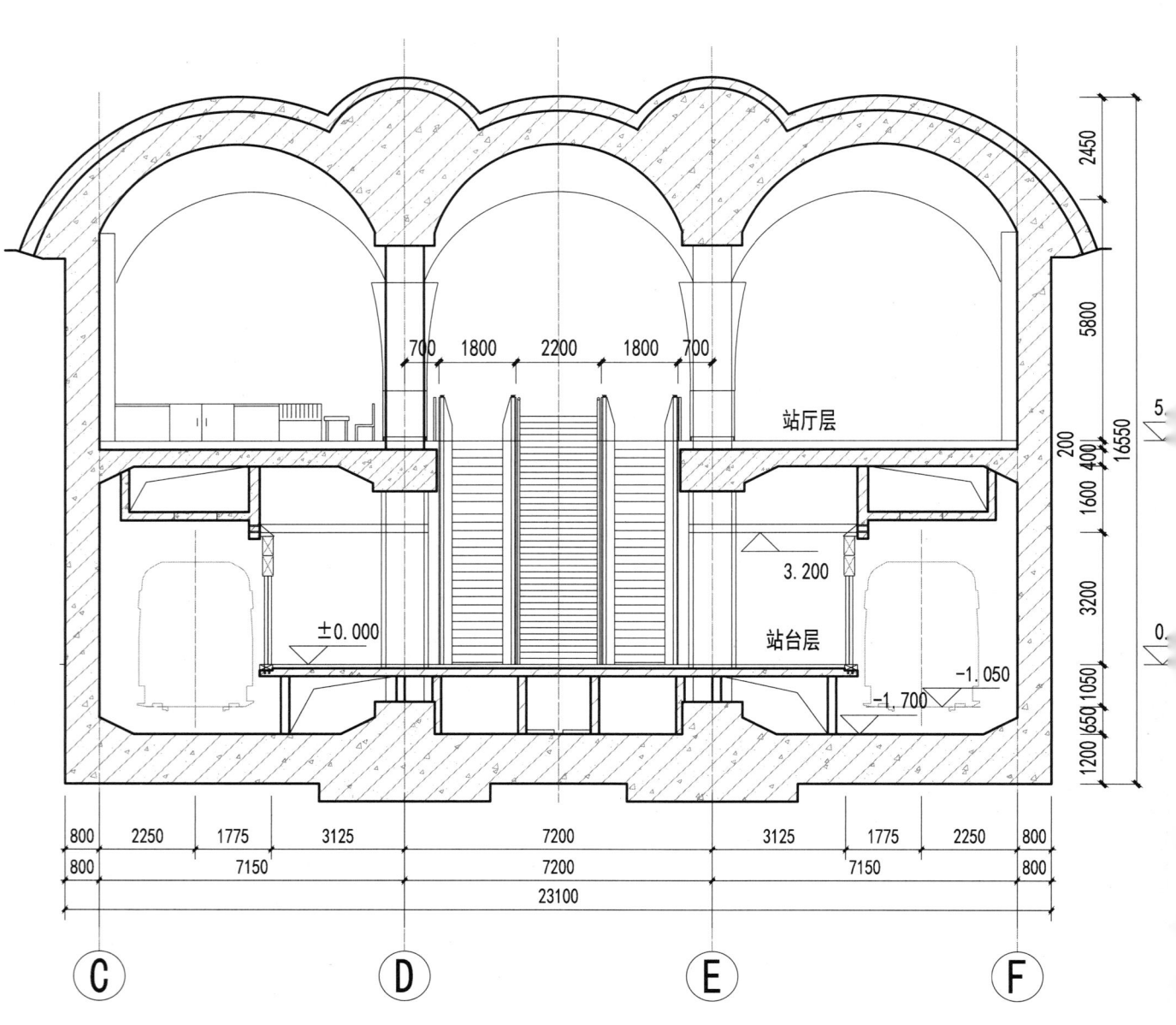

楼扶梯剖面图 1:150

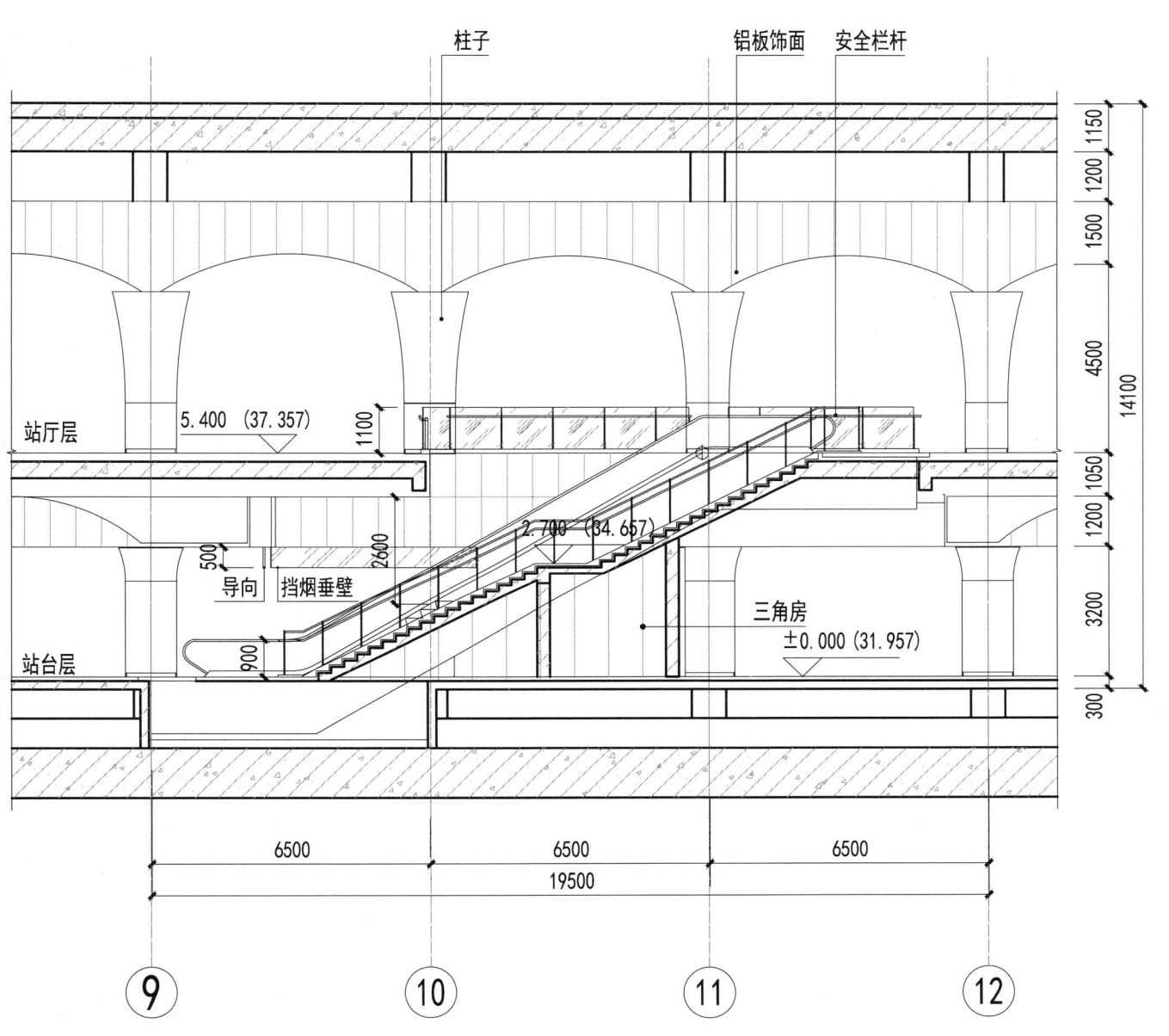

楼扶梯剖面图 1:150

| 图名 | 两扶一楼式楼扶梯剖面图 |

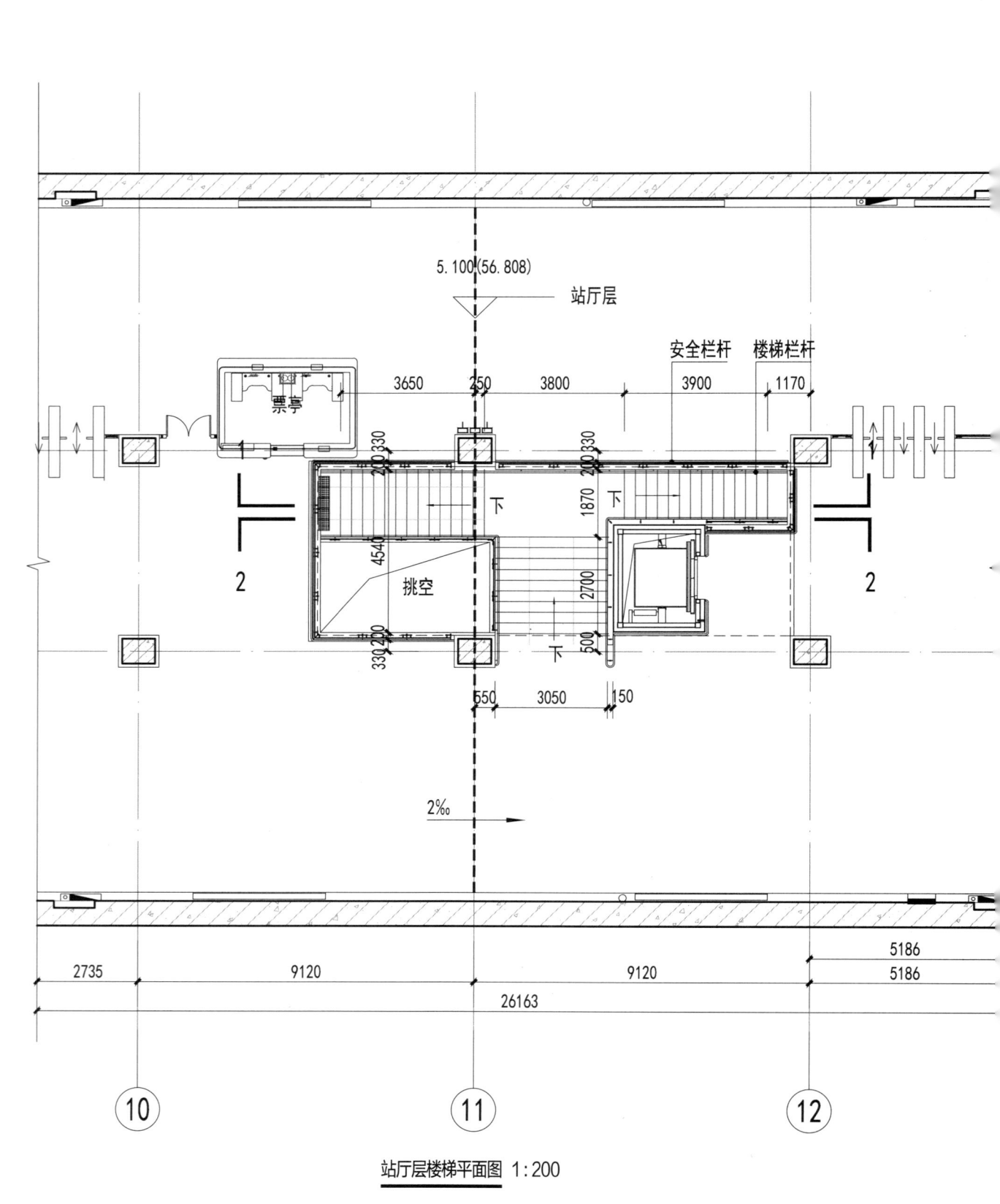

站厅层楼梯平面图 1:200

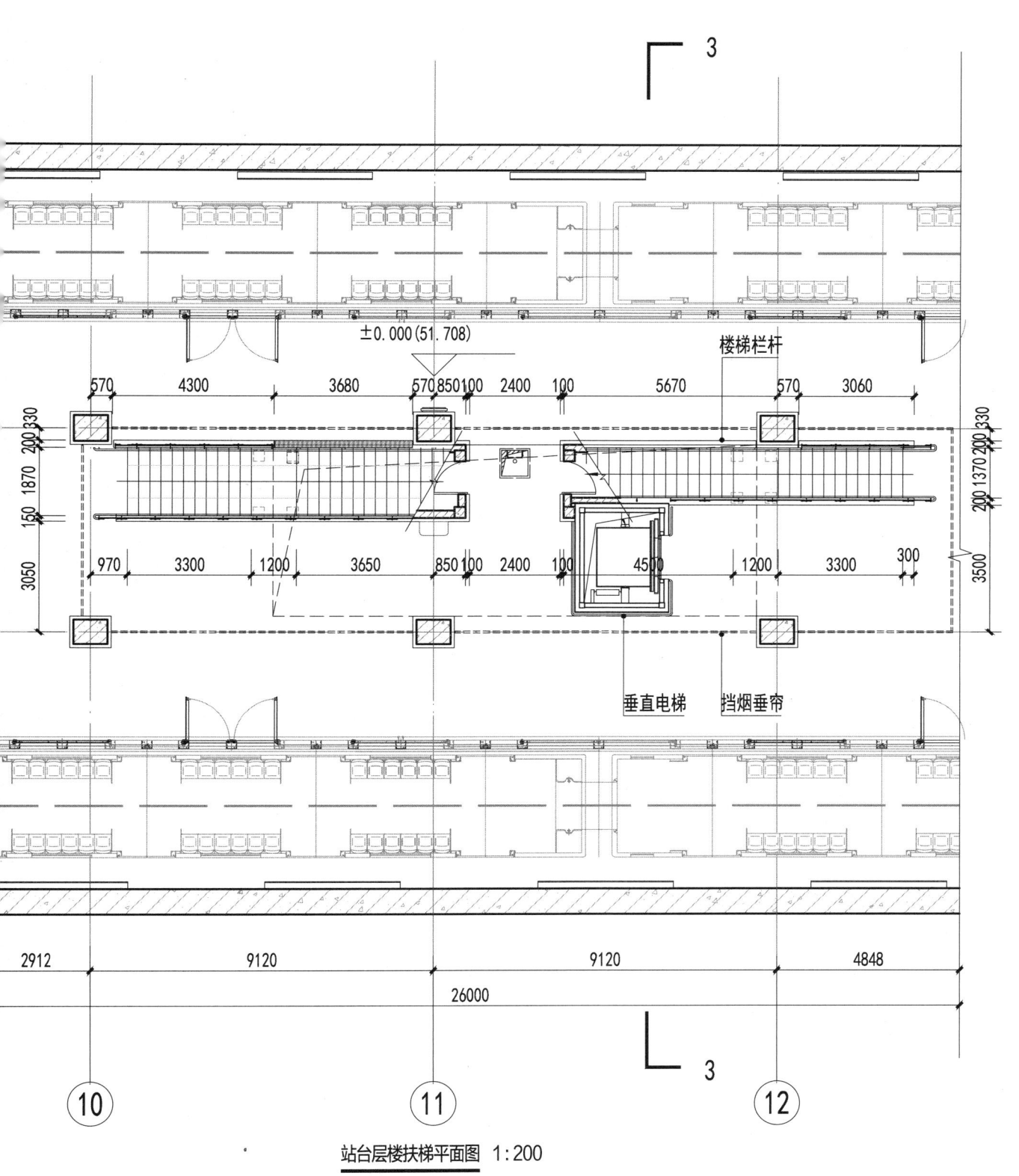

站台层楼扶梯平面图 1:200

| 图名 | T形楼梯与垂直梯结合式楼扶梯平面图 |

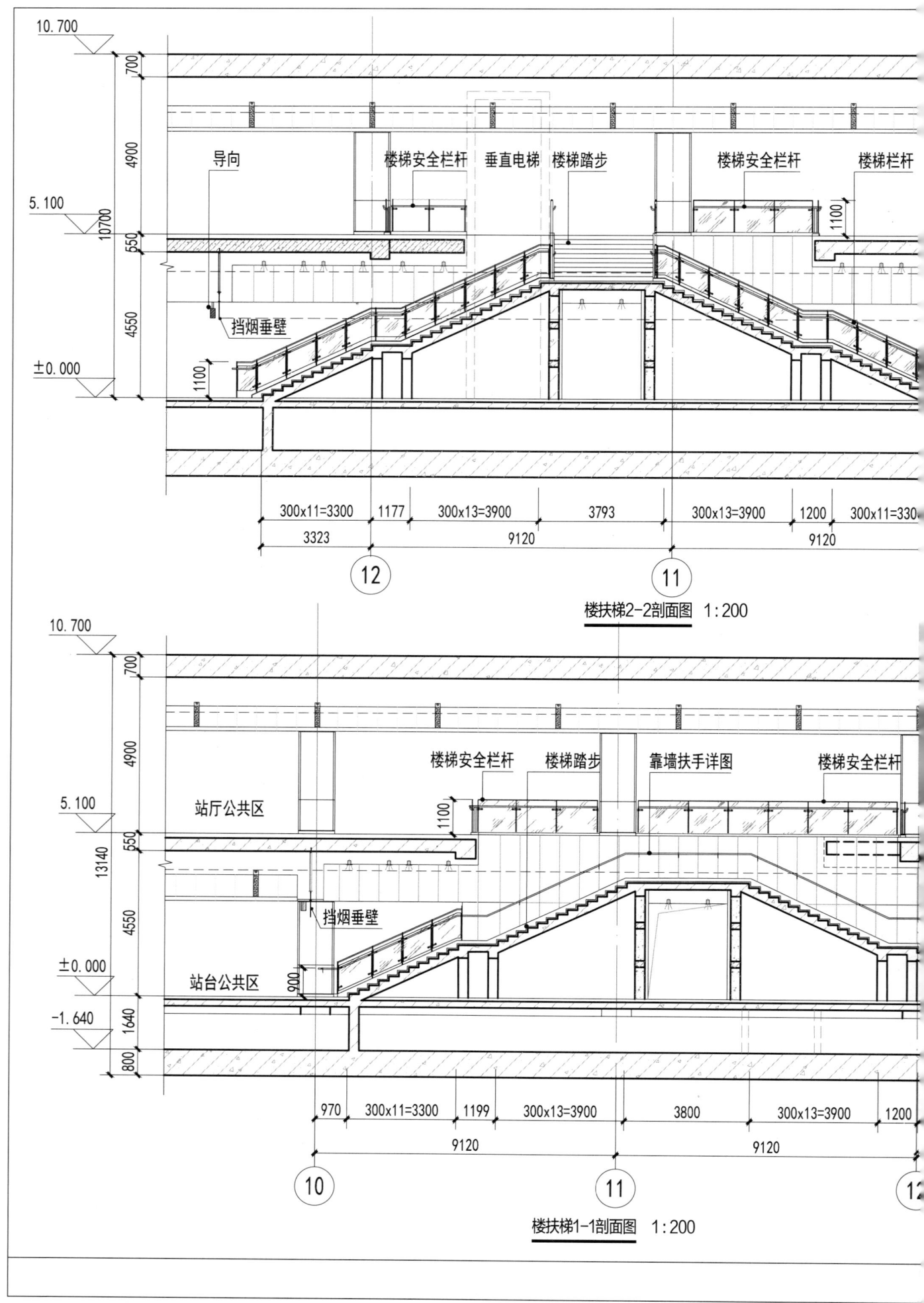

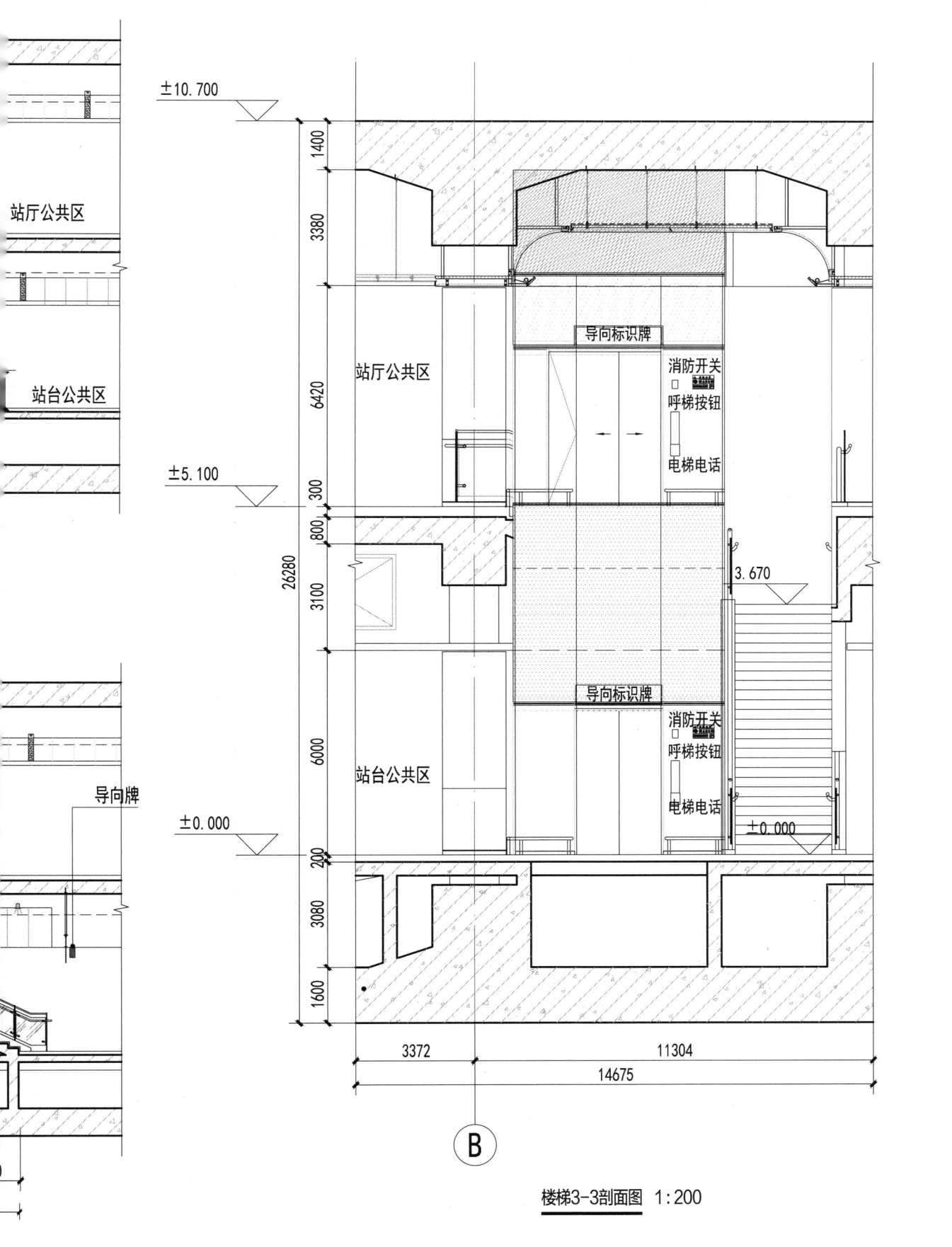

楼梯3-3剖面图 1:200

| 图名 | T形楼梯与垂直梯结合式楼扶梯剖面图 |

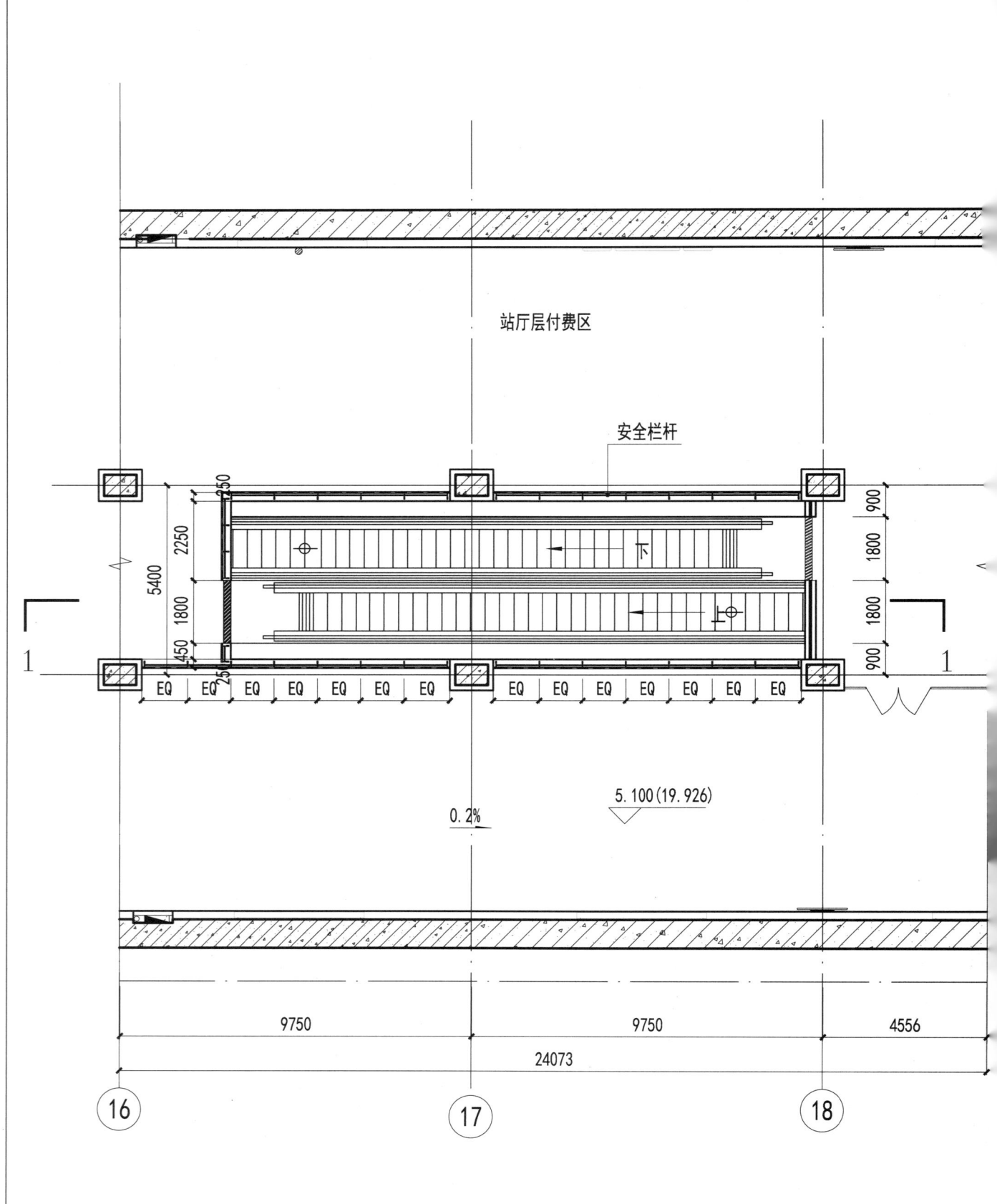

站厅楼梯平面图 1:150

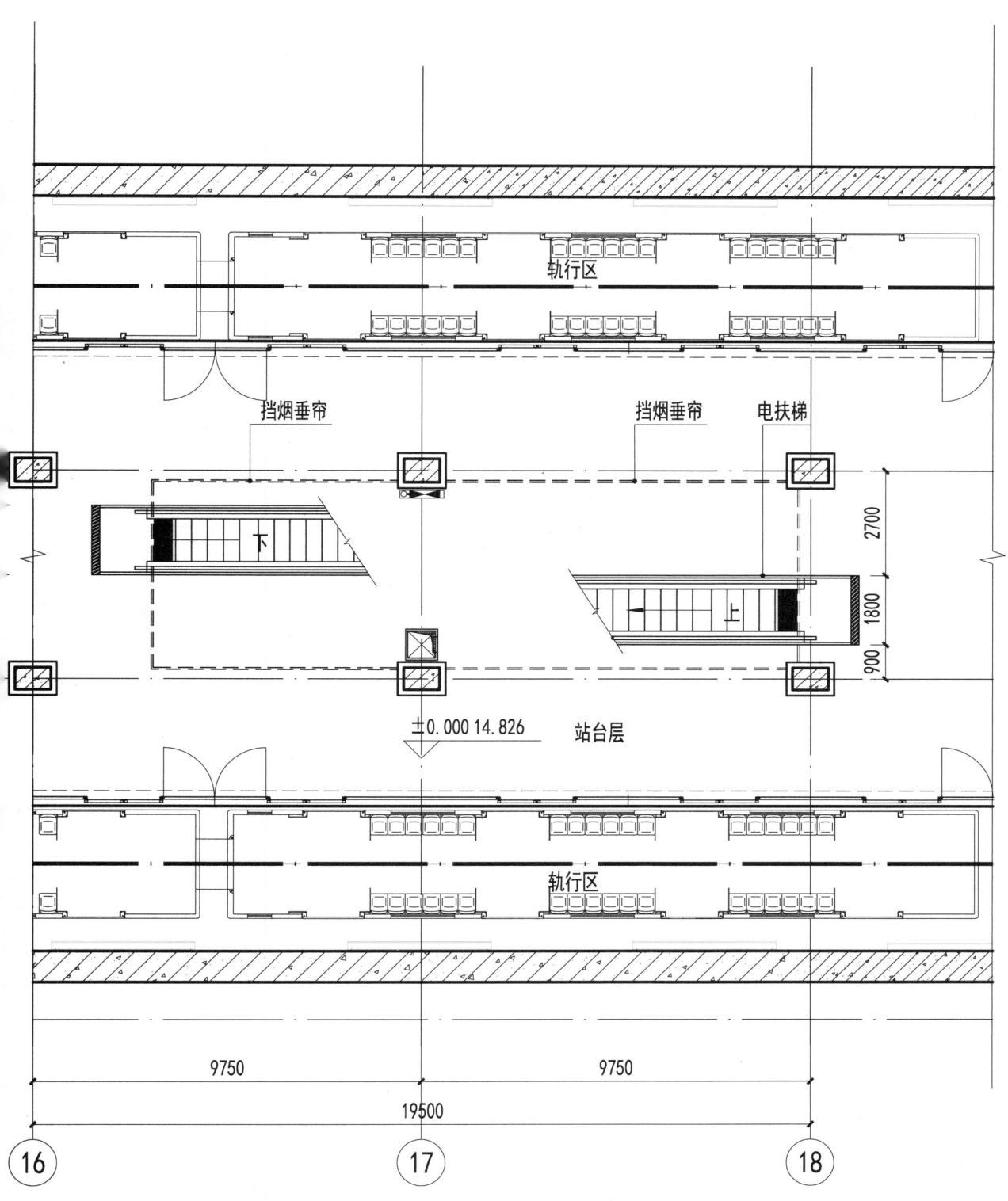

站台楼梯平面图 1:150

| 图名 | 剪刀式扶梯平面图 |

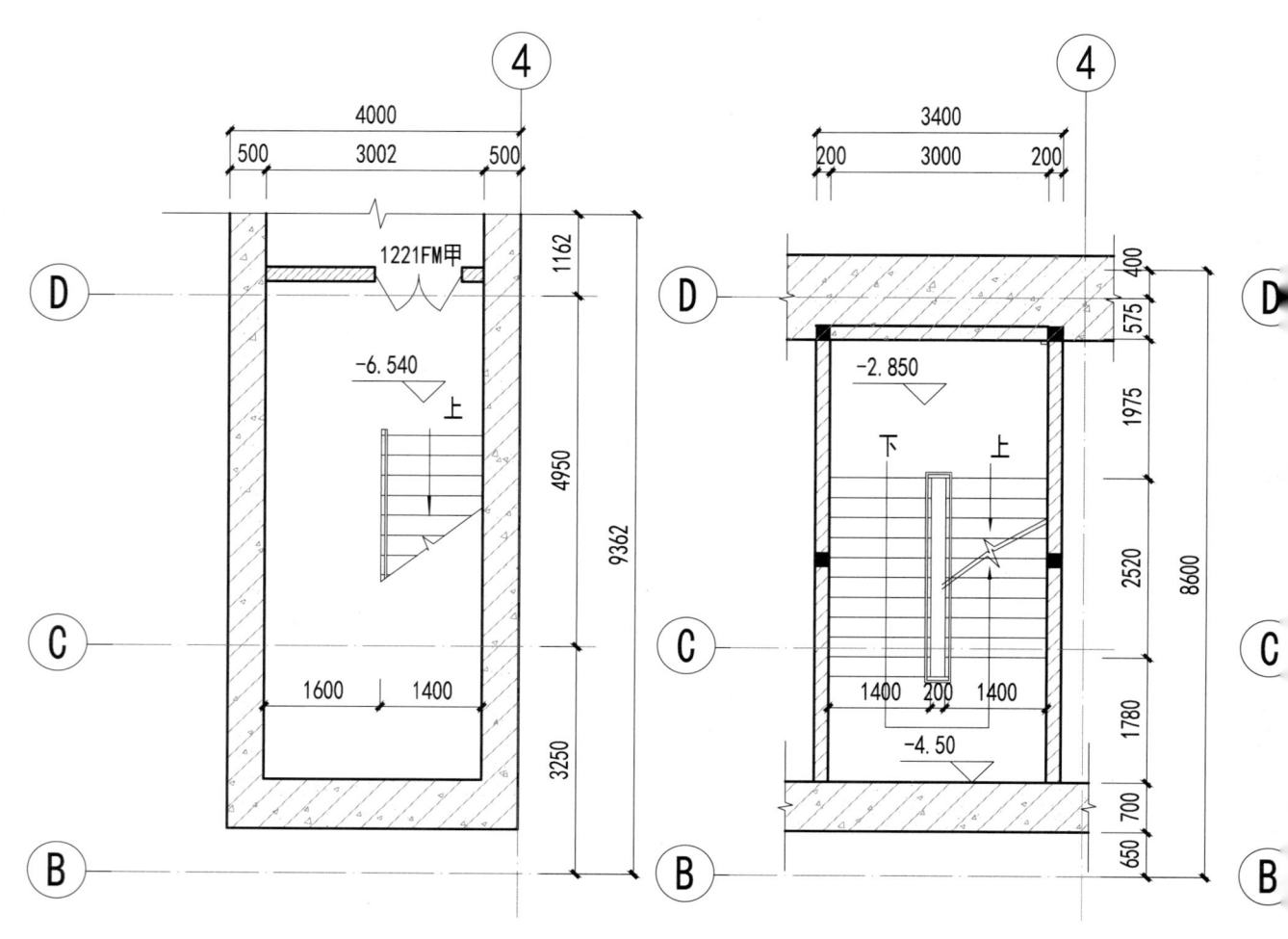

通道A-A剖面图 1:100   B-B剖面图 1:100

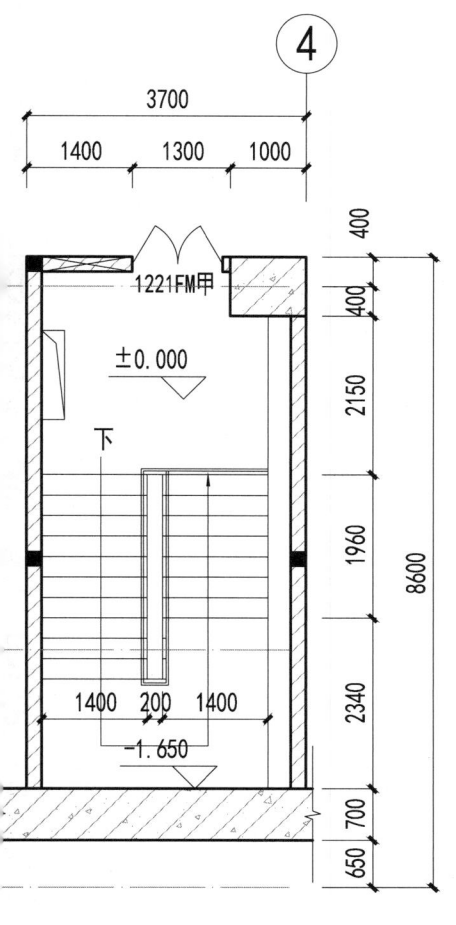

厅台层C-C剖面图 1:100

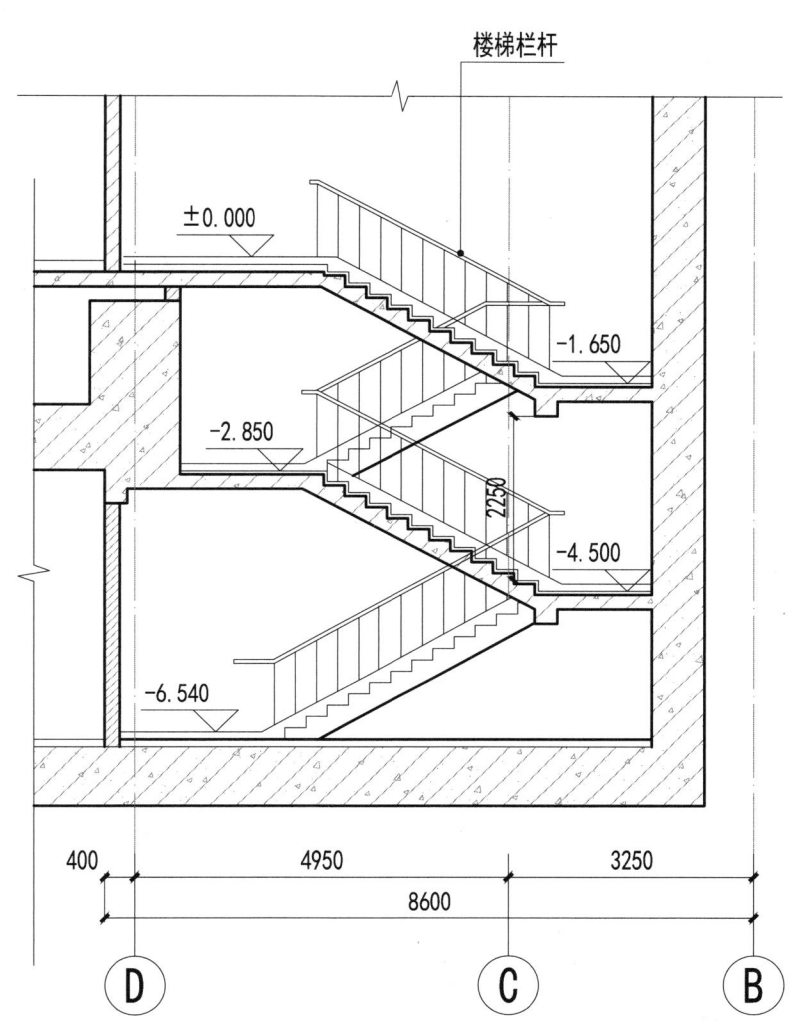

1-1剖面图 1:100

| 图名 | 安全口楼梯图 |

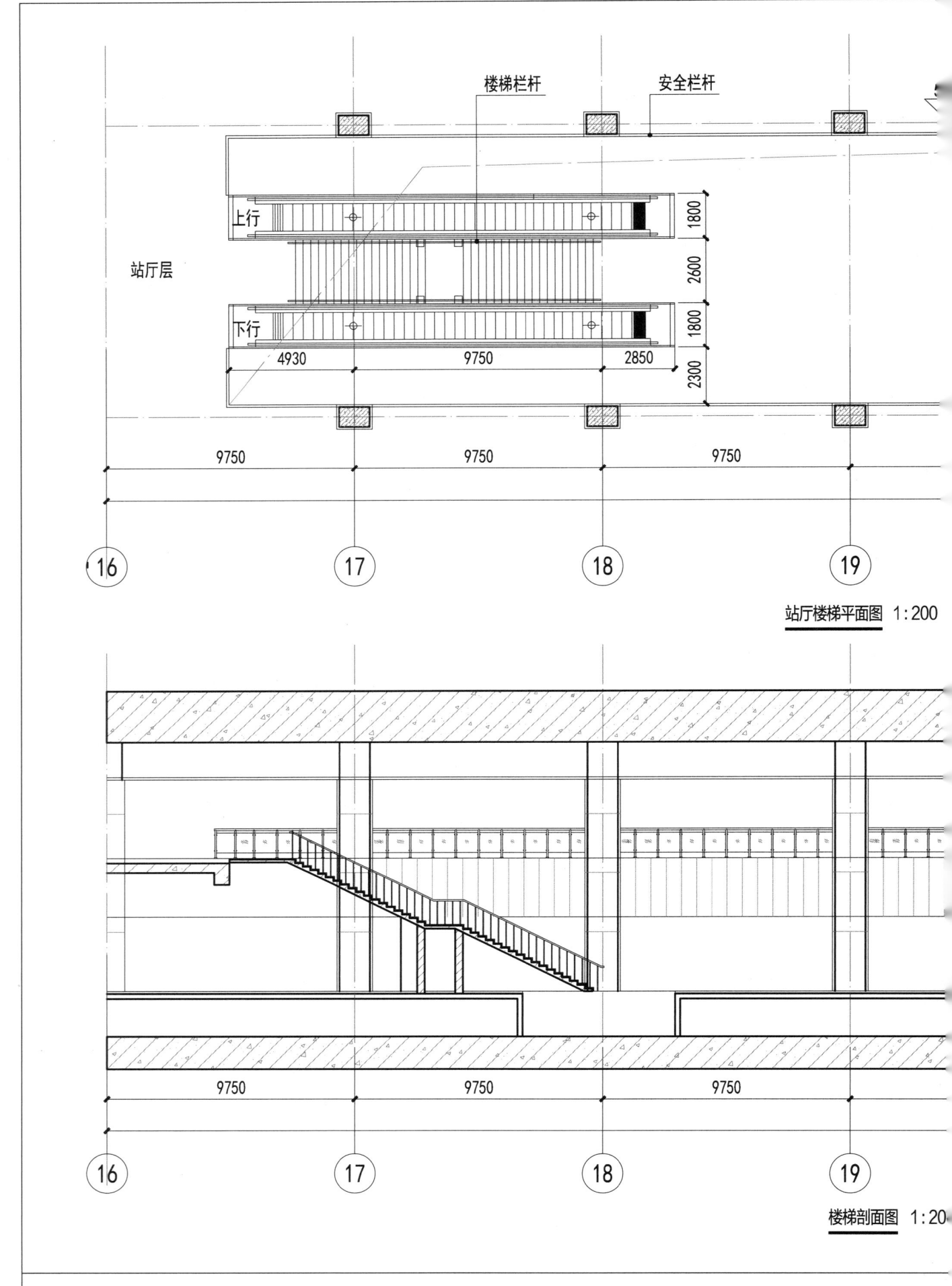

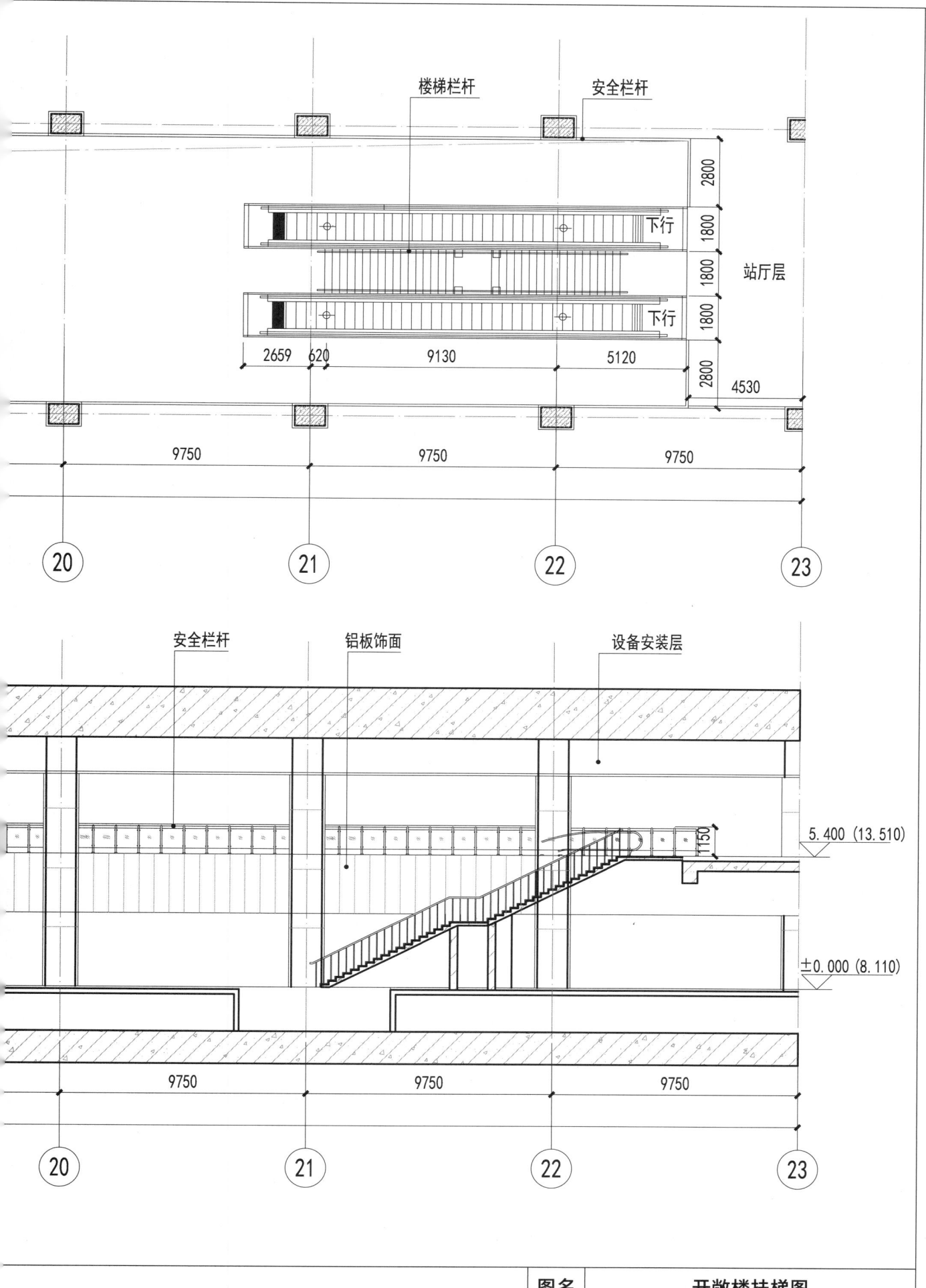

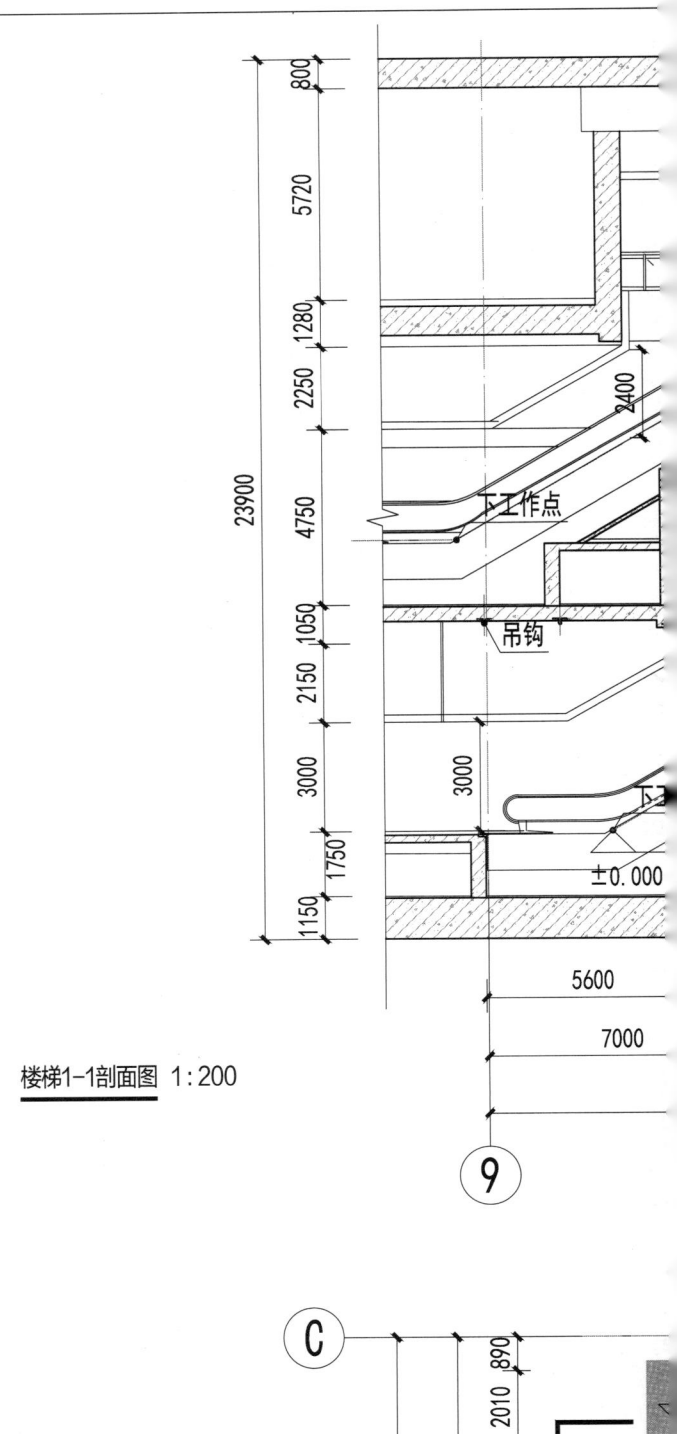

楼梯1-1剖面图 1:200

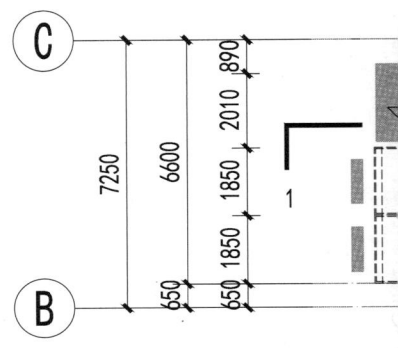

楼梯平面图 1:200

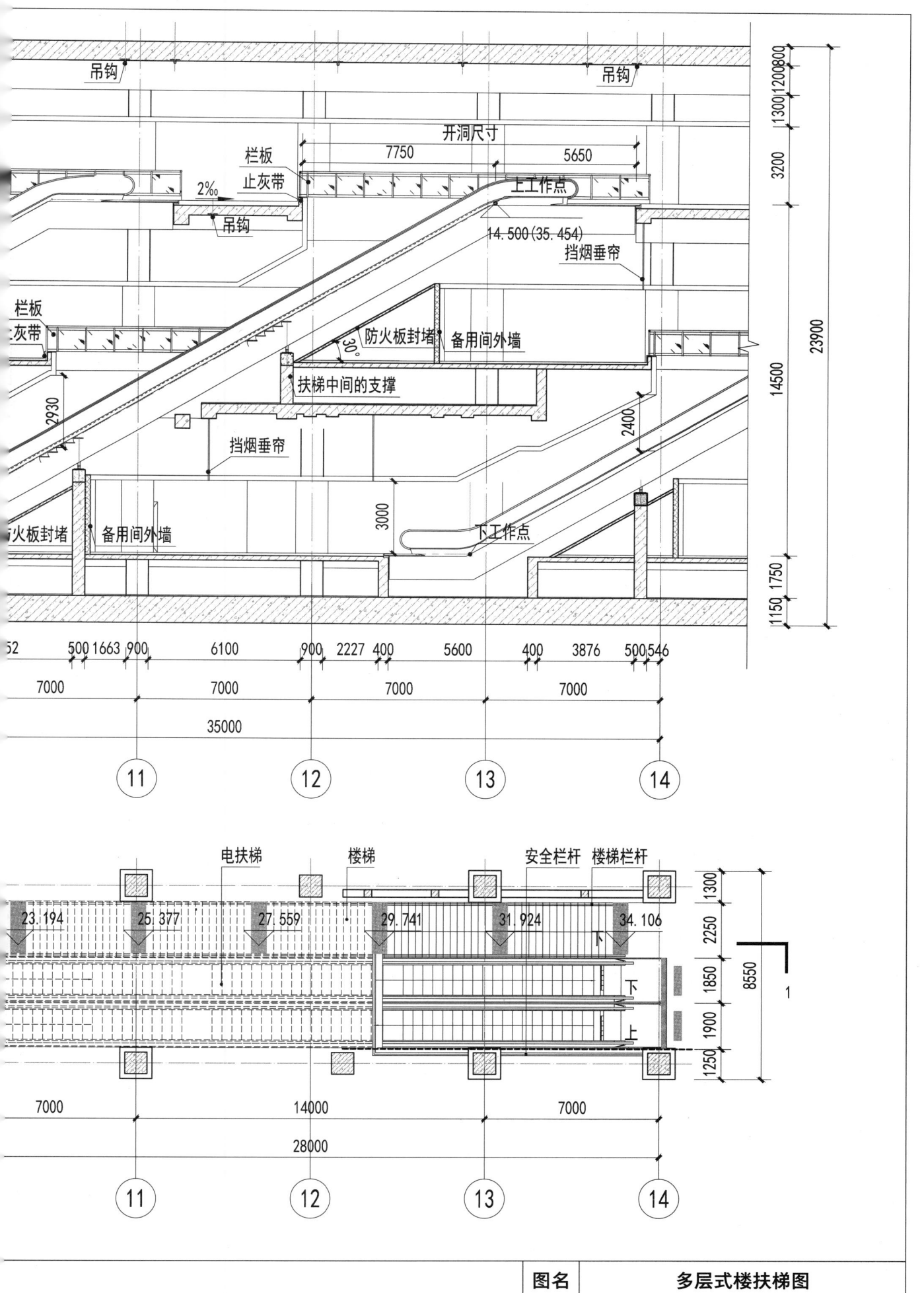

图名: 多层式楼扶梯图

第三部分

公共卫生间设计

公共卫生间平立面图
公共卫生间节点图

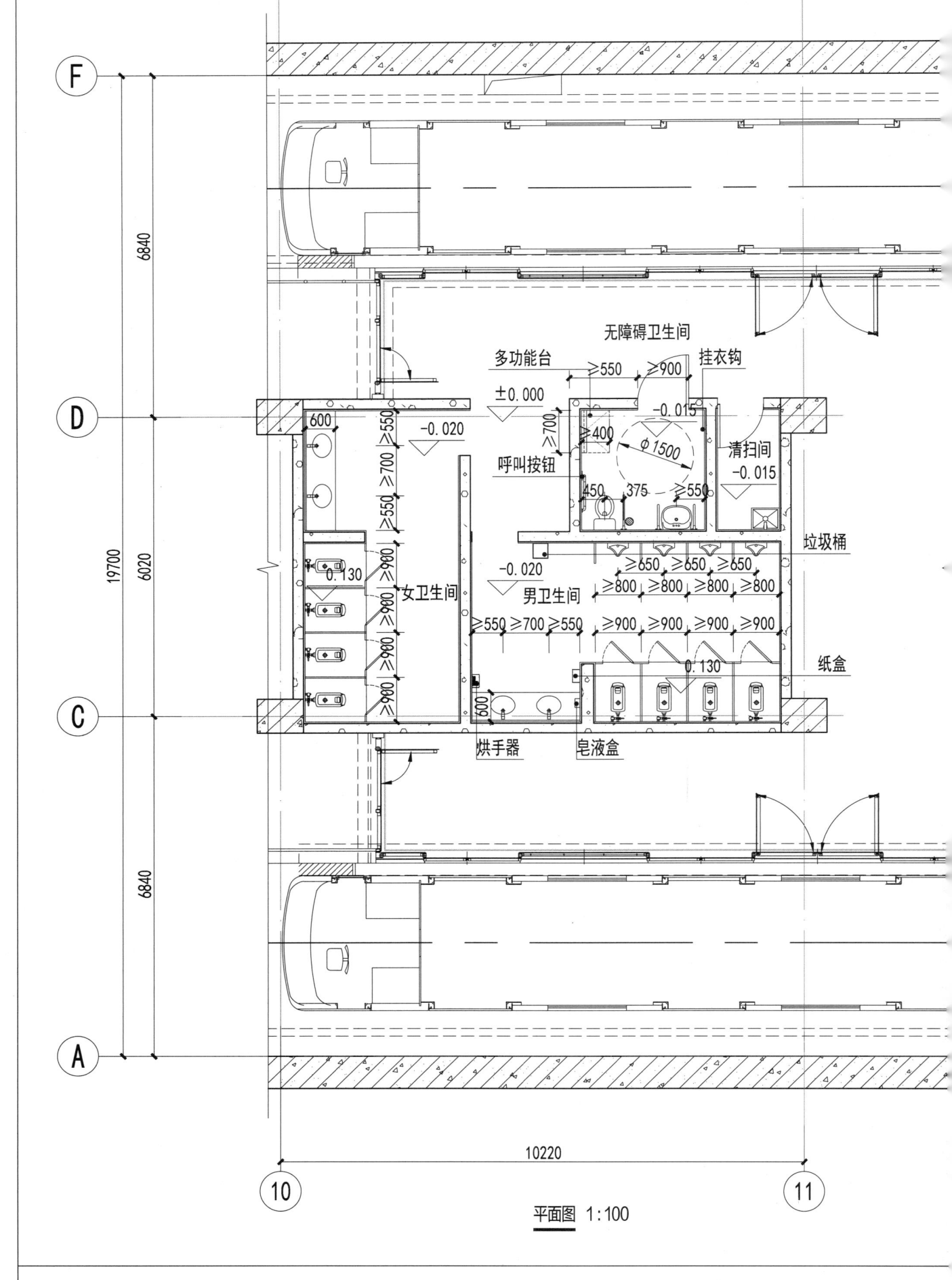

平面图 1:100

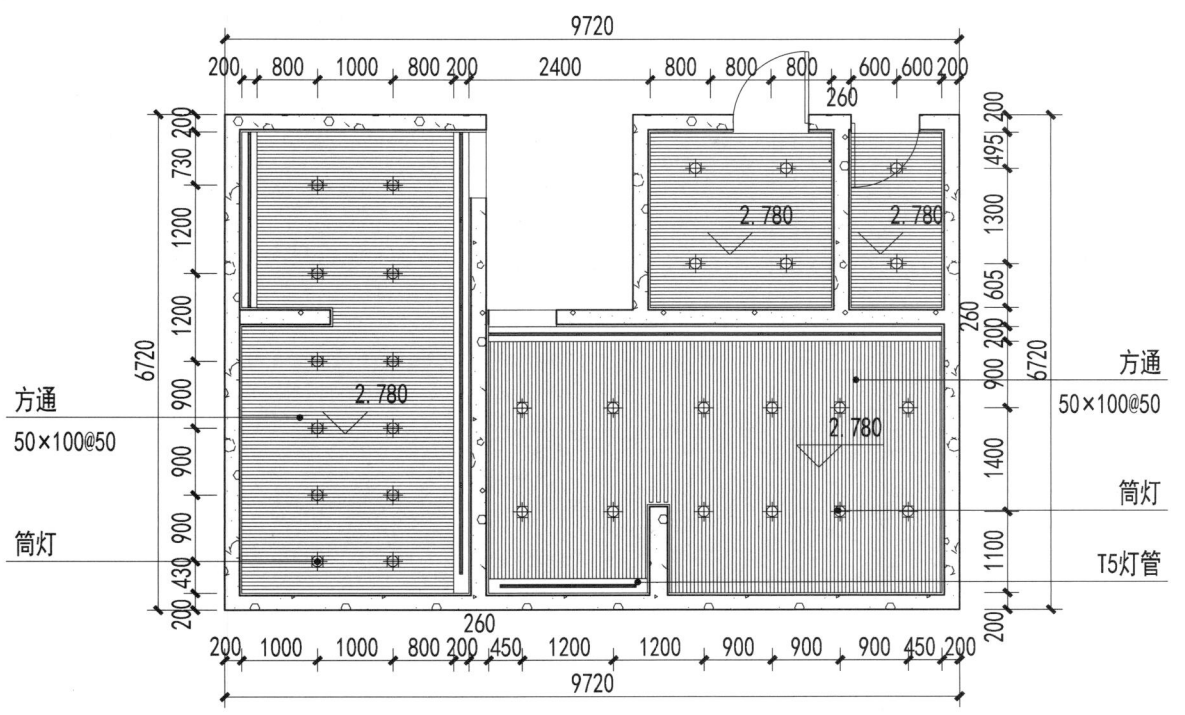

天花图 1:100

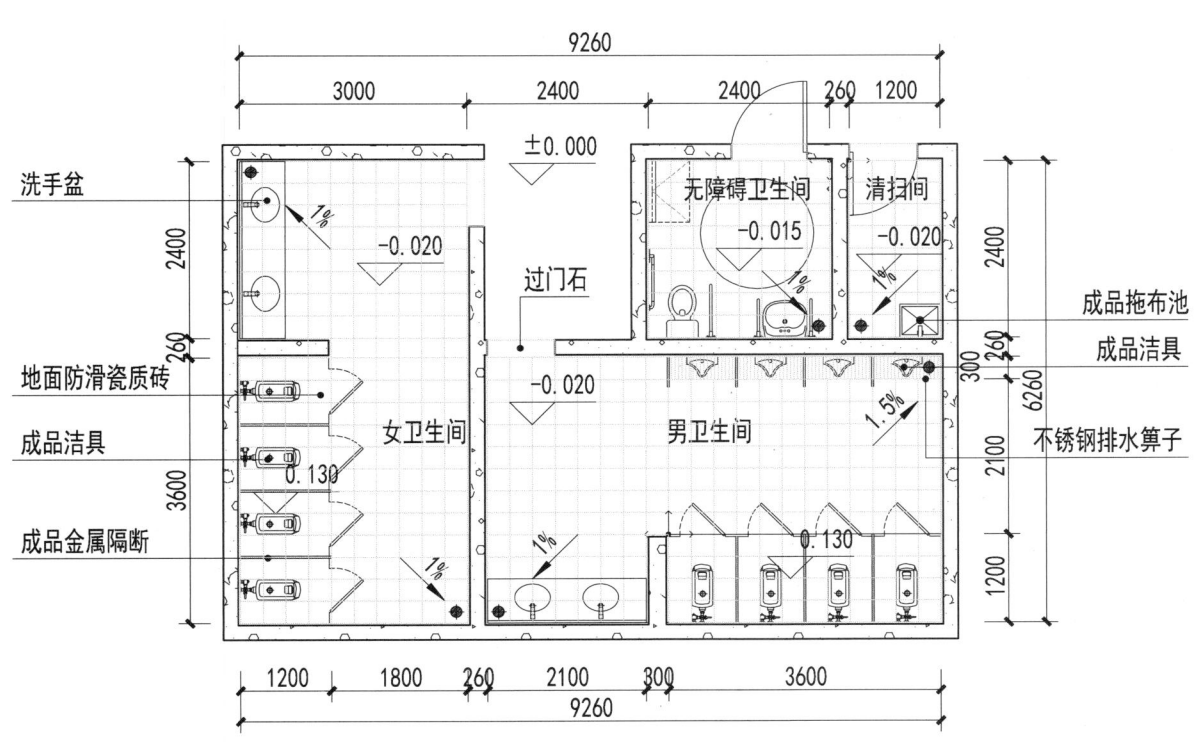

地面铺装图 1:100

| 图名 | 公共卫生间平面图 |

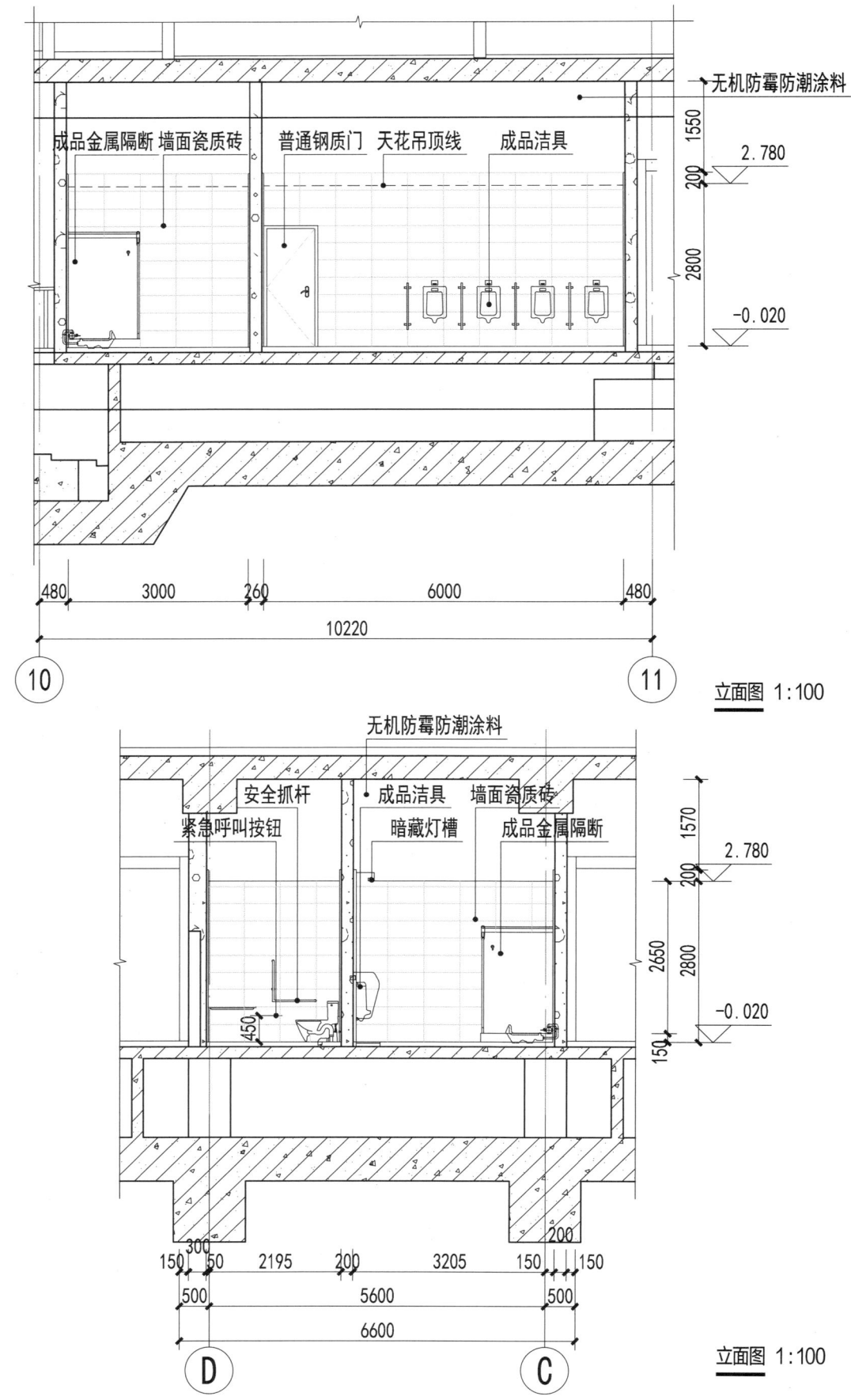

效果图

| 图名 | 公共卫生间立面图 |

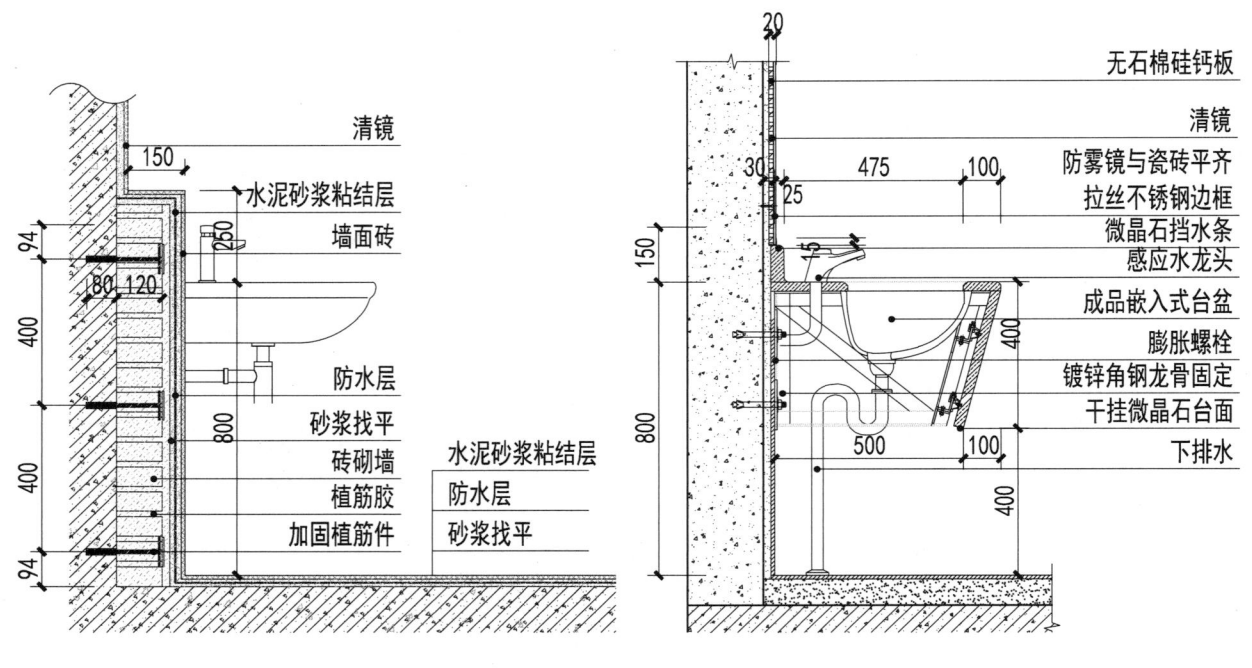

洗手台大样图 1:20

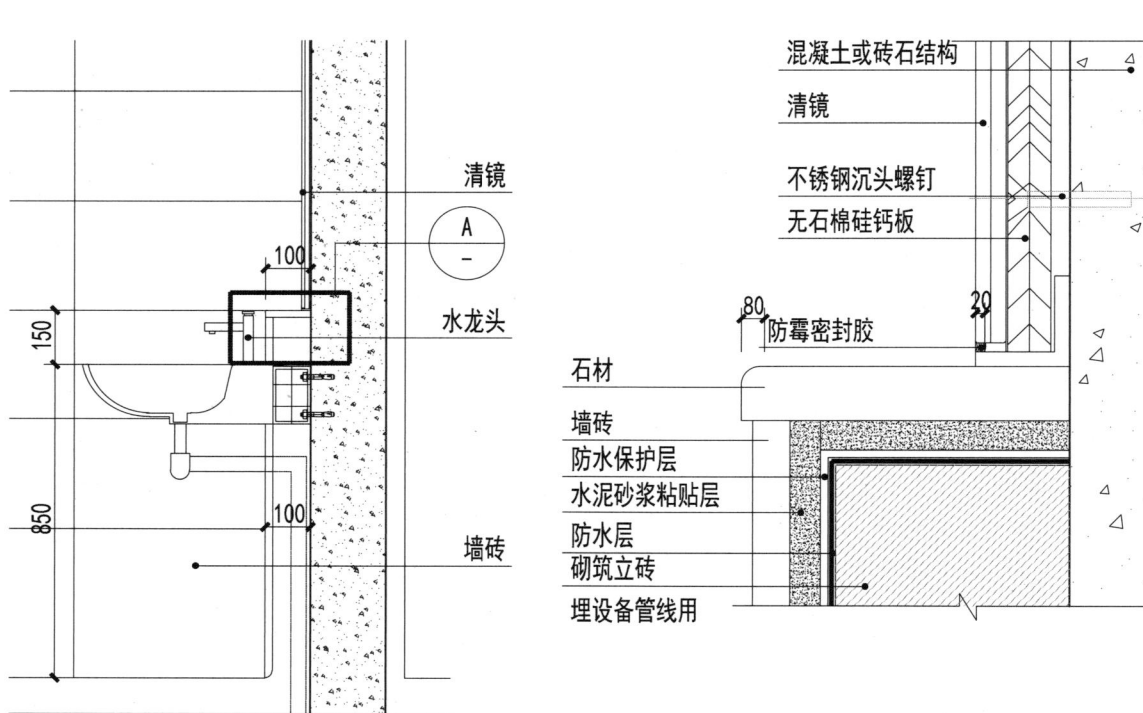

洗手台大样图 1:20

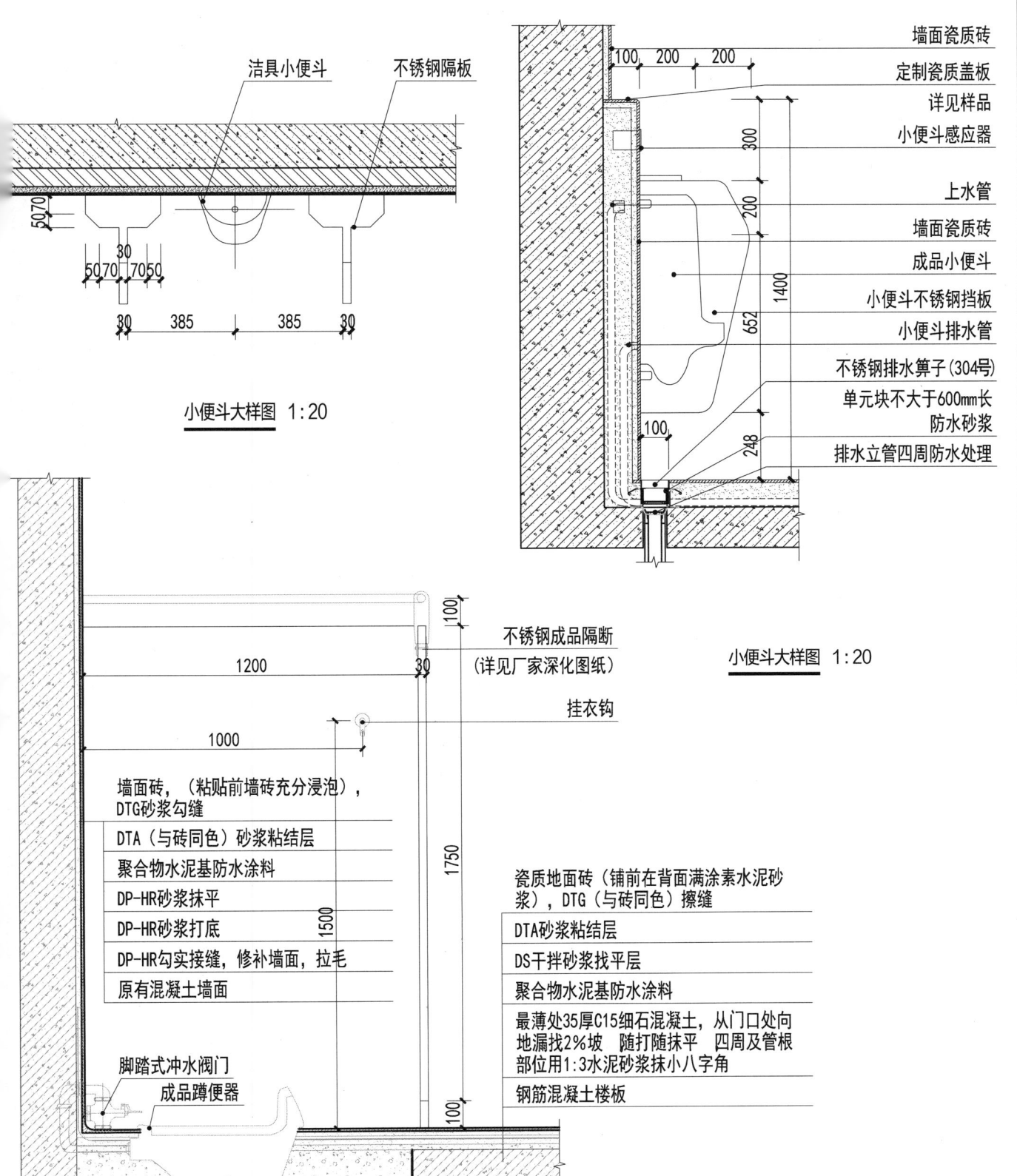

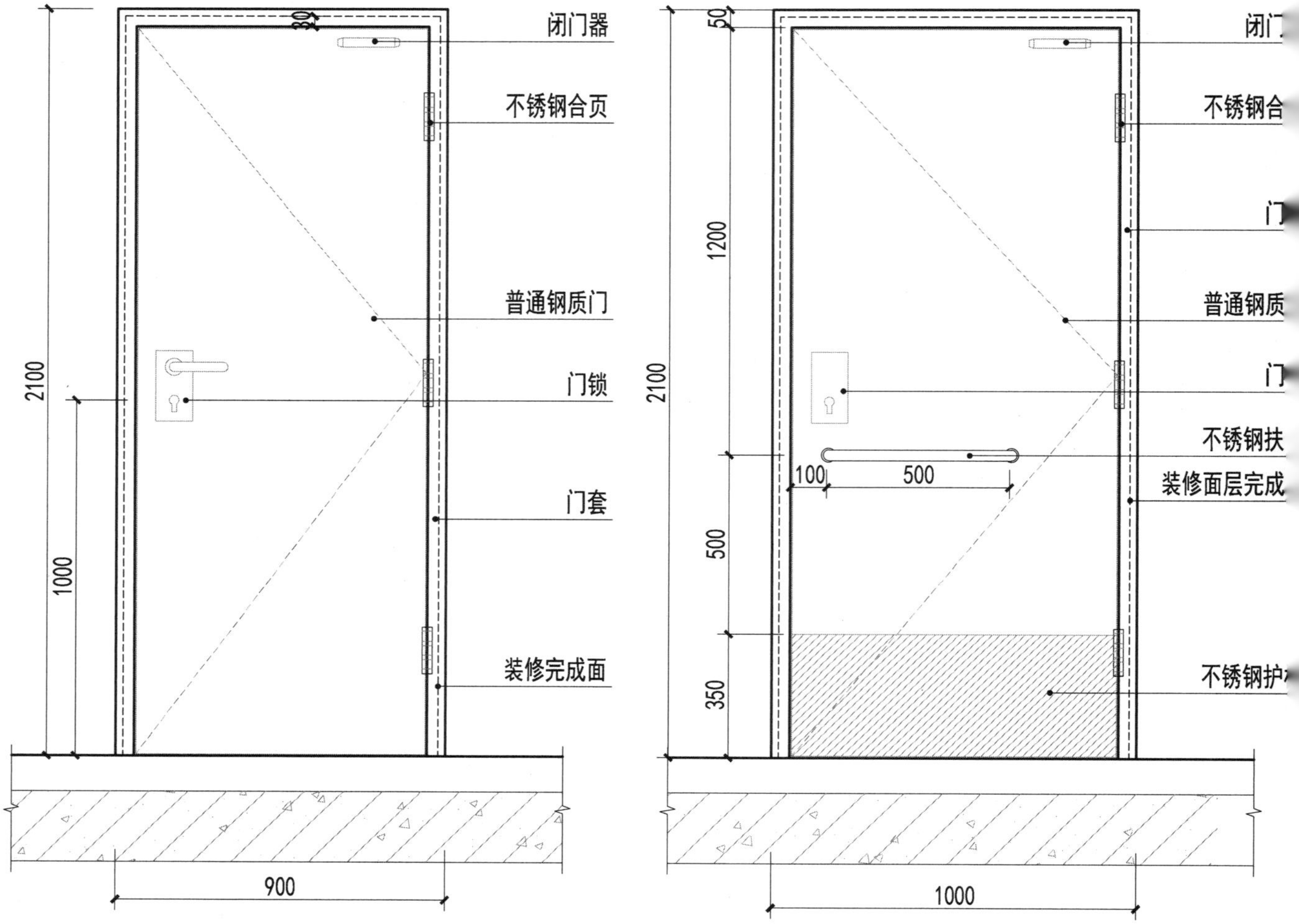

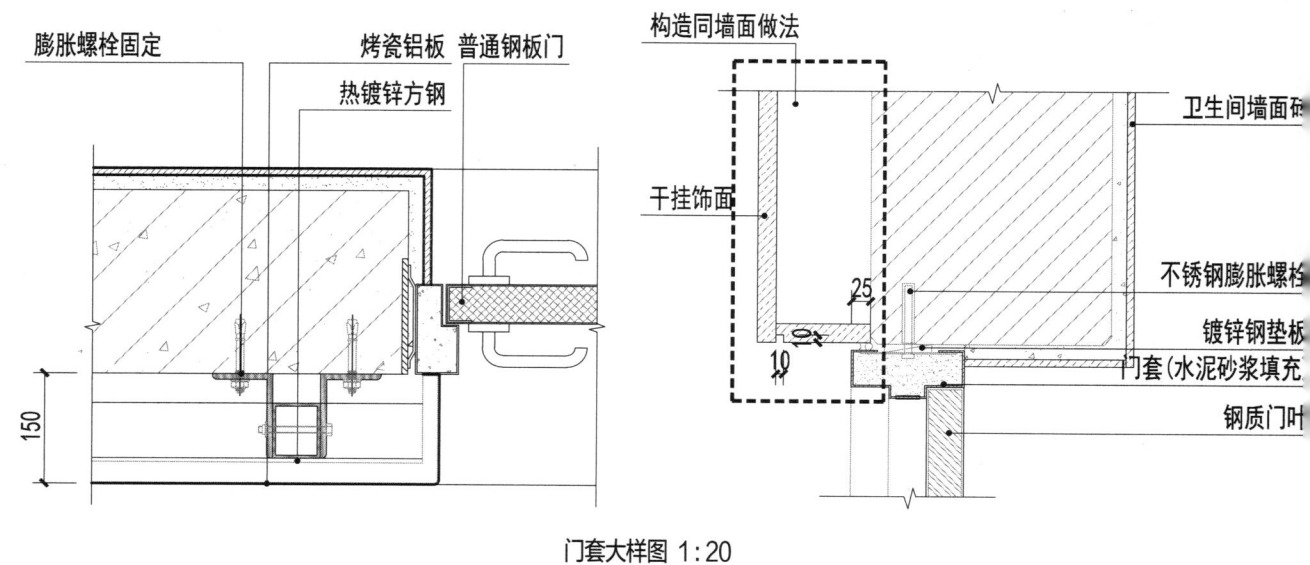

门套大样图 1:20

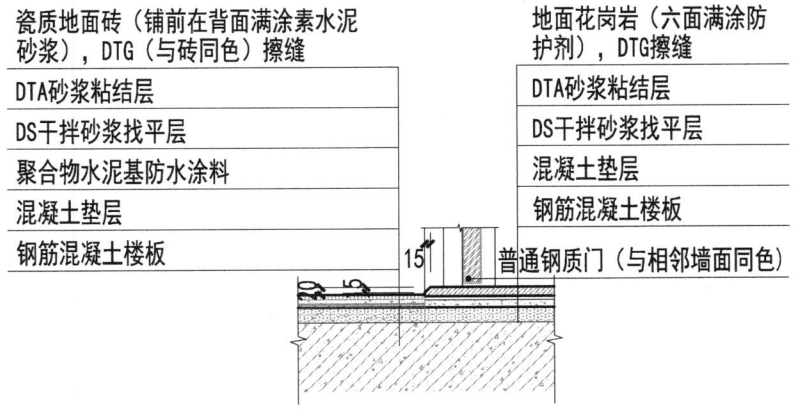

过门石大样图 1:20

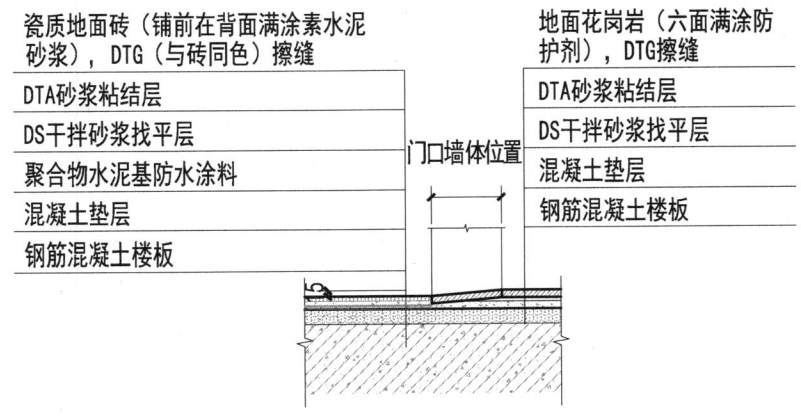

过门石大样图 1:20

| 图名 | 公共卫生间节点图 |

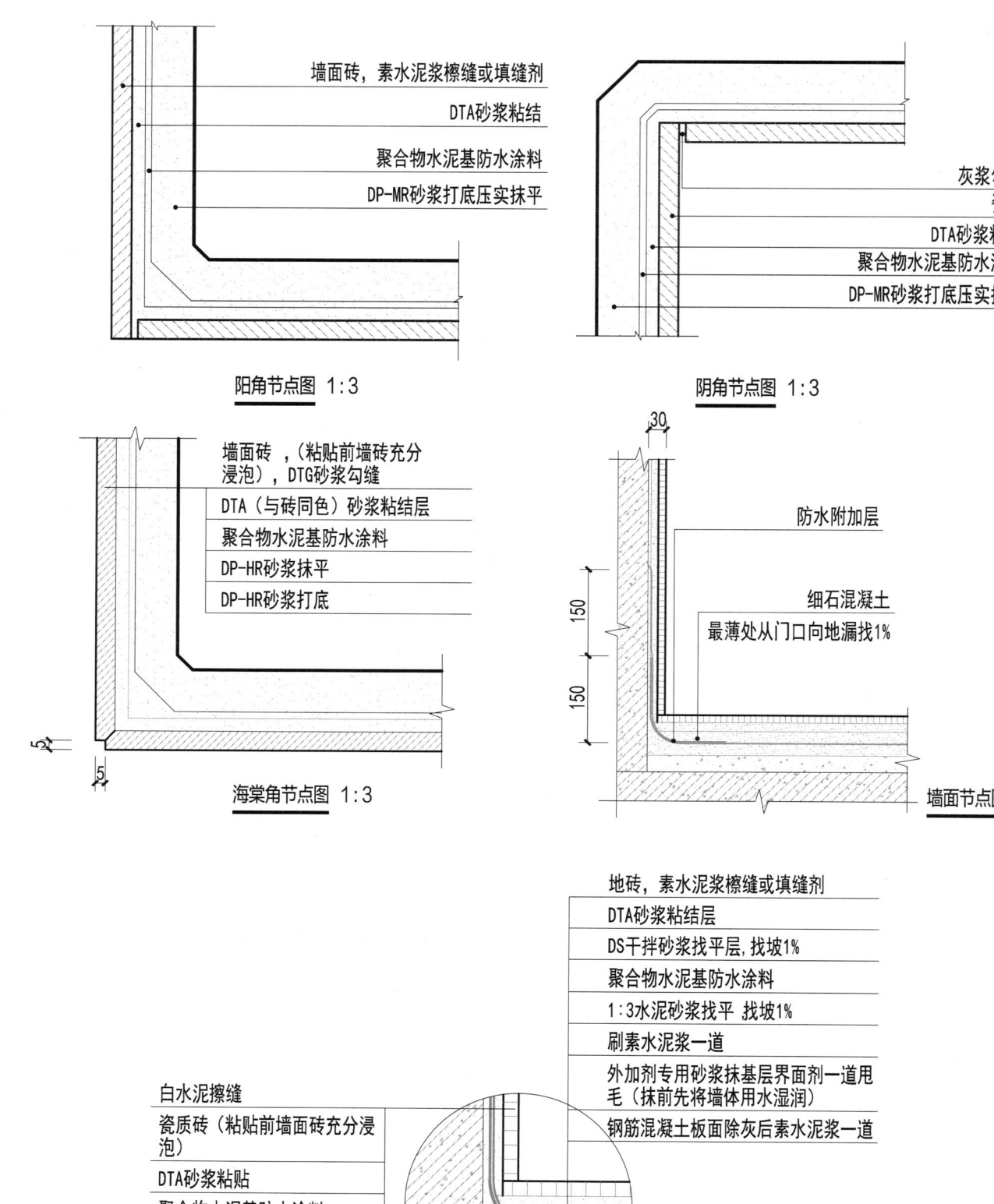

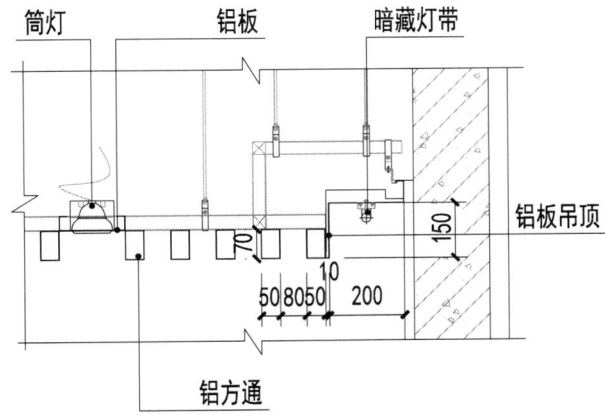

天花大样图 1:20

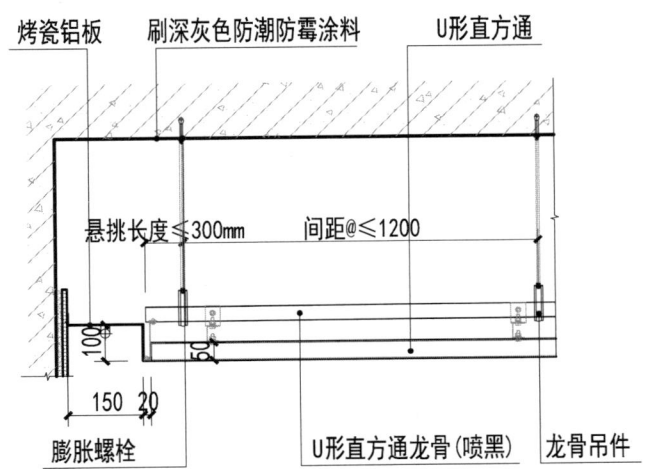

天花大样图 1:20

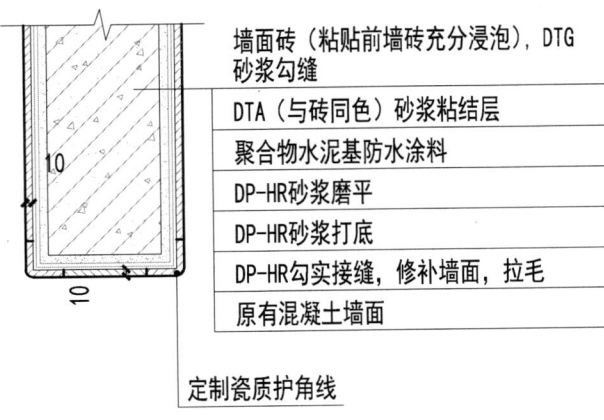

墙面节点图 1:10

| 图名 | 公共卫生间节点图 |

第四部分

节点详图

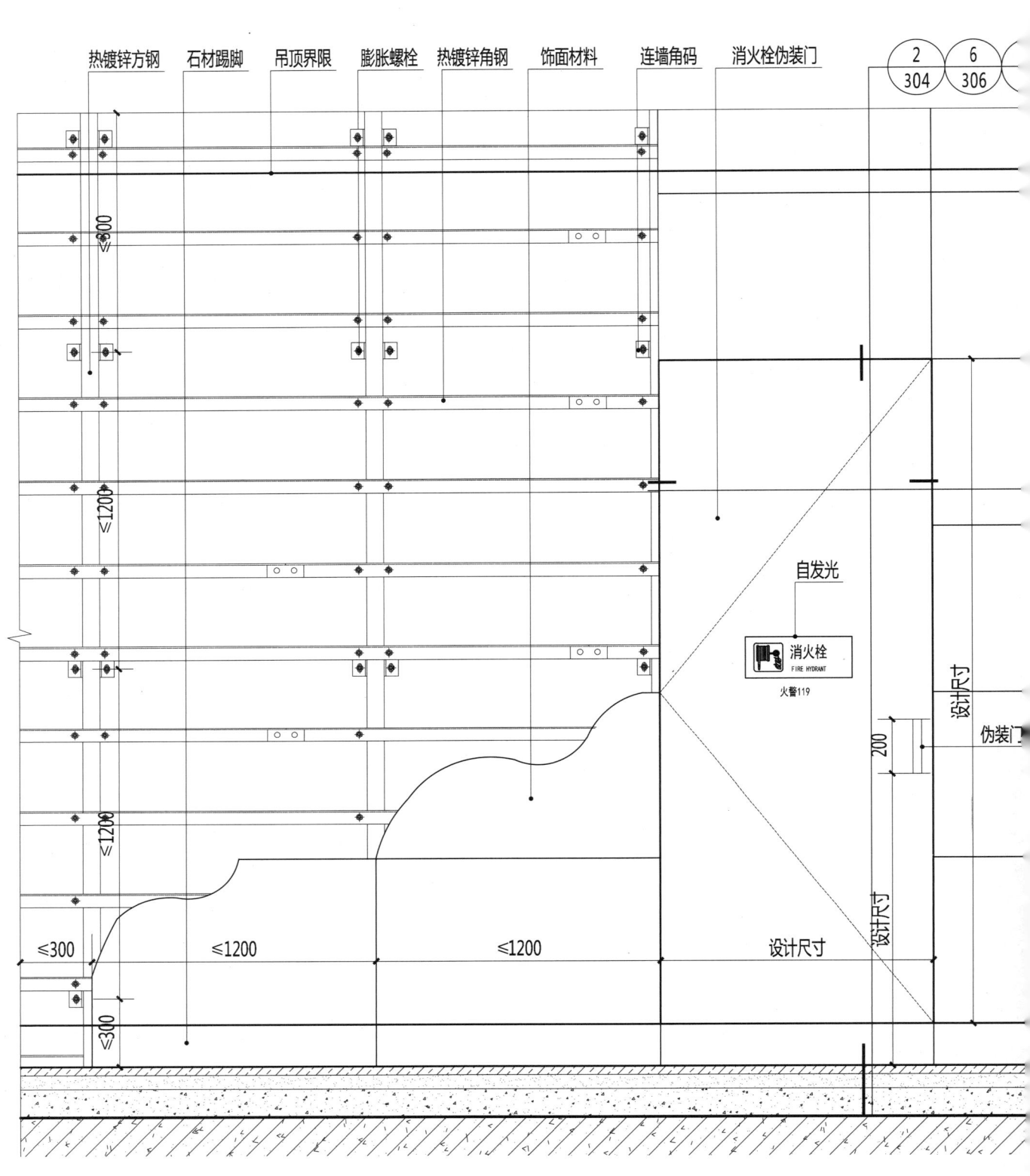

A 消火栓、广告、导向立面示意图 1:2

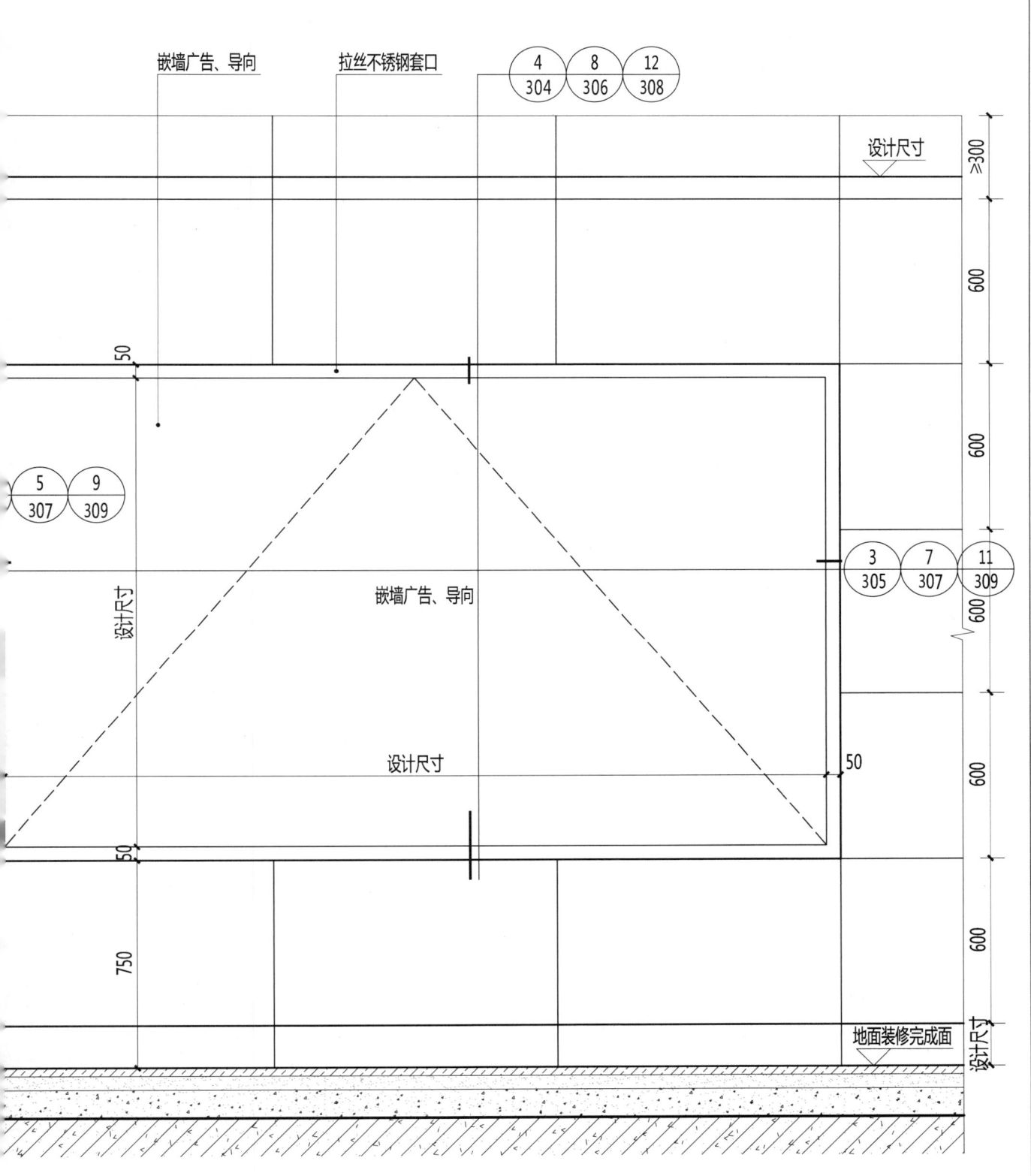

图名 消火栓、广告、导向立面示意图

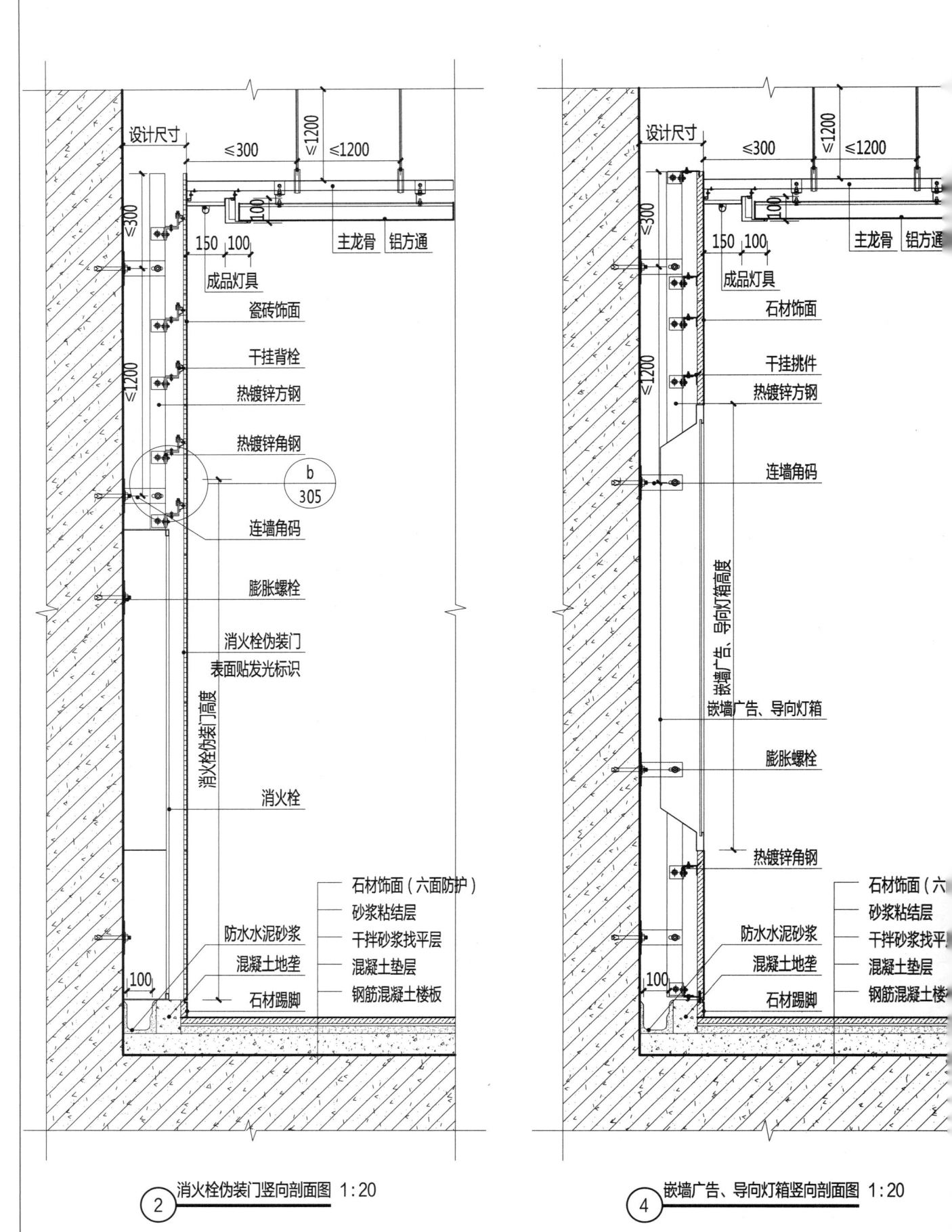

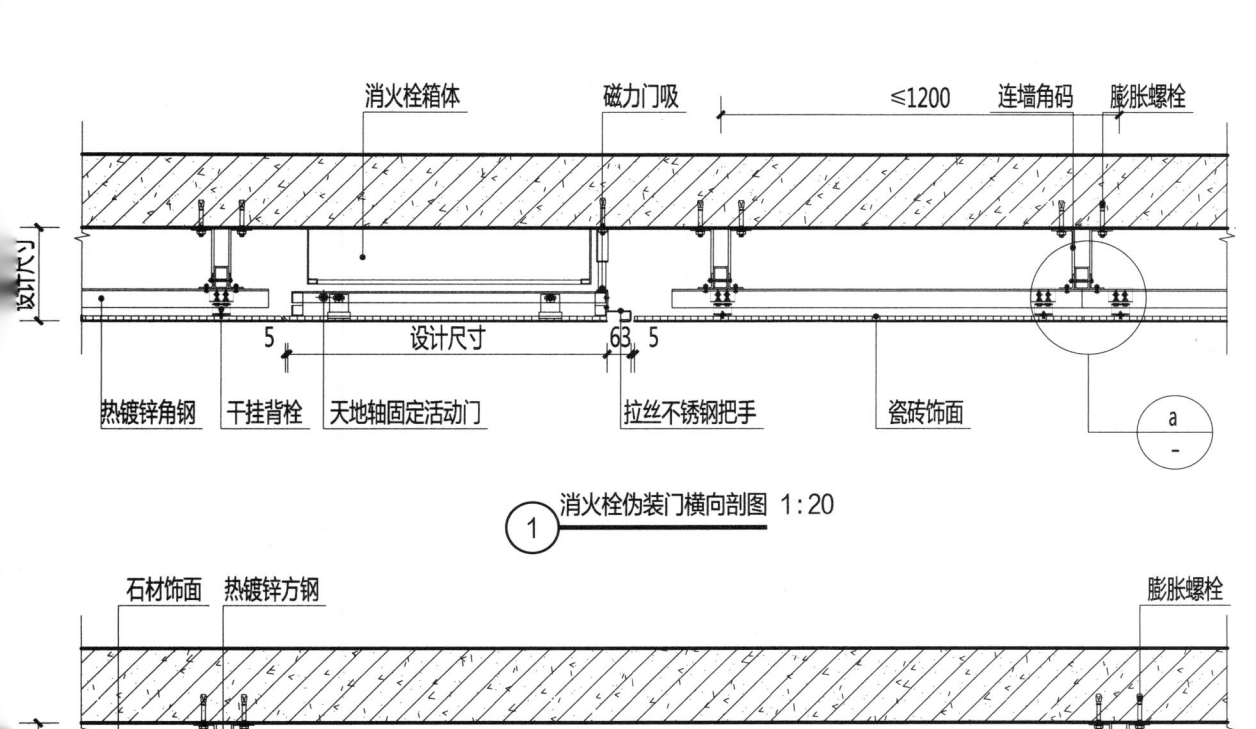

消火栓伪装门横向剖图 1:20

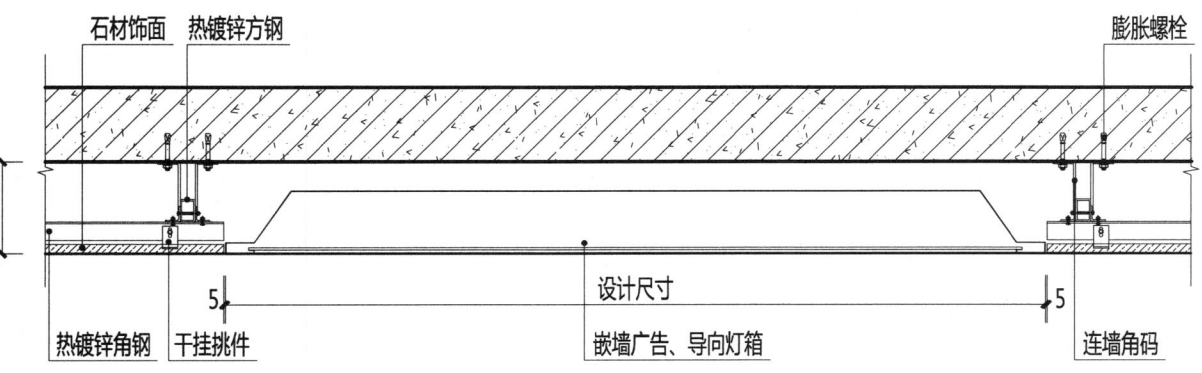

嵌墙广告、导向灯箱横向剖图 1:20

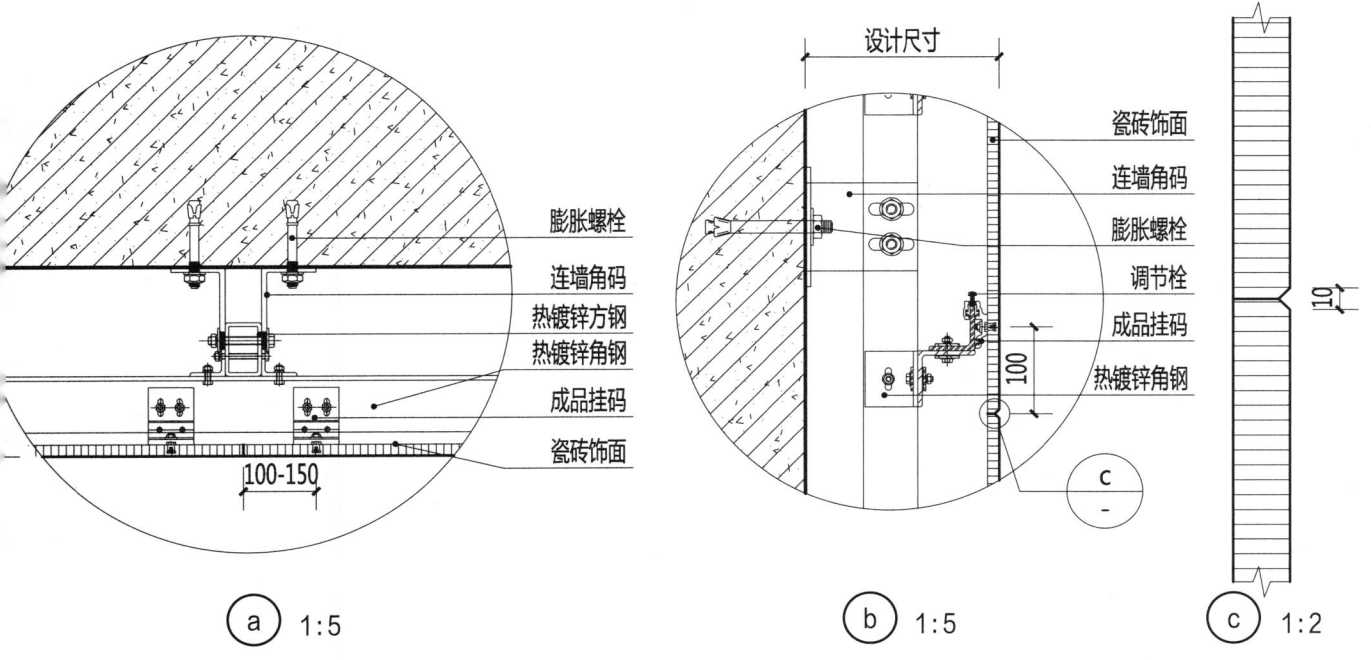

| 图名 | 消火栓、广告、导向与墙面收口一 |

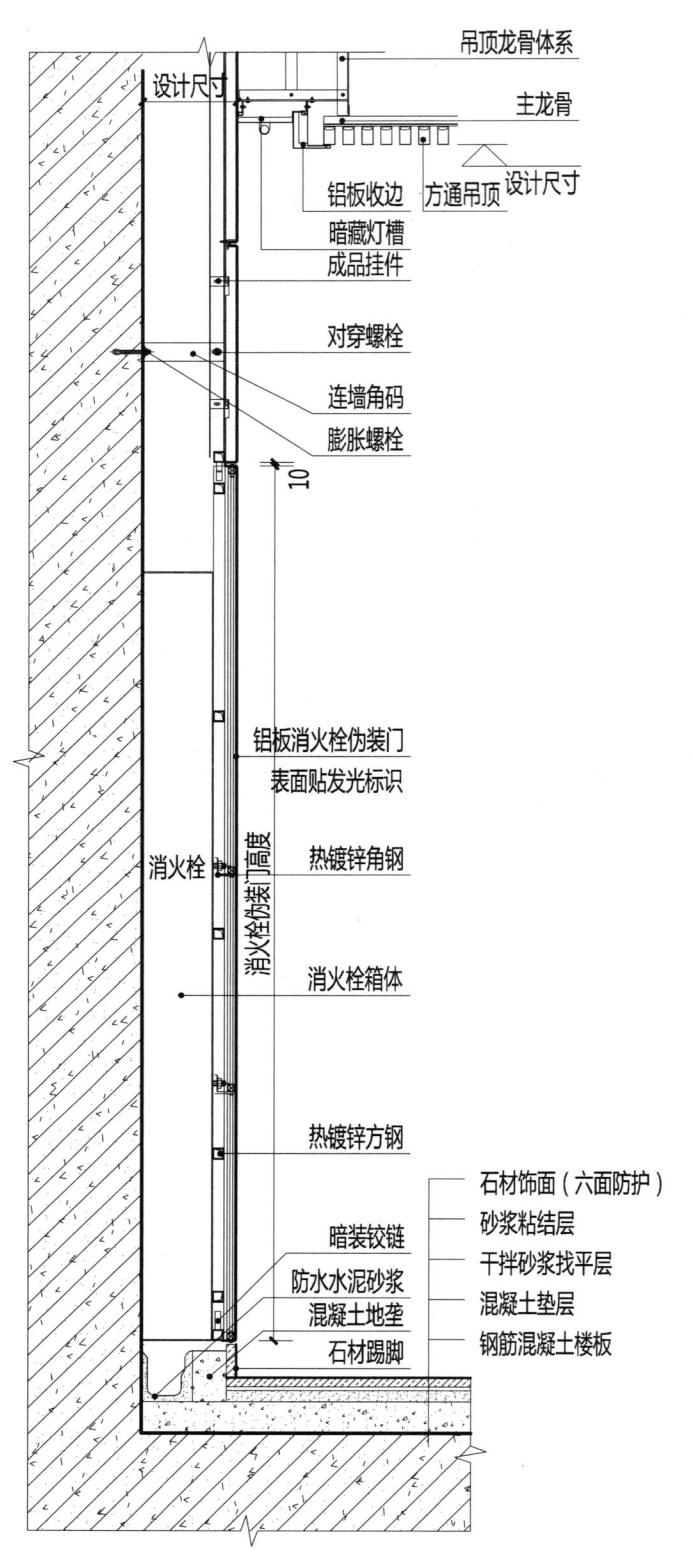

消火栓伪装门竖向剖面图 1:20

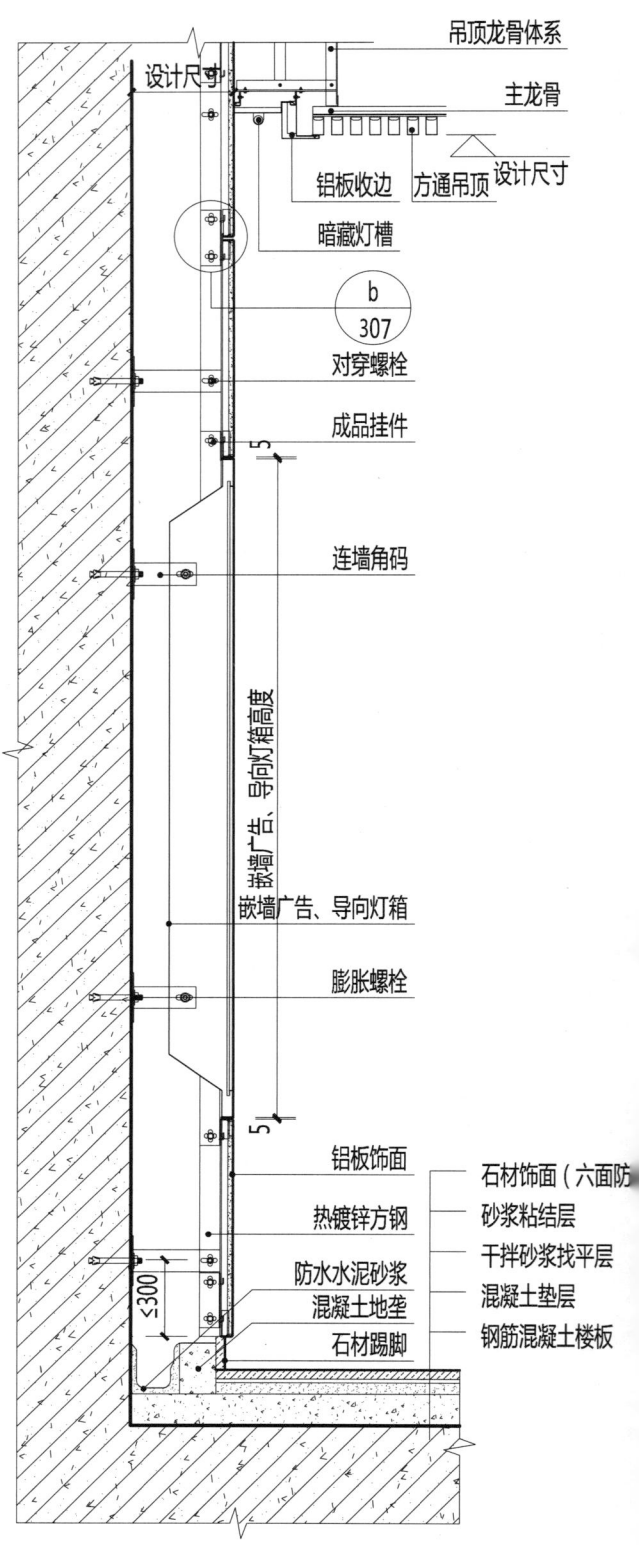

嵌墙广告、导向灯箱竖向剖面图 1:20

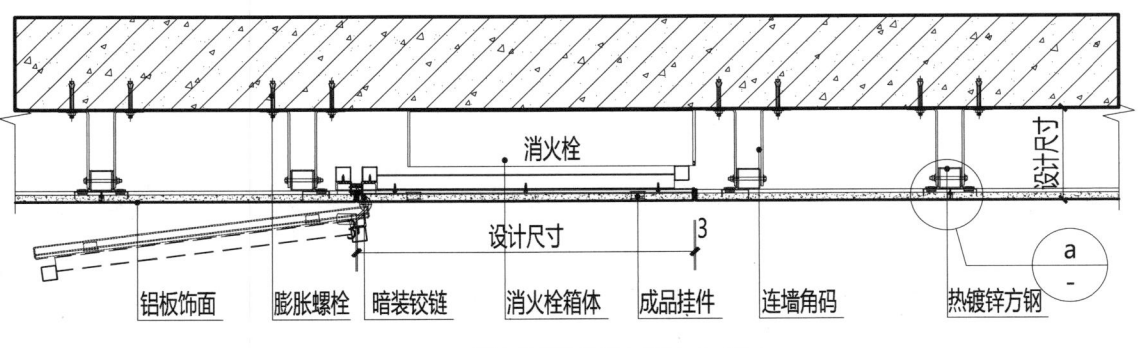

⑤ 消火栓伪装门横向剖图 1:20

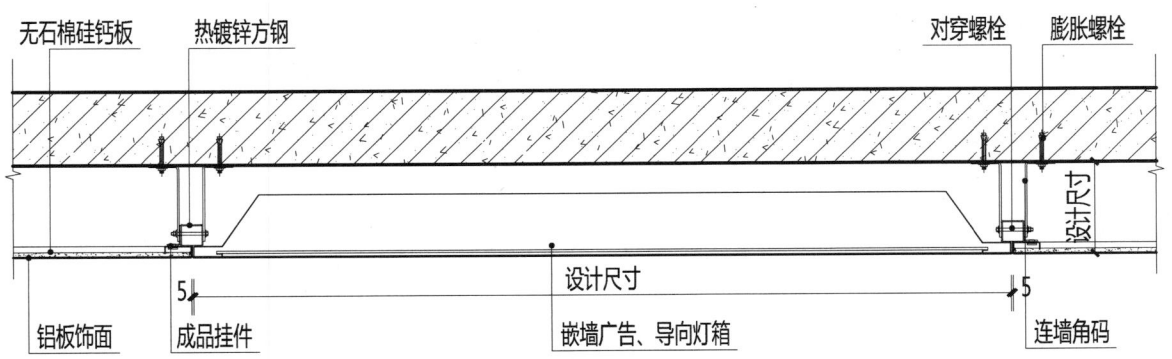

⑦ 嵌墙广告、导向灯箱横向剖图 1:20

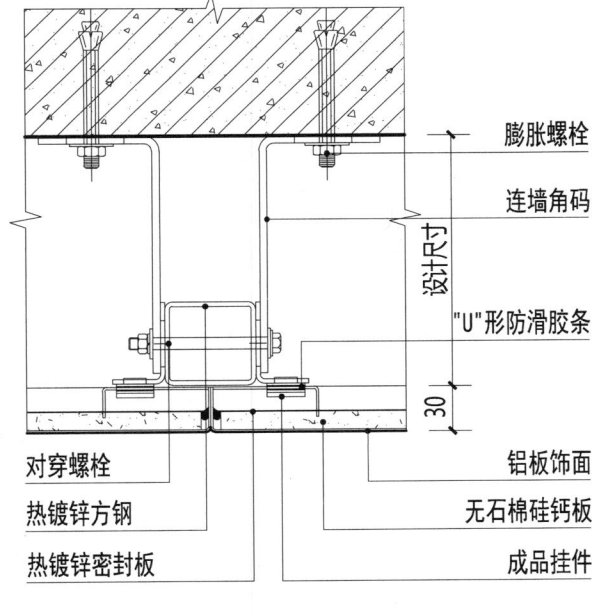

ⓐ 1:5

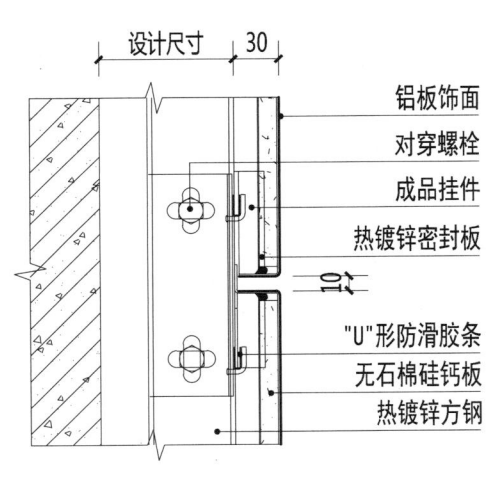

ⓑ 1:5

| 图名 | 消火栓、广告、导向与墙面收口二 |

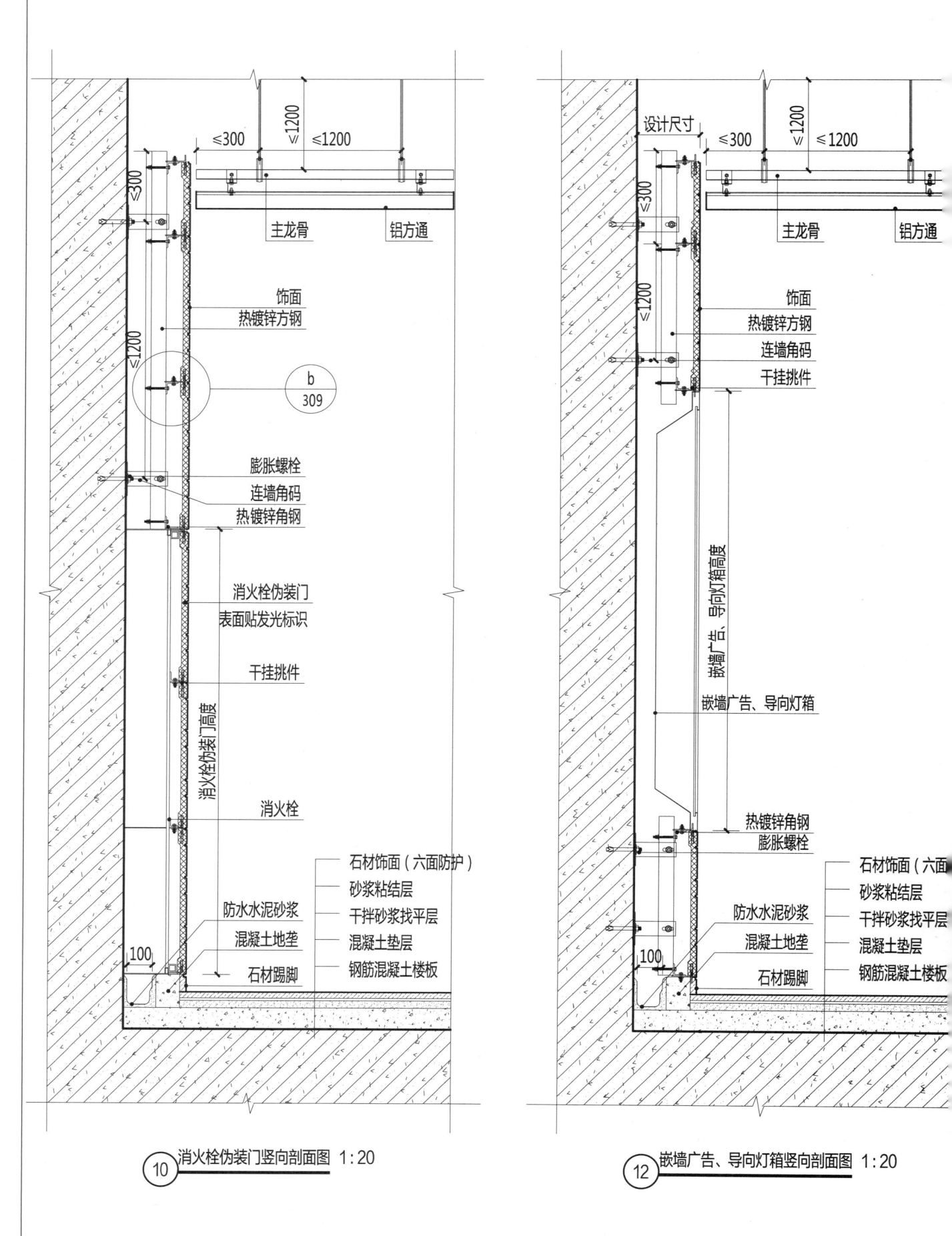

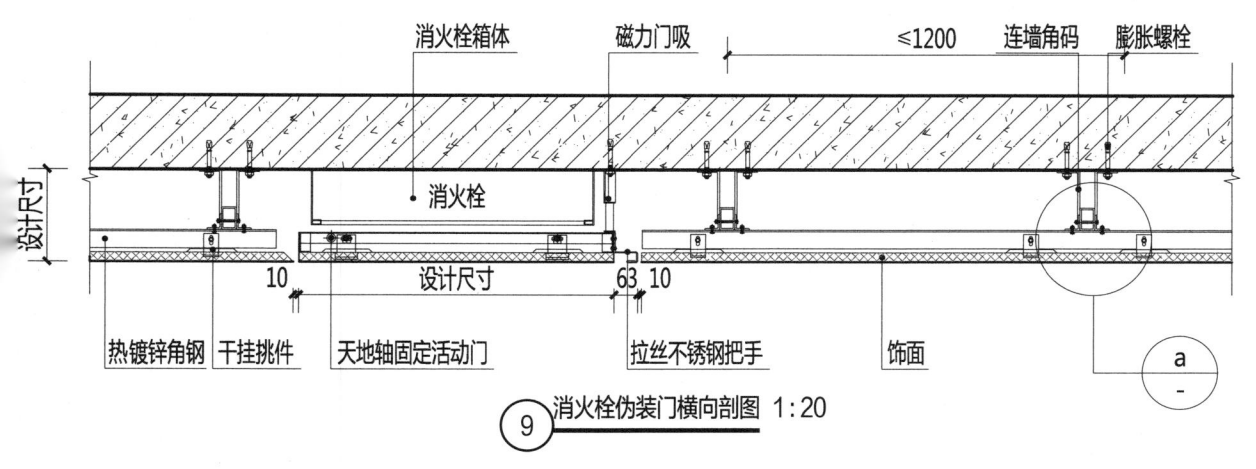

⑨ 消火栓伪装门横向剖图 1:20

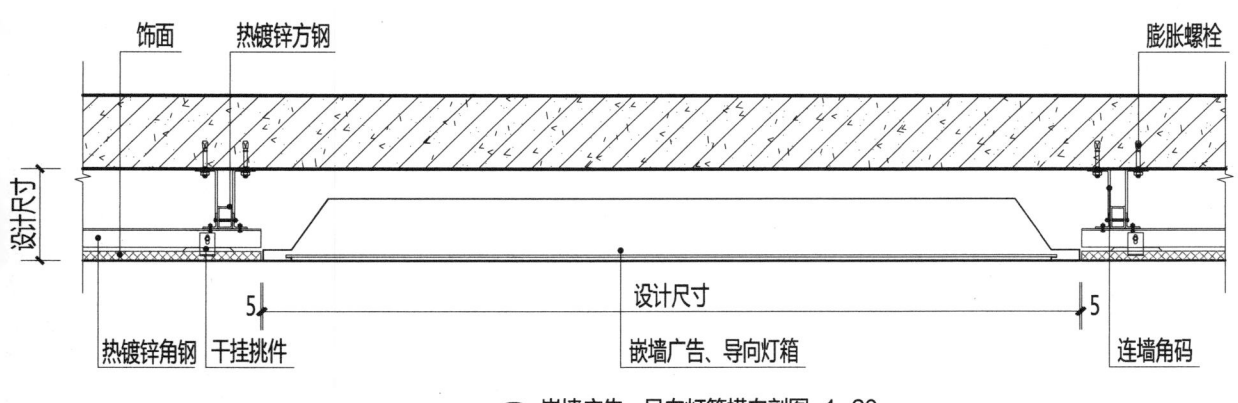

⑪ 嵌墙广告、导向灯箱横向剖图 1:20

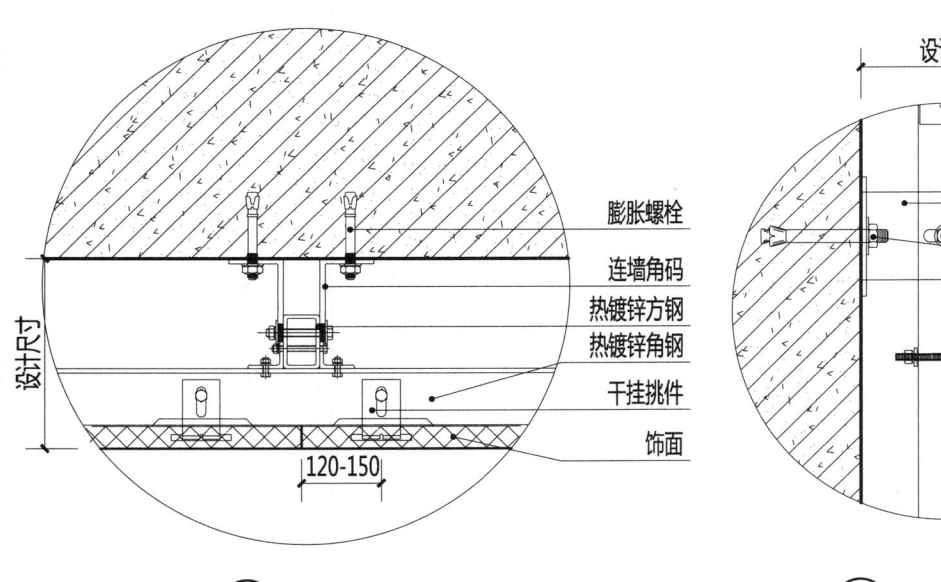

ⓐ 1:5

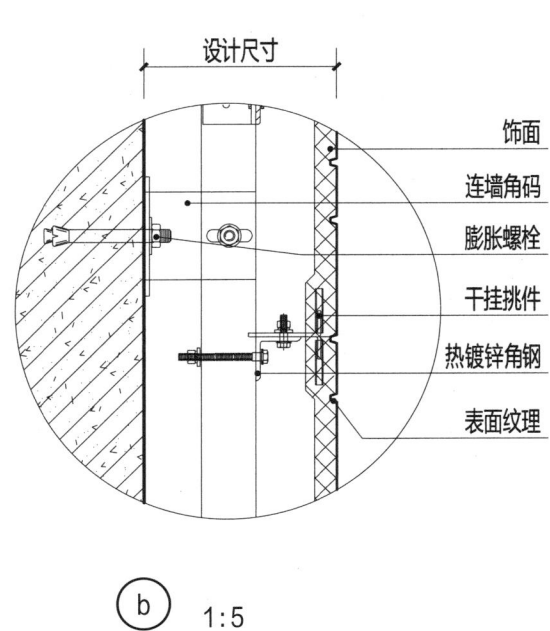

ⓑ 1:5

| 图名 | 消火栓、广告、导向与墙面收口三 |

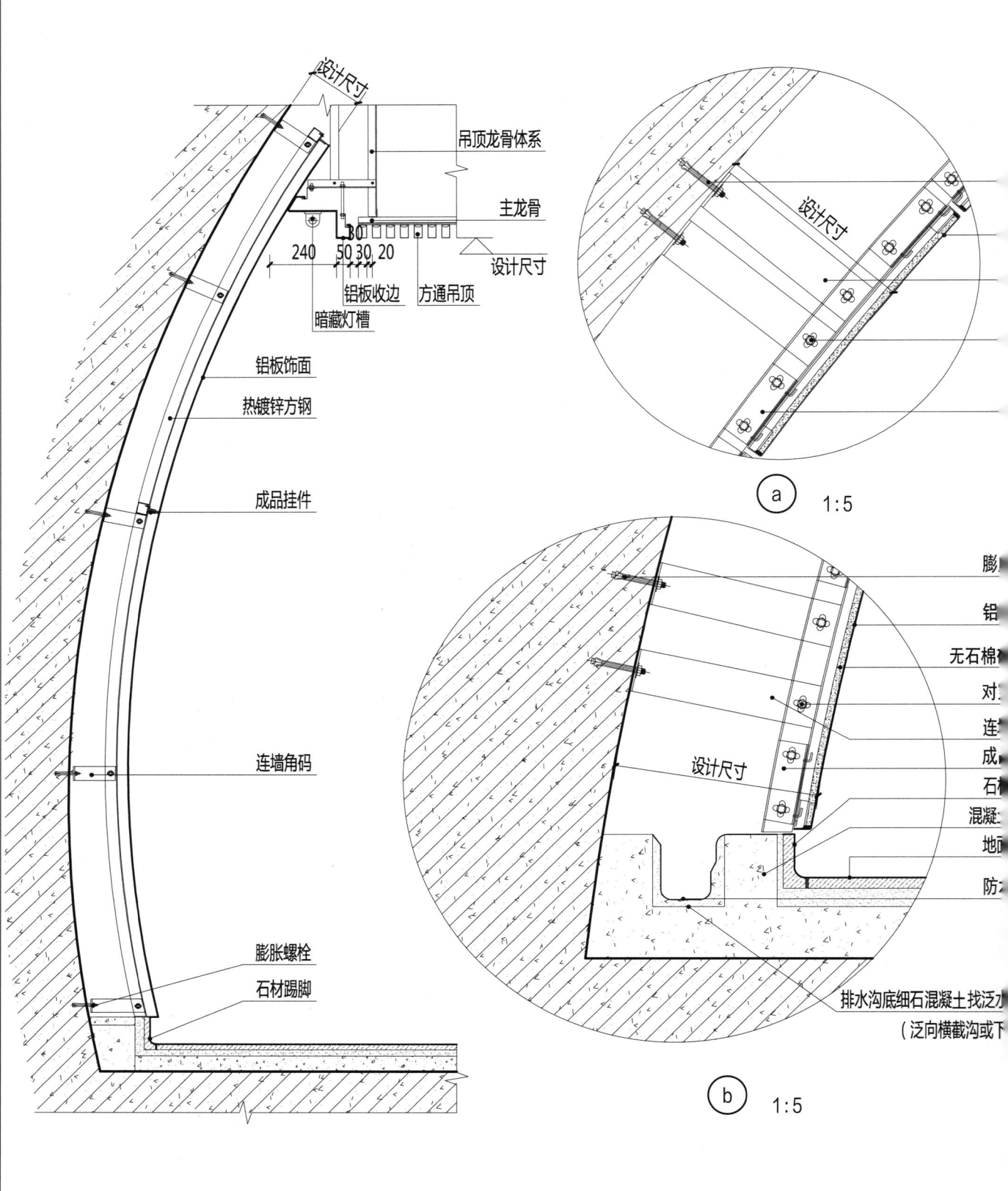

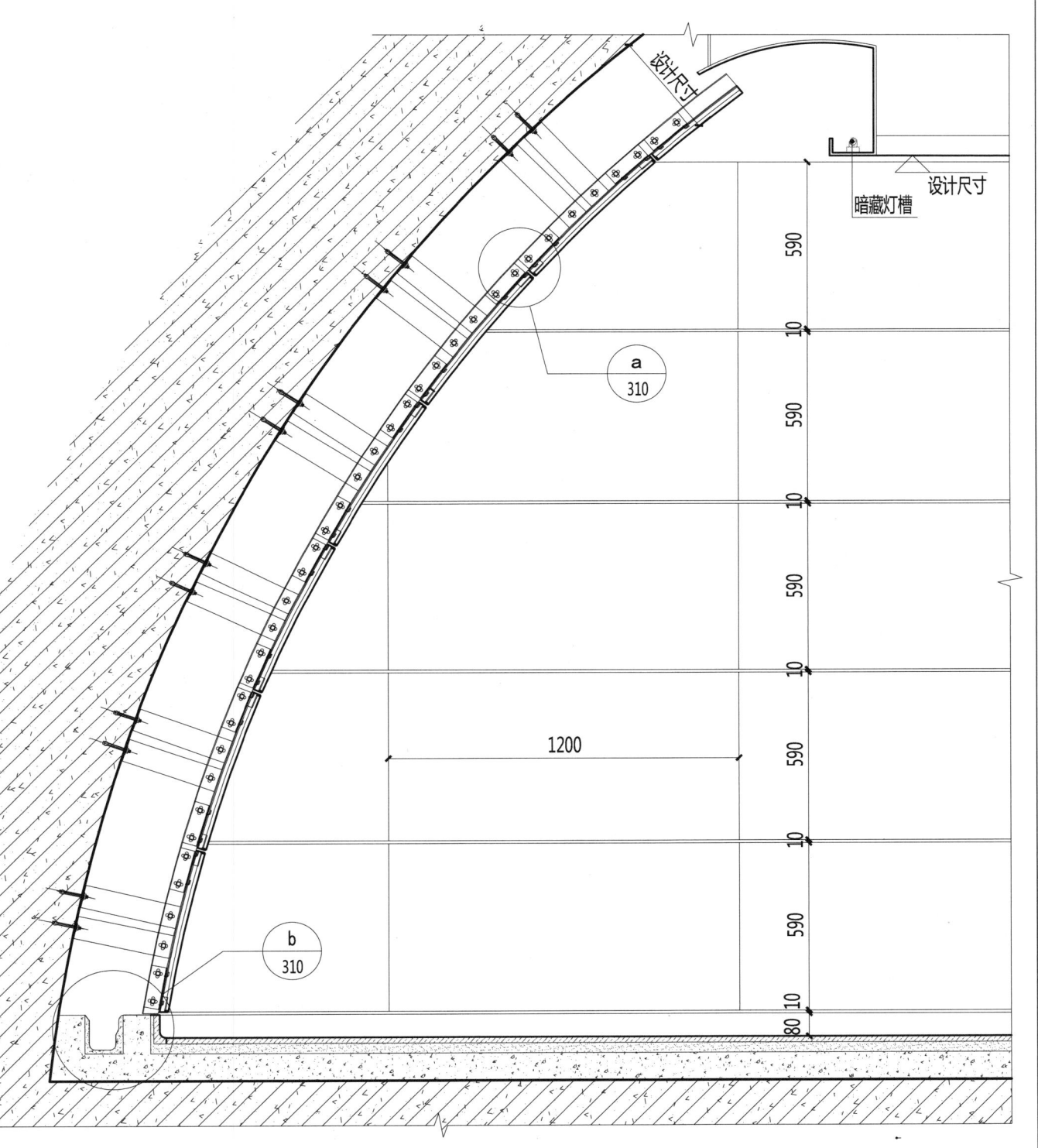

弧形墙面竖向剖面图二 1:20

| 图名 | 弧形墙面竖向剖面图 |

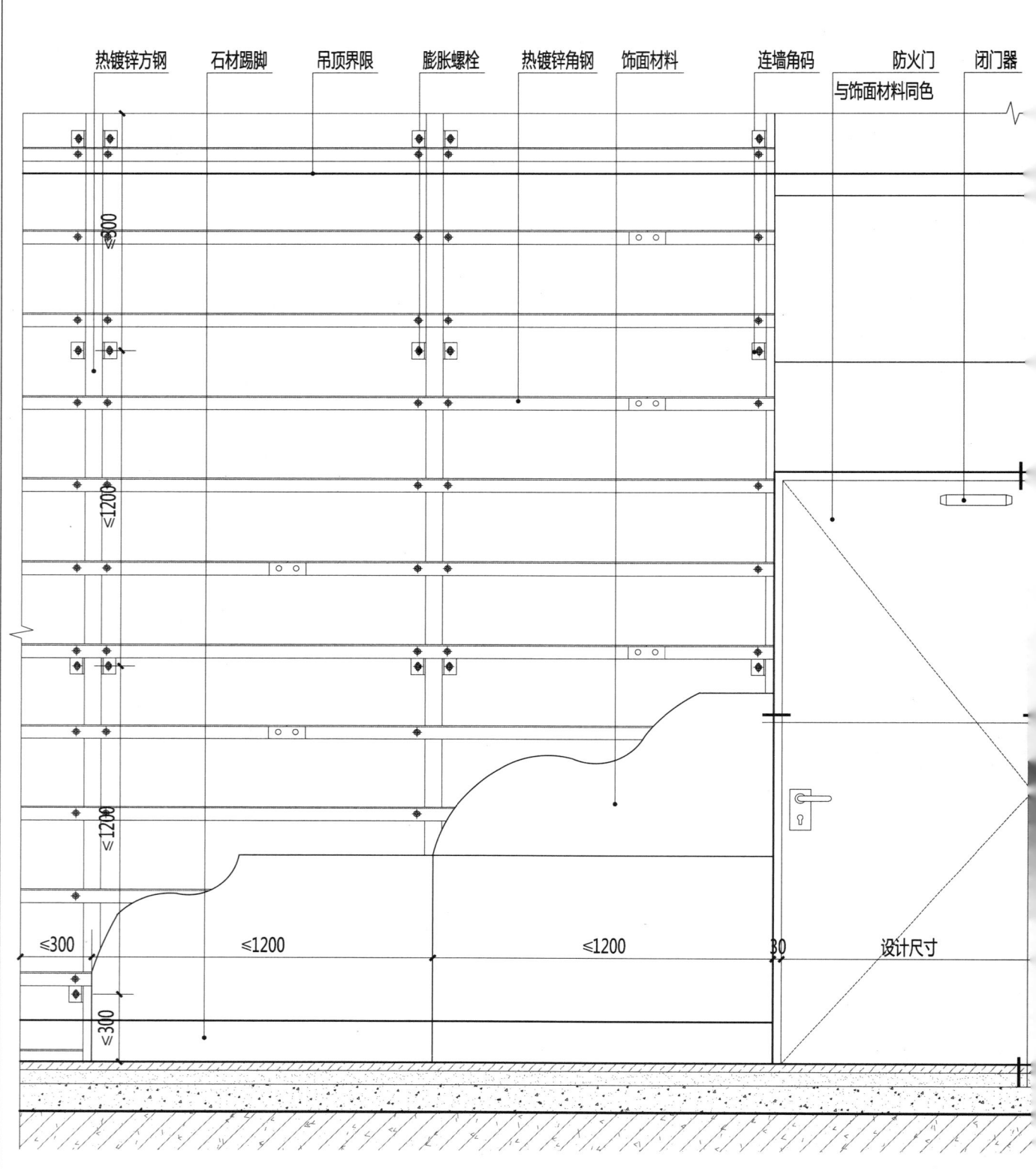

B 防火门、防火墙立面示意图 1:

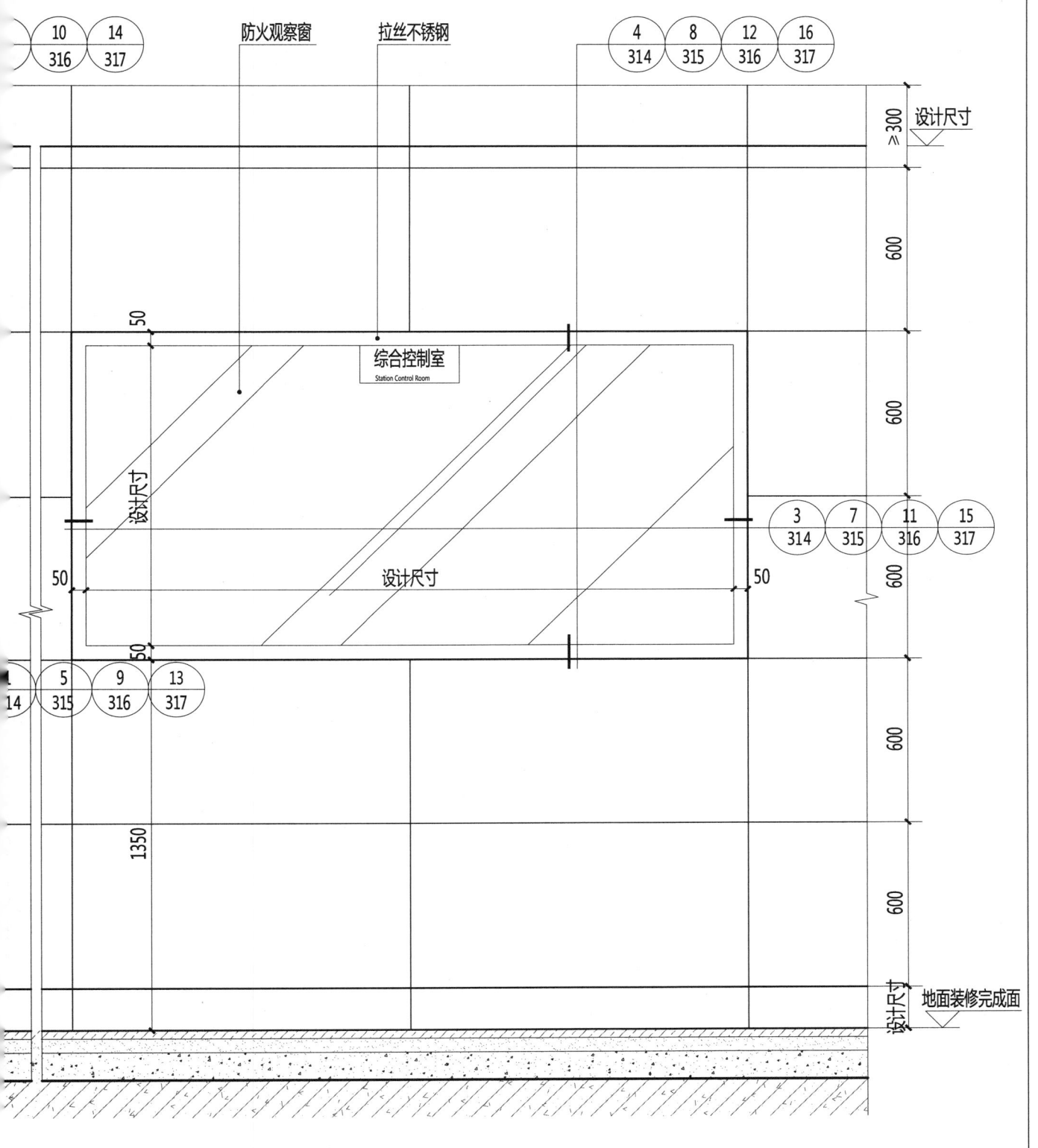

图名　防火门、防火窗立面示意图

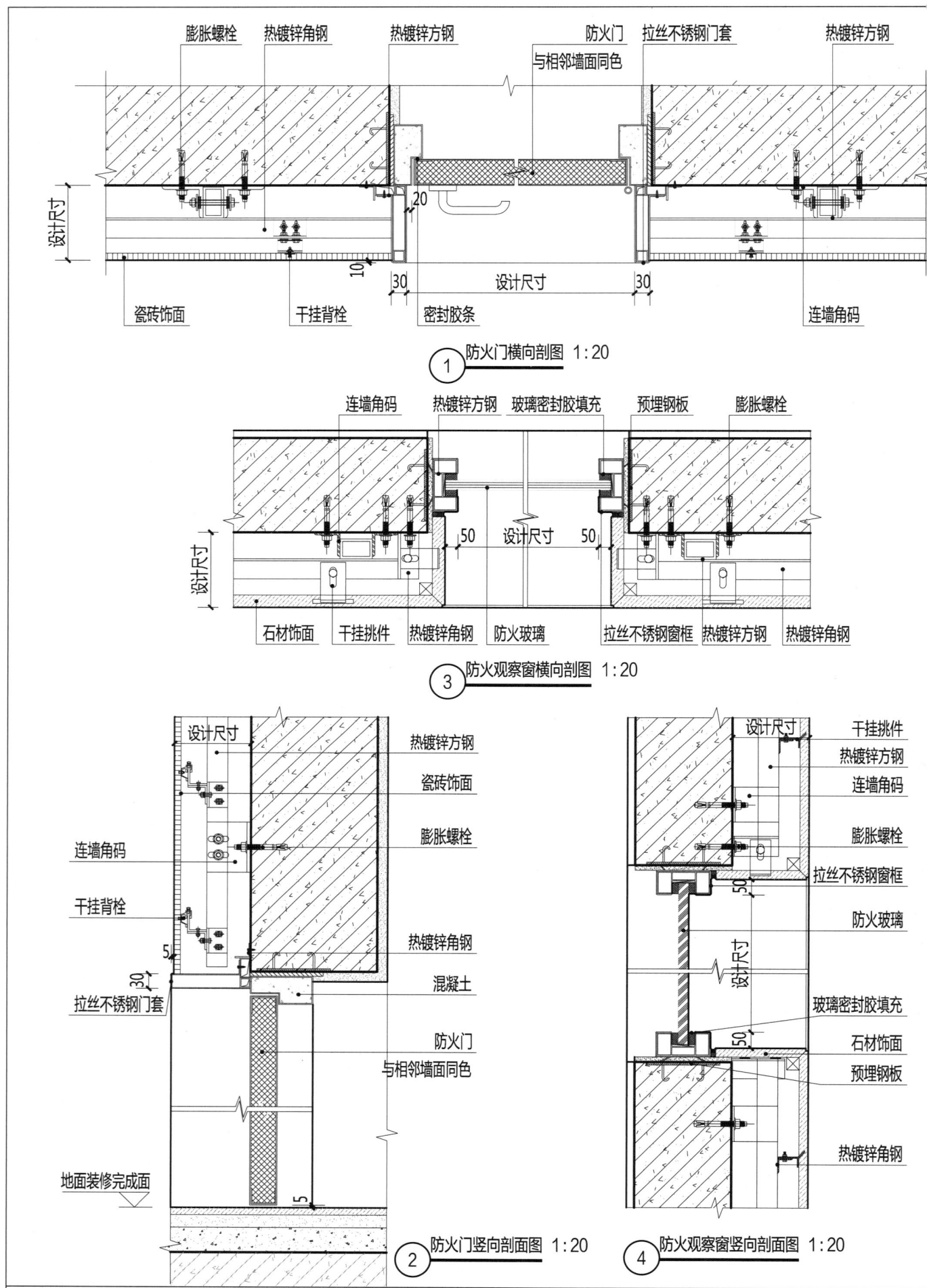

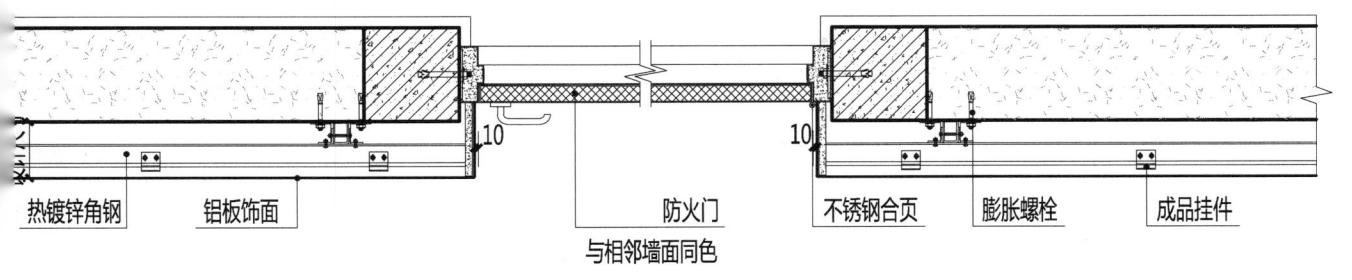

⑤ 防火门横向剖图 1:20

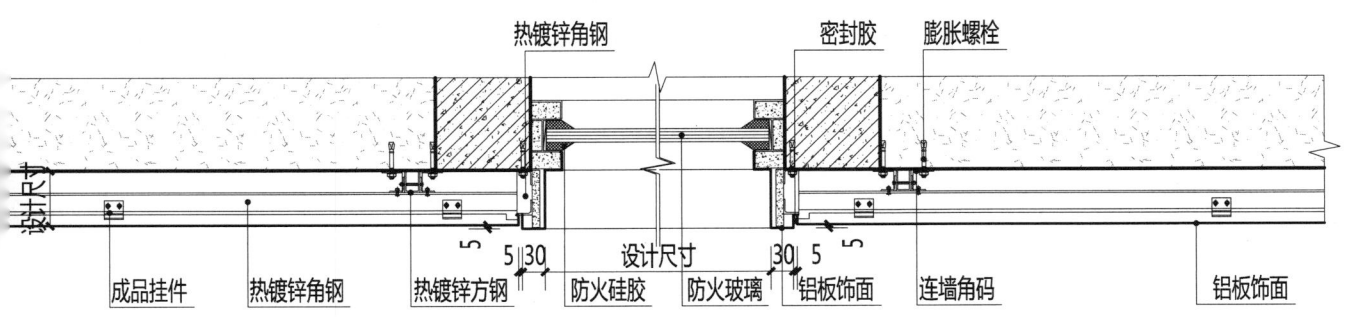

⑦ 防火观察窗横向剖图 1:20

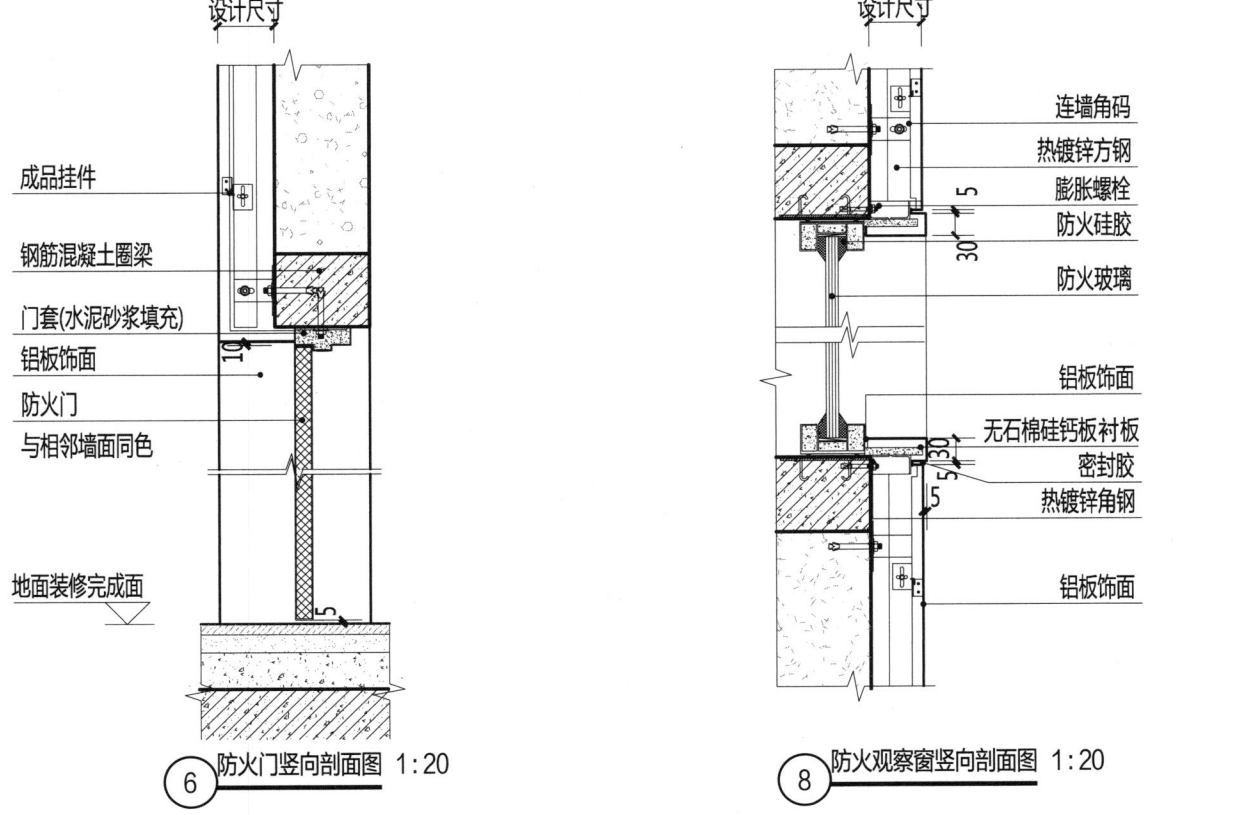

⑥ 防火门竖向剖面图 1:20

⑧ 防火观察窗竖向剖面图 1:20

| 图名 | 防火门、窗横、竖剖收口详图一 |

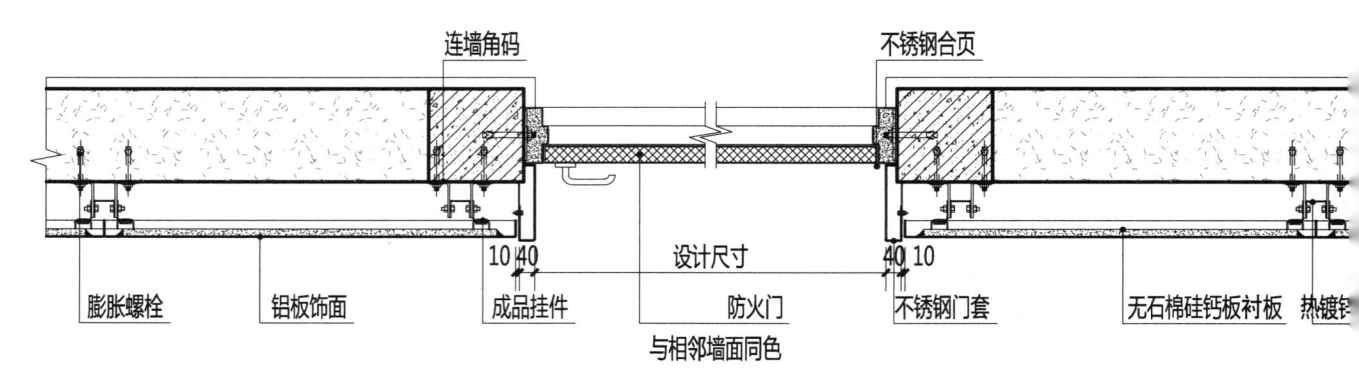

⑨ 防火门横向剖图 1:20

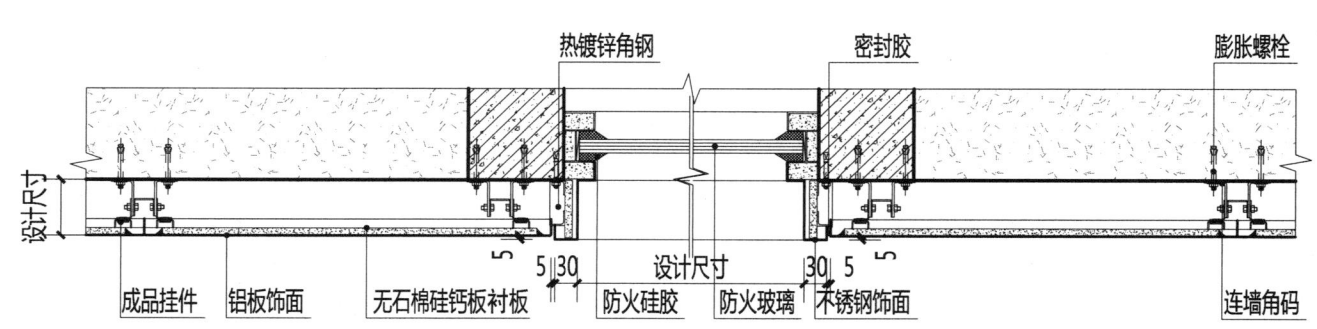

⑪ 防火观察窗横向剖图 1:20

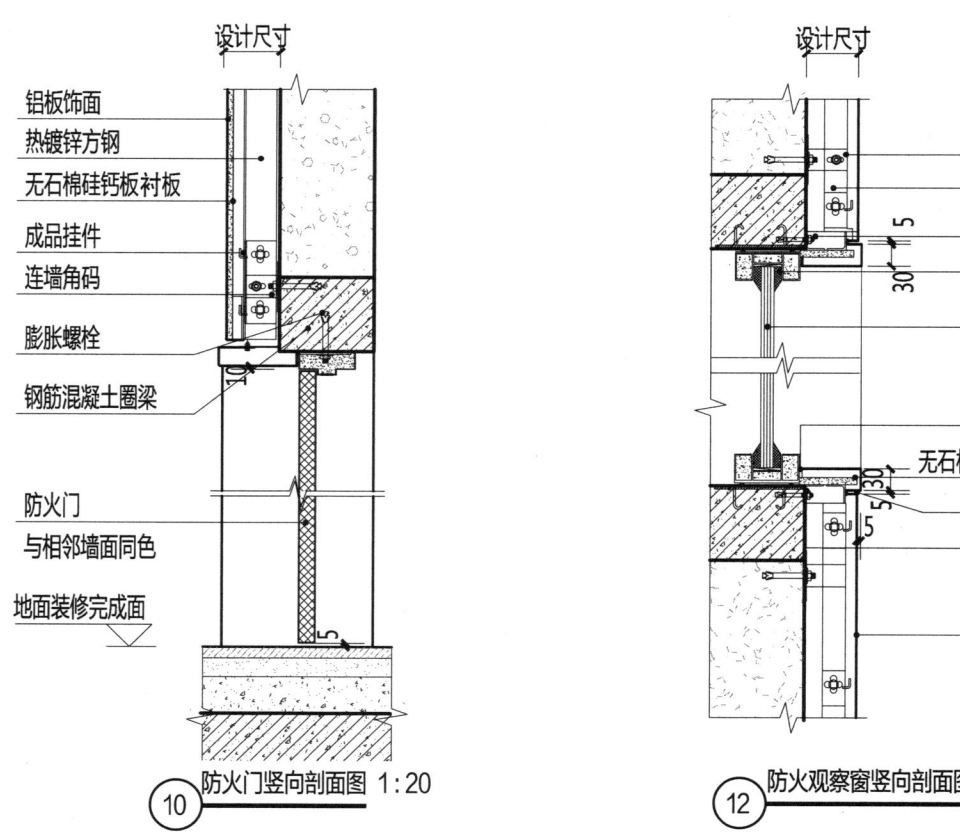

⑩ 防火门竖向剖面图 1:20

⑫ 防火观察窗竖向剖面图 1:20

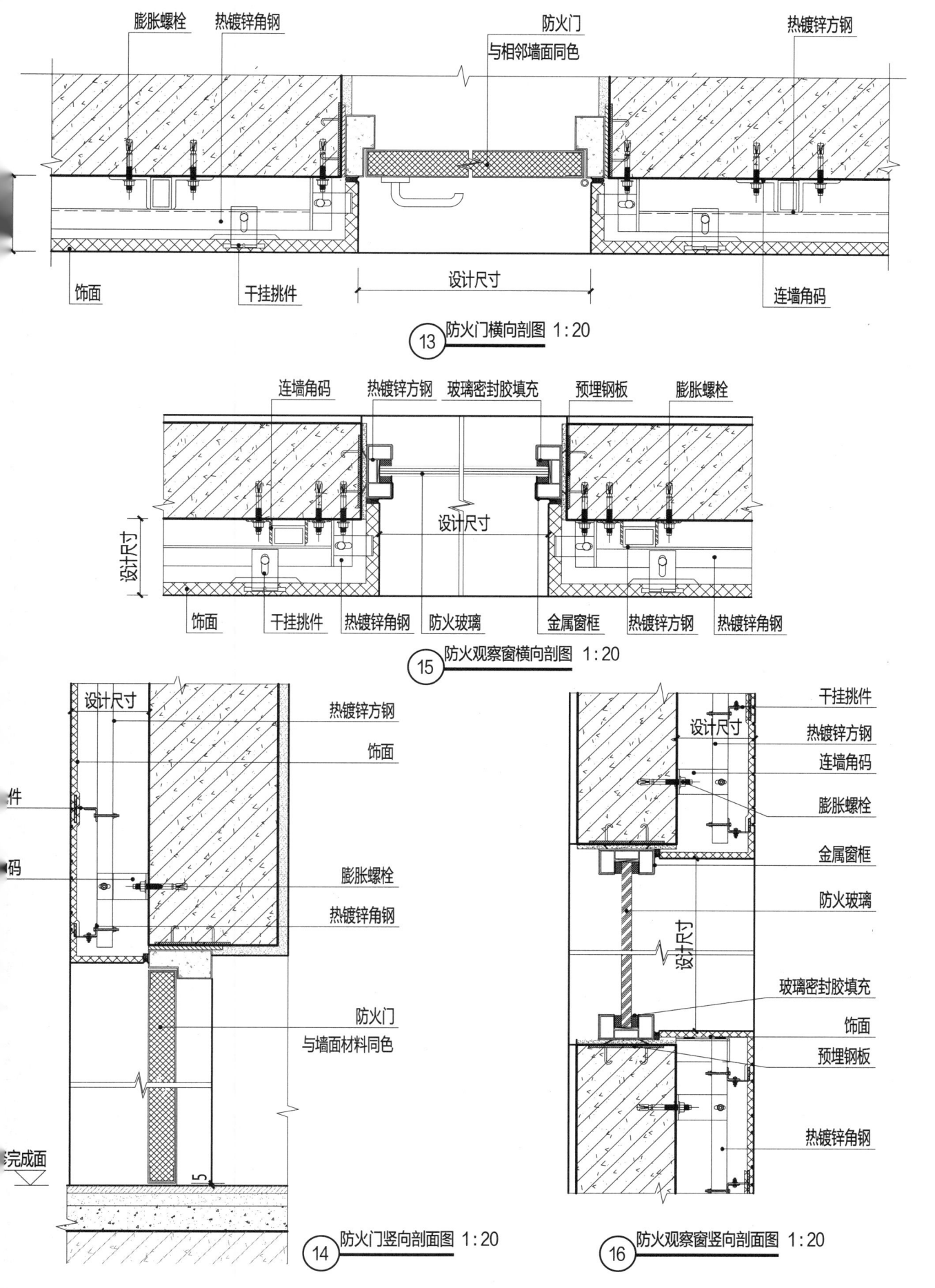

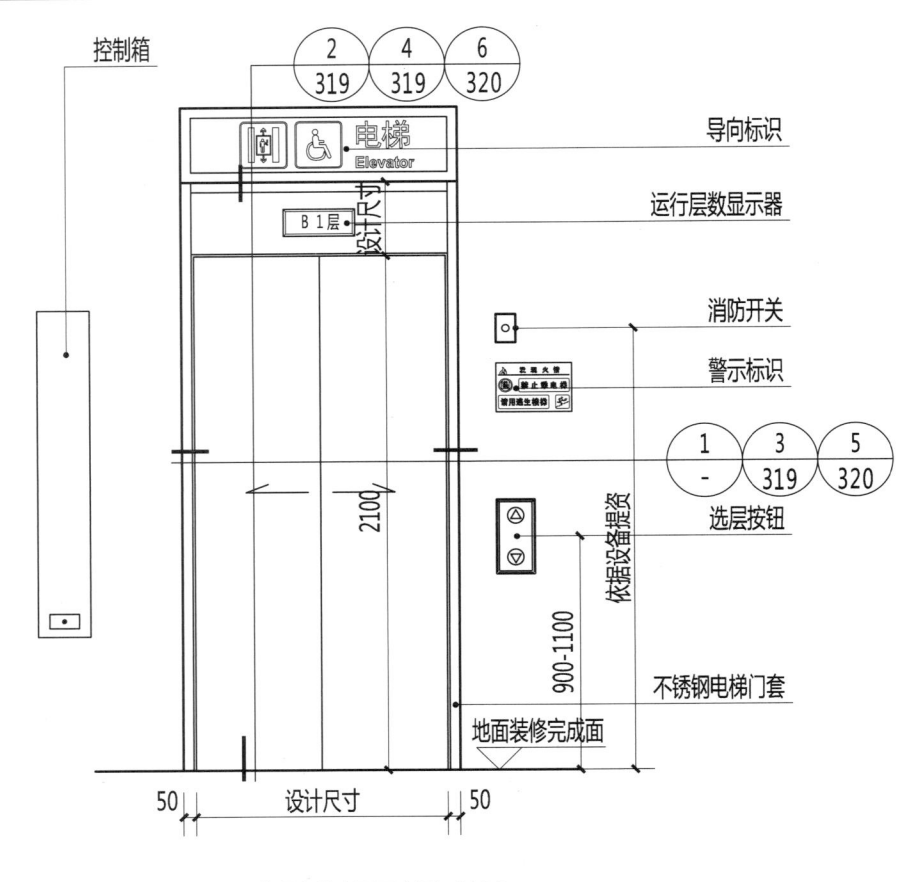

无障碍电梯立面示意图 1:20

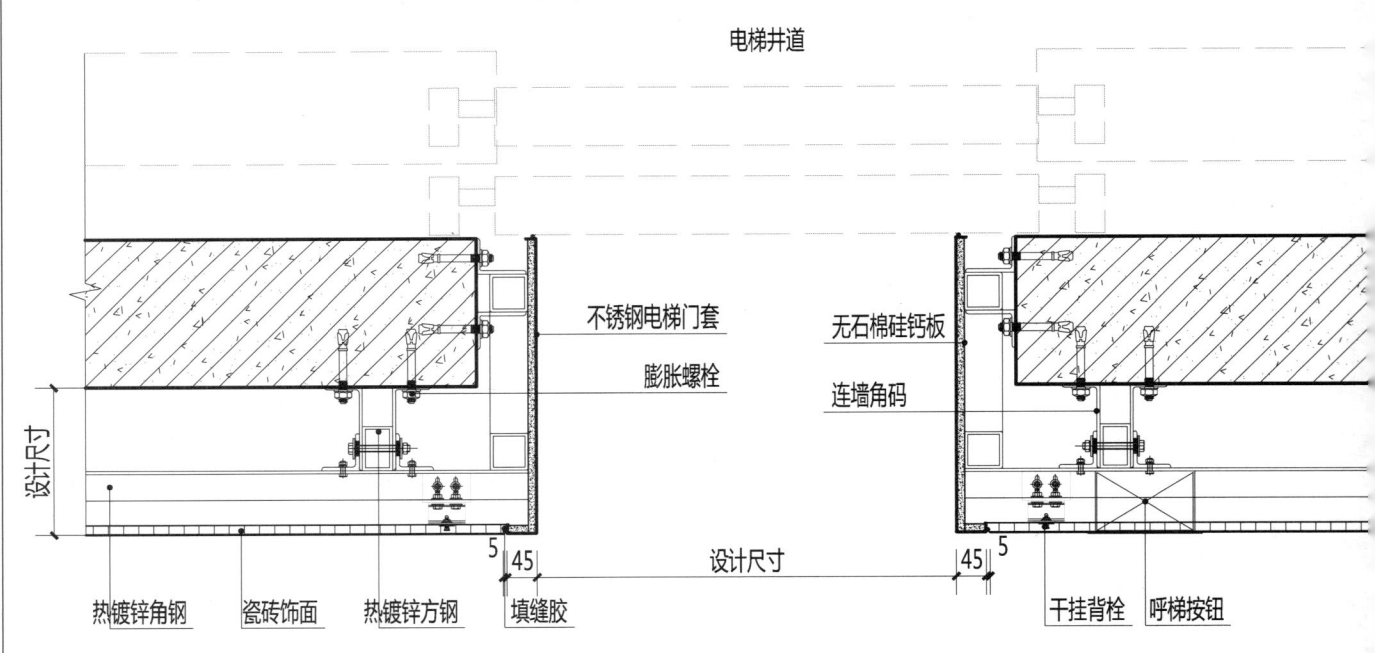

干挂瓷砖与电梯门套横剖图 1:20

③ 干挂石材与电梯门套横剖图 1:20

② 干挂瓷砖与电梯门套竖剖图 1:20

④ 干挂石材与电梯门套竖剖图 1:20

图名	垂直电梯门套收口做法一

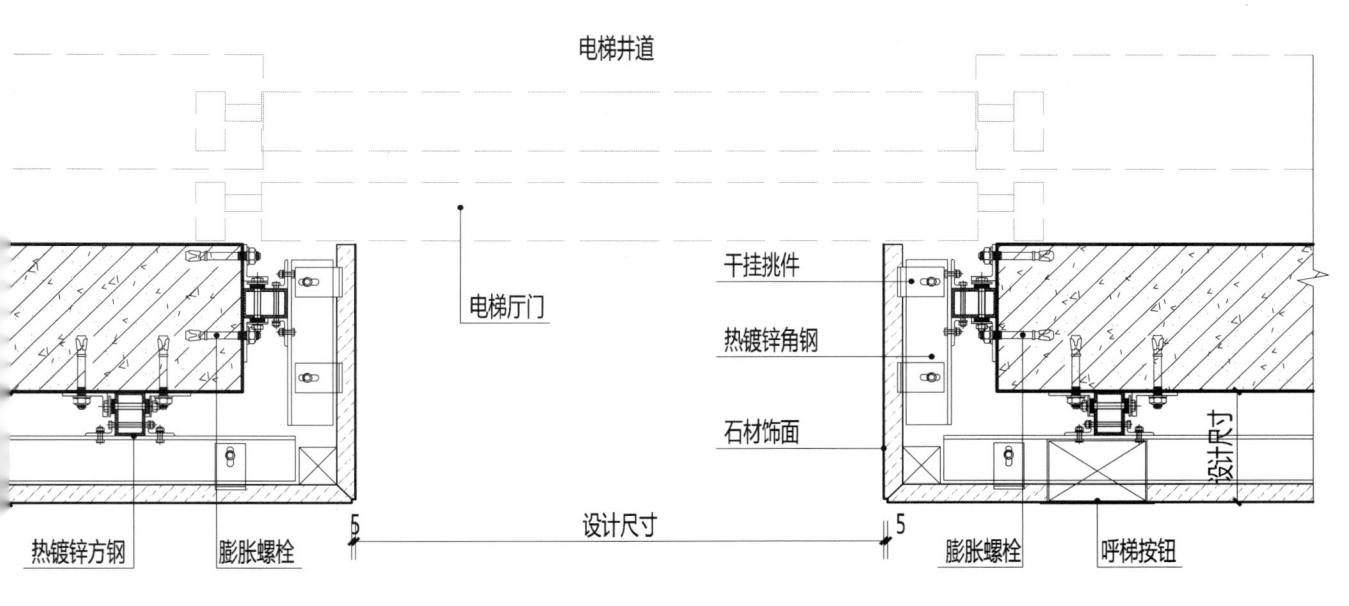

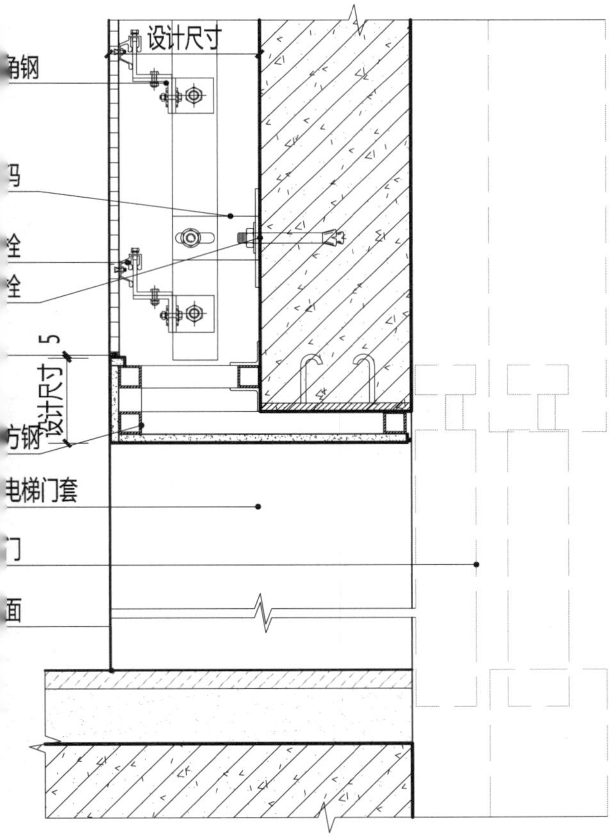

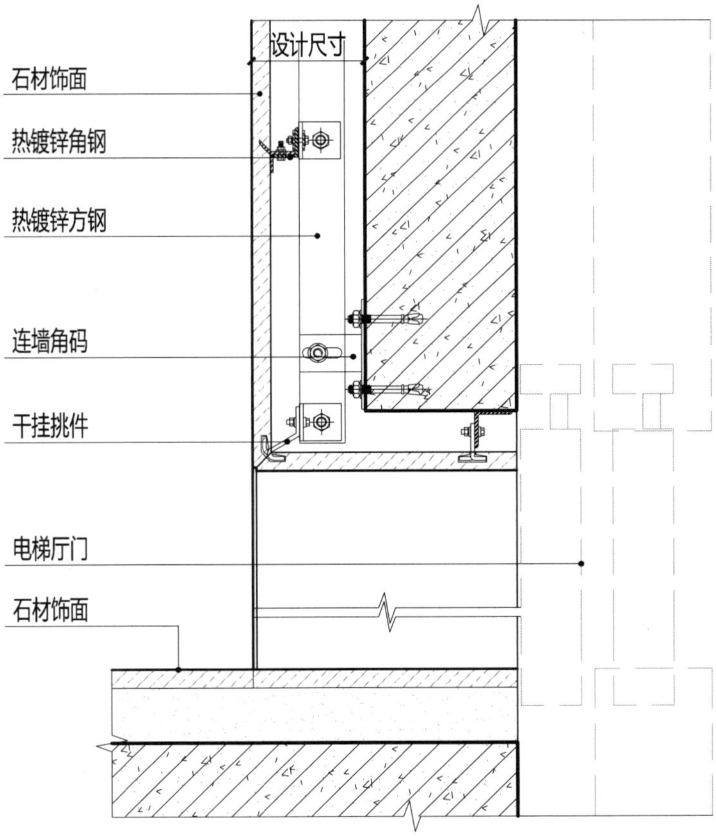

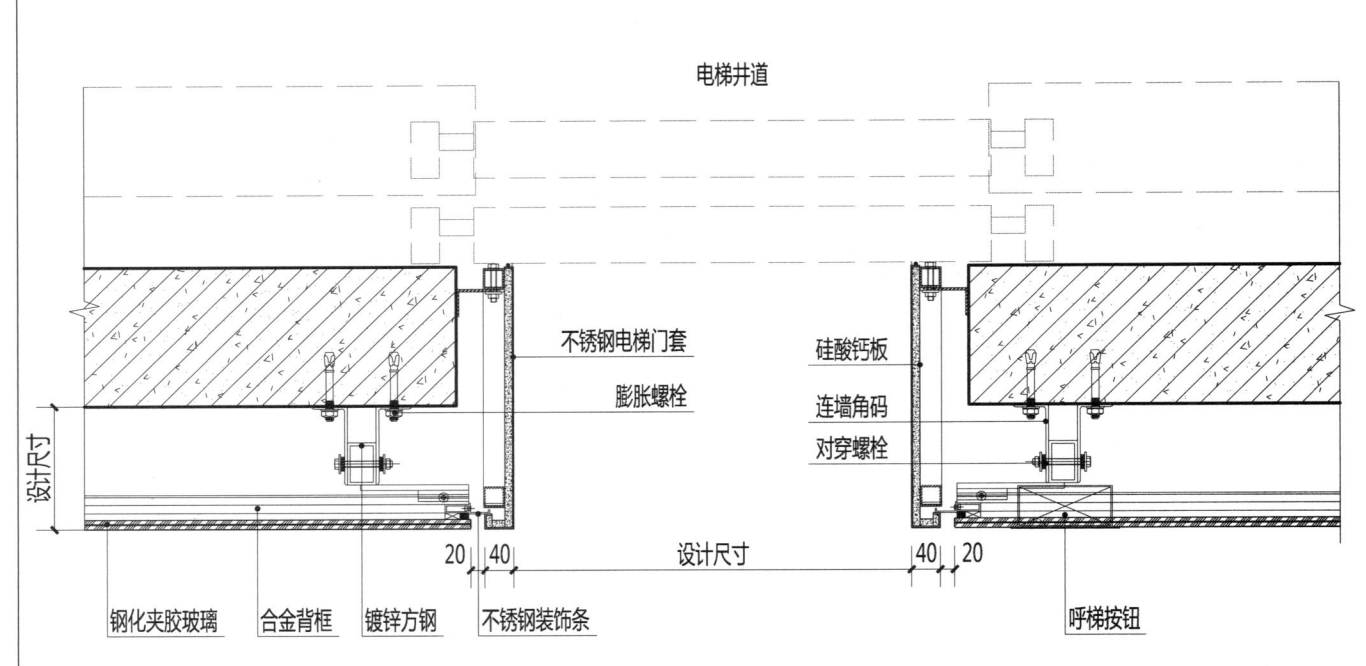

⑤ 钢化夹胶玻璃与电梯门套横剖图 1:20

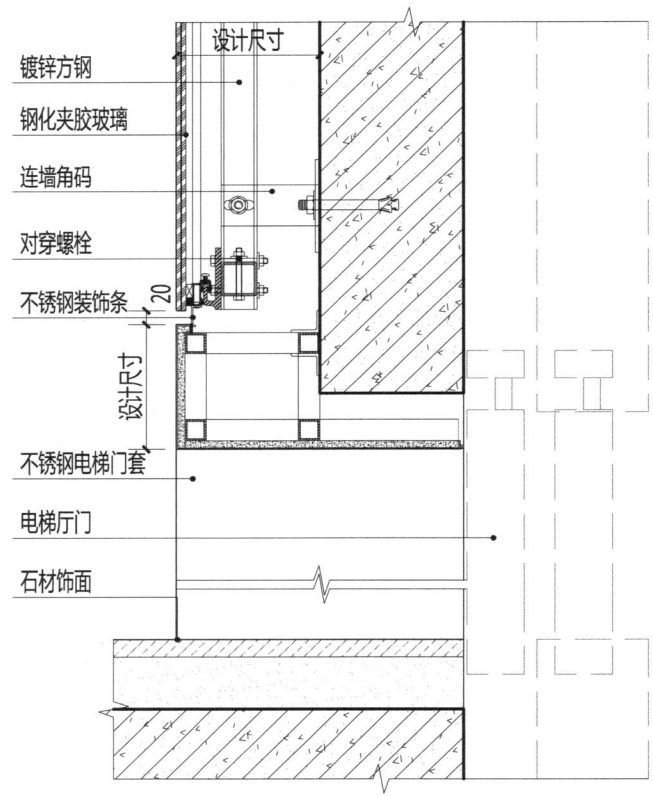

⑥ 钢化夹胶玻璃与电梯门套竖剖图 1:20

| 图名 | 垂直电梯门套收口做法四 |

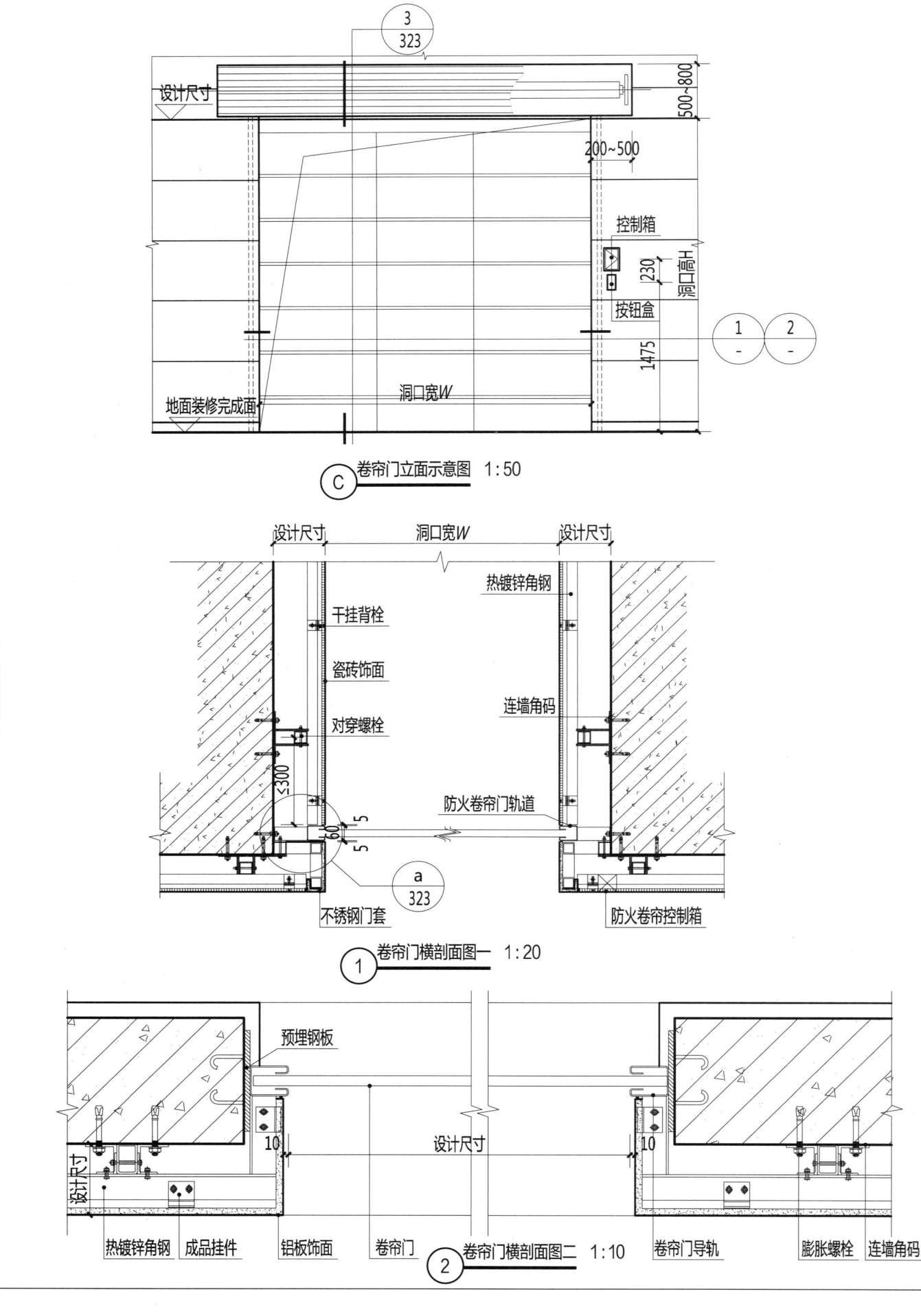

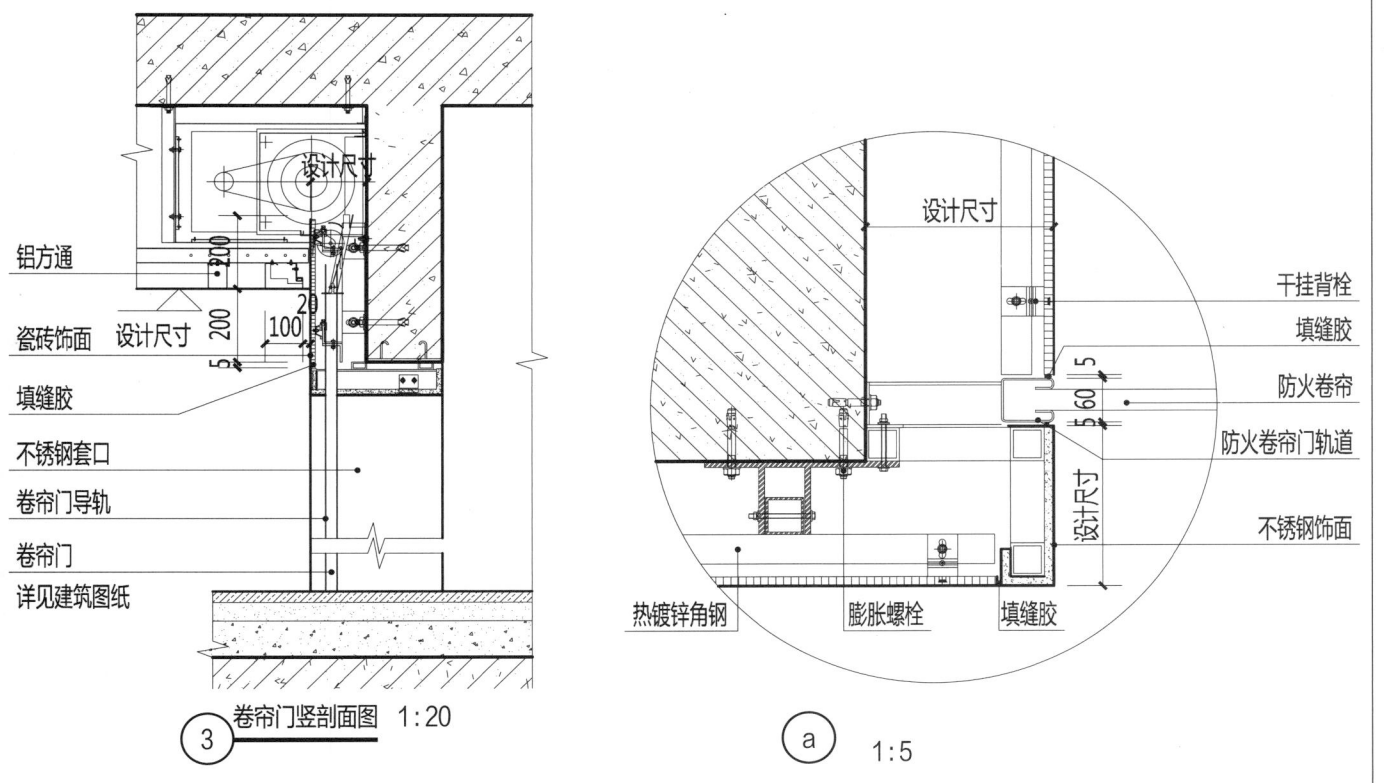

铝方通	干挂背栓
瓷砖饰面	填缝胶
填缝胶	防火卷帘
不锈钢套口	防火卷帘门轨道
卷帘门导轨	不锈钢饰面
卷帘门	热镀锌角钢 膨胀螺栓 填缝胶
详见建筑图纸	

③ 卷帘门竖剖面图 1:20   ⓐ 1:5

| 图名 | 卷帘门门套收口详图 |

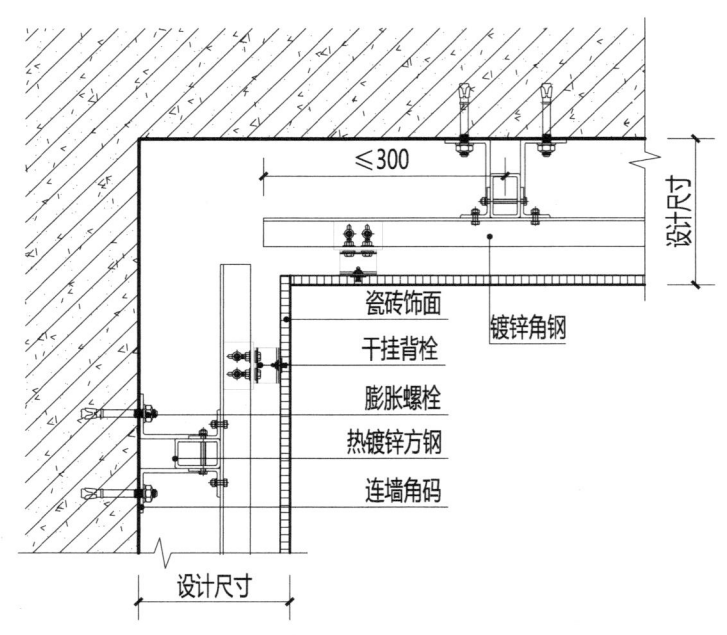

① 干挂瓷砖阴角做法 1:10

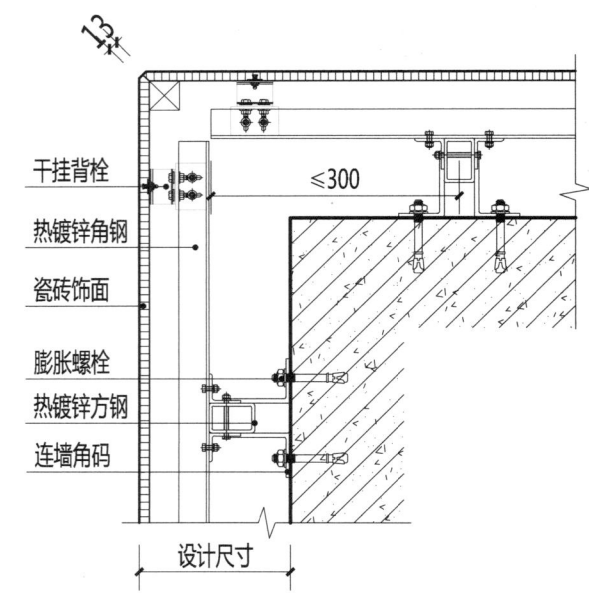

② 干挂瓷砖阳角做法 1:10

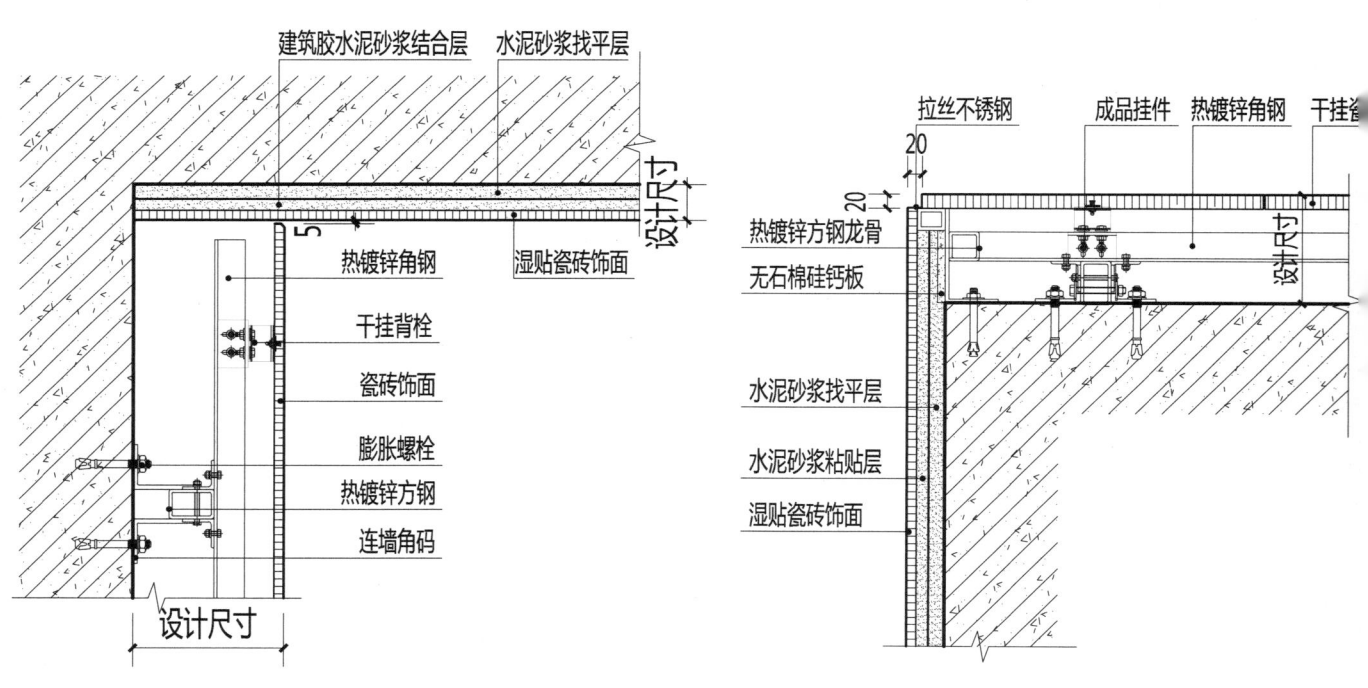

③ 干挂与湿贴瓷砖阴角做法 1:10

④ 干挂与湿贴瓷砖阳角做法 1:10

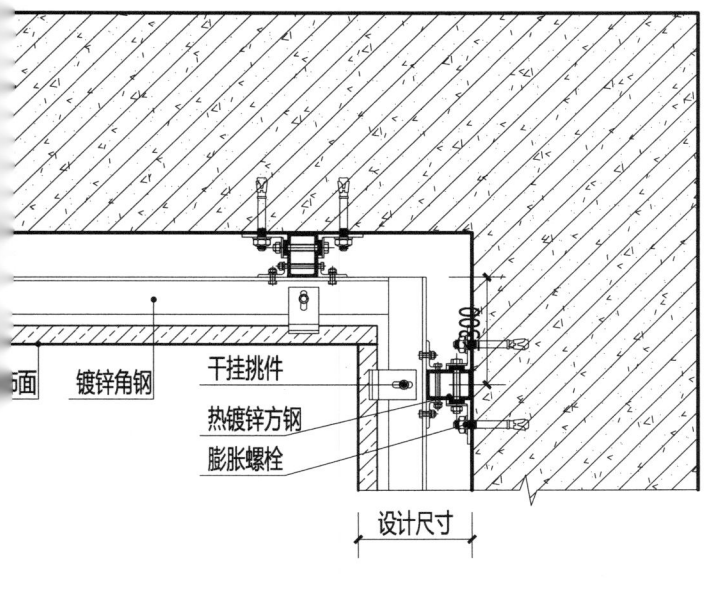

⑤ 干挂石材阴角做法 1:10

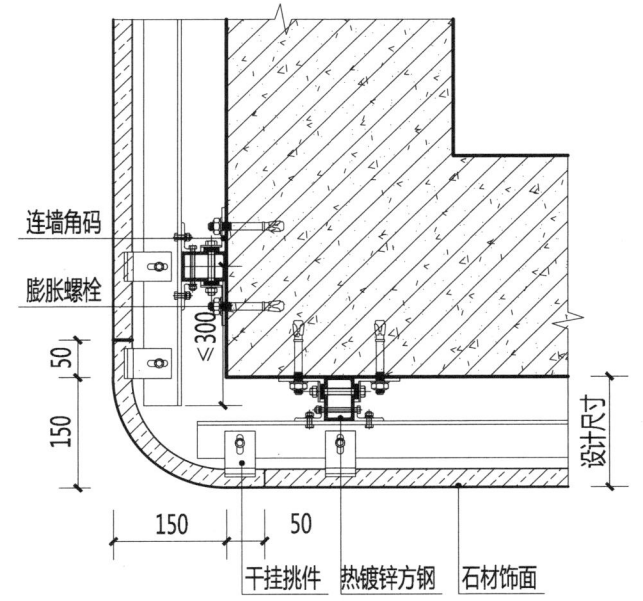

⑥ 干挂石材阳角做法 1:10

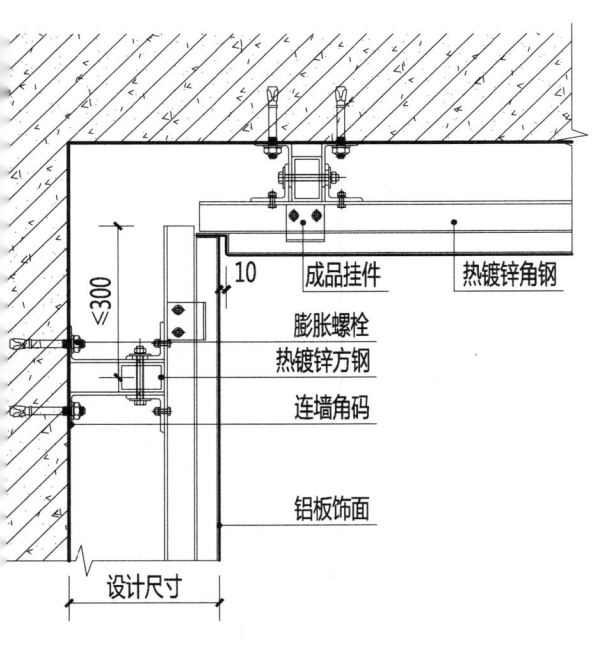

⑦ 干挂铝板阴角做法1 1:10

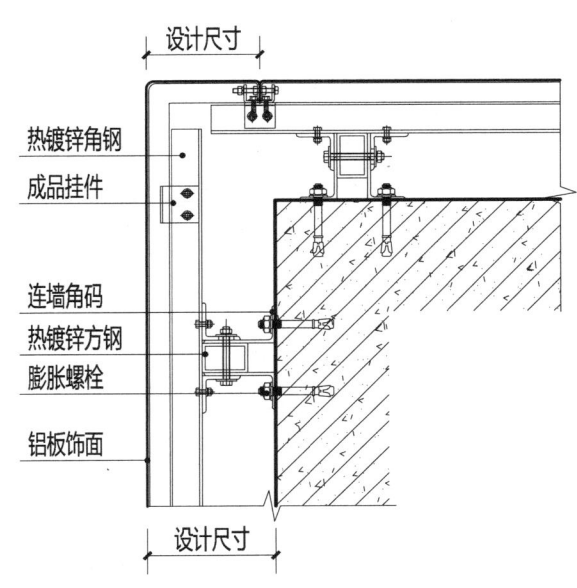

⑧ 干挂铝板阳角做法1 1:10

| 图名 | 墙面转角收口做法一 |

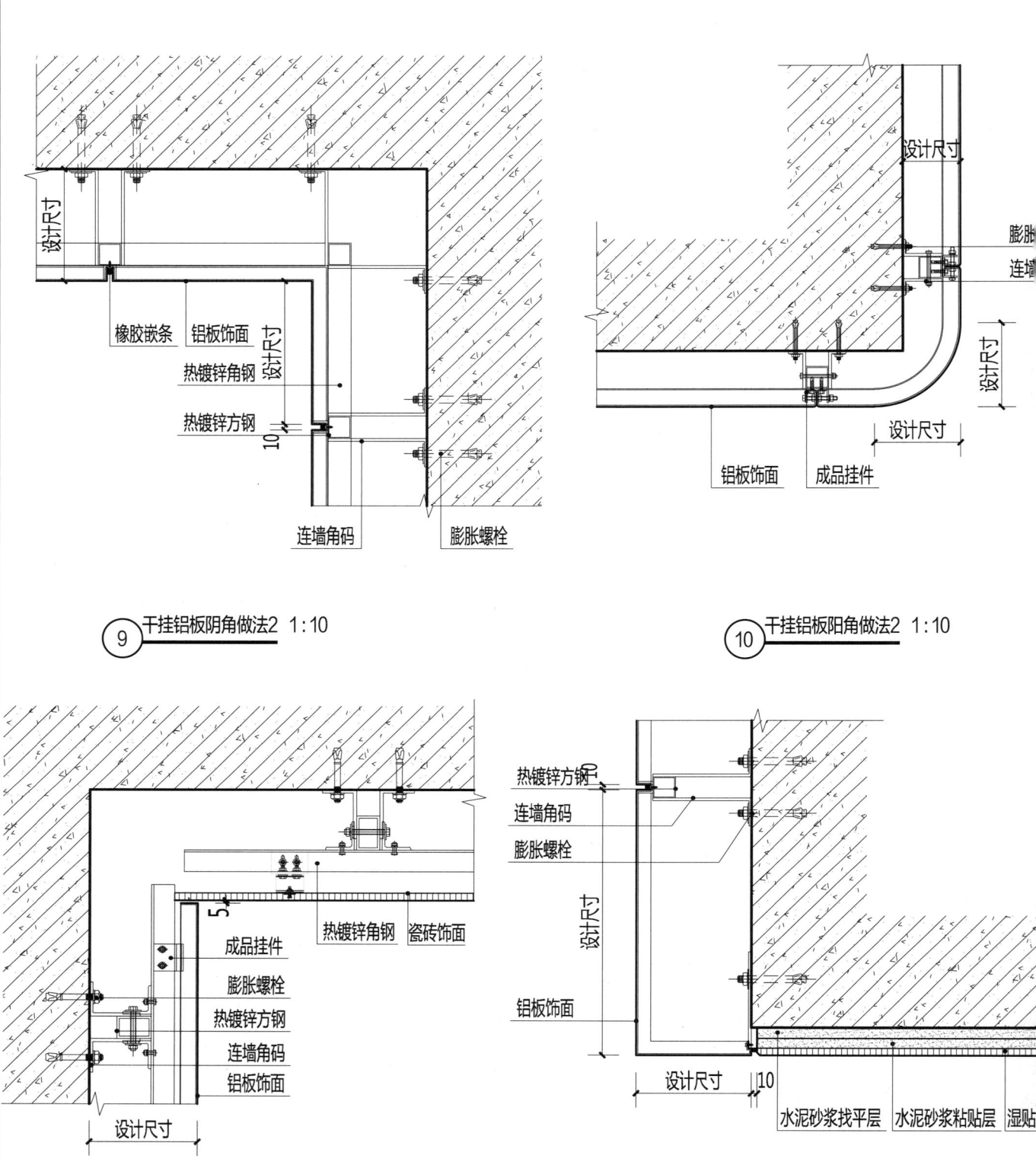

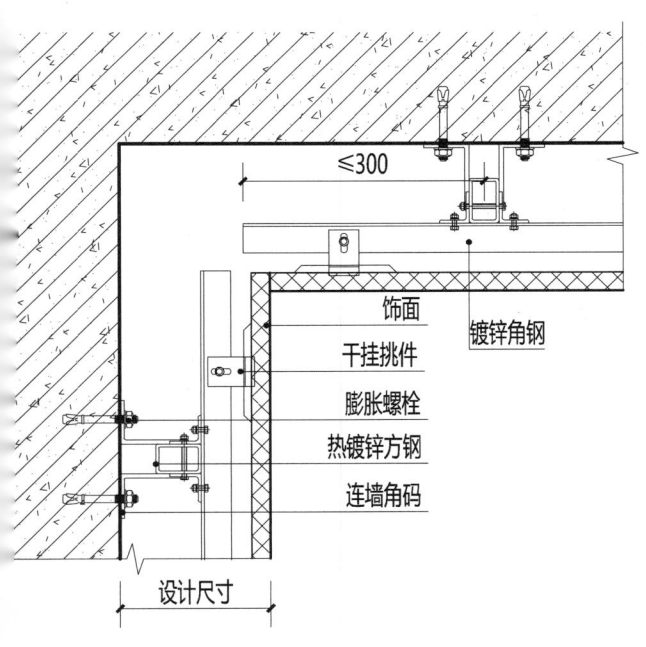

⑬ 干挂GRC阴角做法 1:10

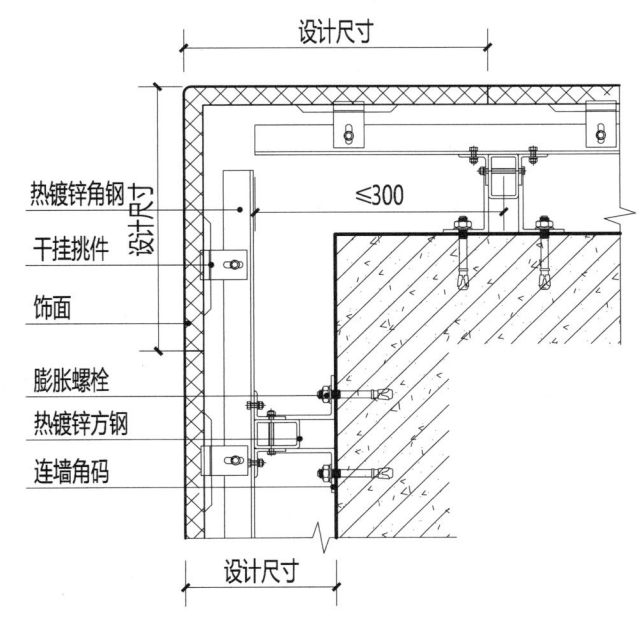

⑭ 干挂GRC阳角做法 1:10

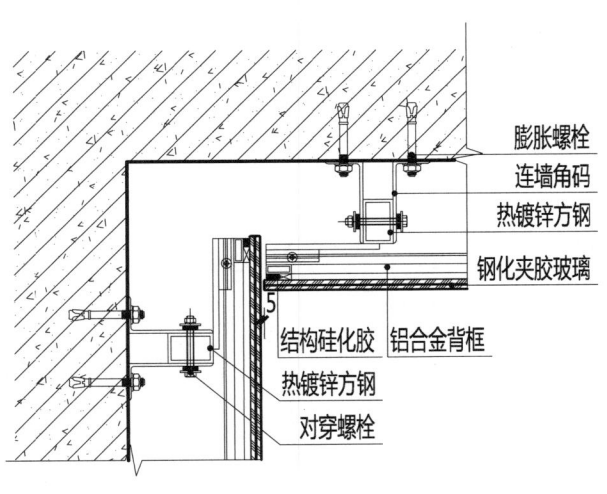

⑮ 干挂钢化夹胶玻璃阴角做法 1:10

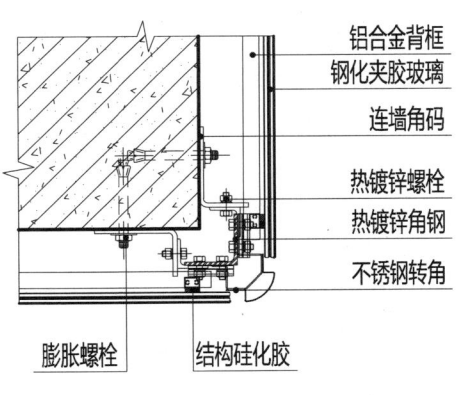

⑯ 干挂钢化夹胶玻璃阳角做法 1:10

| 图名 | 墙面转角收口做法二 |

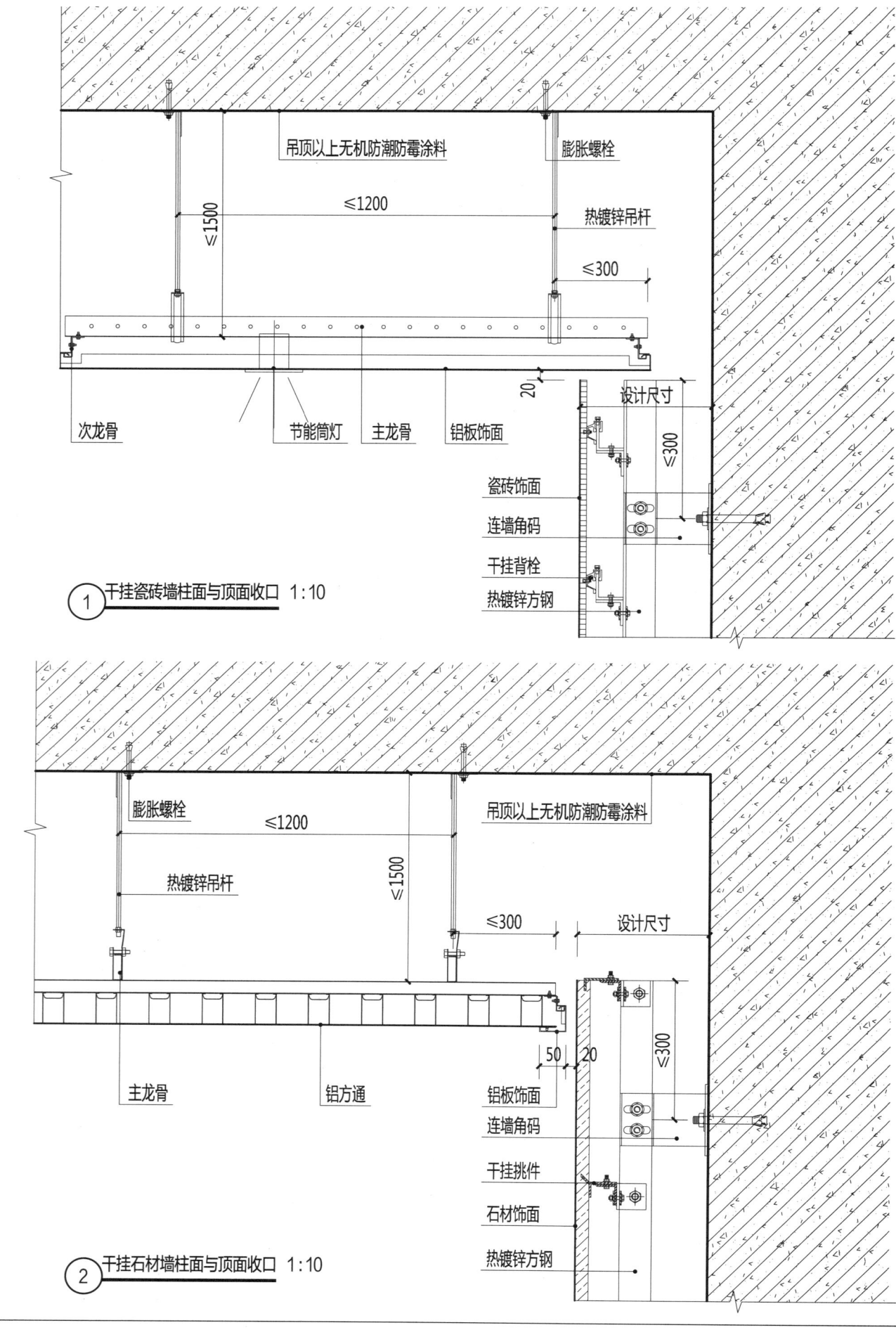

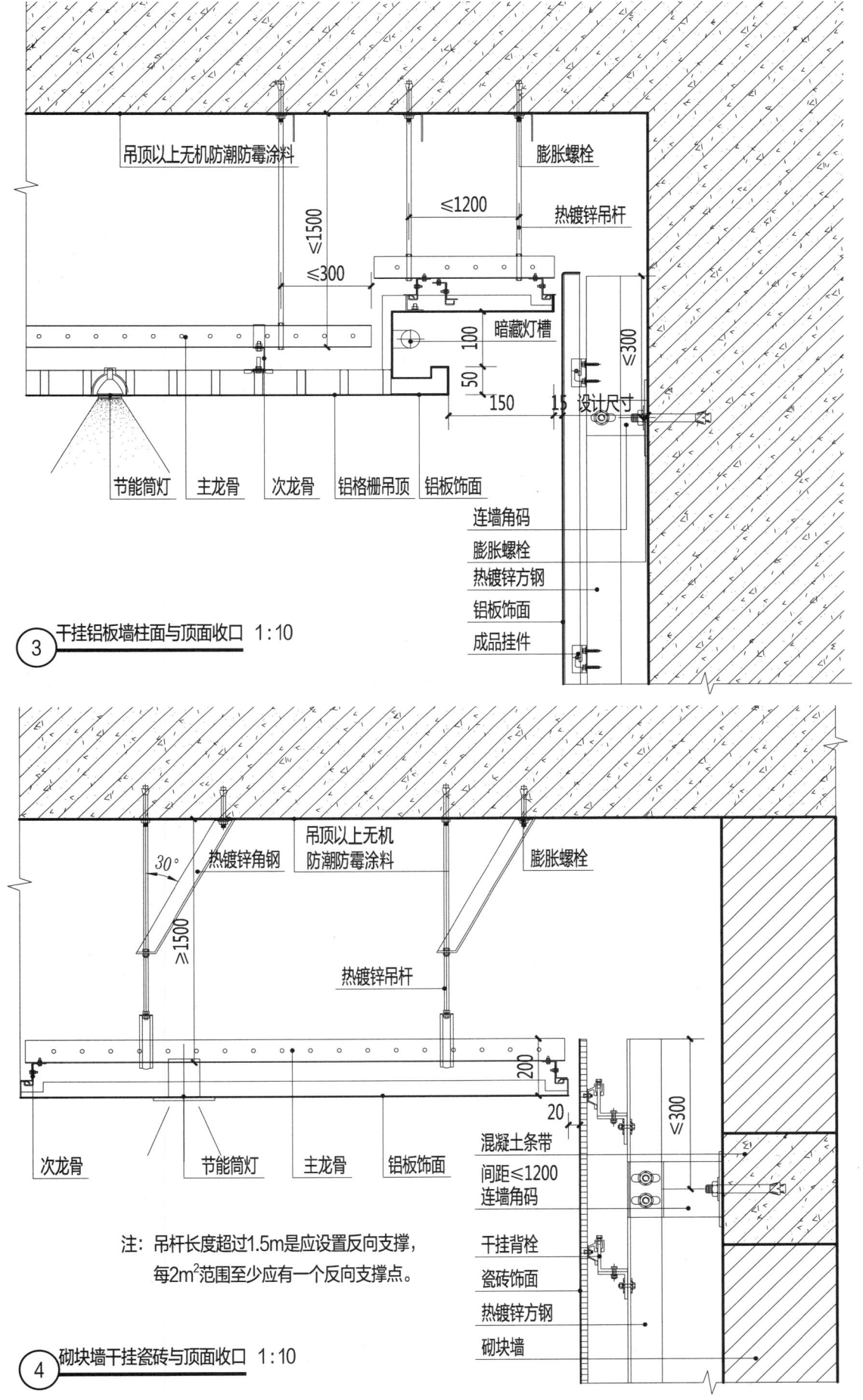

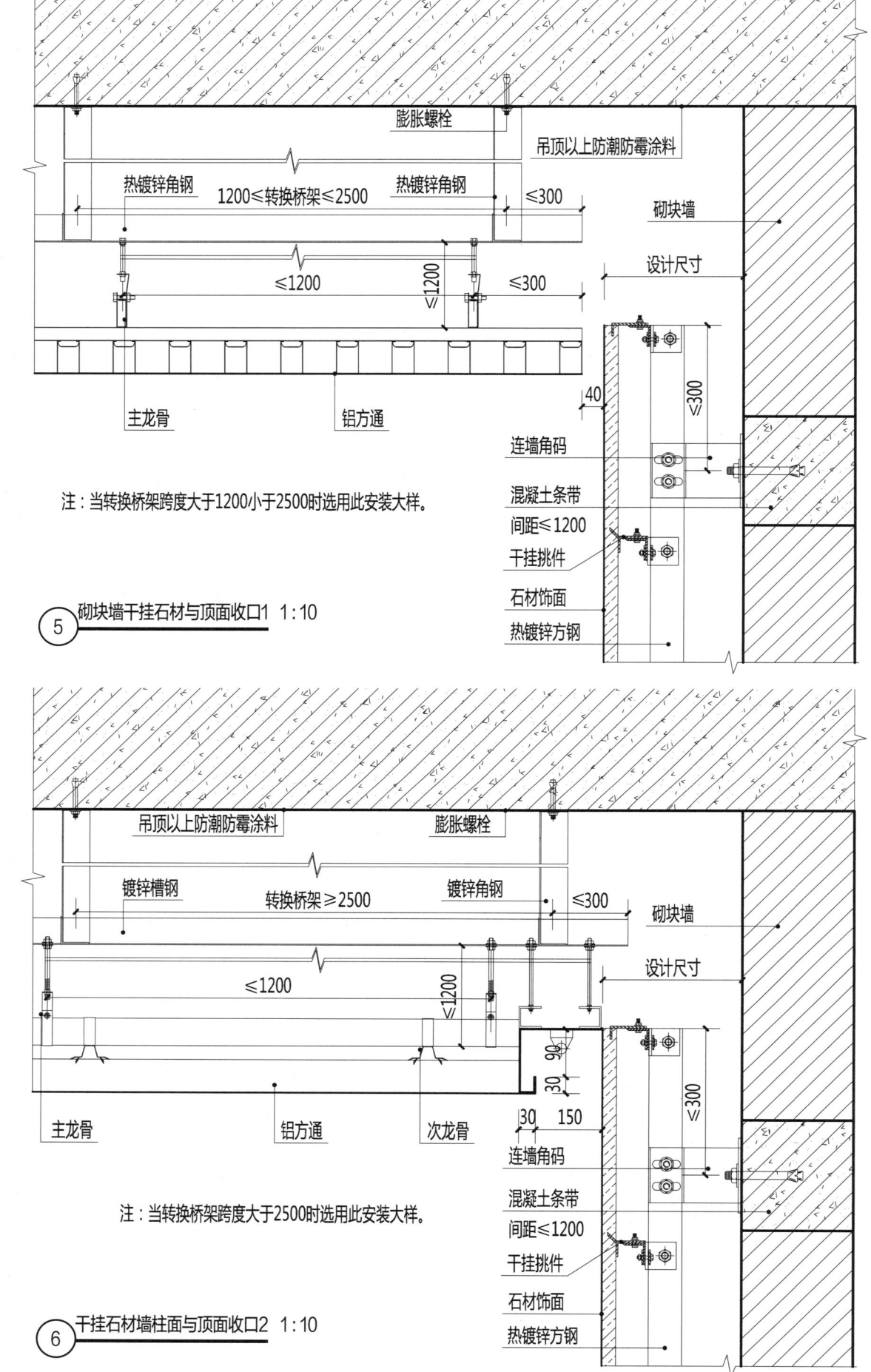

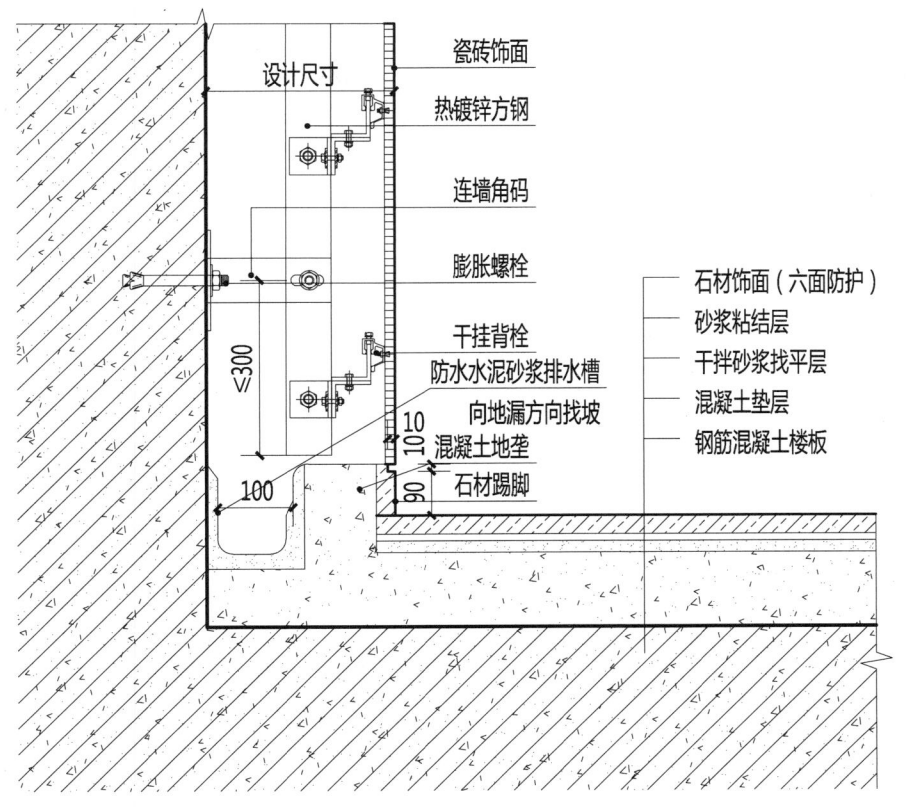

⑦ 干挂瓷砖墙柱面与地面收口 1:10

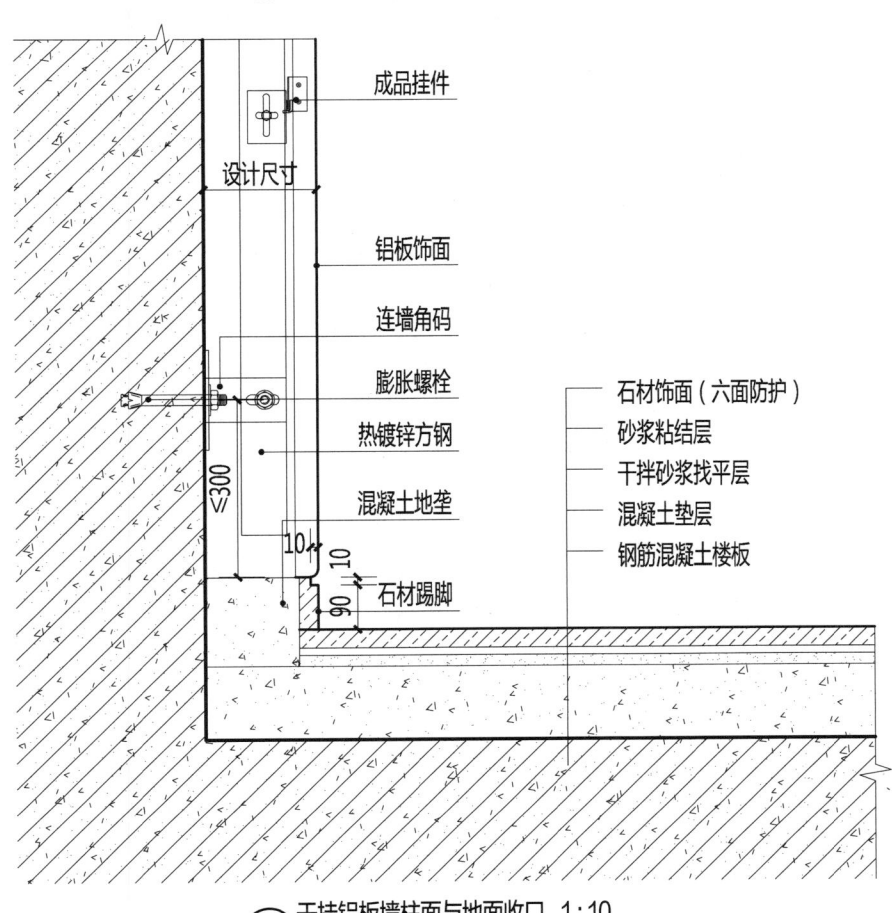

⑧ 干挂铝板墙柱面与地面收口 1:10

| 图名 | 墙、柱、地、顶面收口做法 |

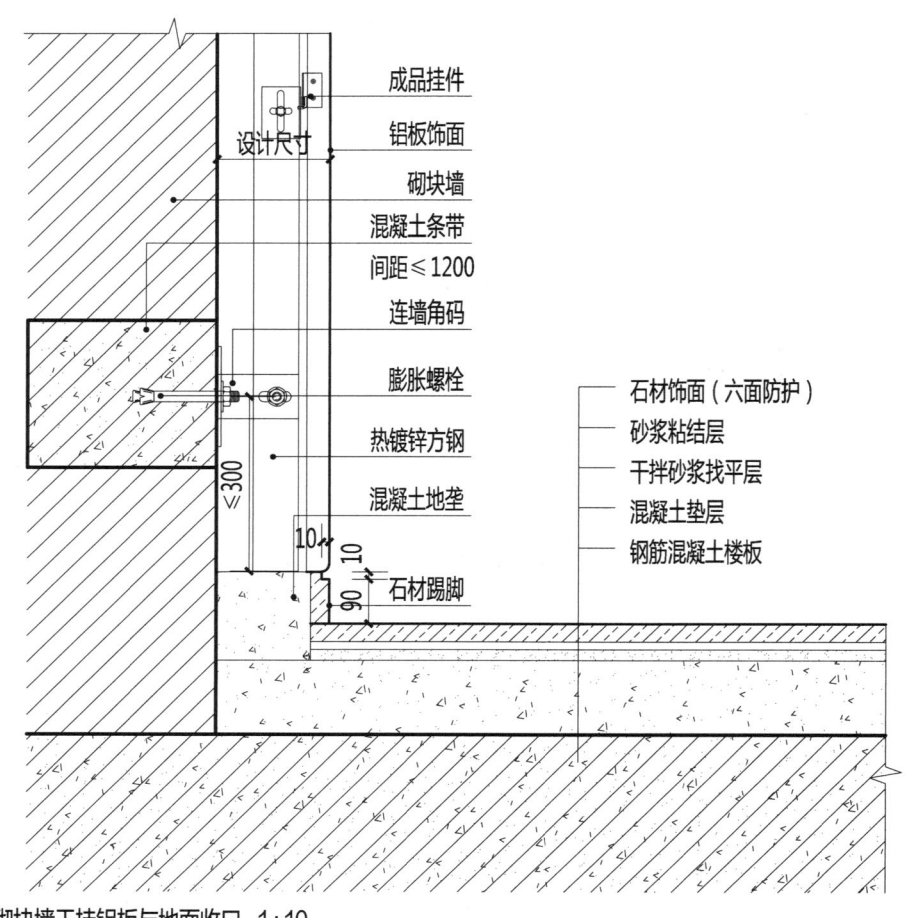

⑨ 砌块墙干挂铝板与地面收口 1:10

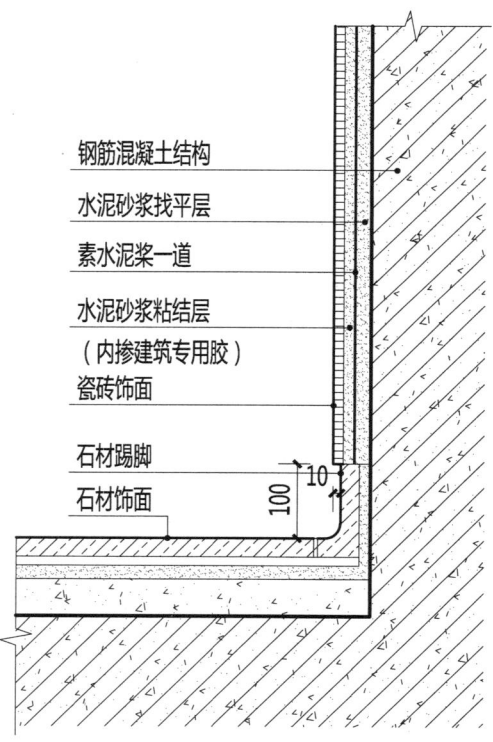

⑩ 干挂石材墙柱面与顶面收口2 1:10

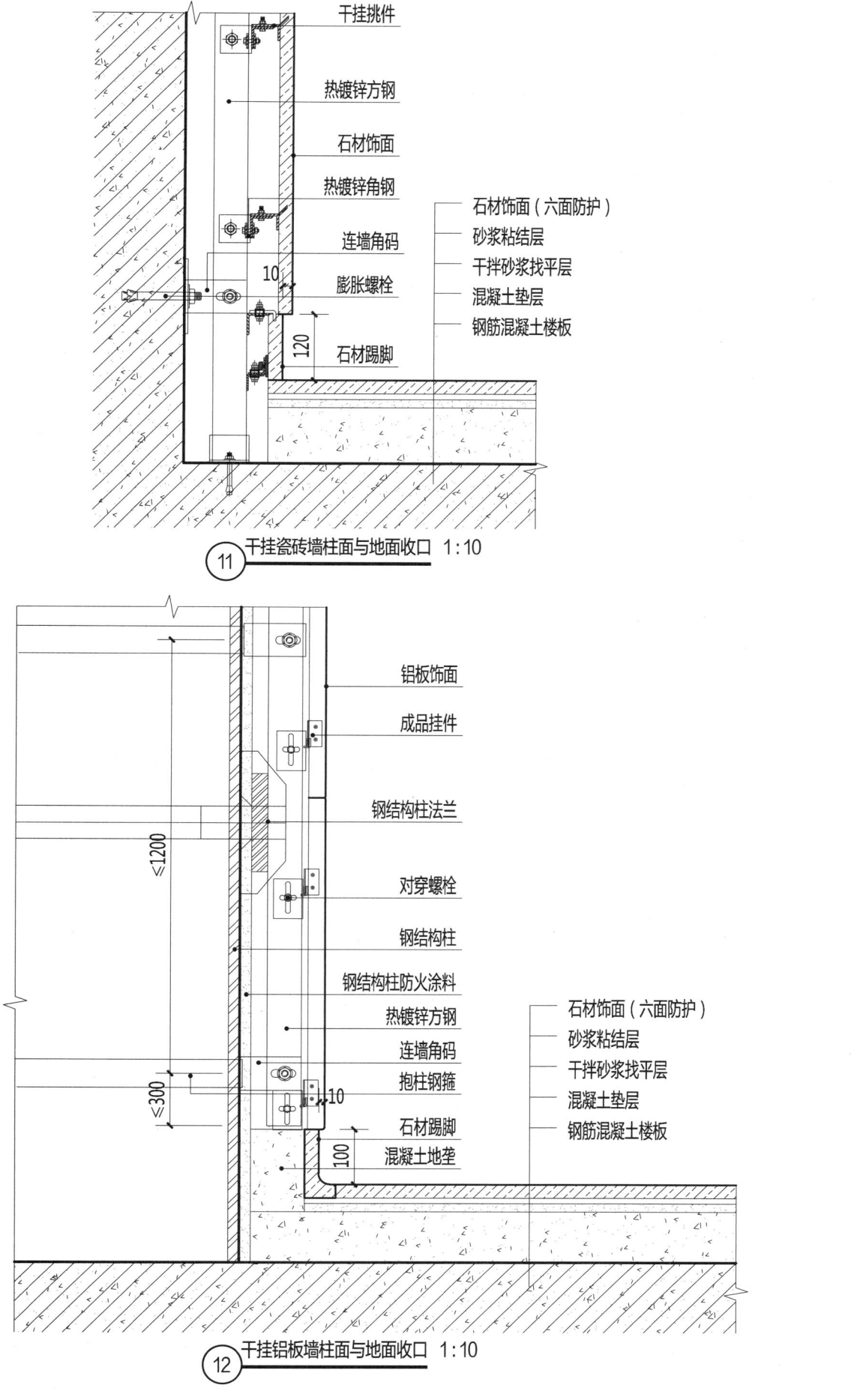

图名 墙、柱、地、顶面收口做法

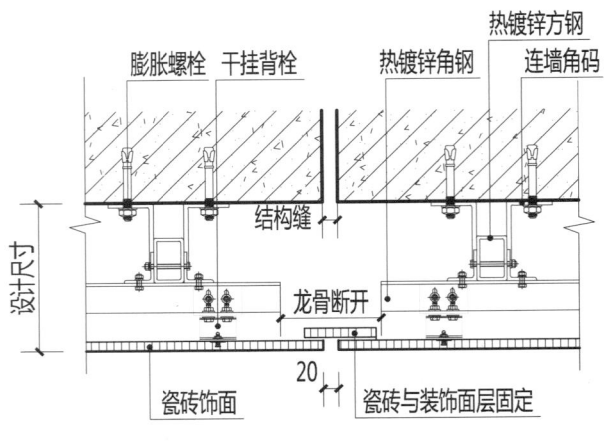

① 干挂瓷砖墙变形缝收口1 1:10

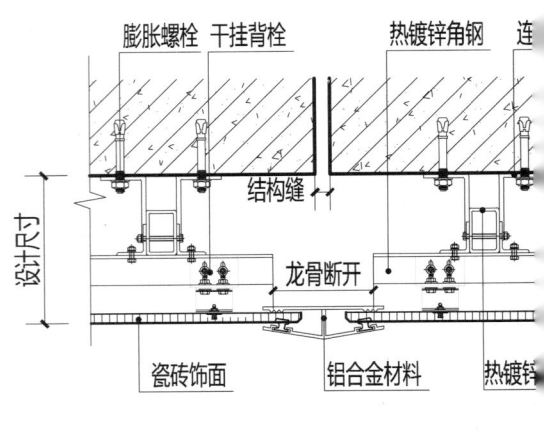

② 干挂瓷砖墙变形缝收口2 1:10

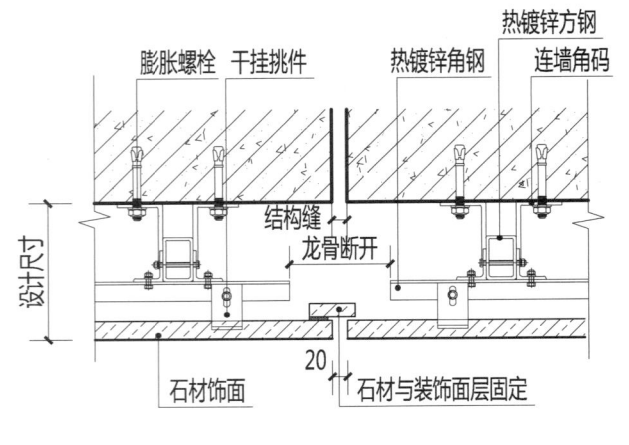

③ 干挂石材墙变形缝收口1 1:10

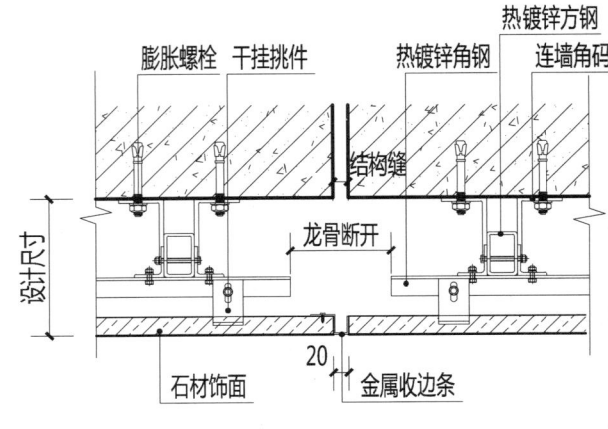

④ 干挂石材墙变形缝收口2 1:10

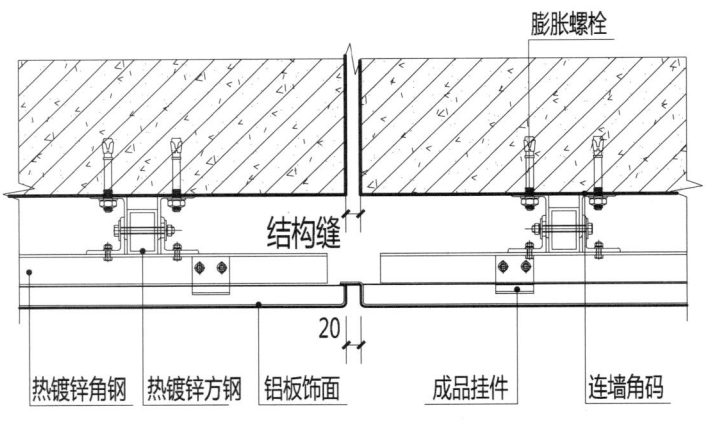

⑤ 干挂铝板墙变形缝收口 1:10

| 图名 | 墙、柱、地、顶面收口做法 |

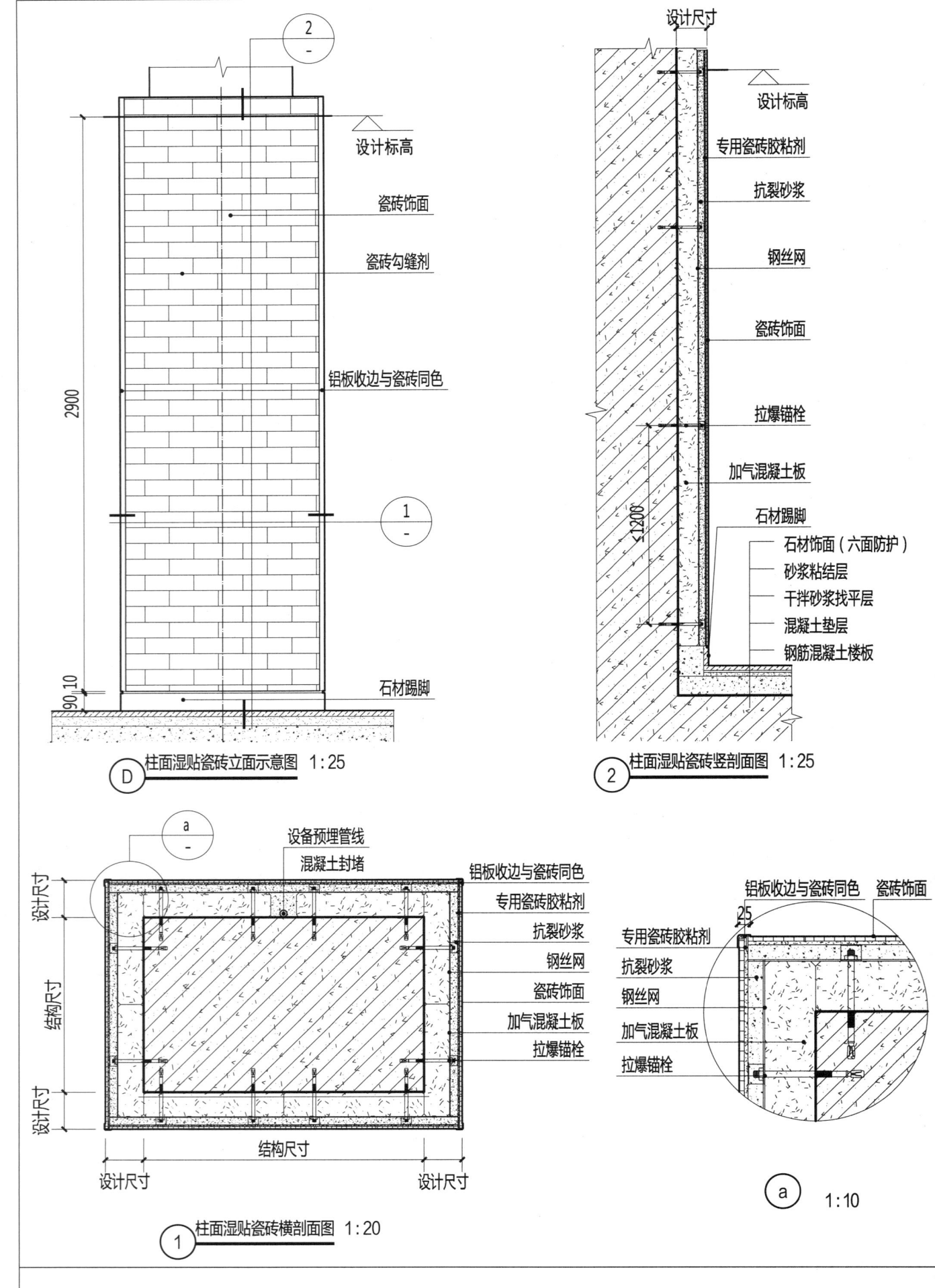

E 柱面干挂瓷砖立面示意图 1:25

4 柱面干挂瓷砖竖剖面图 1:25

3 柱面干挂瓷砖横剖面图 1:20

b 1:10

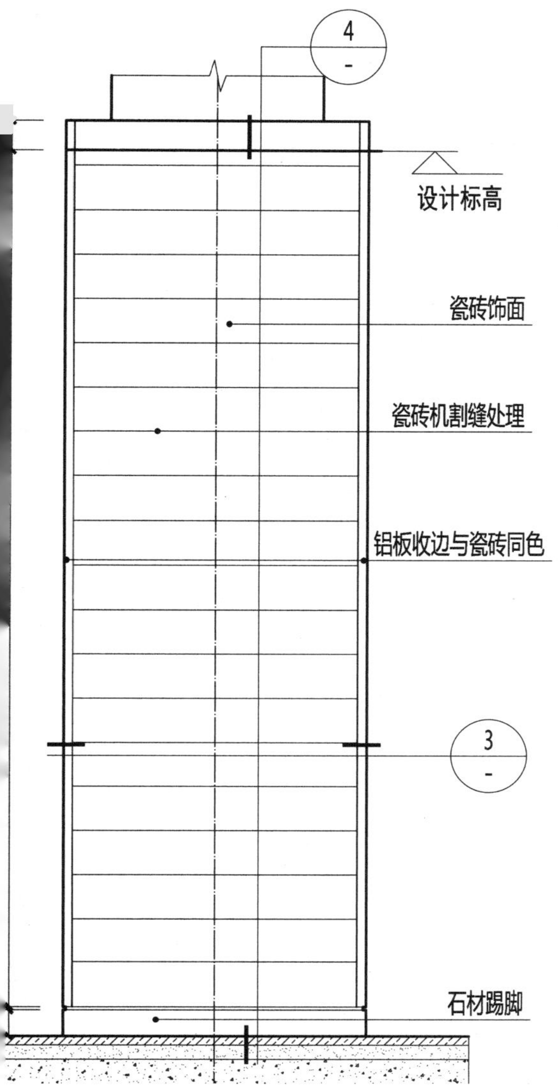

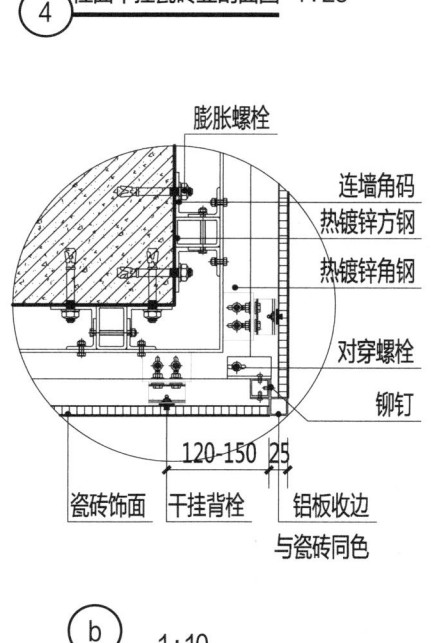

图名	柱子节点大样一

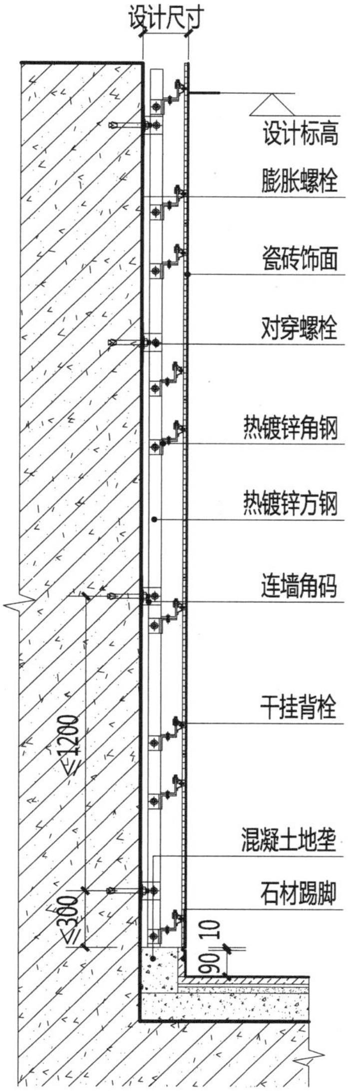

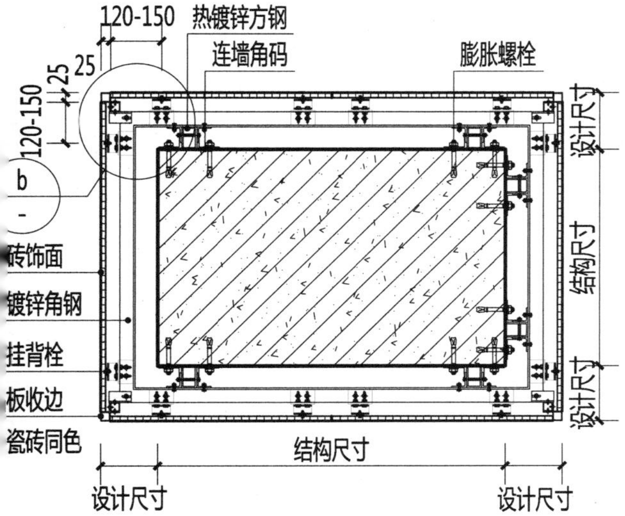

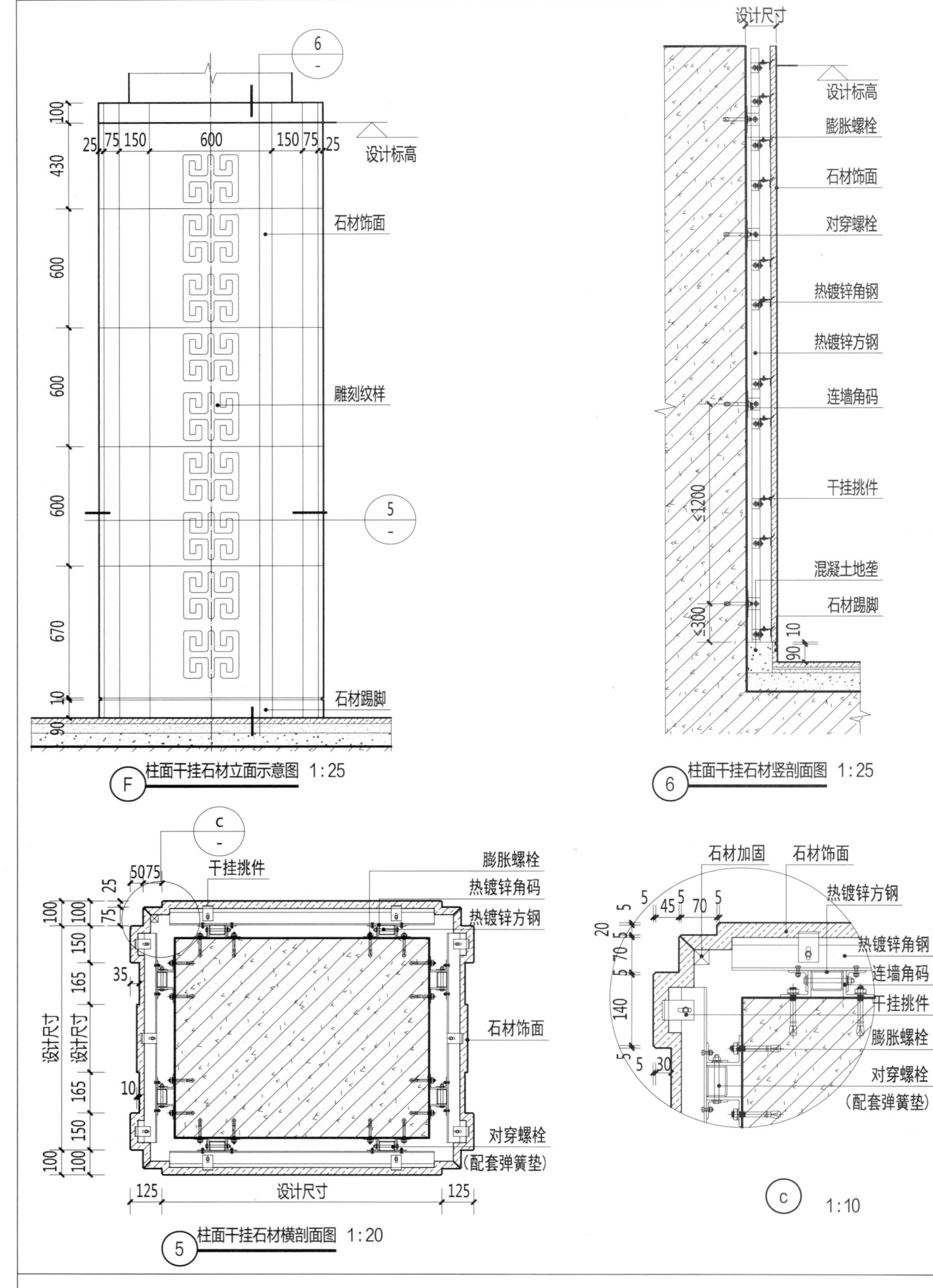

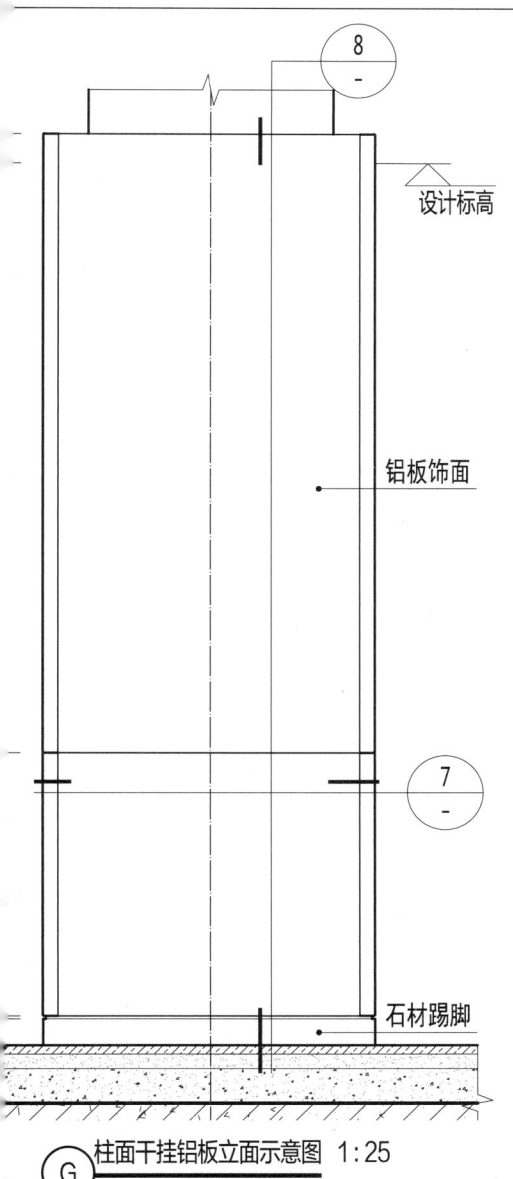

G 柱面干挂铝板立面示意图 1:25

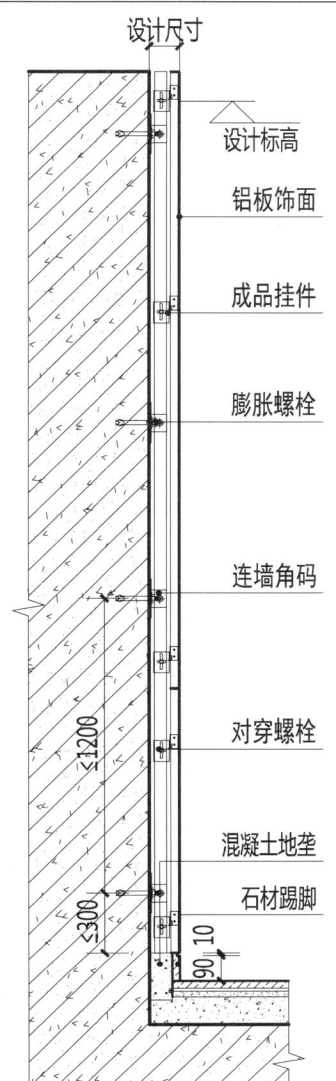

8 柱面干挂铝板竖剖面图 1:25

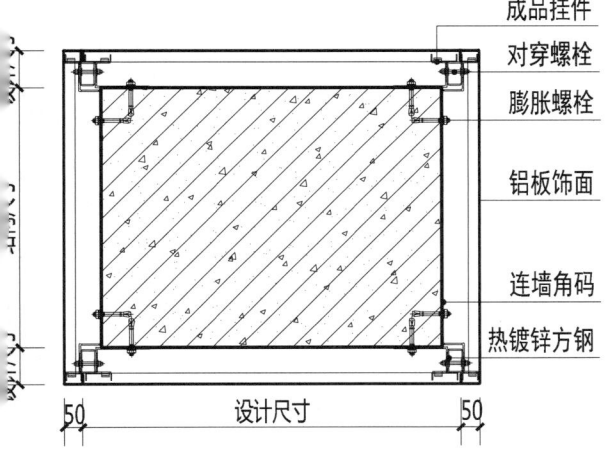

7 柱面干挂铝板横剖面图 1:20

| 图名 | 柱子节点大样二 |

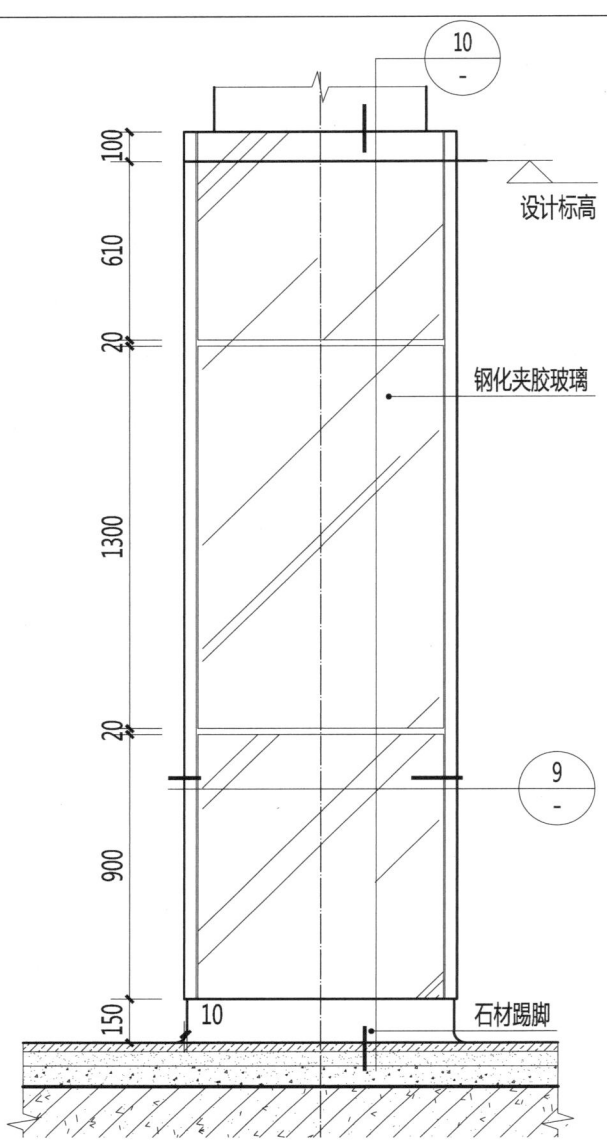

柱面干挂钢化夹胶玻璃立面示意图 1:25

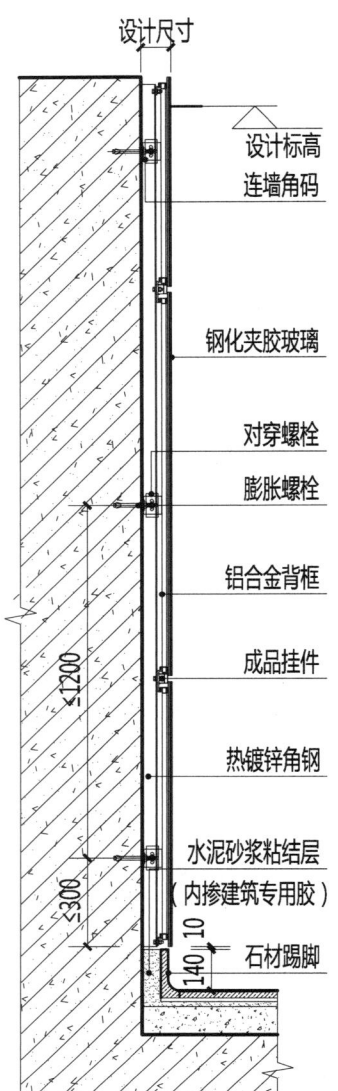

柱面干挂钢化夹胶玻璃竖剖面图 1:25

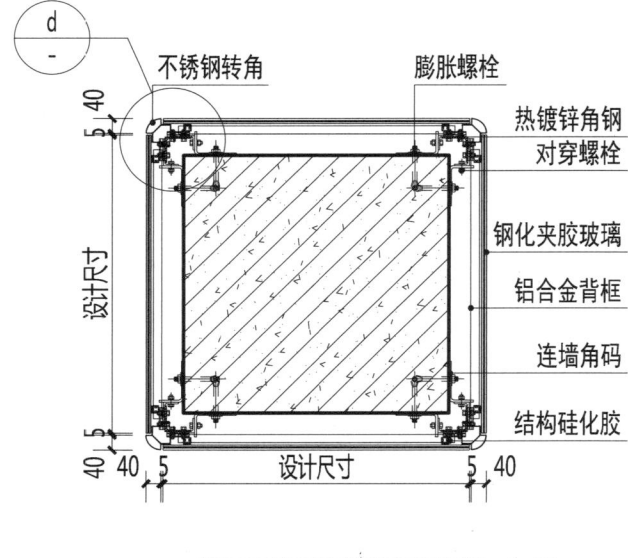

柱面干挂钢化夹胶玻璃横剖面图 1:20

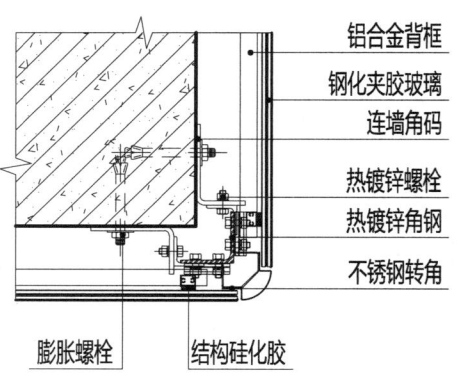

d 1:10

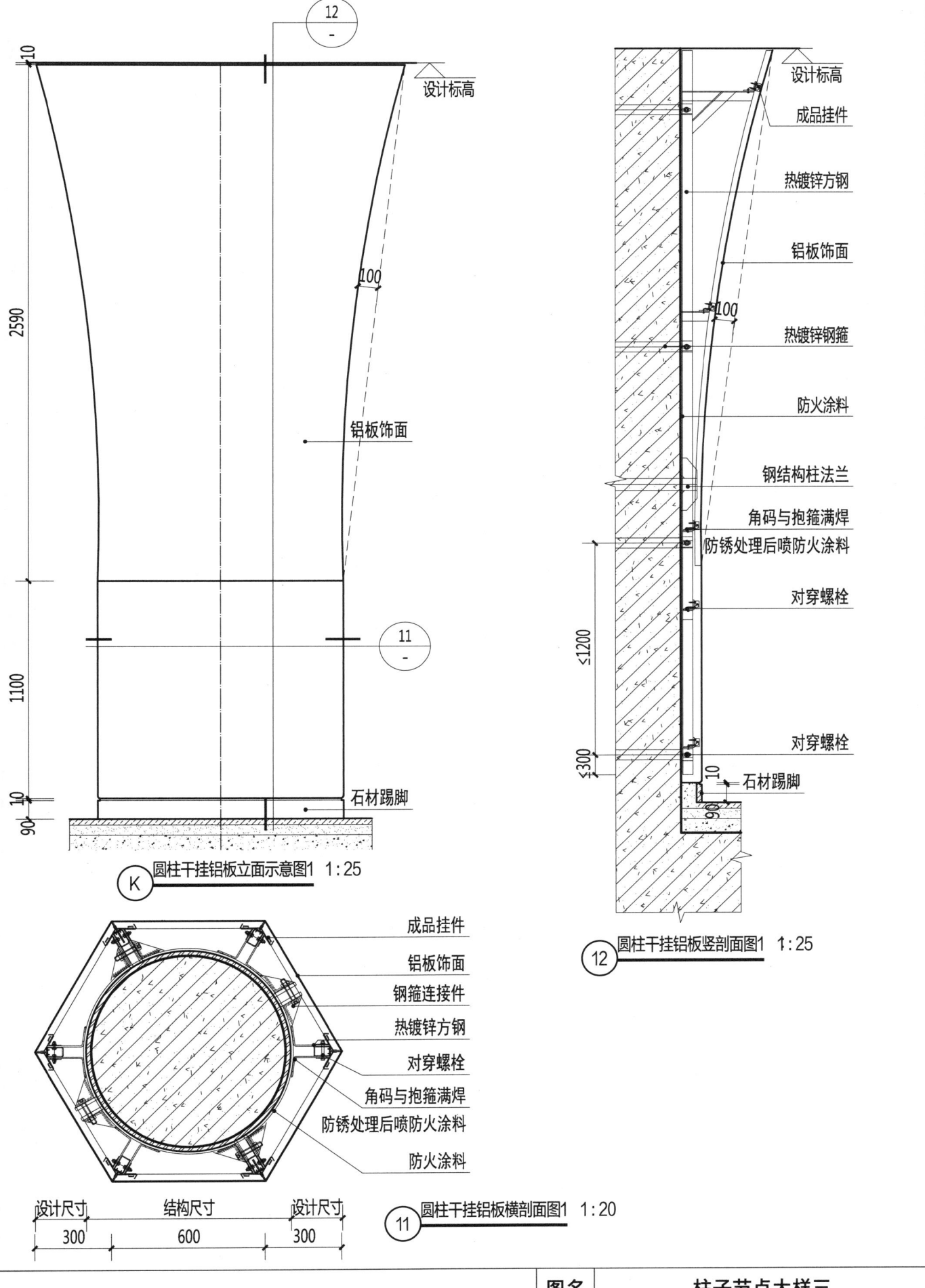

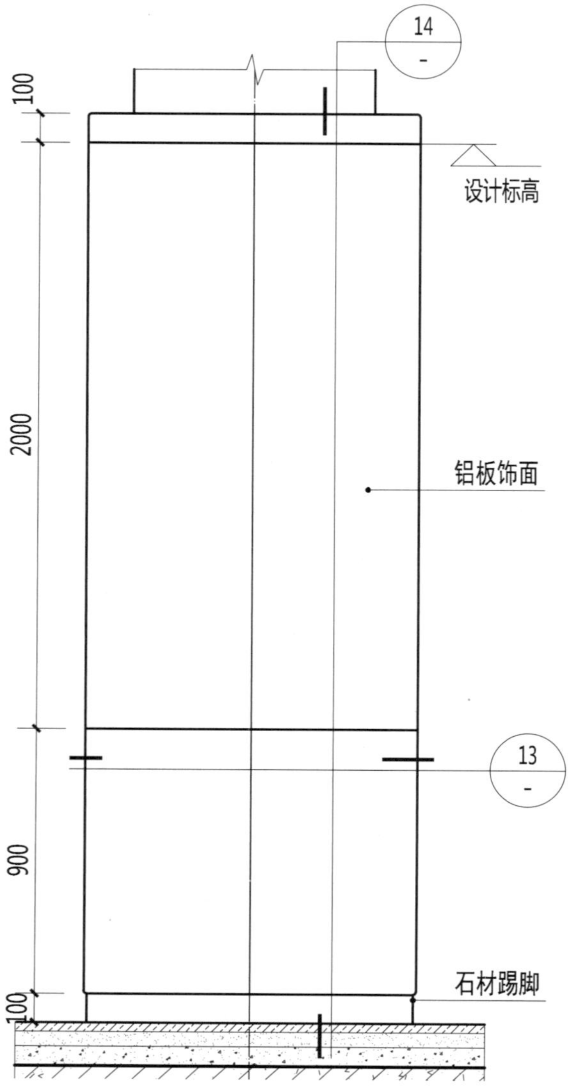

14
-
100
2000
900
100
设计标高
铝板饰面
13
-
石材踢脚

L 圆柱干挂铝板立面示意图2 1:25

设计标高
热镀锌钢箍
热镀锌方钢
铝板饰面
钢管法兰连接
成品挂件
连墙角码
≤1200
≤300
石材踢脚
混凝土地垄

14 圆柱干挂铝板竖剖面图2 1:25

EQ
R400
R550
铝板饰面
热镀锌钢箍
防火涂料
钢箍连接件
成品挂件
设计尺寸
热镀锌方钢
EQ
EQ
对穿螺栓
角码与抱箍满焊
防锈处理后喷防火涂料

13 圆柱干挂铝板横剖面图2 1:20

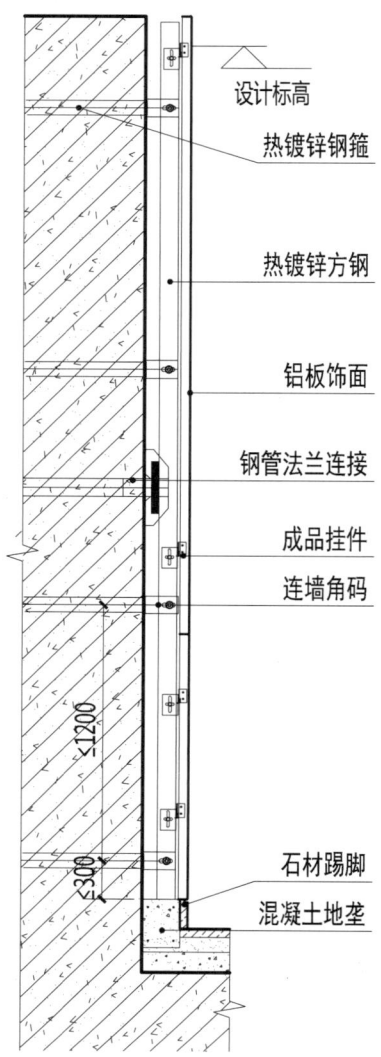

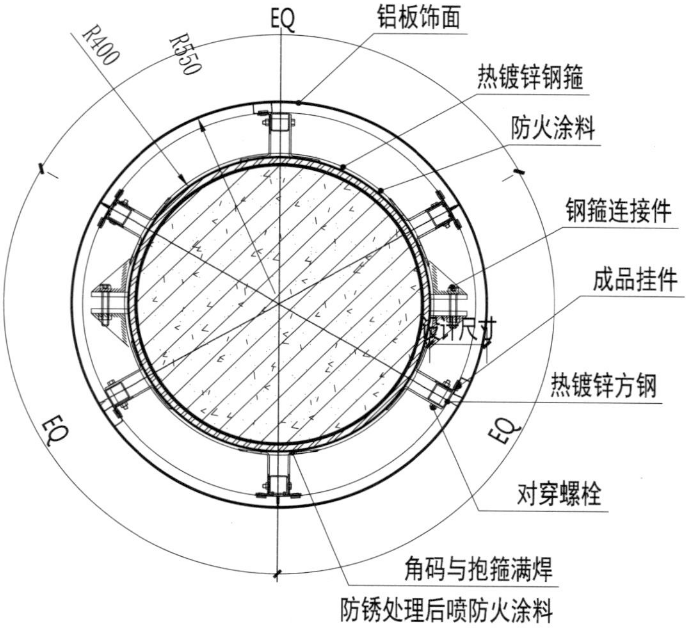

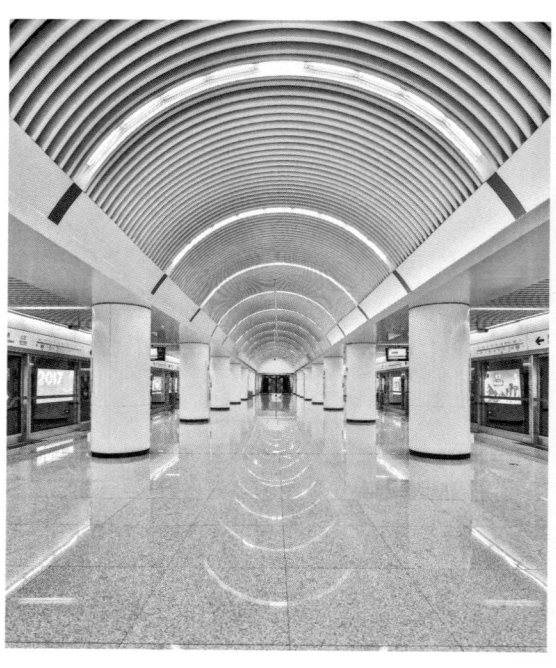

| 图名 | 柱子节点大样四 |

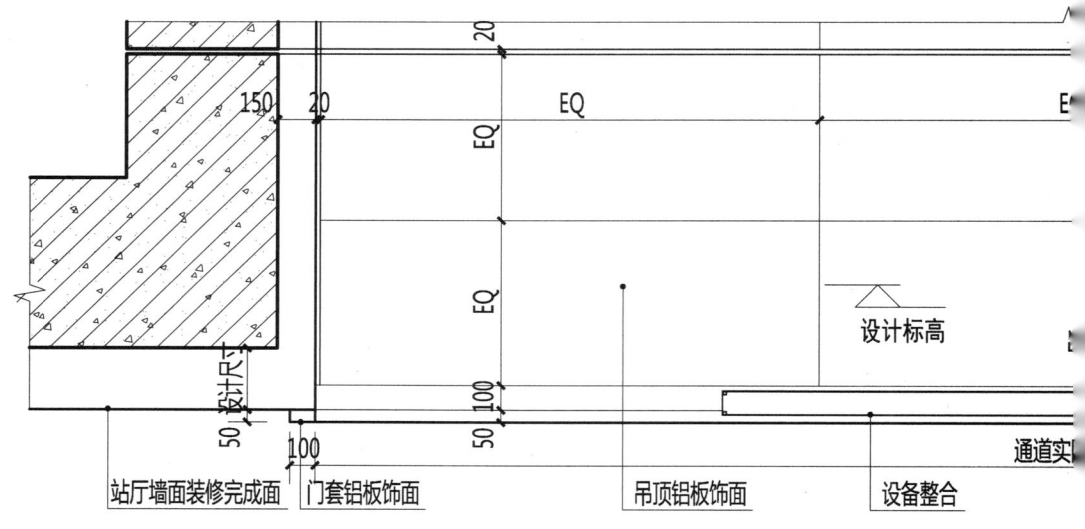

M 出入口门套吊顶平面示意图 1:

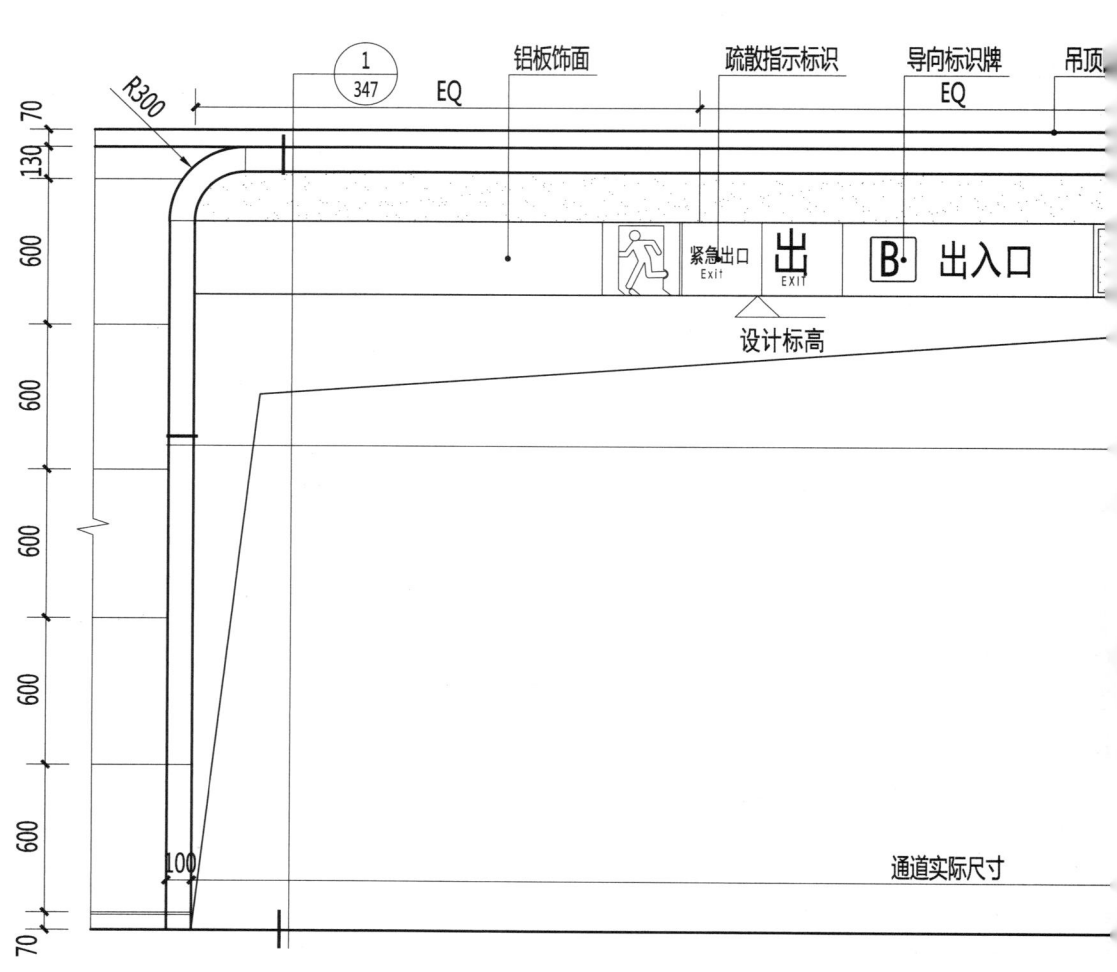

N 出入口门套立面图1 1:30

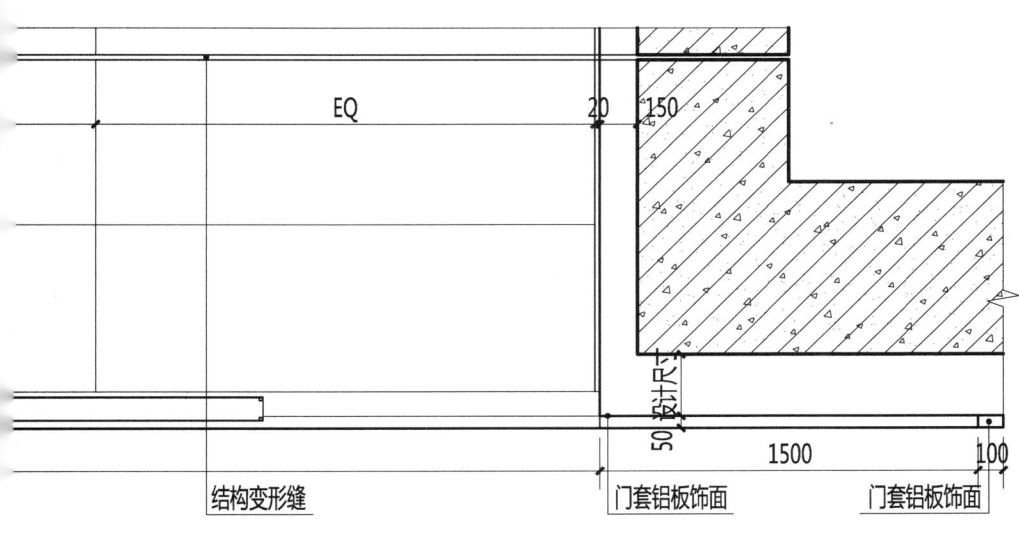

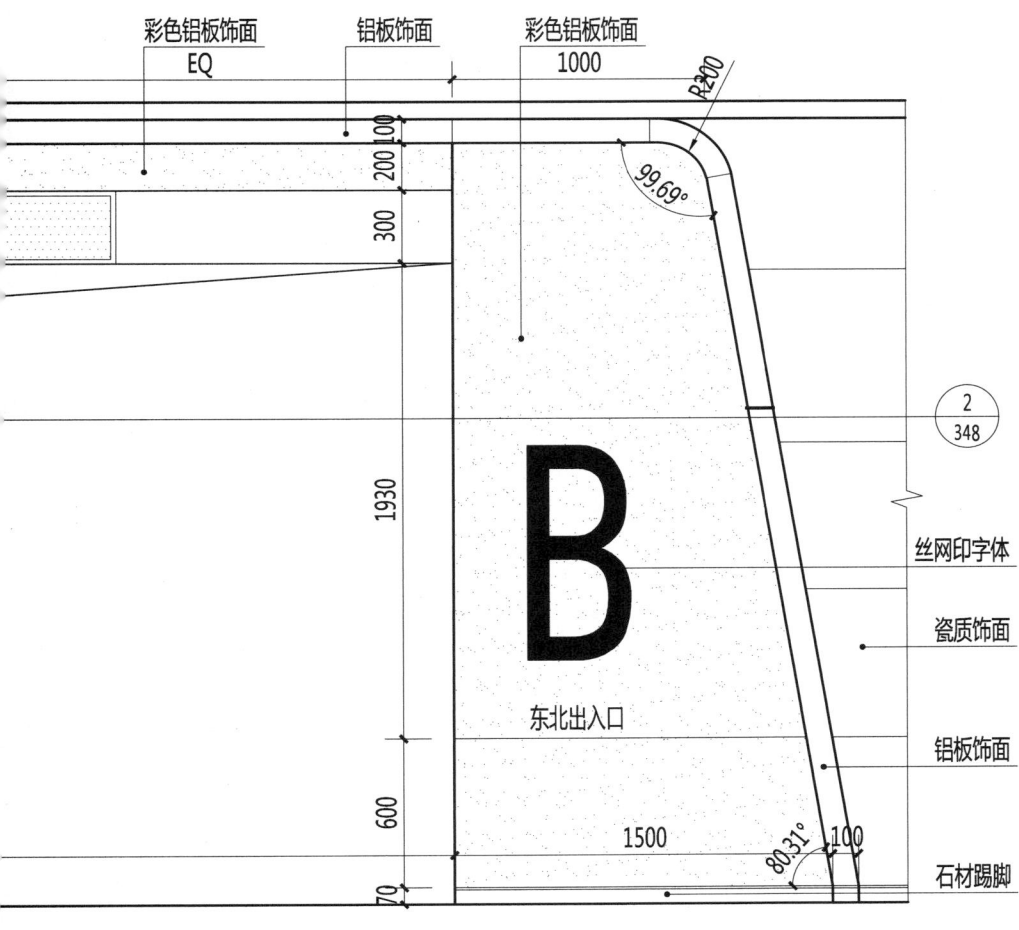

| 图名 | 出入口门套平、立面图 |

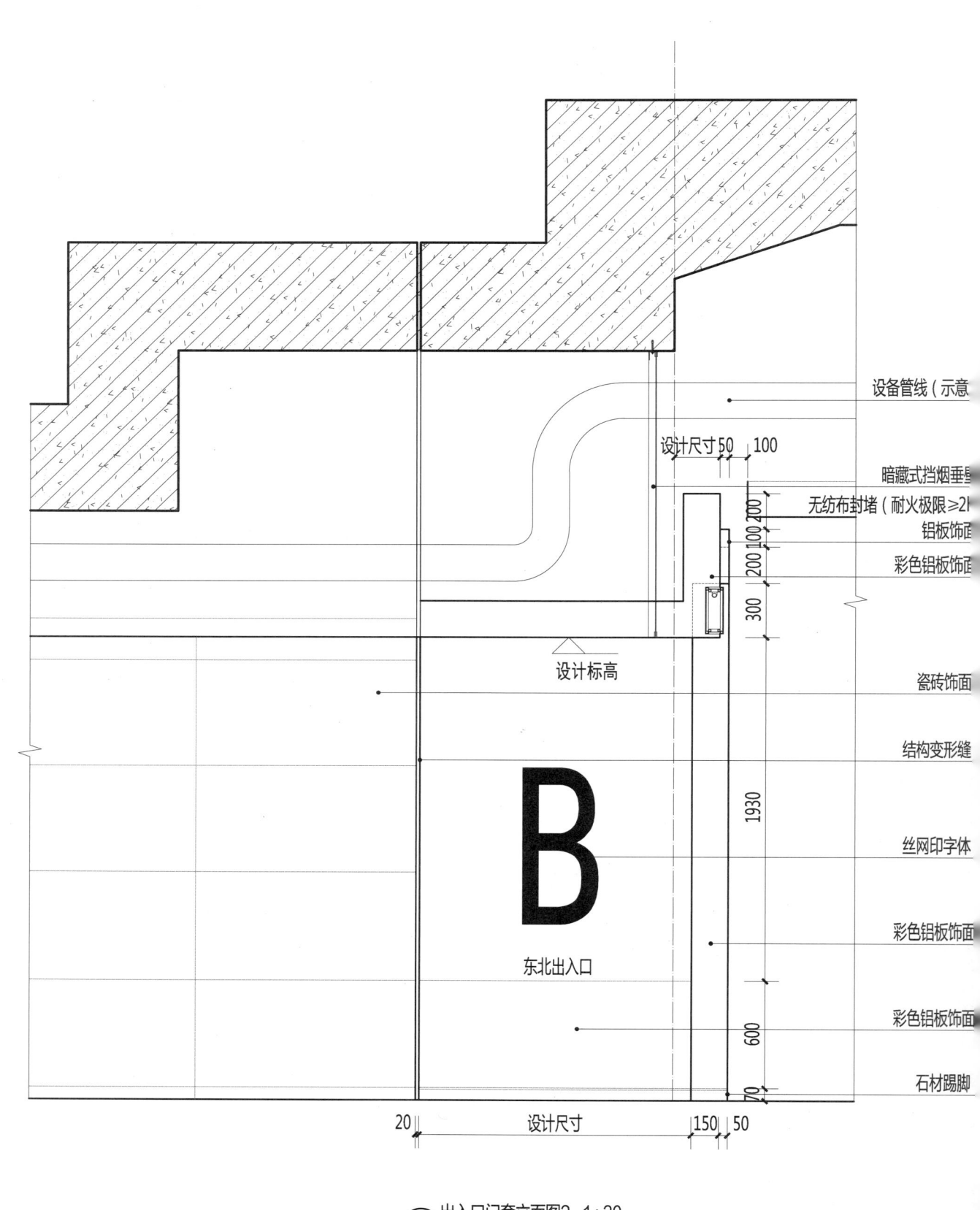

出入口门套立面图2 1:30

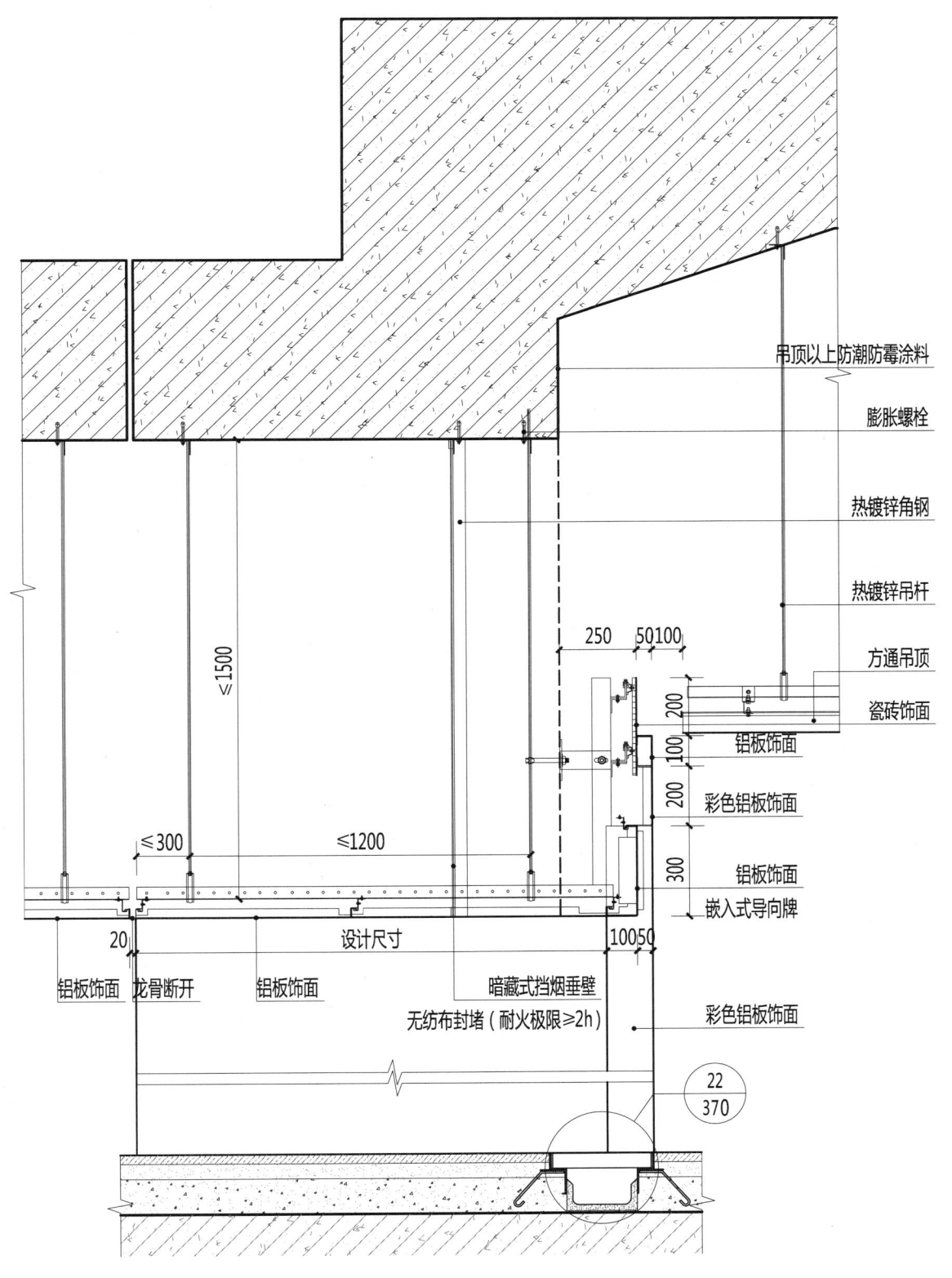

① 出入口门套竖向剖面图 1:20

| 图名 | 出入口门套立、剖面图 |

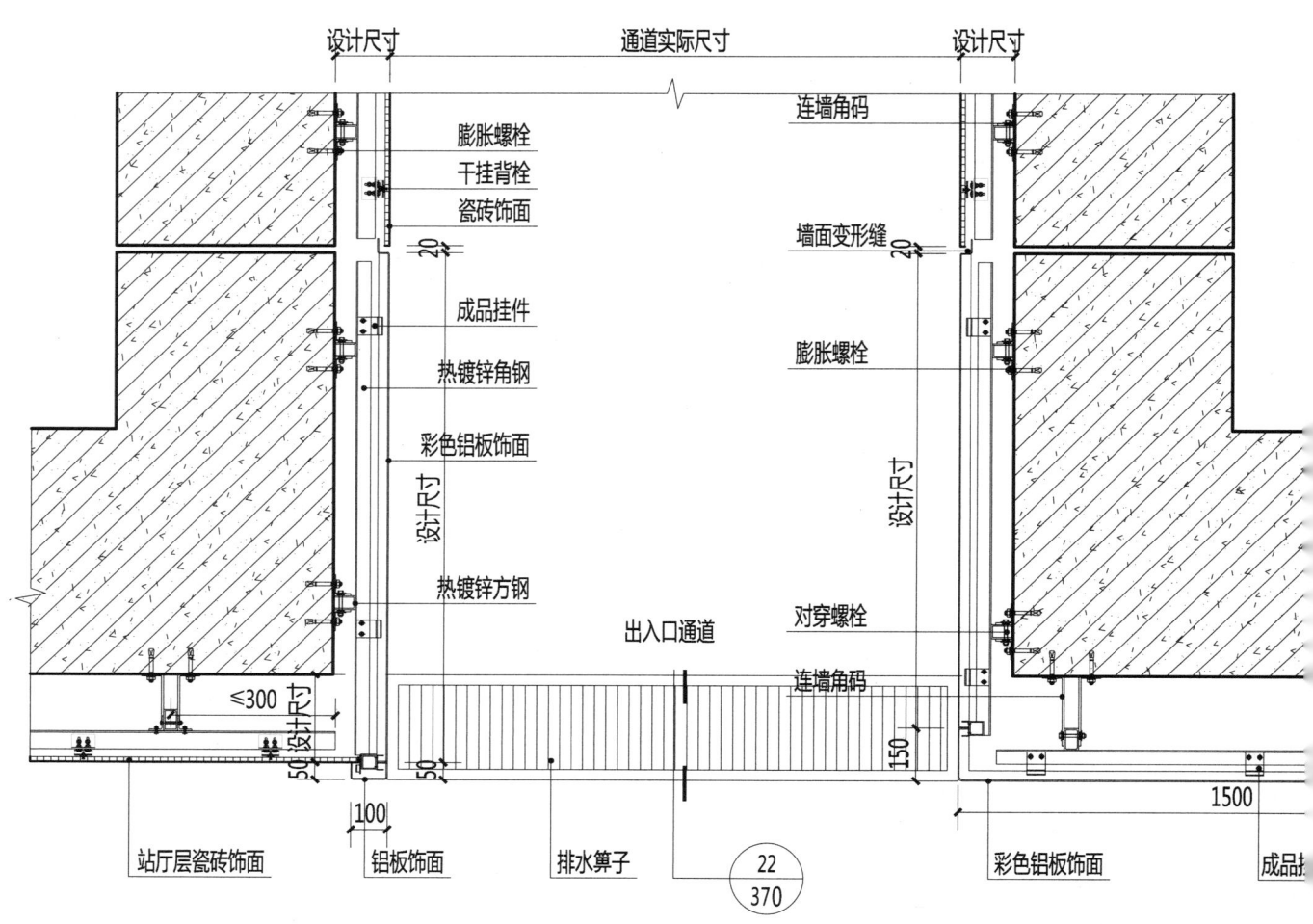

出入口门套横向剖面图 1:20

349

第四部分 节点详图

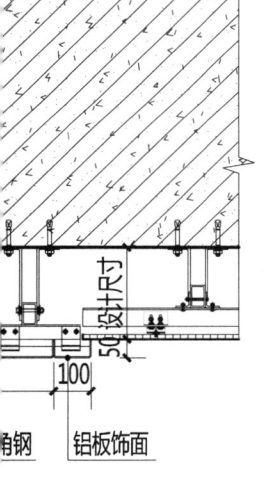

角钢　铝板饰面

| 图名 | 出入口门套立、剖面图 |

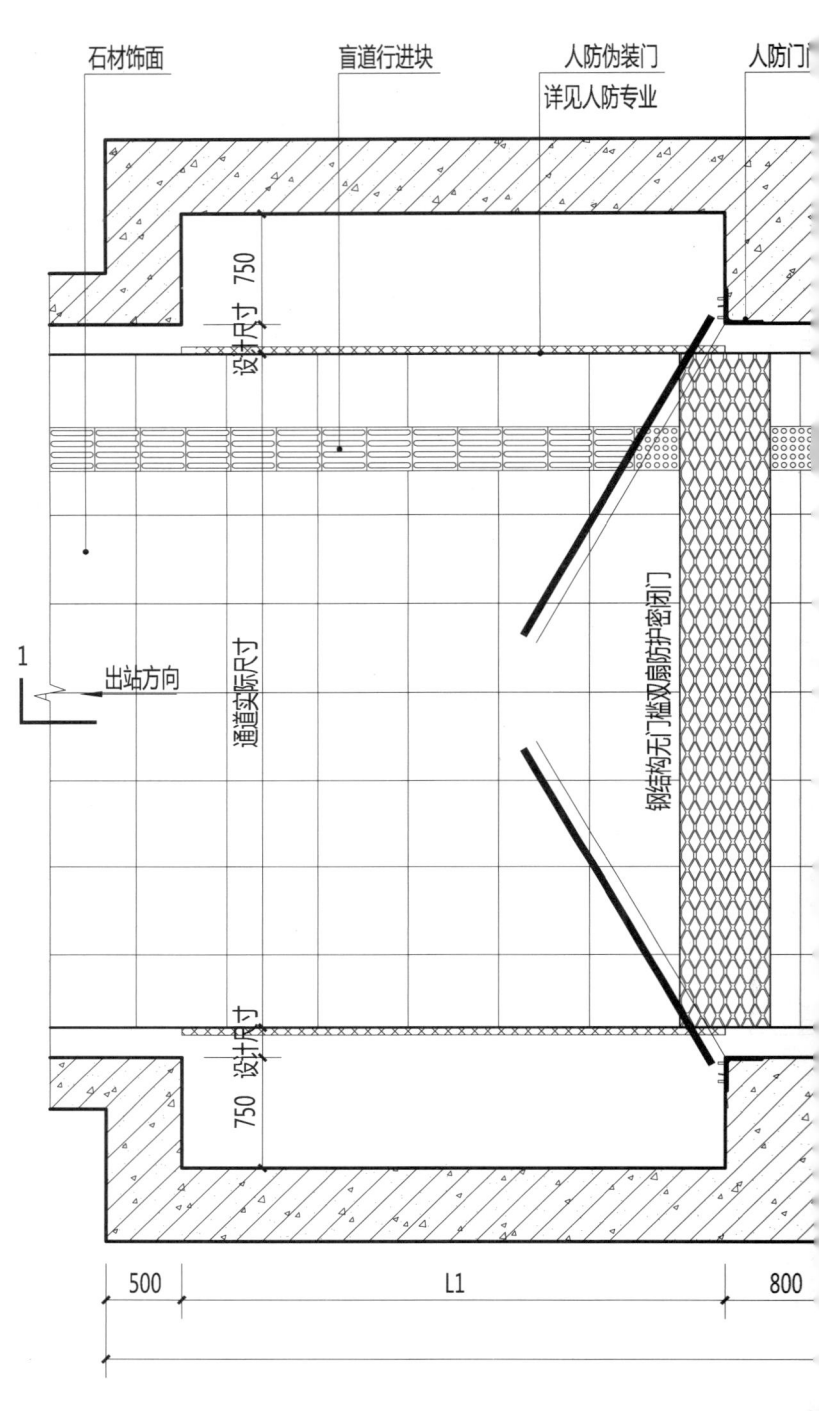

出入口人防段平面示意图 1

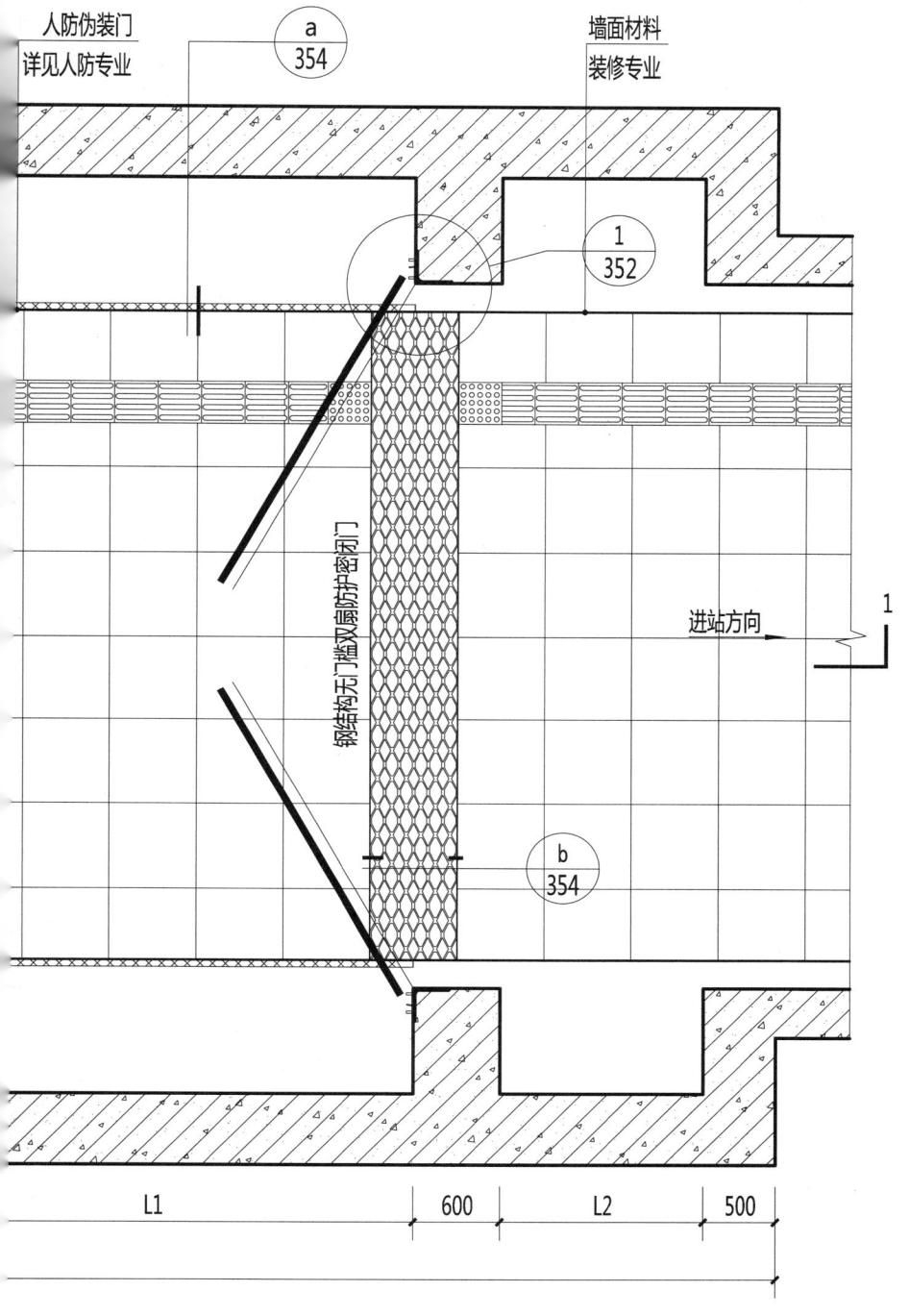

| 图名 | 出入口人防段平面示意图 |

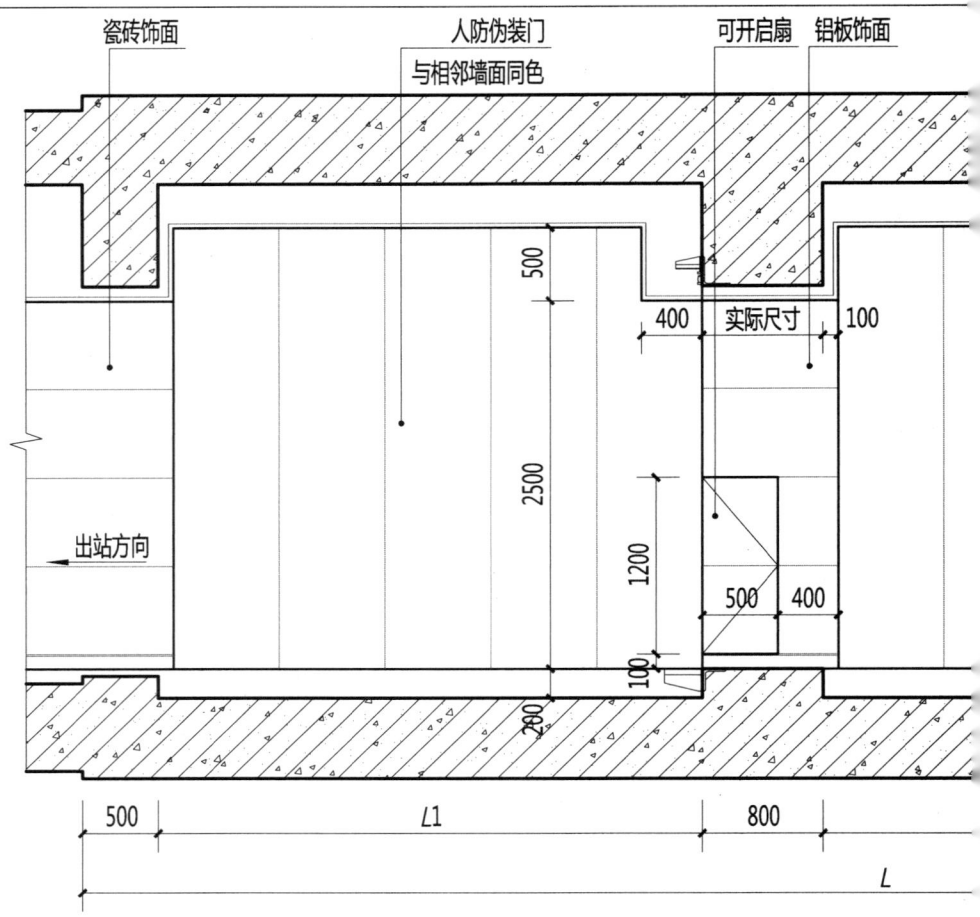

1-1剖面图 1:50

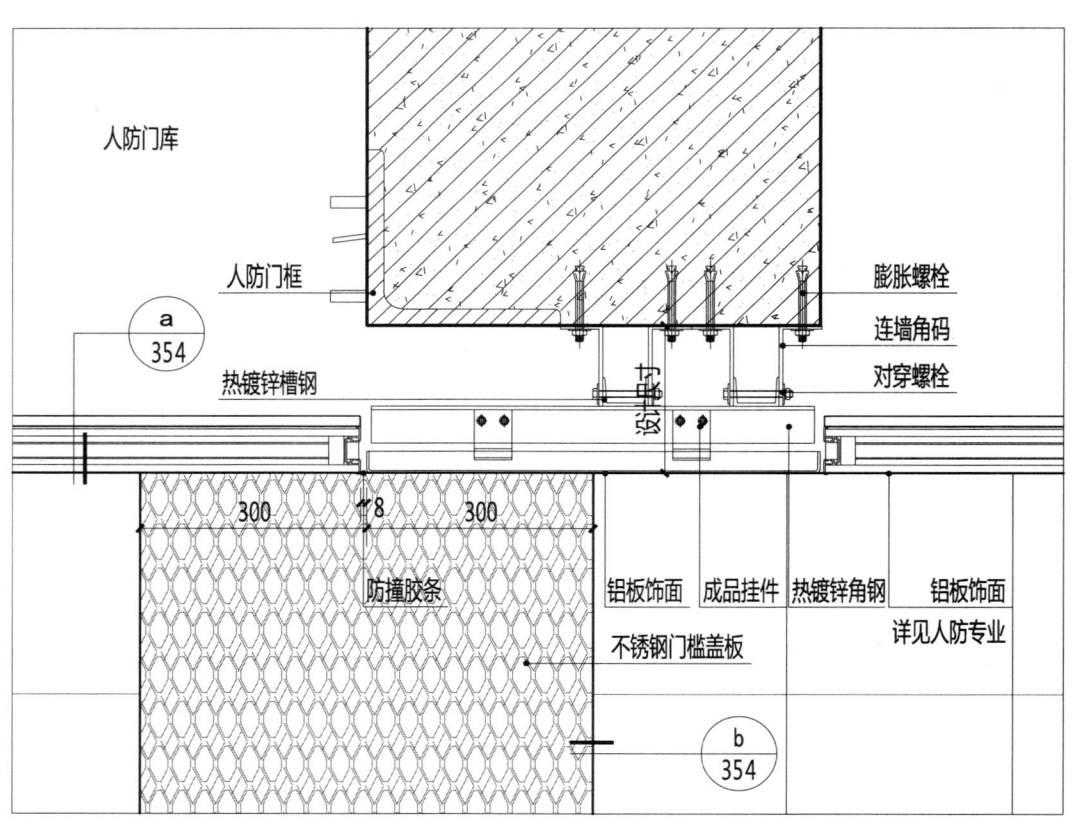

1 人防段横剖图 1:15

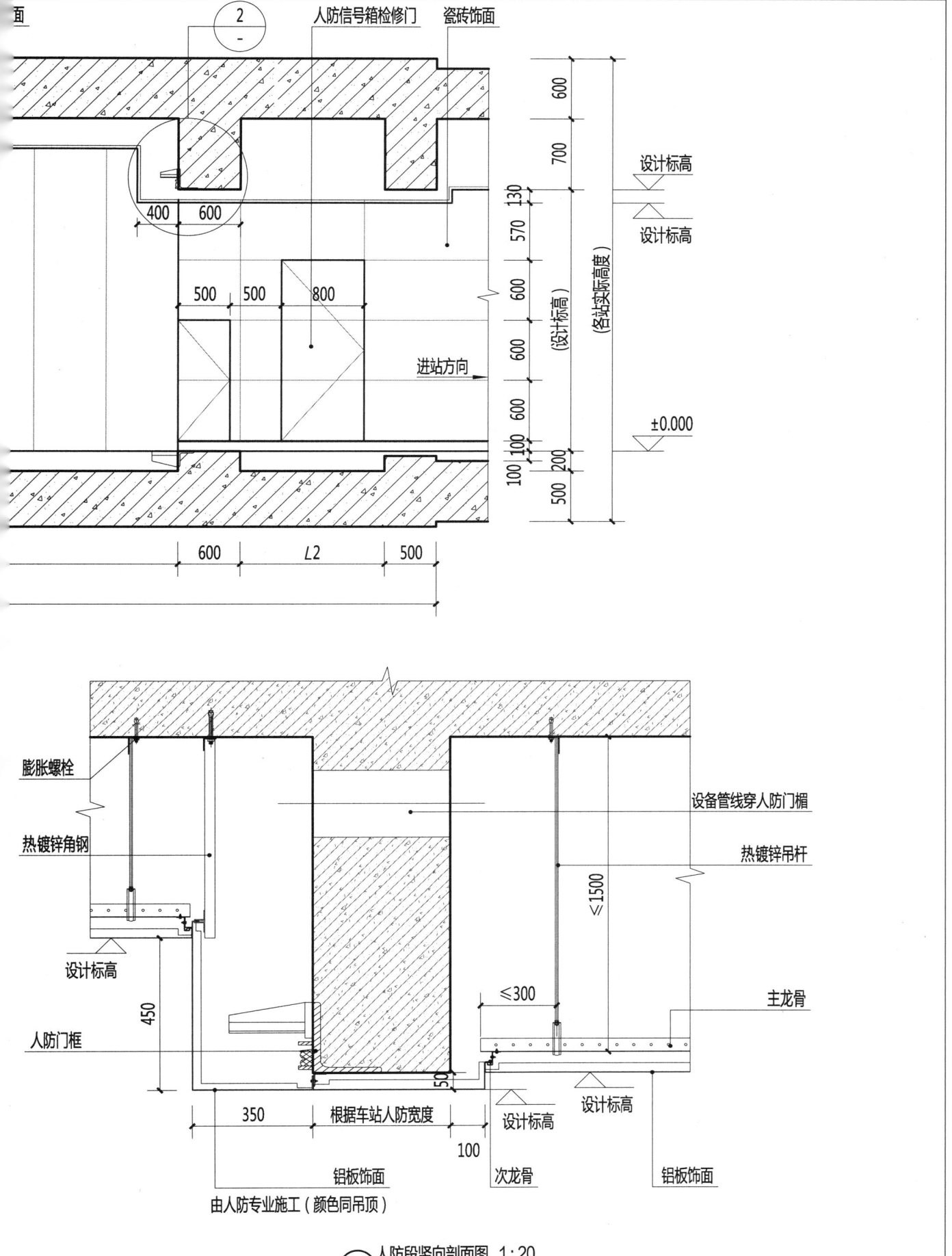

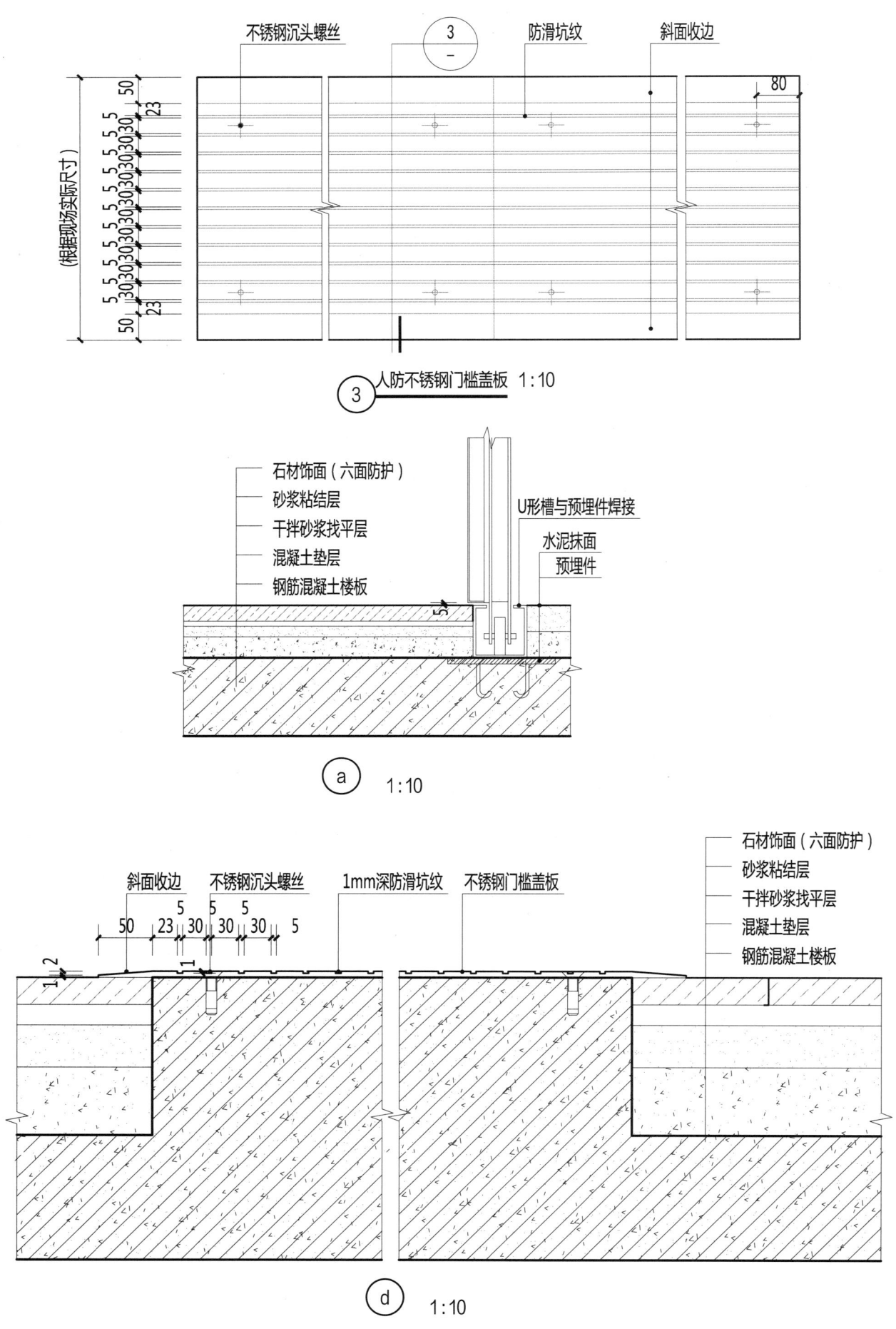

| 图名 | 出入口人防段节点详图 |

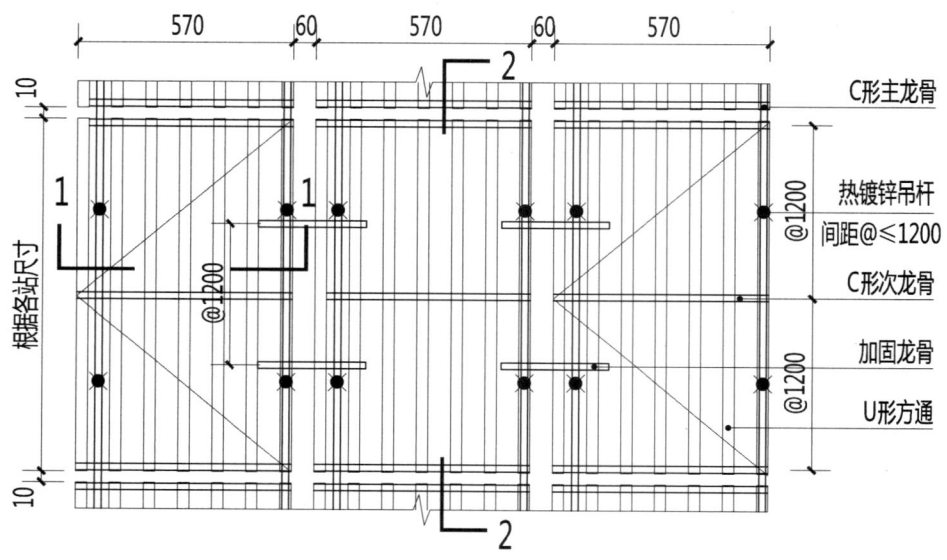

① 方通龙骨吊顶平面图 1:20

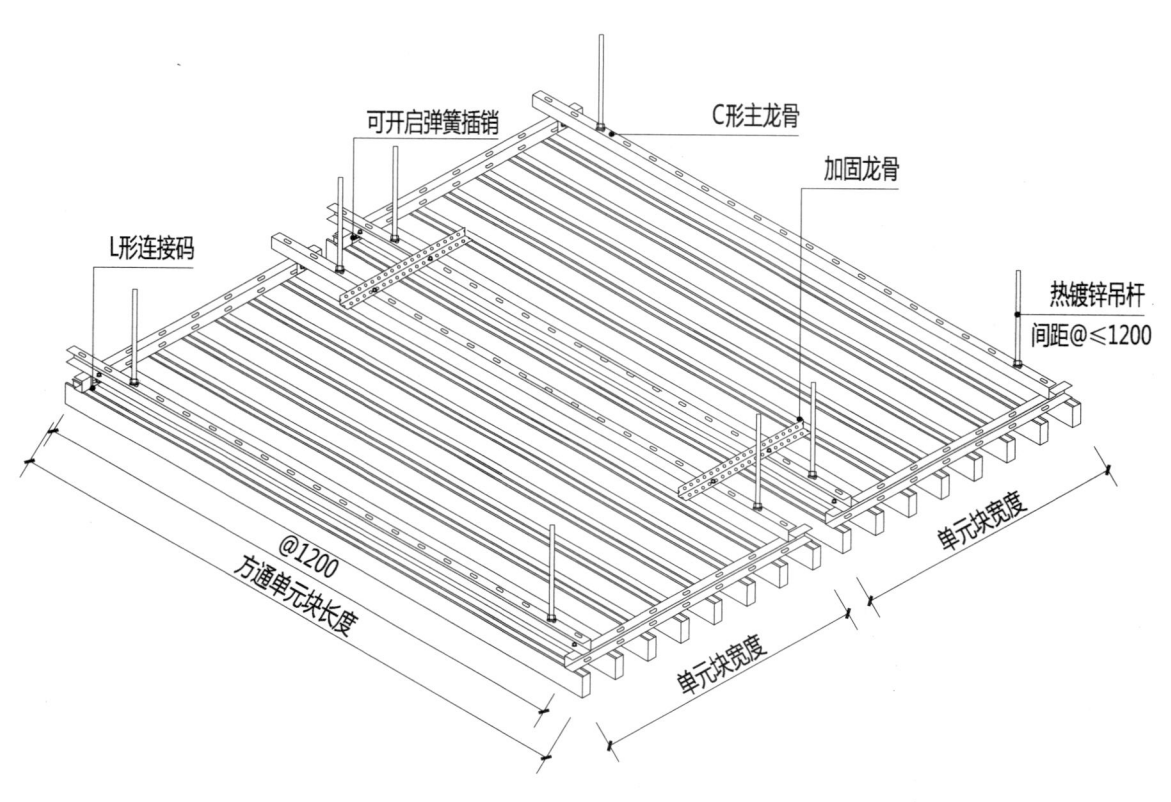

② 方通吊顶轴侧图 1:20

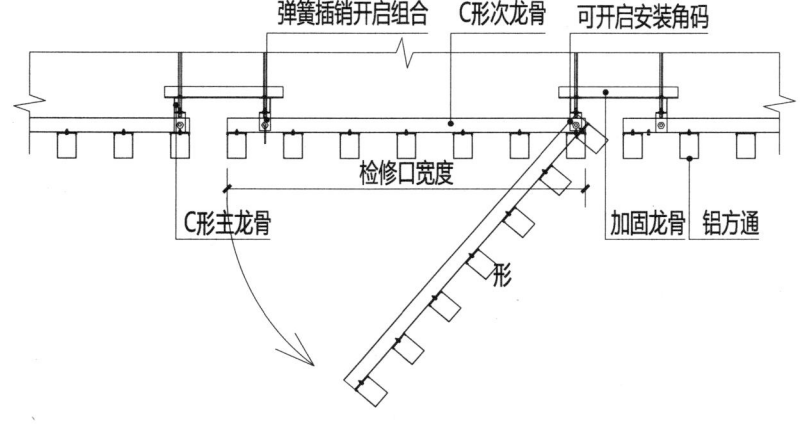

③ 方通吊顶1-1剖面图 1:20

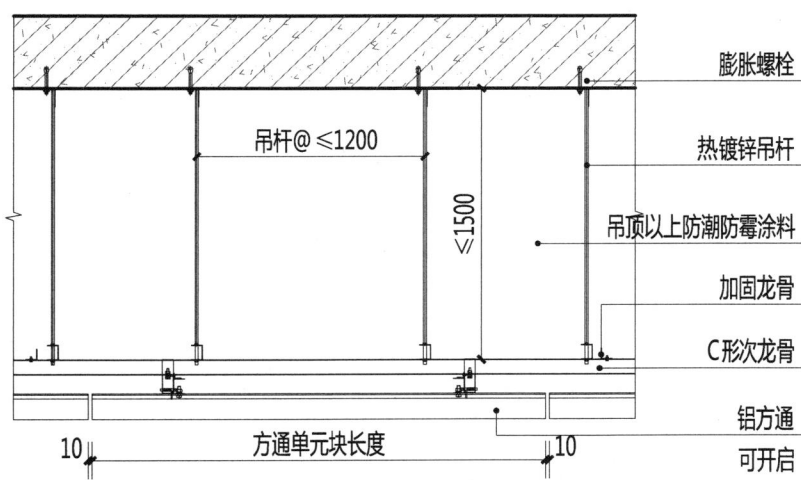

④ 方通吊顶2-2剖面图 1:20

| 图名 | 方通吊顶节点大样图 |

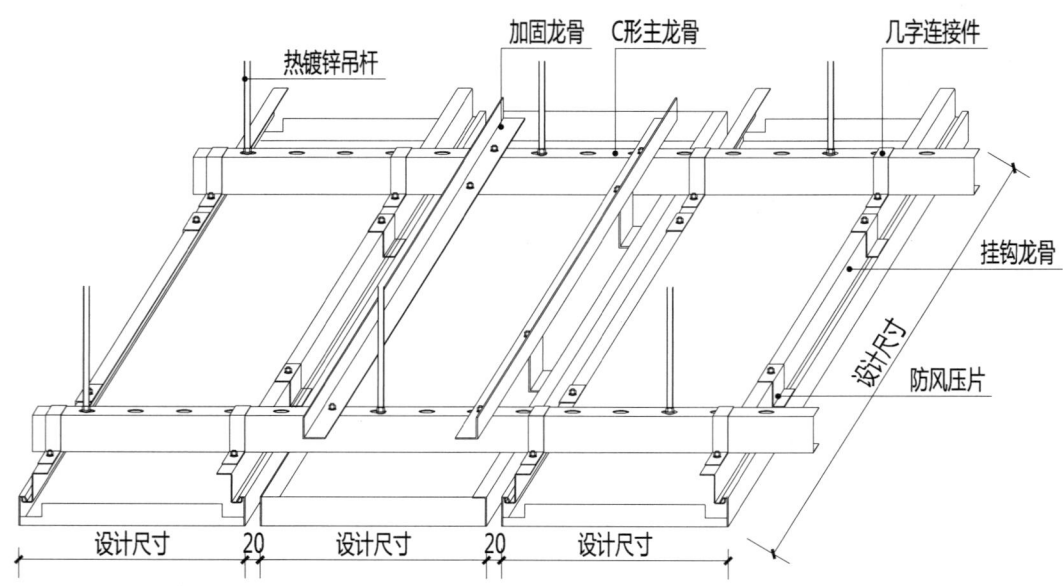

⑤ 铝板吊顶轴侧图 1:20

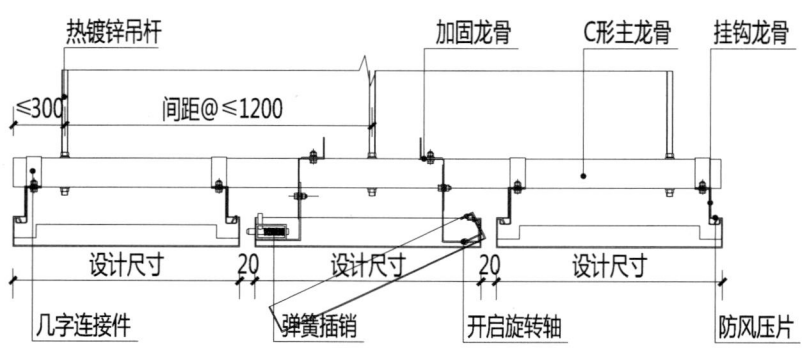

⑥ 铝板吊顶节点图一 1:20

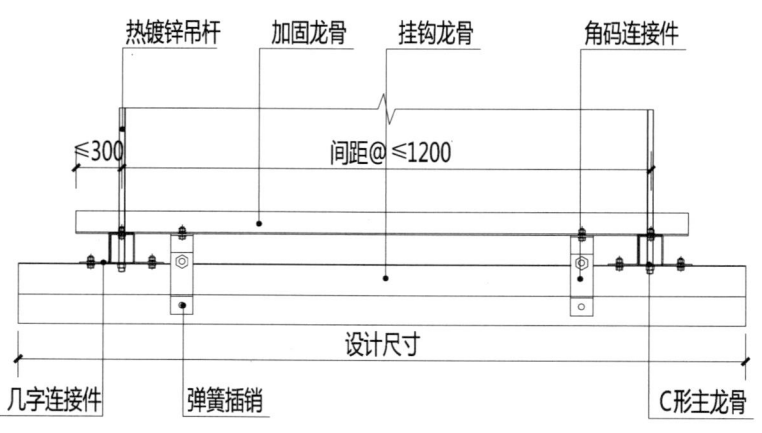

⑦ 铝板吊顶节点图二 1:20

8 铝格栅吊顶平面图 1:30

9 铝格栅吊顶节点图一 1:10

10 铝格栅吊顶节点图二 1:20

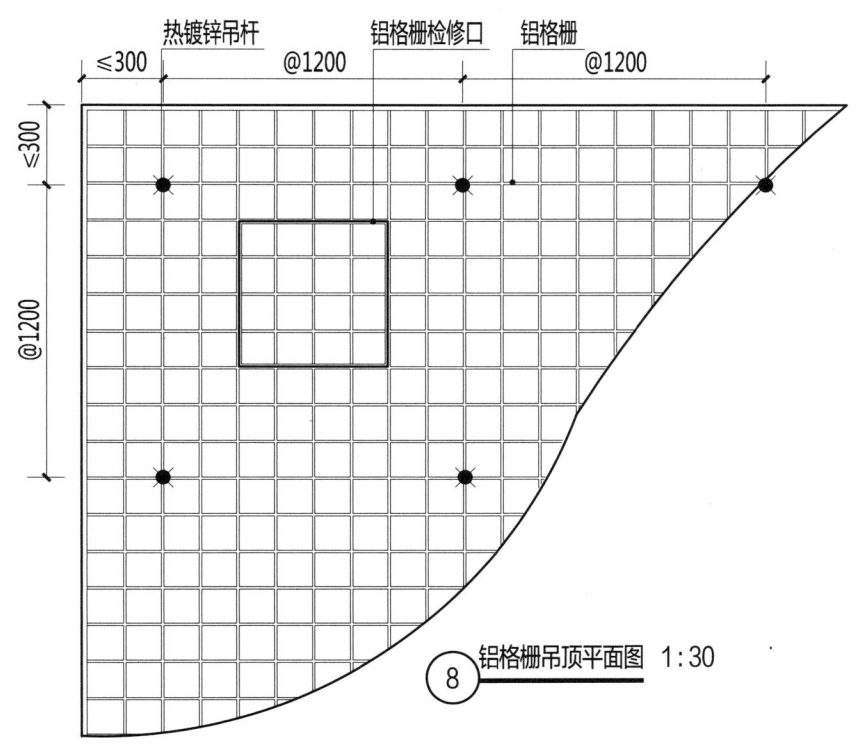

图名	铝板、铝格栅吊顶节点大样图

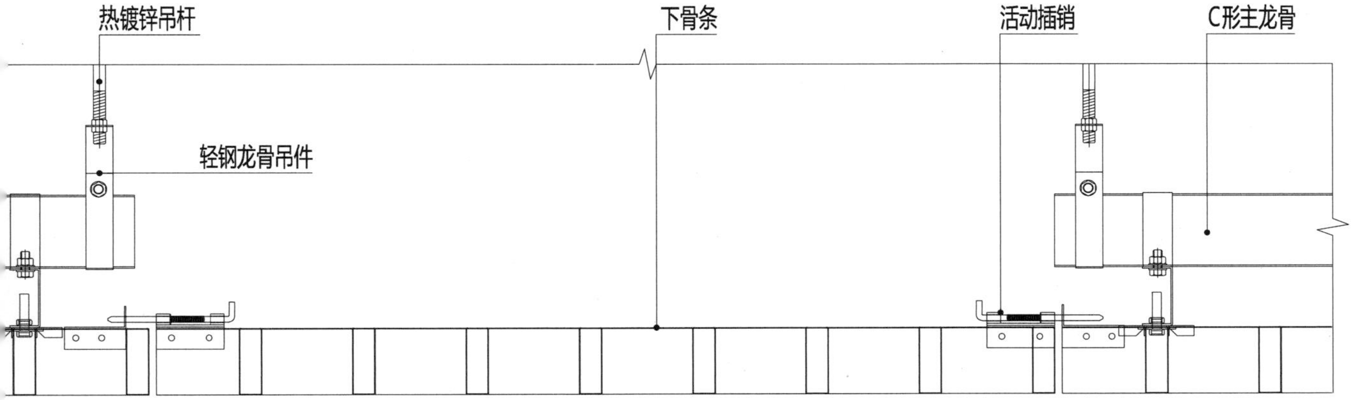

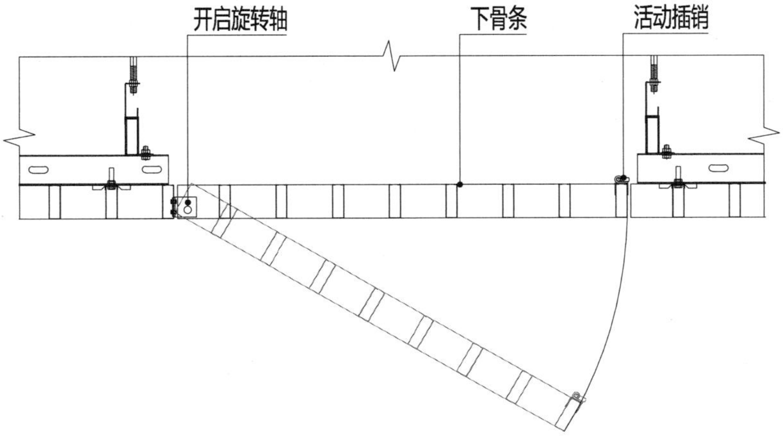

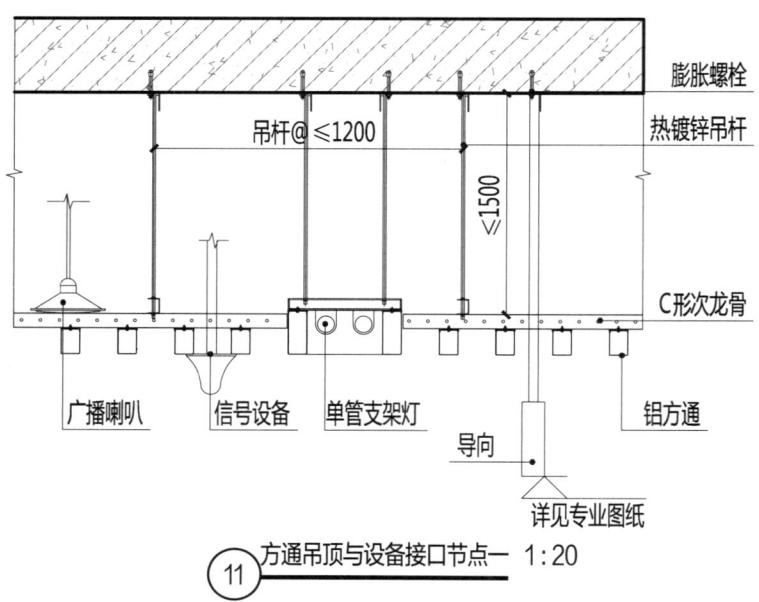

⑪ 方通吊顶与设备接口节点一 1:20

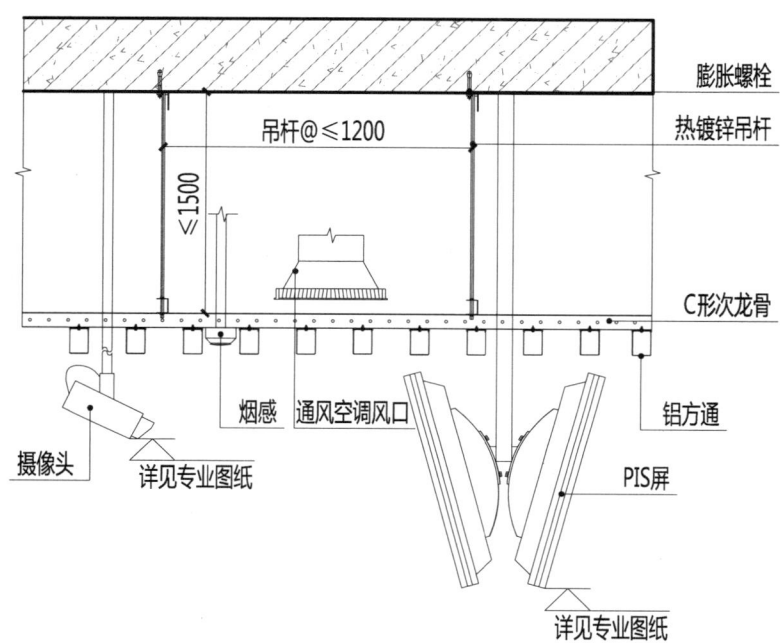

⑫ 方通吊顶与设备接口节点二 1:20

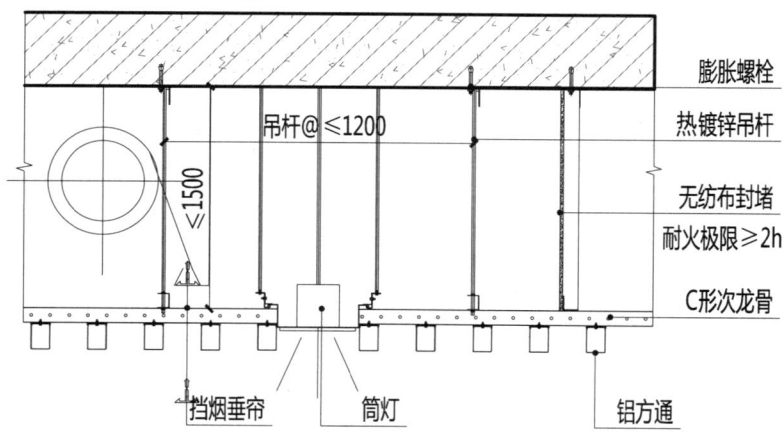

⑬ 方通吊顶与设备接口节点三 1:20

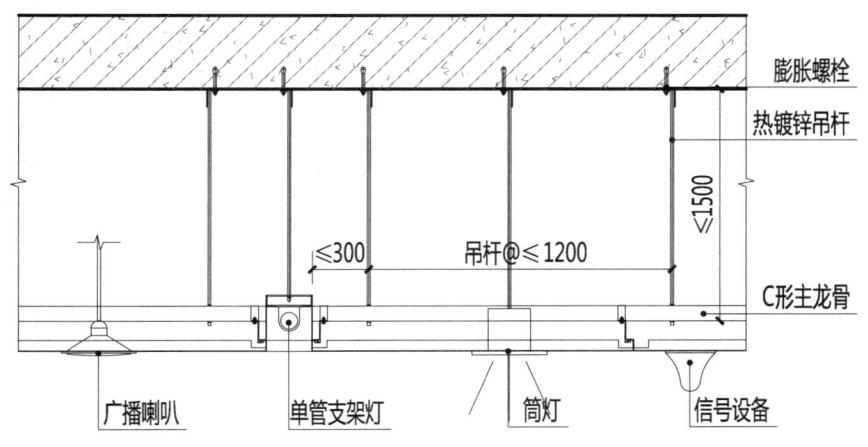

⑪ 铝板吊顶与设备接口节点一 1:20

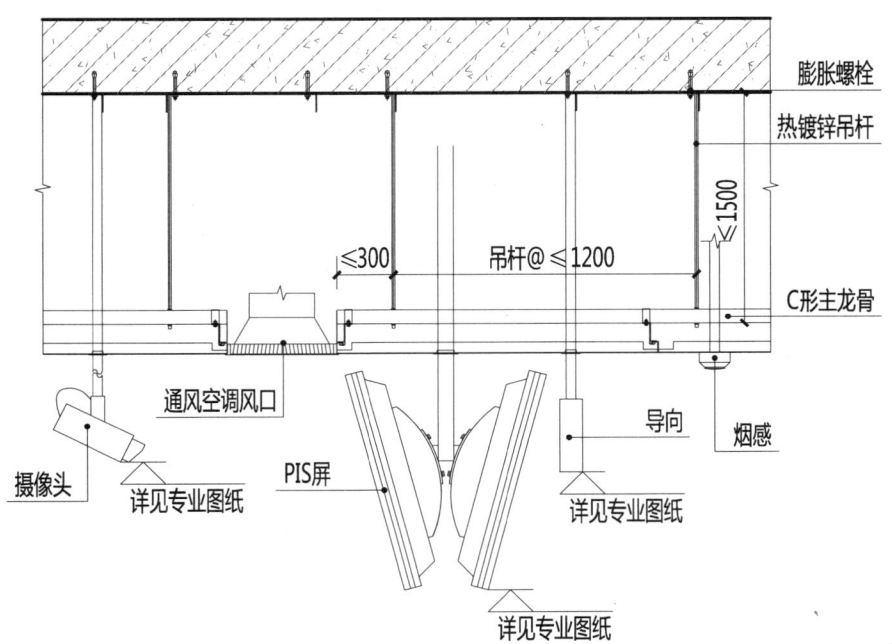

⑫ 铝板吊顶与设备接口节点二 1:20

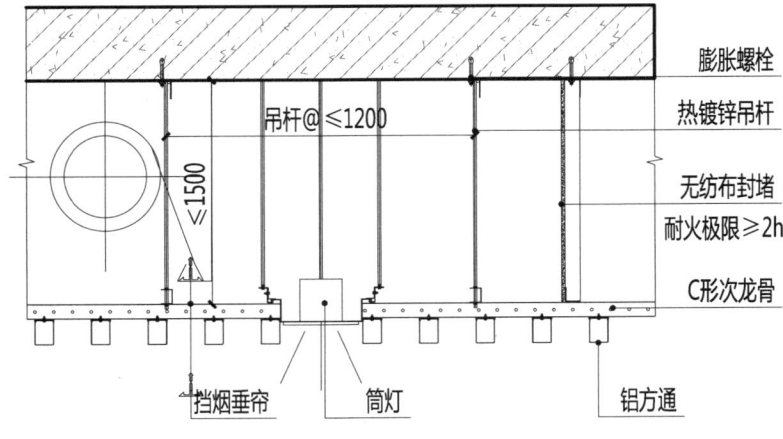

⑬ 铝板吊顶与设备接口节点三 1:20

| 图名 | 吊顶与机电设备接口图 |

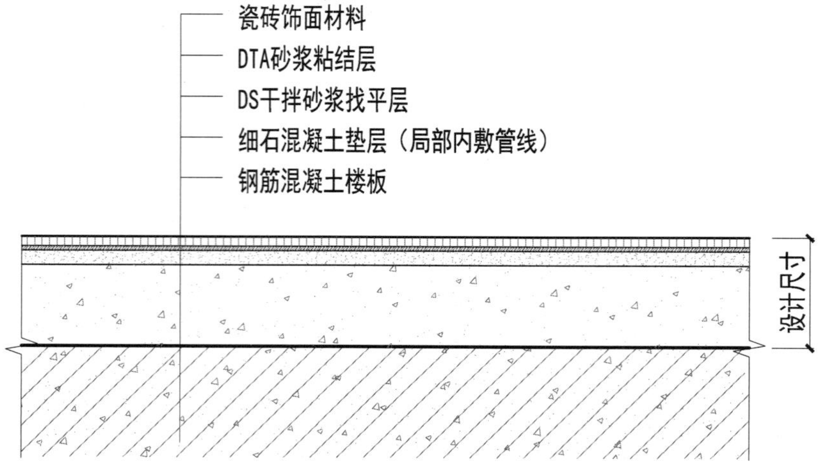

- 瓷砖饰面材料
- DTA砂浆粘结层
- DS干拌砂浆找平层
- 细石混凝土垫层（局部内敷管线）
- 钢筋混凝土楼板

设计尺寸

① 瓷砖地面做法 1:10

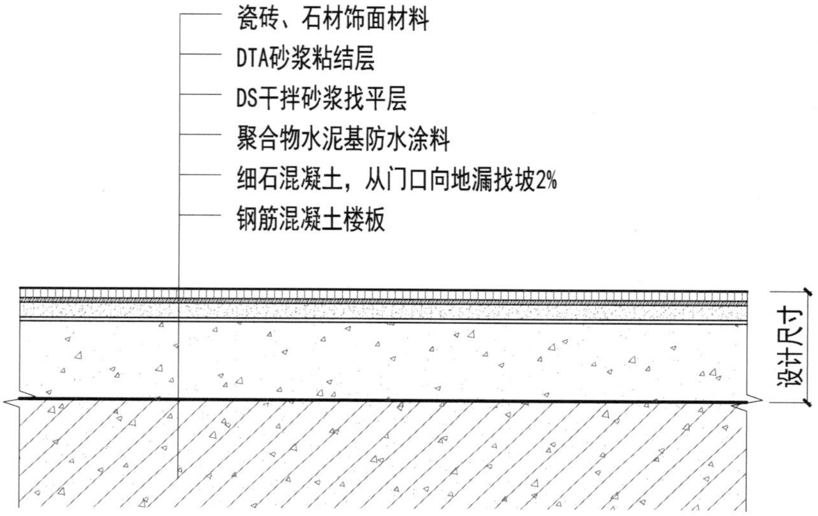

- 瓷砖、石材饰面材料
- DTA砂浆粘结层
- DS干拌砂浆找平层
- 聚合物水泥基防水涂料
- 细石混凝土，从门口向地漏找坡2%
- 钢筋混凝土楼板

设计尺寸

③ 卫生间地面做法 1:10

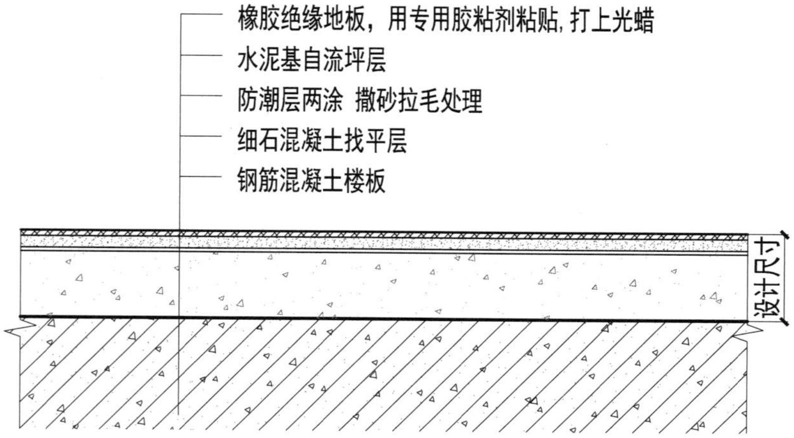

- 橡胶绝缘地板，用专用胶粘剂粘贴，打上光蜡
- 水泥基自流坪层
- 防潮层两涂 撒砂拉毛处理
- 细石混凝土找平层
- 钢筋混凝土楼板

设计尺寸

⑤ 橡胶绝缘地面做法 1:10

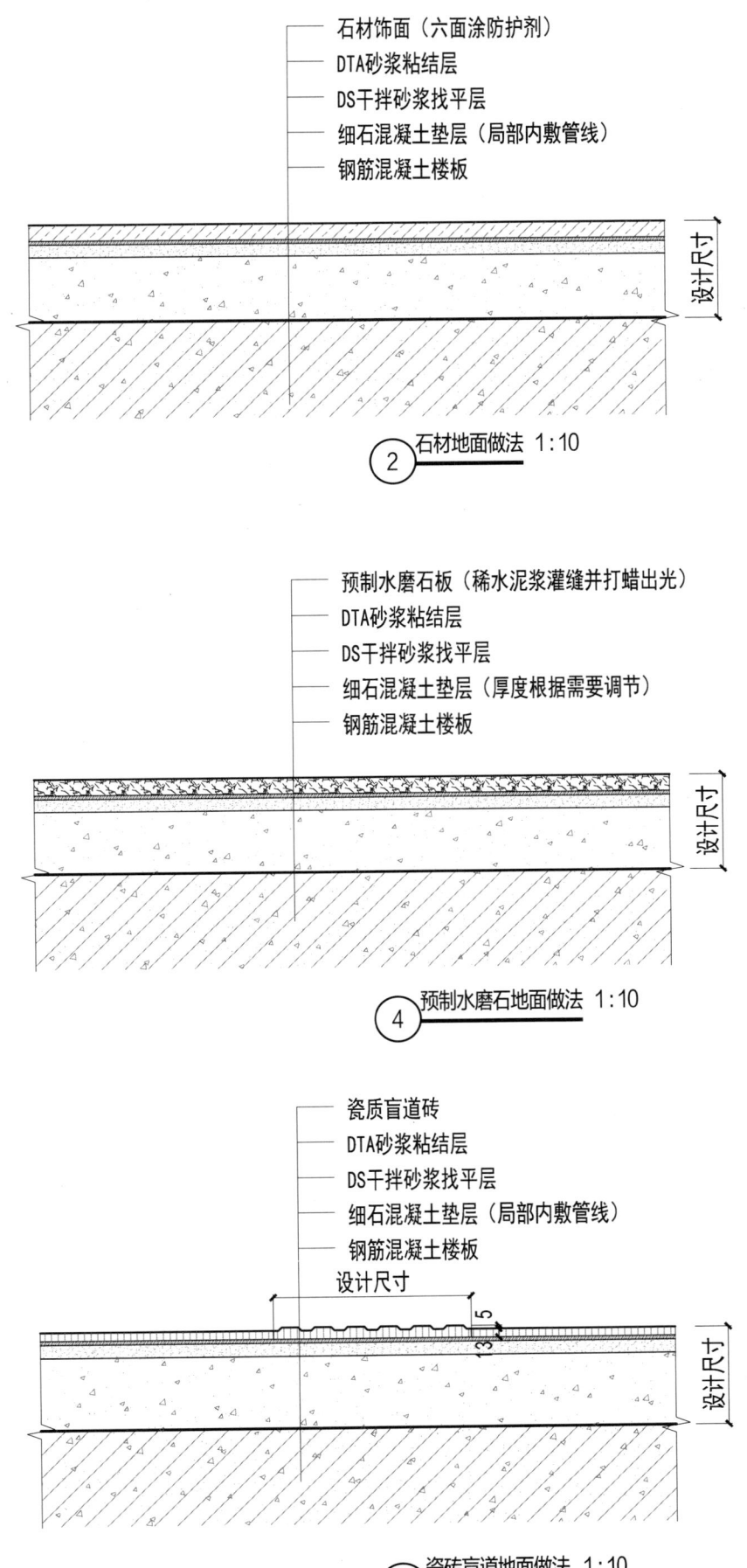

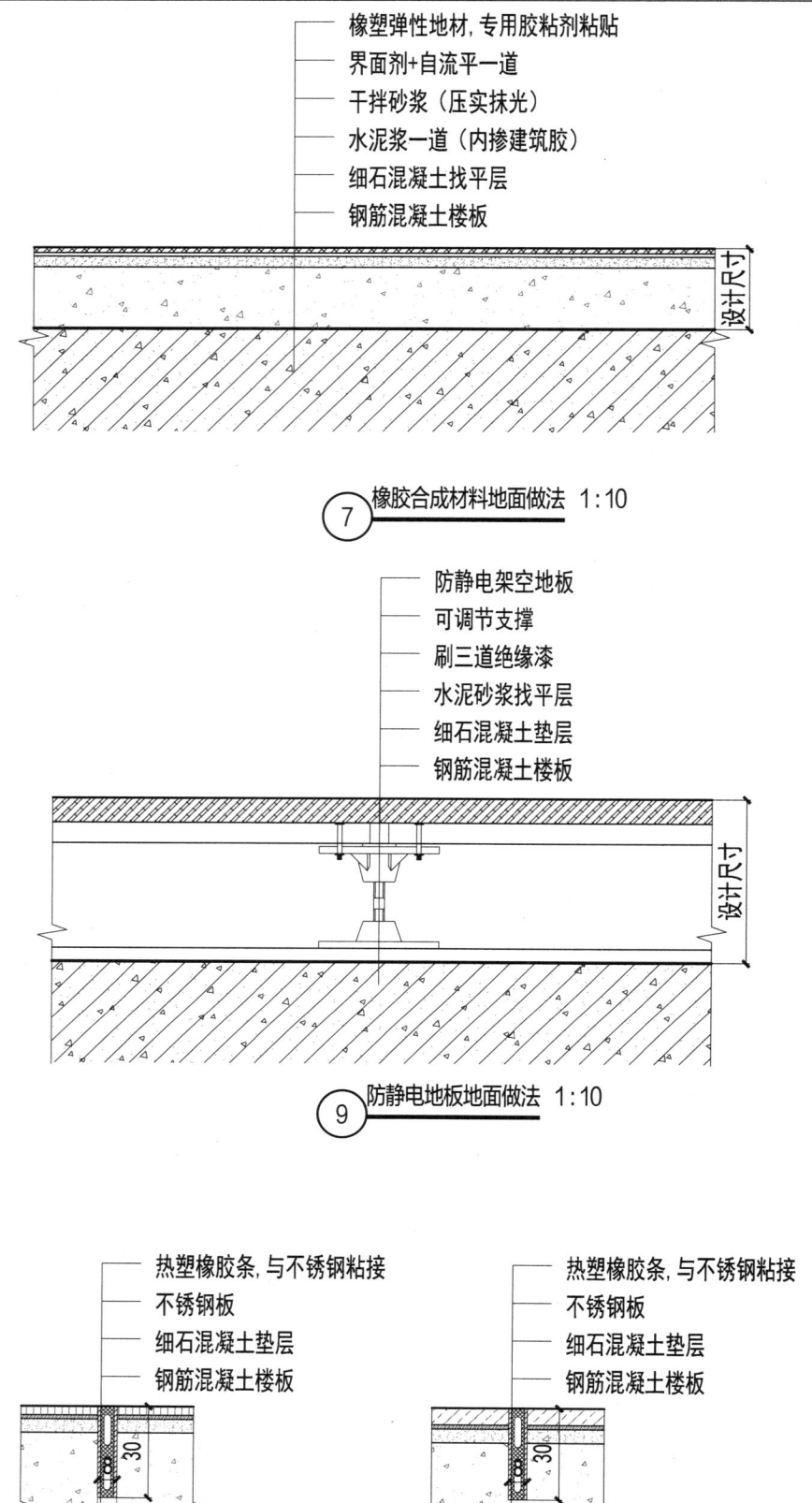

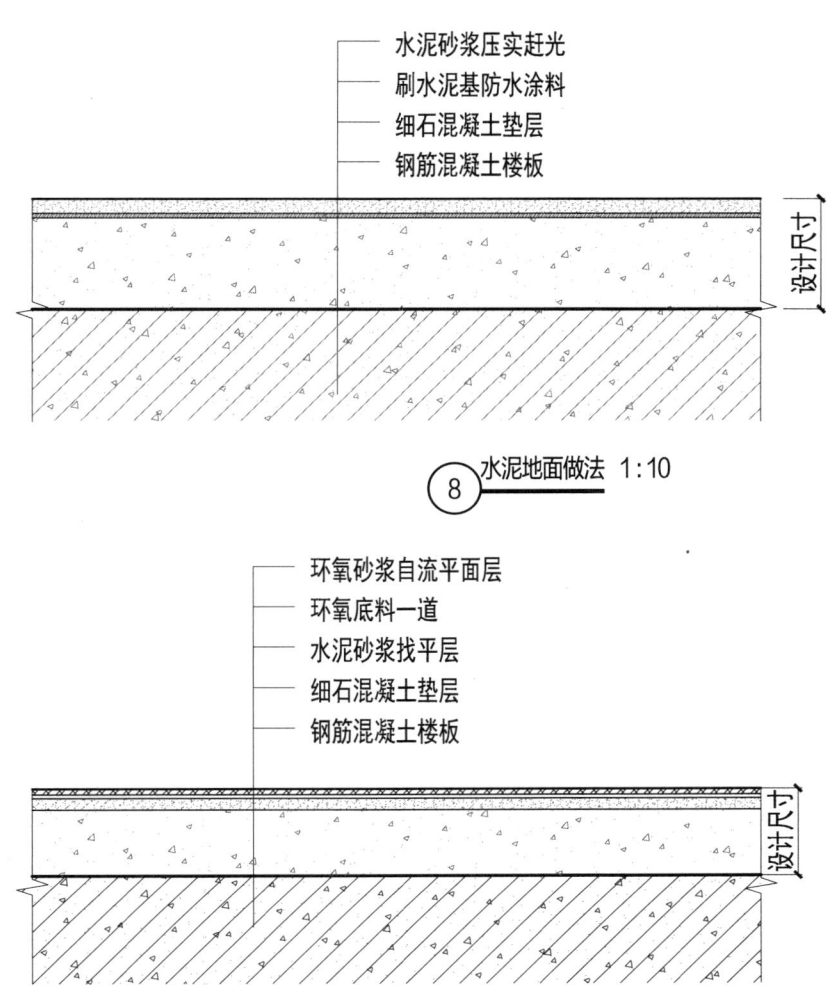

⑧ 水泥地面做法 1:10

- 水泥砂浆压实赶光
- 刷水泥基防水涂料
- 细石混凝土垫层
- 钢筋混凝土楼板

⑩ 水泥自流平地面做法 1:10

- 环氧砂浆自流平面层
- 环氧底料一道
- 水泥砂浆找平层
- 细石混凝土垫层
- 钢筋混凝土楼板

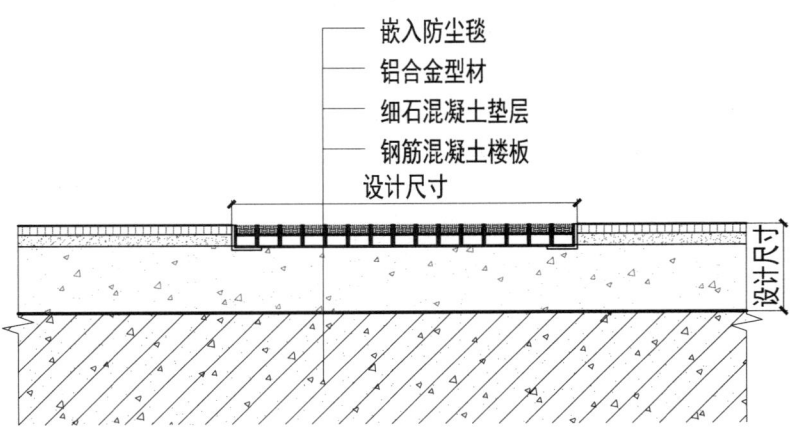

⑫ 防尘毯地面做法 1:10

- 嵌入防尘毯
- 铝合金型材
- 细石混凝土垫层
- 钢筋混凝土楼板

| 图名 | 地面节点大样二 |

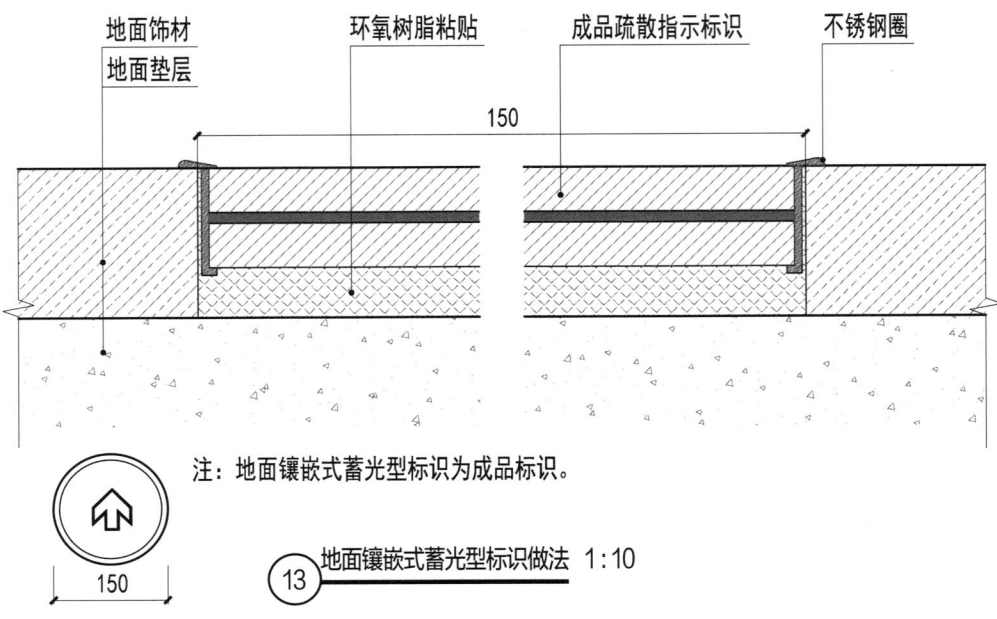

注：地面镶嵌式蓄光型标识为成品标识。

(13) 地面镶嵌式蓄光型标识做法 1:10

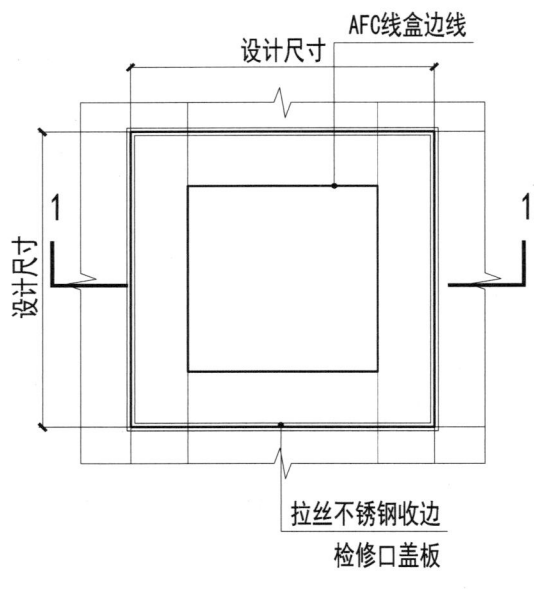

(15) AFC线盒平面示意图 1:10

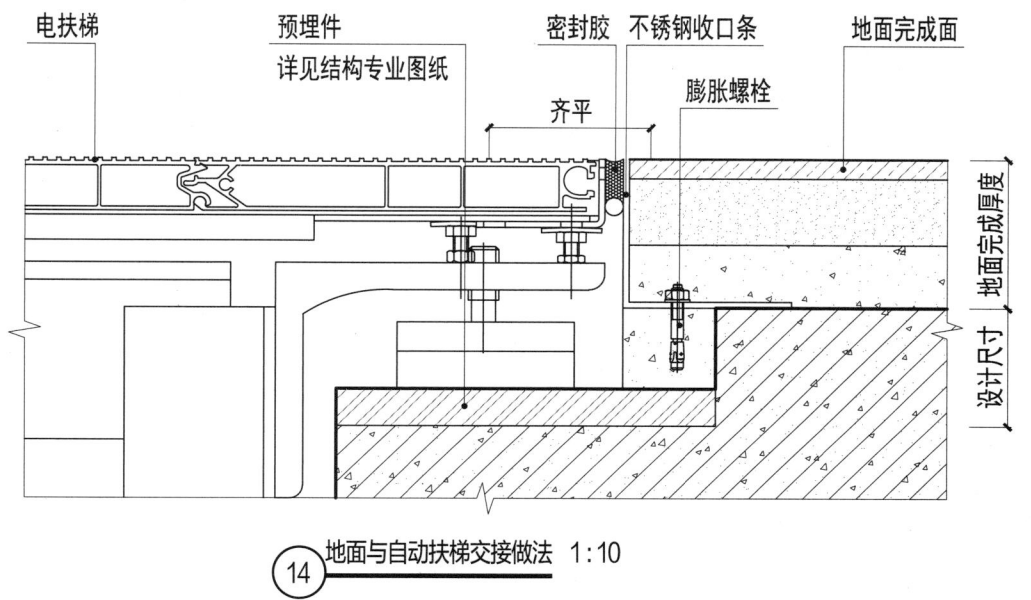

⑭ 地面与自动扶梯交接做法 1:10

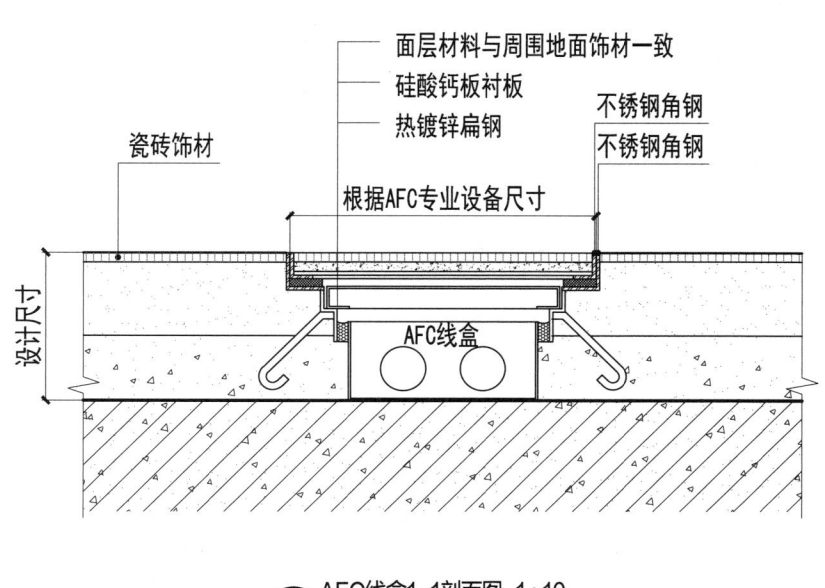

⑯ AFC线盒1-1剖面图 1:10

| 图名 | 地面节点大样三 |

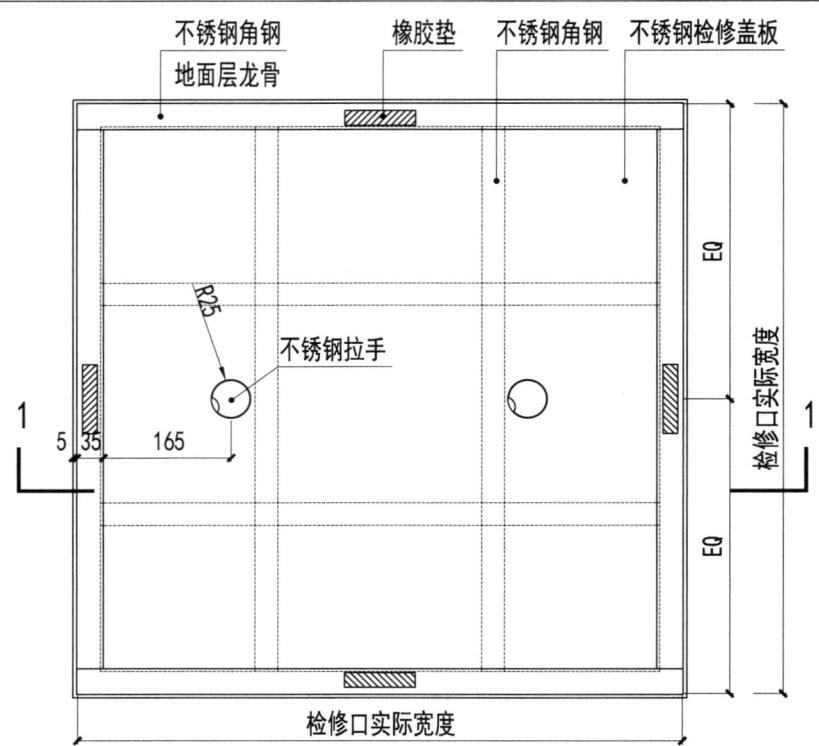

金属板检查井盖板平面图 1:10 ⑰

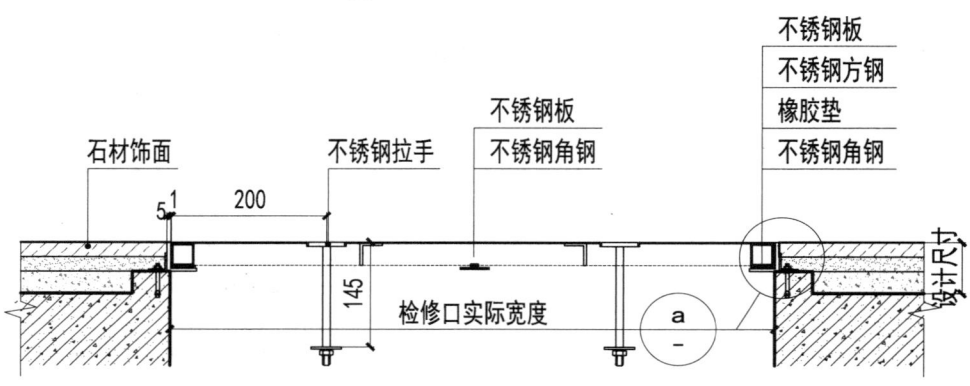

金属板检查井盖板1-1剖面图 1:10 ⑱

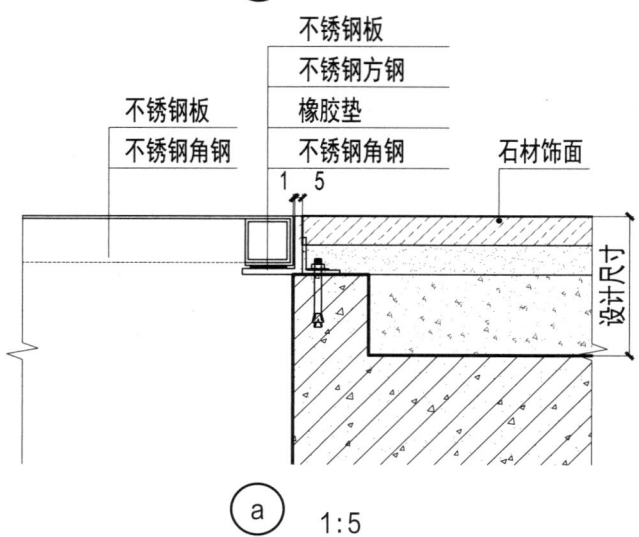

a 1:5

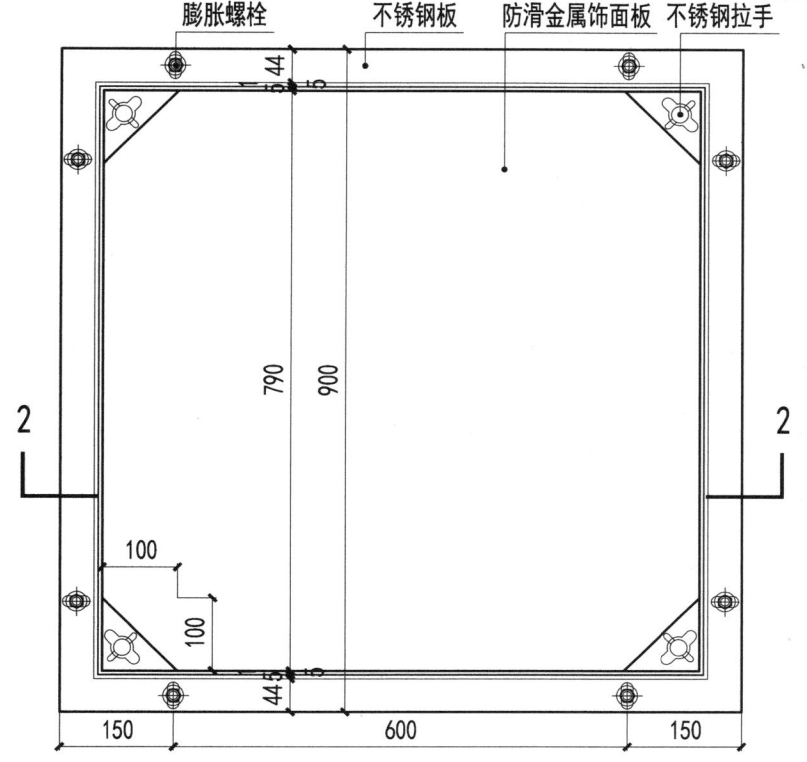

瓷砖/石材检查井盖板平面图 1:10

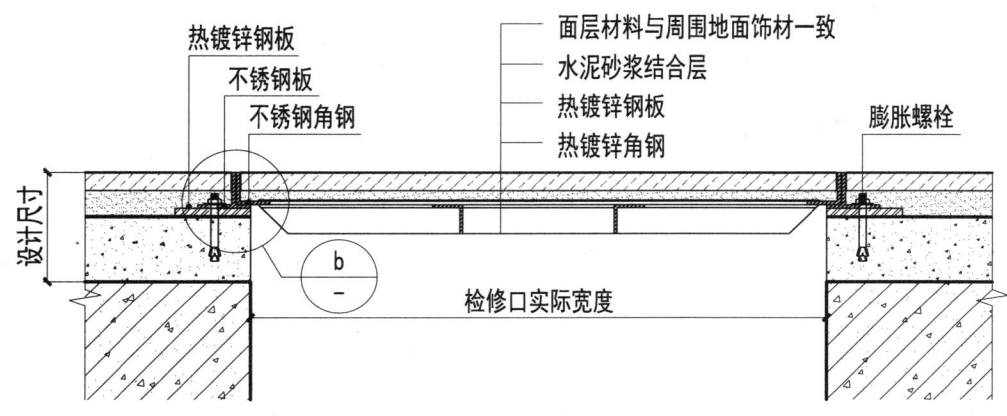

瓷砖/石材检查井盖板2-2剖面图 1:10

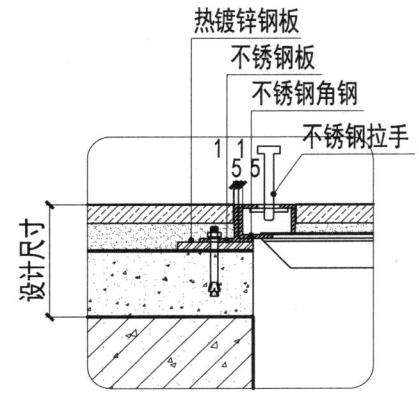

b 1:5

| 图名 | 地面节点大样四 |

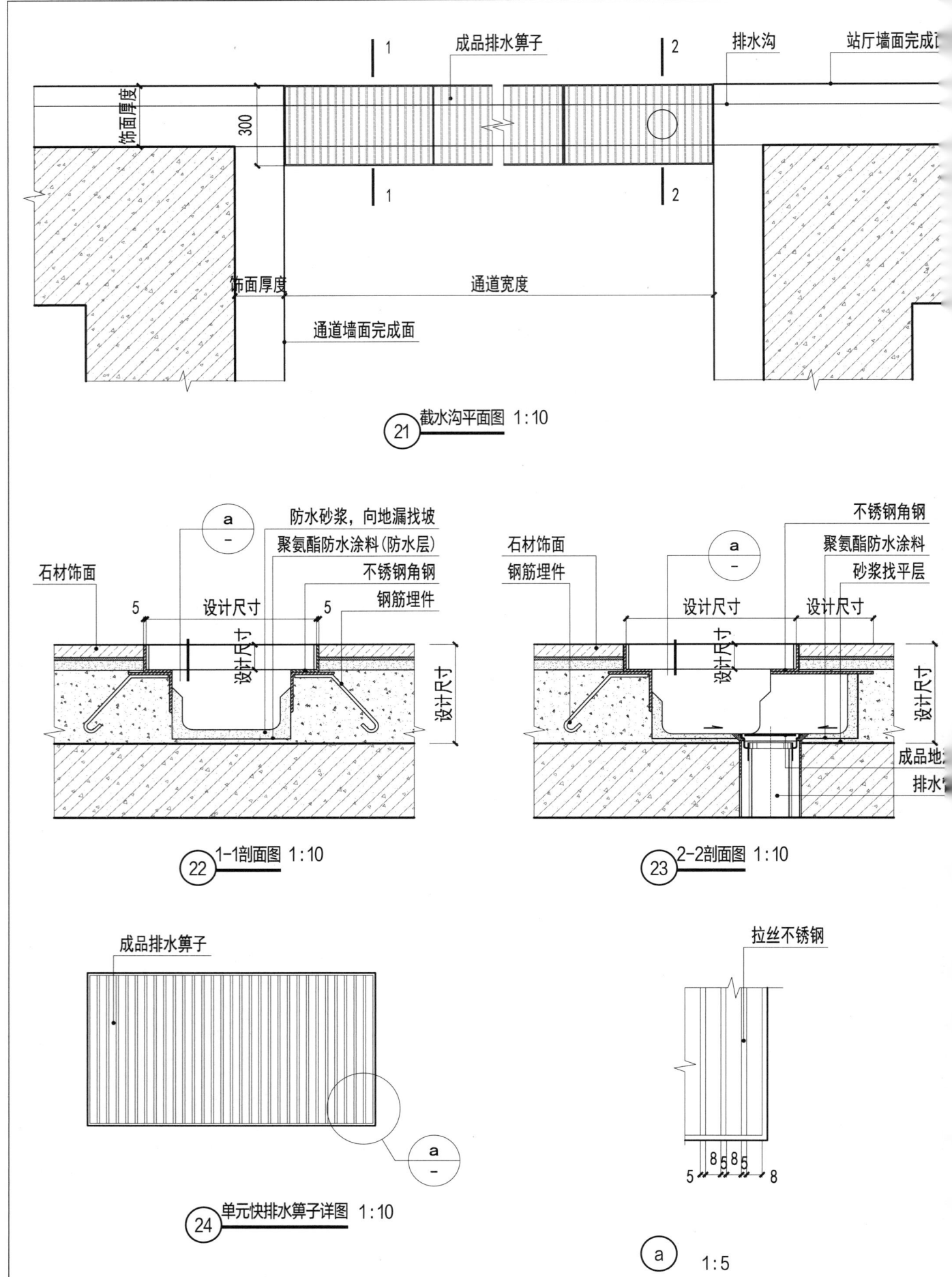

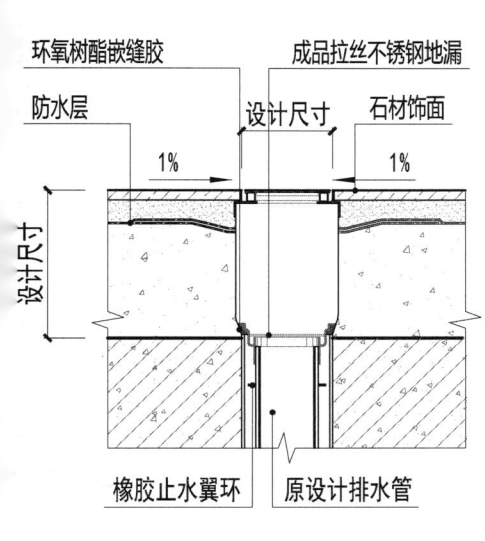

㉕ 公共区地漏做法1 1:10

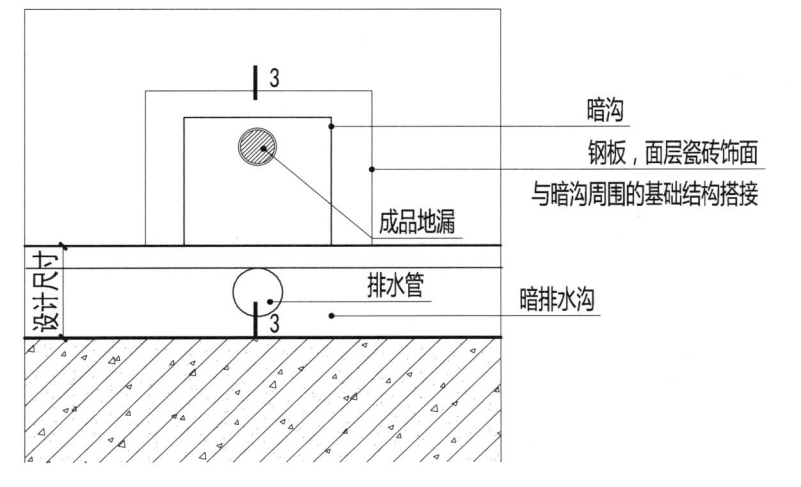

㉖ 公共区地漏做法2 1:10

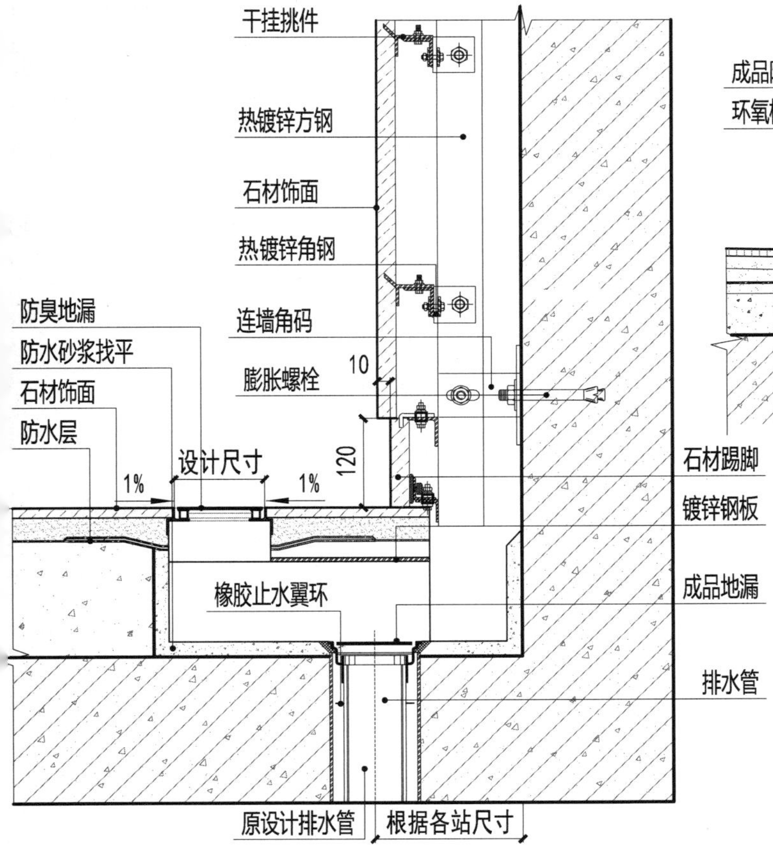

㉗ 公共区地漏3-3剖面图 1:10

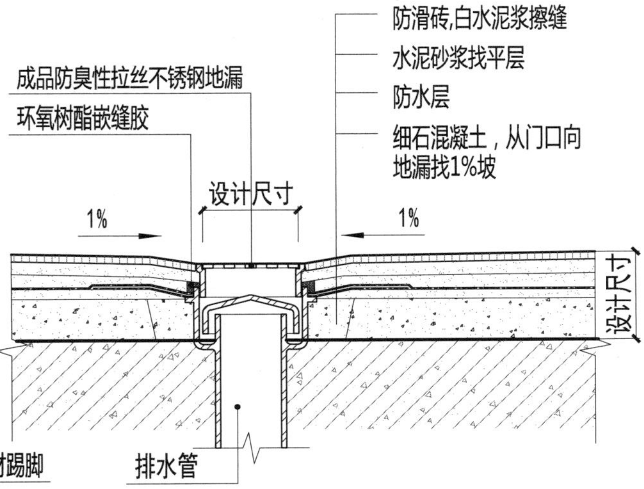

㉘ 卫生间地漏做法 1:10

| 图名 | 地面节点大样五 |

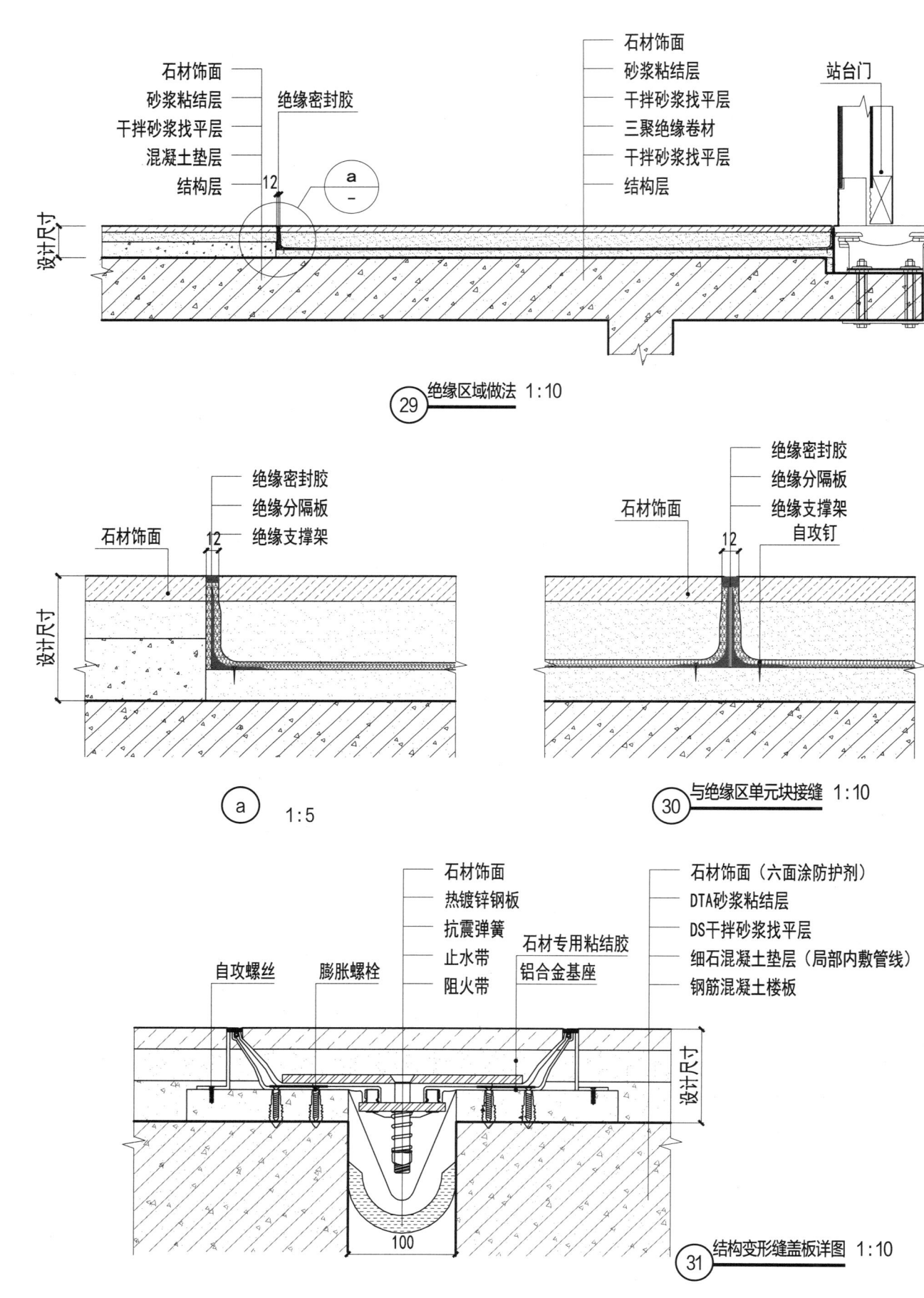

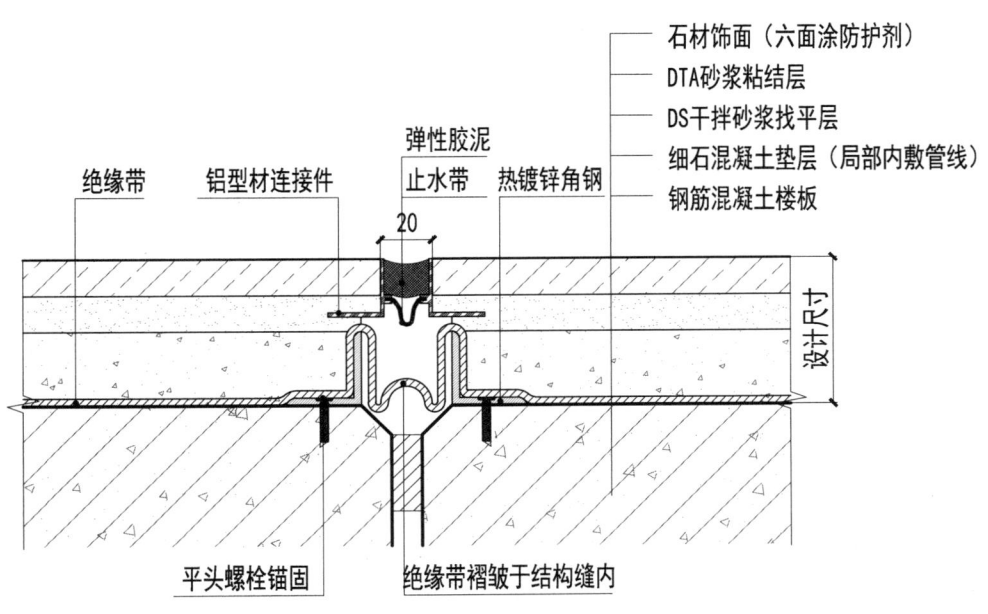

绝缘区变形缝盖板做法详图 1:10 ㉜

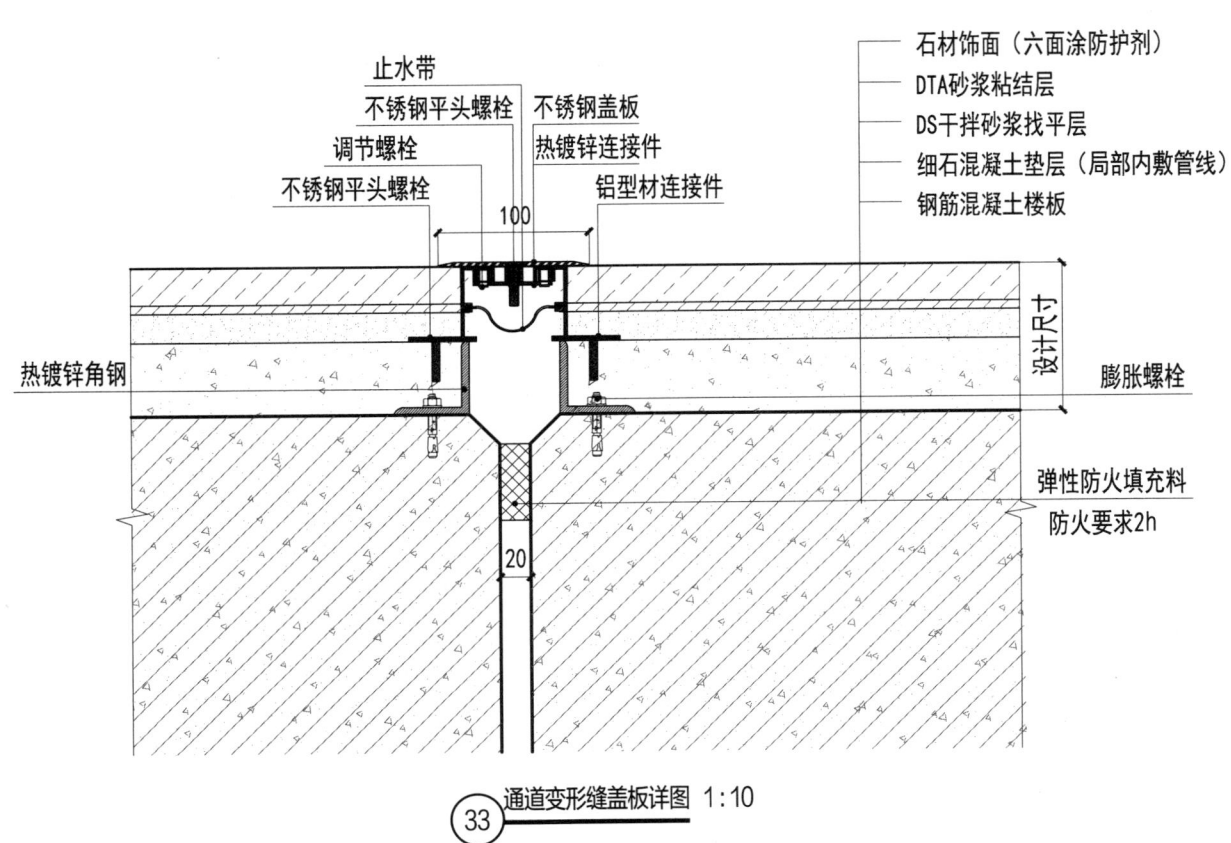

通道变形缝盖板详图 1:10 ㉝

| 图名 | 地面节点大样六 |

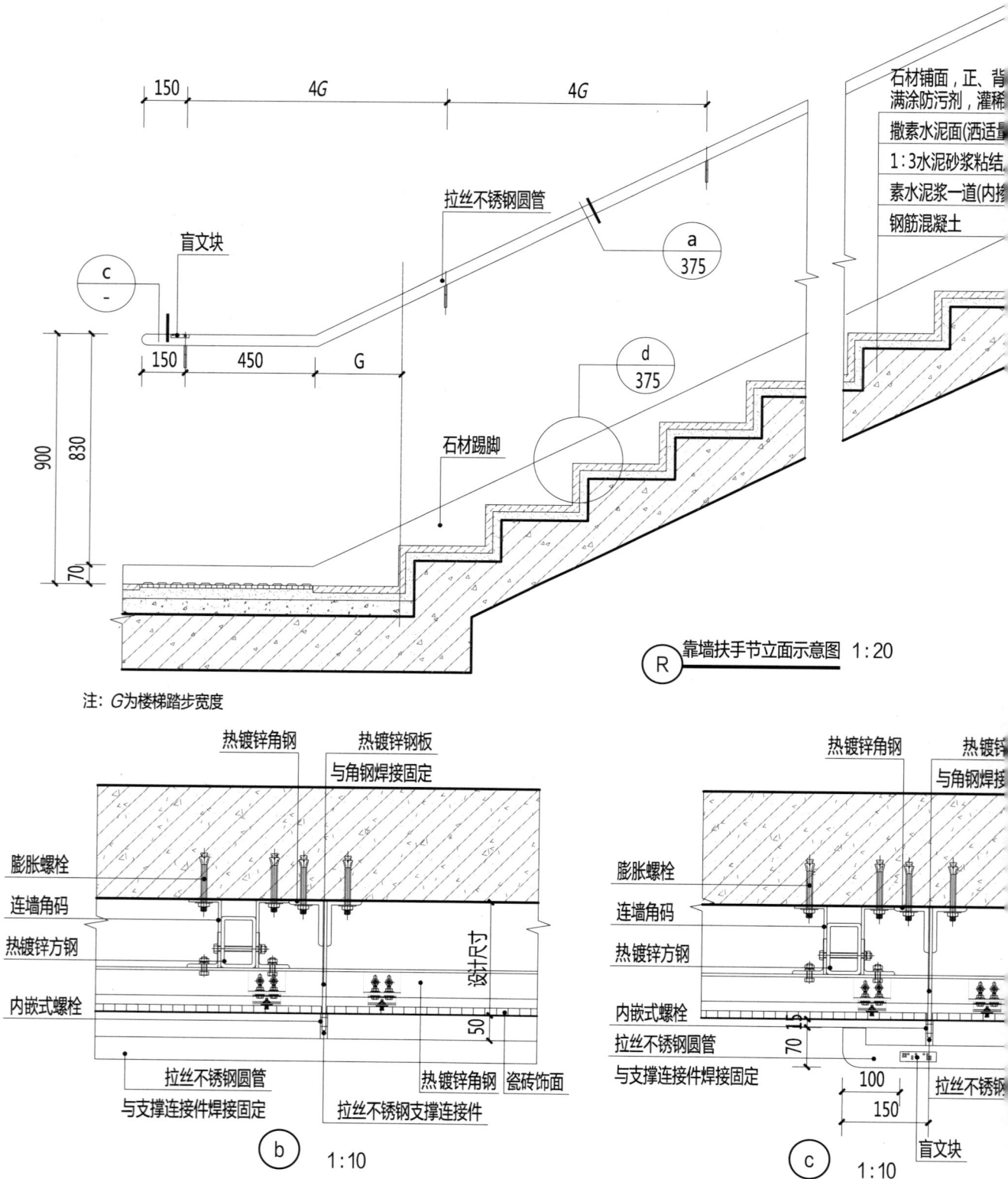

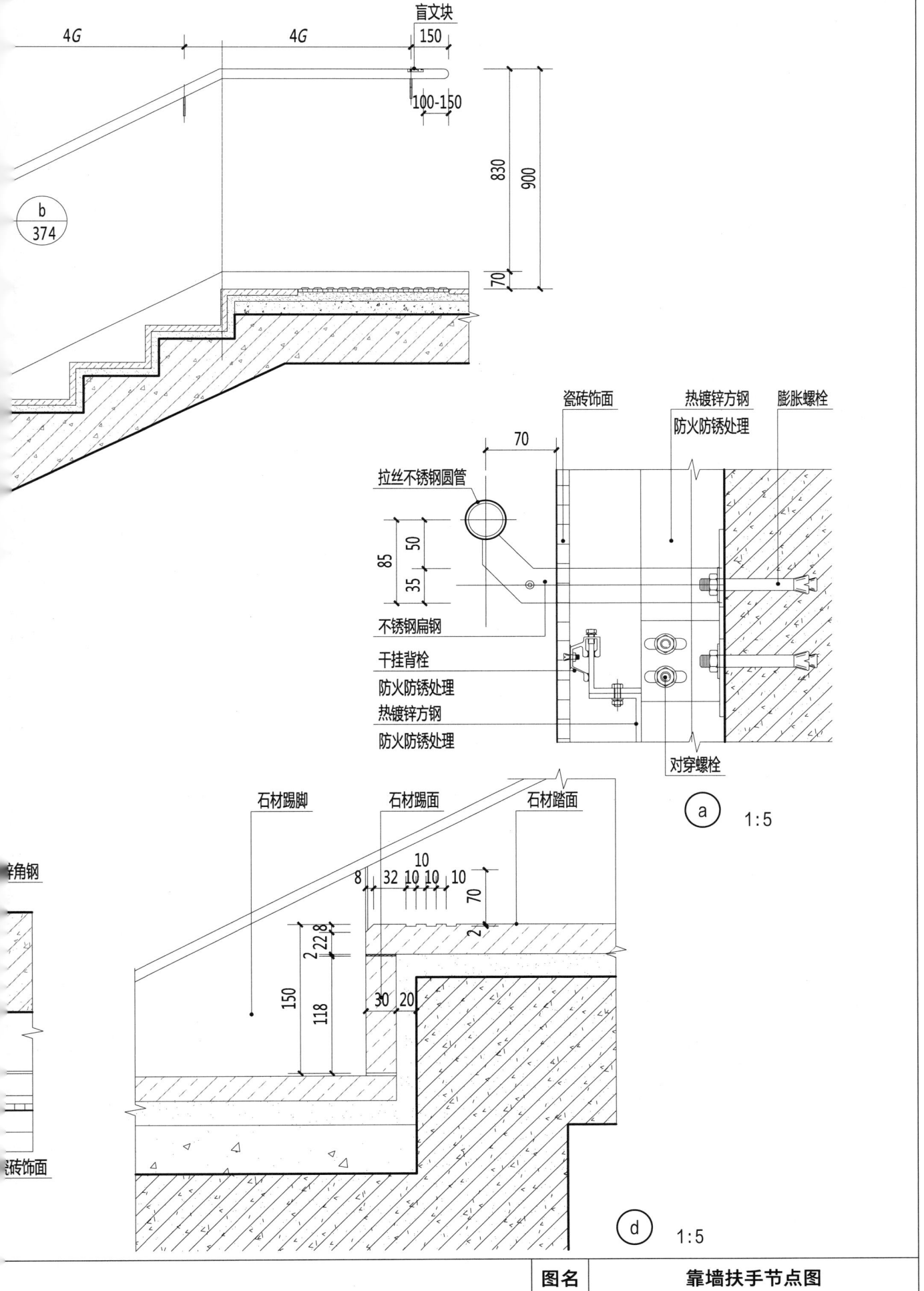

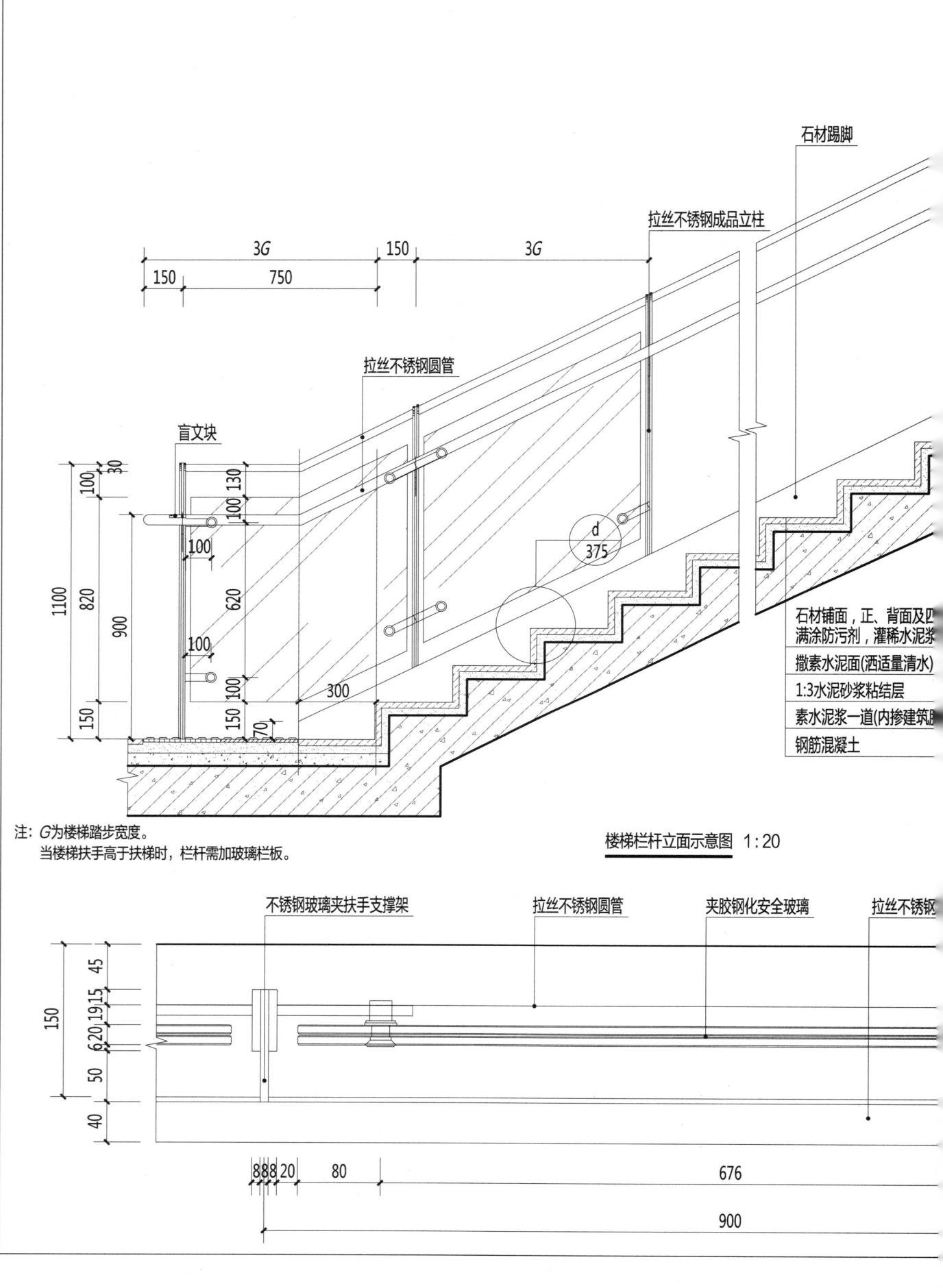

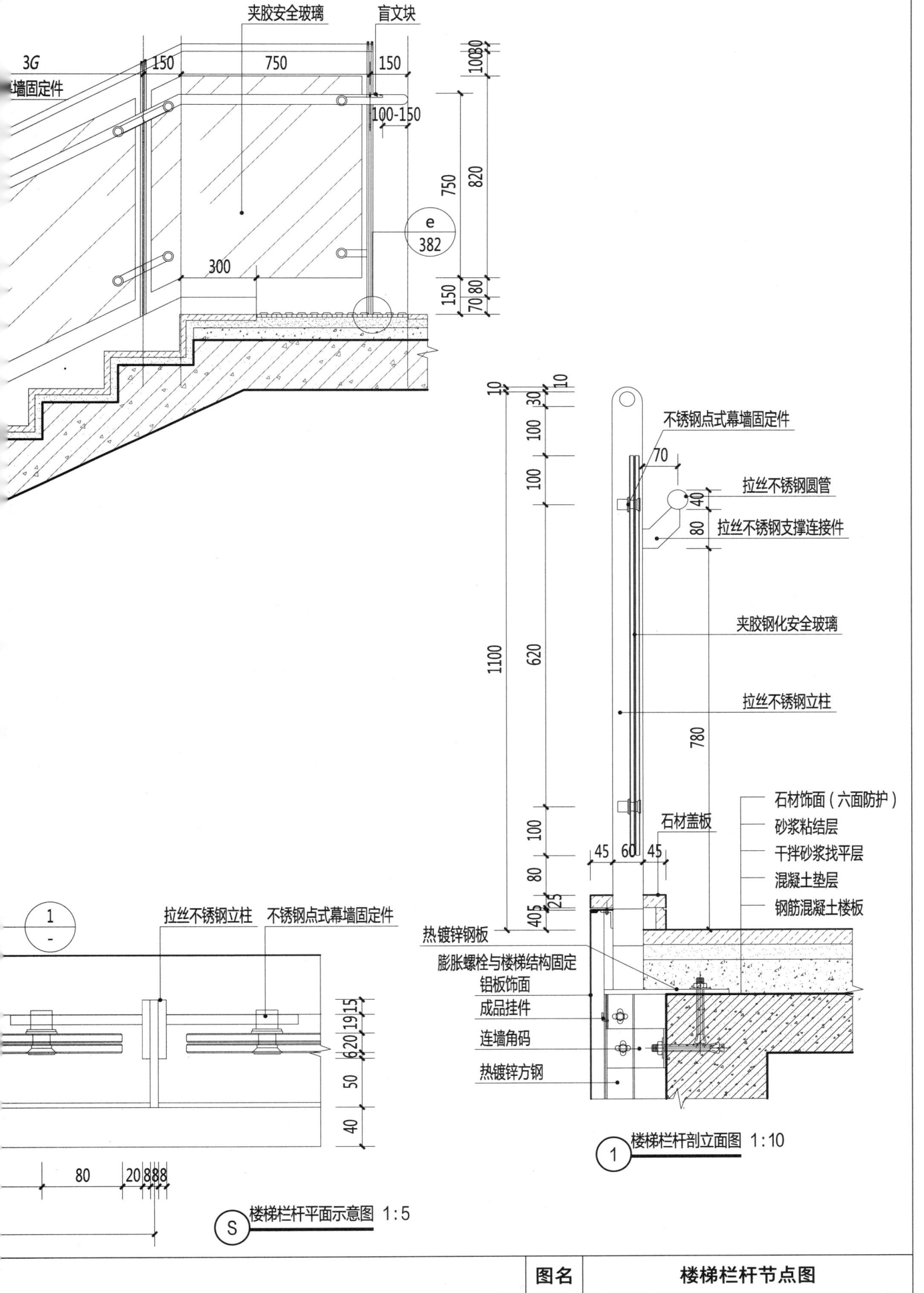

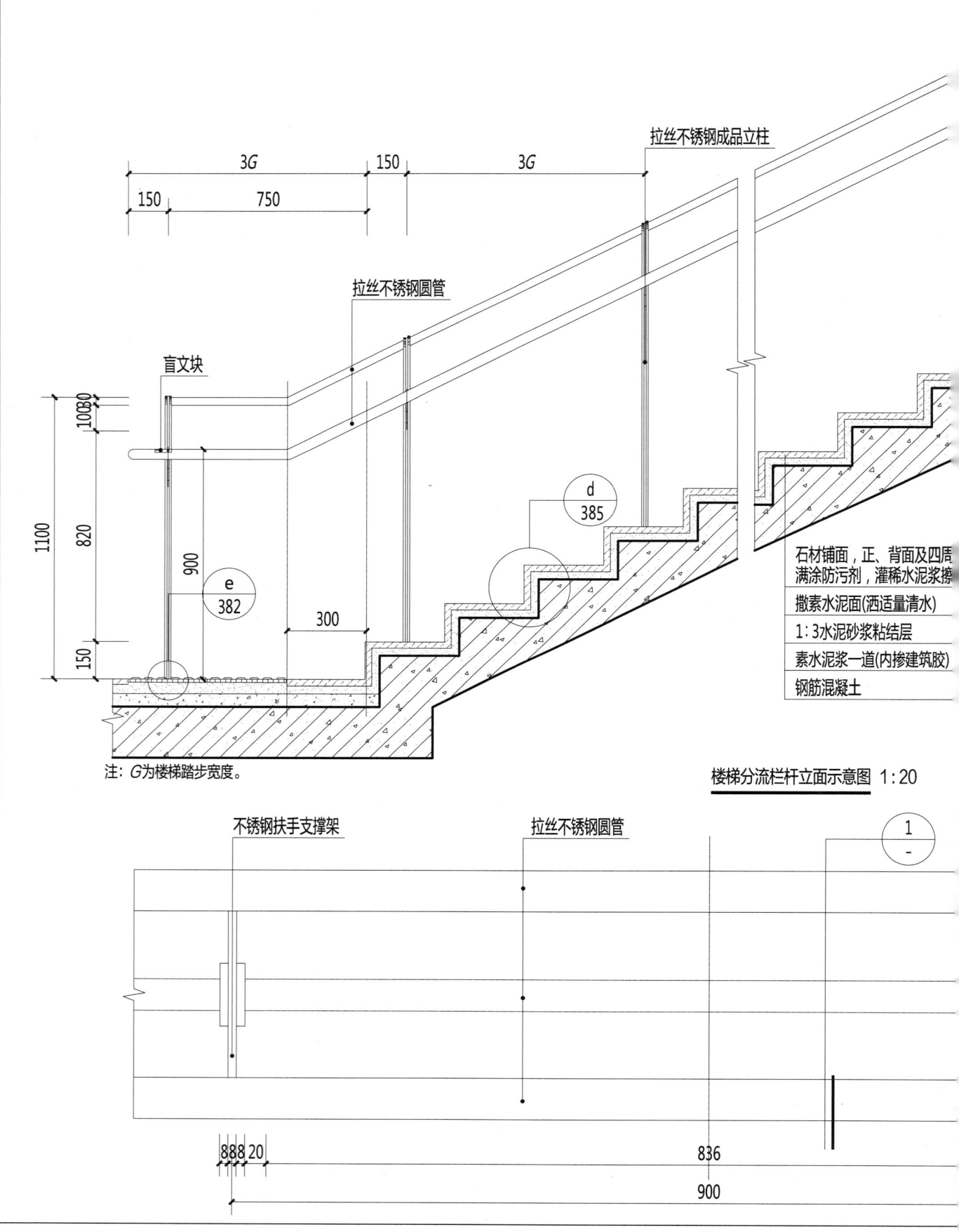

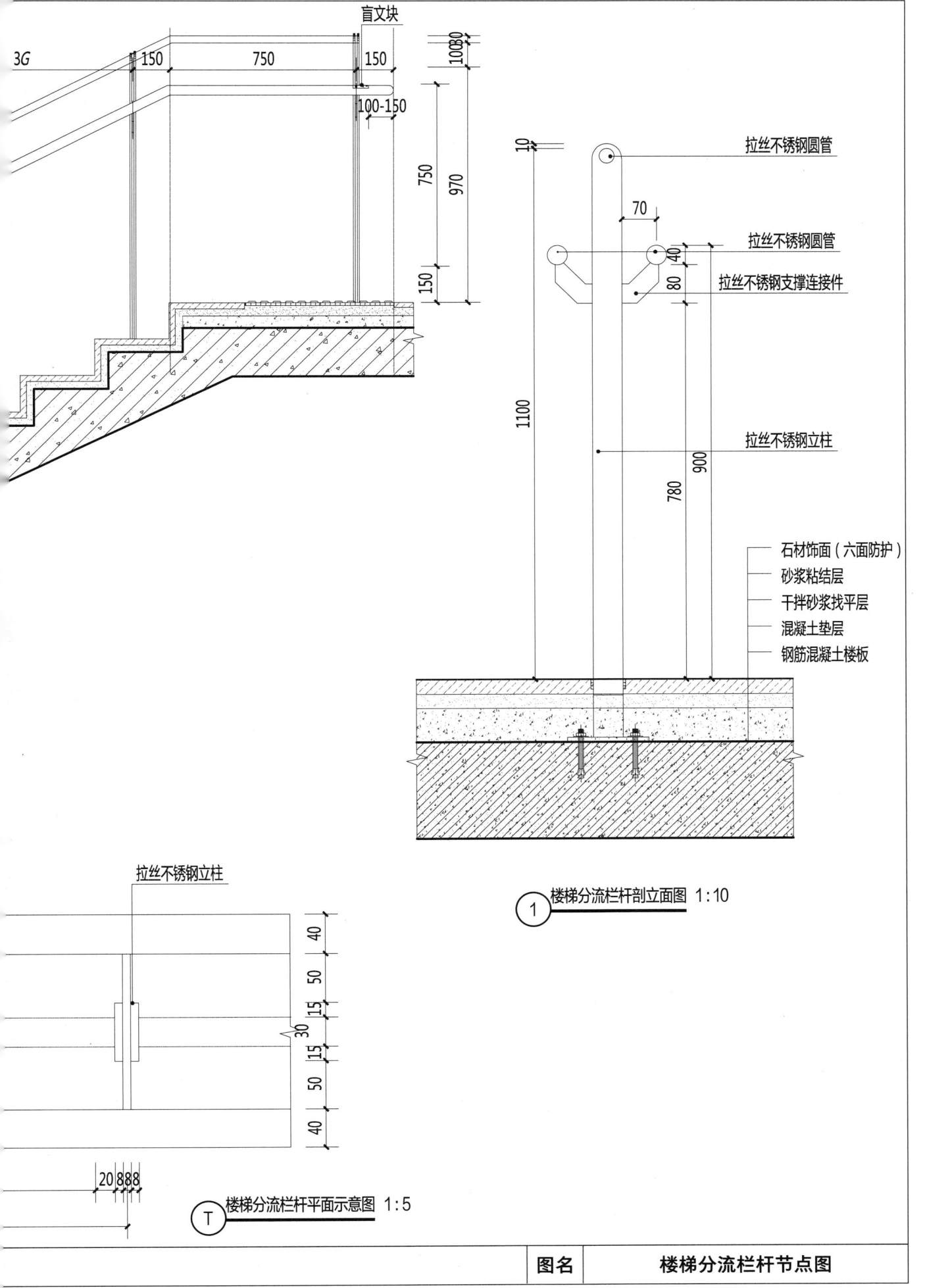

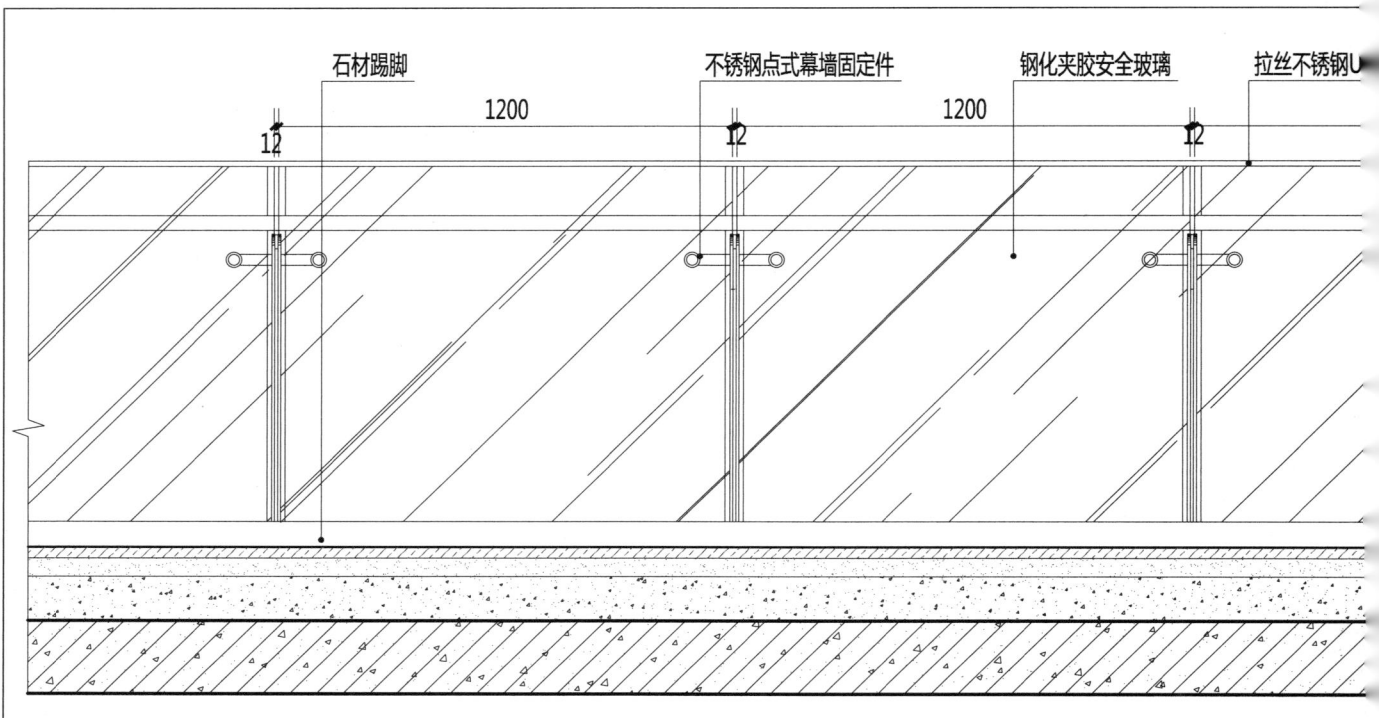

楼梯洞口安全栏杆立面示意图 1:20

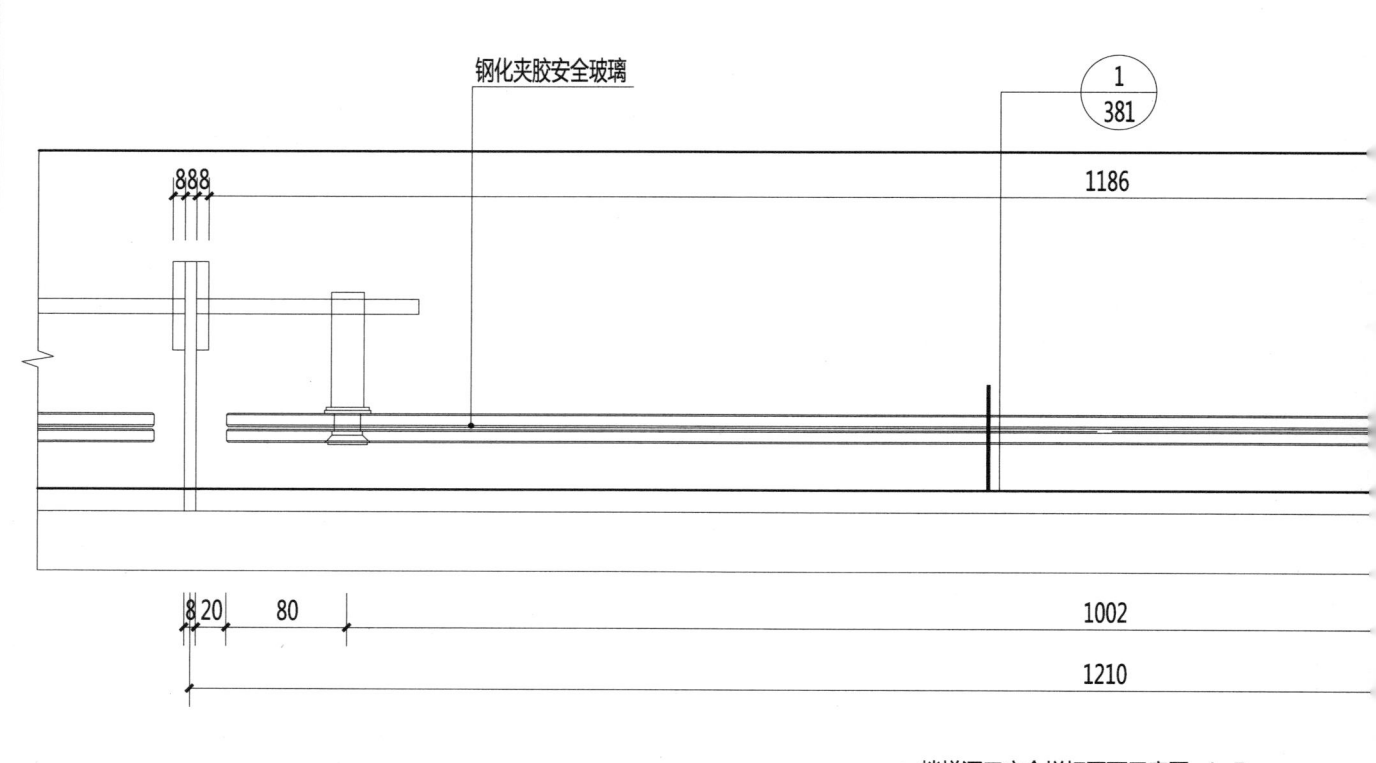

楼梯洞口安全栏杆平面示意图 1:5

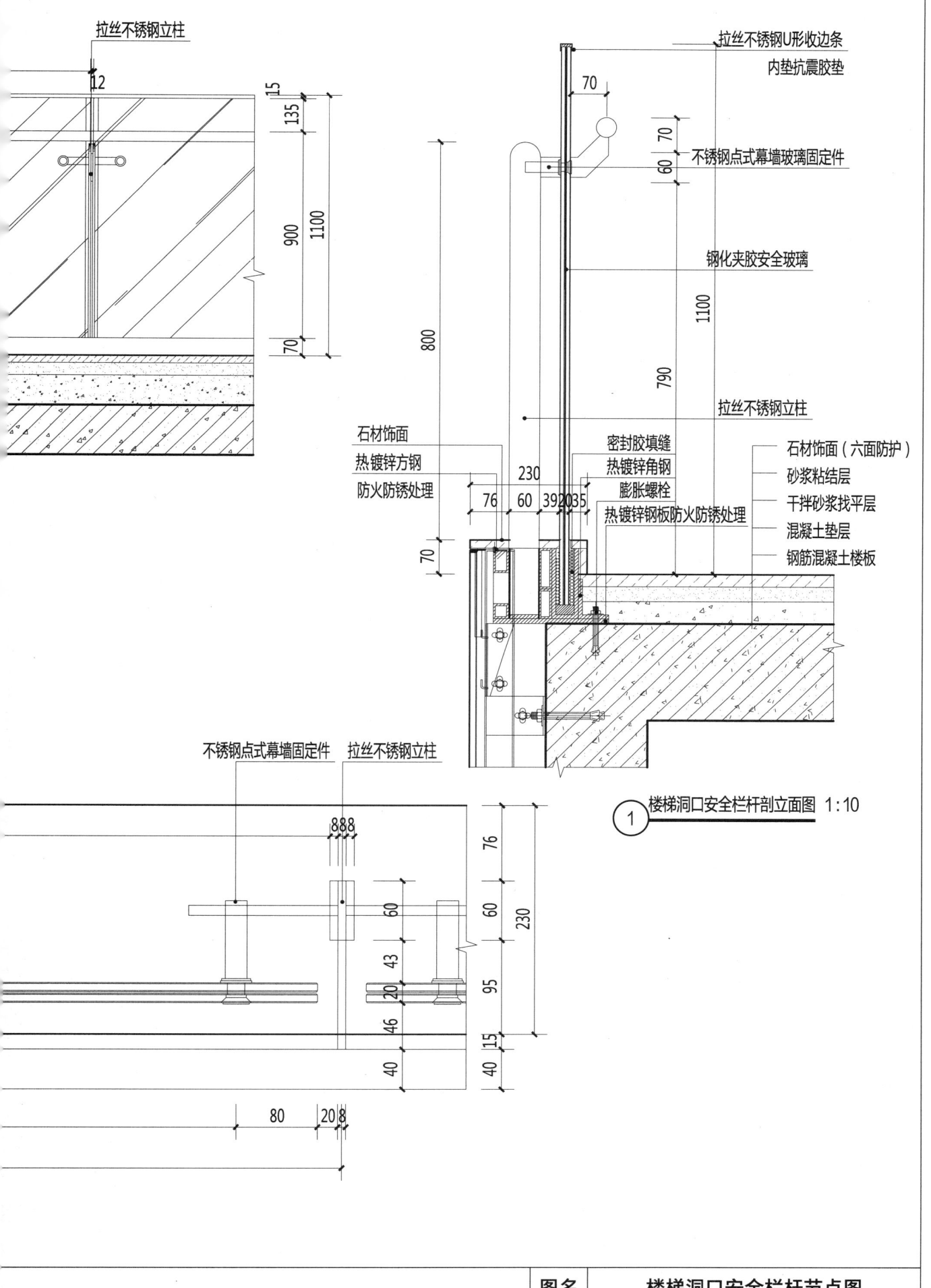

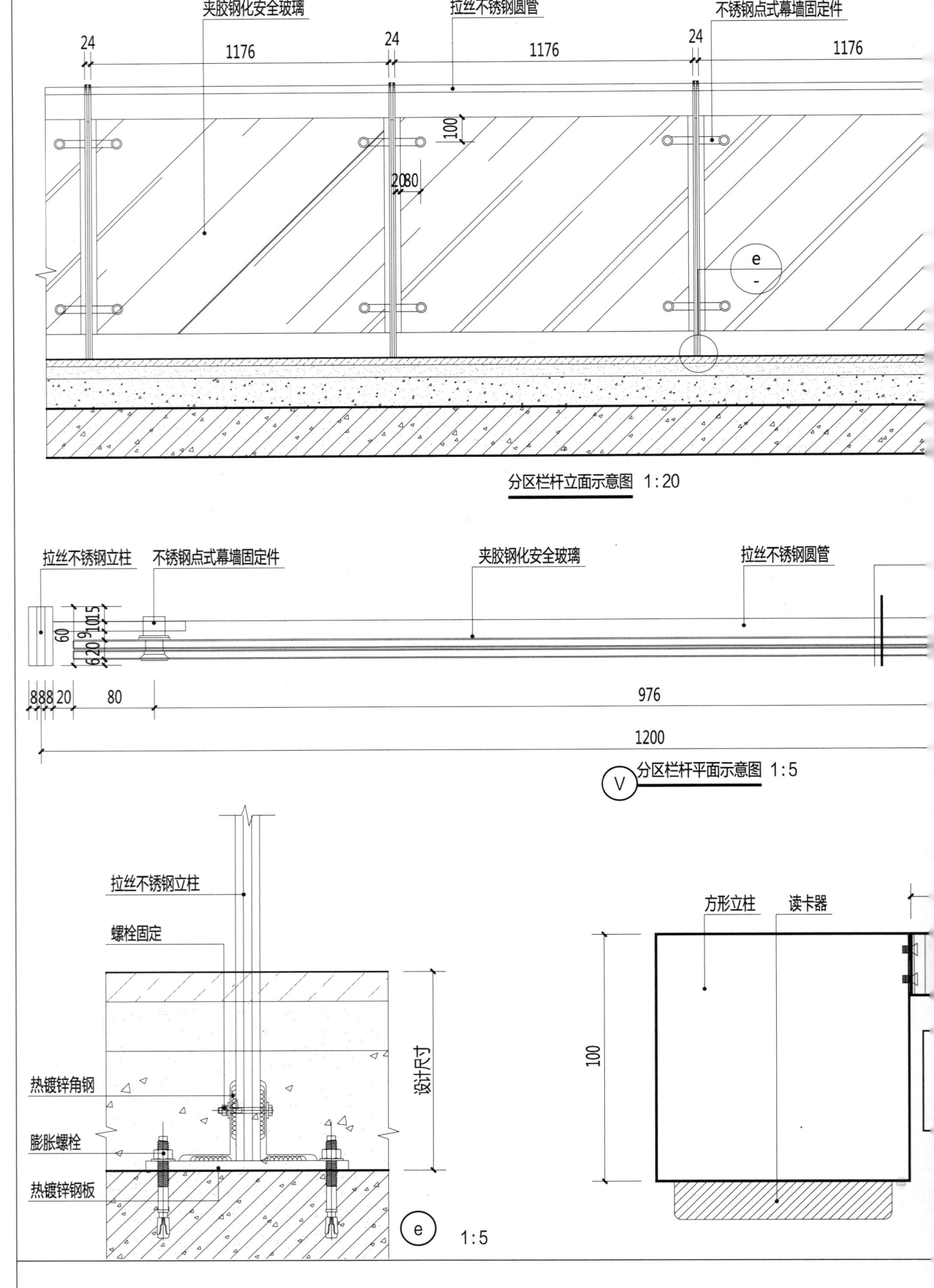

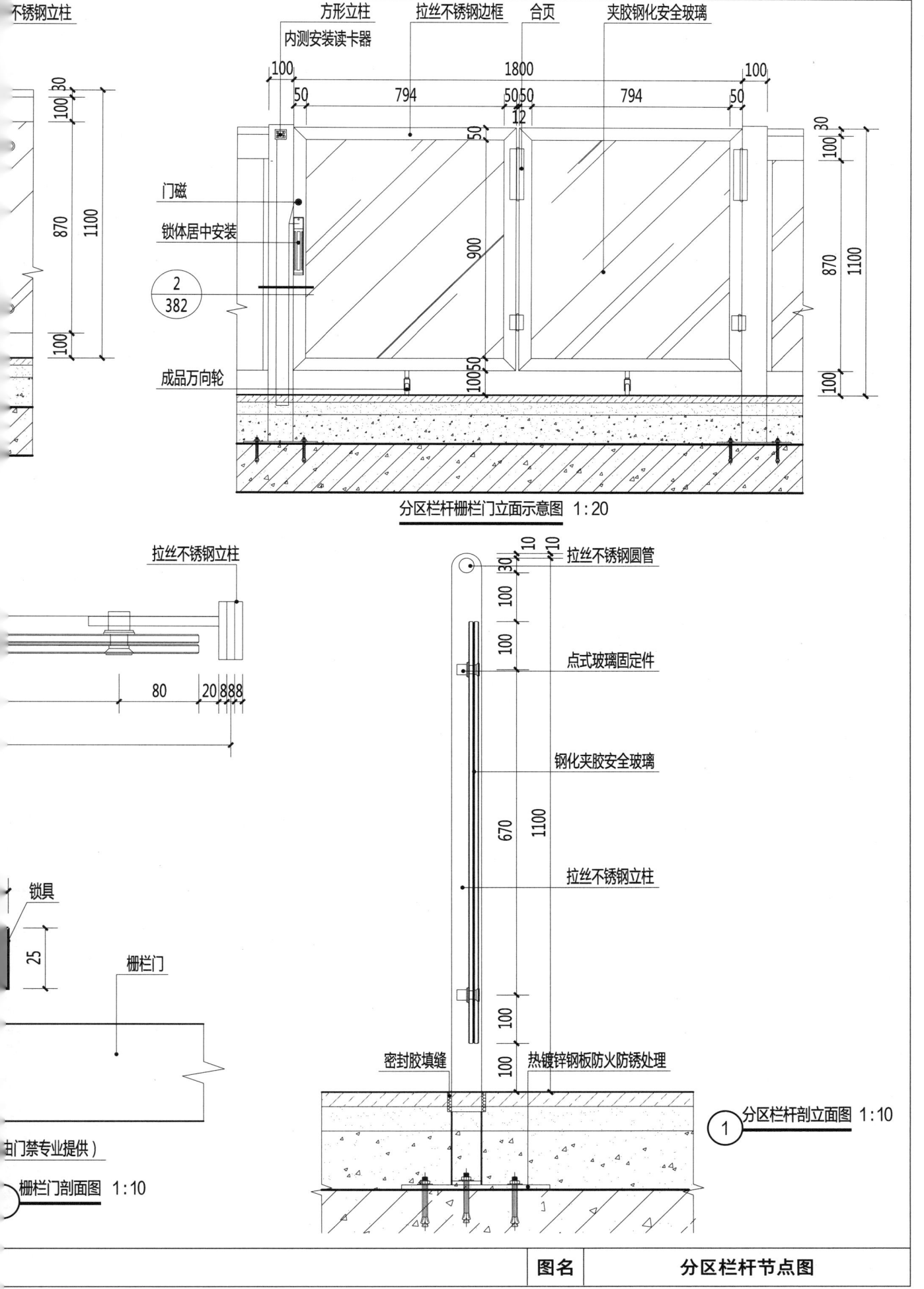

第四篇

车站无障碍设计

设计要点及设计依据
第一部分　车站无障碍综合布置图
第二部分　盲道布置平面图
第三部分　无障碍电梯、栏杆
第四部分　低位服务设施
第五部分　无障碍卫生间

设计要点及设计依据

1 设计要点

无障碍设计是一个城市人文关怀和文明进步的体现。轨道交通车站无障碍主要是保障乘坐轨道交通工具的残障人士、老人、儿童等弱势群体和带大件行李乘客自主、平等、安全、方便地进出车站和乘车。由于车站是城市公共交通中的重要节点，具有很强的目的性，因此，应保证轨道交通车站无障碍流线及设施的明确性、连续性、完整性。车站无障碍通行路线：市政道路—车站外广场—出入口及无障碍电梯—通道—站厅层售票窗口—安检区—宽通道检票机—垂直电梯或楼梯—站台候车位。

地铁车站无障碍设计需要兼顾不同的使用主体的需求和特点，除了对老年人、残障人士等特殊需求人群给予关照，还应该考虑日常有需求乘客的使用，使无障碍设施得以更加广泛的利用。同时，应统筹并优化与车站周边商业、办公、住宅、过街等无障碍设施的衔接，尽量实现无障碍电梯和出入口与周边的无障碍设施无缝衔接。另外，应根据车站规模和客流需求适当增加无障碍电梯数量；应提高车站无障碍卫生间设施的服务水平；车站周边也应有明显、易识别的导向标识，帮助乘客能方便、快捷地找到车站无障碍设施。

车站无障碍设计要充分考虑交通流线、市政衔接、安全方便、操作简单、咨询帮助等诸因素，提高城市服务水平。

1.1 设计范围

车站无障碍包括：盲道、盲文、无障碍坡道、楼梯及栏杆扶手、无障碍垂直电梯、售票及问询窗口、无障碍检票通道、无障碍卫生间等。

车站无障碍设计主要范围包括：车站无障碍流线设计、盲道布置、盲文设置、栏杆扶手及坡道设计、无障碍电梯设计、无障碍卫生间设计等。

车站无障碍应考虑与相关各专业接口的设计，包括与道路交通专业、建筑结构专业、装修专业、照明专业、给水排水专业、通风空调专业、通信信号专业、运营管理及信息综合导向标识等专业的接口设计。

1.2 设计原则

1.2.1 车站无障碍设施应以周边规划、市政无障碍设施情况、车站客流流线为依据，满足与周边其他市政无障碍设施的连续、无缝衔接。

1.2.2 无障碍实施应符合残障人士、老人、儿童等弱势群体和带大件行李乘客的自主、安全、方便使用要求。

1.2.3 无障碍导向标示应清晰明确，易于识别。

1.2.4 车站无障碍设计应符合国家和地方的有关设计规范和规定及相关行业标准。

1.3 设计要点

1.3.1 盲道、盲文

1.3.1.1 盲道对于视觉障碍乘客来说，是仅次于盲杖的"辅助工具"，对其进行路线引导。

1.3.1.2 车站盲道应与市政人行道盲道连续、无缝衔接设置，两者有高差时，应设置坡道衔接。

1.3.1.3 盲道位置尽量避免与主客流交叉，盲道上不得有障碍物，且盲道距离周边障碍物距离应符合相关无障碍规范要求。

1.3.1.4 车站外广场上盲道颜色及布置方式应与市政道路盲道一致；车站内可按照室内盲道布置，盲道颜色宜采用明黄色或与地面有明显反差制品。

1.3.1.5 行进盲道与提示盲道规格尺寸、布置方式应符合相关无障碍规范要求，表面应防滑。

1.3.1.6 无障碍通行路线中的楼梯在距离踏步起点和终点250~300mm位置设置提示盲道，宽度宜与楼梯同宽。

1.3.1.7 盲道应引至无障碍电梯按钮前，提示盲道距离按钮250~300mm。

1.3.1.8 自动扶梯前方250~300mm处应设置提示盲道，宽度与自动扶梯扶手带一致。

1.3.1.9 盲道宜引至售票亭高位售票口，距离售票亭护脚栏杆250~300mm。

1.3.1.10 进出宽通道检票机250~300mm处应设置提示盲道，宽度与检票机等宽。

1.3.1.11 盲道应引至站台门前，距离站台门距离应保证紧急逃生门能打开，提示盲道宽度不小于车门，并与行进盲道连接。

1.3.1.12 盲道应引至无障碍卫生间，提示盲道宜距离外开启门100mm。

1.3.1.13 楼梯扶手的起点、终点位置应设置盲文标志，距离扶手端部100mm。

1.3.2 无障碍坡道

1.3.2.1 车站无障碍坡道不仅服务于乘坐轮椅的残障人士，同时也服务于老人、儿童以及带大件行李的乘客。

1.3.2.2 无障碍坡道宜设计成直线形、直角形或折返形，坡道的坡面应平整、防滑。

1.3.2.3 无障碍坡道的坡口与人行道之间宜没有高差；当有高差时，高出人行道的地面不应大于10mm。

1.3.2.4　车站室外无障碍坡道净宽不小于1500mm，室内无障碍坡道净宽不小于1200mm。

1.3.2.5　无障碍坡道起点、终点和中间休息平台的水平长度不应小于1500mm。

1.3.2.6　无障碍坡道最大高度和水平长度应符合国家和地方的有关设计规范和规定及相关行业标准。

1.3.2.7　无障碍坡道临空侧应设置安全阻挡措施。

1.3.3　楼梯及栏杆扶手

1.3.3.1　无障碍楼梯宜采用直线形楼梯，如有困难需采用折返楼梯时，靠墙扶手应连续。

1.3.3.2　无障碍楼梯不应采用无踢面和直角形突缘的踏步，宜在两侧均做扶手。

1.3.3.3　如采用栏杆式楼梯，在栏杆下方应设置高度不小于100mm的安全挡台。

1.3.3.4　楼梯上行及下行的第一阶宜在颜色或材质上与平台有明显区别；踏面应平整防滑或在踏面前缘设防滑条。

1.3.3.5　楼梯栏杆应采用防攀爬构造形式，垂直杆件水平间净距不应大于110mm。

1.3.3.6　无障碍单层扶手的高度应为900mm，无障碍双层扶手的上层扶手高度应为900mm，下层扶手高度应为700mm。

1.3.3.7　扶手应保持连贯，靠墙面的扶手的起点和终点处应水平延伸不小于300mm的长度；扶手内侧与墙面的距离不应小于40mm。

1.3.3.8　扶手末端应向内拐到墙面或向下延伸不小于100mm，栏杆式扶手应向下成弧形或延伸到地面上固定。

1.3.3.9　扶手应安装坚固，形状易于抓握。圆形扶手的直径应为35~50mm，矩形扶手的截面尺寸应为35~50mm。

1.3.4　无障碍电梯

1.3.4.1　车站公共区站台到站厅、站厅到地面不同层时应设置无障碍电梯。

1.3.4.2　位于城市快速路和主、次干路上的车站，特级和甲级的各类车站及换乘车站的出入口，应至少在2个主客流方向设置无障碍电梯，当车站跨路口设置时，出入口无障碍电梯宜对角布置。

1.3.4.3　无障碍电梯地面亭应设置在道路红线外。

1.3.4.4　无障碍电梯轿厢设施及配件应符合相关无障碍规范要求。

1.3.4.5　无障碍电梯应设候梯厅和轮椅坡道，且候梯厅深度不宜小于1800mm，候梯厅门净宽不应小于电梯门净宽；候梯厅室外平台净宽深度不应小于1500mm，轮椅坡道净宽不应小于1500mm；候梯厅内应设摄像和对讲装置。

1.3.5 无障碍卫生间

1.3.5.1 车站公共区应设置无障碍卫生间;面积不应小于2m×2m;室内外高差应小于15mm,且应向室内斜面过渡;地面应防滑、不积水。

1.3.5.2 无障碍卫生间门不应正对侧站台乘降区;宜采用推拉门,设平开门时应向外开启;门应设置紧急开启门锁;门通行净宽不宜小于900mm;门内外底部应设置高度300~450mm、与门同宽的护门板。

1.3.5.3 无障碍卫生间的入口和通道应方便乘轮椅者进入和进行回转,回转直径不小于1.50m;无障碍洗手盆下部应留出宽750mm、高650mm、深450mm供乘轮椅者的移动空间。

1.3.5.4 无障碍卫生间内的坐便器、小便器、洗手盆均应设置安全抓杆,安全抓杆应安装牢固。

1.3.5.5 应设置物台长度不宜小于700mm,宽度不宜小于400mm,高度宜为600mm;应设置成品婴儿护理台;应设置挂衣钩,距地1000~1200mm。

1.3.5.6 在坐便器旁的墙面上应设高400~500mm救助呼叫按钮。

1.3.6 无障碍标识系统

1.3.6.1 无障碍标志应采用国际通用标志图案,并符合国家标准规定;无障碍标志应纳入城市环境或建筑内部的引导标志系统,形成完整的系统,清楚地指明无障碍设施的走向及位置。

1.3.6.2 车站出入口周边道路交叉口应设置无障碍电梯方向和位置的标识牌,且应具有远距离及夜间识别功能。

1.3.6.3 车站出入口地面亭应设本站无障碍设施位置示意图。

1.3.6.4 车站公共区内应设置连续、带指示方向的无障碍标识,在无障碍设施及通行路径重要节点处应设低位标识牌,标识牌顶部距地高度不应大于1950mm,底部距地高度小于345mm。

1.3.6.5 自动扶梯上下端应设置语音提示装置。

2 设计依据及参考资料

1.《地铁设计规范》GB 50157

2.《无障碍设计规范》GB 50763

3.《城市公共交通设施无障碍设计指南》GB/T 33660

4.《无障碍设计》12J926

5.《城市轨道交通无障碍设施设计规程》DB11/690

6.《城市轨道交通工程设计规范》DB11/995

第一部分

车站无障碍综合布置图

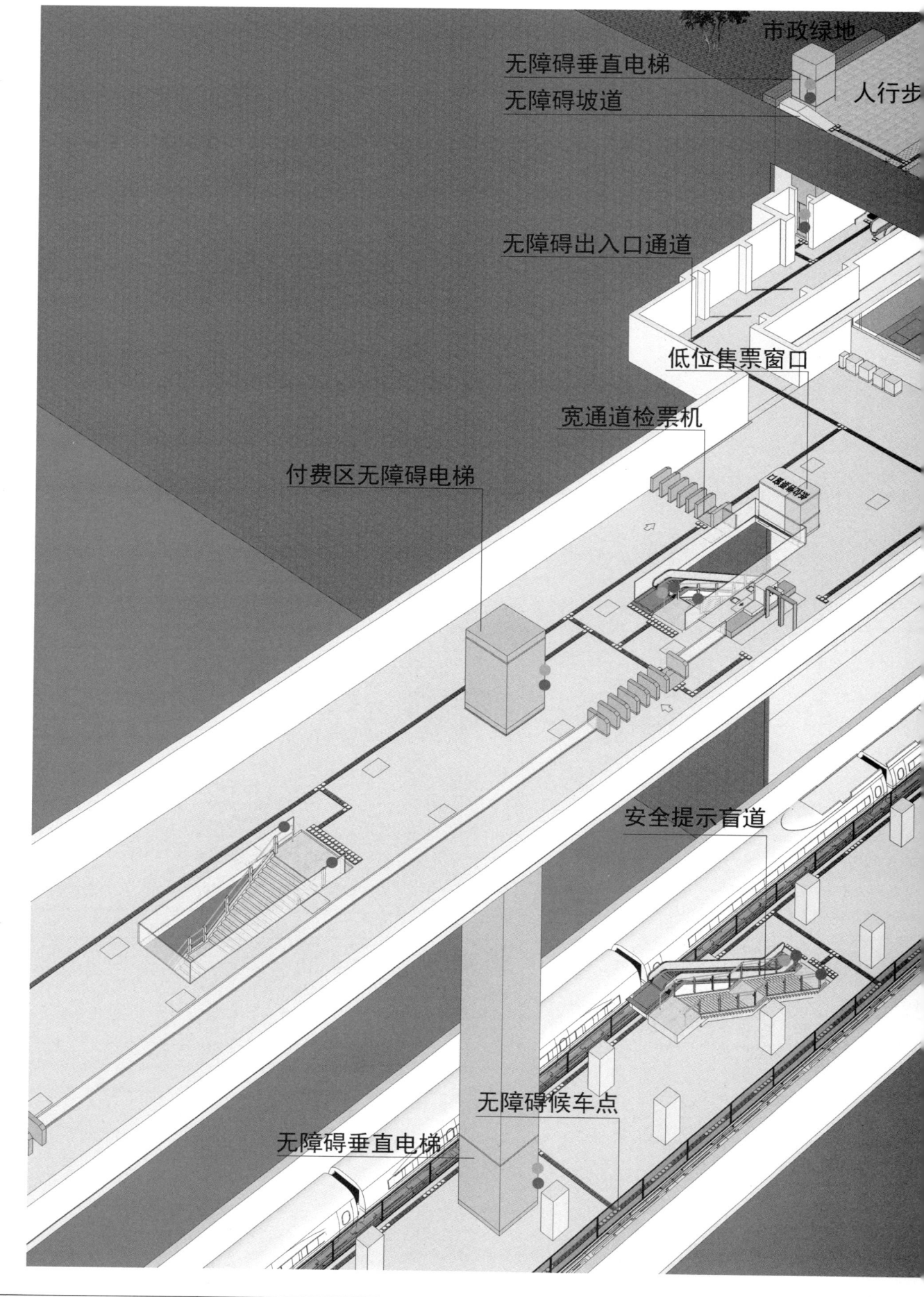

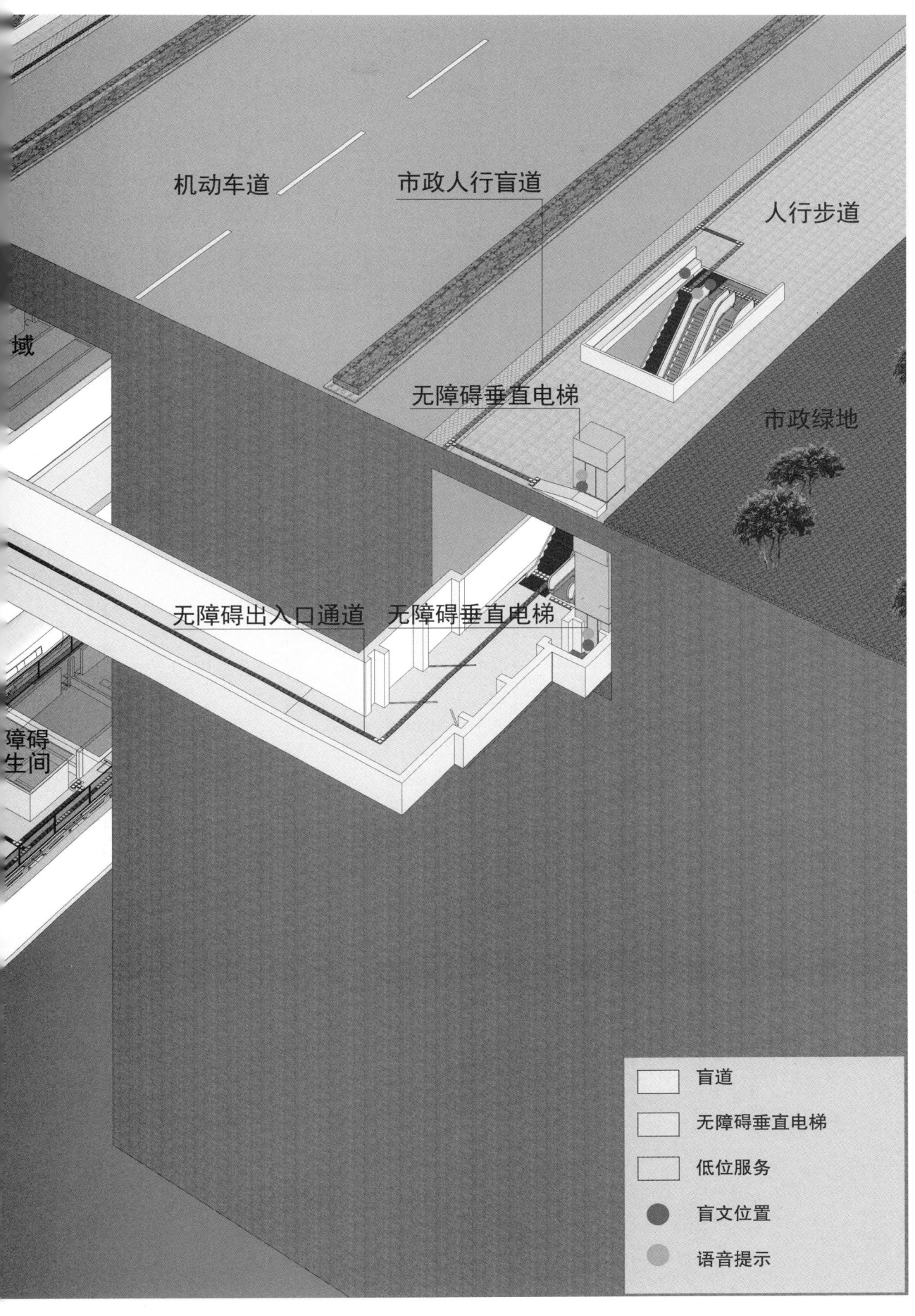

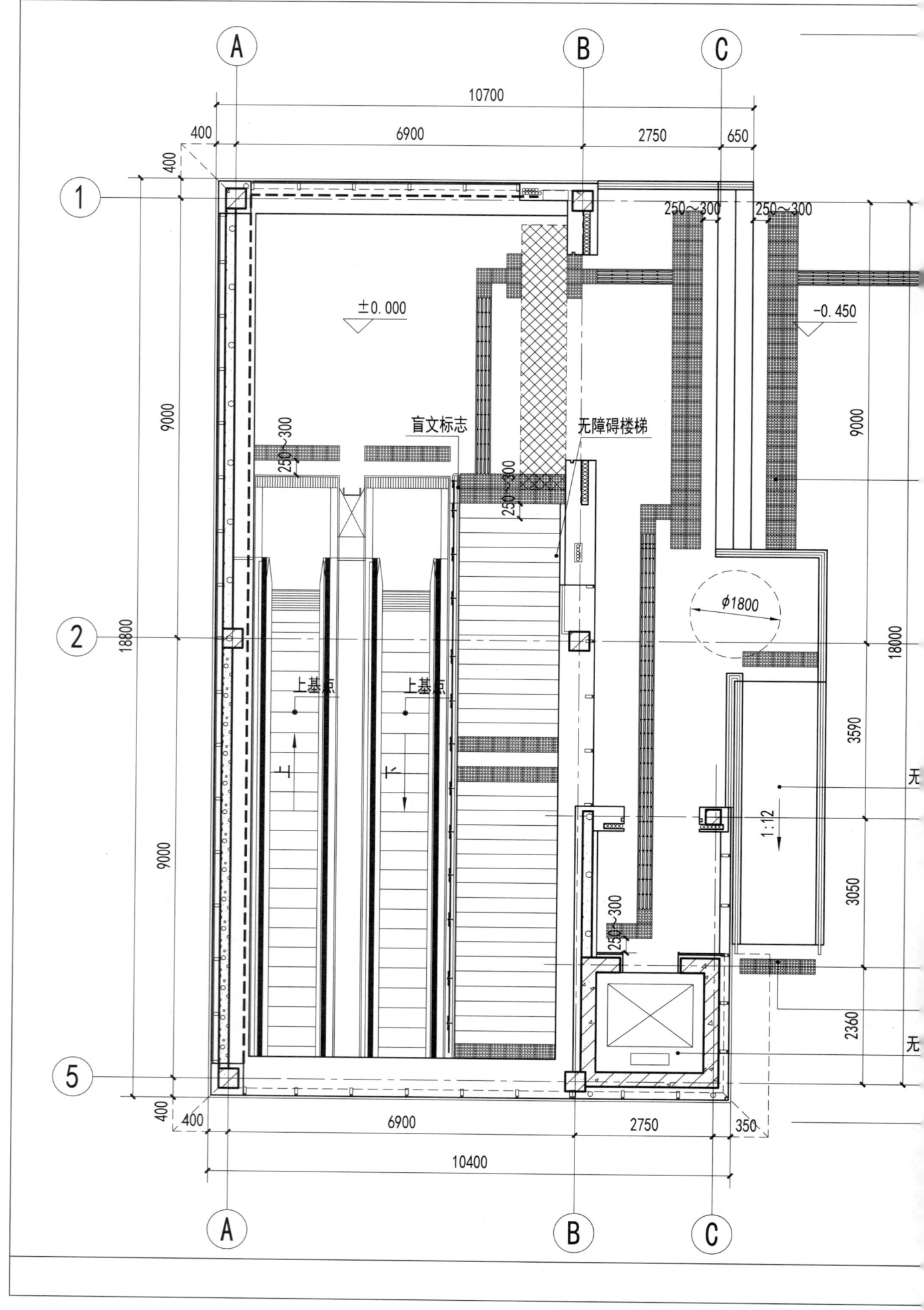

前广场　步行道

接入市政盲道　提示盲道

市政盲道

出入口与步行道衔接 1:100

| 图名 | 出入口与步行道衔接 |

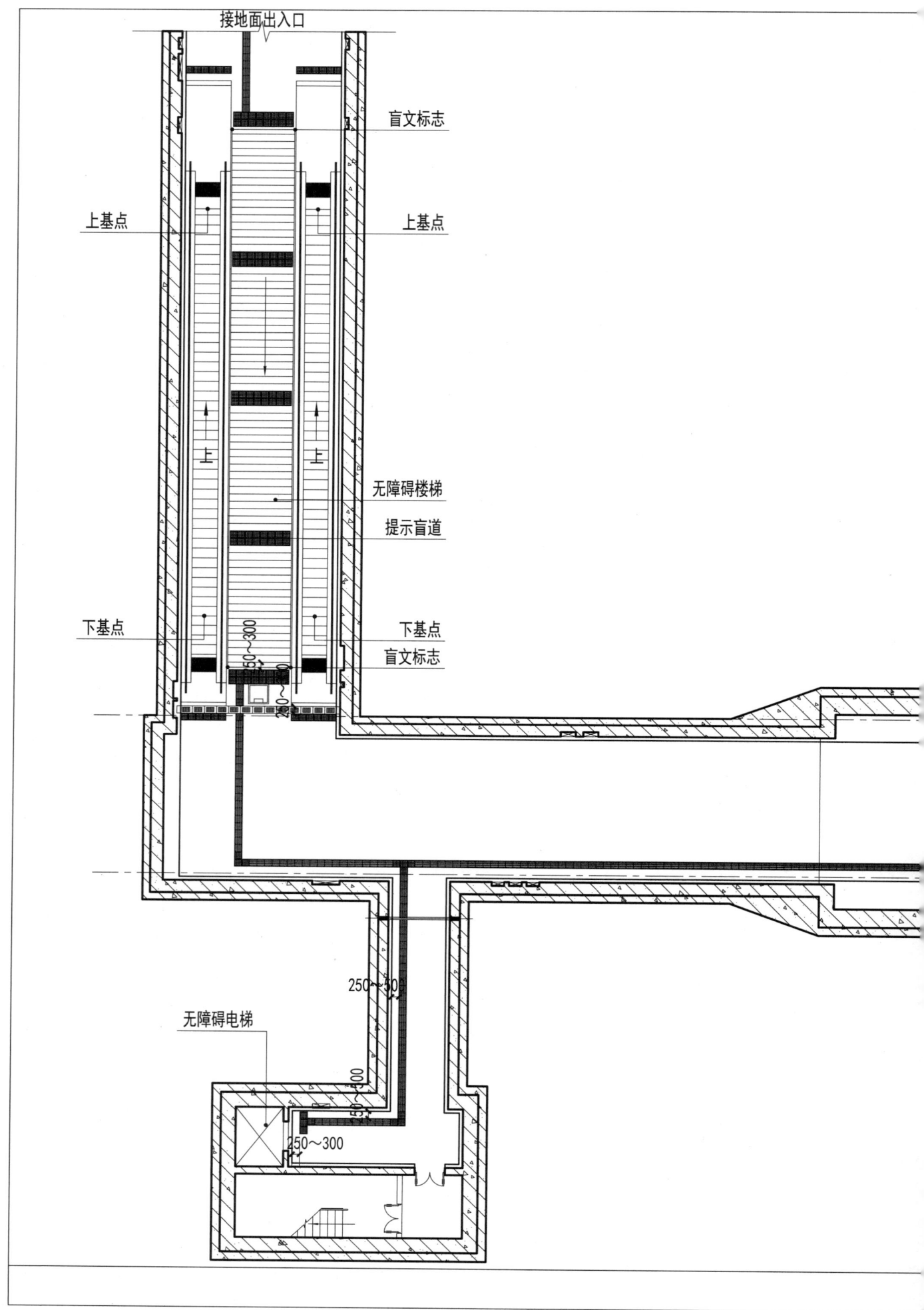

397

第一部分 车站无障碍综合布置图

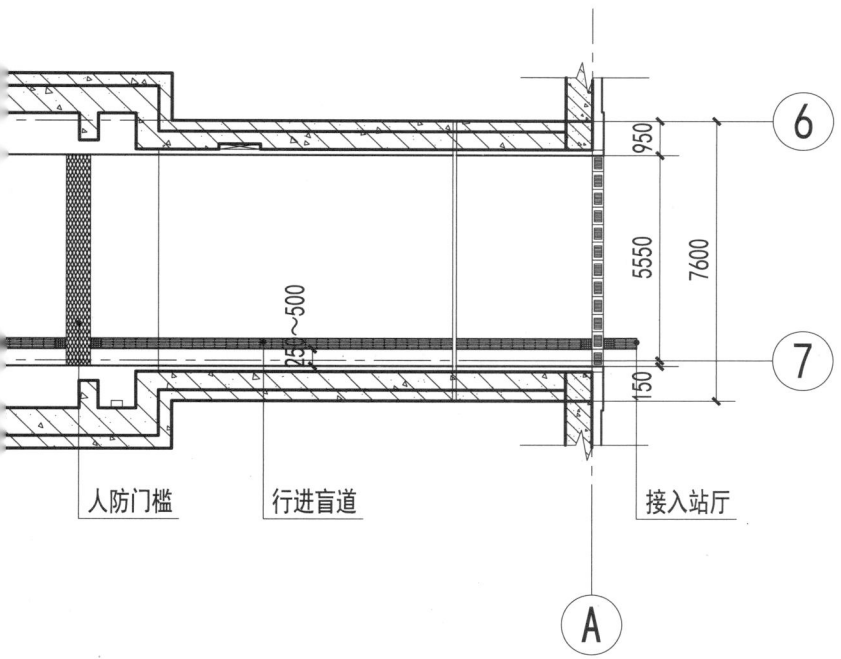

无障碍出入口通道 1:200

| 图名 | 无障碍出入口通道 |

第二部分

盲道布置平面图

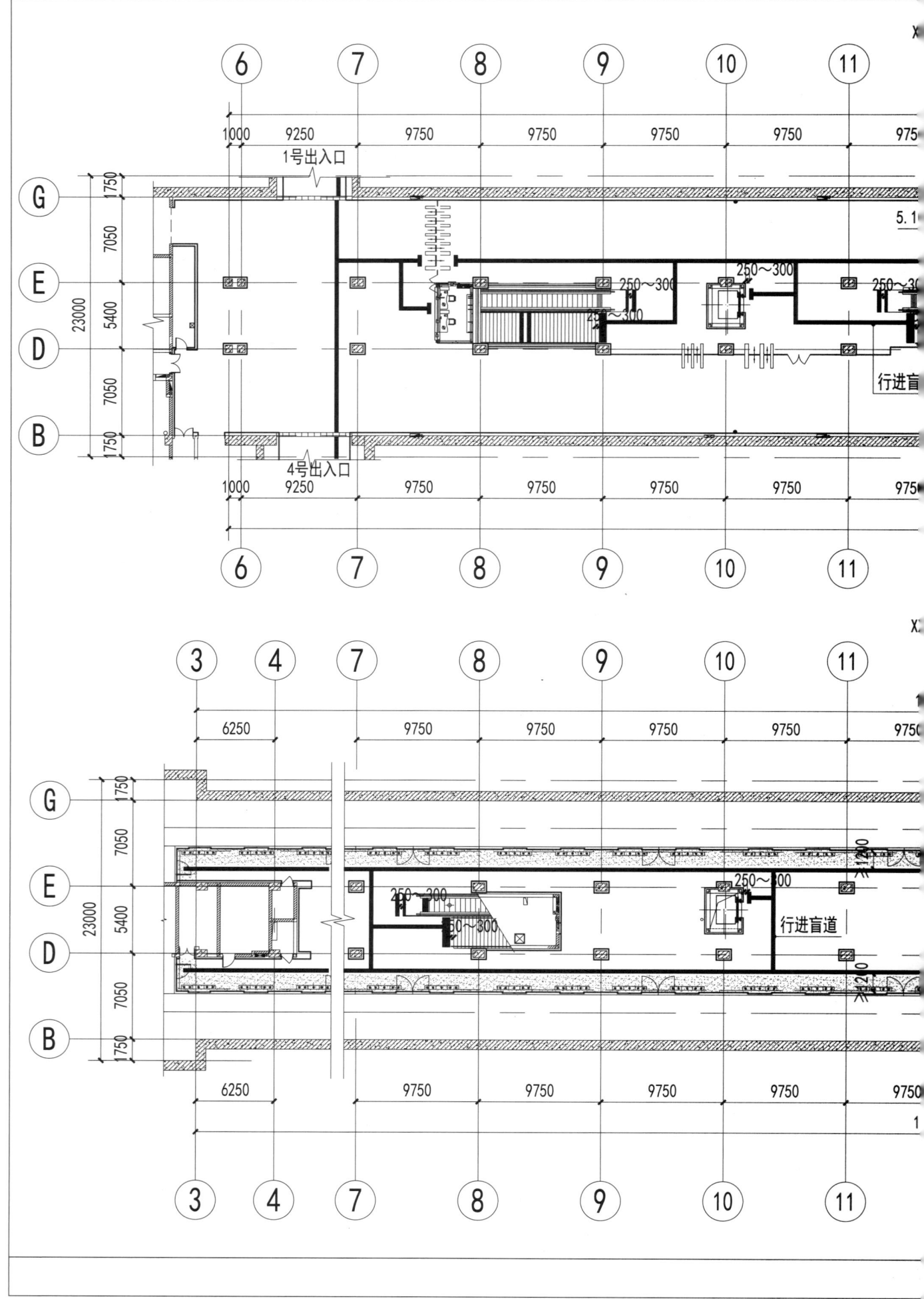

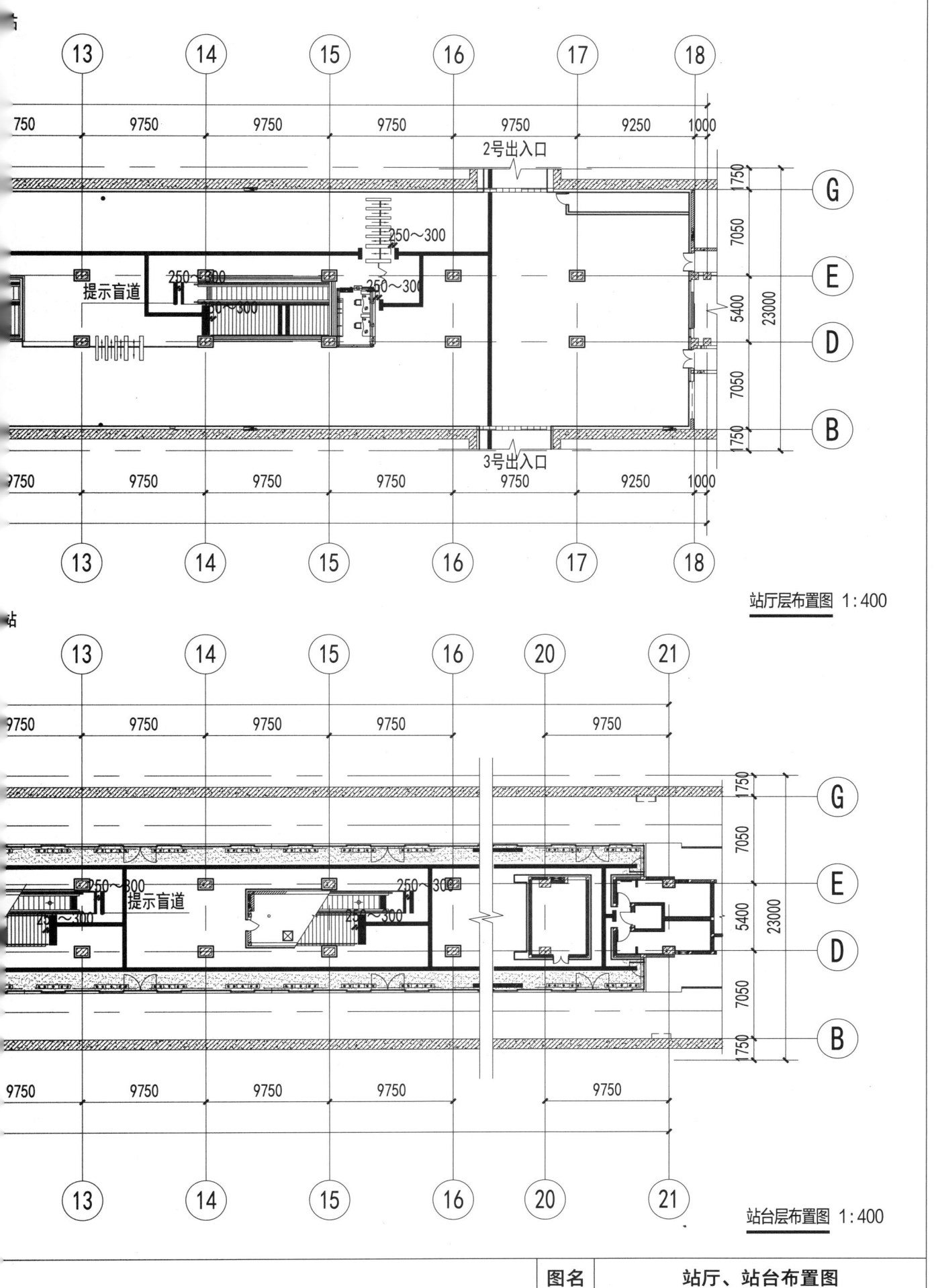

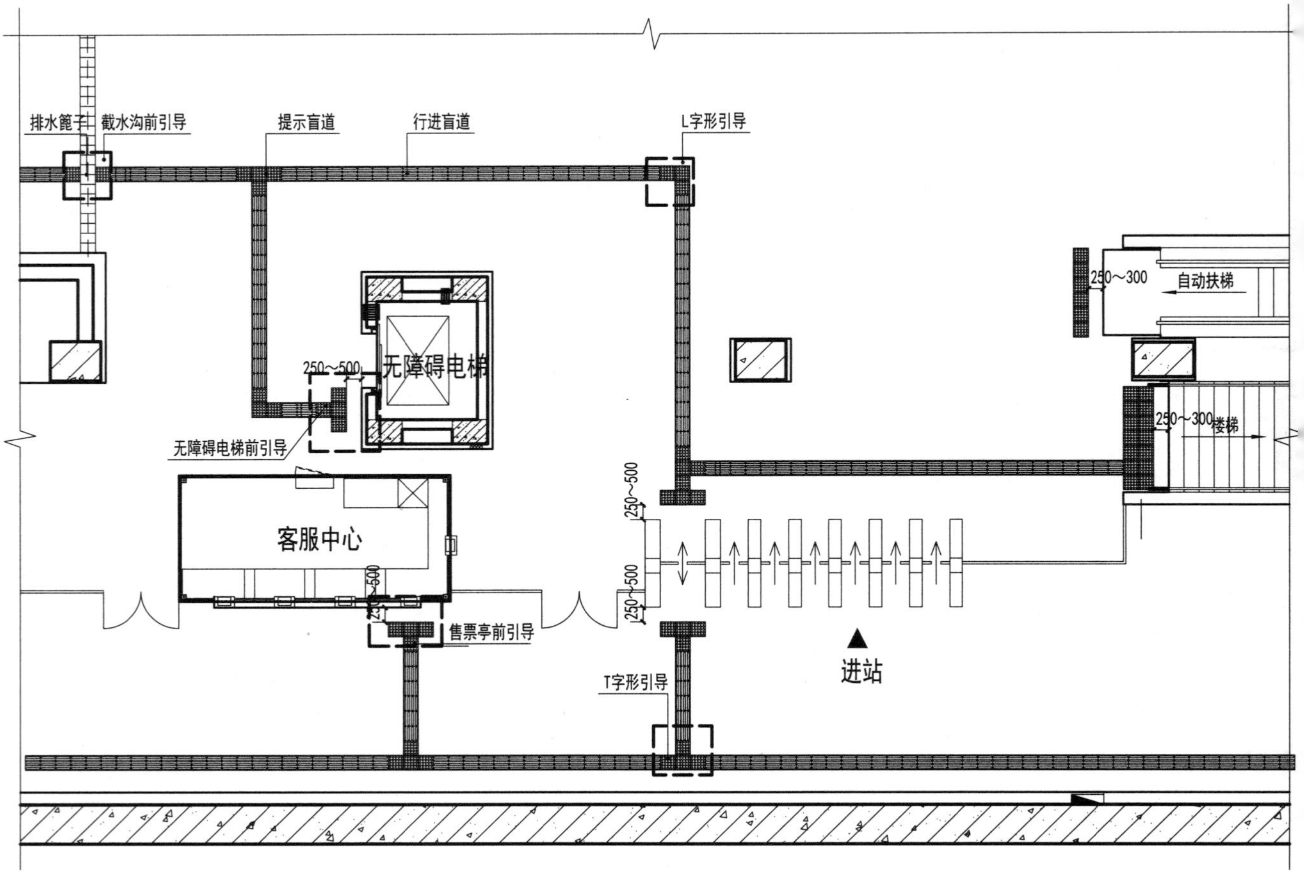

站厅层盲道局部大样图　1:150

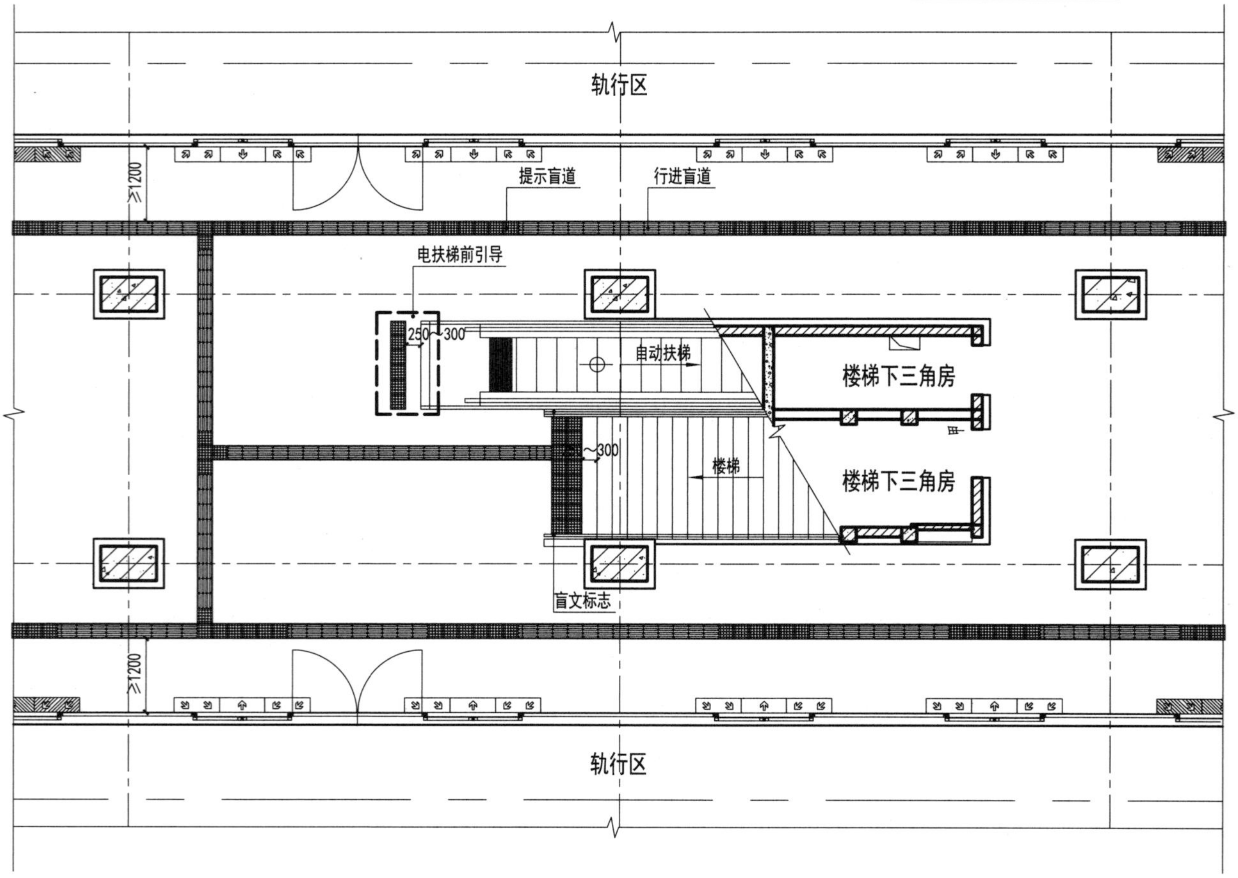

站台层盲道局部大样图　1:150

| 图名 | 站厅、站台局部盲道大样图 |

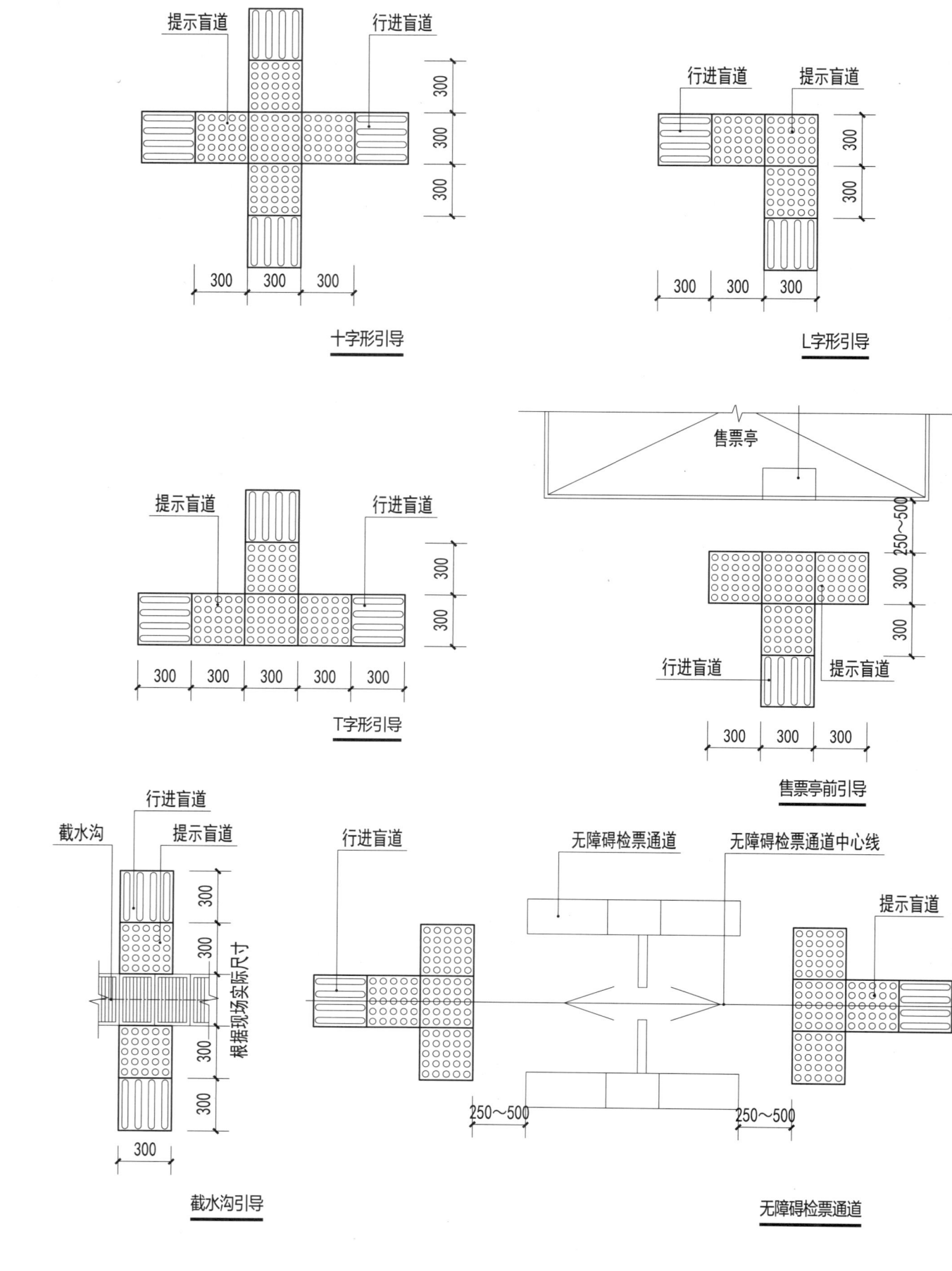

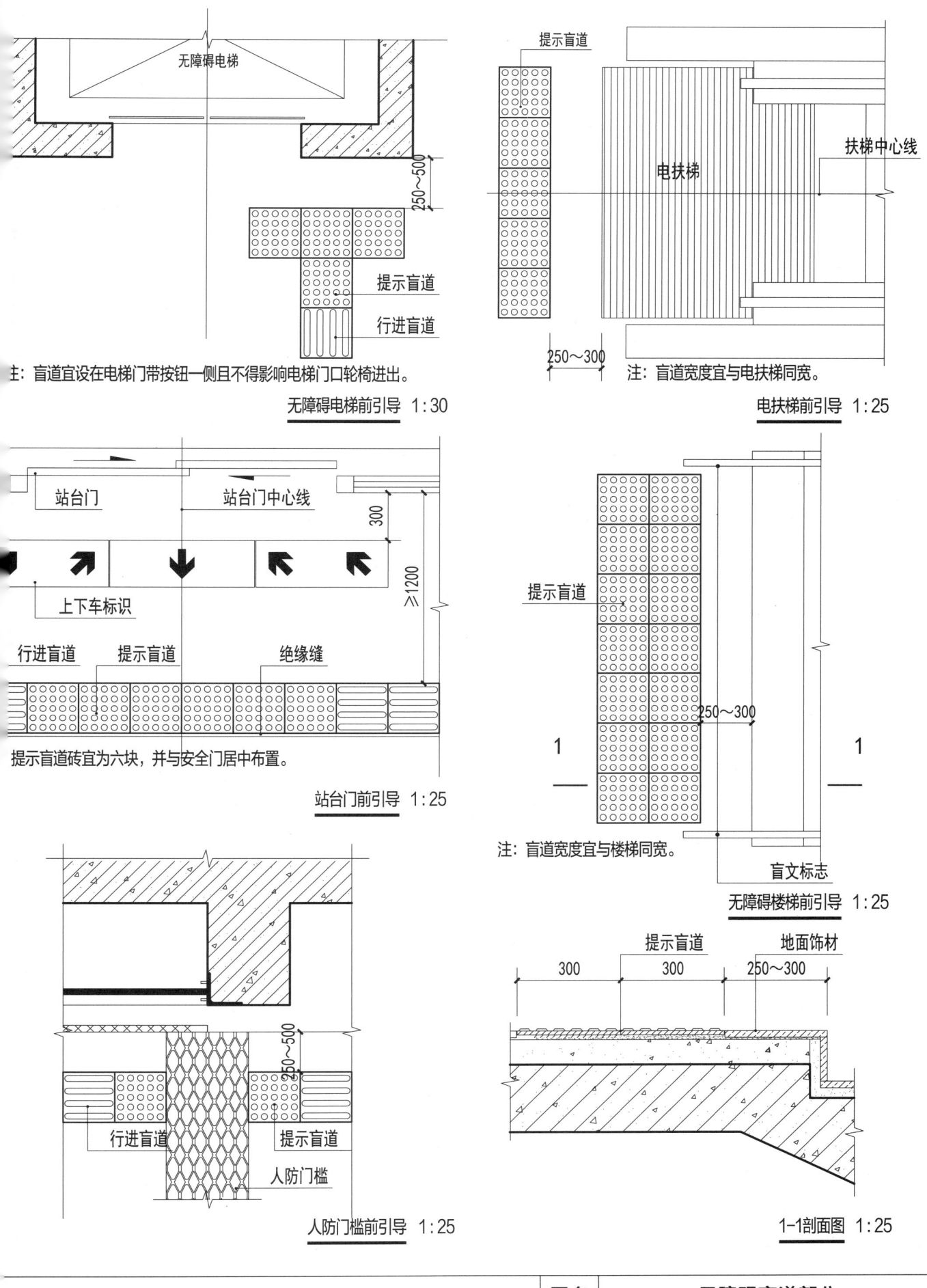

第三部分

无障碍电梯、栏杆

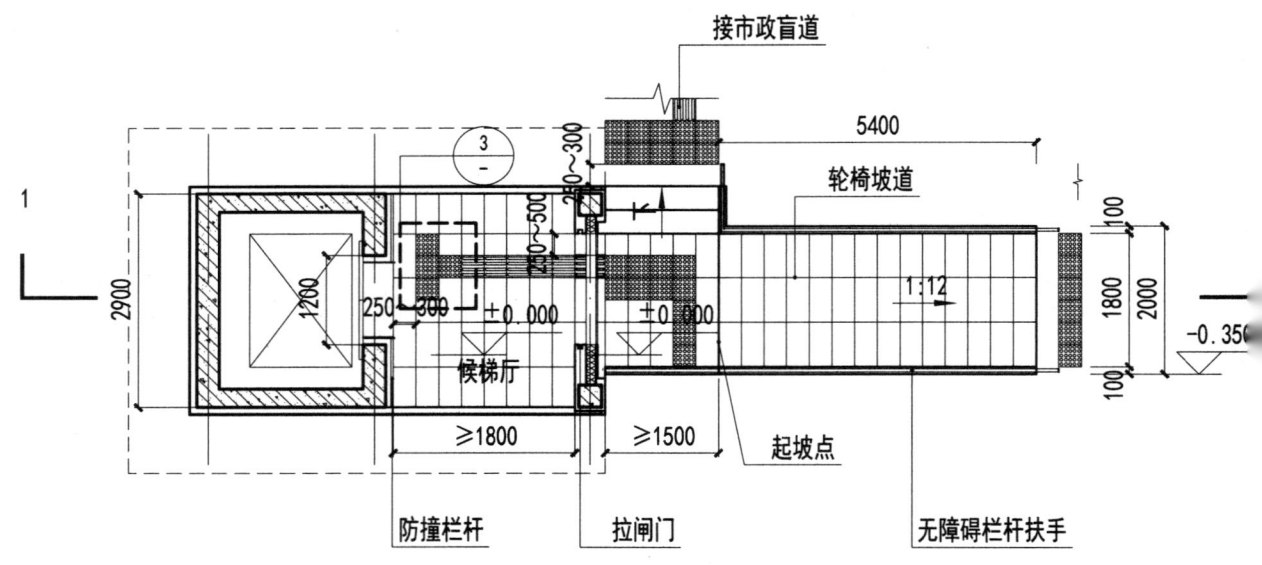

无障碍电梯亭平面布置图 1:100

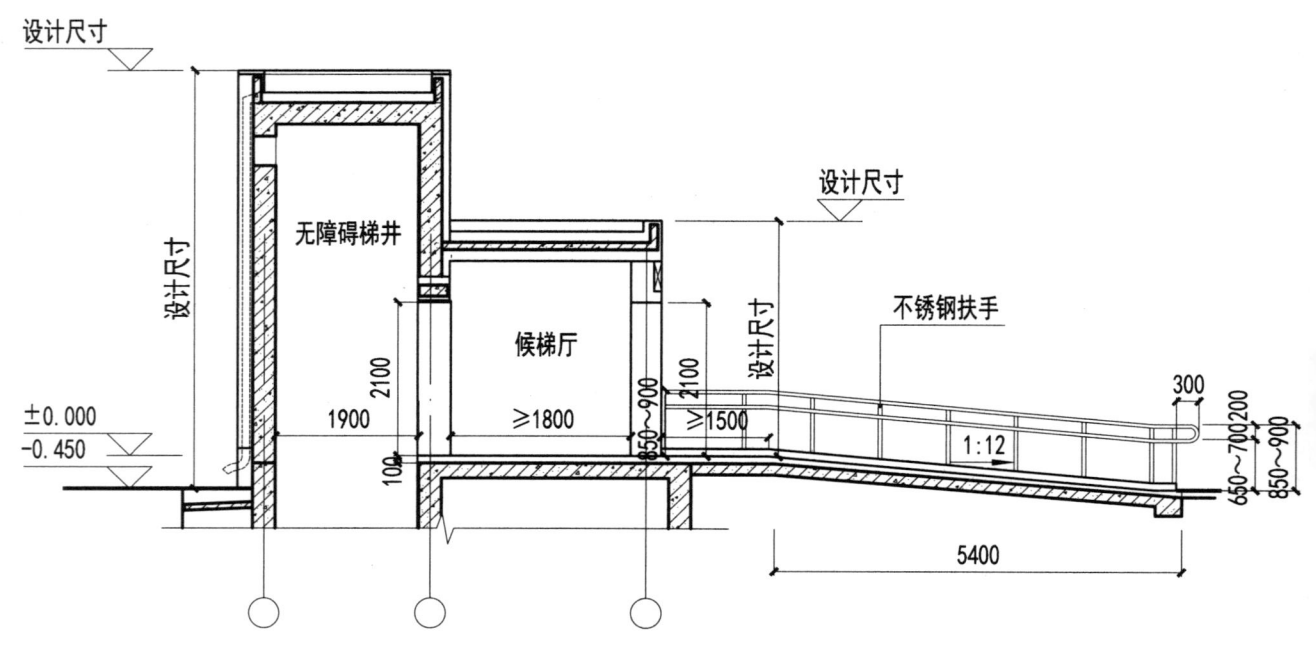

1-1剖面 1:100

立面图 1:100

轴侧图 1:100

无障碍楼梯、扶手、栏杆 1:30

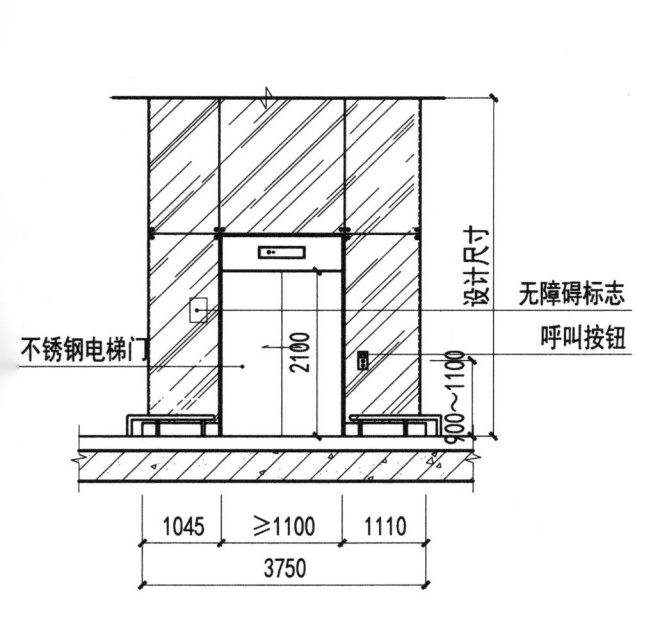

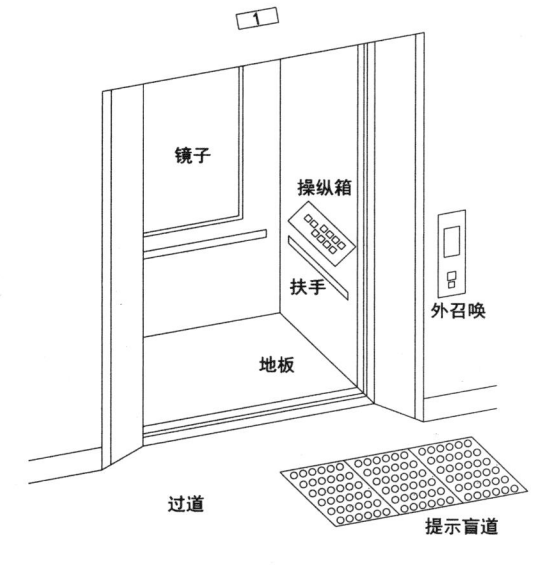

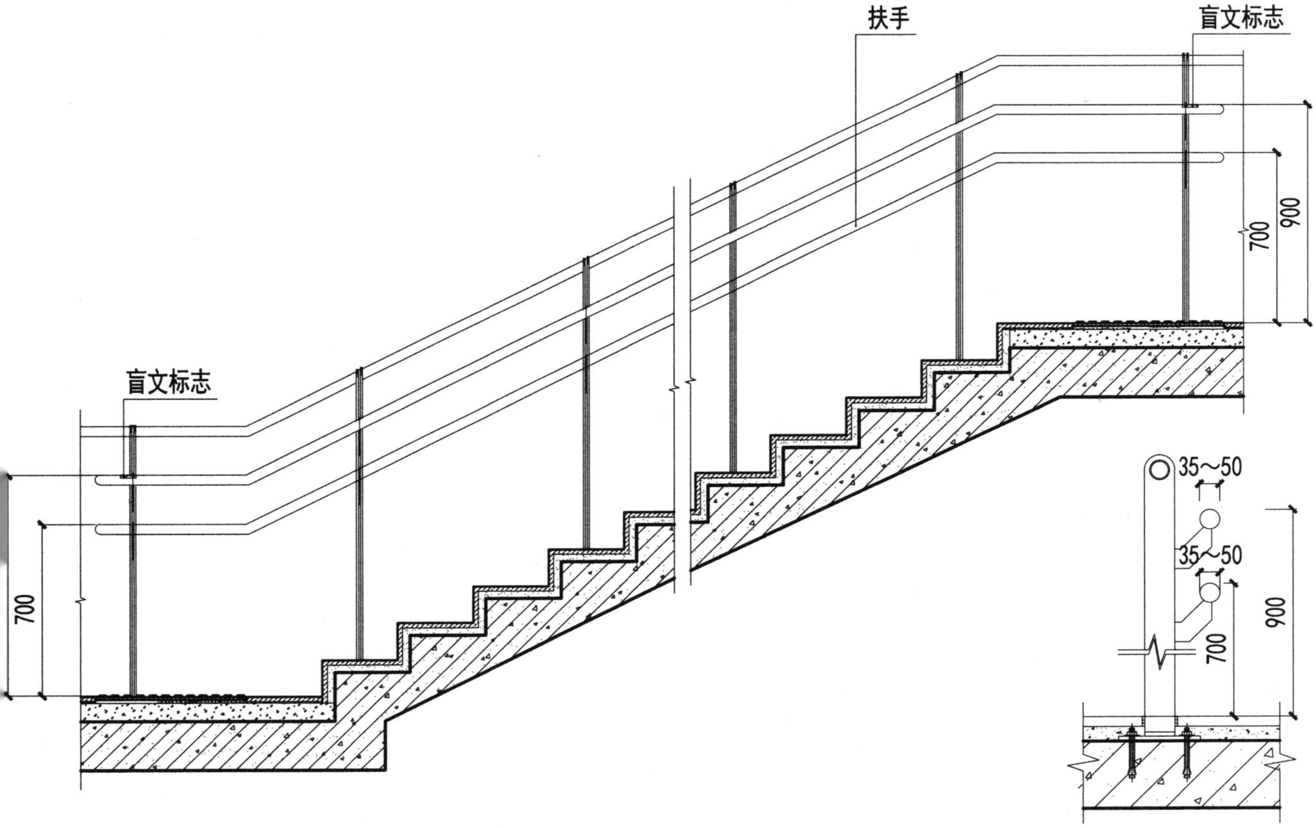

图名	无障碍电梯楼梯图

第四部分

低位服务设施

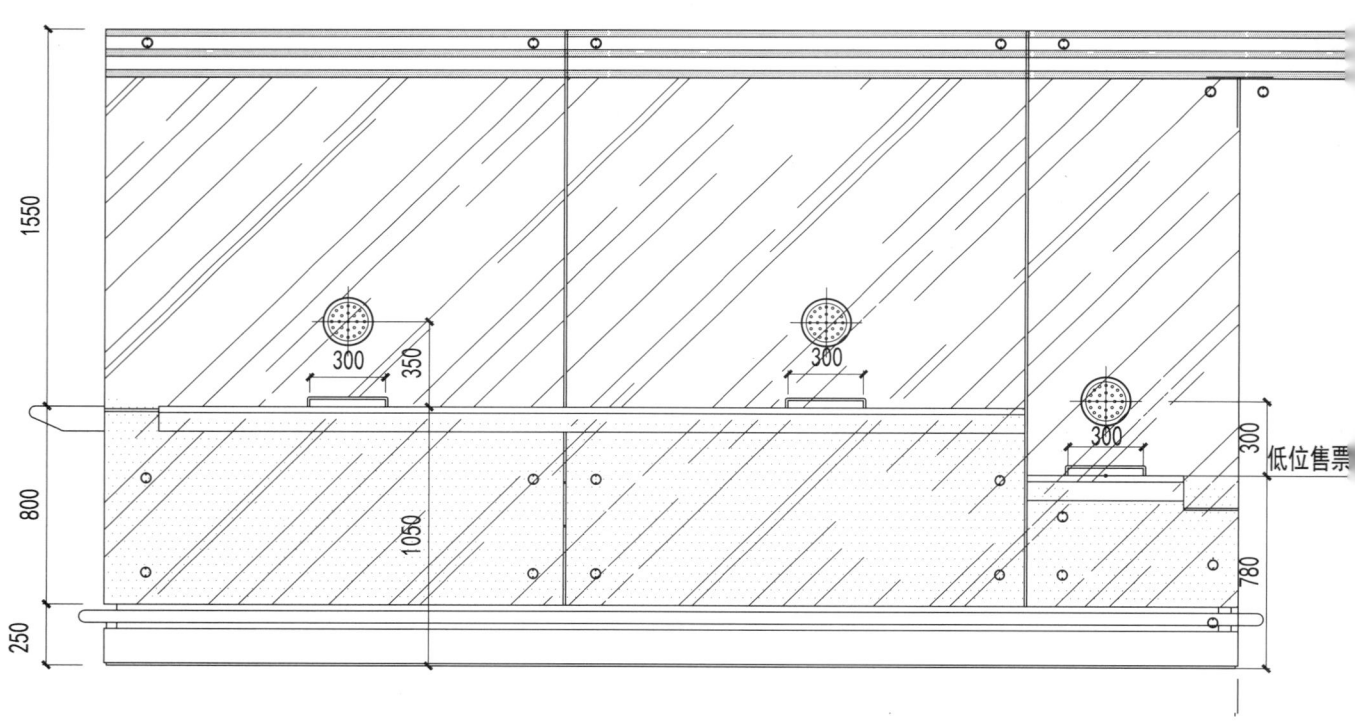

售票亭立面 1:30

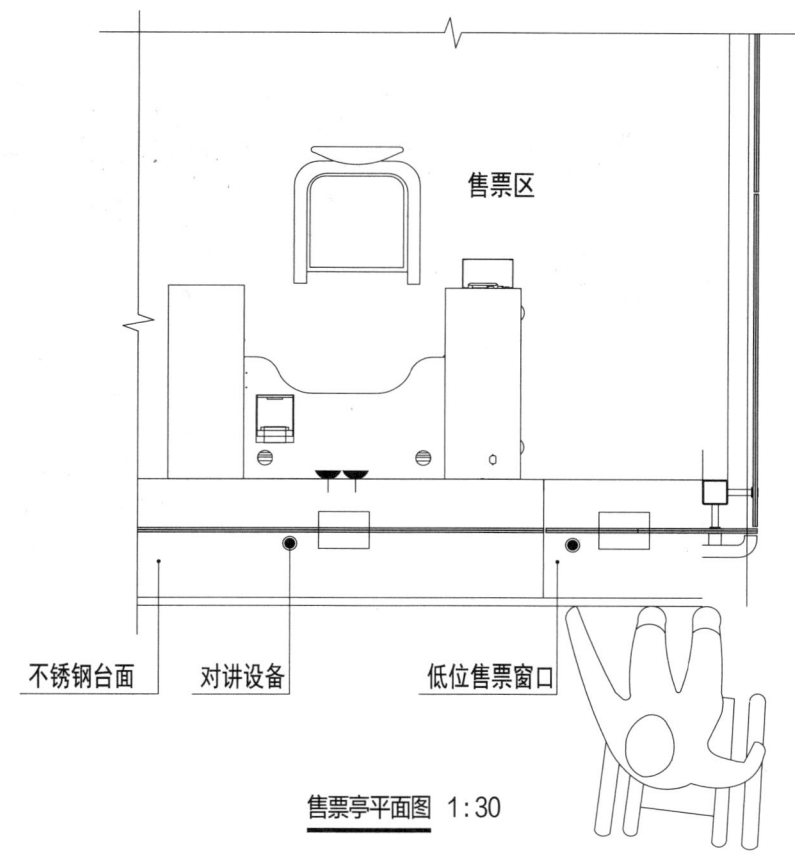

售票亭平面图 1:30

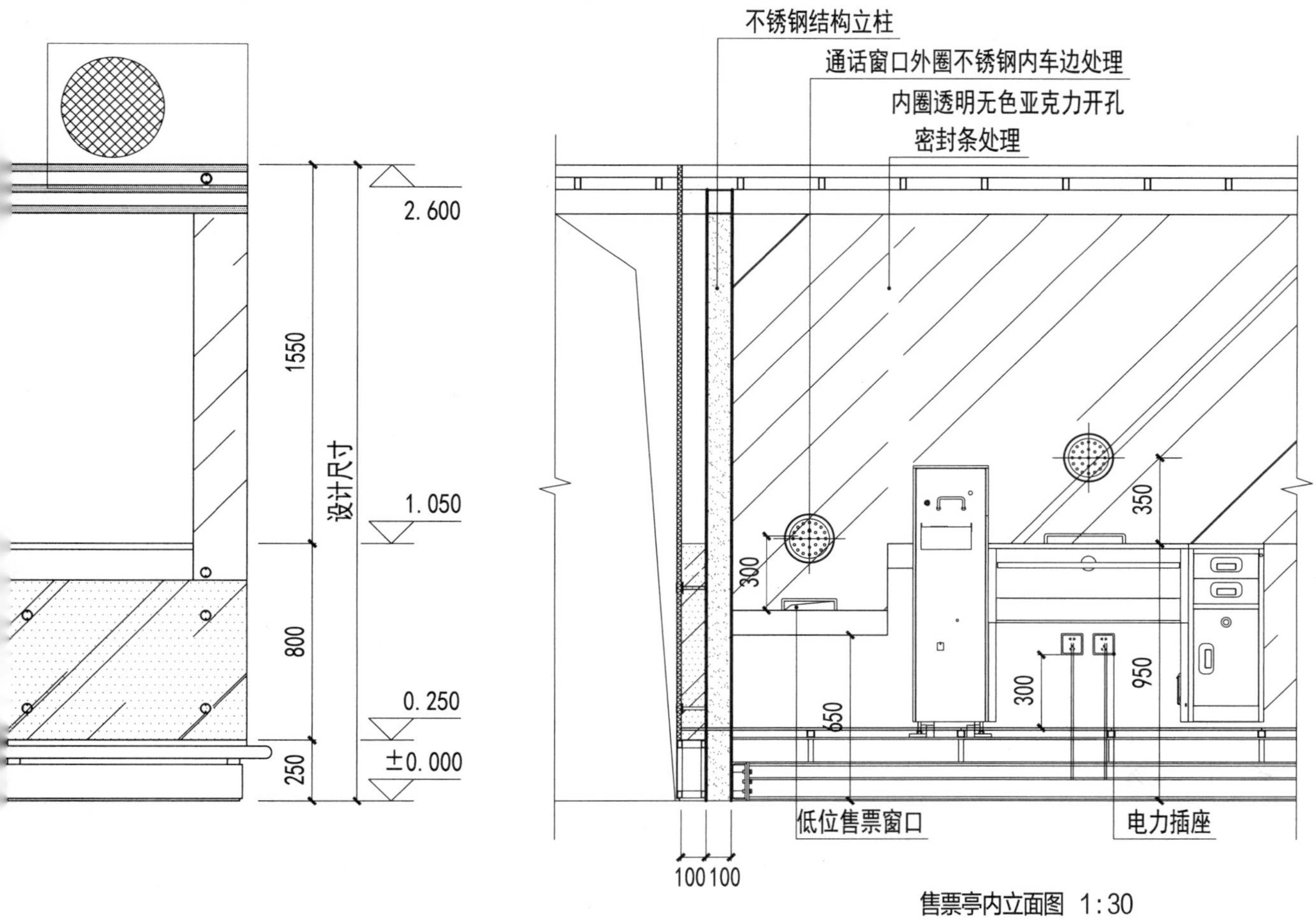

售票亭内立面图 1:30

| 图名 | 低位服务设施 |

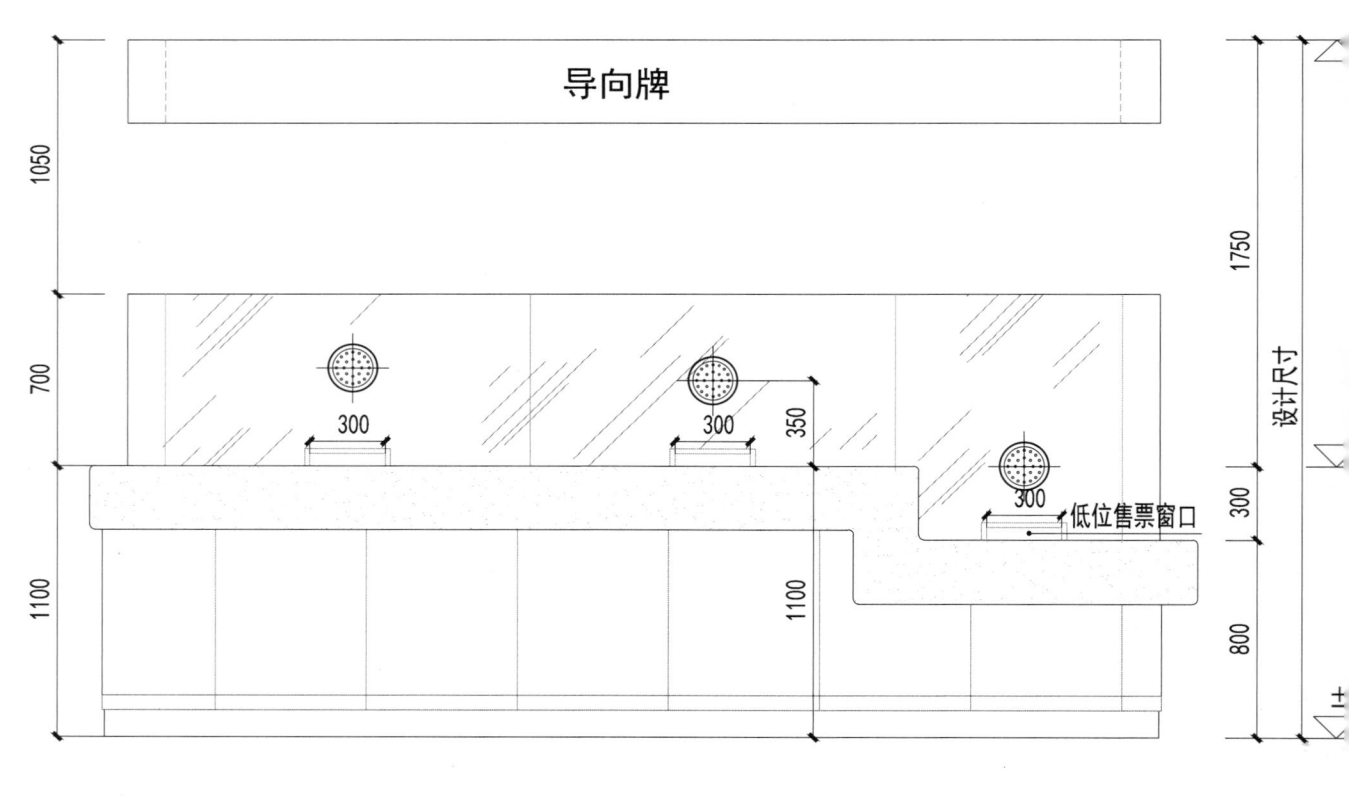

敞口售票亭立面 1:30

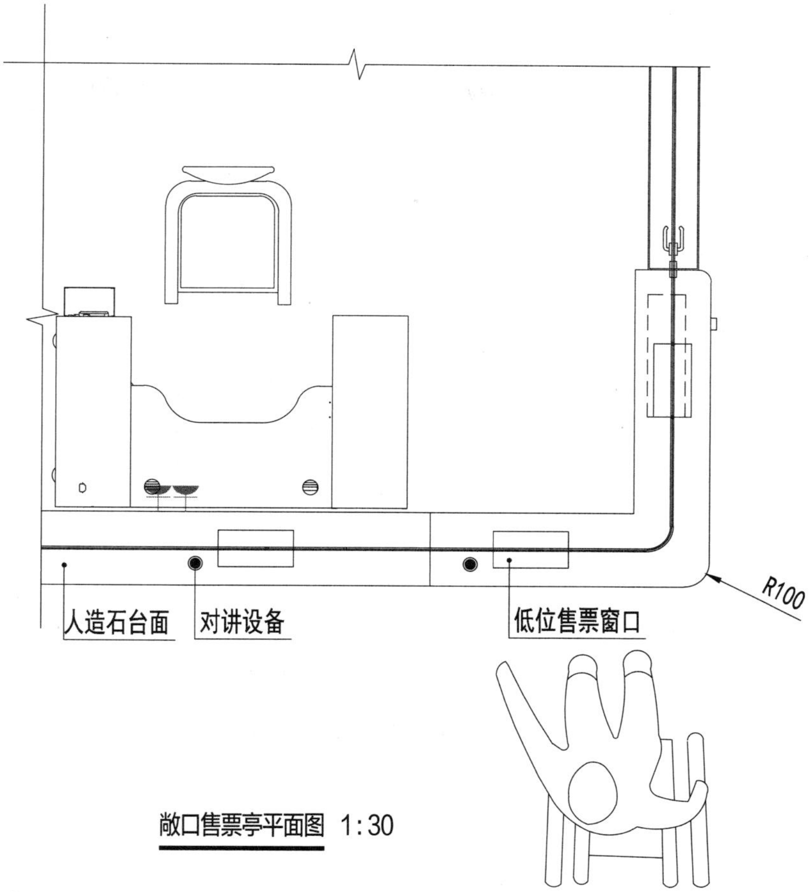

敞口售票亭平面图 1:30

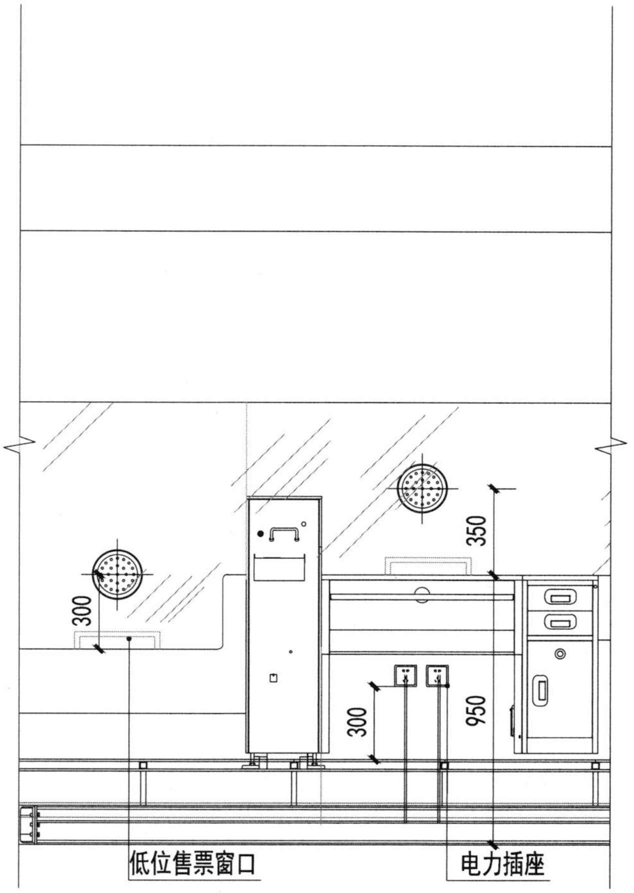

敞口售票亭内立面图 1:30

| 图名 | 低位服务设施 |

第五部分

无障碍卫生间

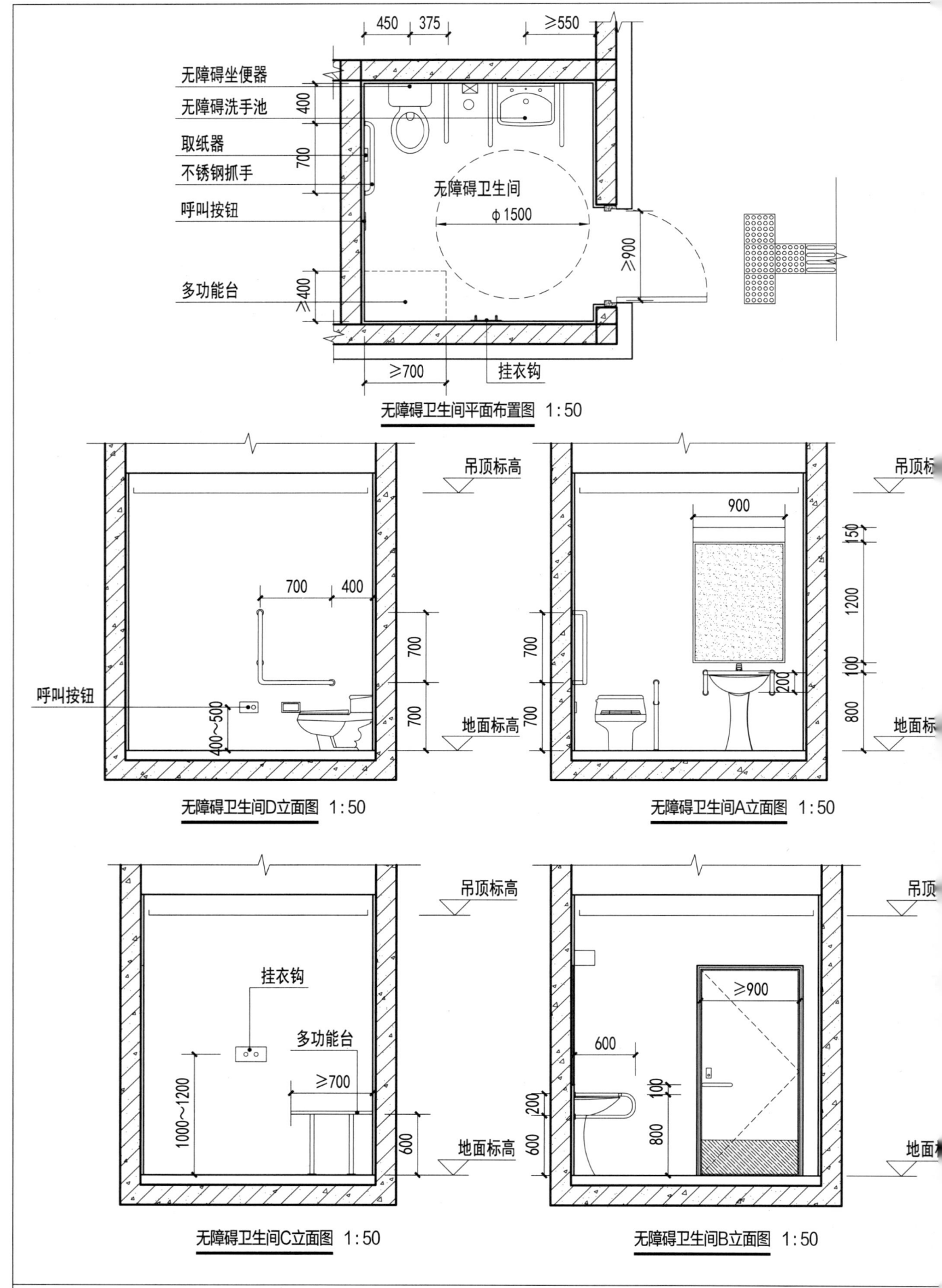

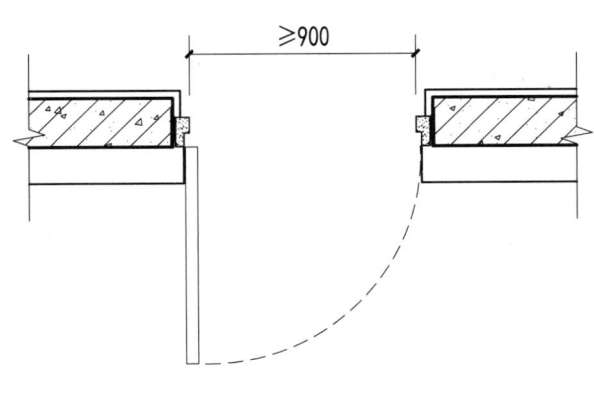

平开门平面图 1:30

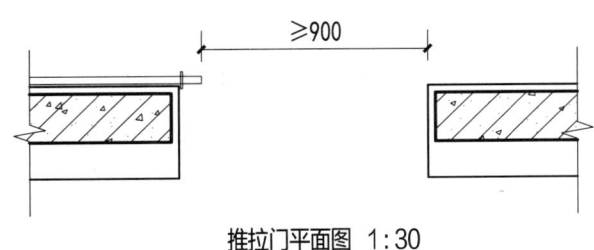

推拉门平面图 1:30

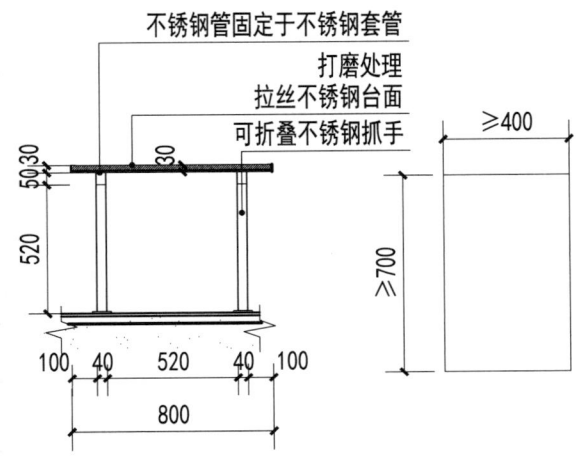

多功能台平立面图 1:30

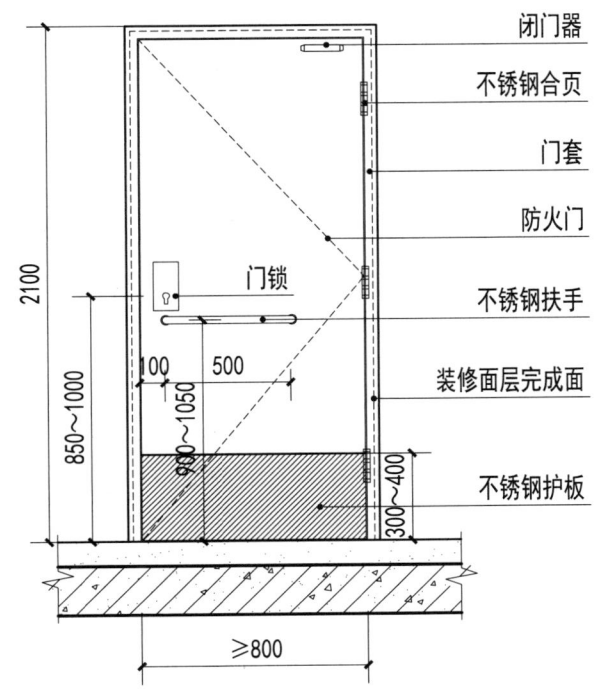

无障碍卫生间钢质门大样图 1:30

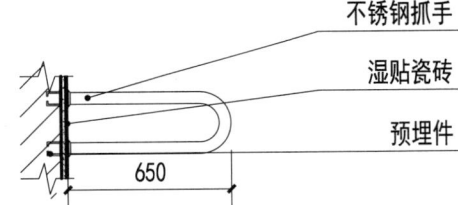

注：不锈钢安全扶手适用于无障碍洗手盆

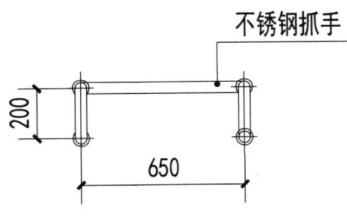

注：不锈钢安全扶手适用于无障碍洗手盆

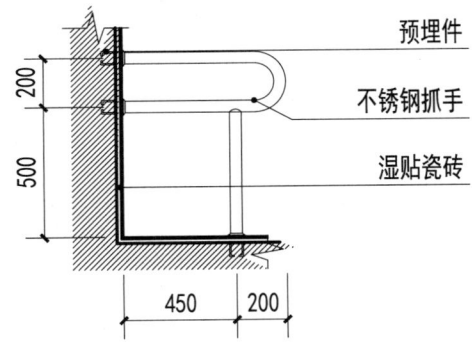

注：不锈钢安全扶手适用于无障碍坐便器

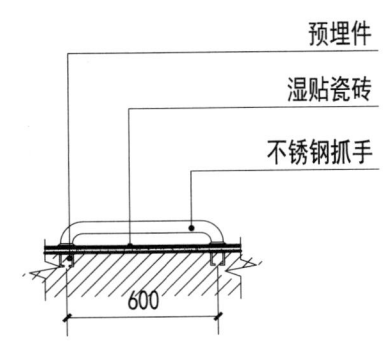

注：不锈钢安全扶手适用于无障碍坐便器

抓手平、立面图 1:30

图名	无障碍卫生间

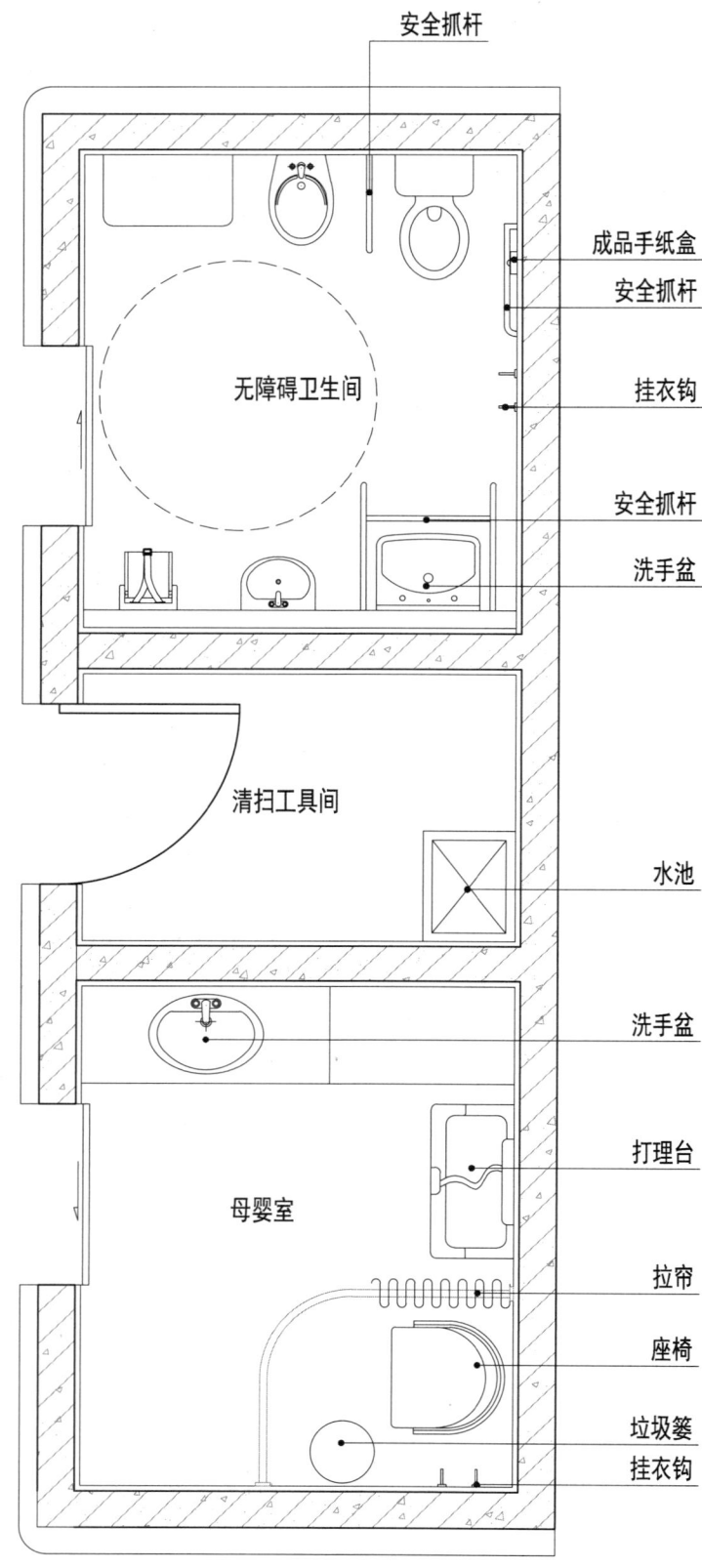

无障碍卫生间、清扫间、母婴室 1:40

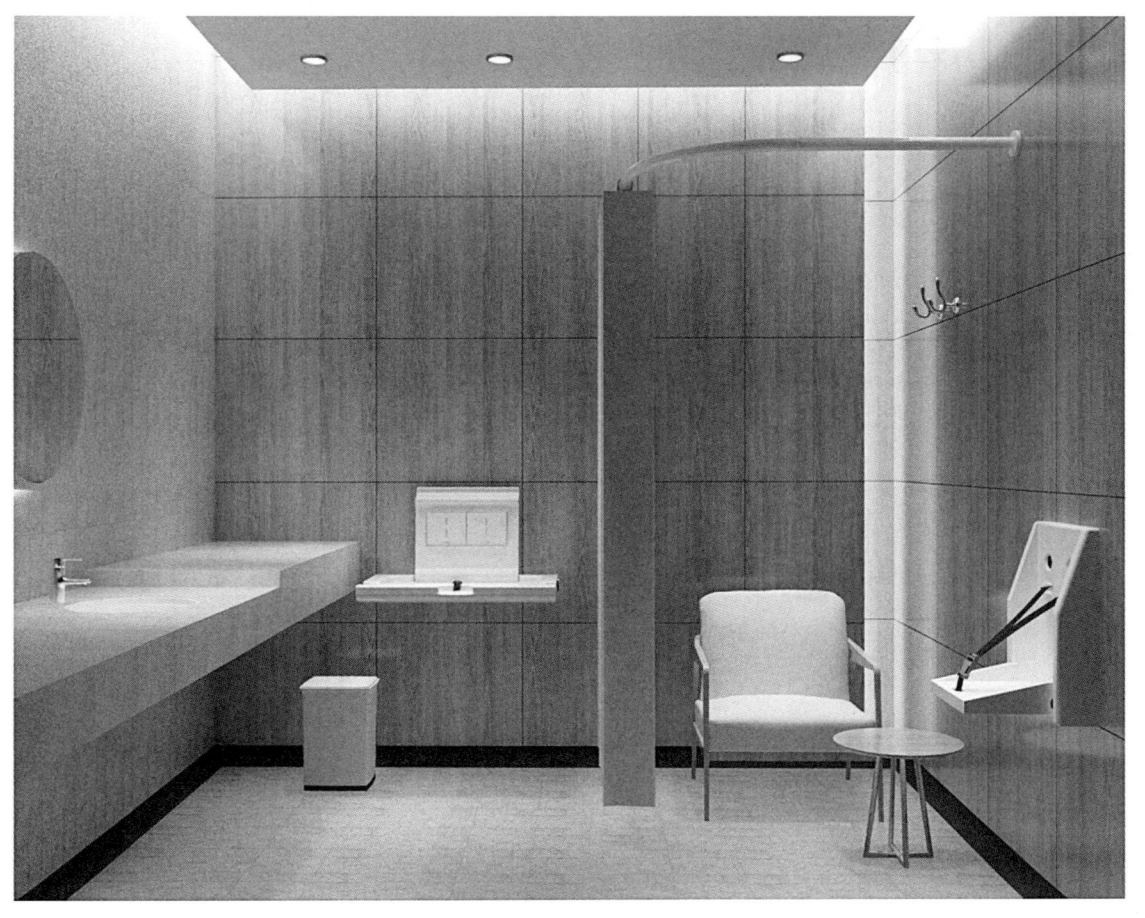

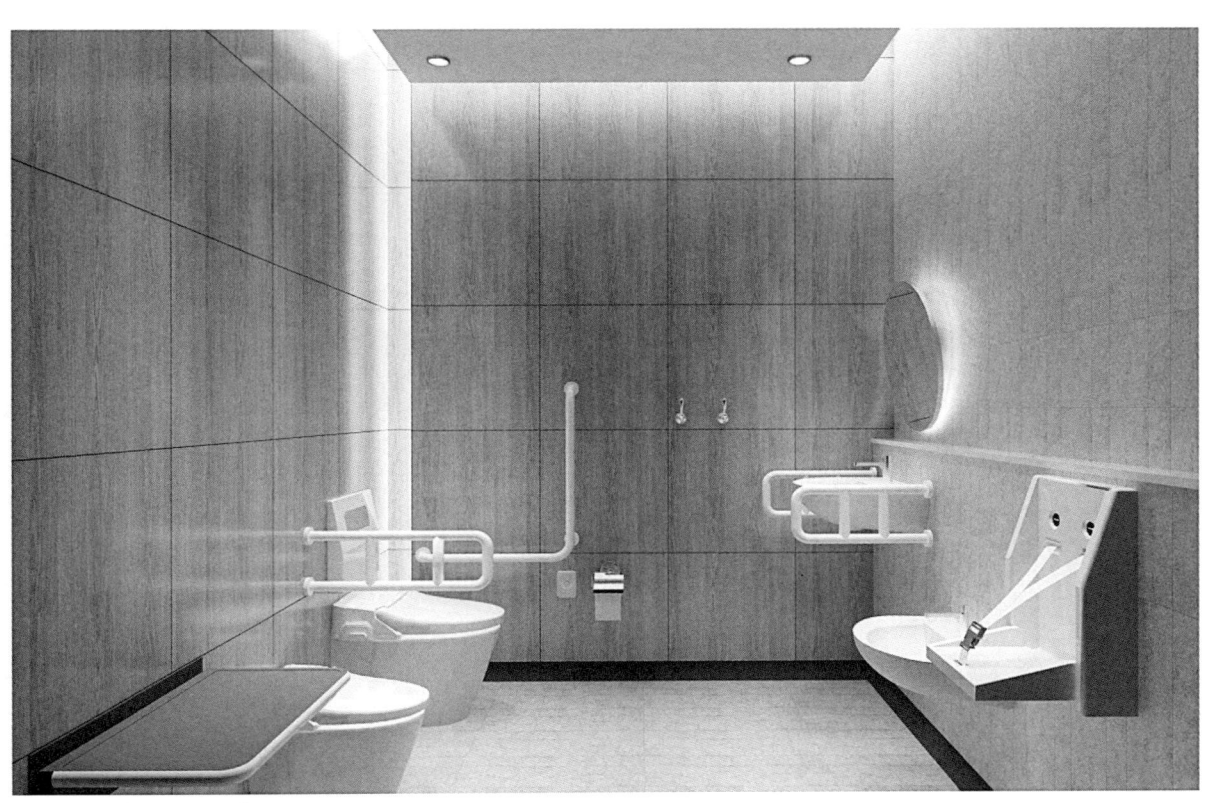

| 图名 | 无障碍卫生间、清扫间、母婴室 |

第五篇

导向标识系统

设计要点及设计依据
第一部分　导向综合布置图
第二部分　各部位导向节点图
第三部分　紧急疏散系统图

设计要点及设计依据

1 设计要点

轨道交通车站导向标识系统是以直观、明确、美观的视觉信息，对人流、物流进行引导和识别的视觉组织系统。具有引导客流、提供环境信息和提高环境形象的作用。车站导向标识引导路线：城市道路—车站外广场—出入口及无障碍电梯—通道—站厅层售票窗口—安检区—检票机—垂直电梯或楼梯—站台候车位。

导向标识系统应深入车站环境中，既服务于环境，又要成为环境的一部分，不仅仅是一系列视觉化信息符号的呈现，还要与车站空间环境、景观融为一体，形成真正系统化的设计。重要的导向标识要能达到对人的视觉有强烈的冲击效果，保证车站引导和提示的醒目性和区别性；车站导向标识系统设计应标准化和国际化，文字、语言、符号等表达方向诱导标识信息内容的媒体应符合国家现行规范、标准以及国际惯用的符号；并且内容要确切、简单、便利、综合，即能达到乘客识读的一目了然和快速理解，又能适应轨道交通的发展，更加清晰、智能、综合、实时，反应车站周边城市信息。

轨道交通车站导向标识系统应充分考虑与车站流线、功能需求、整体空间、安全管理等需求进行整合布置和设计，并做好专业配合及预留。

1.1 设计范围

轨道交通车站导向标识系统包括：导向和标识，二者经常高度融合。

车站导向标识系统设计内容包括：导向标识的位置定位、内容设计、版面设计、标牌编号、导向标识布置、安装方式等。

车站导向标识设计应考虑与相关各专业接口的设计，包括与建筑专业、装修专业、照明专业、通信信号专业、AFC专业、PIS专业、广告专业、运营管理等专业的接口设计。

1.2 设计原则

1.2.1 车站导向标识系统应连续、明确、直观，符合乘客识别视觉和心理习惯。

1.2.2 车站导向标识的文字、语言、符号等应规范化、标准化、国际化。

1.2.3 车站导向标识应符合城市定位，与车站空间环境、景观进行整合、系统设计，体现艺术性和审美性。

1.3 设计要点

1.3.1 导向标识系统分类

导向系统设计包含地铁车站站内的导向识别系统、站外道路引导系统。

1.3.1.1 导向标识按功能分类

（1）导向类：引导乘客正确从站外进行进站、乘车、换乘、出站以及使用地铁车站内其他服务设施的导向信息。

（2）确认类：对需要明确标示说明、特别指出的（包括功能确认、设备位置确认）。

（3）信息资讯类：标识复杂查询及范围等信息。

（4）安全标志：用以提示特定的禁止、警告等信息。

1.3.1.2 根据设置方式，导向系统可分为：悬吊式、挂墙/嵌墙式、落地式、贴附式

1.3.1.3 标识系统按配电分类,内照式（自带光源，需供电）、外部受光式（不供电）。

（1）不供电，个别不需要发光的标志以及安全类标志。又分为蓄光材料标志和普通材料标志。

（2）二级供电，正常时亮、紧急时不亮。

（3）一级供电的导向牌，常亮、正常和紧急有图案变化。

1.3.2 导向标识牌布置

车站导向标识牌的布置应连续、明确、直观，并且符合乘客识别视觉和心理习惯。按照市政道路—车站站外广场—出入口及无障碍电梯—通道—站厅层售票窗口—安检区—检票机—垂直电梯或楼梯—站台候车位的乘车顺序进行引导和提示。

1.3.2.1 导向类标识牌主要功能是引导乘客准确、便捷的完成进站、买票、乘车、出站、换乘等交通功能，同时提供沿途的附加服务以及站内其他服务设施的方向指示。在人流分流、功能区分界、出现视觉阻碍等关键点需要深化设置。

1.3.2.2 综合信息类标识根据乘车流线，在人流经过处或经过引导可达到的站台出入口处，站台中央或楼梯背面墙面上设置，且设置位置不能影响人流正常通行。

1.3.2.3 安全标识主要根据运营需要，一般设置在通道等人流量密集的位置，同时与车站环境协调有序、适量设置。

1.3.2.4 在标识牌设置的过程中要严格避免与广告等其他要素颜色发生混淆，并且严格设定在限定的范围内。在保证提供良好的信息的前提下，标识牌的设置数量适量。

1.3.2.5 吊挂式标识下沿距地面高度（导向统一标高）2.5m，在空间不够的情况下不低于2.3m。

1.3.2.6 通道超过30m长无导向牌时，需设置相应的导向标识。

1.3.2.7 车站公共区内服务性设施（如电话、电梯、卫生间等）附近设置相应的确认标识。并在站内导向标识中适时作出指引。如果配备残疾人辅助设施，标识中应对辅助设施进行指引。

1.3.2.8 标识牌的设置亦优先于乘客服务信息系统、时钟，并兼顾摄像等监控设备。当冲突时进行二次设计。

1.3.2.9 在避免遮挡的情况下，当遇到与其他设备整体齐平时候，可适当调整高度和其他设备底部齐平放置，达到整体美观效果。当遇到与其他设备前后放置的情况下，可适当调整距离错开同一直线，前后放置。

1.3.2.10 距离墙面较近的导向牌应与墙面整合设计安装。吊挂出口导向指引标识牌需与相对应设置的站厅层综合资讯嵌入牌应尽可能居中安装设置，达到美观整齐效果。考虑车站装修整体效果，吊挂牌体应在视觉外观上不裸露吊杆。出入口信息组合(吊挂出入口信息牌和嵌墙周边信息牌)满足离闸机位置最少为3.5米以上，不满足条件的后期根据现场设置情况调整组合信息牌的位置。

1.3.2.11 贴附标识牌，特别是警示类和与运营相关的提示类标识牌，需与运营部门相关协调，根据实际需求完成设计。

1.3.3 导向标识版面设计

标识要素分类说明，标识组成要素：图形符号、箭头、文字、数字、颜色、尺度。

1.3.3.1 图形符号

图形符号应符合、GB/T 16900和GB/T 16903.1中的相关规定，体现城市文化特色。

1.3.3.2 导向箭头

箭头在标识系统中主要是引导和确定方位。在正常观察距离内，同一方向有箭头的标识需连续设置，加强提示。具有方向性的符号与箭头结合时，符号与箭头之间不应有冲突。

1.3.3.3 导向文字

（1）标识中的文字，除汉语地名外，同时使用中、英两种文字。为保证标识信息易于识别，中英文均应采用无装饰线字体。

（2）标识中的地名（含站名）符合当地政府管理部门的相关规定。

（3）车站出入口编号应遵循一定的命名原则：与建筑统一出入口编号起始出口，以有效站台中心为圆心，沿逆时针方向旋转，按顺序连续编号；

为避免引起歧义，英文字母I、O不列入编号体系；同一通道的分支出入口，按距离站厅由近至远，在上述编号原则确定的数字或字母后连续增加二级编号，如A1、A2或1A、1B；同期开通或不同期开通的换乘站均应确保出入口编号原则的连续性，不应重复。

1.3.3.4 标识色彩

（1）确认、导向、综合信息标识牌的基准色根据城市特色和车站环境规定取值。

（2）禁止、警告、消防安全标识的颜色应符合GB 2893的有关规定。

（3）警务室确认牌应采用公安系统标准色。

（4）轨道交通线路标识色依据城市导向设计相关规定取值

1.3.3.5 版面布置

标识中的箭头、图形符号、中文、英文和数字按重要程度从左到右，横排横写；中文在上，英文在下。当箭头向右，标识中的箭头，图形符号、中文，英文和数字按重要程度从右到左。

1.3.4 导向标识牌编号

1.3.4.1 双面标识牌的图画内容分甲面和乙面，有箭头引出面为甲面，相对的为乙面。单字表示牌体为单面牌体；双字代表双面牌体且甲乙面版面相同。甲，乙字表示一个牌体上相对应的甲，乙面版面。

1.3.4.2 标识牌应进行设计编号。包含索引编号、类型编号、牌体编号。其编号原则如下：

（1）索引编号XX-ABC-NO.：按照各功能区（所处的楼层进行）单独编写索引编号。

XX代表轨道交通线路站名编号，通常根据项目设计总体编制规则执行，如无特殊规定，宜采用车站站名英文字母缩写表示，站名过长时取缩写前三个字母。

ABC代表功能区，C-站厅层、P-站台层、E-出入口通道、O-站外、S-设备。

NO.代表本功能区第几块标识牌，由阿拉伯数字组成。

中划线：用于连接各代码的符号。

（2）类型编号XXX-NO.ABC：根据各标识牌按照具体规格尺寸的代号进行类型编号。

XXX表示标识类型（导向类-DIR；确定类-IDT；安全类-WSL；综合信息类-INF）

NO.代表标识牌尺寸型号，由阿拉伯数字组成，表示该标识牌的尺寸（长×高）规格代号。

ABC代表安装方式，A为吊挂式；B为嵌墙/挂墙式；C为落地式；D为贴附式。

"*"符号，代表有照明设施的标识牌（标注于安装方式代码的右上方位置，如A*）。

中划线：用于连接各代码的符号。

示例：1200mm×300mm吊挂式，内发光导向类牌（暂定规格代码04），即：DIR-04A*。

（3）牌体编号：各标识牌按照数量的代号编号，为阿拉伯数字组成。

1.3.5 导向标识牌整合设计

1.3.5.1 导向标识应进行整合设计，不仅提供清晰、明确的系列视觉化信息呈现，还要与车站空间环境融合。

1.3.5.2 清晰、醒目、综合、实时的反映车站和城市信息。根据不同车站类型，提供普通车站、换乘车站、换乘通道、枢纽实时换乘、周边接驳等客流拥挤程度。在适当部位应实时提供车站周边其他接驳系统的状态、周边休息、等待、停车、公交等信息。

1.3.5.3 导向与空间效果结合。

（1）拱形或较高吊顶的车站导向标识牌应采用龙门架形式，减少吊杆数量。

（2）距离墙、柱面较近的牌体应采用壁挂式。

（3）导向标识吊杆应与其他临近专业设备吊杆整合。

（4）落地导向标识牌应与座椅等功能进行整合。

1.3.5.4 艺术化设计。在完善地铁导向标示基本功能性的基础上，需要打破陈规的符号及文字说明方式，将艺术形态载入地铁导向标识设计中使地铁导向标示更富艺术色彩，做到地铁导向标识功能性和艺术性的统一，不仅能为人起到引导方向、分流人群的作用，同时也给人们的出行生活增加艺术气息，增添情趣。

设计依据及参考资料

1.《地铁设计规范》GB 50157

2.《无障碍设计规范》GB 50763

3.《建筑内部装修设计防火规范》GB 50222

4.《建筑设计防火规范》GB 50016

5.《城市轨道交通客运服务标志》GB/T 18574

6.《图形符号表示规则 总则》GB/T 16900

7.《公共信息导向系统设置原则与要求》GB/T 15566.4

8.《图形符号 术语 第1部分：通用》GB/T 15565.1

9. 《汉语拼音正词法基本规则》GB/T 16159

10. 《标志用公共信息图形符号》GB/T 10001

11. 《标志用图形符号表示规则》GB/T 16903.1

12. 《安全色》GB 2893

13. 《安全标志及其使用导则》GB 2894

14. 《消防安全标志 第1部分：标志》GB 13495.1

15. 《消防安全标志设置要求》GB 15630

16. 《城市轨道交通照明》GB/T 16275

17. 《通用用电设备配电设计规范》GB 50055

18. 《低压配电设计规范》GB 50054

19. 《民用建筑电气设计规范（附条文说明［另册］）》JGJ 16

20. 国家标准图集系列、其他相关国家及地方规范、规程、规定和相关行业标准等

第一部分

导向综合布置图

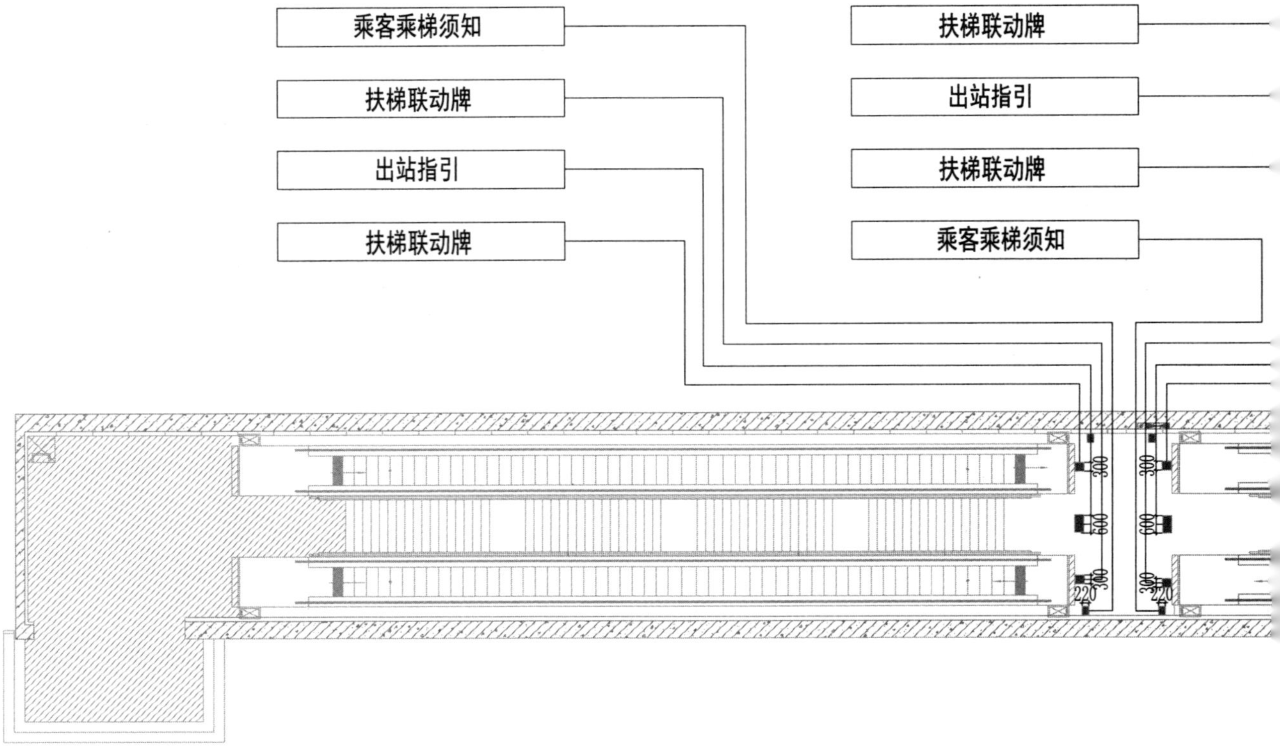

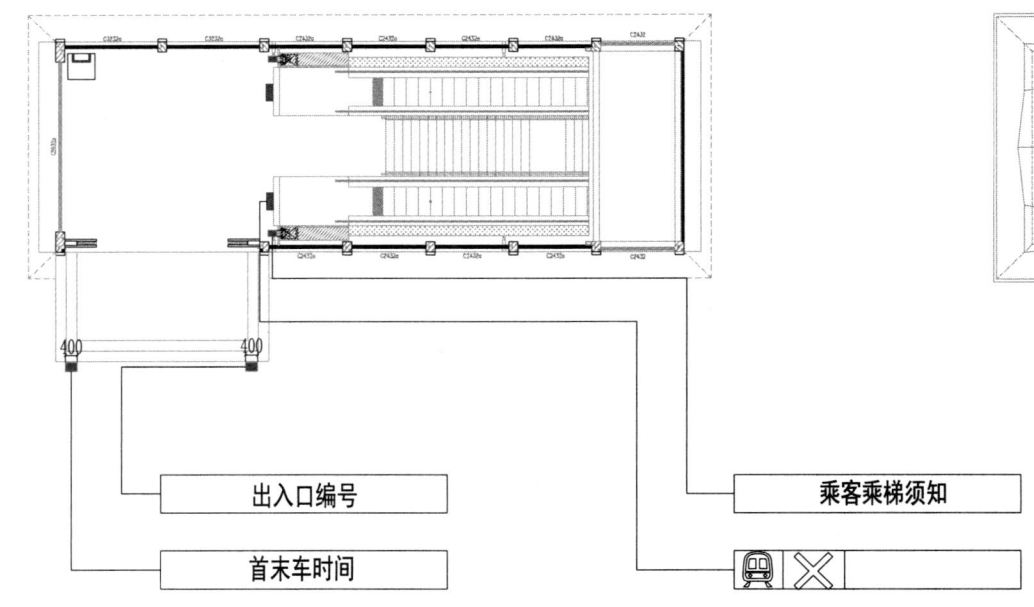

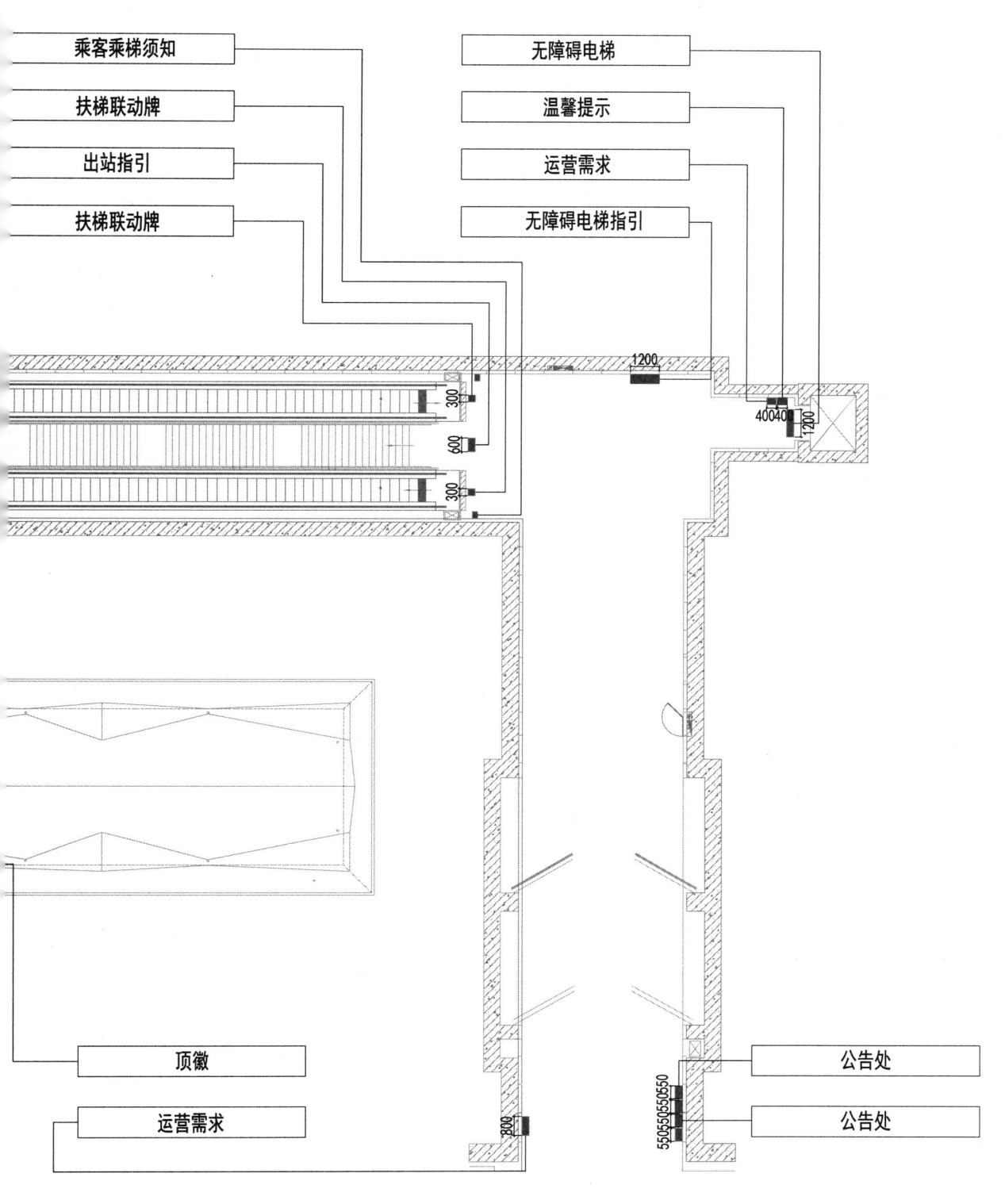

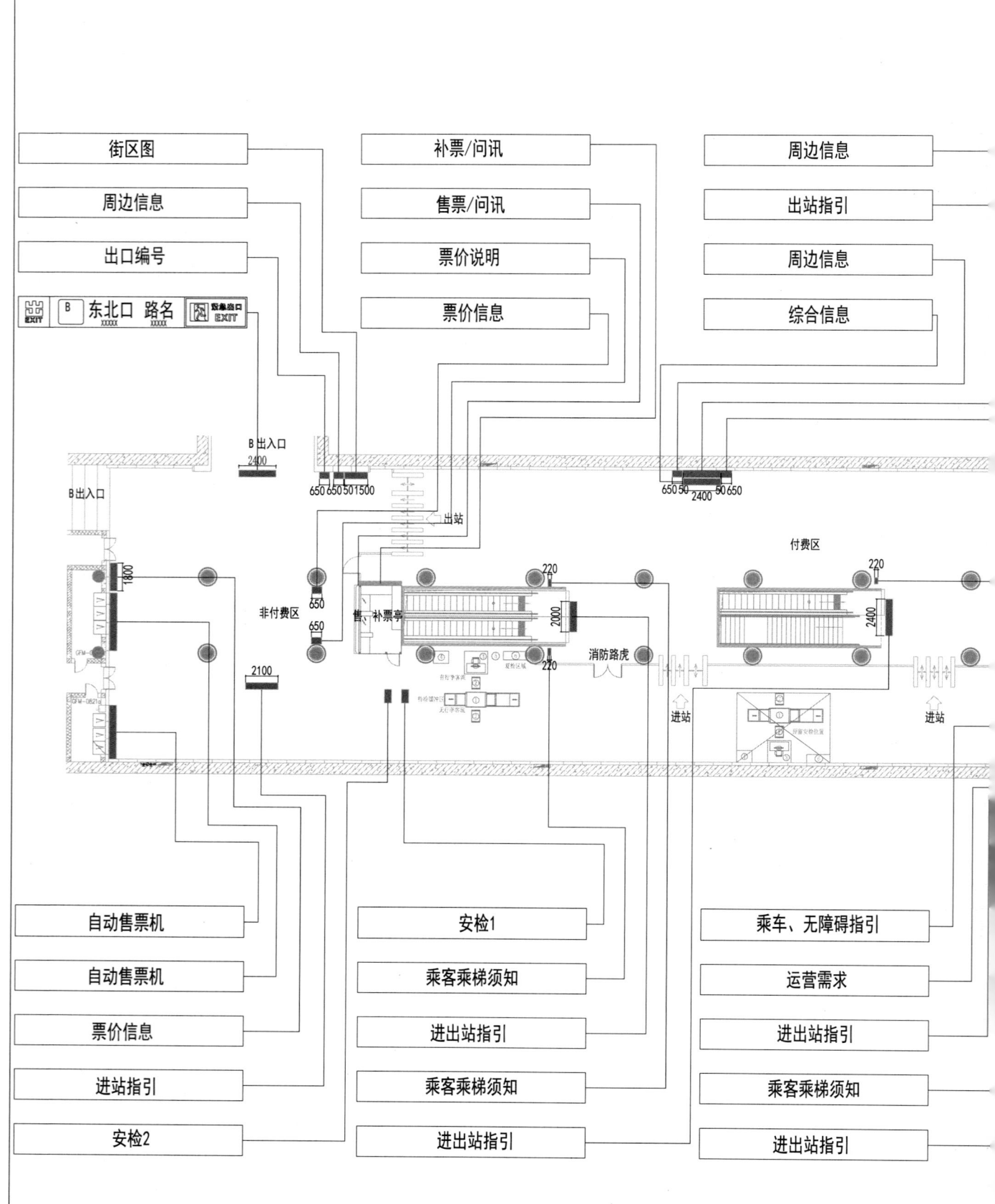

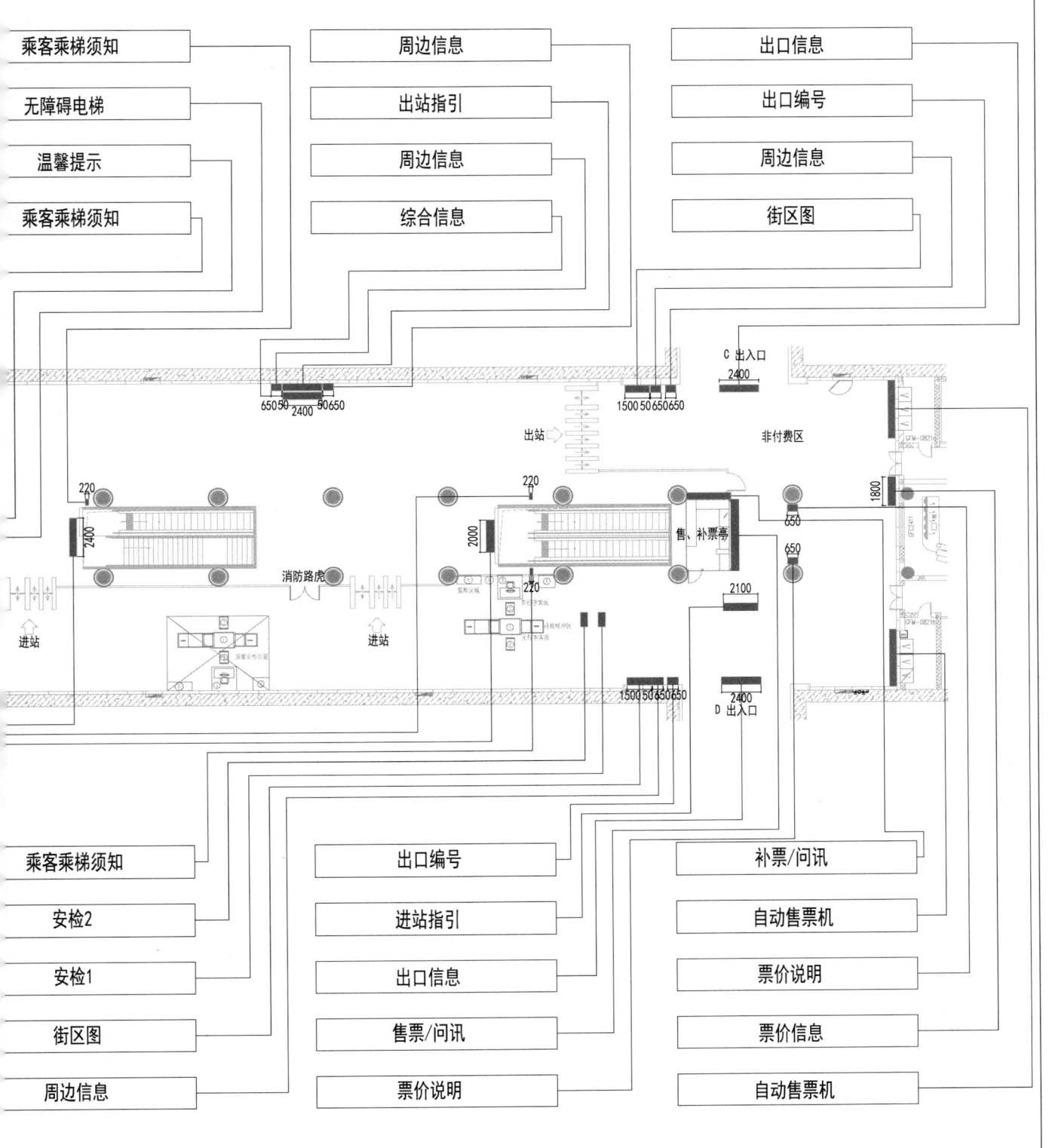

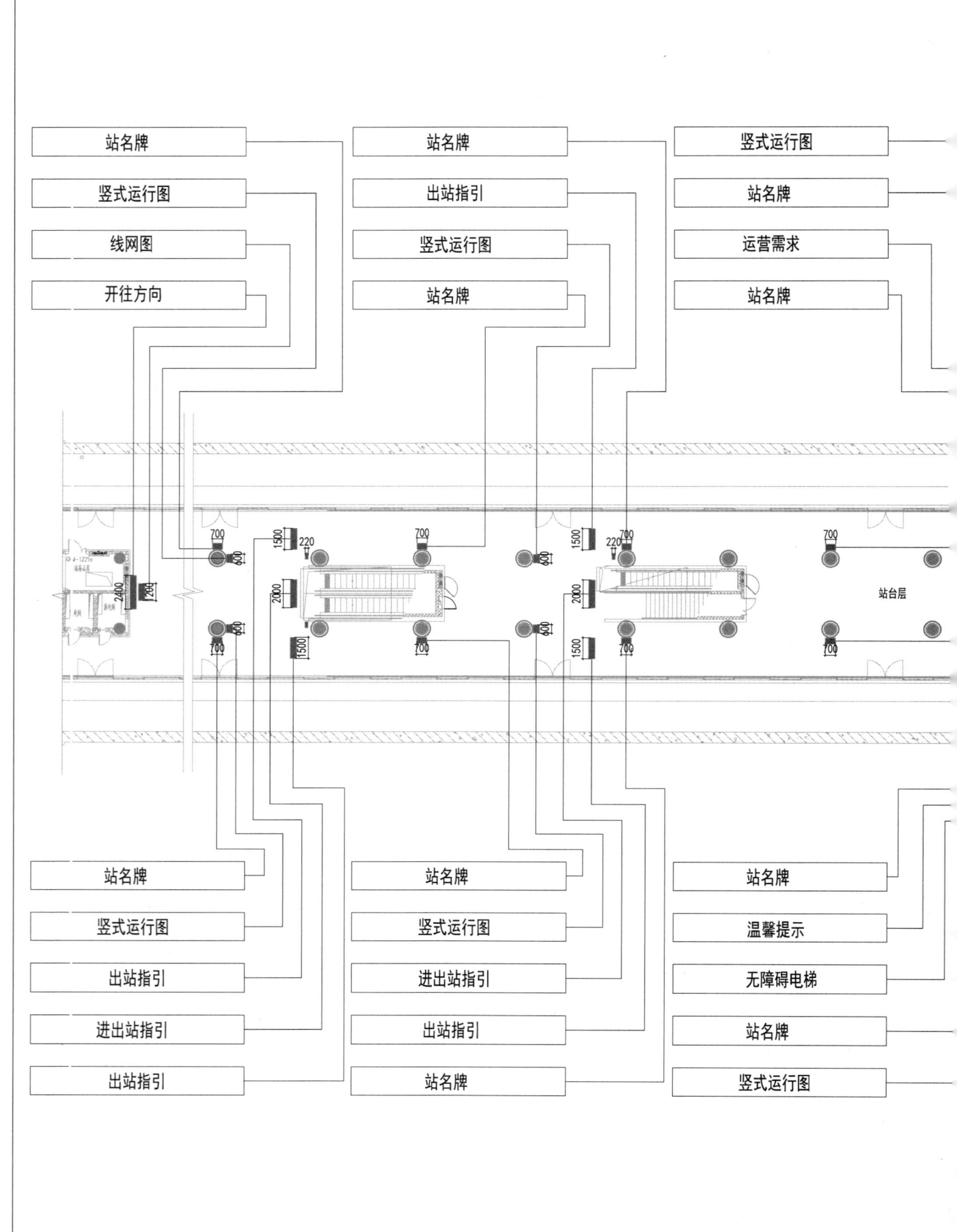

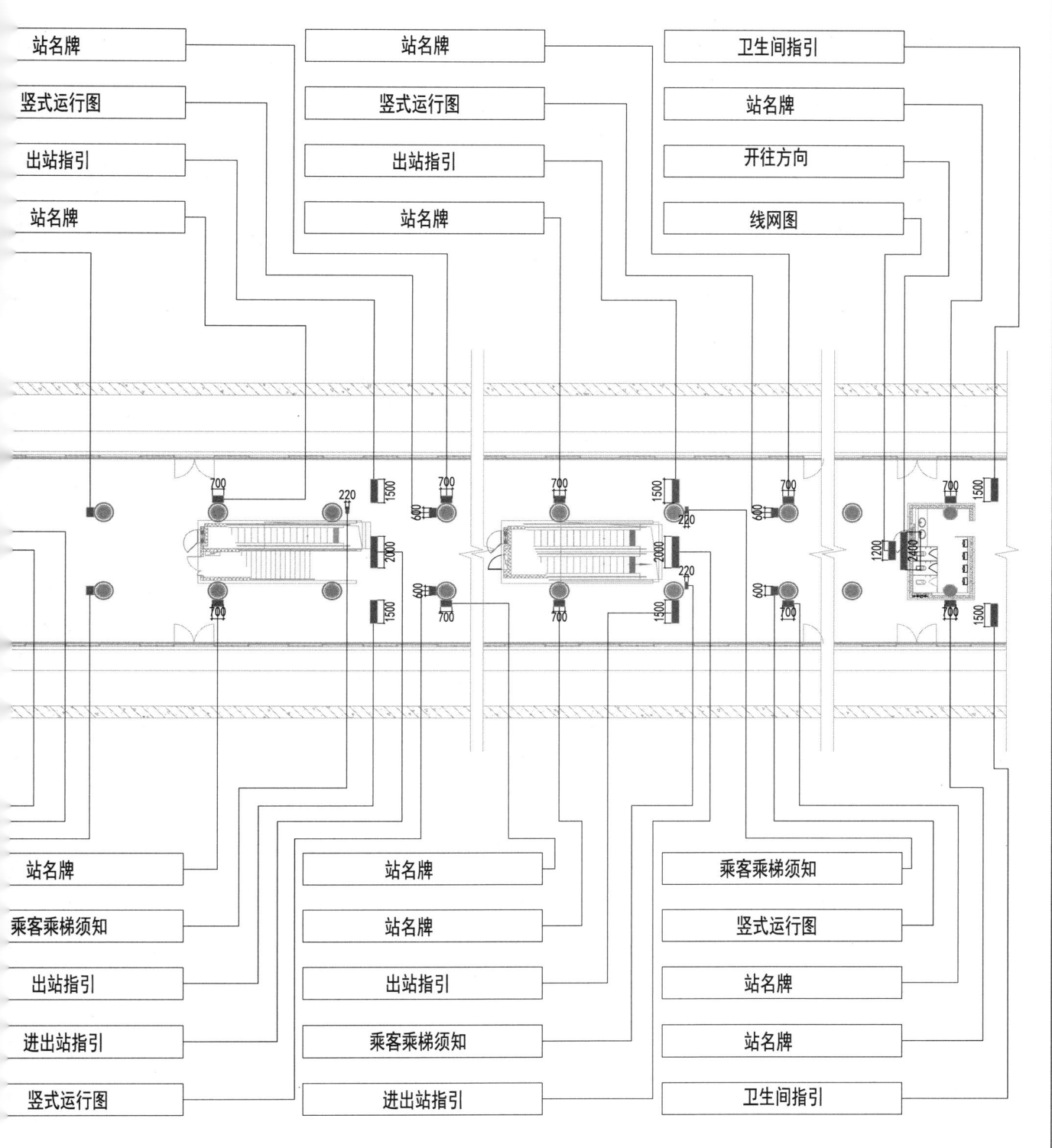

第二部分

各部位导向节点图

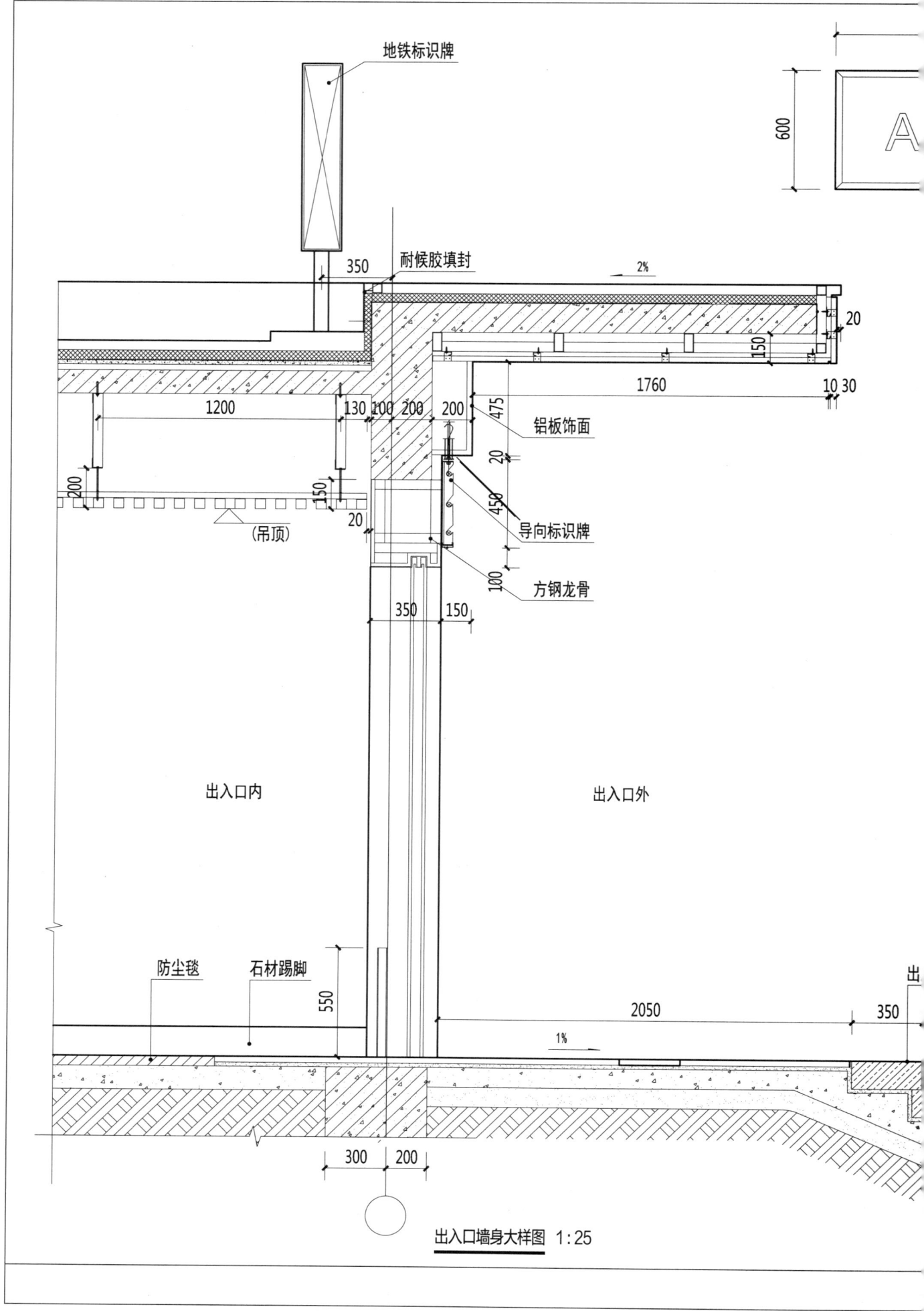

出入口墙身大样图 1:25

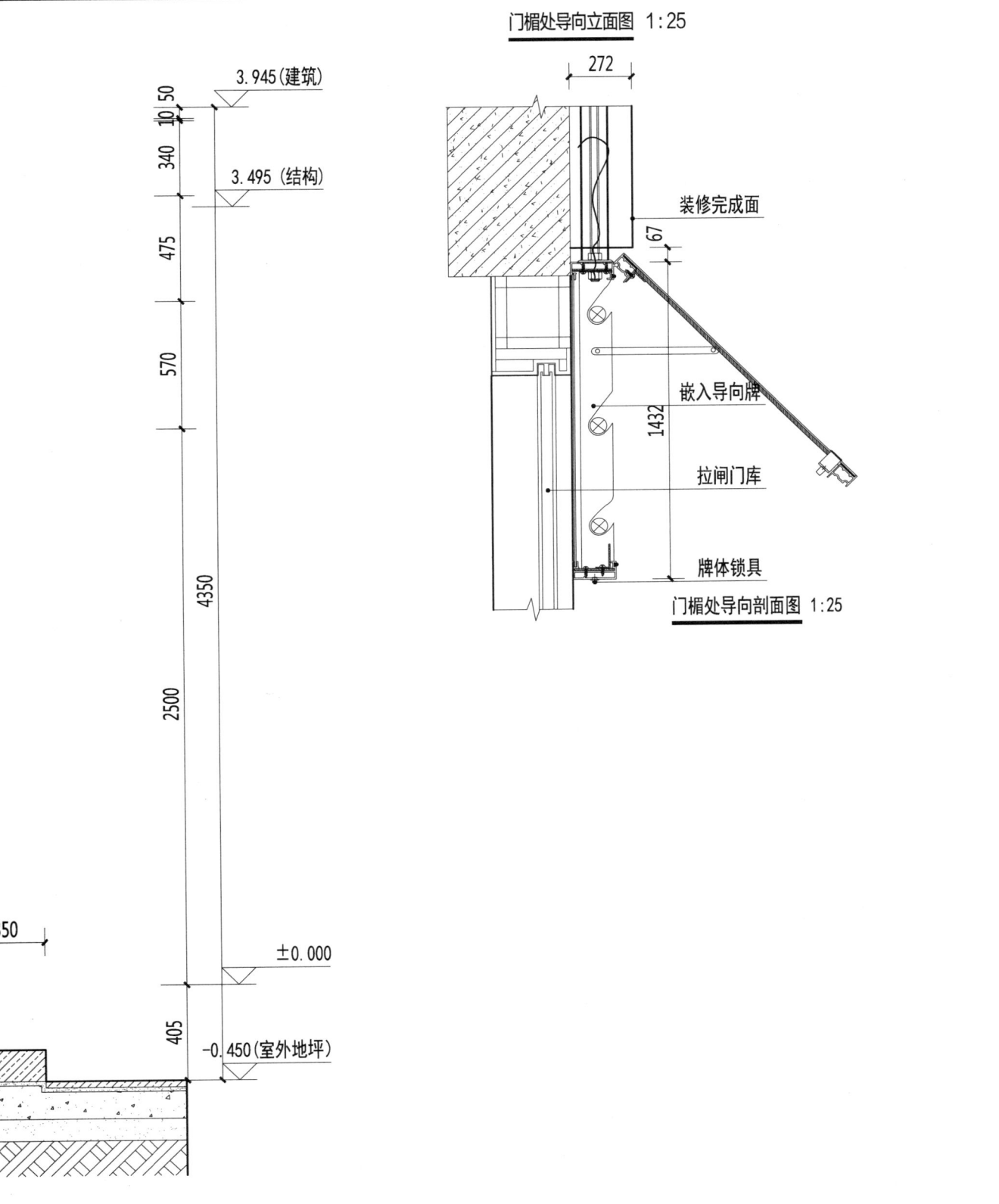

图名 | 出入口门楣处导向节点图

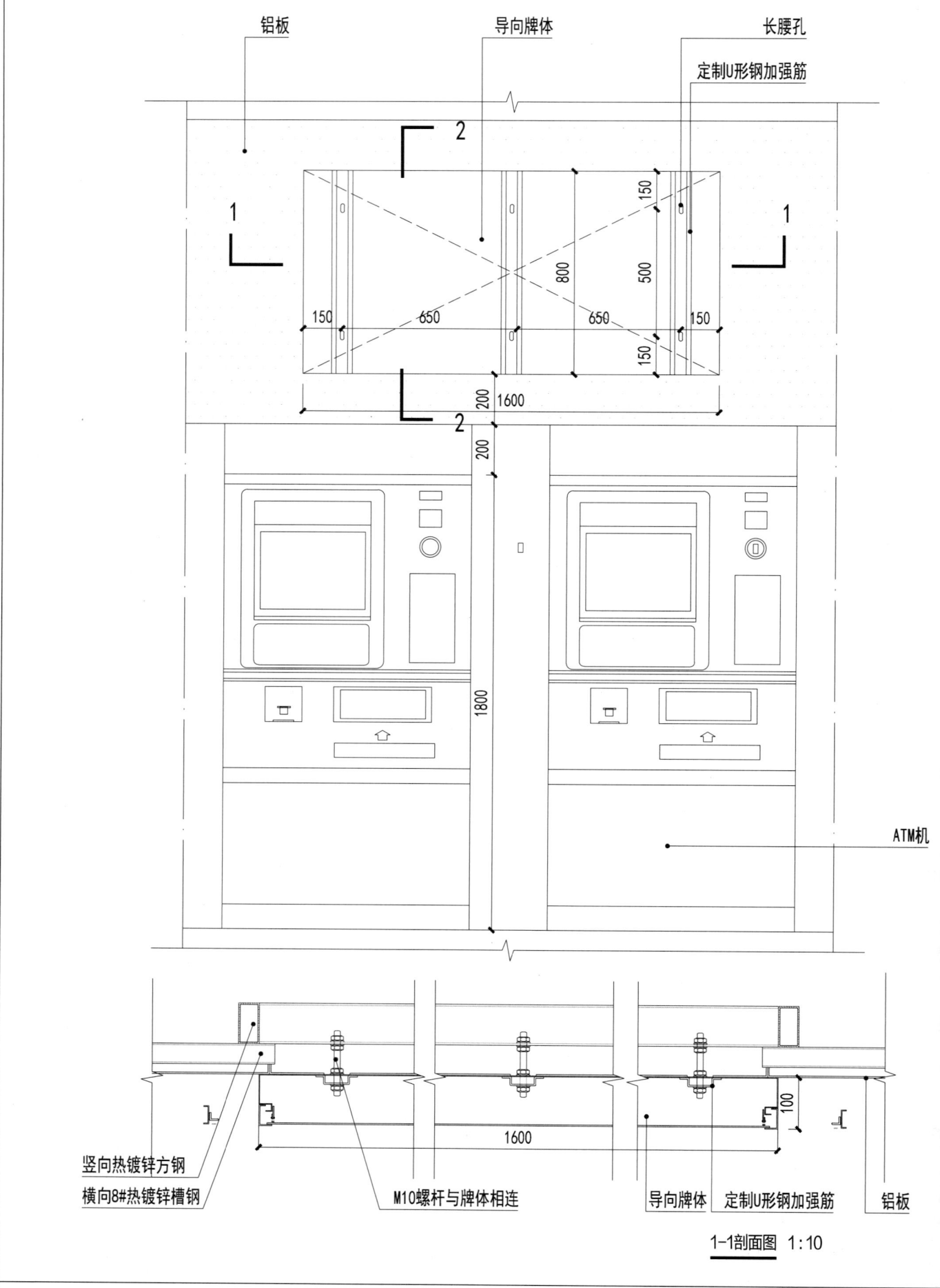

1-1剖面图 1:10

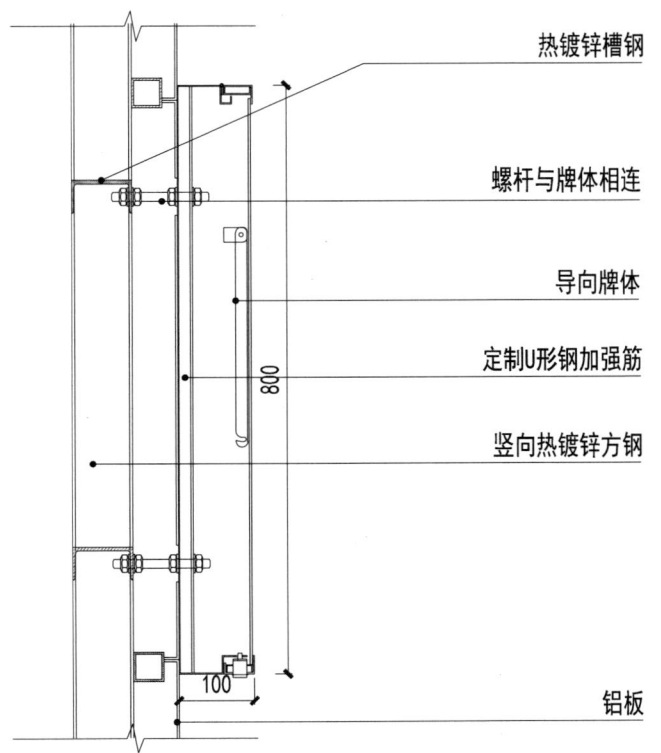

2-2剖面图 1:10

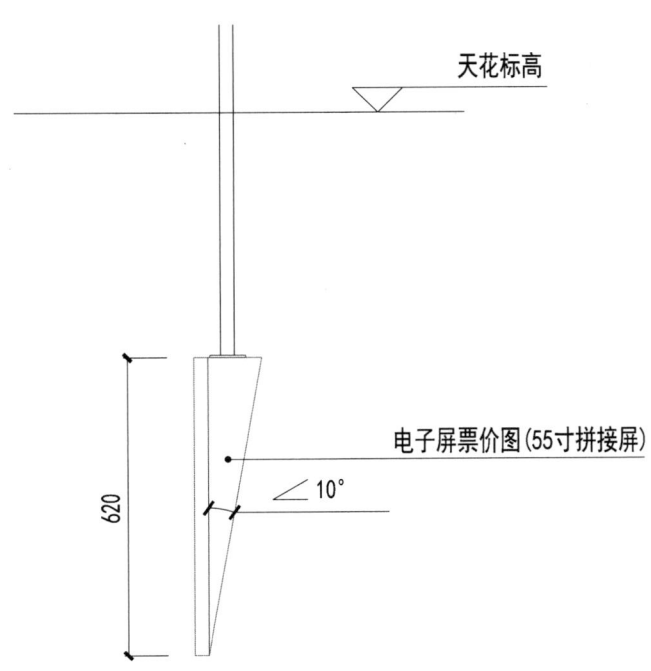

| 图名 | 自助机械导向节点图 |

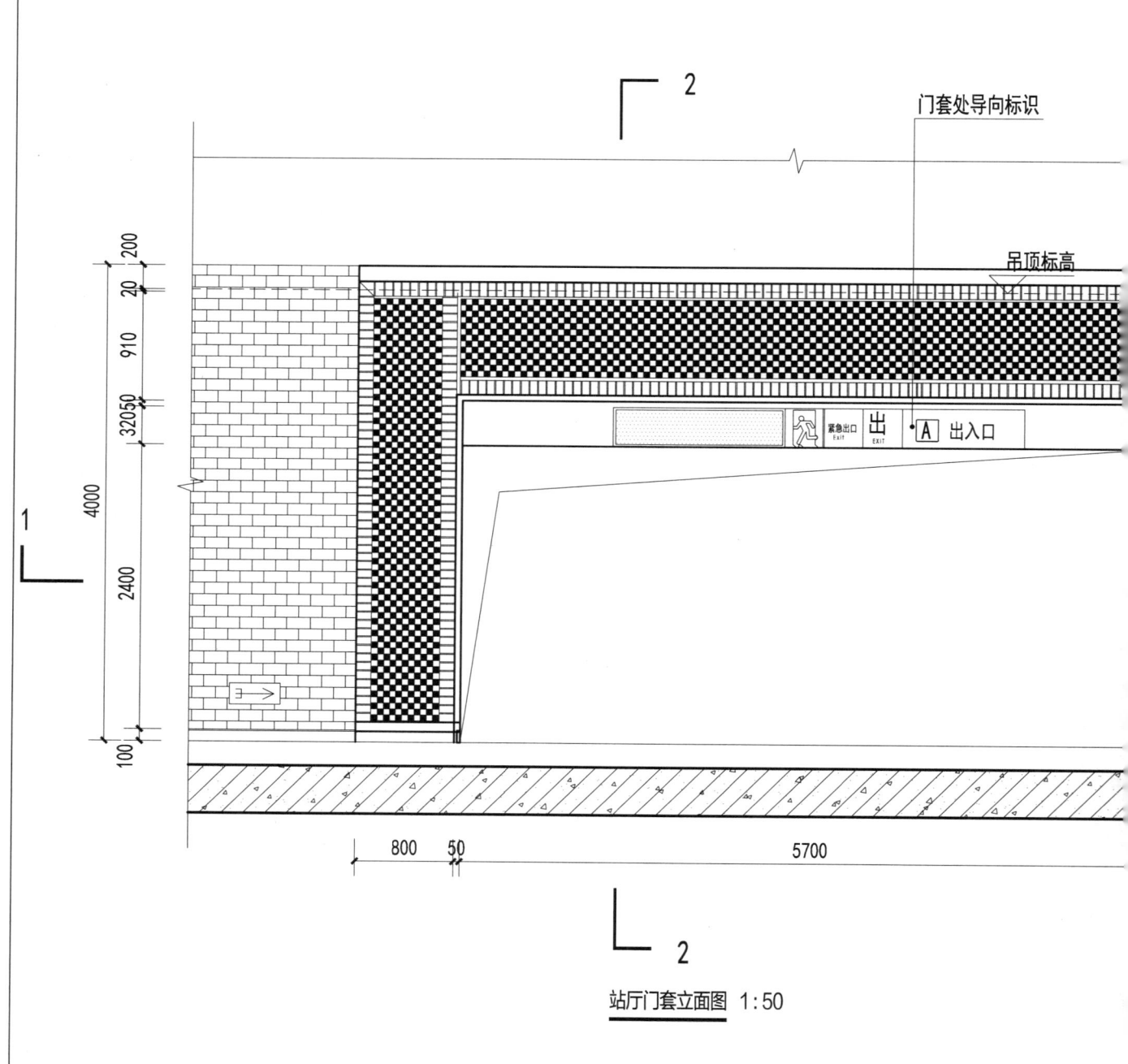

站厅门套立面图 1:50

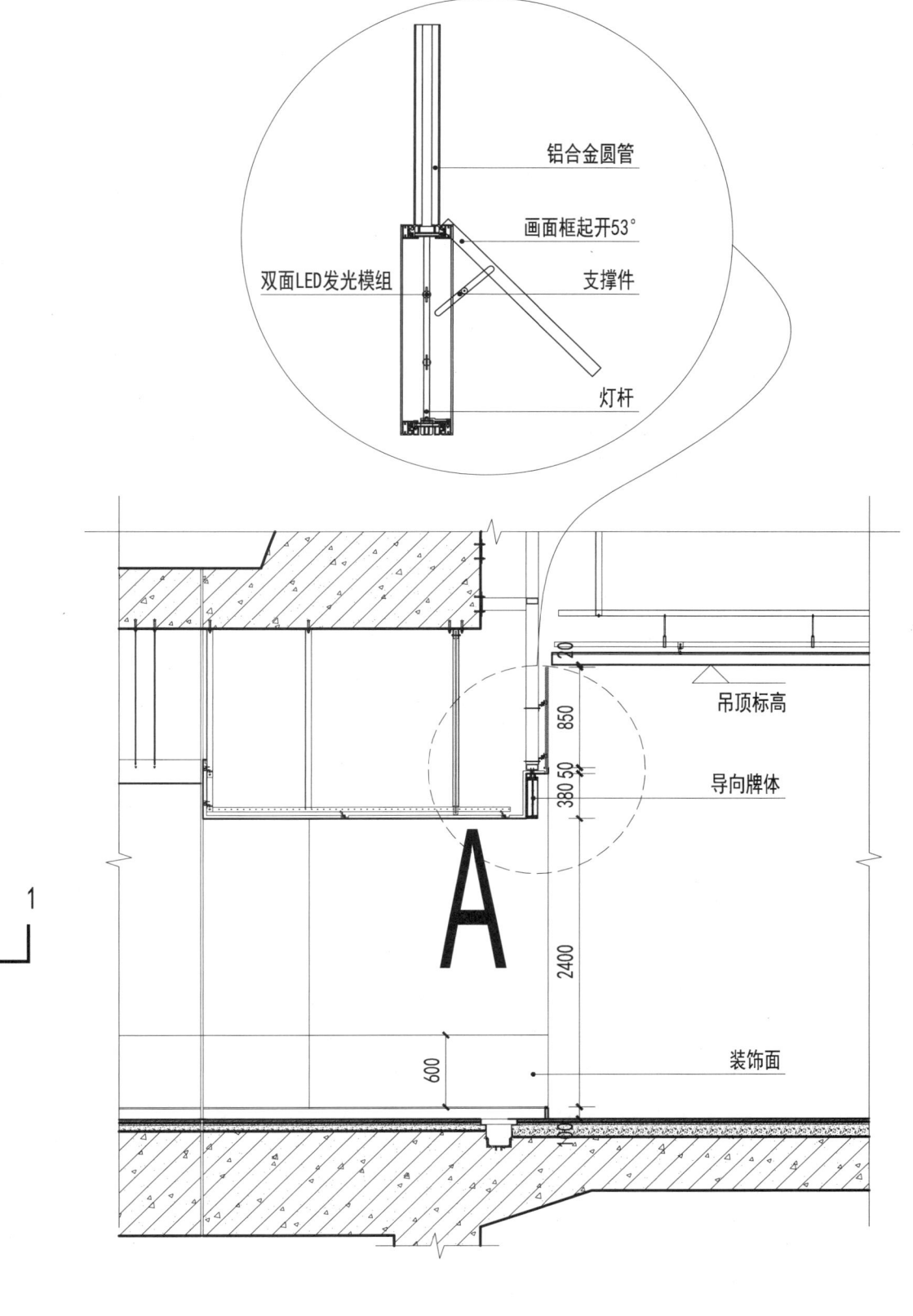

站厅门套纵剖图 1:50

| 图名 | 门套处导向节点图 |

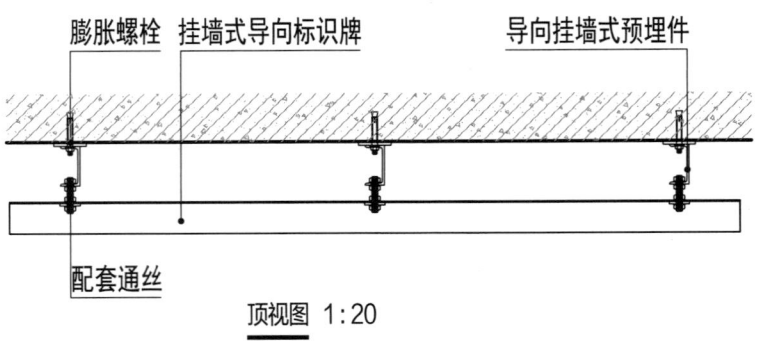

顶视图 1:20

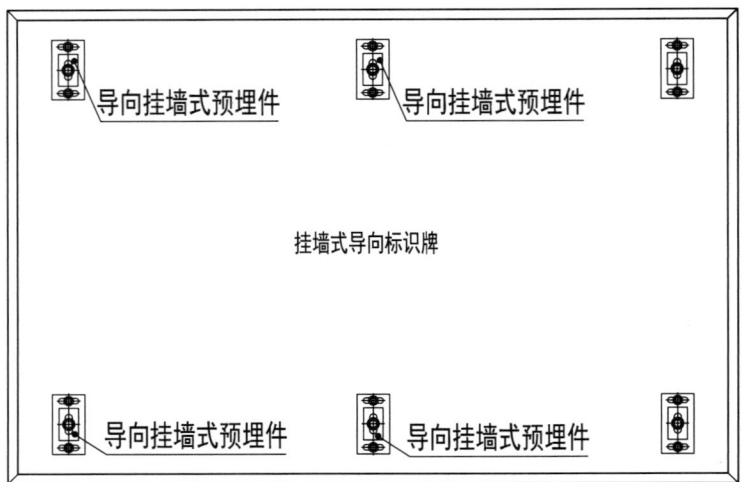

正立面图 1:20

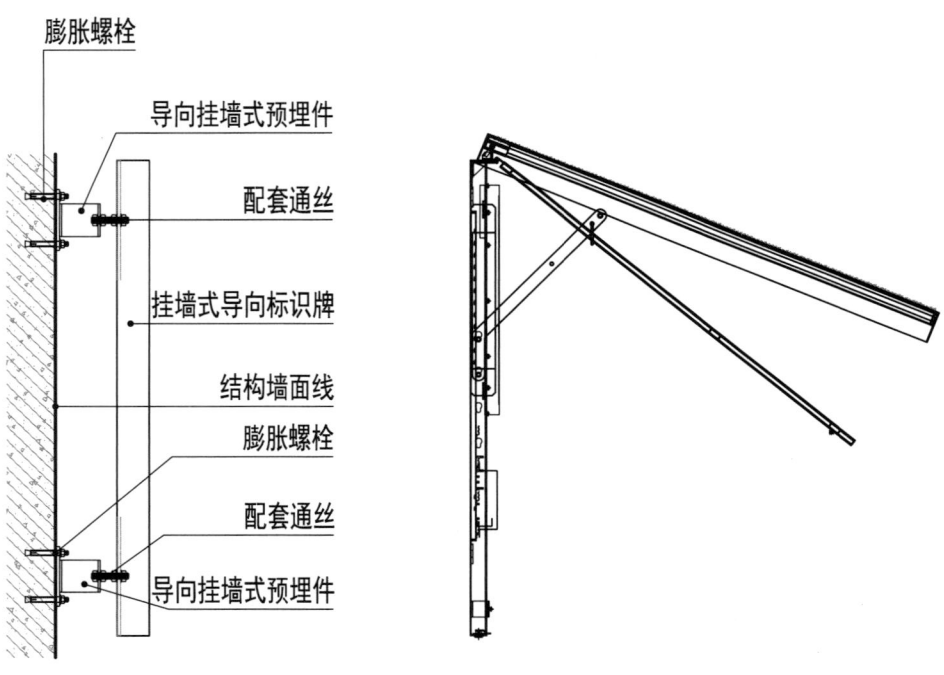

侧立面图 1:20

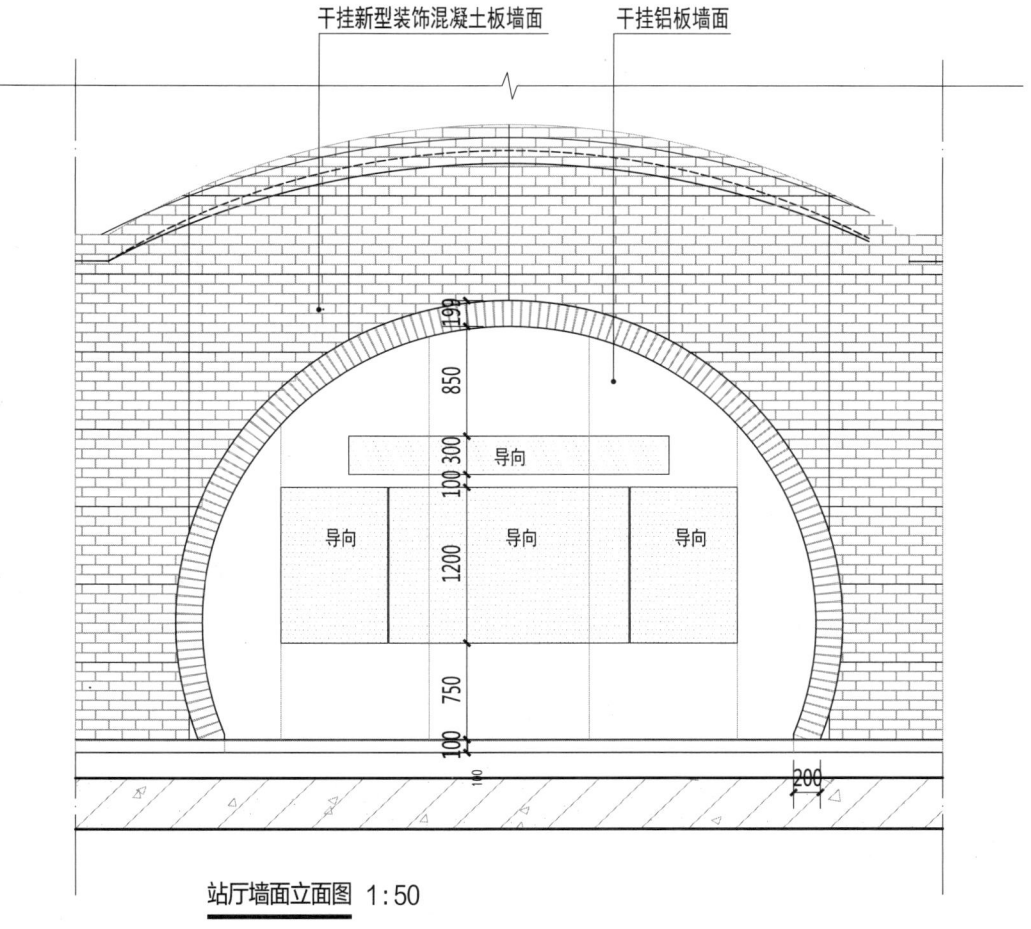

站厅墙面立面图 1:50

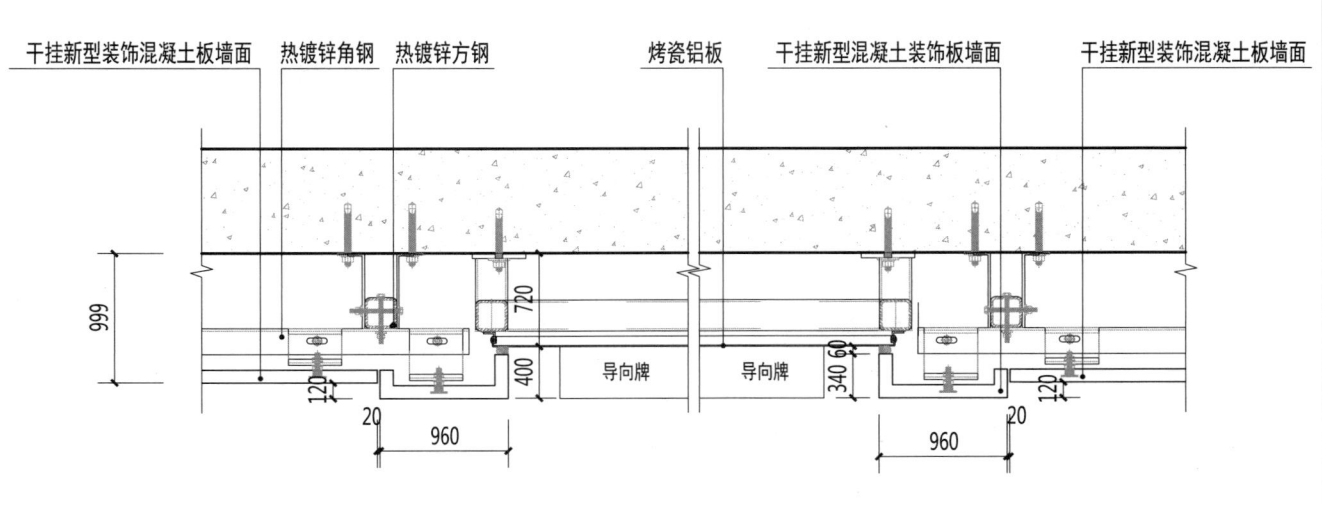

墙面导向做法节点图 1:50

| 图名 | 墙面综合导向牌体节点图 |

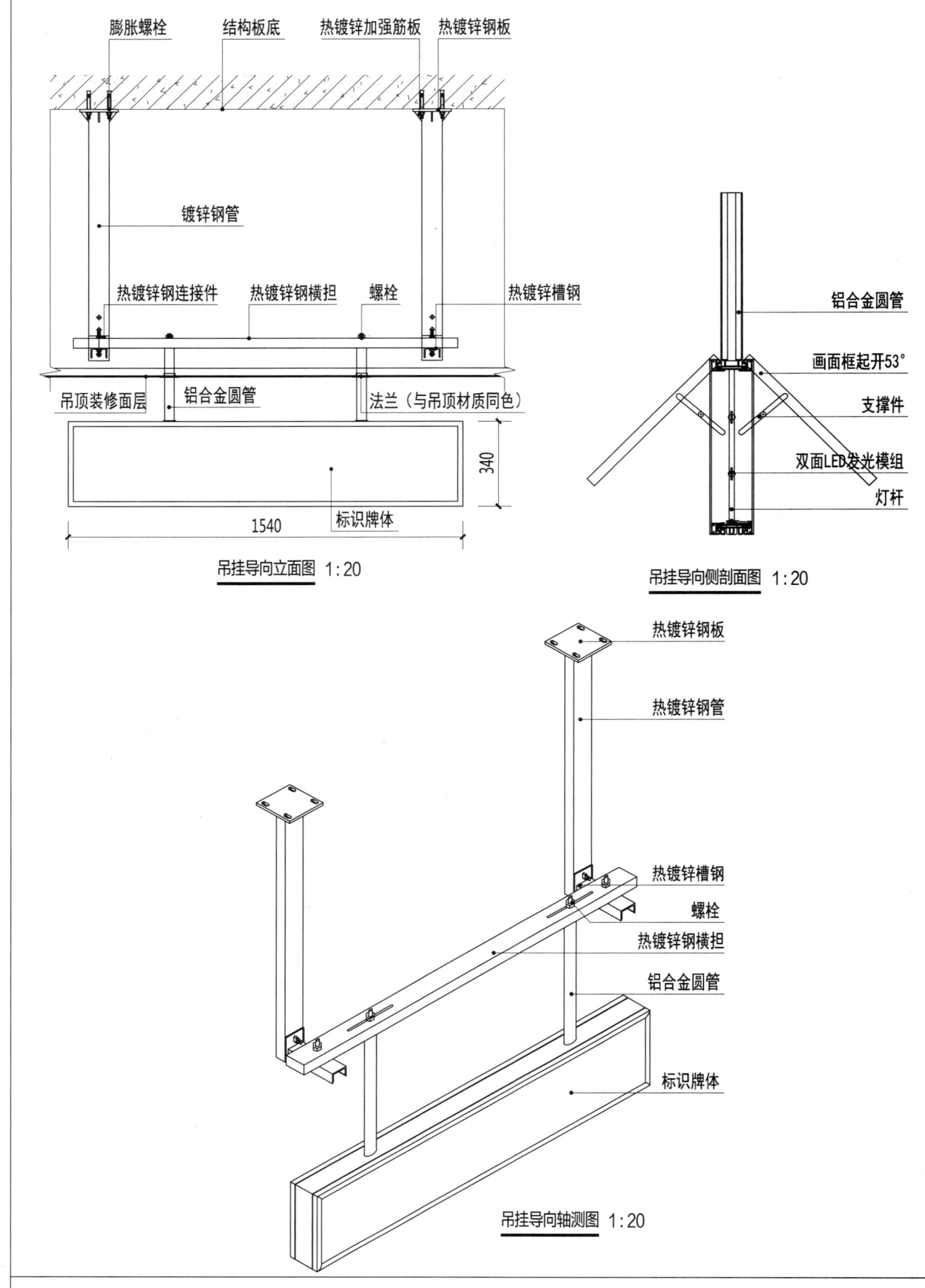

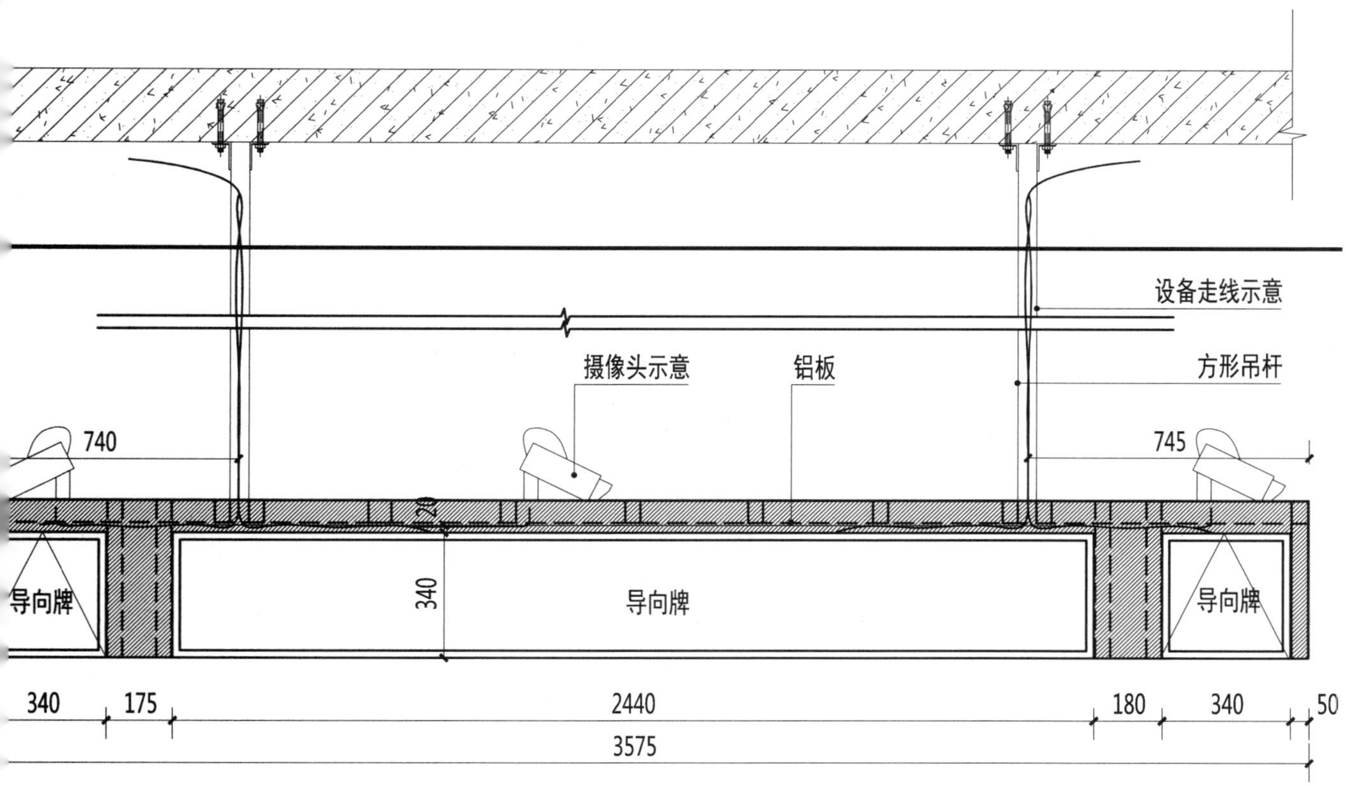

设备走线示意
摄像头示意　铝板　方形吊杆
740　　　　　　　　　　　　　　　　745
导向牌　　　　　导向牌　　　　　　　　　　　　导向牌
340
340 175　　　2440　　　　180 340 50
3575

正视图 1:20

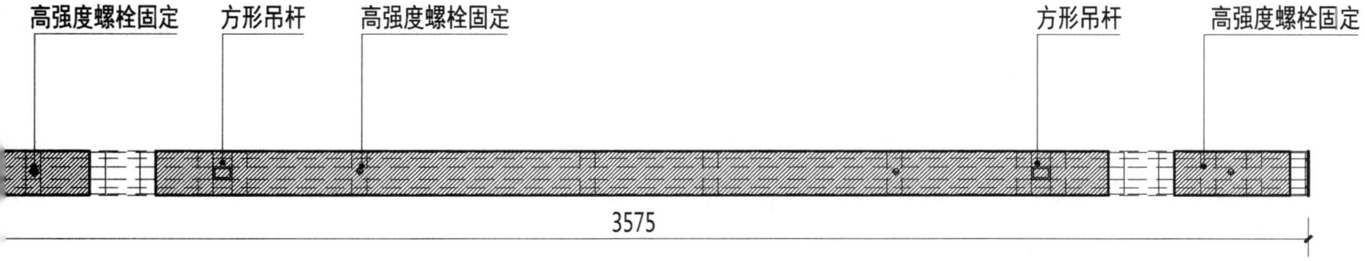

高强度螺栓固定　方形吊杆　高强度螺栓固定　　　方形吊杆　高强度螺栓固定

3575

顶面图 1:20

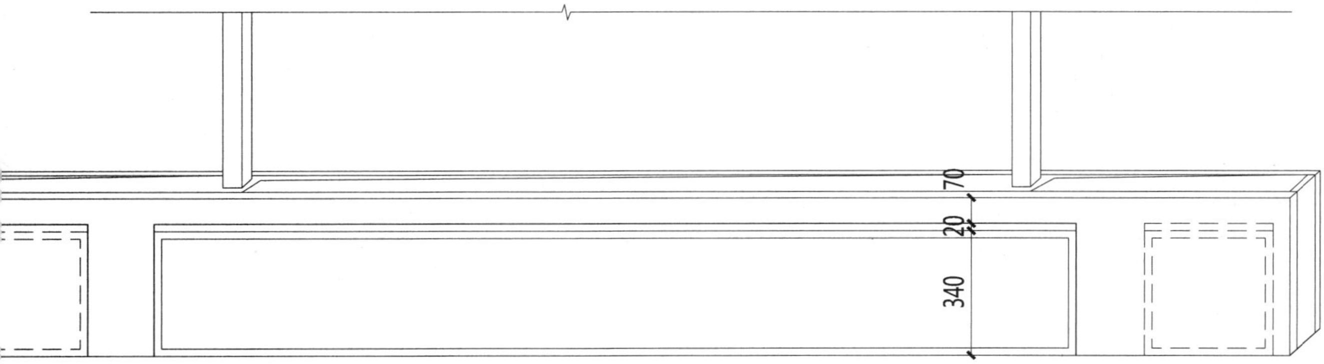

70
20
340

轴侧图 1:20

| 图名 | 吊挂式导向节点图 |

第二部分　各部位导向节点图

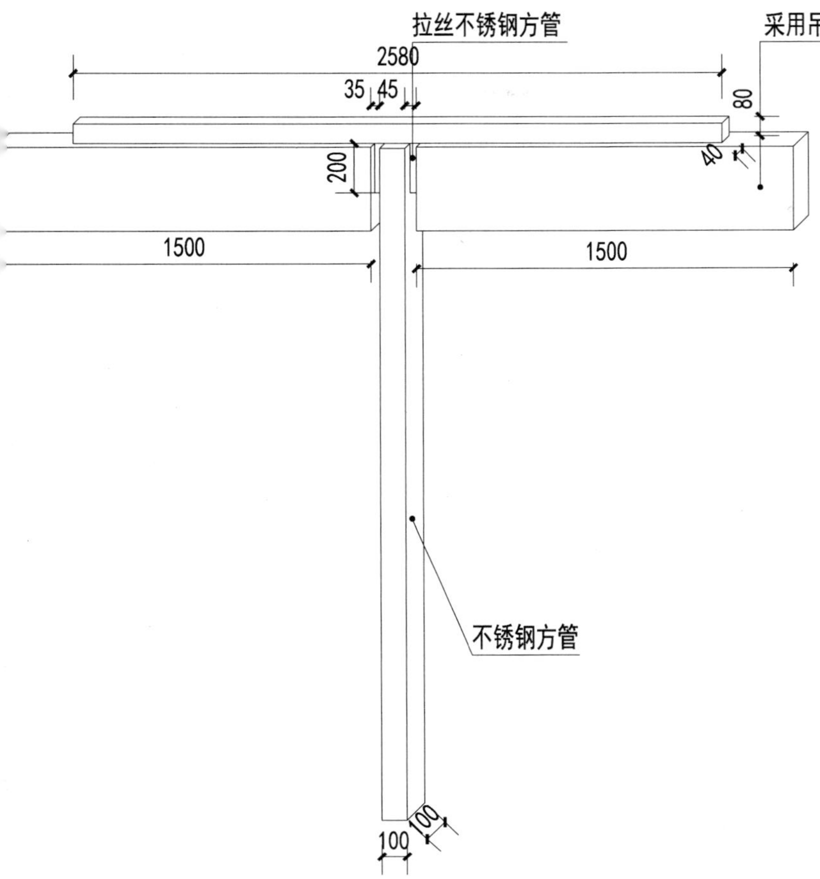

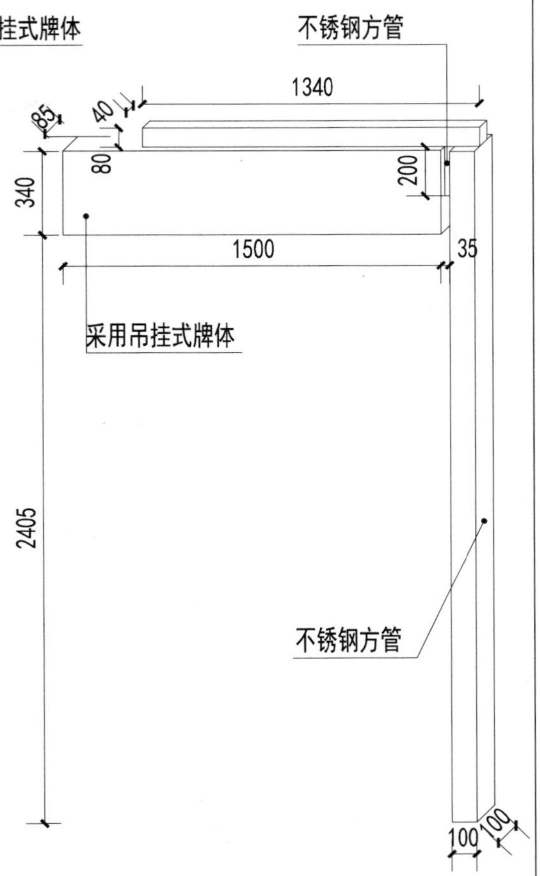

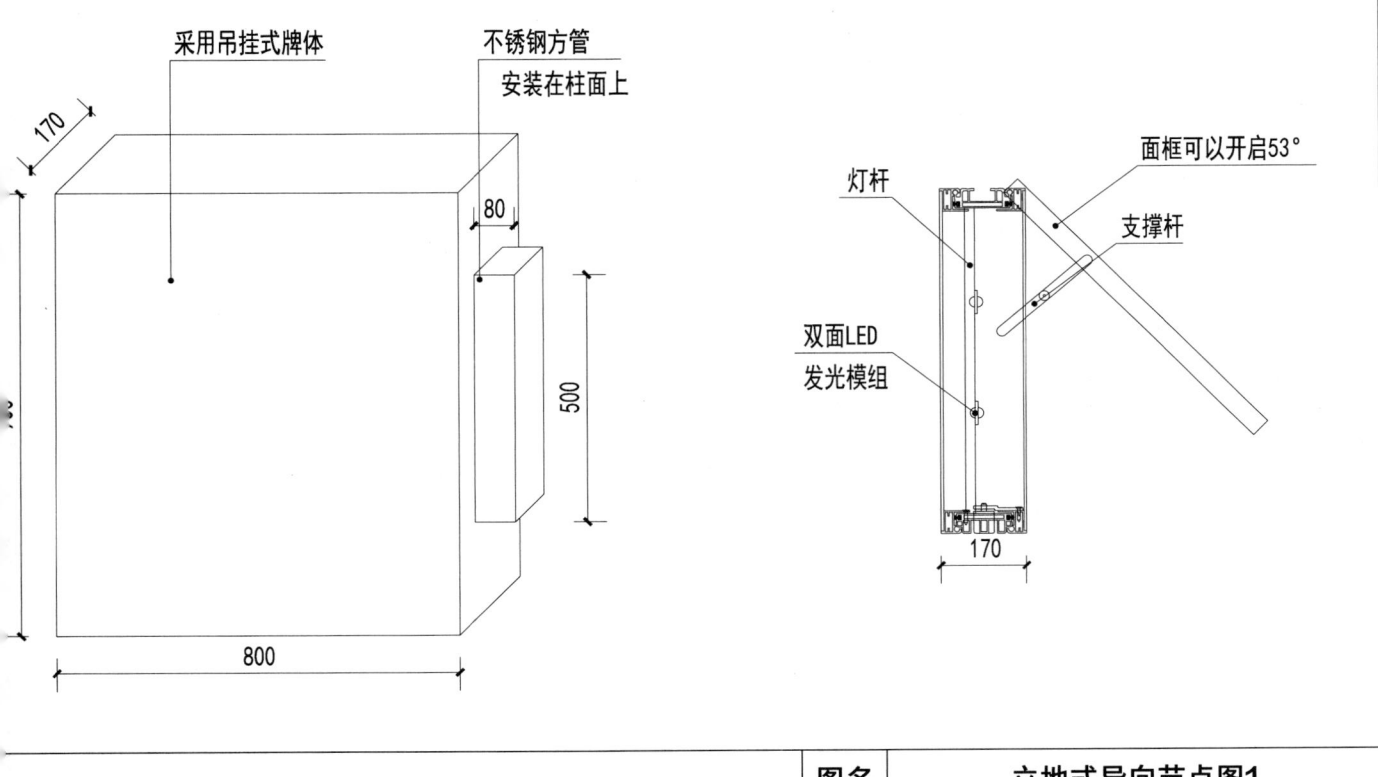

图名	立地式导向节点图1

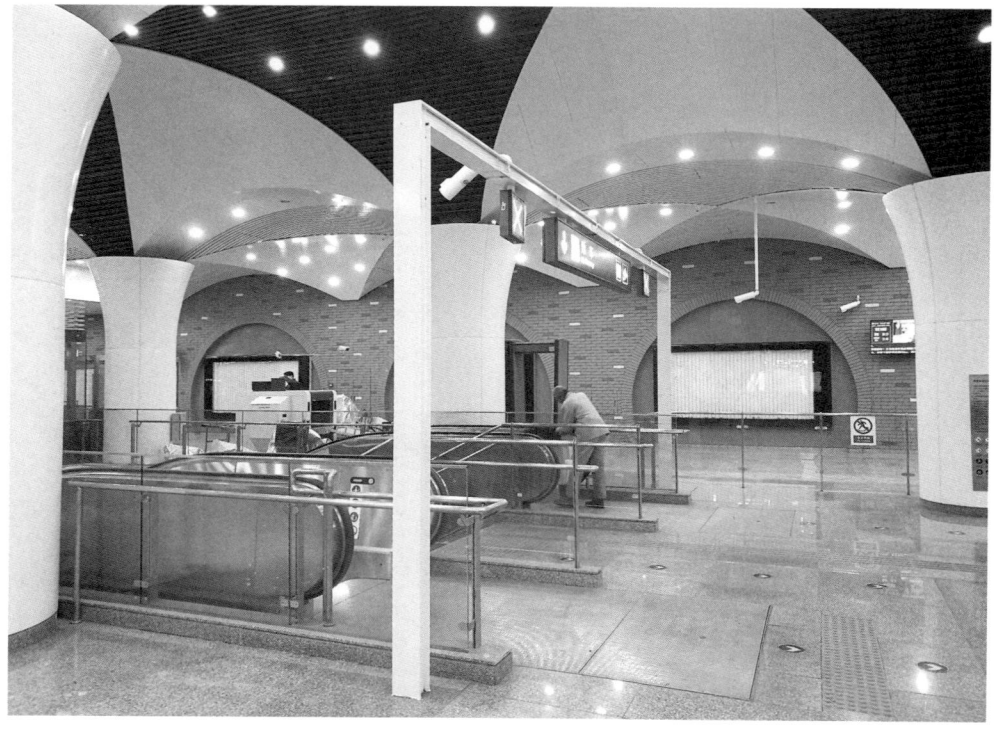

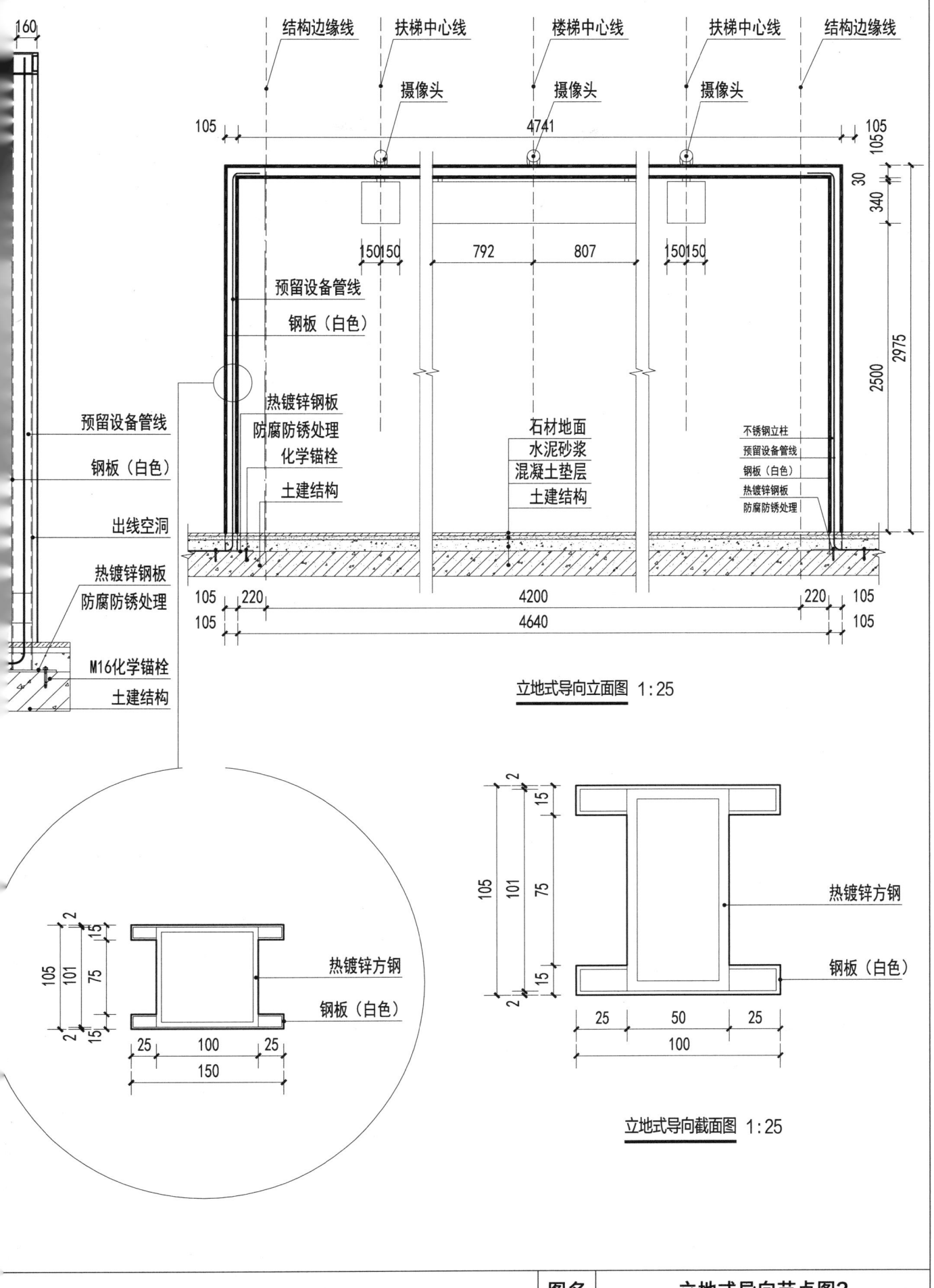

第三部分

紧急疏散系统图

456

第五篇 导向标识系统

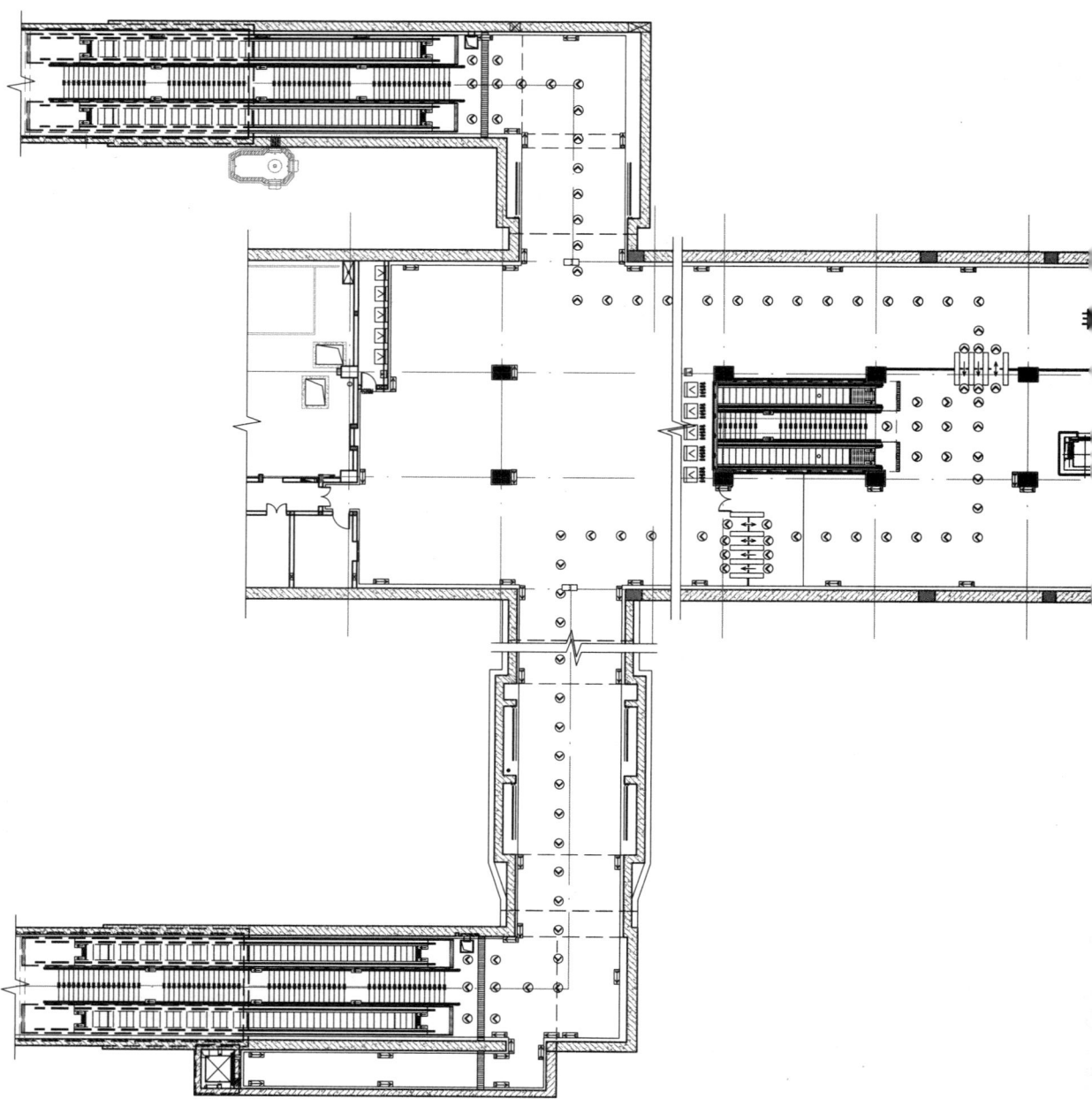

站厅层疏散指示平面示意图 1:40

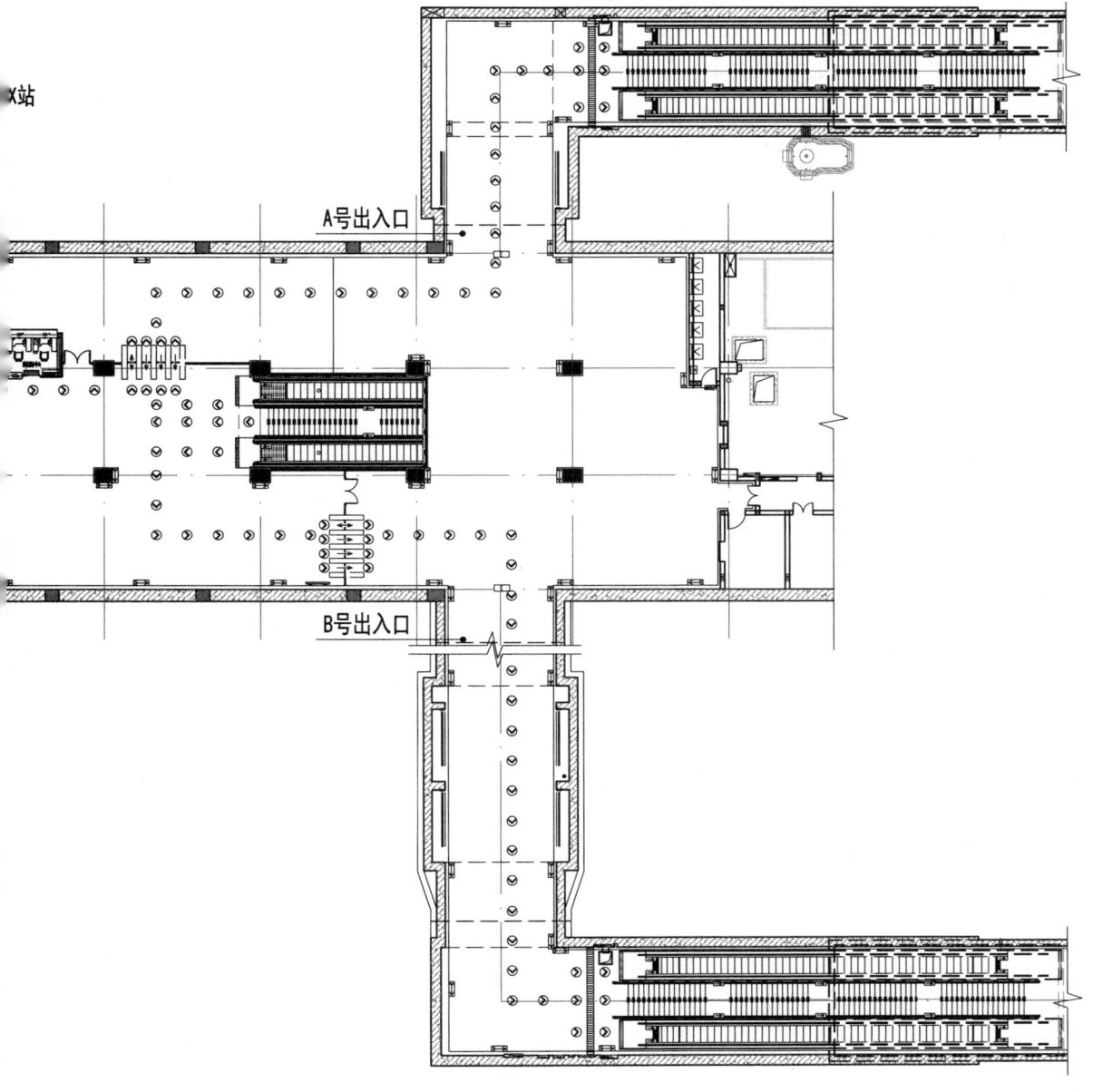

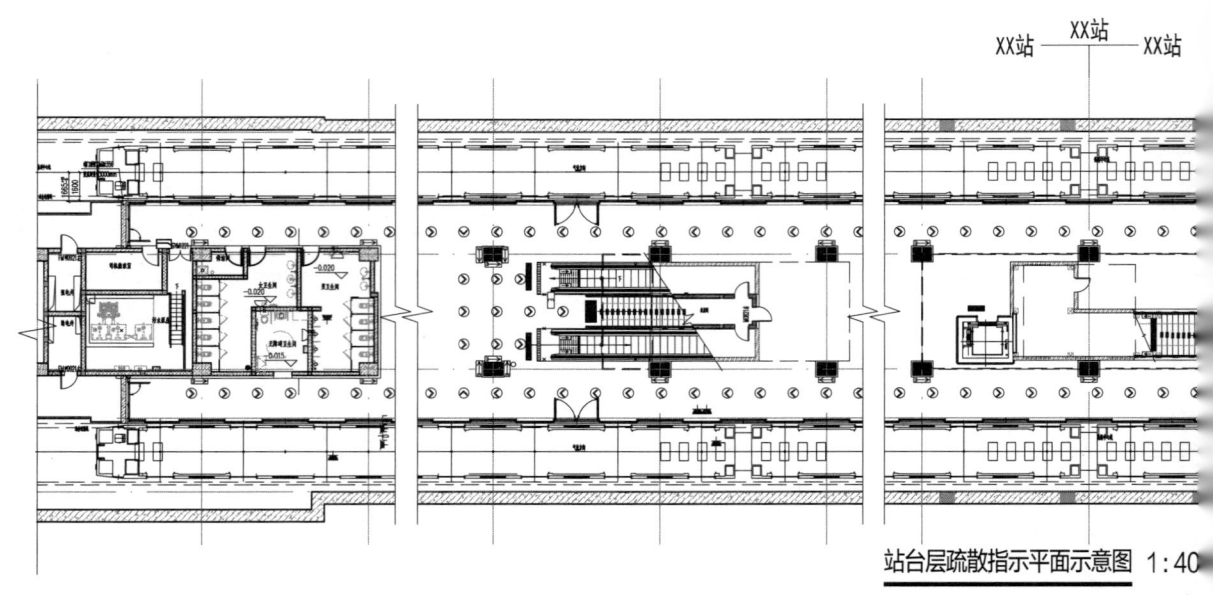

站台层疏散指示平面示意图 1:40

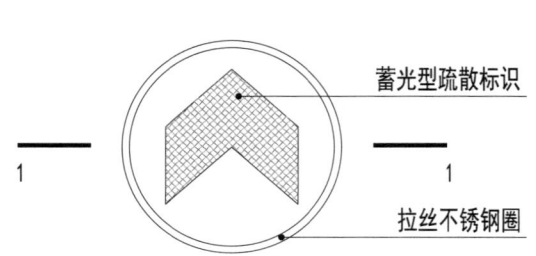

地面镶嵌式蓄光型标识平面示意图 1:5

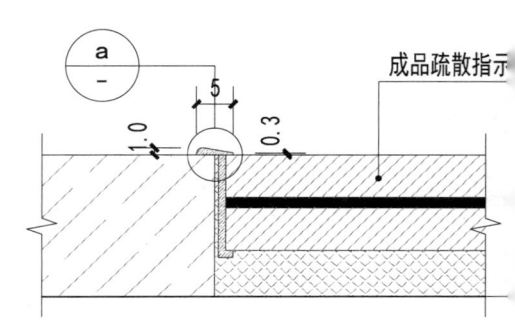

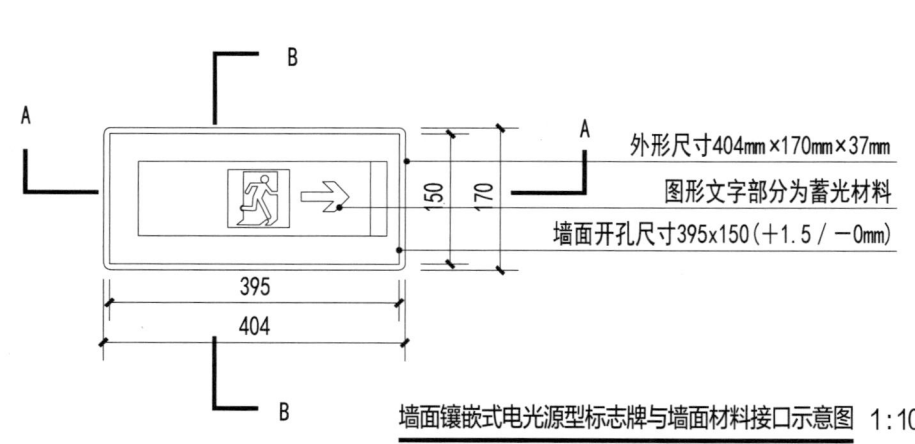

墙面镶嵌式电光源型标志牌与墙面材料接口示意图 1:10

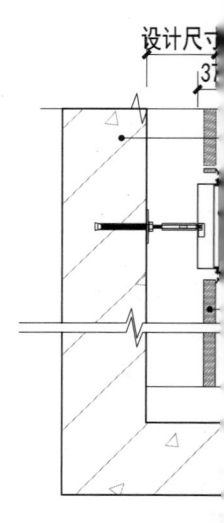

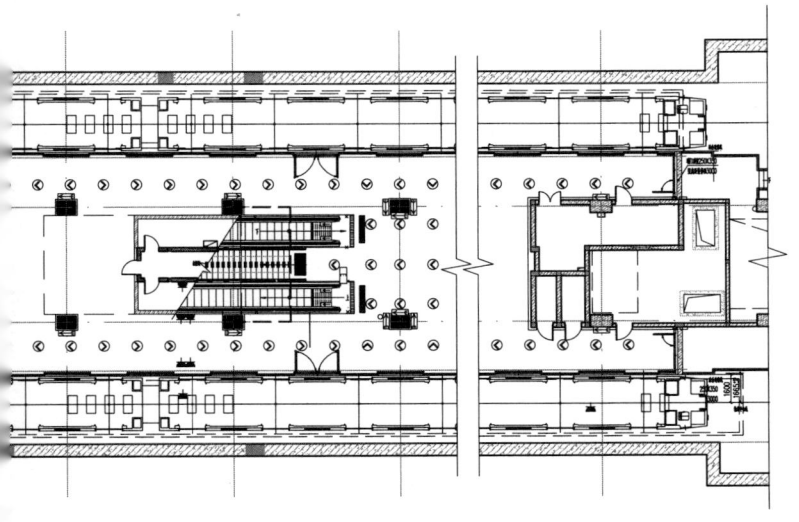

图例：	
◈	地面导流标志
▭→	疏散指示标识（镶嵌式电光源）
→	疏散指示标识（粘贴式）
E	安全出口指示灯
▬	楼梯导流标志

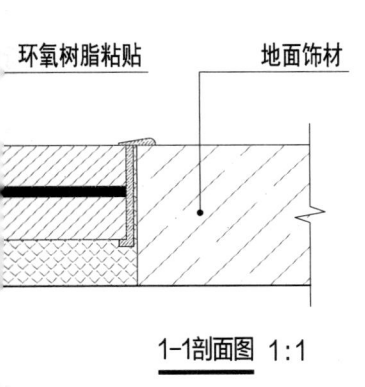

1-1剖面图 1:1

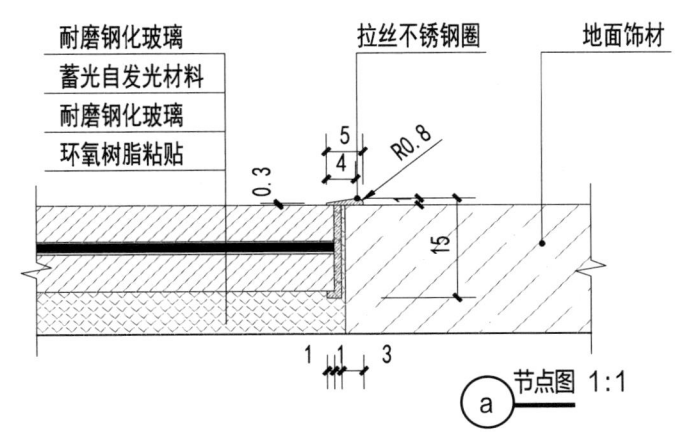

ⓐ 节点图 1:1

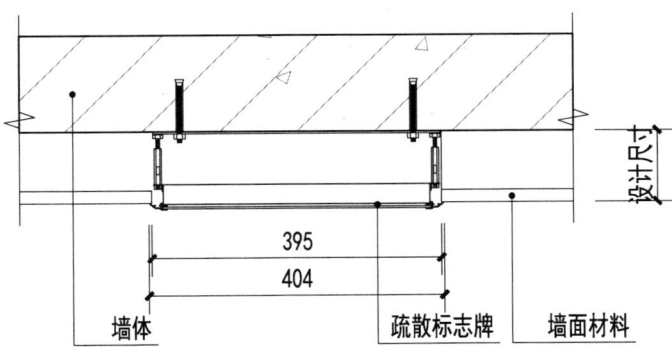

A-A剖面图 1:10

| 图名 | 站台层疏散指示平面示意图 |

第六篇

车站商业及服务设施

设计要点及设计依据
第一部分　广告布置图
第二部分　便民设施布置图

设计要点及设计依据

1 设计要点

轨道交通作为城市大容量公共交通工具,能够把人流、物流、商流和信息流形成一种基层,快速的涌动,而车站更是城市的节点和集散地。车站商业及服务设施应根据站点所处的不同城市区位、周边环境、车站换乘类型及空间大小等条件,确定设置通勤或个性化商业及服务设施配置。

车站商业设施按照一般标准在通勤车站设置一定比例基本商业设施,以满足日常通勤乘客的基本需求,适用于绝大部分地铁站点,具有标准化、模数化特点。主要包括商业广告、自助取款机(ATM)、自助售卖机、便利店(商业服务用房)、书报摊、数码快印等;而在一些个性化车站则根据周边环境、车站客流、空间大小等因素,确定在通勤车站基础上增加或减少商业设施。例如在一些复杂枢纽换乘车站,则不宜设置过多的商业,在一些居住区车站则可以设置日常社区配套的商业设施,而在商业核心区或有商场相连的车站则可以采用更加多样丰富的商业形式和设施。

车站便民服务设施是实现车站功能化、人性化的重要体现,每一座车站都应按照标准设置一定比例基本服务设施,以满足日常通勤乘客的使用需求。主要包括售票及问询亭、自助售票机、自助查询机、座椅垃圾桶等。这些服务设施应该每座车站、每条线路乃至整个线网都采用统一化、标准化的行为组织方式和服务标准,使乘客能便捷的识别和使用,在一些个性站点可以在基本服务设施标准上提高服务水平或采用其他形式,从不同层次适应通勤、社区服务、枢纽换乘、商业中心等车站环境需求。

车站商业及服务设施应充分考虑与车站流线、功能需求、整体空间、安全管理等需求进行布置和设计,并做好专业配合及预留。

1.1 设计范围

轨道交通车站商业设施包括:商业广告、自助取款机(ATM)、自助售卖机、便利店(商业服务用房)、书报摊、数码快印等;

车站服务设施包括:售票及问询亭、自助售票机、自助查询机、座椅、垃圾桶等。

车站商业及便民服务设施设计内容包括:广告布置设计、自助售卖及取款机整合设计、便利店预留设计、自助售票机整合设计;车站服务设施设计包括:售票及问询亭设计、自助售票机整合设计、自助查询机整合设计、座椅垃圾桶设计等。

车站商业及便民服务设施设计应考虑与相关各专业接口的设计,包括与建筑专业、装修专业、通信信号专业、通风空调专业、照明专业、运营管理及信息综合导向标识等专业的接口设计。

1.2 设计原则

1.2.1 根据站点所处的不同城市区位、周边商业情况、车站换乘类型及空间等，确定设置通勤或个性化商业及服务设施配置。

1.2.2 车站商业及便民服务设施应满足车站流线、安全管理、空间效果等基本交通空间需求。

1.2.3 车站商业及便民服务设施应以需求为导向，少而精，人性化策划、精细化设计，做好车站空间整合设计。

1.3 设计要点

1.3.1 商业设施

车站商业设施应根据通勤和个性车站类型进行配置。应做好商业策划，少而精，做好车站空间整合设计及专业预留。

1.3.1.1 商业广告

1）根据车站周边商业环境特征及车站交通类型，确定广告设置数量及种类；根据城市发展和运营需求预留远期条件。

2）广告的布置应不影响导向标识系统，且适当调整摆放位置避开消火栓；做艺术品的墙面区域为保证其整体效果，不应再设置广告。

3）一般通勤车站站厅及通道的侧墙上可以设置广告媒体，应以嵌入式广告媒体为主；电动扶梯的侧墙可以设置梯牌、小型灯箱、小型看板或者各种载体混合布置，但是各种载体不得影响电动扶梯的安全运行；岛式站台轨道外侧可以设置广告媒体，安装于结构墙体上，侧式站台轨道中间可以设置广告媒体，并保证使用安全。

4）个性化车站在特殊位置可以设置特殊展示的广告媒体。可以利用空间较大站厅位置设置吊顶、地面的广告发布媒体，也可以利用有效的空间搭建新的平台或者新的平面来完成结构较轻的广告媒体发布或者是立体广告媒体。

5）车站广告以12封嵌入式灯箱广告为主，根据需求可设置部分电子广告，一般预留墙洞尺寸：3600mm×1800mm×200m；应做好位置和电量、网络预留，安装高度应符合视线及室内环境效果要求。

1.3.1.2 商业自助机

1）根据车站周边商业环境特征及车站交通类型，确定商业设施设置数量及种类。

2）在地铁车站内不影响人流通行及疏散，保证运营安全并满足功能的位置适当设置商业。

3）自动售卖机每台应预留电量及插座，并预留网络信息接口，每组网络信息接口由民用通信机房引出；需提供预留条件的专业有：动力照明、通信信号；每台机具间应预留面积检修空间。

4）自助取款机（ATM）每台应预留电量及插座，并预留网络信息接口，每组网络信息接口由民用通信机房引出；需提供预留条件的专业有：动力照明、通信信号；每台机具间应预留面积检修空间。

5）自助售卖机、自助取款机等应做好与车站装修的整合设计，保证站内空间的整洁。

1.3.1.3　商业用房

1）根据车站周边商业环境特征及车站交通类型，确定商业设施设置数量及种类。

2）在地铁车站内不影响人流通行及疏散，保证运营安全并满足功能的位置适当设置商业。

3）如无特殊需求，商业服务用房室外墙面和室内地面可与车站采用相同材料铺装，室内墙面刷白到顶，简易照明灯具的安装即可。卷帘门应采用金属材质，安装方式采用暗藏式（卷帘门箱体设计在室内一侧），开关方式为手动。

4）每处商业服务用房应预留好电量，用电需求主要为照明与设备用电。由车站低压配电室引出的电缆敷设至商业服务用房室内背墙处，设专用配电箱，并加入计量设备。配电箱下口应敷设室内基础照明和墙壁插座（室内每面墙壁安装不少于2个插座）；由民用通信机房引出光缆，敷设至商业服务用房室内背墙处，光纤末端安装光纤跳线面板，安装高度距地面300mm，预留网络接口；应考虑通风及消防，接入FAS系统的火灾自动报警设施。

5）商业服务用房需提供预留条件的专业有：动力照明、通风、通信信号、消防（喷淋）、FAS（温度感应器）等。

1.3.2　便民服务设施

每一座车站都应设置基本便民服务设施，以满足乘客的使用需求。应以需求为导向，人性化策划、精细化设计；应采用统一化、标准化的行为组织方式和服务标准，使乘客能便捷的识别和使用；要充分做好车站空间整合设计及专业预留。

1.3.2.1　售票及问询亭

1）售票及问询亭为车站通勤服务设施，应每站都设置。

2）应满足车站流线、安全管理、空间效果等基本车站需求。

3）售票及问询亭应相结合进行整合设置，空间大小、机位数量及布置、外观风格及材质等符合运营使用需求和车站整体效果。

4）每处应预留电量及插座，电源均应引自车站低压配电室，并在配电室内设总配电箱。根据运营管理需求，由配电室内配电箱引出单独回路，并加装独立配电箱和计量设备。

5）每处应预留网络信息接口，由民用通信机房引出敷设至乘客服务中心室内背墙处，光纤末端安装光纤跳线面板，安装高度距地面300mm；需提供预留条件的专业有：动力照明、通信信号。

1.3.2.2 自助查询机

1）自助查询机主要用于地铁乘车相关信息，为车站通勤服务设施，应每站分别在付费区和非付费区设置。

2）应满足车站流线、安全管理、空间效果等基本车站需求。

3）应与其他自助机进行整合设置，空间大小、机位数量及布置、外观风格及材质等符合运营使用需求和车站整体效果。

4）每处应预留电量及插座，电源均应引自车站低压配电室，并在配电室内设总配电箱。根据运营管理需求，由配电室内配电箱引出单独回路，并加装独立配电箱和计量设备。

5）每处应预留网络信息接口，由民用通信机房引出；需提供预留条件的专业有：动力照明、通信信号。

1.3.2.3 座椅及垃圾桶

1）根据车站周边环境特征及车站交通类型，确定座椅及垃圾桶设置形式、外观、数量及种类。

2）座椅及垃圾桶的布置和数量应满足车站流线、空间效果、安全管理等基本交通空间需求。

3）座椅垃圾桶材质应满足地铁防火、反恐、耐久、清洁管理要求。

4）应以乘客需求为导向，人性化设计，与装修、导向等车站空间及其他设施做好整合设计。

5）应工厂化、标准化、专业化设计、加工和安装。座椅及垃圾桶组件设计时，宜将可变部件的数量减到最低，以便能以最简单的方法进行组件组装和维修；应专业工厂加工制作完成，包括装配和面饰，并进行现场安装或组装。

6）所有结构件表面粗糙度需均匀，所有钢板边角均要打磨修角、导圆，不能有毛刺伤人。

7）座椅及垃圾桶安放时应自然平、稳，不能出现有四角不平现象发生，不应发出噪声或发生位移。

设计依据及参考资料

1.《地铁设计规范》GB 50157

2.《城市轨道交通技术规范》GB 50490

3.《建筑设计防火规范》GB 50016

4.《无障碍设计规范》GB 50763

5.《建筑内部装修设计防火规范》GB 50222

6.《民用建筑工程室内环境污染控制规范》GB 50325

7.《建筑照明设计标准》GB 50034

8.《城市轨道交通照明》GB/T 16275

9.《城市轨道交通工程设计规范》DB 11/995

10.《城市轨道交通无障碍设施设计规程》DB11/T 690

11. 国家标准图集系列、其他相关国家及地方规范、规程、规定和相关行业标准等

第一部分

广告布置图

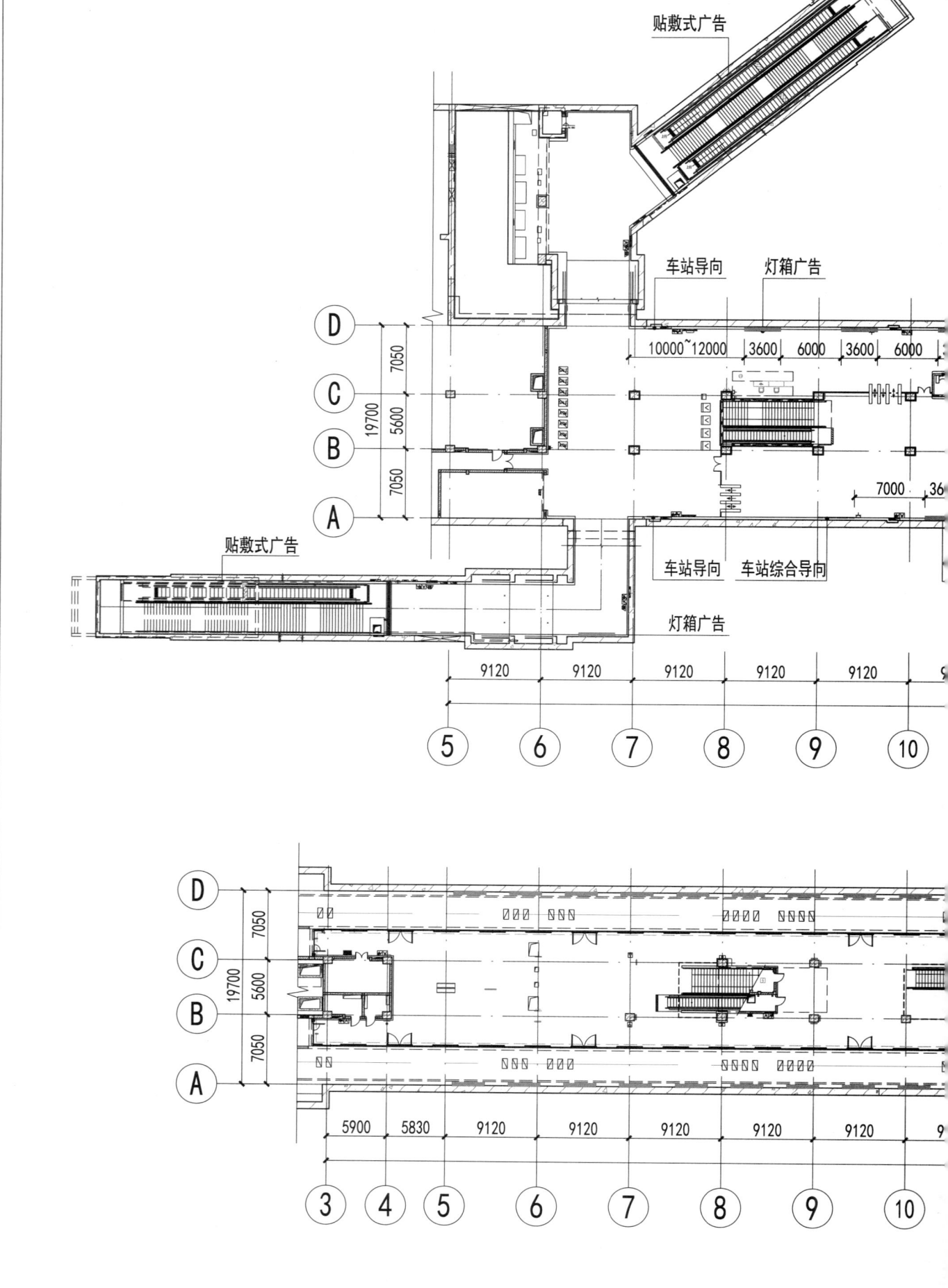

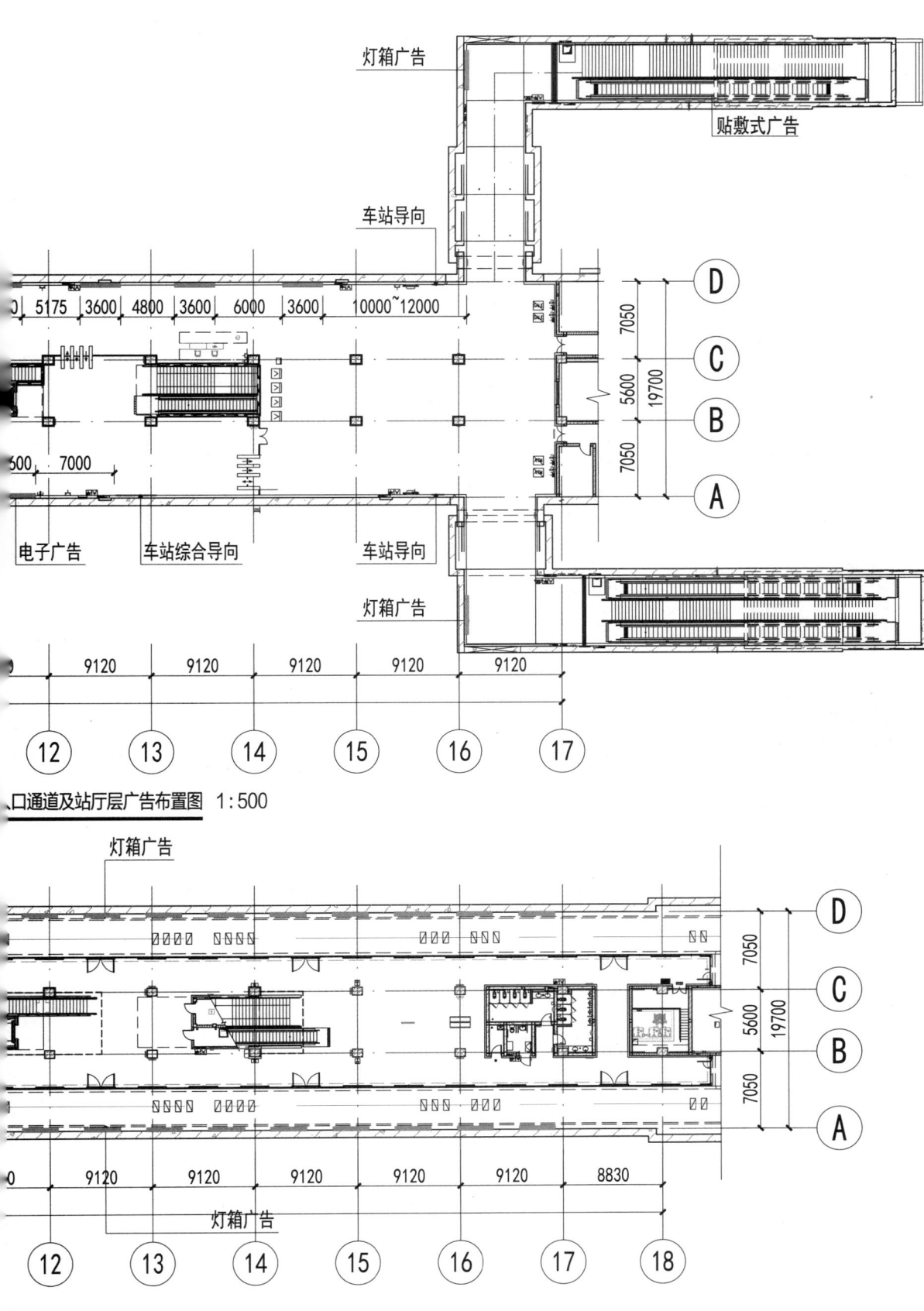

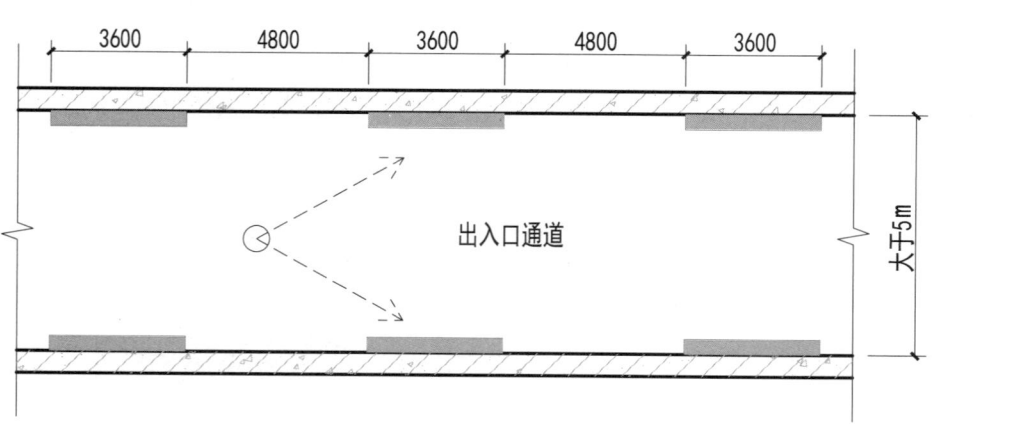
出入口通道

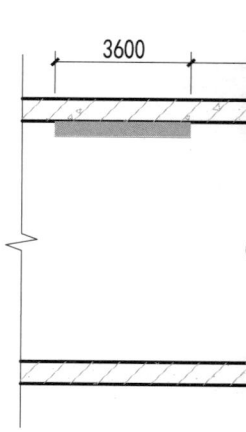

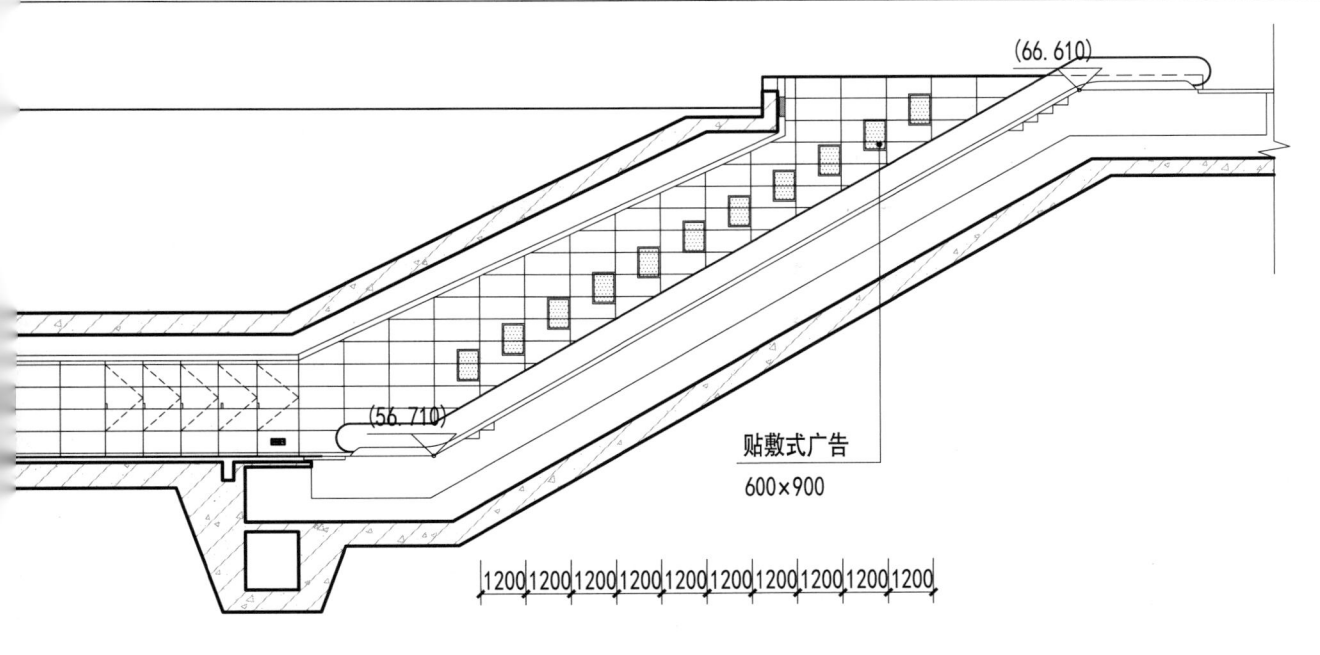

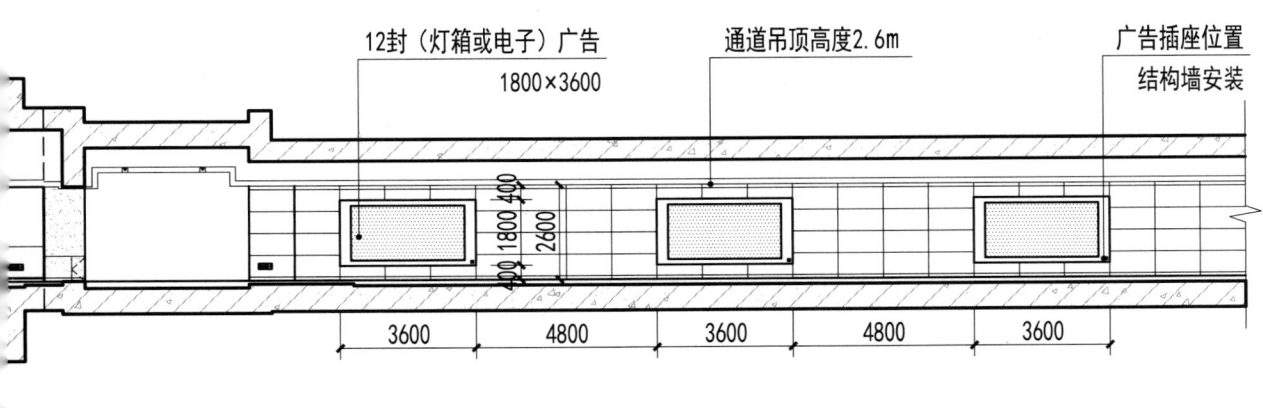

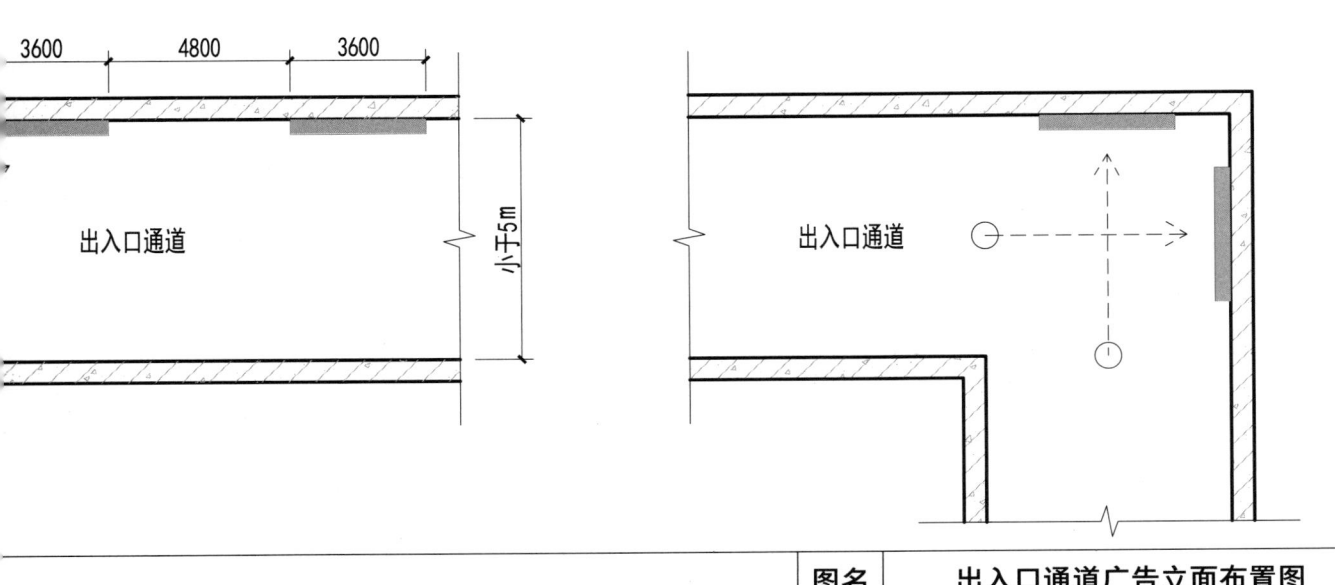

| 图名 | 出入口通道广告立面布置图 |

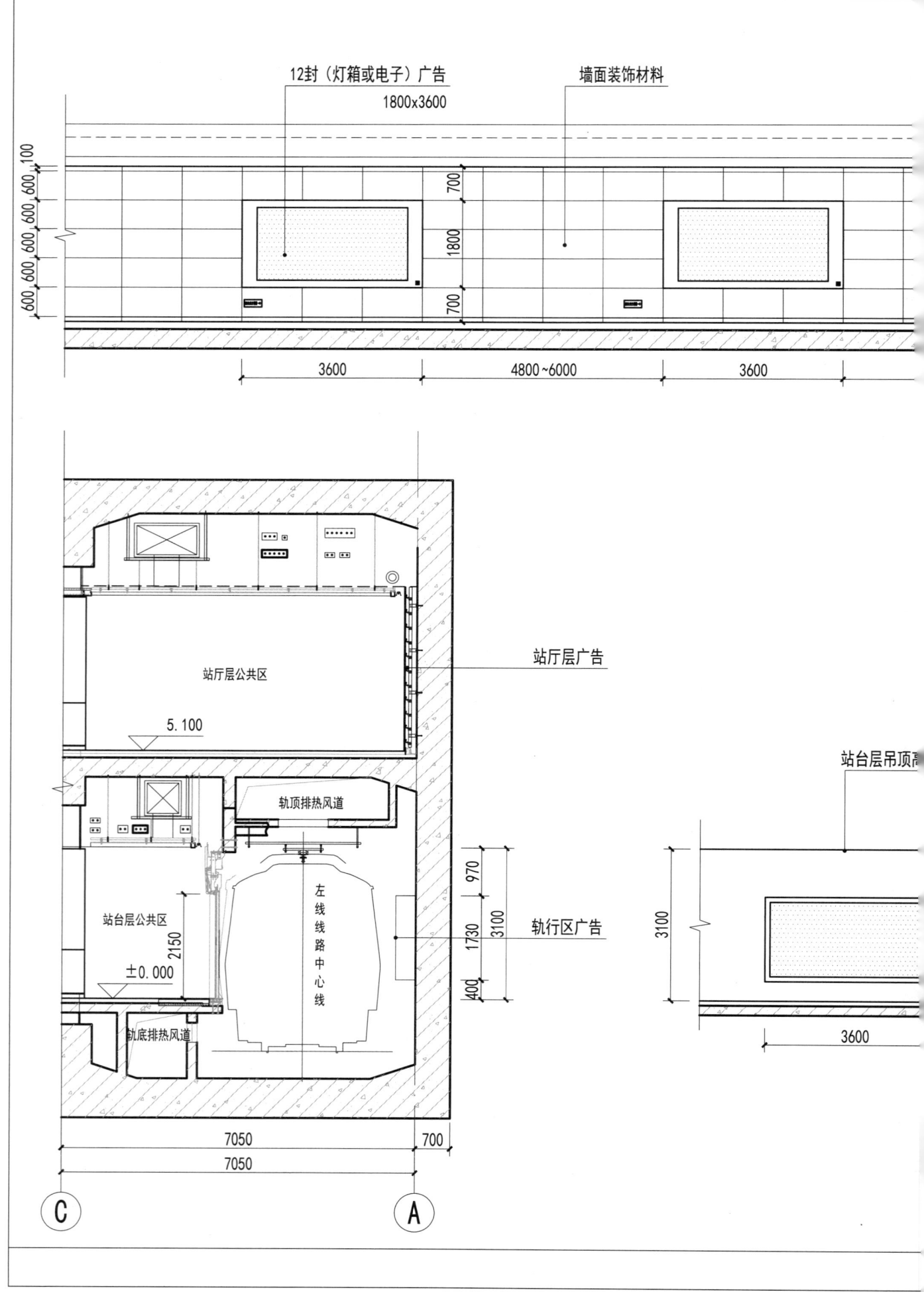

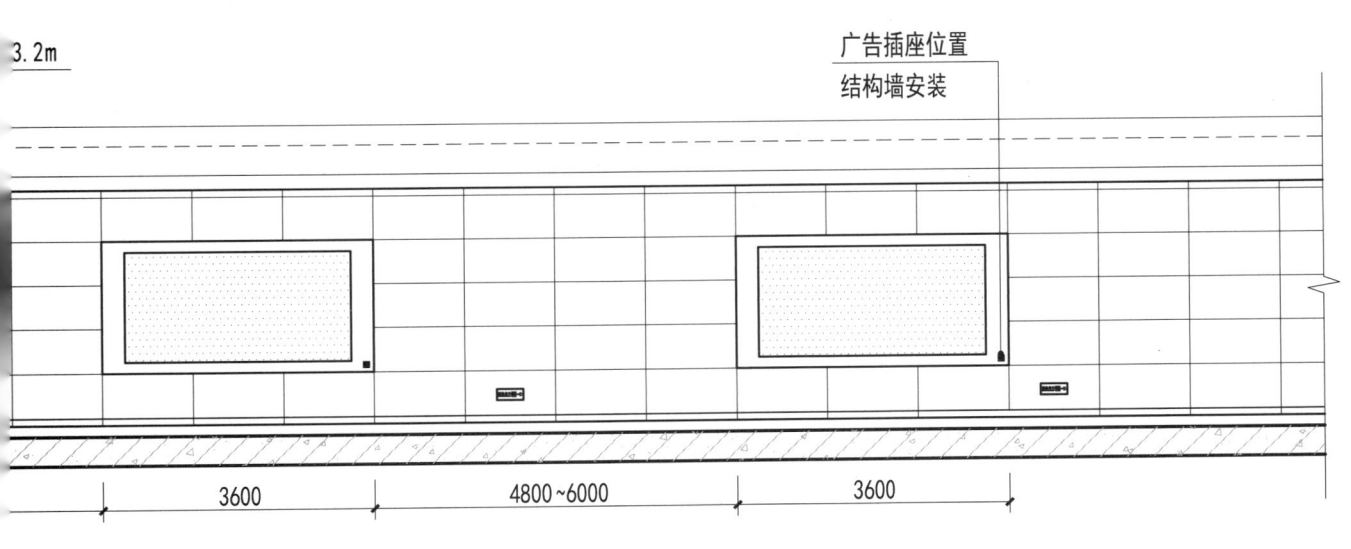

站厅层广告立面布置图 1:100

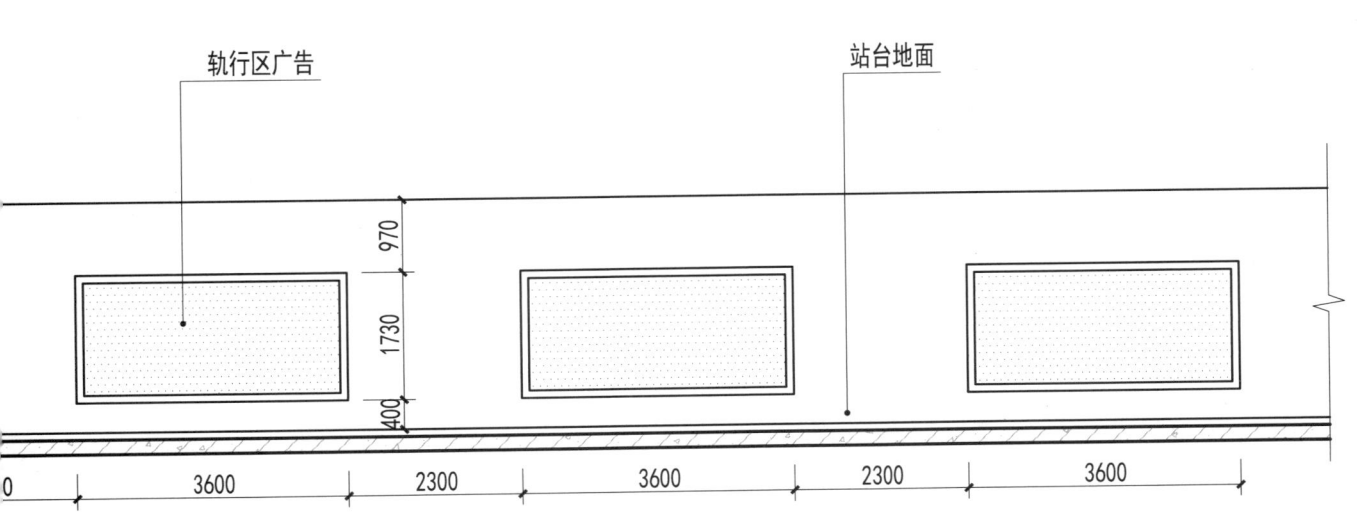

站台轨行区广告立面布置图 1:100

| 图名 | 站厅、站台广告立面布置图 |

第二部分

便民设施布置图

自动售卖机
自动查询机
自动售票机
车站中心里程
设备用房区域
便利店
6700
6700
7900
9120
9120
9120
9120
9120
13790
10
11
12
13
14
15
16
17
18

自动售卖机
车站中心里程
6700
6700
7900
9120
9120
9120
9120
9120
137900
10
11
12
13
14
15
16
17
18

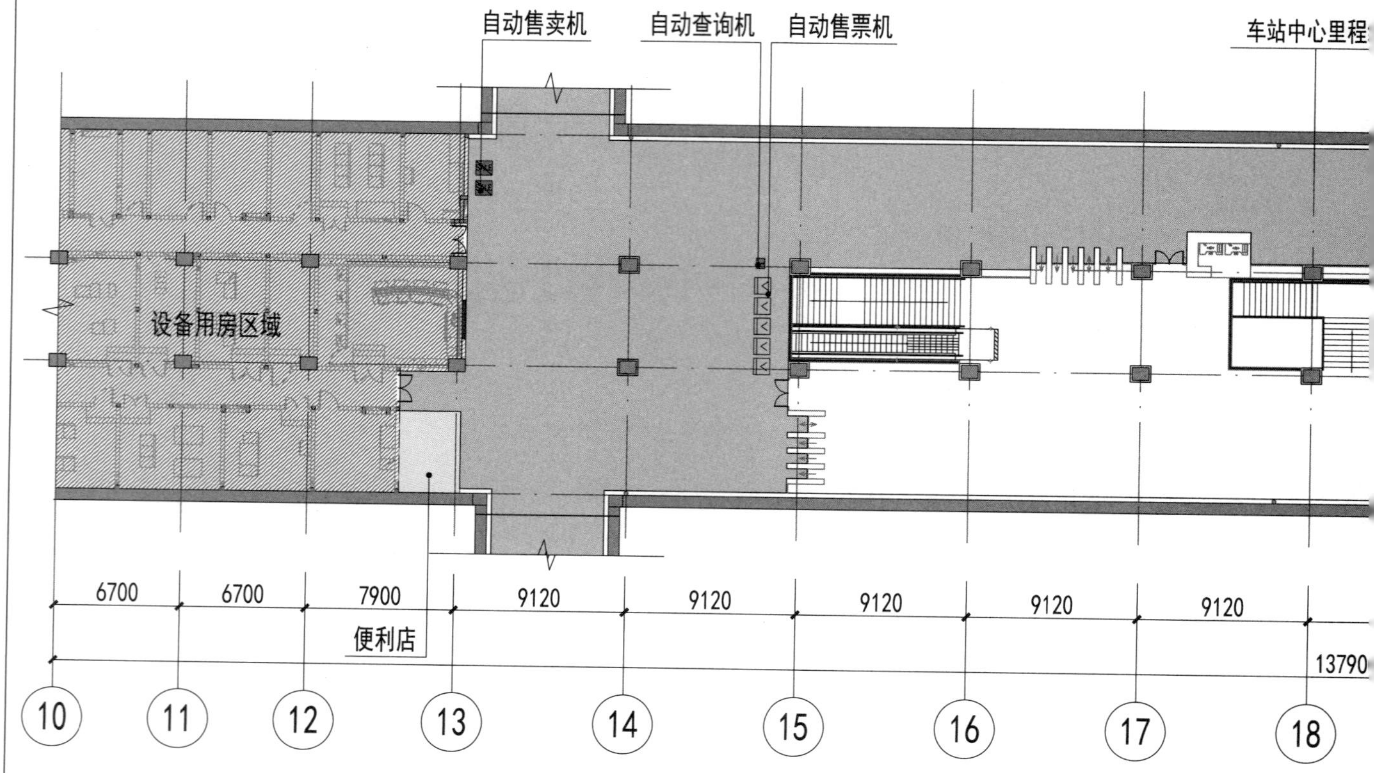

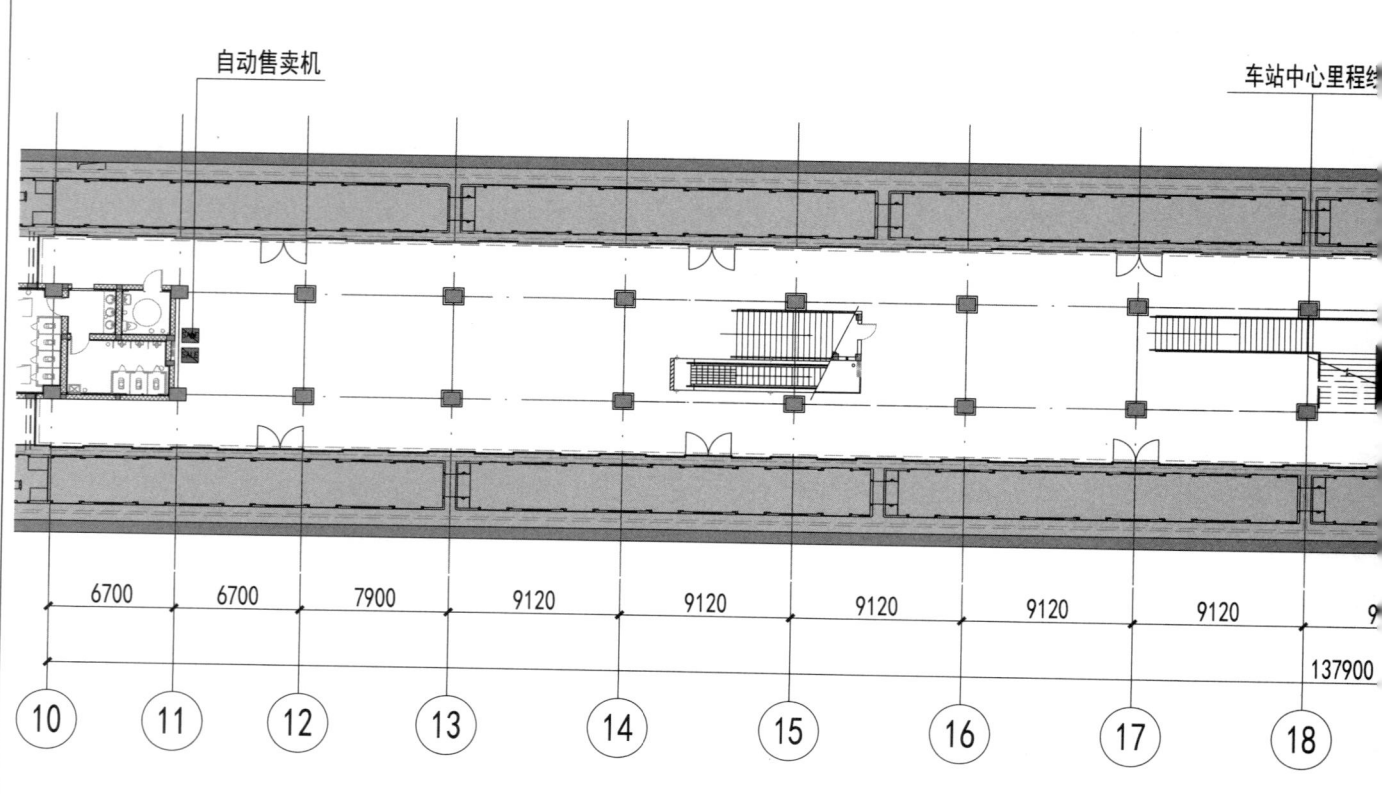

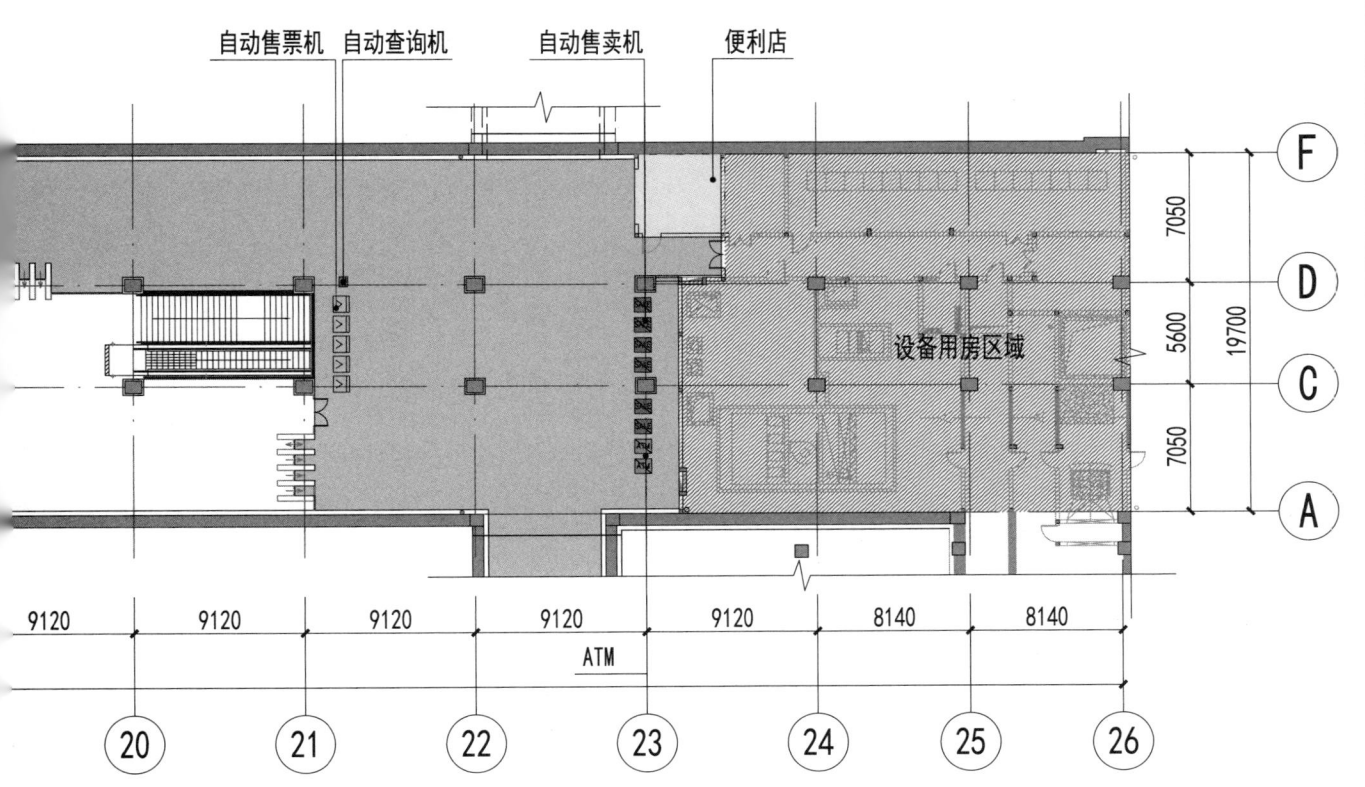

商业设施布置图 1:400

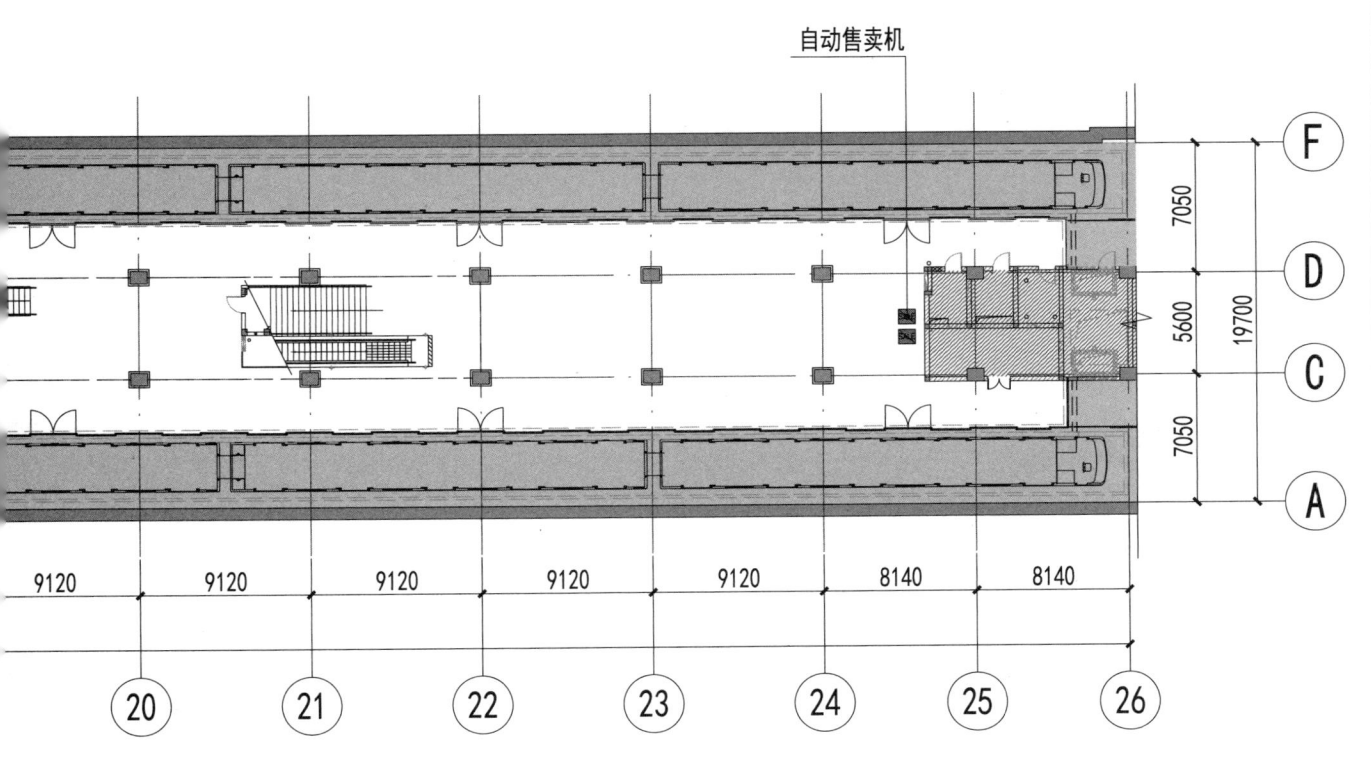

站台商业设施布置图 1:400

| 图名 | 站厅、站台商业布置图 |

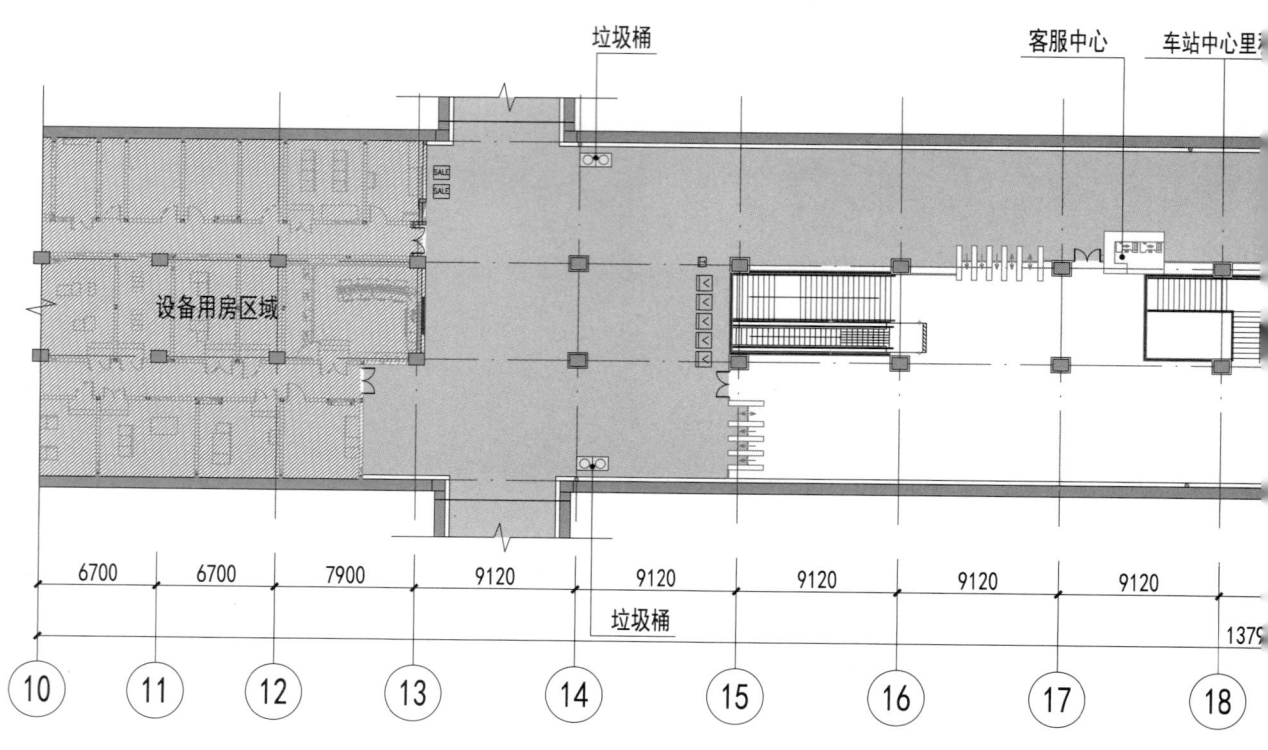

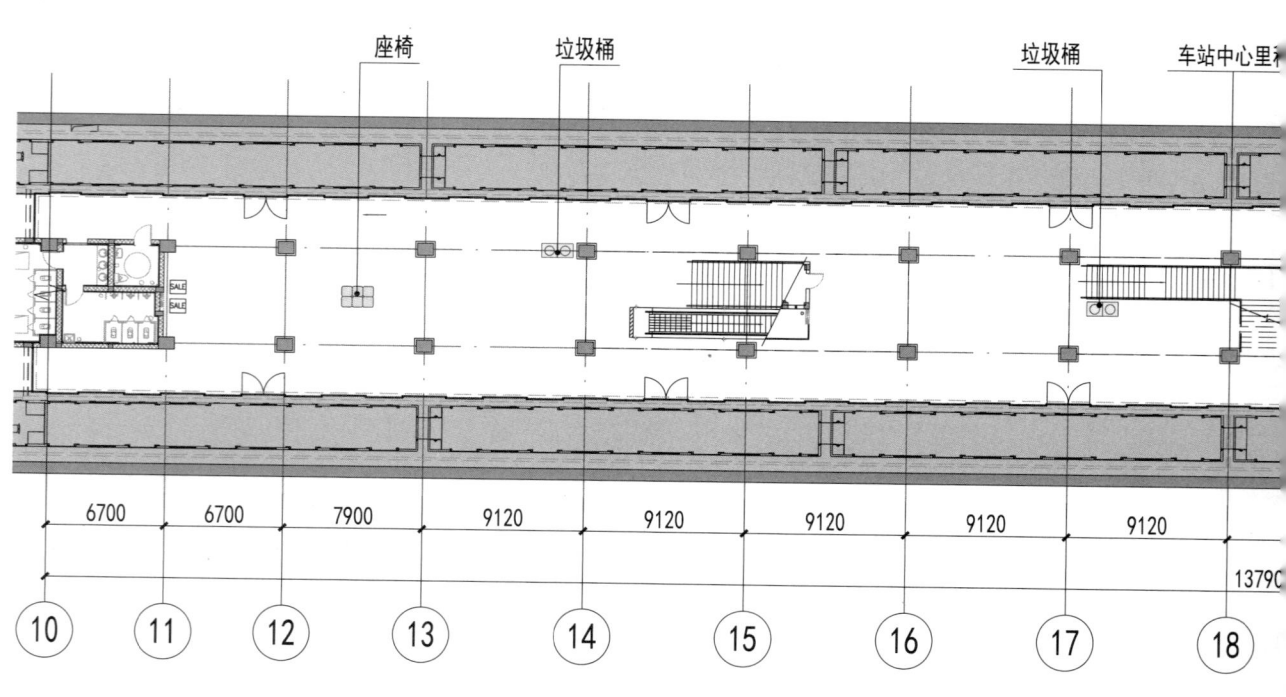

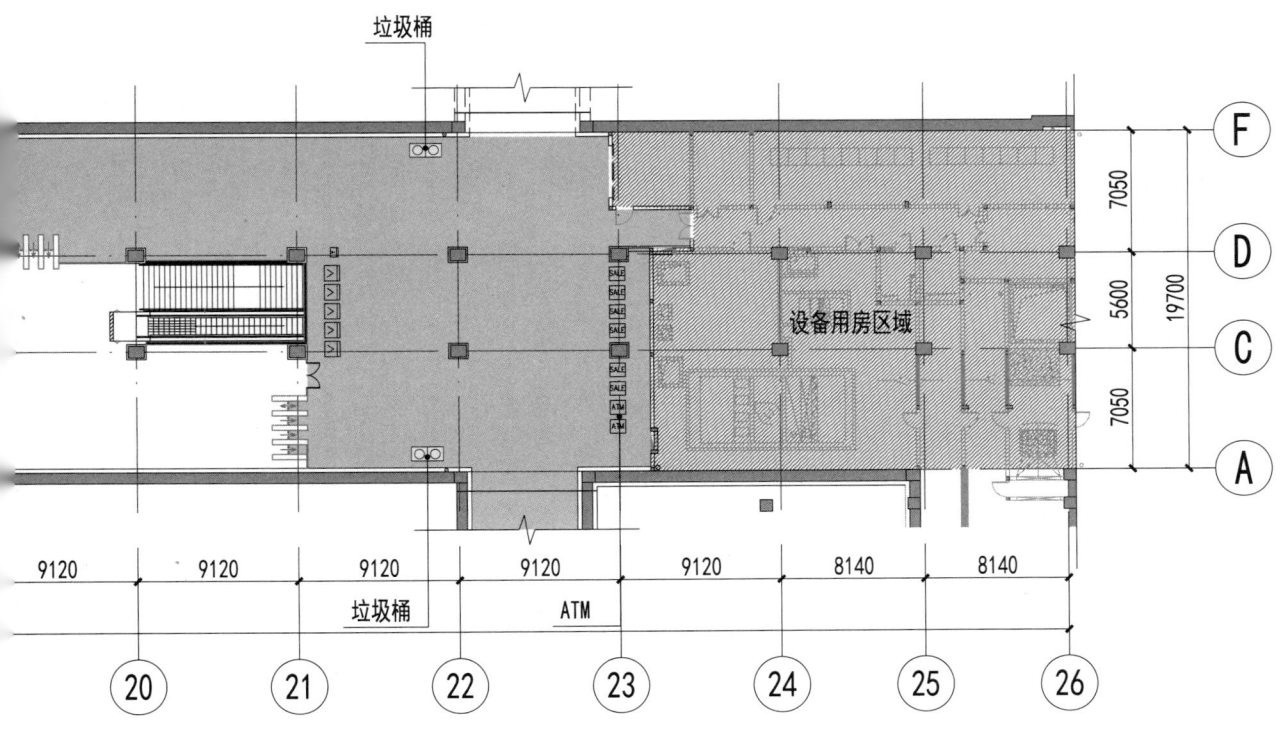

站厅便民服务设施布置图 1:400

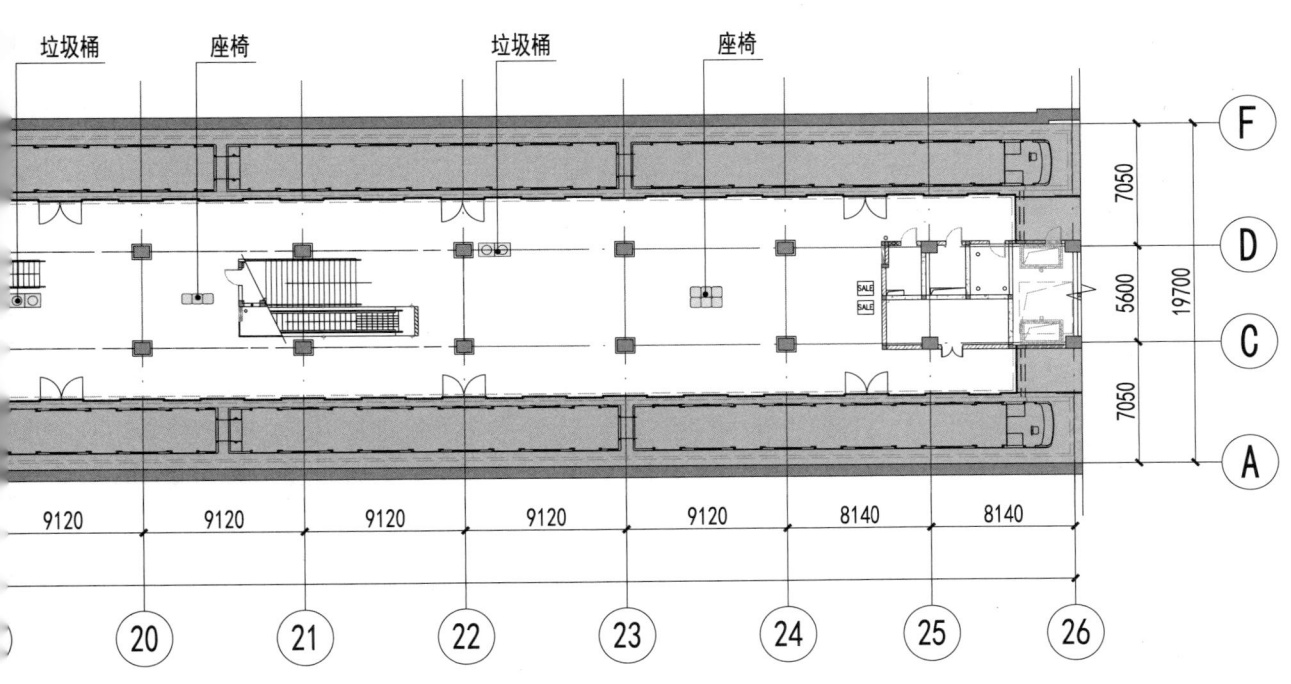

站台便民服务设施布置图 1:400

| 图名 | 站厅、站台便民服务设施布置图 |

坐椅

坐椅

车站便利店

便民设施

自动售票机